lonely planet

Hongkong

„Hat man sich erst einmal zum Reisen entschlossen, ist das Wichtigste auch schon geschafft.

Also, los geht's!"

TONY WHEELER, MITGRÜNDER VON LONELY PLANET

Lorna Parkes,
Piera Chen, Thomas O'Malley

Inhalt

OLESYA KUZNETSOVA / SHUTTERSTOCK ©

ZHU DIFENG / SHUTTERSTOCK ©

(links) Nan Lian Garden (S. 151), bei der Chi Lin Nunnery

(oben) Blick vom Victoria Peak (S. 98) auf den Victoria Harbour

(rechts) Kantonesisches Grillrestaurant in Wan Chai (S. 121)

ADRIENNE PITTS / LONELY PLANET ©

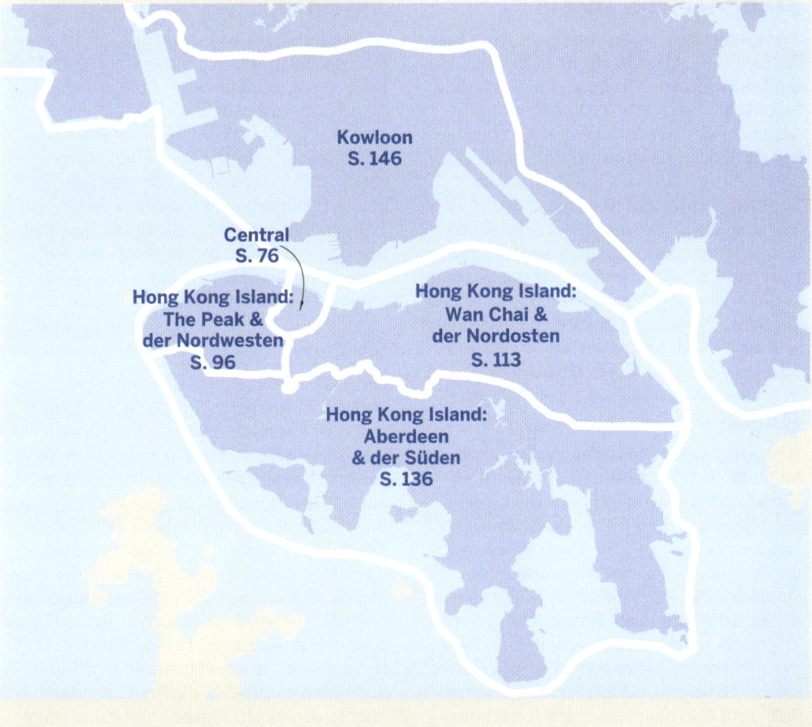

Willkommen in Hongkong

Hongkong lockt mit seiner Skyline, legendärer Küche und geschützter Natur, die seltenen Vögeln und bunten Traditionen eine Heimat gibt.

Stadtviertel & Inseln

Hongkongs Viertel und Inseln sind ein Fest für die Sinne. Besucher können in einer alten Doppeldecker-Straßenbahn durch die Stadt schaukeln, bei Pferderennen mitfiebern oder einfach den tollen Hafen bestaunen. Es dürfte viele Besucher überraschen, aber mehr als 70 % der Fläche Hongkongs bestehen aus Bergen und weiten Parks, die zudem geologische und historische Kostbarkeiten bergen. Dem urbanen Trubel kann man dank eines der besten Nahverkehrsnetze der Welt entfliehen, z. B. um ein Dorf aus der Song-Dynastie zu besuchen, einsame Inseln zu erkunden oder per Kajak vulkanische Felsbogen im Meer zu bestaunen.

Küche

Hongkong gehört weltweit zur Spitze der kulinarischen Hochburgen. Die facettenreiche Küche prägen kantonesische, Sichuan-, japanische und französische Einflüsse. Mit der Leidenschaft für gutes Essen und dem breiten Repertoire an Aromen hat Hongkong für jeden Geschmack etwas zu bieten, sei es mit einer Schüssel Wan-Tan-Teigtaschen, frisch zubereiteten Dim Sum, einem warmen Ananasbrötchen mit Butter, süßen Garnelen, dem allerersten „stinkenden" Tofu überhaupt oder den Kreationen des neuesten Starkochs.

Shoppen

Ob chinesische Kleider von der Stange oder eigens gefertigte Küchenmesser: Die Vielfalt in Hongkongs Läden ist atemberaubend. Jedem Wunsch, Bedürfnis und Geldbeutel wird mit Geschäftssinn in einer schwindelerregenden Zahl von Geschäften entsprochen – in schicken Malls für das große Budget, in Edelboutiquen in Seitenstraßen und Vintage-Läden für Modeliebhaber, auf Elektronik-Basaren für Technikfans oder auf bunten Märkten. Da die Stadt keine Umsatzsteuer erhebt, sind die Preise attraktiv.

Kultur

Hinter der Fassade aus Glas und Stahl – der kommerziellen Seite Hongkongs – verbirgt sich eine lebendige Kulturszene, geprägt von chinesischen Wurzeln, kolonialen Elementen und stadteigenen Talenten. Man kann hier zeitgenössische Kunst in einer der unzähligen Galerien genießen, den Tag mit Tai-Chi beginnen oder, begleitet vom Trommelschlag von einem Drachenboot, das Couplet eines lokalen Dichters lesen. Kultur bedeutet hier aber auch Indie-Musik am Hafen oder chinesische Oper in einem Bambustheater, ganz zu schweigen von den Tausenden Veranstaltungen, die das ganze Jahr über in den vielen Museen und Konzerthallen stattfinden.

Warum ich Hongkong liebe

von Lorna Parkes, Autorin

Hongkong muss die betörendste Stadt der Welt sein. Ständig wechseln die Perspektiven: Mal bestaunt man die atemberaubende Architektur, und im nächsten Augenblick ist man von Schatten spendenden Banyanbäumen umgeben, als wäre man irgendwo in den Subtropen, weit weg von der Hektik von Central. Hongkong ist exotisch und doch vertraut. Die Facetten der Stadt erstaunen immer wieder, und ihr kulturelles Gemenge begeistert stetig. Das gilt auch für Hongkongs Küchen, wo Köche Liebeserklärungen für ihre Fans schaffen. Als Henkersmahlzeit gäbe es für mich nichts Besseres als Dim Sum in Hongkong.

Mehr Infos über unsere Autoren gibt's auf S. 355.

Dschunke von Aqua Luna (S. 94) im Victoria Harbour

Hongkongs Top 16

1

Star Ferry *(S. 293)*

1 Die legendäre Star Ferry ist ein schwimmendes Stück Hongkonger Geschichte und ein Sightseeing-Schnäppchen. Seit 1880 bringt sie Pendler und Touristen quer über den Victoria Harbour. Die 15-minütige Fahrt für nur 2,70 HK$ mit Blick auf die berühmte Skyline Hongkongs gehört sicher zu den preiswertesten Bootstouren der Welt. In Richtung Insel wirkt die Aussicht zwar spektakulärer, aber der Kowloon Pier im Art-déco-Stil, der wie ein Finger zur Insel zeigt, ist zweifellos charmanter.

Central

The Peak *(S. 98)*

2 Der Victoria Peak, der über dem Finanzzentrum Hongkongs aufragt, bietet einen überwältigenden Blick (s. Foto) auf die Stadt und die bergige Landschaft dahinter. Wer die haarsträubende Fahrt zum kühleren Gipfel mit der Peak Tram, Asiens ältester Seilbahn, die seit 1880 im Betrieb ist, unternimmt, wird die Wolkenkratzer und Apartmentblöcke in der Ferne ganz klein werden sehen. Wenn abends die Lichter der Stadt angehen, glitzert der Victoria Harbour wie die Milchstraße auf dem Poster für einen Science-Fiction-Film – mysteriös und verheißungsvoll.

The Peak & der Nordwesten

DANIEL FUNG / SHUTTERSTOCK ©

2

DANIEL FUNG / SHUTTERSTOCK ©

3

4

5

Paradies für Feinschmecker *(S. 43)*

3 Hongkong ist eine Stadt, in der sich scheinbar alles ums Essen und Trinken dreht. Es ist auch eine der wenigen Städte der Welt, in der man für kleines Geld in einem mit einem Michelin-Stern ausgezeichneten Restaurant speisen kann. An einem Abend genießt man in einem einfachen Straßencafé einen Gourmet-Gänsebraten (s. Foto) mit bloßen Händen, am nächsten Fusion-Delikatessen bei Hafenblick. Am besten beginnt man den Tag mit „Pantyhose"-Milchtee in einem *cha chaan tang* (Teehaus), bevor man die Ärmel hochkrempelt, um beim Ringen um leckere Dim Sum zum Mittagessen nicht zu kurz zu kommen.

Essen

Man Mo Temple *(S. 99)*

4 Mitten in Soho wartet eine Begegnung mit dem chinesischen Volksglauben. Dieser berühmte Tempel – ständig vom dicken Sandelholzrauch herabhängender Räucherspiralen vernebelt – ist den Göttern der Literatur und des Krieges (Man und Mo) geweiht. Er war früher ein kulturelles und politisches Zentrum für die hiesigen Chinesen und lockt heute weit mehr Besucher an als nur brave Studenten und Kämpfer: Einheimische und Fremde praktizieren hier uralte Rituale und lassen sich ihre Zukunft vorhersagen.

The Peak & der Nordwesten

Temple Street Night Market *(S. 149)*

5 Im Schein nackter Glühbirnen wird an Hunderten Ständen Beutegut aller Art verkauft – vom Sexspielzeug bis hin zu nepalesischen Dolchen. Beim Stöbern nach praktischen oder schrägen Souvenirs kann man seine Fähigkeiten im Feilschen testen. Gleich nebenan sagen Wahrsager in schummrigen Zelten die Zukunft voraus, und kantonesische Opernsänger posieren für Passanten. An vielen Ständen werden Snacks oder Seafood-Mahlzeiten feilgeboten. Natürlich ist das Ganze touristisch, doch wegen der hypnotisierenden Aura fühlen sich selbst Einheimische wie willkommene Gäste.

Kowloon

Hong Kong Wetland Park

(S. 193)

6 Das sumpfige, artenreiche Naturschutzgebiet (61 ha) im belebten Tin Shui Wai erstreckt sich unter einem mächtigen Bogen aus Apartment-Türmen. Ein höchst surrealer Gegensatz von Stadt und Natur, aber dennoch sehr harmonisch! In den kostbaren Ökosystemen in diesem einsamen, aber leicht erreichbaren Teil der New Territories liegen ruhige Habitate für Wasservögel und andere Tiere. Deshalb lohnt es sich, die von Menschen gemachte Welt vorübergehend zu vergessen und in die Mangrovenlandschaft mit Flüssen und Fischteichen einzutauchen.

Tagesausflüge ab Hongkong

Pferderennen im Happy Valley

(S. 132)

7 Mittwochabends erwacht die Pferderennbahn im Happy Valley zum Leben. Es gibt acht mitreißende Rennen sowie reichlich Essen und Bier. Dabei kann man sein Wettglück versuchen oder nur die kollektive Heiterkeit und das Donnern der Hufe genießen. Die ersten Rennen wurden im 19. Jh. von europäischen Kaufleuten veranstaltet. Sie importierten stämmige Pferde aus der Mongolei und ritten sie selbst. Heute finden jede Woche Rennen statt – außer im Juli und August, wenn es einfach zu heiß ist.

Wan Chai & der Nordosten

6

Tai Kwun *(S. 79)*

8 Die Neugestaltung der ehemaligen Central Police Station in Tai Kwun (fast schon ein eigener Mini-Stadtteil) in der Hollywood Rd ist das größte Kulturprojekt Hongkongs seit mehr als einem Jahrzehnt. Man wird an die ehemaligen Insassen (einschließlich des vietnamesischen Revolutionärs Ho Chi Minh) der Zellen erinnert und kann Letztere besichtigen. In dem spektakulären, von Herzog & de Meuron entworfenen Block JC Contemporary sehen sich Besucher zudem faszinierender Kunst gegenüber. Für die Besichtigung des Labyrinths aus historischen Gebäuden und der Ausstellungen sollte man ausreichend Zeit einplanen. Anschließend lässt sich das Erlebte in den Bars und Restaurants des Komplexes verarbeiten.

Central

Tian Tan Buddha (S. 176)

9 Bei Ausflüglern und ausländischen Besuchern beliebt ist der weltgrößte im Freien sitzende Buddha, der über die westlichen Hügel von Lantau aufragt. Die Seilbahn Ngong Ping 360 fährt zu der erhabenen Riesenstatue hinauf. Danach geht's über 268 Stufen zum aus drei Plattformen bestehenden Altar, auf dem die Statue sitzt. Unterwegs kommt man an drei besuchenswerten Hallen vorbei. Als Belohnung genehmigt man sich im vegetarischen Restaurant des unterhalb der Statue gelegenen Po Lin Monastery leckere Mönchskost. Zu Buddhas Geburtstag im Mai ist die bedeutende Pilgerstätte besonders bunt.

Tagesausflüge ab Hongkong

PMQ (S. 100)

10 Sohos alte Police Married Quarters gelten als einer der größten Neugestaltungserfolge Hongkongs. In modernistischer Umgebung kann man hier die Schöpfungen junger Designer aus Hongkong bestaunen (und erstehen), sich die Zeit in Cafés, Restaurants, und in einem erstklassigen Sake-Informationszentrum vertreiben und überhaupt Leckereien in Hülle und Fülle genießen. Anders als in den Luxus-Megamalls von Central begegnet man hier tatsächlich der Seele und dem Charakter des „echten" Hongkongs. Kreative Pop-up-Events und Straßenkunst sind im Innenhof zu finden, und eine kathedralenartige Galerie unter dem Dach vervollständigt den Komplex.

The Peak & der Nordwesten

Straßenbahn fahren (S. 293)

11 Schon 1904 tuckerten die Straßenbahnen, die die Einheimischen auch *ding dings* nennen, zwischen dem Osten und dem Westen der Insel hin und her. Und heute, mehr als ein Jahrhundert später, bahnt sich die weltgrößte Flotte noch betriebener Doppeldecker-Straßenbahnen weiterhin klimafreundlich ihren Weg durch Hongkongs dichten Verkehr. Die Fahrt mit den ultraschmalen, knarrenden Bahnen, die aus einem *Harry Potter*-Film stammen könnten, macht jede Menge Spaß. *Ding ding*-Passagiere können entspannt beobachten, wie die Stadt an ihnen vorbeizieht – und dabei Pläne für den nächsten Tag aushecken.

Verkehrsmittel & -wege

10

S303
WAKA
ARTISANS
Japanese
Green Tea 新茶
$60/bag

11

李健
駕駛學校
Joseph Photo Rose Studio
周生生 Chow Sang Sang
#stateyourstyle
BEA 東亞銀行

Lamma erkunden

(S. 197)

12 Gäbe es einen Soundtrack für die Insel Lamma, so wäre es Reggae. Die entspannte Atmosphäre der Insel lockt Kräutergärtner, Musiker und New-Age-Therapeuten aller Kulturen an. In den Geschäften im Ort gibt's Prosecco, und die Straßenhunde der Insel hören auf französische Befehle. Wer sich zum nächsten Strand aufmachen will, kann sich an den drei Kohlekraftwerken orientieren, die vor der Skyline recht schräg, aber keinesfalls düster wirken. Nach dem Strandnachmittag geht's kurz vor der Dämmerung zurück, um am Pier in Sok Kwu Wan (s. Foto) z. B. gedünstete Garnelen, frittierten Tintenfisch und Bier zu genießen.

Tagesausflüge ab Hongkong

12

13

Ummauerte Dörfer von Yuen Long *(S. 192)*

13 Die befestigten Dörfer von Yuen Long versetzen Besucher über 500 Jahre zurück in die stürmische Zeit der Piraterie. Weit weg von Chinas Regierungszentrum war Hongkong mit seinen Bergen und tückischen Küsten ein ideales Piratenversteck. So umgaben die ersten Bewohner ihre Dörfer mit Schutzmauern (und teilweise mit Kanonen). Innerhalb der Mauern sieht man heute restaurierte Tempel, Höfe, Pagoden, Brunnen und Landwirtschaftsgeräte – Überbleibsel aus vorkolonialer Zeit. Die Dörfer sind durch den Ping Shan Heritage Trail verbunden.

Tagesausflüge ab Hongkong

Wandern auf dem Hong Kong Trail *(S. 68)*

14 Wer es über den schwierigen Bergkamm Dragon's Back (s. Foto) geschafft hat, den führt der Hong Kong Trail über grüne Hügel, in einsame Wälder und auf Pfaden entlang, die tolle Ausblicke auf den rauen Süden und seine wellenumtoste Küste bieten. Die 50 km lange Route verläuft ab dem Peak über die ganze Länge Hong Kong Islands, vorbei an schönen Stauseen, Schlachtfeldern des Zweiten Weltkriegs und blauen Buchten. Der Trail, der durch fünf Landschaftsparks führt, ermöglicht einfache Spaziergänge genauso wie anstrengende Wanderungen.

Sport & Aktivitäten

Ruine von São Paulo *(S. 218)*

15 Macaos bekanntestes Wahrzeichen ist ein beeindruckendes Tor, das rund 26 m über dem Meeresspiegel auf einem Hügel mitten in der Stadt steht. Eine Treppenflucht mit Geländern und Absätzen führt hinauf und dann ins Nichts. Die Granitfassade ist der Überrest einer abgebrannten Jesuitenkirche aus dem 17. Jh. Ihre schmucken Steinmetzarbeiten zeigen christliche, chinesische und japanische Elemente – ein faszinierendes Geschichtsfragment, das von Macaos einzigartiger, mediterran-asiatischer Kultur zeugt.

Macao

15

16

Märkte in Mong Kok *(S. 169)*

16 Auf den bunten Spezialitätenmärkten von Mong Kok lohnen sich Shoppingtouren. In der „Endlosgarderobe" des Ladies' Market (1,6 km) gibt's Klamotten, und zwar alles von *I love HK*-T-Shirts über Fußballtrikots bis hin zu Oma-Badeanzügen. Auf dem Blumenmarkt (s. Foto) findet man exotisches Saatgut und Gartengeräte neben Eimern voller duftender Blumen. Die Stände des Goldfischmarkts präsentieren bunte Wasserlebewesen im UV-Licht sanft surrender Aquarien. Es gibt aber auch senkrecht in die Höhe schießende Märkte (nämlich Einkaufszentren): etwa ein viel besuchtes Computerkaufhaus und ein mehrstöckiges Paradies für Gadget-Fans.

Kowloon

Was gibt's Neues?

Tai Kwun

Nach langem Hin und Her wurde die einstige Central Police Station in der Hollywood Rd unter dem Namen Tai Kwun wiedereröffnet. Die Restaurierung als gelungen zu bezeichnen, ist eine Untertreibung. Die Ausstellungen über High-Tech-Geschichte und die von Herzog & de Meuron entworfene Kunstgalerie sind toll. (S. 79)

Geführte Craft-Bier-Touren

Auch in den Kneipen Hongkongs gibt's inzwischen lokale Craft-Biere. Bei einigen der innovativsten Brauereien der Stadt kann man inzwischen im Rahmen von Führungen, die von Humid with a Chance of Fishballs (S. 112) durchgeführt werden, einen Blick hinter die Kulissen werfen.

West Kowloon Train Station

Die 9 Mrd. HK$ teure High-Speed-Bahnstation Kowloon West wurde 2018 eröffnet. Über sie sollen Passagiere in der Hälfte der Zeit nach China kommen – nach Guangzhou geht es in 48 Minuten. (S. 288)

Blue House Komplex

Der Komplex von Holzhäusern aus den 1920er-Jahren in Wan Chai wurde sorgfältig restauriert und teilweise mit Geschäften und Restaurants für die Öffentlichkeit zugänglich gemacht. (S. 117)

Kennedy Town

K-Town, einst ein verschlafener Vorort, scheint nun reif für die Gentrifizierung. In den letzten Jahren haben hier immer mehr Brunch-Spots die Pforten geöffnet. An der Praya hat sich die australische Kleinbrauerei Little Creatures niedergelassen. (S. 110)

The Murray

The Murray wurde bei seiner Eröffnung 2018 als eines der coolsten neuen Hotels in Asien bezeichnet und gilt als eines der besten seiner Klasse – und als Beispiel dafür, wie ein historischer Bau aus den 1960ern im 21. Jh. neu erfunden wird. (S. 246)

Gin

Die „Ginaissance" hat nun auch Hong Kong Island im Griff, wo das klare Destillat in mehreren Kneipen und Bars in Weltklasse-Auswahl angeboten wird. Ping Pong Gintoneria (S. 110) und Dr. Fern's Gin Parlour (S. 88) sind einen Besuch wert.

Mojo Nomad

Flashpacking ist dank des von Mojo Nomad entworfenen Hostelkonzepts nun auch hier ein Thema. In Aberdeen hat es sich schnell durchgesetzt und auch Sheung Wan erreicht – eines der beliebtesten Viertel Hongkongs nahe Soho und Central. (S. 250)

Cinematheque Passion

In einem alten portugiesischen Gebäude neben den Ruinen von São Paulo wurde das erste Arthouse-Kino und Filmarchiv der Region eröffnet. (S. 228)

Disneylands Marvel-Bereich

Disneyland will mit neuen Attraktionen auch ältere Kinder ansprechen, u. a. mit einem Bereich, der dem Marvel-Universum gewidmet ist und zwischen 2018 und 2023 Stück für Stück eröffnet wird. (S. 201)

Hongkong-Zhuhai-Macau Bridge

2018 wurde die Brücke für den Verkehr freigegeben – dank ihr sind die Transferzeiten und -kosten im Perlflussdelta gesunken. (S. 288)

Mehr Tipps und Kritiken finden sich unter **lonelyplanet.com/hong-kong**

Gut zu wissen

Weitere Infos gibt's im Abschnitt „Praktische Informationen" (S. 285)

Währung
Hongkong-Dollar (HK$)

Sprachen
Kantonesisch, Englisch

Visa
Deutsche, Österreicher und Schweizer brauchen für Hongkongaufenthalte von bis zu 90 Tagen kein Visum.

Geld
Geldautomaten gibt es quasi überall; Kreditkarten werden in den meisten Einrichtungen akzeptiert, außer in günstigen kantonesischen Restaurants.

Handys
Jedes GSM-kompatible Handy kann in Hongkong verwendet werden. Sofern kein SIM-Lock dagegen spricht, kann man einfach eine hiesige SIM-Karte kaufen und surft und telefoniert dann zum Ortstarif.

Zeit
China Standard Time (MEZ +7 Std.)

Touristeninformation
In den Büros des Hong Kong Tourism Board (www.discoverhongkong.com) arbeiten hilfsbereite, freundliche Menschen, und man bekommt viel Material – meist gratis. Es gibt zwei Filialen in der Stadt und einige am Flughafen.

Tagesbudget

Günstig – weniger als 800 HK$
- B in Pension oder Schlafsaal: 180–450 HK$
- Mahlzeiten in einem *cha chaan tang* (Teehaus) oder beim *dai pai dong* (Imbiss): 60–150 HK$
- Museen (gratis), Nachtmärkte (gratis), Pferderennen (10 HK$)
- Tickets für Bus, Straßenbahn, Fähre: 2,60–15 HK$

Mittelteuer – 800–2500 HK$
- DZ im Hostel oder Budgethotel: 450–1100 HK$
- Chinesisches Abendessen mit drei Gerichten: 300 HK$
- Getränke und Livemusik: 500 HK$

Teuer – mehr als 2500 HK$
- DZ im Boutique- oder Vier-Sterne-Hotel: 2200 HK$
- Abendessen in einem chinesischen Spitzenklasserestaurant: ab 800 HK$
- Ticket für die Kanton-Oper: 200 HK$

Vor der Reise

Zwei Monate Die Termine der chinesischen Feste abchecken, Unterkünfte und Tickets für größere Veranstaltungen sowie eventuell einen Tisch in einem Top-Restaurant buchen.

Ein Monat Die Programme angucken und Tickets für kleinere Veranstaltungen buchen; Naturtouren buchen und in beliebten Lokalen einen Tisch reservieren.

Zwei Wochen Hafenrundfahrten und den Tai-Kwun-Pass buchen; sich für Newsletter von Event-Agenturen eintragen.

Eine Woche Wetterbericht abchecken.

Infos im Internet

Lonely Planet (lonelyplanet.com/china/hong-kong) Infos, Hotelbuchung, Forum und mehr.

Discover Hong Kong (www.discoverhongkong.com) Benutzerfreundliche Website der Regierung mit Reiseinfos.

Urbtix (www.urbtix.hk) Tickets für Kino, Shows und Ausstellungen.

Time Out Hong Kong (www.timeout.com.hk) Was isst, trinkt und tut man so in Hongkong und Macao?

Hong Kong Observatory (www.hko.gov.hk) Wetterinfos inklusive Vorhersage.

REISEZEIT

Die beste Besuchszeit ist zwischen Oktober und Anfang Dezember. Von Juni bis August ist es heiß und feucht. Im September kann es Taifune geben.

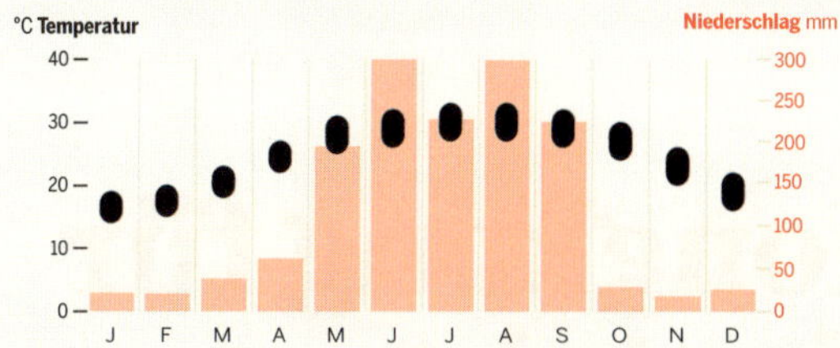

Ankunft

Hong Kong International Airport Der MTR-Airport-Express ins Stadtzentrum verkehrt von 5.54 bis 0.48 Uhr; man zahlt 110 HK$ (mit der Octopus-Karte) bzw. 115 HK$. Die „A"-Busse in diverse Teile Hongkongs fahren von 6 bis 0.30 Uhr; eine Fahrt kostet 19 bis 45 HK$. Für eine Taxifahrt nach Central/Kowloon legt man rund 370/270 HK$ hin.

Lo Wu und Lok Ma Chau Der MTR-Zug ins Stadtzentrum fährt von 5.55 Uhr bis Mitternacht (Lo Wu) bzw. von 6.38 bis 22.55 Uhr (Lok Ma Chau). Das Ticket kostet 44 bis 53 HK$.

Hong Kong–Macau Ferry Terminal Der MTR-Zug (Sheung Wan) nach Central/Kowloon verkehrt von 6.05 bis 0.56 Uhr; man zahlt 5 bis 10 HK$. Ein Taxi fährt einen für 24 bis 100 HK$.

China Ferry Terminal Mit der Star Ferry geht es von 6.30 bis 11.30 Uhr für 2,20 bis 3,70 HK$ nach Central. Die Taxifahrt kostet 34 bis 44 HK$.

Mehr Infos zum Thema **Anreise** s. S. 286

Unterwegs vor Ort

MTR Mit der ultramodernen Mass Transit Railway kommt man am schnellsten zu den meisten Zielen in der Stadt. Die meisten Linien werden von 6 Uhr bis kurz nach Mitternacht bedient.

Bus Das Netz ist so umfassend und effizient, wie der Verkehr es zulässt. Für alle, die nur kurzzeitig in Hongkong sind, kann Busfahren aber ziemlich verwirrend sein.

Fähre Schnell und günstig – und obendrauf gibt es fantastische Ausblicke auf den Hafen gratis.

Straßenbahn Fährt Hong Kong Island von Ost nach West ab; komfortabel und ganz witzig, sofern man es nicht eilig hat.

Taxi Taxifahren ist günstig im Vergleich zu Europa. Die meisten Taxis sind rot; grüne verkehren in einigen Teilen der New Territories, blaue auf Lantau Island. Alle Preise werden nach der Anzeige auf dem Taxameter berechnet.

Minibus Die Vans mit einem grünen oder roten Dach bedienen die Gebiete, in die man mit dem Bus nicht kommt. Für Traveller sind die mit dem grünen Dach am praktischsten.

Mehr Infos zum Thema **Unterwegs vor Ort** s. S. 290

Schlafen

Hotelzimmer in Hongkong sind klein. Davon abgesehen sind die Einrichtungen aber meist sehr gut, und es gibt jede Menge Optionen, von Schlafsaalbetten bis zu schicken Suiten. Auf Hong Kong Island befinden sich die meisten Hotels zwischen Sheung Wan und Causeway Bay; in Kowloon liegen sie um die Nathan Rd. Dort gibt es auch Budgethotels.

Infos im Internet

Lonely Planet (lonelyplanet.com/china/hong-kong/hotels) Unterkunftsverzeichnisse sowie Online-Buchungen.

Hong Kong Hotels Association (香港酒店業協會; HKHA; Karte S. 202, D2; ☎852 2769 8822, 852 2383 8380; www.hkha.org; Hong Kong International Airport; ⏲7 Uhr–Mitternacht) Hier kann man Zimmer in Mittel- und Spitzenklassehotels buchen, die Mitglied bei dieser Vereinigung sind.

Discover Hong Kong (www.discoverhongkong.com) Tourismus-Board mit großer Hoteldatenbank (inkl. Häuser, die von Quality Tourism Services getestet wurden); Suche nach Location und Einrichtungen.

Mehr Infos zum Thema **Schlafen** s. S. 243

Hongkong für Einsteiger

Weitere Informationen siehe Praktische Informationen (S. 285)

An alles gedacht?

- Ist der Reisepass noch mindestens einen Monat nach Ende der Reise gültig?
- Die Bank, die die Kreditkarte/Debitkarte ausgestellt hat, sollte über die Reise informiert sein.
- Eine angemessene Reiseversicherung abschließen.
- Prüfen, ob der eigene Mobilfunkanbieter eine Roaming-Vereinbarung mit einem Anbieter in Hongkong hat.

Einpacken

- Gute Wanderschuhe für die Stadt und fürs Land
- Leichte Regenkleidung – in Hongkong herrscht subtropisches Klima mit sommerlichem Monsun
- Sportliche/dezent elegante Kleidung für tagsüber und abends
- Im Sommer Mückenschutz, Sonnencreme und Sonnenbrille
- Steckdosenadapter für Hongkong
- Kleiner Rucksack für tagsüber

Top-Tipps

- Die effiziente Mass Transit Railway (MTR) und Busse bringen Besucher zu vielen Attraktionen. Die meisten ländlichen Gebiete sind mit öffentlichen Verkehrsmitteln vom Zentrum aus zu erreichen.
- Wer genug Zeit hat, sollte sich außerhalb der Stadt oder auf den Outlying Islands andere Eindrücke von Hongkong verschaffen.
- Hier genießt man einige der besten chinesischen Gerichte der Welt – mindestens ein chinesisches Essen sollte man sich gönnen.
- Um ein Gespür für die hiesige Kultur zu bekommen, empfiehlt es sich, viel zu Fuß zu erkunden.
- Mindestens einmal mit der Star Ferry und den Straßenbahnen fahren! Diese Zeugen der Vergangenheit bieten gute Verbindungen zu einigen der wichtigsten Attraktionen.

Kleidung

Hongkong hat viele modebewusste Einwohnern, doch insgesamt geht es recht leger zu. In eleganten Lokalen und Bars (vor allem in Central) gilt aber oft ein gewisser Dresscode. Für Männer heißt das: keine kurzen Hosen, keine Flipflops.

Der Sommer ist heiß und feucht. Man braucht leichte Kleidung, wegen der Klimaanlagen aber auch eine Jacke.

Wer im Sommer wandern will, sollte Badesachen und Schwimmbrille für ein Bad zwischendurch mitnehmen.

Gefahren & Ärgernisse

Hongkong ist eine sehr sichere Stadt, selbst abends und allein; gesunder Menschenverstand schadet aber nie.

Nach Anbruch der Dunkelheit Man sollte sich an gut beleuchtete Straßen halten. Hongkongs MTR ist nachts absolut sicher.

Beim Shoppen Verkäufer echter Antiquitäten sollten ein entsprechendes Echtheitszertifkat vorlegen können. Bei Schmuck, der auf Märkten angeboten wird, handelt es sich meist um Reproduktionen.

Diebstahl Auch in Hongkong gibt es Taschendiebe – nur das Nötigste an Bargeld und Wertsachen mitführen und Taschen nie aus den Augen lassen! Opfer eines Diebstahls bitten bei der Polizei für die Versicherung um einen Schadensbericht („e-Report Room“ auf www.police.gov.hk).

Wichtige öffentliche Verkehrsmittel

Central–Mid-Levels Escalator Eine lange, überdachte Rolltreppe verbindet die am Hang gebauten Areale in Central, Soho und den Mid-Levels.

Cross-Harbour-Taxi Ein Taxi, das von Hong Kong Island nach Kowloon fährt oder umgekehrt; es wird eine Hafengebühr fällig.

MTR Die neun Linien der Mass Transit Railway decken Hong Kong Island, Kowloon und die New Territories ab; der Airport Express fährt vom und zum Flughafen. Über ein Light-Rail-Streckennetz werden die nordwestlichen New Territories bedient. Züge fahren nach Guangdong, Peking und Shanghai.

Octopus Card Die aufladbare Chipkarte kann in den meisten Verkehrsmitteln benutzt werden.

Steuern

Außer für Alkohol und Tabakerzeugnisse gibt es in Hongkong weder Mehrwert- noch Umsatzsteuer. Plastiktüten kosten eine Gebühr von 0,50 HK$.

Trinkgeld

Bars und Cafés Wird nicht erwartet, es sei denn, es wird serviert; dann werden der Rechnung 10 % aufgeschlagen.

Hotels 10 oder 20 HK$ für den Gepäckträger; Trinkgeld für das Reinigungspersonal nach eigenem Ermessen.

Restaurants Die meisten Lokale – außer sehr billige – erheben einen Service-Zuschlag von 10 oder 15 %. In günstigen Lokalen genügt es, auf die nächsten vollen 10 HK$ aufzurunden.

Taxis Viele Fahrgäste überlassen dem Fahrer das Kleingeld des Wechselgelds.

Straße in Hongkong

Etikette

Die Hongkonger sind zwar im Alltag sehr zwanglos, doch gewisse Verhaltensregeln werden eingehalten.

Anstehen Die Hongkonger bilden bei jedem Anlass geduldig eine Schlange. Versuche, sich vorzudrängeln, ernten Missbilligung.

Begrüßung Bei der ersten Begegnung und beim Verabschieden winkt man einfach und sagt „hi" und „bye".

Essen gehen In günstigen Restaurants finden die Gäste nichts dabei, ihre Stäbchen in gemeinsam bestellte Gerichte zu stecken. Bessere Restaurants stellen für jede Speise Servierlöffel zu Verfügung; wenn es die gibt, sollte man sie benutzen. Wer mit den Stäbchen nicht zurechtkommt, kann problemlos um eine Gabel bitten.

Feilschen In Geschäften ist feilschen nicht üblich. Verhandeln kann man mit Straßenverkäufern (aber nicht auf Lebensmittelmärkten).

Sprache

Die meisten Einwohner Hongkongs sprechen Englisch – manche besser, manche schlechter –, vor allem jene, die im Dienstleistungsbereich arbeiten (Geschäfte, Restaurants, Bars). Nach dem Weg kann man immer auf Englisch fragen. Viele Lokale haben englischsprachige Speisekarten. Überraschend: Taxifahrer verstehen häufig kein Englisch.

Wer Mandarin kann, sollte ruhig versuchen, es in Hongkong anzuwenden. Die meisten Menschen verstehen den Dialekt, und einige sprechen ihn auch recht gut.

Weitere Infos zur Sprache sowie ein hilfreiches Glossar gibt's auf S. 304.

Hongkong erleben

Tag eins

Central (S. 76)

Mit dem vorab gebuchten Pass in der Tasche geht's früh am Morgen zum Kultur- und Kunstzentrum **Tai Kwun**, bevor man die Hollywood Rd gen Westen entlangbummelt. Hier warten tolle Antiquitätengeschäfte und, im **PMQ**, Hongkonger Designer. Nach einem Zwischenstopp am **Man Mo Temple**, wo man ein bisschen Geschichte tankt, taucht man ein in die angesagte Community auf der **Tai Ping Shan St**.

Mittagessen Die Nudeln im Kau Kee entschädigen für langes Warten. (S. 103)

The Peak & der Nordwesten (S. 96)

Über Sheung Wans **Dried Seafood Street** geht es zurück nach Central, wo man die legendäre **Peak Tram** hinauf zum **Victoria Peak** nimmt, um den Blick auf die Stadt zu genießen. Wie wär's mit einem der schönen Wanderwege hier? Wieder unten angekommen, geht es mit der Oldtimer-Straßenbahn nach **Kennedy Town**, wo ein Bier im **Little Creatures** und der Charme dieses klassischen Viertels locken.

Abendessen Im Little Bao steht asiatische Fusion auf der Karte. (S. 103)

Central (S. 76)

Am Abend steht Bar-Hopping in **Soho** auf dem Programm – die asiatisch angehauchten Cocktails im **Dr. Ferns Gin Parlor** und im **Quinary** sollte man ebenso wenig verpassen wie Live-Jazz im **Peel Fresco**. Frühmorgens geht's für 4-Uhr-Dim-Sum nach Kennedy Town ins **Sun Hing**.

Tag zwei

Wan Chai & der Nordosten (S. 113)

Nachdem man im schönen **Hong Kong Park** (menschengemachte) Natur genossen hat, geht's zum **Flagstaff House Museum of Teaware** und danach zum **Blue House**-Gebäudekomplex – an Samstagen lassen sich die restaurierten Wohnblocks aus Holz bei einer kostenlosen geführten Tour bestaunen.

Mittagessen Im Kam's Roast Goose gibt's tolles gebratenes Fleisch. (S. 122)

Kowloon (S. 146)

Mit der **Star Ferry** geht's nach Kowloon, wo man die Aussicht entlang der **Tsim Sha Tsui East Promenade** genießen kann (wenn die Bauarbeiten abgeschlossen sind). Weiter geht es zum **Hong Kong Museum of History** und zum stilvollen Nachmittagstee ins **Peninsula Hotel**. Noch fit? Dann bringt einen der Bus in Richtung Norden nach **Yau Ma Tei**, wo der **Tin Hau Temple**, der **Jade Market** und die traditionellen Läden an der **Shanghai St** warten.

Abendessen Günstig isst man auf dem Temple Street Night Market. (S. 149)

Kowloon (S. 146)

Auf dem **Temple Street Night Market** kann man sich die Zukunft voraussagen lassen und einer Kanton-Oper lauschen. In der Nähe gewährt die **Horizonte Lounge** (im Madera Hotel) fantastische Blicke auf die Stadt. Wenn im **This Town Needs** ein Indie-Gig steigt, nichts wie hin!

Tag drei

Aberdeen & der Süden (S. 136)

Mit dem Bus fährt man nach Aberdeen, um die **Aberdeen Promenade** entlangzuspazieren. Weiter geht's mit einem Sampan zum Shoppen (vor allem Feilschen um Designermöbel und -klamotten) im Horizon Plaza auf der Insel **Ap Lei Chau**. Kaffee und Kuchen servieren mehrere Möbelgeschäfte vor Ort. Samstags kann man außerdem Hongkongs stadteigene Brauerei **Young Master** besuchen.

Mittagessen Das Jumbo Kingdom Floating Restaurant ist Kitsch pur! (S. 143)

New Territories (S. 177)

Nach dem Mittagessen geht's von Aberdeen zur **Sai Kung Peninsula**. Dort erkundet man Sai Kung Town oder geht am Ufer für ein Bad am späten Nachmittag auf eine Fähre zu einem nahe gelegenen Strand.

Abendessen Im Loaf On gibt's exzellente Meeresfrüchte. (S. 184)

Kowloon (S. 146)

Nach einem anstrengenden Tag kann man im **Kowloon Taproom** bei lokalen Craft-Bieren ausspannen und die Szenerie genießen. Nach ein paar Getränken werden Nachtschwärmer das knusprig gebratene koreanische Hühnchen im **Chicken HOF & Soju** zu schätzen wissen.

Tag vier

Macao (S. 217)

Morgens geht's mit dem Boot nach Macao. Dort nimmt man einen Bus oder ein Taxi zum **Lung Wah Tea House** und gönnt sich Dim Sum. Nachdem man Tee erstanden hat, erkundet man den **Red Market** nebenan. Ein Verdauungsspaziergang führt zum kulturellen Teil der **nördlichen Halbinsel Macao**. Im atmosphärischen **Lazarus-Viertel** kann man nun die Designerläden und kopfsteingepflasterten Straßen entdecken und Souvenirs kaufen.

Mittagessen Im Clube Militar de Macau (S. 226) gibt's portugiesische Küche.

Macao (S. 217)

Hat man die Sehenswürdigkeiten um den **Largo do Senado** bestaunt, läuft man die Rua Central entlang durch einen großen Teil des zum UNESCO-Weltkulturerbe gehörenden **historischen Zentrums von Macao**, einschließlich der **Ruine von São Paulo.** Gegen den kleinen Hunger helfen portugiesische Eiercremetörtchen und Mandelkekse. Anschließend sieht man sich das reizende **Taipa Village** an.

Abendessen Das António (S. 234) serviert portugiesische Klassiker.

Macao (S. 217)

Zunächst geht's zum Kasinokomplex **Studio City**, wo man sein Glück versuchen kann oder einen Drink an der Bar genießt. Zurück auf der Halbinsel Macao nimmt man die Fähre nach Hongkong.

Wie wär's mit ...

Aussichtspunkte

Victoria Peak Pilger aus aller Welt kommen wegen der grandiosen Aussicht auf die Stadt her. (S. 98)

Sevva Der Eine-Million-Dollar-Ausblick – im wahrsten Sinne des Wortes. (S. 88)

InterContinental Lobby Lounge Zum Nachmittagstee oder zu den Drinks am Abend bekommt man hier den besten Hafenblick in Kowloon. (S. 162)

High Island Reservoir Wer den beeindruckenden East Dam erklimmt, kann dieses Bravourstück der Ingenieurskunst und die schroffen Felsformationen darunter bestaunen. (S. 186)

Tai Long Wan Hiking Trail Auf diesem Wanderweg heißt es jedes Mal, wenn eine Bucht zu sehen ist: Staunen und Kamera zücken! (S. 185)

Tai Po Waterfront Park Mit den Fernrohren auf dem Aussichtsturm kann man sich die Hügel und das Retro-Fabrikgelände ganz nah ranholen. (S. 187)

Tung Ping Chau Mutter Natur hat hier für atemberaubende Sedimentgesteine gesorgt, die Biskuitkuchen ähneln. (S. 186)

Pak Nai Am äußersten Westrand von Hongkong kann man den Sonnenuntergang genießen. (S. 194)

Sai Wan Swimming Shed Rustikales Pier für Schwimmer im Westen von Hong Kong Island. (S. 102)

Moderne Architektur

HSBC Building Norman Fosters Meisterwerk nimmt in den Herzen

Nan Lian Garden (S. 151), Kowloon

der Menschen der Stadt einen besonderen Platz ein. (S. 80)

Bank of China Tower Manche verspotten I. M. Peis raffiniertes Design als futuristisches Fleischerbeil. (S. 80)

Old Bank of China Building Auch sechs Jahrzehnte später strahlt dieses Art-Deco-Juwel noch immer eine grandiose Modernität aus. (S. 81)

Asia Society Hong Kong Centre Über dem ehemaligen Militärgelände erhebt sich ein schöner Dachgarten. (S. 116)

Lippo Centre Das Gebäude, das an Koalas erinnert, die sich an einen Baum klammern, wurde vom amerikanischen Architekten Paul Rudolph entworfen. (S. 116)

Hong Kong Convention & Exhibition Centre Erinnert manche an einen Stachelrochen, der auf einer künstlichen Insel gestrandet ist. (S. 118)

Parks & Gärten

Victoria Peak Garden Der Gipfel über dem Gipfel: Dieser angelegte Hafen der Ruhe lockt mit einer unversperrten Aussicht. (S. 98)

Tai Po Waterfront Park Ein charmanter Park in der Nähe des Tolo Harbour mit Picknickwiesen und Aussichtsturm. (S. 187)

Kowloon Walled City Park Das ehemalige Sündenviertel wurde als traditioneller Jiāngnán (Süd-Yangtze)-Garten neu erfunden. (S. 157)

Nan Lian Garden Ein wunderschöner Garten im Tang-Stil im Chi-Lin-Nonnenkloster, inklusive Pagode, Teepavillon, Koi-Teich und „Buddhisten-Pinien". (S. 151)

Hong Kong Zoological & Botanical Gardens Diese Festung der Natur ist von Wolkenkratzern umringt und schmückt die Stadt seit 1871. (S. 80)

Hong Kong Park Diese von Menschen gemachte Freizeitoase beherbergt eine regenwaldartige Voliere und das älteste Kolonialgebäude der Stadt. (S. 115)

Ocean Park Ein riesiges Aquarium und aufregende Fahrgeschäfte locken Familien in Scharen in diesen äußerst beliebten Vergnügungspark. (S. 138)

Cheung Kong Park Die kleine Oase in der Mitte von Central ist um die Mittagszeit bei Angestellten der umliegenden Firmen beliebt. (S. 82)

Astropark Dieser Park weckt die Sehnsucht nach den Sternen und lockt mit interessanten chinesischen und westlichen astronomischen Instrumenten. (S. 186)

Kowloon Park Eine Oase in Grün abseits der Nathan Rd. (S. 152)

Ungewöhnliche Leckereien

Arme Ritter à la Hongkong Beliebtes „Seelenfutter", das in *cha chaan tang* (Teehäusern) großzügig serviert wird. Im Chau Kee kann man es probieren. (S. 106)

Schlangensuppe Dank seiner wärmenden Eigenschaften ein Lieblingsgericht im Winter. Wird im Ser Wong Fun serviert. (S. 85)

Chiu-Chow-Küche: Schweineblut mit Schnittlauch Die zeitlose Delikatesse aus roten Geleewürfeln gibt's im Chan Chun Kee. (S. 103)

Rinderinnereien Günstig und nahrhaft brodeln sie in Bottichen voller Brühe hinter beschlagenen Schaufenstern vor sich hin. Am besten kostet man sie im City Hall Maxim's Palace. (S. 84)

Turtle Jelly Ein leicht bitterer Trank aus Schildkrötenpanzern und chinesischen Kräutern, der gut für die Haut sein soll. Erhältlich in Kung Lee. (S. 91)

Yin yeung Dieses für Hongkong typische Getränk aus Tee und Kaffee ist dem Kolonialismus entsprungen. Es wird im Mido Café serviert. (S. 160)

Stinkender Tofu Eine fermentierte, bakterienreiche Spezialität, die beißender riecht, als sie schmeckt. Erhältlich im Chuen Cheong Foods. (S. 123)

„Russischer" Borschtsch Ist zwar nicht wirklich russisch, trotzdem aber äußerst köstlich. Dieser Inbegriff „westlicher Sojasaucen-Küche" steht im Tai Ping Koon auf der Karte. (S. 126)

24 Herbs Dieses verbreitete, bittere Getränk kühlt das komplette System runter. Man kann es im Lui Seng Chun genießen. (S. 156)

Wandern

Tai Long Wan Hiking Trail Der Weg durch die üppig bewachsene Berglandschaft führt zum idyllisch gelegenen Strand Tai Long Wan. (S. 184)

Dragons's Back Ein beliebter Streifzug mit Meerblick, der sich

Weitere Highlights in Hongkong:

- Essen (S. 43)
- Ausgehen & Nachtleben (S. 51)
- Unterhaltung (S. 56)
- Shoppen (S. 59)
- Sport & Aktivitäten (S. 65)

zu dem verschlafenen Fischerort Shek O schlängelt. (S. 68)

Lamma Leichte 4-km-Wanderung über die grüne Insel, die zu den am Wasser gelegenen Seafood-Restaurants führt. (S. 197)

High Island Reservoir East Dam Die einzige vulkanische Stätte im Hong Kong Geopark, die Menschen (und streunende Rinder) zu Fuß erreichen können. (S. 186)

Lai Chi Wo Jede Wanderung von Wu Kau Tang oder Luk Keng passiert dieses antike Hakka-Dorf, das von Wäldern und Mangroven umgeben ist. (S. 191)

Hong Kong Cemetery Hügeliger, zum Teil verwilderter und sehr stimmungsvoller Friedhof. (S. 120)

Morning Trail Gepflasterter Pfad rund um The Peak mit Blick auf die Skyline der Stadt. (S. 98)

Tai Mo Shan Verschiedene Wanderrouten führen auf Hongkongs höchsten Berg und um ihn herum. (S. 177)

Kolonial- & Fusion-Architektur

Old Supreme Court Building Vielleicht nicht das schönste, aber doch das imposanteste Gebäude aus der Kolonialzeit in der ganzen Stadt. (S. 87)

Former Marine Police Headquarters Nicht einmal unverhohlener Kapitalismus kann von der großen Ruhe und Schönheit ablenken, die dieses neoklassizistische Denkmal ausstrahlt. (S. 152)

Tao Fong Shan Christian Centre Christliche Gebäude mit buddhistischen Akzenten, von einem Dänen entworfen, stehen in Shatin auf einem Hügel. (S. 182)

Tai Kwun Ein Denkmal der Geschichte der Strafverfolgung in Hongkong. (S. 79)

Lui Seng Chun Eine überraschend harmonische Verbindung zwischen einem chinesischen „Shophouse" und einer italienischen Villa. (S. 156)

St. Johns Cathedral Zu Beginn seiner Geschichte wurde das Bauwerk häufig kritisiert, da es sich nicht in die Landschaft einfügte. Heute gilt das Gotteshaus als eine Erinnerung an das gute, alte England (S. 80).

Béthanie Zwei achteckige Kuhställe und eine neugotische Kapelle bilden heute den Campus der Hong Kong Academy for Perfoming Arts. (S. 140)

Kultur & Tradition

Tai O Im Südwesten von Hongkong kann man diese Pfahlbauten besuchen und gewinnt einen Einblick in die Fischereikultur der Stadt. (S. 200)

Aberdeen (S. 138) **& Ap Lei Chau** (S. 139) Die Kultur der „Water People" ist auf den Märkten und an den Essensständen ebenso lebendig wie auf den Drachenbooten.

Ummauerte Dörfer Überall in den New Territories sind in Dörfern wie Lai Chi Wo Spuren einer landwirtschaftlichen Lebensweise erhalten. (S. 191)

Volks-Voodoo Jeden März in vollem Gange, nachdem der erste (mythologische) Donnerschlag des Jahres die Tierwelt in Aufruhr versetzt hat. (S. 119)

Kantonesische Oper Diese auf der UNESCO-Liste als bedroht verzeichnete Kunstform wird in den Theatern Sunbeam und Yau Ma Tei am Leben erhalten. (S. 133)

Pok Fu Lam Village Dieses „urbane" Dorf präsentiert eine alte Lebensweise zwischen den Überresten einer Molkerei und Feuerdrachen-Ritualen. (S. 139)

Dried Seafood Street Bei den Ständen rund um die Des Voeux Rd West, wo kantonesische Köche einkaufen, hält man sich besser die Nase zu. (S. 107)

Tsim Sha Tsui TSTs weniger bekannter Teil besteht aus Clubs aus der Kolonialzeit und den Häusern der ersten Shanghaier Einwanderer. (S. 153)

North Point Hongkongs Little Fujian seit Beginn des letzten Jahrhunderts, besonders eindrucksvoll am Chun Yeung Street Market. (S. 120)

Yau Ma Tei Kowloons alternative Straßenkultur ist an Orten wie dem Tin-Hau-Tempel noch immer äußerst lebendig. (S. 155)

Chinesische Architektur

Kang Yung Study Hall Der schöne Studienraum diente früher als Privatschule eines entlegenen Hakka-Dorfes. (S. 192)

Ahnenhalle von Tang Clan Hongkongs imposanteste Ahnenhalle steht in Ping Shan neben anderen beeindruckenden Gebäuden des Dorfes. (S. 193)

Tin-Hau-Tempel Ein schöner Tin-Hau-Tempel, der weitgehend original erhalten ist, ebenso wie die aufwendigen Dachdekorationen. (S. 118)

Tsz-Shan-Kloster Eine beeindruckende, von der Antike inspirierte moderne buddhistische Anlage in Tai Po. (S. 190)

Chi-Lin-Nonnenkloster Ein exakter moderner Nachbau buddhistischer Architektur aus der Tang-Dynastie. (S. 151)

Man Mo Temple Ständig von Sandelholzrauch vernebelter Tempel an der Hollywood Rd. (S. 99)

Märkte

Temple Street Night Market Hongkongs lebhaftester Nachtmarkt mit gelegentlichen kostenlosen kantonesischen Opernaufführungen. (S. 149)

Cat Street Straßenmarkt für chinesische Repro-Antiquitäten, alte Bruce-Lee-Poster und Hongkong-Fotos. (S. 101)

Graham Street Market Dieser Straßenmarkt in Central, ein Überbleibsel des alten Hongkongs, verkauft immer noch fermentierte Bohnen, asiatische Früchte und Gemüse. (S. 81)

Chun Yeung Street Market Atmosphärischer Markt der Fujian-Gemeinde inmitten alter Wohnhäuser. (S. 120)

Bowrington Road Market Markt für frische Lebensmittel (inkl. Fisch), teils in einem Gebäude, teils unter freiem Himmel, mit zumal spät abends betriebsamen *dai pai dong* (Imbissständen). (S. 126)

Tai Po Market Markt unter freiem Himmel in den New Territories. Zu den Spezialitäten gehören getrocknete Meeresfrüchte und Zuckerrohrsäfte. (S. 188)

Vintage Market Auf diesem Markt in Macau gibt's vor allem Mode aus aller Welt und handgefertigten Schmuck. (S. 230)

Monat für Monat

TOP-EVENTS

Chinesisches Neujahrsfest Jan./Feb.

Geburtstag von Tin Hau April/Mai

Cheung Chau Bun Festival April/Mai

Dragon Boat Festival Mai/Juni

Fest der hungrigen Geister August

Februar

Die Stadt mag unter einem grauen Wolkendach im Winterschlaf liegen, aber das wichtigste Fest – das Chinesische Neujahrsfest – des Kulturkalenders sorgt für Hochstimmung.

Chinesisches Neujahrsfest

Riesige Blumenmärkte leiten den Beginn des beliebtesten chinesischen Festes ein. Die Menschen kleiden sich in Rot und lassen sich im Sik Sik Yuen Wong Tai Sin Temple segnen (S. 150). Danach sucht man sich einen Platz am Victoria Harbour (oder, wenn das nicht klappt, vor dem Fernseher) und lässt sich vom Feuerwerk beeindrucken.

Frühlings-Laternenfest

Liebespaare stehen hierbei im Mittelpunkt. Beim Frühlings-Laternenfest leuchten in der ersten Vollmondnacht des Mondjahrs bunte Laternen, um das Ende der Neujahresfeierlichkeiten und den „Chinesischen Valentinstag" zu feiern.

Hong Kong Arts Festival

Hongkongs wichtigstes kulturelles Ereignis (S. 56) dauert fünf bis acht Wochen, ist ein Mix aus Musik und darstellenden Künsten von traditionell bis zeitgenössisch und zieht Hunderte einheimischer und internationaler Talente an.

Hongkong-Marathon

Circa 70 000 Läufer nehmen an diesem wichtigen asiatischen Marathon teil. Jedes Jahr finden außerdem ein Halbmarathon, ein 10-km-Rennen sowie ein Rennen für Rollstuhlfahrer statt.

März

Der Regen und die warmen Tage kehren zurück, sodass die Luftentfeuchter wieder auf Hochtouren laufen, während Blumen und Regenschirme das Stadtbild prägen.

Hong Kong International Film Festival

Um Ostern herum findet in Hongkong jedes Jahr eines der besten Filmfestivals Asiens statt. Das HKIFF (S. 56) wurde vor 40 Jahren ins Leben gerufen. Gezeigt werden die neuesten Arthouse-Filme sowie preisgekrönte Filme aus Asien und dem Rest der Welt.

Hong Kong Flower Show

Etwa zehn Tage lang verwandelt sich der Victoria Park in ein buntes Meer aus herrlichen Blumen, wenn Gärtner aus über 20 Ländern ihrer Fantasie freien Lauf lassen.

Art Basel

Wenn im März die renommierte Kunstmesse (S. 61) das Hong Kong Convention and Exhibition Centre im Sturm einnimmt, wird Hongkong für die Dauer von drei Tagen zu einem Epizentrum für die internationale Kunstwelt.

April

Hong Kong Sevens

Hongkongs berühmteste – und vielleicht originellste – Sportveranstaltung ist dem hier erfundenen Siebener-Rugby (oder Rugby Sevens; S. 68) gewidmet und erfreut sich ungebrochen riesiger Beliebtheit. Neben harten Matches bringen die Hong Kong Sevens auch feierfreudige Fans mit sich, die das Turnier in eine Art Karneval verwandeln.

Geburtstag von Tin Hau

Dieses Fest fällt auf den 23. Tag des dritten Mondmonats und wird zu Ehren der Schutzheiligen der Fischer und einer der beliebtesten Gottheiten der Hafenstadt gefeiert. Dazu gehören auch die Parade mit den bunten Festwagen in Yuen Long und die traditionellen Riten am „Großen Tempel" in der Joss House Bay.

Mai

Nun beginnen die langen Sommermonate, und in der Stadt wird es von Tag zu Tag schwüler. Die ersten starken Niederschläge des Jahres reinigen die Luft, und religiöse Feierlichkeiten heizen die Stimmung kräftig an.

Cheung Chau Bun Festival

Dieses ungewöhnliche einwöchige Fest (S. 205) wird auf der Insel Cheung Chau gefeiert und erreicht seinen Höhepunkt am Geburtstag Buddhas, wenn als mythologische Gestalten oder als zeitgenössische Politiker verkleidete Kinder durch die engen Gassen der Insel „schweben", während die mutigeren Teilnehmer um Mitternacht die mit Brötchen behängten Türme emporklettern.

Geburtstag Buddhas

Die Gläubigen pilgern am achten Tag des vierten Mondmonats zu den buddhistischen Klöstern und Tempeln Hongkongs, um für den Gründer der buddhistischen Lehre zu beten und seine Statuen mit duftendem Wasser zu waschen.

Affordable Art Fair

Während der dreitägigen Veranstaltung im Mai verkaufen mehr als 115 einheimische und internationale Galerien Kunstwerke von 1000 HK$ bis 100 000 HK$ – Schnäppchen im Vergleich zu den Preisen, die in vielen anderen Galerien in Hongkong verlangt werden.

Le French May

Der Name verwirrt ein wenig: Das Event feiert alles Gallische, beginnt oft im April und endet im Juni – mit einem bunten, hochwertigen Kunstprogramm, gutem Essen und feinem Wein.

Juni

Der Himmel öffnet sich, die Temperatur steigt, und in der Stadt laufen die Klimaanlagen, um die Gemüter der Einheimischen und Traveller zu kühlen.

Dragon Boat Festival

Tausende der besten Drachenbootfahrer aus aller Welt treffen sich für drei Tage in Hongkong, um im Victoria Harbour ihre Rennen auszutragen und zu feiern (S. 39), während kleinere, aber nicht minder spannende Rennen im gesamten Stadtgebiet stattfinden.

August

7 Mio. Menschen hecheln und schwitzen in der erdrückenden Hitze. Sintflutartige Regenfälle sind nicht ungewöhnlich, aber in diesem weitläufigen Archipel mit über 260 Inseln ist ein sonnenbeschienener Strand nie weit.

Fest der Hungrigen Geister

Während des siebten Mondes entfliehen rastlose Geister der Hölle, um dann über die Erde zu streifen. Höllengeld, Lebensmittel und irdische Luxusgüter, allesamt aus Pappmachée angefertigt, werden verbrannt, um die Besucher milde zu stimmen. In der ganzen Stadt leben während des Festes, das auf den 15. Tag des siebten Mondmonats fällt, faszinierende volkstümliche Traditionen auf.

September

Der gute alte Sommer ist noch nicht vorbei, aber allmählich sinkt die Luftfeuchtigkeit, und man kann entlang der Meeresküsten wieder durchatmen. Die Schulkinder tauschen Sandspielzeug gegen Berge von Hausaufgaben ein.

Mondfest

In der 15. Nacht des achten Mondmonats schnappt man

sich eine Laterne und nimmt an einem Mondscheinpicknick teil. Bei diesem auch Mittherbstfest genannten Familienfest, das an einen Aufstand gegen die Mongolen im 14. Jh. erinnert, verspeist man genüsslich die einst als subversiv angesehenen „Mondkuchen".

November

Endlich wird es in Hongkong wieder kühler. Die Temperaturen sinken auf erträgliche 22 °C, und es regnet deutlich seltener – sehr zur Freude von Wanderern und anderen Naturfans.

☆ Clockenflap

Beim größten Open-Air-Festival Hongkongs (S. 57) treten internationale, regionale und lokale Künstler vorwiegend aus dem Indie-Genre auf. Zu sehen sind außerdem Kunstinstallationen und Pop-up-Werke. In früheren Jahren standen hier u. a. schon New Order, The Libertines, A$AP und Massive Attack auf der Bühne.

Oxfam Trailwalker

Was 1981 als Übungsdrill für örtliche Gurkha-Soldaten begann, die Spenden sammeln sollten, ist heute eine berühmte Herausforderung: Ein Wanderteam aus vier Personen muss den 100 km langen MacLehose Trail in 48 Stunden bewältigen.

Hong Kong International Literary Festival

Bei dem zehntägigen Literaturfestival im Herbst kommen anerkannte Autoren sowie aufstrebende Schrift-

Oben: Dragon Boat Festival, Stanley (S. 29), Hong Kong Island
Unten: Mondkuchen mit Durian, Mondfest

OSTILL IS FRANCK CAMHI / SHUTTERSTOCK ©

NEWROADBOY / SHUTTERSTOCK ©

steller aus aller Welt zu Wort. Zu den früheren Teilnehmern gehören Starautoren wie Margaret Atwood und Louis de Bernières.

Dezember

Dies ist die wohl beste Jahreszeit für einen Trip in die Stadt. Die Tage sind sonnig und der Himmel ist blau. Das herrliche Wetter ist perfekt für diverse Outdoor-Aktivitäten. Allerdings sind die Weihnachtsshopper bereits im Anmarsch!

Hong Kong Winterfest

Strahlende Neonweihnachtswandgemälde am Hafen von Tsim Sha Tsui (S. 152)! Nimmt man die Fähre zum Statue Sq, kann man den erleuchteten Weihnachtsbaum und falschen Schnee bestaunen. Oder man feiert mit den Teenagern rund um den Times Sq den Ersten Weihnachtsfeiertag.

Hong Kong International Races

Bei den „Weltmeisterschaften auf der Pferderennbahn" treten Stars der Reiterszene und berühmte Pferde aus aller Welt auf dem Sha Tin Racecourse (S. 183) vor grandioser Kulisse gegeneinander an. Die über 60 000 Zuschauer wetten und fiebern auf den Tribünen mit.

Mit Kindern reisen

Diese Stadt mit ihren Wolkenkratzern und den coolen Museen, erreichbar mit Straßenbahnen und Fähren, ist aufregend für Kids. Das Essen und die sanitären Einrichtungen erfüllen alle Ansprüche, aber Menschenmassen, Verkehr und Luftverschmutzung können anstrengend sein.

EWILDING / SHUTTERSTOCK ©

Hong Kong Museum of History (S. 148)

Kinderfreundliche Museen

Hong Kong Science Museum

Die drei Stockwerke in Hongkongs lebendigstem Museum (S. 153) quellen über vor Attraktionen für Kids aller Altersstufen. Es gibt ein Theater, in dem das Personal in Laborkitteln verrückte Experimente vorführt.

Hong Kong Museum of History

Das ausgezeichnete Museum (S. 148) erweckt die Geschichte der Stadt in Bild und Ton anschaulich zum Leben. Die Kids werden begeistert sein von der Ausstellung „Hong Kong Story" mit ihren Nachbauten traditioneller Gegenstände und einer Fischerdschunke in Originalgröße.

Hong Kong Space Museum & Theatre

Kinder, die ja gern ihre motorischen Fähigkeiten testen, geraten hier völlig aus dem Häuschen – sie können auf Knöpfe drücken, durch Teleskope schauen, im Simulator fahren und Computerquizfragen lösen. Ältere Kinder haben ihre Freude an den Omnimax-Filmen, die an der gewölbten Decke des Theaters zu sehen sind (S. 154).

Hong Kong Maritime Museum

Auch wenn die großartigen Schiffsmodelle ihren Zweck nicht erfüllen würden, gibt es hier viele Exponate, die die Fantasie der Kleinen anregen, darunter mit Gewehren bewaffnete Piraten-Puppen, aus Wracks geborgene echte Schätze und ein Taucheranzug aus Metall. Zudem kommt dank „Water Jai" und den Tränen, die er wegen der Vermüllung der Meere vergießt, auch der Umweltgedanke nicht zu kurz. (S. 81)

Hong Kong Railway Museum

Thomas, die kleine Lokomotive, wird in diesem Open-Air-Museum (S. 187), das in einem historischen Bahnhof eingerichtet wurde, zum Leben erweckt; hier gibt es alte Personenwagen und ein Zugabteil.

Hong Kong Heritage Museum

Manche Kinder interessieren sich vielleicht für die Exponate, aber der wahre Hit ist die interaktive Children's Discovery Gallery, wo die Kleinen sich verkleiden, Puzzlespiele machen und die Ausstellung historischer Spielzeuge ansehen können (S. 181).

Spannende Verkehrsmittel

Peak Tram

Kinder sind von der der Schwerkraft trotzenden Peak Tram fasziniert. (S. 294)

Star Ferry

Kreuzfahrtschiffe, Lastkähne, Tragflächenboote, Dschunken … Kleine Seeleute werden einen Riesenspaß haben, die vorbeifahrenden Schiffe zu benennen, während das eigene durch den Victoria Harbour tuckert. (S. 293)

Straßenbahn

Aus einem schmalen, an Harry Potter erinnernden Fahrzeugs herauszuschauen, das mitten durch den stärksten Verkehr rattert, kann viel Spaß machen. (S. 12)

MTR

Um die Metro mit ihrem interessanten Farbleitsystem rankt sich eine Fülle von Mythen und spannenden Fakten.

Symphony of Lights

Kids werden begeistert sein vom musikalisch untermalten Tanz der Laserstrahlen (S. 167), die auf beiden Seiten des Hafens von Hochhäusern aus projiziert werden. Das Darth-Vader-Kostüm nicht vergessen!

Shoppen mit Kindern

Alle wichtigen Toilettenartikel für jüngere Kinder und Babys gibt's in den Filialen diverser Apothekenketten, z. B. Mannings. Das **Hong Kong Book Centre** (Karte S. 336, H3; ☎852 2522 7064; www.hkbookcentre.com; Lower Level, On Lok Yuen Bldg, 25 Des Voeux Rd, Central; ⏲Mo–Fr 9–18.30, Sa biy 17.30 Uhr; Ⓜ Hong Kong, Ausgang B) bietet eine gute Auswahl von Kinderbüchern (englisch). Im Horizon Plaza (S. 145) gibt es Megastores mit großem Kinderbücherangebot (englisch) und Kleidung. Tai Yuen St ist bekannt für seine Spielwarengeschäfte für Jugendliche jeden Alters.

Im **Ocean Terminal** (Karte S. 348, B5; www.oceanterminal.com.hk; Salisbury Rd, Tsim Sha Tsui; ⏲10–21 Uhr; ⛴Star Ferry, Ⓜ East Tsim Sha Tsui, Ausgang J) in Harbour City, in der Elements Mall (S. 170) bzw. im Festival Walk (S. 170) in Kowloon oder im Times Square (S. 134) in Causeway Bay locken Dutzende Läden für Kinder.

Delfinbeobachtung

Das zweitschlauste Tier der Erde in freier Wildbahn beobachten – und es ist rosa! Hong Kong Dolphinwatch unternimmt pro Woche drei vierstündige Touren in Gewässer, in denen Chinesische Weiße Delfine gesichtet werden können. (S. 171)

Themenparks & Grünflächen

Ocean Park

Hongkongs wichtigster Vergnügungspark (S. 138) bietet Achterbahnen, ein tolles Aquarium, echte, riesige Pandas und eine Panoramaseilbahn mit Meerblick.

Hong Kong Park

Enten, Schwäne und Schildkröten leben in den Teichen dieses Parks (S. 115). In der riesigen Voliere, die an einen natürlichen Wald erinnert, laufen Besucher über eine Art Baumwipfelpfad an den Baumkronen vorbei und können die Vögel perfekt beobachten.

Hong Kong Zoological & Botanical Gardens

Beim Besuch dieses Parks (S. 80) sieht der Nachwuchs Kubaflamingos, Tigerpythons und Zweifinger-Faultiere und kann hinterher vielleicht sogar einen Gelbwangen-Schopfgibbon von einem frechen Kind unterscheiden.

Hong Kong Wetland Park

Man braucht durchaus Geduld, um die Bewohner des Sumpflands zu Gesicht zu bekommen, aber das machen die thematisch geordneten Ausstellungen, das Theater und der Spielbereich „Swamp Adventure" wieder wett (S. 193).

Kowloon Park

Die große Grünanlage bietet jede Menge Platz zum Toben, Seen mit Wasservögeln, zwei Spielplätze, Pools und ein Vogelgehege. Sonntags Drachentanz. (S. 152)

YIUCHEUNG / SHUTTERSTOCK ©

Ocean Park (S. 138), Aberdeen

Hong Kong Disneyland

Zu den neuesten Attraktionen dieses Themenparks gehört ein Bereich für Marvel-Helden, der zwischen 2018 und 2023 ständig erweitert werden soll. (S. 201)

Tipps zum Besuch von Ocean Park & Disneyland

Praktisches

- Beide, Ocean Park (S. 138) und Disneyland (S. 201), sind bei Touristen aus China sehr beliebt. Wer es ruhiger mag, sollte die Parks an den staatlichen chinesischen Feiertagen meiden, besonders am Tag der Arbeit (1. Mai) und den zwei Tagen darauf, am Nationalfeiertag und den folgenden Tagen (1.–7. Okt.), dem Ching Ming Festival im April und dem chinesischen Neujahrsfest im Januar oder Februar. Auch in den Sommermonaten Juli und August ist viel los.
- Am Wochenende ist es am Sonntag etwas weniger überlaufen als am Samstag.
- Einige Rides haben Größenbegrenzungen.
- In beiden Parks gibt's viele erschwingliche chinesische und westliche Speisen.

Ocean Park

- Die meisten Teenager und Erwachsenen werden den Ocean Park Disneyland vorziehen. Er ist deutlich größer, hat viel mehr zu bieten, und die Achterbahnen sind spektakulärer.
- Er besteht aus zwei Teilen: Waterfront nahe dem Eingang und Summit auf der Landzunge. Man kann nicht zu Fuß von einem Bereich in den anderen wechseln, aber sie sind durch eine Panoramaseilbahn und den unterirdischen Ocean-Express-Zug verbunden. Erstere ist morgens und abends sehr voll. Um Schlangen zu vermeiden, fährt man mit dem Ocean Express hoch und mit der Seilbahn runter.
- Kleineren Kindern dürfte Whisker's Harbour gefallen. Hier gibt's einen altersgerechten Spielbereich und den Pacific Pier, an dem man Robben und Seelöwen bestaunen und füttern kann. Tierschützer sind allerdings der Ansicht, dass Interaktionen mit in Gefangenschaft lebenden Meeressäugern bei den Tieren Stress auslösen.

Disneyland

- Obwohl Disneyland seit jeher eher auf ein jüngeres Publikum ausgerichtet ist, sollen nun mit neuen Attraktionen auch ältere Kinder angesprochen werden. So wird zwischen 2018 und 2023 ein Marvel-Themenbereich geöffnet. Die Iron-Man-Experience-Flugsimulation gibt's schon.
- Auch wenn Hong Kong Disneyland vergleichsweise klein ist, sollte man einen Kinderwagen mitbringen. An den Rides gibt's sogar spezielle Stellplätze dafür. Der Park bietet außerdem ein paar Kinderwagen zum Verleih.
- Auf der Main Street, USA, in der sich viele der Geschäfte befinden, gibt's Schließfächer.
- Fantasyland ist das beste Ziel für die ganz Kleinen. Hier warten Dumbo und Attraktionen wie Mad Hatter's Teacups, It's a Small World und The Many Adventures of Winnie the Pooh.
- Toy Story Land und Grizzly Gulch sind beliebt und haben die längsten Warteschlangen.
- Eine Fahrt mit der Disneyland Railroad ist nett, wenn man müde ist, aber sie fährt nicht durch den ganzen Park. Es gibt nur zwei Haltestellen: am Eingang und in Fantasyland.
- Es ist nicht nötig, sich schon frühzeitig einen Platz fürs Feuerwerk um 20 Uhr zu sichern, es sei denn, man möchte Fotos schießen. Wenn man sich in Eingangsnähe postiert, ist man anschließend schneller draußen.
- Wer Disneyland nachmittags besucht, hat mehr von seiner Zeit und vermeidet die längsten Schlangen. Außerdem verströmt der Park abends (18–21 Uhr) eine besondere Magie, wenn einige der Attraktionen beleuchtet sind.

Wie die Einheimischen

Bestimmte Werte und Sitten prägen den Alltag in Hongkong, doch ob man etwas davon merkt, hängt von den Einheimischen ab, die einem über den Weg laufen, denn nicht alle halten das gleich. Hier sind ein paar Tipps, die helfen, sich im sozialen Gefüge dieser Metropole zurechtzufinden.

D3SIGN / GETTY IMAGES ©

Dim Sum

Etikette

Begrüßung

Manche Einheimische finden Umarmungen und ein Wangenküsschen in der Öffentlichkeit zu intim, andere wünschen sich heimlich mehr davon. Normalerweise reicht ein einfaches *Hello, how are you?*, verbunden mit einem leichten Händedruck. Besucher ziehen ihre Schuhe vor dem Betreten einer fremden Wohnung aus.

Mienenspiel

In diesem Teil der Welt ist es ein Eckpfeiler zwischenmenschlicher Beziehungen. Auf Status und Respekt ist stets zu achten, ebenso auf Höflichkeit und darauf, in der Öffentlichkeit nie die Beherrschung zu verlieren.

Geschenke

Wenn man jemandem ein Geschenk machen möchte, könnte es sein, dass sich dieser ziert, es anzunehmen, um nicht als habgierig zu gelten. Wenn man aber darauf beharrt, wird er dennoch nachgeben. Nicht überrascht sein, wenn ein verpacktes Geschenk nicht gleich geöffnet wird – das gilt hier als unhöflich.

Essen gehen

Wenn Einheimische mit Freunden ausgehen, wird meist getrennt bezahlt. Gewöhnlich wird aber der Endrechnungsbetrag in gleiche Teile aufgeteilt, unabhängig davon, was jeder Einzelne genau bestellt hat. Es ist eher ungewöhnlich, nach separaten Rechnungen zu fragen.

Farben

Rot steht für Glück, Fröhlichkeit und Reichtum (obwohl ein mit roter Tinte geschriebener Brief Ärger und Unfreundlichkeit ausdrücken kann). Weiß ist in der chinesischen Kultur die Farbe des Todes – man sollte es sich daher gut überlegen, bevor man jemandem weiße Blumen schenkt oder zur Geburtstagsfeier einer älteren Person weiß gekleidet erscheint.

Tischmanieren

Hygiene beim Essen

Bei chinesischen Mahlzeiten kann sich jeder vom Essen, das auf dem Tisch steht, bedienen. Exklusive Lokale bieten für jedes Gericht Essstäbchen oder Löffel an; in den preiswerten Lokalen ist das meist nicht der Fall; es ist aber jederzeit möglich, darum zu bitten.

Auf die Stäbchen achten!

Die Stäbchen niemals senkrecht in eine Schale stellen – dies erinnert an Räucherstäbchen bei Trauerfeiern. In fast allen Restaurants gibt's auch Gabeln. Man sollte sich nicht scheuen, um eine zu bitten.

Vom Geist des Teilens

Von einem für alle bestimmten Gericht sollte man immer nur einige Häppchen auf einmal nehmen, und zwar am besten von denen, die einem jeweils am nächsten sind. Es ist nicht notwendig, die eigene Schale auf einmal mit dem halben Gericht zu beladen. Was die Beilagen (Reis, Nudeln etc.) anbelangt: Damit kann man die eigene Schale voll machen.

Teesitten

Wenn einem jemand die zierliche Teetasse wieder auffüllt, kann man als Zeichen des Dankes mit zwei Fingern (Zeige- und Mittelfinger) zweimal leicht auf den Tisch klopfen, anstatt mit vollem Mund ein Danke herauszupressen. Wer diese (angeblich) jahrhundertealte Geste beherrscht, kann seinem Gastgeber ganz schön imponieren.

Wohin mit den Knochen?

Knochen gehören auf den eigenen Teller oder in eine extra Knochenschale. Wer das nicht mag, kann sie auch auf ein Papiertaschentuch legen oder eines darüberbreiten.

Essen als Leidenschaft

Open Rice

Ganze Scharen von Restaurantkritikern, und zwar nicht nur Hobbytester, stellen ihre Berichte und Fotos täglich auf der von den Benutzern gepflegten zweisprachigen Restaurantkritik-Website www.openrice.com ins Netz.

Dim Sum

Die morgendlichen Dim Sum sind für viele Rentner ein tägliches Ritual und ein leckerer Anlass für eine Familienzusammenkunft am Wochenende. Heutzutage stehen das Essen und die Familie jedoch in scharfer Konkurrenz zu den allgegenwärtigen Smartphones.

Teepause

Sobald es Nachmittag wird, füllen sich die *cha chaan tang* (Teehäuser) mit älteren Herrschaften, die über die Fleischpreise vom Vormittag oder die Schwankungen an den Aktienbörsen diskutieren. Diese schlichten Cafés sind ein sozialer Treffpunkt für Hausfrauen und Rentner, die gern ein Schwätzchen halten und den neuesten Klatsch und Tratsch austauschen. Gestressten Büroangestellten dienen sie oft auch als Refugium.

Süßes zur nächtlichen Stunde

Nach dem Abendessen suchen die Einheimischen gern noch einen Dessert Shop auf, wo es süße Suppen und andere Nachspeisen der chinesisch beeinflussten Fusion-Küche gibt, etwa schwarze Sesamsuppe und Durian-Crêpes.

Dampfender Winter

Im Winter ist ein Eintopf in einem *dai pai dong* (Imbissstand unter freiem Himmel) oder in einem Restaurant eine wohltuende, gesellige Erfahrung. Dabei werden Fleischstückchen und Meeresfrüchte sowie Gemüse in einen Topf mit dampfender Brühe getunkt – ein Vorgang, der natürlich mehrmals wiederholt wird.

Traditionelle Viertel

Eine Gentrifizierung in großem Stil hat in diesen Gebieten noch nicht stattgefunden, allerdings nimmt die städtische Entwicklung bereits Einfluss auf den Charakter der Wohnviertel.

Aberdeen & Ap Lei Chau

Hier kann man vom Boot aus den bekannten Taifun-Schutzhafen der Stadt bestaunen, Drachenbootrennen verfolgen und die Märkte (S. 143) und Tempel von Hongkongs „Volk des Wassers" besuchen.

Yau Ma Tei

Wenn man nach traditionellen Barbieren, Schneidern für chinesische Hochzeitsmode und traditionellem Kunsthandwerk Ausschau halten will, ist man in der Shanghai St (S. 155) richtig.

Sham Shui Po

In diesem schier unverwüstlichen Arbeiterviertel gibt's Flohmärkte, Geschäftshäuser aus den 1930er-Jahren, Nachkriegssiedlungen und sogar eine antike Grabstätte.

Sai Ying Pun

Westlich von Sheung Wan wird einen der durchdringende Geruch nach getrocknetem Fisch und chinesischen Heilkräutern zu ruhigen Anwohnerstraßen in höheren Lagen (S. 107) und zu kleinen Nachbarschaftsrestaurants führen.

Rund ums Geld

Jockey Club

Die Wettbüros des Jockey Club befinden sich häufig in der Nähe von Wohngebieten, Märkten oder Endhaltestellen öffentlicher Verkehrsmittel. Wenn man sie an Renntagen oder -abenden betritt, gerät man in einen Strudel der Gefühle, denn die Wettenden versuchen, das Unbeeinflussbare zu beeinflussen. Gelegentlich hört man einen Freudenschrei, häufiger jedoch durchsetzen Schimpftiraden die Seufzer der Verzweiflung, wenn im 30-Minuten-Takt die neuesten Ergebnisse über die TV-Bildschirme flimmern. Draußen auf der Straße trifft man die High-Rollers (die große Summen setzen), das Gesicht vergraben in den Wettkarten, auf ihrer Suche nach der ewig unerreichbaren Gewinngarantie.

Aktien & Wertpapiere

Werktags lohnt es sich auch, die Leute in den unscheinbaren Maklerbüros zu beobachten, in denen Scharen von (oft nicht ganz unwichtigen) Investoren völlig versunken die Live-Aktienmarkt-Updates auf den Anzeigetafeln an den Wänden verfolgen.

Hongkong gratis

Hongkong ist nicht gerade ein preiswertes Reiseziel, und – jeder Einheimische wird es bestätigen – die Preise steigen umgehend, sobald sich eine Gelegenheit bietet. Doch mit etwas Planung und Fantasie kann man es sich hier auch mit wenig Geld gutgehen lassen.

SERGIO DELLE VEDOVE / SHUTTERSTOCK ©

Flagstaff House Museum of Tea Ware (S. 116)

Museen

Viele der wichtigsten Museen Hongkongs verlangen inzwischen keinen Eintritt mehr. Unter denen, die sich an dieser Initiative bislang nicht beteiligen, gibt es immer noch eine ganze Reihe, in die man mittwochs gratis reinkommt.

Museum of History

Bietet einen Überblick über die gesamte Geschichte Hongkongs – alles unter einem Dach. (S. 148)

Heritage Museum

Ausstellungen zu volkstümlichen Traditionen, dem Leben von Bruce Lee und zur Kanton-Oper. (S. 181)

Flagstaff House Museum of Tea Ware

Die schicke Ausstellung (S. 116) zeigt im Hong Kong Park altes Teegeschirr.

University Museum & Art Gallery

Chinesische Antiquitäten sowie wechselnde Kunst- und Skulpturenausstellungen. (S. 102)

Railway Museum

Das Museum erläutert Hongkongs Eisenbahngeschichte anhand von ausrangierten Zugwaggons (S. 187) – fazinierend für Kids.

Museum of Coastal Defence

Das Museum (S. 120) zeichnet die Geschichte von Hongkongs Küstenverteidigung über sechs Jahrzehnte nach.

Geführte Touren

Tai Kwun

Die ehemalige Central Police Station (S. 79) an der Hollywood Rd ist mittlerweile ein toller Komplex aus rund einem Dutzend denkmalgeschützter Gebäude, die man besichtigen kann.

Blue House Cluster

Hongkongs letzter Wohnblock aus Holz (S. 117) ist ein Glanzstück des Denkmalschutzes.

Asia Society Hong Kong Centre
In dem einstigen Sprengstofflager (S. 116) werden heute erstklassige Ausstellungen gezeigt.

Heritage of Mei Ho House Museum
Dieses Museum (S. 156) erläutert die Entwicklung des öffentlichen Wohnungsbaus in Hongkong anhand von Fotos und Repliken.

Tai O Heritage Hotel
Die ehemalige Polizeistation (S. 205) schützte die Küste vor Piraten (Buchungen online).

Feste & Events

Dragon Boat Races
Drachenbootrennen (香港國際龍舟邀請賽; www.hkdba.com.hk; ⏲Mai od. Juni) vor der Kulisse geschmückter Fischer-Dschunken.

Fest der Hungrigen Geister
Im siebten Mondmonat öffnen sich angeblich die Tore zur Hölle, deshalb werden die umherschwebenden Geister mit aufwendigen Riten besänftigt. (S. 29)

Fire Dragon Dance
Während des Mondfests steht der Tanz eines Strohdrachens voller glühender, rauchender Räucherstäbchen auf dem Programm. (S. 29)

Cheung Chau Bun Festival
Moderne Interpretation eines Qing-Rituals, bei dem man auf Türme klettert, um so viele Brötchen wie möglich einzusammeln. (S. 29)

Freespace Happening
Einmal im Jahr gibt's in West Kowloon ein buntes Programm aus Livemusik, Film, Tanz, Parkour und Kunsthandwerk (www.westkowloon.hk/en/freespacehappening).

In der Natur

Hügel
Hongkongs wunderschönes Umland lädt zu Wanderungen, Radtouren oder langen Spaziergängen ein.

Strände
Hongkongs Strände werden von Rettungsschwimmern überwacht; einfach Sonnenschutz und Bier mitbringen!

Gut & Günstig
Nicht völlig kostenlos, aber doch günstig genug, um an dieser Stelle angeführt zu werden:

Straßenbahn
Für ein Handvoll Dollar kann man sich von einer Straßenbahn durch die Hochhausschluchten schaukeln lassen. (S. 12)

Star Ferry
Für kleinstes Geld gibt's eine unvergessliche Fahrt mit der Star Ferry durch den Victoria Harbour. (S. 293)

Mittagessen außerhalb der Stoßzeiten
Viele chinesische Restaurants bieten vor oder nach dem Mittagessen (meist bis 14 Uhr) Ermäßigungen an. *Cha chaan tang* (Teehäuser) und Fast-Food-Ketten haben preiswerten Nachmittagstee im Angebot.

Happy Hour
Zu Sonnenuntergang haben viele Bars großzügige Happy-Hour-Angebote.

Dienstag ist Kinotag
Dienstags sind Kinokarten zwischen 10 und 25 HK$ günstiger als sonst.

Pferderennen
Für nur 10 HK$ erlebt man eine Nacht bei den Rennen auf dem Happy Valley Racecourse. (S. 132)

Geführte Touren

Dank des tollen öffentlichen Nahverkehrs und der Tatsache, dass die meisten Hongkonger Englisch beherrschen, kann man die Stadt gut auf eigene Faust erkunden. Es spricht aber auch vieles dafür, eine Führung mitzumachen, zumal wenn man nur wenig Zeit hat und viel sehen will.

ADRIENNE PITTS / LONELY PLANET ©

Aqua Luna (S. 94) Dschunke im Victoria Harbour

Es gibt Touren in sämtliche Ecken der Sonderverwaltungszone, darunter auch solche, die sich speziellen Themen widmen, etwa dem Zweiten Weltkrieg, Feng Shui, Antiquitätenshopping oder Architektur. Viele dieser Angebote werden allerdings nur unregelmäßig durchgeführt. Das Hong Kong Tourism Board hält auf seiner Website (www.discoverhongkong.com) einige Empfehlungen bereit.

Die kulinarischen Touren in Hongkong sind besonders faszinierend, spannend und völlig problemlos überall zu buchen. Sie erlauben es Travellern, tief in einen oft verwirrenden Teil des lokalen Lebens mit seinen einzigartigen Gebräuchen, Leckereien und einer oft eigenen Etikette einzutauchen.

Hafenrundfahrten

Am besten sieht man den Victoria Harbour vom Wasser aus auf der Star Ferry Harbour Tour (www.starferry.com.hk). Es gibt verschiedene Optionen. Die meisten Touren beginnen am Star Ferry Pier in Tsim Sha Tsui, aber es gibt auch einige Abfahrten an den Pieren in Central und Wan Chai; Tickets sind am jeweiligen Pier erhältlich.

Tagesrundfahrt Abfahrt stündlich zwischen 11.55 und 17.55 Uhr ab Tsim Sha Tsui sowie, weniger regelmäßig, ab Central Pier und Wan Chai; Erw./erm. (Kind 3–12 Jahre, Sen. über 65 Jahre) 105/95 HK$.

Nachtrundfahrt Abfahrt 18.55 & 20.55 Uhr ab Tsim Sha Tsui sowie 19.15 Uhr ab Central Pier (Ablegezeiten können sich im Sommer von denen im Winter unterscheiden; vorher online gegenchecken); Erw./erm. 190/171 HK$.

Symphony of Lights Harbour Cruise Abfahrt 19.55 Uhr ab Tsim Sha Tsui sowie 19.15 Uhr ab Central Pier, pünktlich zur abendlichen Sound-&-Light-Show über dem Victoria Harbour; Erw./erm. 215/194 HK$.

Einige Anbieter haben Touren mit Getränken, Speisen und sogar einem Büfett im Progamm.

Aqua Luna Das Unternehmen hat sehr empfehlenswerte Fahrten mit einer traditionellen chinesischen Dschunke mit professionellem Personal und bequemen Sitzgelegenheiten an Deck im Programm. (S. 94)

Watertours Sechs verschiedene Touren durch den Hafen, auch Rundfahrten mit Abendessen und Cocktails an Bord einer Dschunke. Bei der einstündigen Symphony-of-Lights-Tour (290 HK$) sind unbegrenzt kostenlose alkoholische und alkoholfreie Getränke inklusive. (S. 171)

Hong Kong Ferry Group (☎852 2802 2886;www.cruise.com.hk; Erw./Kind ab 350/250 HK$) Bietet zwei Hafenrundfahrten auf einem großen (pinkfarbenen!) Schiff mit Büfett zum Abendessen mit Liveband an.

Natur

Eco Travel (綠恆生態旅遊; ☎852 3105 0767; www.ecotravel.hk) Dieses umweltbewusste Unternehmen bietet Erkundungstouren zu Hongkongs Fischerei- und Meereskultur, Touren durch Feuchtgebiete, eine Fahrradtour durch die Natur und einen Ausflug zum Geopark im Norden der New Territories an. Einige Touren gibt's nur auf Kantonesisch – am besten vorab nach englischsprachigen Touren fragen, da die Website nur auf Chinesisch verfügbar ist!

Hong Kong Dolphinwatch Der Anbieter hat drei- bis vierstündige Bootsfahrten im Programm, auf denen man Delfine in ihrem natürlichen Lebensraum sehen kann. (S. 171)

Kayak and Hike Die siebenstündige Kajaktour durch den Sai Kung Geopark ist eine aufregende Möglichkeit, Sai Kung in all seiner Schönheit zu erleben. (S. 184)

Walk Hong Kong (☎852 9187 8641; www.walkhongkong.com) Walk Hong Kong bietet eine Reihe von Wandertouren zu einigen der interessantesten Ecken in Hongkong an, etwa zu absolut einsamen Stränden in Sai Kung (800 HK$/Pers., 8½ Std.), zum Dragon's Back in Shek O (500 HK$, 4 Std.) und zu Schlachtfeldern des Zweiten Weltkriegs (500 HK$, 4 Std.). Kulturführungen mit diversen Schwerpunkten sind ebenfalls im Programm. Treffpunkt ist normalerweise am 2 Connaught Pl in Central.

Sea Kayak Hong Kong Dieser umweltbewusste Anbieter auf Lamma Island hat die geeignete Ausrüstung für Paddeltouren auf eigene Faust parat und führt eine Reihe von Expeditionen durch. (S. 199)

Recommended Geopark Guide System (www.hkr2g.net/en_index.htm) Auf der R2G-Website gibt's Näheres zu ausgebildeten Guides und Agenturempfehlungen zu Touren im Hong Kong Global Geopark.

Kulinarisches

Little Adventures in Hong Kong (☎852 9853 6746; www.littleadventuresinhongkong.com; ab 115 US$/Pers.) Die Touren sind etwas teurer als einige der Konkurrenz, aber die geführten Spaziergänge werden von Schriftstellern, Journalisten und Köchen geleitet und gewähren Einblicke, wie sie nur wenige andere Unternehmen bieten können. Wöchentlich gibt es Gruppentouren nach Wan Chai oder Kennedy Town (115 US$/Pers.) inklusive Essen, lokaler Geschichte und Kultur. Zusätzlich werden ein vierstündiger Wonton-a-Thon-Spaziergang, eine Kochführung sowie und eine Vielzahl anderer Touren angeboten, die sich nach vorheriger Absprache nach den Interessen der Teilnehmer richten.

Hong Kong Foodie Tour (☎852 2850 5006; www.hongkongfoodietours.com; Erw./Kind ab 750/540 HK$; ⏲Mo–Sa) Regelmäßige Touren, bei denen Hongkongs kulinarisches Angebot unter der Leitung einheimischer Reiseführer verkostet werden kann. Dies ist einer der wenigen Anbieter, die auch entlegenere Restaurants, z. B. in den New Territories, im Angebot haben. Es gibt vier Möglichkeiten: Central und Sheung Wan, Sham Shui Po, der Tai Po-Markt und der Temple Street Night Market. Touren finden täglich außer sonntags statt. Die Central-und-Sheung-Wan-Tour beginnt von Montag bis Samstag um 13.45 oder 14.15 Uhr und hat bis zu sechs Stationen – also reichlich Hunger mitbringen!

Humid with a Chance of Fishballs Die freundliche Hongkong-Kanadierin Virginia erhält begeisterte Kritiken und bietet eine der günstigsten Food-Touren der Stadt an: ein geführtes Dim-Sum-Mittagessen in einem chaotischen 1950er-Jahre-Laden (220 HK$). Beliebt ist auch das Typhoon-Shelter-Crab-Essen an Bord eines Sampans. Virginia ist zudem die Einzige in der Stadt, die eine Craft-Beer-Brauerei-Tour im Programm hat, bei der an den meisten Samstagen alle drei Brauereien besucht werden (608 HK$/Pers.). (S. 112)

Aqua Luna Nicht im eigentlichen Sinne eine Geführte Tour, aber Aqua Luna bietet eine preiswerte Hafenrundfahrt (400 HK$) auf einem wunderschönen, nostalgischen chinesischen Holzboot an. Mit dabei ist ein hervorragendes Dim-Sum-Essen: getrüffelte *har gow*, *char siu bao* (gegrilltes Schweinefleisch) und cremige Vanillepuddingtörtchen. Eine großartige Möglichkeit, zwei von Hongkongs Lieblingsbeschäftigungen zu verbinden – sich den Bauch vollschlagen und Segeln! Immer montags. (S. 94)

Stadt & Kultur

Big Foot Tours (☎852 8192 9928; www.bigfoot-tour.com; Geführte Gruppentour 750 HK$/Pers., Privattour für 1–2 Pers. 2200 HK$) Professionelle Kleingruppen- und Privattouren, die wirklich hinter die Kulissen des Hongkonger Alltags blicken lassen. Die Gruppentouren konzentrieren sich auf die New Territories, ihre Klöster etc. Private Touren können Kulinarisches zum Thema haben (wie wär's mit Schlangensuppe?), Architektur, Natur oder, oder, oder ... Ganz wie man will! Die Führer haben jede Menge interessanter Fakten parat.

Big Bus Company (Karte S. 348, C6; ☎852 3102 9021; www.bigbustours.com; Unit KP-38, 1. Stock, Star Ferry Pier, Tsim Sha Tsui; Erw./Kind ab 480/430 HK$; ⌚9–18 Uhr; 👪) Eine gute Möglichkeit für eine erste Orientierung in der Stadt ist eine Hop-on-hop-off-Tour in einem offenen Doppeldeckerbus. Drei Touren stehen zur Auswahl: Die Kowloon-Route führt in Tsim Sha Tsui und Hung Hom hauptsächlich am Wasser entlang; die Tour durch Hong Kong Island hat Central, Admiralty, Wan Chai und Causeway zum Ziel, und die Green Tour führt zum Stanley Market und nach Abderdeen.

Essen

Als Stadt mit Geschmack hat Hongkong kulinarisch jedem etwas zu bieten, egal ob man 50 HK$ für eine Schüssel Nudeln oder 2000 HK$ für ein Seafood-Büfett bezahlt. Hier wird das Beste der chinesischen Küche aufgefahren – ob kantonesisch, nordchinesisch oder aus Shanghai und Sichuan. Zudem kann man so vielfältig französisch, italienisch, japanisch, thailändisch, vietnamesisch oder indisch essen wie nirgends sonst in Asien.

Kantonesische Küche

Die kantonesische ist die bedeutendste Küche in Hongkong und vielleicht die beste der Welt. Um 1949 herum flohen viele Spitzenköche aus China in die Stadt, und deshalb erlebte diese Küche nicht in ihrer Heimat Guangzhou ihren Höhenflug, sondern hier.

Diese spezielle Art zu kochen ist geprägt von der Obsession, alles frisch zuzubereiten. In den Fischrestaurants sieht man Wasserbecken voller Flossen- und Schalentiere, die dort ihre letzten Minuten verbringen. Die Aromen sind köstlich und ausgeglichen, bedingt durch maßvolles Würzen und die Frische erhaltende Kochtechniken wie Dünsten oder schnelles Anbraten.

Die kantonesische Küche definiert sich durch den kulinarischen Stil der Provinz Guangdong sowie durch die Küche von Chiu Chow (Chaozhou) und die Hakka-Küche. Chiu-Chow-Gerichte sind von Seafood und Gewürzen geprägt – es gibt z. B. frittierten, feingrätigen Fisch mit Mandarinenöl, Gänseschmorbraten, Essig- und Knoblauchsaucen. Die Hakka-Küche ist bekannt für viel Salz und ihre Vorliebe für Fleischkonserven. In Salz gebackenes Hühnchen und Schweinefleisch im Eintopf mit eingelegtem Gemüse machten schon so manche hungrige Familie und in mageren Zeiten manch ausgehungerten Arbeiter satt.

Hongkongs Köche verschließen sich keinesfalls innovativen Einflüssen und probieren stets neue Zutaten und wundersame Methoden aus. Dim Sum etwa wird heute mit Mangopudding oder Shortbread gefüllt und mit Abalone und Hühnchen serviert. Schwarze Trüffel werden auf Reisrollen gestreut und gedünstet – fabelhaft!

Essen wie die Einheimischen

DIM SUM

Dim Sum sind kantonesische Leckerbissen, die mit einer Tasse Tee zum Frühstück oder

KÜCHE DER WEHRDÖRFER

Die moderne Geschichte Hongkongs beginnt mit dem Ersten Opiumkrieg, aber die Wurzeln der Küche der Stadt liegen viel weiter in der Vergangenheit. Die Bewohner der Gegend aßen, was sie anbauen, aufziehen oder im Meer fangen konnten. Bestimmte uralte Küchentraditionen dieser Menschen sind erhalten geblieben, vor allem die Küche der Wehrdörfer, die vor allem für das „Schüsselessen" (盆菜; *poon choi*) bekannt ist. Angeblich zog sich der letzte Kaiser der Südlichen Song-Dynastie (1127–1279) auf der Flucht vor den Mongolen mit seinem Gefolge in ein Wehrdorf auf dem Gebiet von Hongkong zurück. Die Dorfbewohner, denen es an ordentlichem Geschirr fehlte, luden alle möglichen Nahrungsmittel in eine große Waschschüssel, um sie dem Kaiser und seinem Hofstaat aufzutischen. *Poon choi* ist seit jenen Tagen ein Festessen in den New Territories.

GUT ZU WISSEN

Öffnungszeiten

- Mittagessen 11–15 Uhr
- Abendessen 18–23 Uhr

Einige Restaurants haben nachmittags durchgehend geöffnet, andere öffnen auch zum Frühstück. Viele Lokale sind sonntags offen (einige schließen montags), bleiben während des Mond-Neujahrs aber mindestens zwei Tage lang geschlossen.

Preise

Die unten aufgeführten Preise gelten für ein 2-Gänge-Menü.

$	unter 200 HK$
$$	200–500 HK$
$$$	über 500 HK$

Reservierung

In vielen Restaurants (mittelteuer und teuer) werden Reservierungen angenommen. Mitunter ist Reservieren notwendig, besonders abends am Wochenende. In einigen Restaurants werden die Tische zwei- oder dreimal pro Abend belegt.

Trinkgeld

Eigentlich enthält jede Rechnung (außer bei den billigsten kantonesischen Imbissen) einen Bedienaufschlag von 10 %. Fast immer landet der aber in der Tasche des Inhabers. Wer mit der Bedienung zufrieden war, kann daher Trinkgeld. Die meisten Gäste lassen das Wechselgeld zurück.

Infos im Internet

Good Eating (www.scmp.com) Restaurant-Guide einer örtlichen Zeitung.

Hungry Hong Kong (http://hungryhk.blogspot.hk) Essen und Reisen; mit Fotos, die hungrig machen.

Open Rice (www.openrice.com) Restaurantbewertungen durch hiesige Gourmets.

Sassy Hong Kong (www.sassyhongkong.com) Blog mit Stadtthemen, der sich besonders dem Essen und Trinken widmet.

Time Out (www.timeout.com.hk) Ein alle 14 Tage erscheinender Guide mit Auflistung aller Events.

WOM Guide (www.womguide.com) Über die Restaurantszene der Stadt, neue Trends und nachhaltige Ernährung.

Mittagessen verspeist werden. Das Wort bedeutet „das Herz berühren" und der Konsum von Dim Sum wird als Yum Cha bezeichnet, was so viel wie „Tee trinken" heißt.

Nach dem Krieg gingen hauptsächlich alleinstehende Männer zum Yum Cha. Sie trafen sich zum Frühstückstee, um Gesellschaft zu haben oder sich über Jobmöglichkeiten auszutauschen. Bald wurde Yum Cha jedoch zu einer Familienaktivität.

Jedes Gericht, zu dem oft zwei bis vier Häppchen gehören, die in einem Bambuskorb gedünstet werden, soll unter den Essern aufgeteilt werden. In Dim-Sum-Lokalen der alten Schule winkt man einfach den Kellner zu sich und sucht sich etwas von dessen Wagen aus. Moderne Lokale geben Speisekarten aus, diese sind aber oft nur auf Chinesisch zu haben. Da Dim Sum meist frisch zubereitet werden, können die Kellner einem die Auswahl präsentieren.

Die heilige Dreifaltigkeit der Dim Sum in Hongkong besteht aus *har gow*, zart gedämpften Bissen grob gehackter Garnelen, *siu mai*, größeren Klößchen mit Schweinehack und einem Topping aus Fischrogen, sowie aus *char siu bao*, den klassischen Brötchen mit gegrilltem Schweinefleisch. Weitere typische Happen sind Brötchen mit Eiercreme oder Hühnerfüße in einer Sauce aus schwarzen Bohnen. Wer die Hongkonger Küche wirklich kennenlernen will, muss alle diese Gerichte einfach probieren.

SOY SAUCE WESTERN

„Soy Sauce western" *(si yau sai chaan)* nennt man westliche Gerichte, die mit Techniken der chinesischen Küche zubereitet werden. Dieser Kochstil soll in den 1940er-Jahren entstanden sein, als der geniale Koch Tai Ping Koon sich dazu entschied, die westliche Küche mit optimierten Gerichten „aufzupeppen", indem er Milchprodukte durch lokale Gewürze ersetzte – Laktoseintoleranz ist verbreitet unter Asiaten – und Reis auf die Karte setzte.

Seine Erfindung fand Nachahmer, als 1949 Weißrussen, die nach der bolschewistischen Revolution nach Shanghai geflohen waren, in Hongkong eine neue Heimat fanden und bald das kreierten, was als Shanghai-Russland-Küche bekannt ist.

Diese zwei Richtungen der westlich inspirierten Küche boten den Einheimischen bezahlbare und „exotische" Gerichte zu einer Zeit an, als westliche Restaurants fast nur hier lebende Auswanderer bedienten.

Oben: *Dai pai dong* (Imbissstand), Central District

Rechts: Dim-Sum-Gerichte

Mit der Zeit vermischten sich beide Stilrichtungen und brachten die „Soy Sauce western" hervor, wie man sie heute kennt. Zu den beliebtesten Gerichten gehören russischer Borschtsch, gebackenes Schweinekotelett auf gebratenem Reis und Bœuf Stroganoff mit Reis.

DAI PAI DONG

Ein *dai pai dong* (大牌檔) ist ein Imbissstand in einer Bude oder einer klapprigen Hütte voller Tische und Stühle, die sich manchmal bis hinaus auf die Straße ziehen. Nach dem Zweiten Weltkrieg bot die Regierung den Familien von verletzten oder verstorbenen öffentlichen Angestellten Lizenzen für Imbissstände an. Die Lizenzen waren so umfangreich, dass die Stände unter dem Namen *dai pai dong* bekannt wurden (also „Stände mit der großen Lizenz").

Dai pai dongs gibt es überall, an der Straße, in kleinen Gassen oder unter einem Baum. Trotzdem gehören diese altmodischen Lokale, die besser sind als jede Sterneküche, zu einer aussterbenden Spezies. Viele wurden bereits in von der Regierung betriebene Restaurantzentren verbannt.

Das kulinarische Angebot der *dai pai dongs* variiert je nach Stand. Während sich ein Betreiber auf Congee spezialisiert hat, verkauft sein Nachbar vielleicht vor allem Fischgerichte, die denen so mancher Restaurants Konkurrenz machen. Wenn sich gleich mehrere *dai pai dongs* nahe beieinander ballen, kann man oft Gerichte von verschiedenen Betreibern bestellen.

CHA CHAAN TANG

Teehäuser (茶餐廳; *cha chaan tang*) sind günstige, fröhliche Lokale im Viertel, die in den 1940er-Jahren auftauchten und denjenigen westliche Snacks und Getränke servierten, die sich Earl Grey und Gurkensandwiches nicht leisten konnten. Seit damals haben sich ihre Speisekarten weiterentwickelt: Inzwischen findet man hier die bekanntesten chinesischen und „Soy-Sauce-western"-Gerichte (S. 44).

Zu manchen Teehäusern gehören Bäckereien, die europäisches Gebäck mit chinesischem Einschlag servieren, z. B. Ananasbrötchen (菠蘿包; *bo law bao*), die nicht mal Spuren der besagten Frucht enthalten, oder Cocktailbrötchen mit Kokosnussfüllung (雞尾包; *gai may bao*).

Die Essgewohnheiten der Hongkonger

Viele berufstätige Hongkonger nehmen ihr Frühstück und Mittagessen in Tee-Cafés

HAIFISCHFLOSSEN

Haifischflossen gelten in China seit Jahrhunderten als Delikatesse. Sie wurden schon seit der Song-Dynastie (960–1279) verspeist, wurden aber erst während der Ming-Dynastie (1368–1644) zu einer Delikatesse für Wohlhabende, als der Seehandel zwischen China und den Ländern Südostasiens aufblühte. Haifischflossensuppe wurde bei den Banketten der Kaiser serviert und entwickelte sich in der chinesischen Kultur zu einem Statussymbol. Die Flossen selbst sind zwar relativ geschmacklos, da sie aber exotisch und schwer zu beschaffen waren, wurden sie zu einem Symbol für Wohlstand und Ansehen.

Chinas Wirtschafts-Boom seit der Öffnung des Landes in den 1980er-Jahren führte zu einer wachsenden Klasse wohlhabenderer Leute, die sich Luxusnahrungsmittel leisten konnten. Diese steigende Nachfrage führte zur Überfischung, sodass heute mehrere Haiarten als gefährdet gelten. Die meisten Schätzungen besagen, dass jährlich zwischen 75 und 100 Mio. Haie getötet werden, um die Nachfrage nach Fleisch und Flossen zu befriedigen, wobei Hongkong das Zentrum des Handels mit Haifischflossen ist. Laut der Roten Liste der Weltnaturschutzorganisation IUCN gelten inzwischen mehr als 30 % der Haipopulationen als stark oder potenziell gefährdet.

Außerdem sollte beachtet werden, dass die Fischerei grausame Methoden anwendet. Die Flosse wird abgeschnitten und der Hai oft einfach ins Wasser geworfen, wo er nicht mehr schwimmen kann. Manchmal lässt man ihn auch einfach liegen, sodass er an der Luft erstickt. In beiden Fällen erleidet das Tier einen langsamen, qualvollen Tod.

Haifischflossen findet man immer noch auf vielen Speisekarten und vielen Märkten in ganz China, vor allem in Hongkong und Guangdong, wo das Gericht zuerst zur Delikatesse wurde. Inzwischen ist aber weltweit und auch in der Region das Bewusstsein für Tierschutz, Erhaltung der Arten und die ökologischen Auswirkungen gewachsen, sodass sich die öffentliche Meinung zunehmend gegen den Verzehr von Haifischflossen wendet.

ein. Zu einem kompletten Frühstück in einem solchen Lokal gehören ein Toast mit Butter, Spiegeleier mit Frühstücksfleisch, Fertignudeln und ein Getränk. Gesundheitsbewusstere entscheiden sich vielleicht für Reis-Congee mit Dim-Sum-Happen wie Reisrollen *(cheung fan)* oder gedämpften Klößchen mit Schweinefleisch und Garnelen *(siu mai)*.

Büroangestellte essen mittags beispielsweise eine Schüssel Wan-Tan-Nudeln, eine Schale Reis mit auf chinesische Art gegrilltem Fleisch oder auch etwas Aufwändigeres.

An den Wochenenden ist die nachmittägliche Teestunde beliebt, werktags bleibt sie Arbeitern und wohlhabenden Hausfrauen *(tai-tais)* vorbehalten. Arbeitern wird nachgesagt, dass sie sich pünktlich um 15.15 Uhr in Luft auflösen, um ihre tägliche Ration an Eiertörtchen und Tee mit Milch zu sich zu nehmen. *Tai-tais* gönnen sich zur Teestunde mit ihren Freundinnen gern Scones mit Rosenblütenkonfitüre oder eine Schüssel Nudeln beim Friseur.

Das Abendessen ist die tägliche Hauptmahlzeit. Wenn es zu Hause stattfindet, hängt es von den Traditionen der Familie ab, was auf den Tisch kommt, aber in der Regel besteht die Mahlzeit aus Suppe, Reis, Gemüse und einem Fleisch- oder Fischgericht. Jeder hat seine eigene Schale Reis und/oder Suppe, die übrigen Speisen werden zum Teilen in der Mitte des Tisches platziert. Auswärts zu essen, ist sehr verbreitet, viele Familien gehen drei- bis fünfmal pro Woche essen. Das Essen ist in Hongkong eine Gemeinschaftssache: Wenige Leute essen allein, und die Menüs sind normalerweise zum Teilen ausgelegt.

Internationale Küche

Von Seeteufelleber-Sushi bis zu französischer Molekularküche: Hongkong hat wirklich genügend Restaurants, die sich auf das Essen aus anderen Kulturen spezialisiert haben. Die Auswahl und Qualität der asiatischen Küche ist herausragend und übertrifft sogar Tokios Standards. Hinzu kommt ein gigantisches Aufgebot an Restaurants mit westlicher Küche. Hongkongs wohlhabende und weltoffene Bevölkerung liebt die westliche und besonders die europäische Küche. Das beweisen die vielen internationalen Chefköche, die hier Restaurants haben – beispielsweise Joël Robuchon, Pierre Gagnaire und Gordon Ramsey. Die Preise in diesen Lokalen der oberen Kategorie sind manchmal ziemlich happig. Doch es gibt auch immer mehr fantastische Restaurants, die sich auf die rustikale französische oder italienische Küche spezialisiert haben und auch Gourmets mit kleinerem Geldbeutel gern als ihre Gäste sehen.

Selbstversorger

Die beiden größten Supermarktketten PARKnSHOP (www.parknshop.com) und Wellcome (www.wellcome.com.hk) haben große Läden, in denen man Lebensmittel und fertig zubereitetes Essen zum Mitnehmen bekommt. Man sollte sich aber auch in den vielen Lebensmittelmärkten umschauen, die es immer noch in der gesamten Stadt gibt.

Straßenmärkte mit frischen Produkten finden sich überall; sie sind von 6 bis 19 Uhr geöffnet.

Vegetarier, aufgepasst!

Die Chance ist ziemlich groß, dass man in Hongkong versehentlich Fleisch isst. Ein Gemüsegericht wird in der Regel in Fleischbrühe gekocht und mit Austernsauce serviert. Hühnerbrühe ist eine häufig verwendete Zutat, auch in scheinbar fleischlosen Gerichten. In günstigen Lokalen wird freigiebig gekörnte Hühnerbrühe eingesetzt. Die sicherste Option für Vegetarier, die chinesisch essen gehen wollen, sind vegetarische Lokale oder Restaurants der gehobenen Preisklasse. Restaurants, die auf ausländische Küchen spezialisiert sind, sind ebenfalls oft besser auf Vegetarier eingestellt. Für Veganer dürfte es in Hongkong noch schwieriger sein, geeignete Lokale zu finden.

Kochkurse

Dim-Sum-Kurse zu vernünftigen Preisen sind kaum zu finden, weil die Zubereitung zu kleinteilig und zu zeitaufwendig ist, man kann aber in Hongkong ansonsten gut lernen, seine chinesischen Kochkünste zu erweitern. Zu empfehlen sind die folgenden Schulen und Veranstalter:

Home's Cooking (www.homescookingstudio.com; 750 HK$/Pers.; ⌚Mo–Fr) Das Personal dieser hoch geschätzten Kochschule veranstaltet vormittags dreistündige Kurse im Haus der Besitzerin im Osten von Hong Kong Island. Die Schüler bereiten unter Anleitung ein chinesisches Essen mit drei Gängen zu, beispielsweise bestehend aus Frühlingsrollen, Hähnchen im Lotusblatt und Ingwerpudding. Zu den Kursen gehören auch ein Besuch auf dem örtlichen Gemüsemarkt und ein Mittagessen. An einem Kurs müssen mindestens zwei Personen teilnehmen, sonst kann er nicht stattfinden.

Martha Sherpa (☎852 2381 0132; https://marthasherpa.com; Flat F, 14. Stock, Wah Lai Mansion, 62-76 Marble Rd, North Point; Kurse 1680 HK$; ; MNorth Point, Ausgang A2) Die versierte kantonesische Köchin Martha Sherpa (der Familienname stammt von ihrem nepalesischen Ehemann) hat schon Prominenten wie der ehemaligen australischen Premierministerin Julia Gillard beigebracht, beliebte Hongkonger Gerichte zuzubereiten. Die Kurse in kleinen Gruppen widmen sich einzelnen Themen, etwa den Restaurantgerichten der Hongkonger kantonesischen Küche, kantonesischem Barbecue, regionalen chinesischen Kochstilen, Dim Sum oder vegetarischer chinesischer Küche. Auf dem Programm stehen halbtägige, ganztägige und auch Abendkurse.

Viertel für Viertel

➡ **Hong Kong Island: Central** (S. 82) Hier finden sich Restaurants mit Michelin-Sternen in Fünf-Sterne-Hotels, aber auch einige der faszinierendsten alten Imbisse und Cafés der Stadt.

➡ **Hong Kong Island: The Peak & der Nordwesten** (S. 103) In Sai Ying Pun und Sheung Wan gibt's einige der einfallsreichsten und innovativsten Fusion-Optionen der Stadt.

➡ **Hong Kong Island: Wan Chai & der Nordosten** (S. 121) Hier bekommt man alles Mögliche, vom weltbesten *char siu* (gebratenem Schweinefleisch) bis zu wimmelnden, auch spätabends geöffneten Food-Courts.

➡ **Hong Kong Island: Aberdeen & der Süden** (S. 142) Entspannte Strandcafés und Pubs nach britischer Art säumen den sonnigen Süden.

➡ **Kowloon** (S. 157) An Kowloons in grelles Neonlicht getauchten Boulevards finden sich billige indische Lokale gleich neben glitzernden kantonesischen Bankettsälen.

Top-Tipps

Kam's Roast Goose (S. 122) Hier gibt's die knusprigste, saftigste gebratene Gans weit und breit.

Aberdeen Fish Market Yee Hope Seafood Restaurant (S. 143) Ein Meeresfrüchte-Festmahl inmitten eines Fischgroßmarkts.

Little Bao (S. 103) Das Fusion-Lokal, um das in Hongkong am meisten Wirbel gemacht wird, ist nach dem winzigen asiatischen Burger-Brötchen *(bao)* benannt.

Sun Hing Restaurant (S. 105) Man deutet auf die Dim-Sum-Körbe und setzt sich zum Essen hin; nicht auslassen sollte man die salzig-süßen Eiercreme-Brötchen.

Kau Kee Restaurant (S. 103) Die besten Nudeln mit Rinderbrust kommen in einem Lokal mit bescheidenem Ambiente aus der Küche. Taschentücher mitbringen, um sich das Gesicht abzuwischen!

Old Bailey (S. 86) Die Speisekarte hat Klasse. Der Laden liegt im renommierten Viertel Tai Kwun und serviert schmackhafte chinesische Gerichte, die man vielleicht noch nie gesehen hat.

Preiskategorien

$

Sun Kwai Heung (S. 128) Ausgezeichnetes, entspanntes chinesisches Grillrestaurant.

Tai Cheong Bakery (S. 82) Die Bäckerei serviert seit einem halben Jahrhundert Hongkongs beliebteste Eiertörtchen.

Kau Kee Restaurant (S. 103) Auf Plastikstühlen genießt man die beste Nudelsuppe mit Rinderbrust in der Stadt.

ABC Kitchen (S. 104) Im zusammengewürfelten Ambiente eines örtlichen Food-Courts gibt's das günstigste westliche Essen in Hongkong.

Yat Lok (S. 82) Mit Michelin-Sternen ausgezeichnetes Lokal, in dem gebratene Gans auf die Tische kommt; auch Anthony Bourdain ist von diesem Restaurant begeistert.

Chi Lin Vegetarian (S. 162) Raffinierte vegetarische chinesische Gerichte im Ambiente eines Ziergartens.

$$

Old Bailey (S. 86) Exquisite Gerichte der Shanghaier Küche in einem von einem Innenarchitekten gestalteten Raum, der die Seiten einer Designzeitschrift zieren könnte.

Black Salt (S. 108) Kreative Abwandlungen südostasiatischer Gerichte in Form aufwendiger Menüs zum Teilen.

Ho Lee Fook (S. 86) Verspielter Underground-Diner mit einzigartigen Versionen altmodischer Chinatown-Gerichte.

Din Tai Fung (S. 159) Die beliebte taiwanesische Kette serviert perfekt geformte *xiao long bao* (Klöße Shanghaier Art).

Spring Deer (S. 159) Altbewährtes Restaurant mit verlässlich guten nordchinesischen Gerichten.

$$$

Seventh Son (S. 123) Erstklassige Dim Sum und kantonesisches Essen.

Rōnin (S. 105) In dieser trendigen Bar mit einfallsreichen Gerichten und geschniegelten, kundigen Kellnern sitzt man an der Theke.

Duddell's (S. 84) Raffinierte kantonesische Küche und ausgezeichnete Weine in einem coolen, an eine Galerie erinnernden Ambiente.

Lung King Heen (S. 85) Das chinesische Restaurant, dass das Niveau der kantonesischen Küche anwachsen ließ.

Bo Innovation (S. 125) Mit Michelin-Sternen ausgezeichnete chinesische Molekularküche für ausgemachte Feinschmecker. Exorbitante Preise.

Dai Pai Dongs

Stanley Street (S. 84) Eines der wenigen noch existierenden Zentren der *dai pai dongs* (Imbissständen) in Central.

Gi Kee Seafood Restaurant (S. 127) Gourmet-Seafood über einem Lebensmittelmarkt.

Sei Yik (S. 144) In dieser halb versteckten Legende in Stanley bilden sich Schlangen wegen des Frühstückstoasts.

Ap Lei Chau Market Cooked Food Centre (S. 143) Hier treffen sich die Fischer.

Dim Sum

Sun Hing Restaurant (S. 105) Bewährte Adresse im Arbeiterviertel Kennedy Town mit den besten Eiercreme-Brötchen der Stadt.

Yum Cha – Central (S. 83) Die superleckeren Brötchen stehen in dieser modernen Dim-Sum-Halle im Rampenlicht.

Lin Heung Tea House (S. 83) Dim-Sum nach alter Schule vom Imbisskarren; man muss bereit sein, für das Gewünschte zu kämpfen.

Tim Ho Wan (S. 83) Das erste billige Dim-Sum-Lokal, das jemals einen Michelin-Stern gewann.

Fook Lam Moon (S. 160) Promi-Treff in Macau mit edler Speisekarte; Dim Sum gibt's aber zu vernünftigen Preisen.

Lung King Heen (S. 85) Zum Wochenend-Brunch bietet sich dieses mit drei Michelin-Sternen ausgezeichnete Dim-Sum-Restaurant an.

Abseits der Massen

Chung Kee Store (S. 192) Seafood und Hakka-Gerichte in den Bergen.

Pirate Bay (S. 207) Französische Crêpes isst man in diesem familienfreundlichen Lokal mit Piratenthema am Wasser.

Amalfitana (S. 143) Pizza-Restaurant an der Repulse Bay fast unmittelbar am Meer.

Yue Kee Roasted Goose Restaurant (S. 181) Beste gebratene Gänse in einem entlegenen Dorf.

Foo's Cafe (S. 192) Dorfcafé mit chinesischen Leckereien.

Westlich

8½ Otto e Mezzo Bombana (S. 85) Gilt bei Vielen als das beste italienische Restaurant in Hongkong.

Little Creatures (S. 110) Von Australiern geführte Kleinbrauerei mit ausgezeichneten modern-europäischen Kalorienbomben, Tacos etc.

Catch (S. 106) Der beste Ort in der Stadt für einen schicken Brunch.

Aberdeen St Social (S. 105) Chefkoch Jason Atherton bietet im PMQ einfallreiche Versionen britischer Gerichte.

Japanisch

Okra (S. 108) Freundlicher Nachbarschaftstreff in Sai Ying Pun mit verspielten Kreationen und passendem Sake.

Rōnin (S. 105) Brummendes Soho-Restaurant, in dem es meisterhafte rohe und gegarte Kreationen gibt.

Yardbird (S. 104) Klitzekleine Yakitori-Spieße in einem Hipster-Treff in Sheung Wan.

Butao Ramen (S. 83) Die Warteschlange verrät, dass sich dieses beliebte Mittagslokal in Central bestens auf Ramen versteht.

Asiatische Fusion

Bo Innovation (S. 125) In diesem mit Michelin-Sternen ausgezeichneten Restaurant lassen sich die Fusion-Gerichte des einheimischen Chefkochs Alvin Leung genießen.

Little Bao (S. 103) Wenn die Chinesen Burger zubereiten, dann natürlich mit *bao*.

Kasa (S. 124) Lust auf Schottische Eier mit chinesischem Fleisch?

Man Mo Café (S. 104) Brie mit Trüffeln und Gänsestopfleber gehören zu den französischen Zutaten für diese köstlichen Dim Sum.

Tung Po Seafood Restaurant (S. 128) Muntere kantonesische Fusion-Küche auf dem Straßenmarkt; am besten kommt man zum Abendessen hierher.

Chifa Dumpling House (S. 84) In diesem entspannten Klöße-Lokal gibt's peruanisch-chinesische Küche zu Reggae-Musik.

Nudeln

Ho To Tai Noodle Shop (S. 194) Die mit Shrimps gefüllten Wan-Tan-Teigtaschen erfreuen sich einer ergebenen Anhängerschar.

Mak's Noodle (S. 83) Beliebter Laden mit mehreren Filialen und äußerst beliebten Shrimps-Wan-Tans.

Ho Hung Kee (S. 125) Serviert seit 70 Jahren Nudeln, Wan Tans und Congee.

Kau Kee Restaurant (S. 103) Hier bekommt man die stadtweit besten Nudeln mit Rinderbrust, mit oder ohne Curry.

Seafood

Aberdeen Fish Market Yee Hope Seafood Restaurant (S. 143) Meeresfrüchtelokal in einem Fischgroßmarkt; unbedingt vorbestellen.

Ap Lei Chau Market Cooked Food Centre (S. 143) Die Meeresfrüchte, die man unten im Markt kaufen kann, werden hier zubereitet.

Loaf On (S. 184) Erstklassige Meeresfrüchte in entspannter Atmosphäre im Küstendorf Sai Kung.

Chuen Kee Seafood Restaurant (S. 184) Klassischer Seafood-Palast im Hafenviertel von Sai Kung.

Sam Shing Hui Seafood Market (S. 195) Geschäftiger Fischmarkt in den New Territories.

Süßspeisen

Atum Desserant (S. 125) Kunstvoll angerichtete Konditorwaren.

Mammy Pancake (S. 103) Die wohl besten Eierwaffeln der Stadt.

Yuen Kee Dessert (S. 106) Das Dessert-Restaurant verkauft nichts als warme, süße kantonesische Suppen.

Tai Cheong Bakery (S. 82) Die besten Eiertörtchen Hongkongs.

Honeymoon Dessert (S. 184) Die Hongkonger Kette serviert süße Suppen und Eisspezialitäten.

Cha Chaan Tang (Teehäuser)

Lan Fong Yuen (S. 83) Der angesagteste Ort, um Hongkongs berühmten Milchtee zu probieren.

Cheong Kee (S. 127) Die wohl stadtweit besten dick belegten Toasts isst man über einem Frischmarkt.

Cafe Match Box (S. 125) Retro-Deko und fluffige Eier-Sandwiches zeichnen diesen altmodischen Laden aus.

Mido Café (S. 160) Charmantes Retro-Teehaus mit Blick auf den Tin Hau Temple.

Cross Cafe (S. 106) Moderne Variante eines *cha chaan tang* mit Eistee aus roten Bohnen und Rührei mit Trüffeln.

Chau Kee (S. 106) Einheimische stehen lange für die dekadenten Armen Ritter mit Vanillesauce an.

Vegetarische Restaurants

Pure Veggie House (S. 122) Hervorragendes vegetarisches Dim Sum und klassische kantonesische Gerichte.

Chi Lin Vegetarian (S. 162) Nettes buddhistisches Lokal neben einem herrlichen Nonnenkloster.

Sum Yuen (S. 234) Moderne vegetarische Küche in einem Tempel in Macao.

Mana! Fast Slow Food (S. 83) Veganer- und Rohkostparadies mit vegetarischem Fladenbrot, Smoothies und Kaffeespezialitäten.

Lock Cha Tea Shop (S. 121) Traditioneller chinesischer Teeladen im grünen Hong Kong Park, der vegetarisches Dim Sum serviert.

Bookworm Cafe (S. 199) Beliebter, entspannter Hippietreff auf der Insel Lamma.

Ausgehen & Nachtleben

Im energiegeladenen Hongkong versteht man sich aufs Feiern, und dabei geht es gern bunt und laut zu. Viele Bars verstecken sich in Wolkenkratzern – schließlich ist das hier Hongkong! Es gibt Bars und Kneipen für jeden Geschmack, aber der Spaß kostet: Alkohol gehört zu den wenigen Dingen, auf die Steuern erhoben werden – am besten hält man sich daher an die Happy Hours.

Welcher Stoff soll's denn sein?

Immer mehr Bars konzentrieren sich auf ein spezifisches Getränk, z. B. auf Whisky, Gin oder Sake. In diesen gibt's dann auch oft von Hand geschnittenes Eis, seltene Marken und Barkeeper mit Expertenwissen.

Als schon immer wählerische Trinker haben sich die Hongkonger kürzlich der weltweiten Gin-Begeisterung angeschlossen. Immer mehr Bars konkurrieren darum, den ausgefallensten Gin Tonic zu mixen. Auch mit Sake kennen sich die Hongkonger bestens aus, und viele Bars verfeinern den Geschmack und beeindrucken mit einem umfangreichen importierten Sortiment. Davor gab's den Whisky-Trend, und noch immer kann man die bernsteinfarbene Spirituose hier in stilvollen japanischen Whiskybars und Kneipen europäischer Art genießen.

Cafés

Starbucks und Pacific Coffee sind passé – kleine Röstereien sind total im Trend. Hongkong hat seit Kurzem eine sehr ordentliche Szene eigenständiger Kaffeehäuser, die mit Bio-Bohnen arbeiten, selbst rösten und Verkostungen anbieten.

Nachtleben für alle

Für eine Weltstadt dieser Größe und dieses Status hat Hongkong eine überraschend kleine LGBTIQ-Szene. In den letzten Jahren hat sie allerdings große Schritte nach vorn gemacht und gewinnt langsam an Selbstvertrauen. Das Nachtleben ist vergleichsweise zurückhaltend und konzentriert sich nicht in einem bestimmten Viertel der Stadt. Die meisten Treffs findet man in Kowloon und Central/Sheung Wan.

Im Jahr 2018 rief eine Reihe von Bars in Sheung Wan eine „Gaybarhood" (www.gaybarhood.net) ins Leben, eine Zusammenarbeit, die die örtliche Szene in Schwung bringen soll.

Zu den nützlichen Adressen im Internet zählen:

Dim Sum (http://dimsum-hk.com) Kostenloses schwules Monatsmagazin mit Event-Kalender.

Travel Gay Asia (www.travelgayasia.com) Eine ausgezeichnete Quelle zu Schwulen- und Lesbenbars

DER BERÜHMTE PANTYHOSE-TEE

Teehäuser (茶餐廳; *cha chaan tang*) sind vor allem für ihren „Strumpfhosen"-Milchtee (奶茶; *nai cha*) auf Hongkong-Art berühmt. Das starke Gebräu besteht aus einer Mischung diverser Schwarztees, der zerstoßene Eierschalen beigegeben werden, um das Ganze sämiger zu machen. Das Getränk wird durch einen Stoff gefiltert, der an eine Strumpfhose erinnert, und mit Kondensmilch getrunken. Der Tee wird manchmal mit drei Teilen Kaffee gemixt – so entsteht der für Hongkong typische Tee-Kaffee oder *yin yeung* (鴛鴦), was „Mandarinente" bedeutet (das Tier steht für eheliche Harmonie).

GUT ZU WISSEN

Öffnungszeiten

- Bars öffnen um 12 oder 18 Uhr und schließen zwischen 2 und 6 Uhr; die Bars in Wan Chai sind am längsten offen.
- Cafés öffnen in der Regel zwischen 8 und 11 Uhr und schließen zwischen 17 und 23 Uhr.

Dresscode

In den meisten Clubs reicht sportlich-elegante Kleidung aus, aber mit Shorts und Badelatschen wird man abgewiesen. Jeans sind in Hongkong populär, sie werden oft mit Pumps oder einem Blazer getragen, wenn's eleganter wirken soll. Hongkongs Clubgänger sind stilbewusst – also aufbrezeln, um Eindruck zu schinden! Besonders gilt das für Central, wo die Einheimischen im Anzug vom Büro gleich in die Bars marschieren – in Traveller-Klamotten fühlt man sich da fehl am Platz.

Happy Hour

Zu bestimmten Zeiten gibt's in den meisten Kneipen, Bars und sogar einigen Clubs bestimmte Drinks billiger, oder man bekommt zwei Getränke zum Preis von einem. Happy Hour ist in der Regel am späten Nachmittag oder frühen Abend, etwa zwischen 15 oder 17 und 20 Uhr, aber der genaue Zeitraum variiert von Lokal zu Lokal – in manchen bekommt man nach Mitternacht die Drinks wieder billiger.

Kosten

In Hongkong ist Ausgehen richtig teuer. Ein alkohollastiger Abend schlägt mit mindestens 800 HK$ zu Buche. Sparsame Trinker holen sich ihre Getränke oft aus dem Minimarkt, weil das Trinken in der Öffentlichkeit in Hongkong möglich ist. Alternativ plant man den Abend rund um die Happy Hours der Bars – so kann man seine Kosten geradezu halbieren.

Preise

- Bier: 45–100 HK$/Halbe (Pint)
- Wein: 50–150 HK$/Glas
- Whisky: 50–250 HK$
- Cocktails: 65–200 HK$
- Grundpreis in Clubs: 200–700 HK$ (inkl. ein Getränk)

in Hongkong mit Infos u. a. zu den Happy Hours, Wodka-Stunden und Travestieshows.

Utopia Asia (www.utopia-asia.com/hkbars.htm) Website mit einer Auflistung schwulenfreundlicher Treffs und Events in der Stadt.

Karaoke

Karaoke-Clubs sind bei den jungen Einwohnern der Stadt beliebt wie eh und je – in Causeway Bay und Wan Chai gibt's einige und dazu ein paar Nachbarschaftstreffs in Mong Kok, Kowloon. Meist bildet kantonesischer Pop, der westlichen Rock und Pop mit chinesischen Melodien und Texten mixt, die Klangtapete, aber in der Regel werden zwischendurch auch Oldies und englischsprachiger Pop geboten.

Cocktails

In Hongkongs Central District finden sich einige der besten Cocktailbars der Welt, die asiatische Aromen mit westlicher Mixkunst verbinden. Beim jährlichen World's Top 50 Bars Award und dem Asia's Top 50 Bars Award punktet die Stadt immer. Ein Bummel durch diese Bars ist kein billiges Vergnügen, aber schon ein Erlebnis, das man sich nicht entgehen lassen sollte. Für Mixkunst vom Feinsten muss man hier schon etwas springen lassen!

Craft-Bier

Die Tage, als aus Hongkongs Zapfhähnen nur importiertes Lager floss, sind vorbei: Jede Bar in einem Wolkenkratzer oder einem vorstädtischen Lagerhaus, die etwas auf sich hält, bietet inzwischen heimische Biere und Craft-Bier-Spezialitäten. Zu den beachtenswerten Brauereien zählen Gweilo, Young Master, Lion Rock und Moonzen. Die Young Master Brewery (S. 138) veranstaltet jeden Samstag Führungen durch ihre Fabrik in Wong Chuk Hang, und die aus Australien stammende Kleinbrauerei Little Creatures (S.110) hat ein beliebtes Barrestaurant in Kennedy Town. Humid with a Chance of Fishballs (S. 112) veranstaltet informative Touren, bei denen man hinter die Kulissen einiger Kleinbrauereien blickt und Bierfans die Brauer mit Fragen löchern können.

Viertel für Viertel

- **Hong Kong Island: Central** (S. 88) Das Epizentrum der Hongkonger Partyszene befindet sich hier in den Vierteln Lan Kwai Fong (LKF) und Soho; in einigen der weltweit besten Cocktailbars kann man hier richtig viel Geld lassen.

➡ **Hong Kong Island: The Peak & der Nordwesten** (S. 108) Entspannter als Central: Hier gibt's Flüsterkneipen und Kleinbrauereibier; Schwule und Lesben treffen sich in Sheung Wan.

➡ **Hong Kong Island: Wan Chai & der Nordosten** (S. 129) Wie bei einem köstlichen Cocktail mischen sich hier elegante und hippe Bars sowie Geheimtipps, daneben gibt's auch Hostessbars und billige Kaschemmen.

➡ **Hong Kong Island: Aberdeen & der Süden** (S. 144) Die Auswahl ist im Süden nicht groß, aber wer sich seine Flasche ans Ufer mitbringt, kann seine ganz eigene Party feiern.

➡ **Kowloon** (S. 162) In TST gibt's jede Menge Kneipen mit Lokalkolorit und Karaokebars.

Top-Tipps

Quinary (S. 89) Gilt zu Recht als eine der weltweit besten Barsund serviert hervorragende Cocktails mit asiatischen Akzenten.

Old Man (S. 108) Trauliche, versteckte Bar, in der es einige der ungewöhnlichsten Cocktails gibt, die man je probiert hat.

Ping Pong Gintoneria (S. 110) Gin-Bar in einer ehemaligen Tischtennishalle.

Cheng's Store (S. 181) Exzentrische, nuancenreiche Tees von einem skurrilen Teemeister in Tsuen Wan.

Executive Bar (S. 131) Exklusive Whisky- und Cocktailbar, in der kundige japanische Barmixer am Tresen stehen.

Pontiac (S. 89) Tolle Kneipe mit alternativem Soundtrack, der richtig abgeht.

Clubs

Volar (S. 91) Partykeller mit jungen Leuten vor futuristischer Kulisse.

Dusk Till Dawn (S. 131) Hier kann man auch dann noch zu Livemusik abrocken, wenn die anderen Bars schon geschlossen sind.

Behind (S. 88) Clubbummel durch erstklassige Clubs auf Hong Kong Island.

Petticoat Lane (S. 90) Im freundlichsten Schwulenclub von Central gibt's alles: Barkeeper mit nacktem Oberkörper, Stunden, in denen der Wodka kostenlos fließt, und natürlich auch einen Dancefloor.

Teatime

Peninsula Hong Kong (S. 253) Der eleganteste Nachmittagstee der Gegend.

Lock Cha Tea Shop (S. 121) Teehaus im Hong Kong Park mit altmodischer Aufmachung und traditioneller Musik.

Cheng's Store (S. 181) Mr. Chengs ziemlich kostspielige Tee-Kreationen sind in Hongkong einmalig.

Teakha (S. 109) In dieser eleganten Tee-Lounge startet man mit Jasminduft in den Tag.

Lan Fong Yuen (S. 83) Der Klassiker, um den berühmten Milchtee à la Hongkong zu probieren.

Cocktailbars

Quinary (S. 89) Kreative, asiatisch inspirierte Cocktails in elegantem Ambiente.

Butler (S. 163) Japanische Cocktailbar in einem ruhigen Teil von TST.

Executive Bar (S. 131) In diese schicke Whisky-Lounge kommt man nur mit Einladung.

Old Man (S. 108) Hommage an Hemingway mit einmaligen Mixturen, die selbst Papa vom Barhocker gehauen hätten.

Iron Fairies (S. 89) Magische Kaschemme mit altmodischem Industrieflair.

Honi Honi (S. 88) Tropische Tiki-Atmosphäre, herrliche Terrasse zum Sternegucken und frisch gemixte Cocktails.

Leute gucken

Peak Cafe Bar (S. 91) In dieser Bar in Soho kann man zuschauen, wie der Central–Mid-Levels Elevator vorbeifährt.

Club 71 (S. 89) Ein Treff der Künstler und Schriftsteller.

Cheng's Store (S. 181) Mr. Cheng bei der Teezubereitung zuzuschauen, ist ein Erlebnis für sich.

Beer Bay (S. 88) Am Central Pier kann man den Einheimischen beim Spazierengehen und den Anzugträgern bei der Heimfahrt zuschauen.

Uriges Flair

Ned Kelly's Last Stand (S. 167) Dixieland, eine australische Dekoration und viele Ausländer, die in der Stadt leben.

Wanch (S. 133) In dieser Livemusik-Location kann man mit Touristen, Einheimischen, Matrosen, Junkies und vielen anderen komischen Vögeln rocken.

Missy Ho (S. 108) Man sollte spät in diese Restaurantbar in Kennedy Town kommen, dann kann man bestaunen, wie das aufgebrezelte Publikum nach dem Abendessen hereinschneit.

Iron Fairies (S. 89) „Es bringt Unglück, eine Fee zu stehlen", steht auf den Schildern auf den Tischen dieser fantastischen Keller-Cocktailbar.

Zwanglos & lässig

Café 8 (S. 88) Geselliges Lokal mit einer Dachterrasse am Hafen über dem Hong Kong Maritime Museum.

Club 71 (S. 89) Ein ziemlich zwangloser Club, jedenfalls für Soho.

Beer Bay (S. 88) Bar am Central Pier mit freundlichen Leuten. Bier gibt's hier, Snacks bringt man selbst mit.

Pontiac (S. 89) Freundliche Stimmung, ein Team ausschließlich aus Barfrauen und tolle Musik zeichnen diese Kneipe aus.

Agave (S. 131) Bei so viel Tequila bleibt jedes vornehme Getue auf der Strecke.

Buddy Bar (S. 132) Bodenständige Kneipe im hippen, aber freundlichen Tai Hang.

Ausblick

Sevva (S. 88) Schöne Leute und schöner Blick auf den Hafen nahe dem HSBC Building.

Skye Bar (S. 131) Prächtiger Blick auf den Hafen aus einer Bar, die sich auf dem Dach eines Hotels an der Causeway Bay versteckt.

Ben's Back Beach Bar (S. 144) Mit Blick auf einen einsamen Strand in Shek O.

Cé La Vi (S. 90) In dieser Dachpartybar in LKF feiert man inmitten der Bürohochhäuser.

Sugar (S. 132) Schwindelerregender Blick von der Spitze eines Island-East-Hotels.

Intercontinental Lobby Lounge (S. 162) Durch die Glaswände blickt man auf den Victoria Harbour.

Sportbars

Dickens Bar (S. 132) In diesem Pub britischer Art laufen alle nur denkbaren Rugby- und Fußballmatches.

Slide on 79 (S. 90) Etwas eleganter als die durchschnittlichen Sportbars in LKF: Hier gibt's auch Cocktails!

Globe (S. 90) Britischer Pub mit Fantasy-Ambiente und bequemen Sitzecken.

Delaney's (S. 144) Irischer Pub mit Fernsehschirmen und freundlichem Publikum.

Canny Man (S. 131) Hongkongs einziger schottischer Pub, mit Sportfernsehen, Haggis und Stovies.

Kleinbrauereikneipen

65 Peel (S. 89) Neonfarbene Bierbar mit örtlichen Bieren und typischen Hongkonger Häppchen.

Craftissimo (S. 109) Trendiger Laden mit einem Patio in einer Gasse. Man kann die gekaufte Flasche gleich hier vor Ort trinken oder sich eines der stetig wechselnden Fassbiere genehmigen.

Little Creatures (S. 110) Geräumige australische Kleinbrauerei im Viertel Kennedy Town.

Second Draft (S. 131) In dem gemütlichen Nachbarschafts-Gastropub, der zur Brauerei Young Master gehört, stehen hier produzierte Biere im Mittelpunkt.

Kowloon Taproom (S. 162) Die nach vorn offene Kneipe schenkt Biere der örtlichen Brauerei Lion Rock aus.

Beer Temple (S. 227) Kneipe mit hämmernder Musik und großem Biersortiment in Macao.

Whiskybars

Butler (S. 163) Whisky, Cocktails und Whiskey-Cocktails.

Angel's Share Whisky Bar (S. 90) Es dreht sich alles um den Whisky und seine speziellen Holzfässer.

Executive Bar (S. 131) Der japanische Barmixer kennt seine Whiskys richtig gut.

Kaffeehäuser

Elephant Grounds (S. 131) Zu den tollen Kaffeespezialitäten hier gehört der „Bulletproof Coffee", dazu gibt's die in Hongkong so heiß geliebten Eiscreme-Sandwiches.

NOC (S. 110) Das Lokal ist Café, Brunch-Restaurant und Rösterei in einem; das Ambiente ist hell, bunt und modern.

Cupping Room (S. 109) Beliebte Hongkonger Mini-Kette mit einem wechselnden Angebot sortenreiner Kaffeespezialitäten und einer eignenen Rösterei in Tai Ping Shan.

Valor (S. 207) Beim Genuss des Filterkaffees, der in kleinen Kokosnussschalen serviert wird, fühlt man sich wie auf einer pazifischen Insel.

Bound (S. 166) Ausgezeichneter Kaffee ist der Dreh- und Angelpunkt in dieser Kaffeebar, in der auch Kunstwerke verkauft werden.

Accro Coffee (S. 194) Die besten Kaffeespezialitäten in den New Territories.

Gin-Bars

Ping Pong Gintoneria (S. 110) Gin-Cocktails in einer alten Tischtennishalle.

Dr. Fern's Gin Parlour (S. 88) Durchs Wartezimmer im Untergeschoss der Landmark Mall geht's hinauf zu den Ärzten, die die richtige Medizin für Durstige bereithalten.

Botanicals (S. 129) Nach Einbruch der Dunkelheit schmeckt der Negroni mit hauseigenem Gin super.

Für Schwule & Lesben

Petticoat Lane (S. 90) Club in Central mit Barkeepern ohne Shirts, Travestieshows und freundlichem Publikum.

Zoo (S. 109) Nächtliches Trinken und Abtanzen mit Lokalkolorit in Sheung Wan.

Behind (S. 88) Tolle Tour durch die Clubs.

Boo (S. 165) Hier erwartet einen kein ruhiger Drink, vielmehr gibt's in dieser Karaoke- und DJ-Bar in Kowloon jede Menge Unterhaltung.

Boom (S. 234) Macaus einzige Schwulenbar bietet Livemusik, Themenabende und gelegentliche Auftritte von Go-Go-Tänzern.

T:ME (S. 91) Entspannte Cocktail-Lounge in einer Gasse von Central.

Happy Hours

Honi Honi (S. 88) Sehr wenige der elegantesten Cocktailsbars von Hongkong sind mit der Happy Hour so freigiebig.

Colette's Art Bar (S. 90) Auf dem Balkon dieser Bar in einer alten Milchfarm kann man eine sehr, sehr lange Happy Hour genießen.

Stone Nullah Tavern (S. 129) Für nur 100 HK$ gibt's hier so viele Schnäpse des Hauses, Weine, Pabst-Blue-Ribbon-Bier, Brathähnchen und Schinken mit Ahornsirup, wie man verträgt.

Pontiac (S. 89) Das Bier für 15 HK$ zur Happy Hour ist vielleicht das günstigste in der ganzen Stadt.

Cé La Vi (S. 90) In Dachbars gibt's in der Regel keine Happy Hour, da ist das hiesige Angebot mit zwei Getränken zum Preis von einem wirklich sehr willkommen.

Unterhaltung

Hongkongs Kunst- und Unterhaltungsszene geht's besser als je zuvor. Auf dem immer volleren Kulturkalender stehen Musik, Theater und Tanz, die auf einer reichen Tradition gründen. Auch die Liste der importierten Darbietungen ist atemberaubend. Jede Woche führen lokale Kunstensembles und Solokünstler einfach alles auf – von Bach oder Stand-up-Comedy und kantonesische Opern bis hin zu Tschechow-Stücken in englischer Sprache.

Darstellende Künste

Einheimische westliche Musikensembles und Theatertruppen treten jede Woche auf, aber auch berühmte internationale Gruppen werden häufig zu Auftritten eingeladen, insbesondere während des **Hong Kong Arts Festivals** (香港藝術節; www.hk.artsfestival.org; ab 150 HK$; ⏲Feb.–März). Dieses alljährlich stattfindende Event lockt eine Vielzahl weltberühmter Namen aus der Musik-, der Theater- und der Tanzszene in die Stadt, unter ihnen beispielsweise das Bolschoi-Ballett, Anne-Sophie Mutter und der Dramatiker Robert Wilson.

Kantonesische Oper

Hongkong ist einer der besten Orte der Welt, um sich eine kantonesische Oper anzuschauen. Am besten tut man dies während des Hong Kong Arts Festival (S. 56) oder des Mondfests, wenn im Victoria Park Open-Air-Vorstellungen stattfinden. Auch auf dem Temple Street Night Market (S. 149) oder während chinesischer Festivals kann man Darbietungen bewundern.

Im historischen Sunbeam Theatre (S. 133) finden unregelmäßig Aufführungen statt, regelmäßige gibt es im Yau Ma Tei Theatre (S. 155) und im Ko Shan Theatre (www.lcsd.gov.hk/kst), beide sind in Kowloon. Wer kein Kantonesisch spricht, bucht Tickets für Vorstellungen am besten durch Hong Kong Ticketing (S. 57), Urbtix (S. 57) oder **Cityline** (☎852 2317 6666; www.cityline.com.hk).

Kino

Die Kinodichte in Hongkong ist groß und es werden sowohl Blockbuster als auch Arthouse-Filme gezeigt. Meist laufen in den Kinos örtliche Produktionen und Hollywoodstreifen. Die allermeisten Filme haben englische und chinesische Untertitel. Tickets und Plätze kann man online oder weit vor Beginn der Vorstellung vor Ort kaufen.

Kinofans aus ganz Asien pilgern zum jährlichen **Hong Kong International Film Festival** (香港國際電影節; www.hkiff.org.hk; ab 45 HK$; ⏲März–April). **Cine Fan** (www.cinefan.com.hk) von denselben Organisatoren bietet das ganze Jahr über Filme.

Livemusik

Durch neue Veranstaltungsorte, an denen an mehreren Abenden pro Woche unabhängige (lokale und internationale) Musiker auftreten, wächst Hongkongs Livemusik-Szene

AVENUE OF STARS

Ein Großteil des Hafenviertels in Kowloon ist den Stars des Hongkong-Kinos gewidmet, die durch Statuen und Handabdrücke geehrt werden. Ausländer werden viele der Namen nicht kennen, aber alle posieren gern vor der Bruce-Lee-Statue. Wer sich wundert: Das Bronze-Schwein heißt McDull und stammt aus einem Cartoon für Kinder. Seit Anfang 2019 erstrahlt es wieder in altem Glanz.

immer weiter. Die Auswahl reicht von Jazz-Abenden bis zu Gothic-Metal-Nächten – von Dubstep, Post-Rock Drum 'n' Bass und Electronica ganz zu schweigen.

Peel Fresco (S. 91) und Grappa's Cellar (S. 92) sind beliebt, aber auch den versteckten Geheimtipp This Town Needs (S. 166) sollte man besuchen.

Das **Hong Kong International Jazz Festival** (www.hkijf.com; ab 200 HK$; ⏲Sept., Okt. oder Nov.) ist das Richtige für Jazzliebhaber.

KONZERTE

In Hongkong machen auch die ganz großen internationalen Bands und Solokünstler gern Station. Das Spektrum reicht von Mainstream-Acts bis zum Rande des Mainstreams – von U2, Guns N' Roses und Madonna bis zu den Kings of Convenience, Deerhof und Mogwai.

CLOCKENFLAP

Das Highlight ist das Open-Air-Festival **Clockenflap** (www.clockenflap.com; Ticket für 1 Tag/3 Tage 820–890/1410 HK$; ⏲Nov. oder Dez.). Es dauert drei Tage und präsentiert Dutzende lokaler, regionaler und internationaler Künstler an der Promenade in West Kowloon.

GUT ZU WISSEN

Tickets für Shows

Man muss mit rund 80 HK$ für einen Sitzplatz in den hinteren Reihen bei lokalen Künstlern und ab 600 HK$ für Konzerte großer internationaler Stars oder Musicals wie *Chicago* rechnen.

Kinokarten

Kinokarten kosten zwischen 65 HK$ und 100 HK$, aber Matinees sowie die letzte Vorstellung am Tag (meist um 23.30 Uhr) oder Tickets am Wochenende, an Feiertagen und an bestimmten Wochentagen können günstiger sein. Fast alle nicht englischsprachigen Filme haben chinesische und englische Untertitel.

Tickets & Reservierungen

Urbtix (☎852 3761 6661, Anfragen für Tickets 10–20 Uhr; www.urbtix.hk) und **Hong Kong Ticketing** (☎852 3128 8288, Ticket-Hotline 10–20 Uhr; www.hkticketing.com) verkaufen Tickets zu allen großen Events in Hongkong. Man kann über diese Agenturen oder direkt beim Veranstaltungsort buchen. Urbtix-Tickets können an einigen Kiosken in der Stadt abgeholt werden.

Viertel für Viertel

- **Central** Irgendwo in Central gibt's abends immer Jazz. Außerdem: Indie-Theater und Blockbuster-Shows. (S. 91)
- **Hong Kong Island: The Peak & der Nordwesten** Drag Shows ziehen die LGBTQ+-Community nach Sheung Wan. (S. 110)
- **Hong Kong Island: Wan Chai & der Nordosten** Comedy, kantonesische Opern, Theater, Live-Musik – was auch immer das Herz begehrt, hier wird es sein Glück finden. (S. 133)
- **Hong Kong Island: Aberdeen & der Süden** Strände und Fischerdörfer flankieren diese Gegend. Was will man mehr?
- **Kowloon** Top-Theater- und Unterhaltungskomplexe. (S. 166)

Top-Tipps

Hong Kong International Film Festival (S. 56) Auf Asiens bestem Filmfestival werden ausgefallene Filme ebenso gezeigt wie Mainstream-Streifen.

Clockenflap (S. 57) Jeder in der Stadt besucht dieses riesige Rock-Festival.

Hong Kong Arts Festival (S. 56) Hongkongs aufregendstes Open-Air-Musikfestival.

This Town Needs (S. 166) Der bekannteste Laden für Livemusik in der Stadt.

Peel Fresco (S. 91) Intimes Live-Jazz-Lokal mit regelmäßigen Auftritten von bekannten Künstlern.

Livemusik

Peel Fresco (S. 91) Cooler Jazz und künstlerisches Publikum in einem winzigen Club.

This Town Needs (S. 166) Hongkongs berühmteste Musikkneipe hat ein solides Line-up von Indie-Künstlern.

Wanch (S. 133) Dieser altehrwürdige Laden für Livemusik in Wan Chai ist die beste Adresse für Rock, Jazz und viel Bier.

Grappa's Cellar (S. 92) Dieses italienische Restaurant serviert auch Rock, Jazz und Comedy.

Fringe Club (S. 91) In diesem viktorianischen Gebäude werden Jazz, Weltmusik und mehr auf die Bühne gebracht.

Kinos

Broadway Cinematheque (S. 168) Hongkongs bestes Arthouse-Kino zeigt Independent-Filme, die sonst nirgendwo laufen.

AMC Pacific Place (S. 133) Im schicken Pacific Place kann man Hollywood- und Hongkong-Streifen mit allem Komfort genießen.

HKAC Cinema (S. 133) Dieses kleine Kino im Hong Kong Arts Centre zeigt limitierte Festivalbeiträge.

Cinematheque Passion (S. 228) Das Passion ist Macaus erstes Arthouse-Kino und Filmarchiv.

Palace IFC (S. 92) Acht Kinos zeigen Blockbuster in plüschiger Umgebung.

Theater

Hong Kong Arts Centre (S. 133) Theater, Tanz und noch viel mehr.

Hong Kong Academy for the Performing Arts (S. 133) Die Bühne dieser Schule zeigt die unterschiedlichsten Darbietungen.

Hong Kong Cultural Centre (S. 167) Wenn es etwas mit Kultur zu tun hat, findet man es hier.

Fringe Club (S. 91) Das ist so etwas wie der Off-Broadway Hongkongs.

Cattle Depot Artist Village (S. 157) Esoterische Aktionskunst in einem ehemaligen Schlachthaus.

Abgefahren & Underground-Atmosphäre

This Town Needs (S. 166) *Der* Underground-Club Hongkongs – so cool, dass die Regierung ihn gern schließen möchte.

Canton Singing House (S. 166) Bester Karaoke-Club an der Temple St. – Old-School-Karaoke nach kantonesicher Art.

Petticoat Lane (S. 90) Um Punkt Mitternacht schlägt in diesem beliebten LGBTQ+-Nachtclub die Stunde der Drag Queens.

Cattle Depot Artist Village (S. 157) Ehemaliges Schlachthaus in Kowloon, heute Künstlerdorf und Veranstaltungsort.

Shoppen

Hongkong ist als neonbunter Pilgerort für Shoppingfans bekannt. Die Stadt ist geradezu vollgestopft mit protzigen Einkaufszentren und Markenboutiquen. Es sind nicht nur internationale Marken mit ihren Outlets vertreten, sondern auch einheimische Wegbereiter des Einzelhandels sowie einige kreative Designer. Zusammen bilden sie Hongkongs Schreine und Tempel des Stils und des Konsums.

Antiquitäten

In Hongkong findet man eine üppige Auswahl asiatischer Antiquitäten: Die Stadt ist einer der besten Orte der Welt, wenn man echte chinesische Antiquitäten (Grabbeigaben, Qing-Dynastie-Möbel, Ming-Dynastie-Keramik usw.) kaufen möchte. Seriöse Sammler halten sich meist an angesehene Läden und Auktionshäuser, denn Fälschungen und professionelle Kopien gibt es zuhauf. Also unbedingt auf einem Echtheitszertifikat bestehen – und immer daran denken: Schnäppchen gibt es hier keine. Die meisten hochwertigen Stücke werden von Auktionshäusern wie Christie's verkauft (Auktionen im Frühjahr und Herbst).

Bislang gab's die meisten Antiquitätenläden Hongkongs an der Hollywood Rd in Central, doch die steigenden Mieten hier haben die Geschäfte inzwischen an das westliche Ende dieser historischen Durchgangsstraße gedrängt. Heutzutage findet man die meisten Antiquitätengeschäfte in der Gegend zwischen der Tai Ping Shan St und der Upper Lascar Row (Cat St). Da der Wert chinesischer Antiquitäten in den vergangenen sechs bis acht Jahren nahezu ins Unermessliche gestiegen ist, wächst der Markt hierfür ständig. Für ein Stück, das früher 10 000 HK$ gekostet hat, werden heute 40 000 bis 50 000 HK$ verlangt. Das mittlere Preissegment verschwindet ebenso wie viele der Läden, die einst an der Hollywood Rd lagen.

Auf dem Cat Street Market (S. 101) findet man günstigere Stücke, darunter Magazine, chinesische Propagandaposter und Abzeichen aus der Zeit der Kulturrevolution. Für chinesisches Kunsthandwerk im alten Stil sind die großen Warenhäuser die wichtigsten Anlaufstellen.

Edelsteine & Schmuck

Die Chinesen schreiben der Jade mehrere magische Eigenschaften zu, beispielsweise die Kraft, das Altern aufzuhalten und den Menschen vor Unfällen zu bewahren. Der Jademarkt (S. 170) in Yau Ma Tei ist toll anzuschauen; wer sich mit Jade jedoch nicht gut auskennt, sollte auf teure Anschaffungen lieber verzichten. Einige geführte Touren in Kowloon schließen einen Besuch des Marktes mit ein. Dabei erhält man sicher einen besseren Einblick, als wenn man auf eigene Faust loszieht.

Die Auswahl an Perlen, egal ob es um Zucht- oder Süßwasserperlen geht, ist in Hongkong riesig. Die Einkaufspreise für andere wertvolle Steine liegen nur ein klein wenig unter den Preisen, die anderswo verlangt werden. Die angesehenen Juwelengeschäfte, von denen es in Tsim Sha Tsui und Mong Kok eine Menge gibt, stellen Zertifikate aus, die einem genau bescheinigen, was man gekauft hat und dass das Geschäft die Ware zu einem fairen Marktpreis wieder zurückkauft.

Fotoausrüstung

Tsim Sha Tsui in Kowloon hat sich mehr und mehr zum Zentrum für Elektronik, einschließlich Kameras, entwickelt. Der Service

GUT ZU WISSEN

Öffnungszeiten

- Central: normalerweise 10–20 Uhr
- Causeway Bay: 11–21.30 oder 22 Uhr
- Tsim Sha Tsui: 11–20 Uhr
- Die meisten Läden sind sonntags geöffnet.
- Der Winterschlussverkauf findet im Januar statt, der Sommerschlussverkauf Ende Juni und Anfang Juli.

Duty Free

In Hongkong gibt es keine Mehrwertsteuer, deshalb sollte man die „Tax Free"-Schilder in manchen Läden einfach ignorieren. Gebühren werden allerdings für den Kauf von Tabak, Parfüm, Kosmetik und Autos fällig. Im Allgemeinen lässt sich sagen, dass außerhalb von Duty-Free-Shops alles ein wenig billiger ist.

Rückgabe & Umtausch

Nur in den wenigsten Geschäften kann man Artikel zurückgeben, doch viele Läden tauschen Sachen doch um, wenn sie unbeschädigt sind und man einen Beleg hat.

Service

Das Servicepersonal ist sehr aufmerksam, Kreditkarten werden fast überall akzeptiert.

Warenversand

Viele Geschäfte – vor allem Möbel- und Antiquitätenläden – verpacken und versenden größere Gegenstände. Vorher sollte man allerdings überprüfen, ob die Ware im Zielland verzollt werden muss. Kleinere Einkäufe kann man vom Postamt aus oder mit DHL (www.dhl.com.hk/en) verschicken.

Garantien & Gewährleistungen

Manch importierte Ware hat nur in Hongkong eine Garantie. Bei bekannten Marken kann man die Garantiekarte manchmal beim Importeur in Hongkong gegen eine Karte für das Heimatland eintauschen. Gegenstände vom grauen Markt, die nicht offiziell eingeführt wurden, haben oft nur eine Garantie für ihr Herstellungsland – oder gar keine.

in den großen Elektronik-Filialen ist zuverlässig, die Produkte sind echt und die Preise gut. Gelegentlich – und in Maßen – lohnt sich Feilschen, riesige Rabatte sollte man allerdings nicht erwarten. Heutzutage sind zwar auch vielen Geschäfte, die ohne Preisschilder auskommen, vertrauenswürdig, man sollte trotzdem mehr als einen Laden aufsuchen, um sicher sein zu können, nicht zu viel zu bezahlen. In Mong Kok gibt es bei Showa Film & Camera (S. 169) Retro-Filmkameras, Objektive und einen erstklassige Filmentwicklungsdienst.

Handwerkskunst & Souvenirs

Altes chinesisches Kunsthandwerk und ähnliche Erzeugnisse, etwa aus Holz handgeschnitzte Stücke, Keramiken, Cloisonné, Kleidungsstücke aus Seide sowie Tischsets, verkaufen die großen chinesischen Warenhäuser, z. B. das Chinese Arts & Crafts. Mountain Folkcraft (S. 93) in Central bietet ebenfalls eine gute Auswahl chinesischen und südostasiatischen Kunsthandwerks. In den Gassen von Tsim Sha Tsui und an der Cat Street (S. 101) in Sheung Wan findet man eine kleine Auswahl ähnlicher Artikel (aber von geringerer Qualität). Es lohnt sich immer, die Preise verschiedener Anbieter zu vergleichen.

Wer Gegenstände im moderneren chinesischen Stil sucht, der sollte es bei Shanghai Tang versuchen (S. 92; hat Zweigstellen in der ganzen Stadt). Hier gibt's eine große Auswahl von Kissen, Geschirr, Bilderrahmen und anderen Dekogegenständen – zu Luxuspreisen.

In den diversen Läden von G.O.D. (S. 92) bekommt man Haushaltswaren, Mode und Accessoires mit dem gewissen frechen Hongkong-Touch.

Kleidung

DESIGNERMARKEN & BOUTIQUEN

Weltweit bekannte Designermarken und Luxusgeschäfte sind hauptsächlich in Einkaufszentren wie dem IFC (S. 94) oder **Landmark** (置地廣場; Karte S. 336; ☎852 2500 0555; www.centralhk.com; 1 Pedder St, Central; 📶; Ⓜ Central, Ausgang G) in Central, Pacific Place (S. 133) in Admiralty und Festival Walk (S. 170) in Kowloon Tong vertreten. Einige dieser Läden, beispielsweise Prada, betreiben im Horizon Plaza (S. 145) in Ap Lei Chau Outlets, in denen sie Mode der letzten Saison zu reduzierten Preisen verkaufen.

Wer nach ganz einzigartigen Stücken sucht, kommt in Sheung Wan, Wan Chai und Tsim Sha Tsui auf seine Kosten, wo einheimische Designer ein paar unabhängige Läden betreiben. Die Preise sind zwar nicht so hoch wie im Luxuseinzelhandel, aber wirklich niedrig sind sie auch nicht. Manchmal entspricht die Qualität nicht dem verlangten Preis, man bekommt aber einige schöne Originalstücke. In Central gibt es ein paar fantastische lokale Designerboutiquen, in Sheung Wan um die Tai Ping Shan St kann man etwas günstiger einkaufen.

STRASSENMÄRKTE & MINI-EINKAUFSZENTREN

Preiswerte Kleidung gibt's in Tsim Sha Tsui am östlichen Ende der Granville Rd und an der Cheung Sha Wan Rd in Sham Shui Po. Die Straßenmärkte an der Temple St in Yau Ma Tei und der Tung Choi St in Mong Kok bieten die preisgünstigsten Outfits. Ein Abstecher zur Li Yuen St East und zur Li Yuen St West, zwei enge Gassen zwischen Des Voeux Rd Central und Queen's Rd Central, dürfte sich ebenfalls lohnen. Hier findet man haufenweise billige Klamotten, Taschen, Rucksäcke und Modeschmuck.

Die Mini-Einkaufszentren in Tsim Sha Tsui sind vollgestopft mit allem, was jung und trendy ist, ob von einheimischen Designern, importiert vom Festland oder aus Korea. Wer mehr als ein Stück kauft, kann meist feilschen, und wer den richtigen Blick dafür hat, kommt günstig zu einem schicken Outfit.

Kunst

Ob es nun stimmt oder nicht: Hongkong gilt inzwischen als einer der besten Orte der Welt, um zeitgenössische Kunst zu erstehen. Immer mehr Kunstgalerien in Hongkong verkaufen Gemälde, Skulpturen, Keramik und Installationen – einige davon sind wirklich gut! – von einheimischen und internationalen Künstlern. Die kommerziellen Kunstgalerien der Stadt liegen inzwischen an der Wyndham St und Hollywood Rd in Central, dort, wo einst viele Antiquitätenläden zu finden waren.

Die **Art Basel** (香港巴塞爾藝術展; www.artbasel.com/hong-kong; ⌚März), **Le French May** (www.frenchmay.com; ⌚April–Juni) und **Fotanian** (www.fotanstudios.org; ⌚Okt.) bieten sehr gute Gelegenheiten, um Kunstgegenstände zu kaufen oder sich mit der interessanten Kunstszene in der Stadt vertraut zu machen.

Lederwaren & Reisegepäck

In Hongkongs Kaufhäusern ist alles vertreten, was Rang und Namen hat, z. B. Louis Vuitton, Samsonite und Rimowa, aber auch ein paar einheimische Verkäufer im Reisegepäck-Business. Der Wander- und Reisetrend, der immer stärker wird, treibt auch den Verkauf von Outdoor-Equipment in darauf spezialisierten Läden an, wo es Rucksäcke in sehr guter Qualität zu kaufen gibt. Wer nach einer günstigen einfachen Tasche oder nach kleineren Rucksäcken sucht, wird auf der Li Yuen St East und der Li Yuen St West in Central oder Stanley Market (S. 141) fündig.

Lokale Marken & Designer

Zwar gibt es in Hongkong skurrile, kreative Unikate oder einzigartige Vintage-Stücke nicht in Hülle und Fülle so wie in London, New York oder Kopenhagen. Dafür bietet aber eine überschaubare Anzahl hiesiger Designerboutiquen mit Leidenschaft Artikel von Qualität, Charakter und Stil an, insbesondere Mode und Möbel. Einige von ihnen haben sich innerhalb des ausgezeichneten PMQ-Komplexes (S. 100) an der Grenze von Sheung Wan und Central niedergelassen. Vorbeischauen lohnt sich!

In Soho, Wan Chai, Causeway Bay und Tsim Sha Tsui findet man die meisten dieser Läden. Manche, wie **Homeless Workplace** (Karte S. 346; ☎852 9309 7120; www.homeless.hk; 12. Stock, Laden 1203, The Factory, 1 Yip Fat St, Wong Chuk Hang; ⌚Mo–Fr 12–19 Uhr; Ⓜ Wong Chuk Hang, Ausgang A2), führen teils schicke, designorientierte Artikel (hiesige und importierte), andere, etwa das Möbelgeschäft G.O.D. (S. 92) oder die Modeboutiquen Shanghai Tang (S. 92) und **Initial** (Karte S. 336; ☎852 2259 5112; www.initialfashion.com; G01, Man Yee Bldg, 60-68 Des Voeux Rd, Central; ⌚11–21.30 Uhr; Ⓜ Central, Ausgang C), arbeiten mit eigenen Designerteams.

Uhren

Geschäfte, die mit Uhren handeln, sind in Hongkong allgegenwärtig. Von der Rolex bis hin zum russischen Armeezeitmesser oder zu Tauchuhren findet man hier alles. Läden ohne Preisschilder meiden! Die großen Kaufhäuser und **City Chain** (時間廊; Karte S. 336; ☎852 2537 6518; www.citychain.com; EG, Yat Fat Bldg, 44-46 Des Voeux Rd Central, Central; ⌚10.30–21 Uhr; Ⓜ Central, Ausgang C1) sind in Ordnung, es lohnt sich aber, die Preise zu vergleichen.

PMQ (S. 100), Soho

Feilschen

Die Verkäufer in Kaufhäusern und bei Ketten dürfen meist keine Preisnachlässe geben, doch in selbstständig betriebenen Läden und auf Märkten kann man immer zu handeln versuchen.

Manche Traveller sind der Meinung, dass man Artikel immer für die Hälfte des ursprünglichen Preises bekommt. Doch wenn man ein Produkt so nach unten handeln kann, überlegt man sich lieber zweimal, ob man es wirklich in diesem Laden kaufen sollte. Man muss immer bedenken, dass dann zwar die Spiegelreflexkamera wenig kosten mag, dass man dafür aber vielleicht zu viel für die Speicherkarte zahlt oder dass im schlimmsten Fall Zubehör oder eine internationale Garantie fehlt.

Lieber nicht zu sehr nach dem superbilligen Preis schauen: Was sind denn schon 5 HK$ Nachlass auf ein Souvenir, das vorher 50 HK$ gekostet hat? Für Traveller ist das fast nichts, für die alte Dame, die es verkauft, aber vielleicht viel.

Zum Thema High-Tech-Shoppen

Aufgrund seiner günstigen Steuergesetze war Hongkong einst *die* Stadt für Schnäppchenjäger, vor allem für solche, die die neuesten elektronischen Geräte kaufen wollten. Mit dem Aufkommen des Internets gibt es jedoch immer weniger preisgünstige High-End-Waren (und wer meint, er habe doch ein Gadget gefunden, dessen Preis unschlagbar sei, der sollte Vorsicht walten lassen). Keine Frage: Die Preise sind sicherlich verlockend, und in Hongkong gibt es eine Vielzahl von Fachgeschäften und großen Ketten, in denen man sorglos einkaufen kann. Auch die Inhaber kleinerer Läden sind im Allgemeinen ehrlich, trotzdem steht der ein oder andere Shop in dem Ruf, Ausstellungs- oder Secondhand-Artikel als neuwertig zu verkaufen. Renommierte Elektronikläden findet man vor allem in Wan Chai oder Kowloon. Wer einen günstigen PC sucht, wird in Sham Shui Po fündig.

Viertel für Viertel

- **Hong Kong Island: Central** (S. 92) Schicke Einkaufszentren und Designerlabels finden sich in Hongkongs Geschäftsviertel zuhauf.
- **Hong Kong Island: The Peak & der Nordwesten** (S. 110) Das trendige Sheung Wan entwickelt

sich rasant zur begehrten Anlaufstelle für allerlei recht skurrile Boutiquen und Produkte hiesiger Designer.

➡ **Hong Kong Island: Wan Chai & der Nordosten** (S. 133) Von Straßenmärkten über edle Einkaufszentren bis zu angesagten Hipster-Läden – Wan Chai hat alles.

➡ **Hong Kong Island: Aberdeen & der Süden** (S. 144) Ap Lei Chau ist der beste Ort für Outlet-Schnäppchen; in Stanley gibt's einen lustigen Open-Air-Markt mit Souvenirs.

➡ **Kowloon** (S. 168) Hier kann man zusammen mit halb China Designersachen und haufenweise Imitate shoppen.

Top-Tipps

G.O.D. (S. 145) Tolle Lifestyle-Accessoires, Haushaltsgegenstände und Geschenke – Hongkong durch und durch.

Wattis Fine Art (S. 92) Alte Landkarten, nostalgische Fotografien und seltene Lithographien von Hongkong, Macau und anderen Teilen Asiens.

PMQ (S. 100) Hier gibt es erschwingliches lokales Design, Mode und Schmuck – alles unter dem Dach eines altehrwürdigen Gebäudes.

Chan Shing Kee (S. 111) Klassische chinesische Möbel und Deko-Artikel.

Shanghai Tang (S. 92) Zeitgenössische Luxusmode und Haushaltswaren im chinesischen Stil.

Yue Hwa Chinese Products Emporium (S. 169) Traditionelles chinesisches Warenhaus, in dem man bestickte Hausschuhe, Essstäbchen und Kalligrafiebedarf bekommt.

Antiquitäten

Andy Hei (S. 93) Seltene antike chinesische Möbel aus *huanghuali*-Holz.

Capital Gallery (S. 110) Winziger Laden mit jahrtausendealten Kuriositäten.

Chan Shing Kee (S. 111) Die beste Adresse für klassische chinesische Möbel.

Arch Angel Antiques (S. 93) Chinesische Grabbeigaben in allen Formen und Größen.

Cat Street Market (S. 101) Keine echten Antiquitäten, sondern interessante Reproduktionen, Vintage-Poster und alte Fotos.

Bücher

Eslite (S. 134) Riesiger taiwanesischer Buchladen mit Café, Galerie und einem Spielzeugladen.

Hong Kong Reader (S. 170) Zweisprachiger Buchladen mit intellektuellem Touch.

Kubrick Bookshop Café (S. 165) Ausgezeichnete Auswahl von anspruchsvoller Belletristik sowie Kunstbücher und Literaturmagazine.

Swindon Books (S. 169) Indie-Laden voller Lesestoff zum Thema Hongkong.

Bookworm Cafe (S. 199) Secondhand-Buchhandlung in einem vegetarischen Café.

Einkaufszentren

IFC Mall (S. 94) Mondänes und immer überfülltes Einkaufszentrum in Central.

Pacific Place (S. 133) Ultraluxuriöse internationale Kleidung und Accessoires.

Elements (S. 170) Eines der schicksten Einkaufszentren in Kowloon.

Festival Walk (S. 170) Mehr als 200 Läden und eine Eislaufbahn.

Rise Shopping Arcade (S. 168) Ebenso billiges wie ungewöhnliches Einkaufszentrum.

Hysan Place (S. 135) Das Beste aus der japanischen und koreanischen Modewelt.

Essen & Getränke

Kowloon Soy Company (S. 92) Seit 1917 eine Institution für sorgsam produzierte Soja-, gelbe Bohnen- und Austernsaucen.

Shanghai Street (S. 155) Woks, Mondkuchen-Formen und andere Kochutensilien in rauen Mengen.

Lam Kie Yuen Tea Co (S. 111) Freundlicher Teespezialist mit herrlichem Teegeschirr.

Yiu Fung Store (S. 135) Hongkongs berühmtestes Kaufhaus für chinesisches eingelegtes Gemüse und andere Zutaten der hiesigen Küche.

Papabubble (S. 135) Bonbons in einer Vielzahl skurriler Geschmacksrichtungen.

Gadgets

Wan Chai Computer Centre (S. 134) Alles rund ums Thema Elektronik.

Golden Computer Arcade (S. 170) Computer und Zubehör zu sehr günstigen Preisen.

Apliu Street Flea Market (S. 170) Ein riesiger Flohmarkt für digitale Produkte.

Mong Kok Computer Centre (S. 170) Einkaufszentrum für billige Computer.

Showa Film & Camera (S. 169) Retro Filmkameras und Zubehör.

Geschenke

Temple Street Night Market (S. 149) Hier gibt's alles, von Essstäbchen bis zu Schmuck. Knallhartes Feilschen ist angesagt.

G.O.D. (S. 92) Verspielte Accessoires und Haushaltswaren, die Hongkongs Popkultur huldigen.

Stanley Market (S. 141) Handgeschnitzte Namensstempel, Babyschuhe aus Satin und vieles mehr bietet dieser touristische, aber witzige Straßenmarkt.

Mountain Folkcraft (S. 93) Kunsthandwerk von Minderheitenvölkern und aus südostasiatischen Ländern.

Lam Kie Yuen Tea Co (S. 111) Altehrwürdiger Teeladen mit riesiger Auswahl.

Kosmetik & Düfte

Two Girls (S. 134) Hongkongs gute und günstige örtliche Kosmetikmarke mit lustigen Retroverpackungen.

Joyce (S. 94) Luxuriöse Kosmetik und Düfte aus aller Welt.

Hysan Place (S. 135) Das Garden of Eden im 6. Stock ist ein Paradies, wenn man nach asiatischen Kosmetikartikeln für Jugendliche sucht.

Candle Company (S. 93) Diffusoren, Kerzen und Räucherstäbchen vom Hongkonger Designer Carroll & Chan.

Kunst

PMQ (S. 100) Mehrere kleine und unabhängige Läden mit erschwinglicher, auf Hongkong fokussierter Kunst.

C&G Artpartment (S. 156) Ausgefallene Kunst aus der Region.

Pearl Lam Galleries (S. 94) Hier bekommt man zeitgenössische Kunst aus Hongkong und der ganzen Welt.

H Queen's (S. 81) Paradies für zeitgenössische Kunst, mit Galerien internationaler Top-Händlern.

Blindspot Gallery (S. 140) Die Galerie ist nahezu perfekt, um sich mit Hongkong und asiatischer Fotografie vertraut zu machen.

Chiu Kee Porcelain Studio (S. 201). Bemaltes chinesisches Porzellan im traditionellen Hongkong-Stil.

Märkte

Stanley Market (S. 141) Touristischer Straßenmarkt mit guten Souvenirs.

Apliu Street Flea Market (S. 170) Riesiger Elektronik-Flohmarkt.

Temple Street Night Market (S. 154) Legendärer Nachtmarkt mit Kitsch und Souvenirs.

Ladies' Market (S. 169) Klamotten, Handyhüllen, Handtaschenimitate und mehr.

Ap Lei Chau Market (S. 143) Ein wahres Seafood-Spektakel nur ein Stockwerk unter dem Cooked Food Centre in Ap Lei Chau.

Yau Ma Tei Wholesale Fruit Market (S. 155) Die ältesten Markthallen Hongkongs.

Mode

Kapok (S. 134) Hipster-Mode von lokalen und internationalen Designern.

Horizon Plaza (S. 145) Im 27. Stock dieses Warenhauses bekommen Fashion-Fexe heruntergesetzte Luxusgüter und Kleidung.

Pacific Place (S. 133) High-End-Couture in einer angenehmen Mall.

Fashion Walk (S. 134) Hier sind bekannte Namen und lokale Marken vertreten.

Only Alice (S. 111) Boutique in der angesagten Tung St mit schicker, erschwinglicher Hongkong-Mode und Accessoires.

Skurriles

Sino Centre (S. 170) In diesem Anime-Einkaufszentrum kann man ganz Fan sein.

Chan Wah Kee Cutlery Store (S. 169) Einer der letzten Messerschleifermeister Asiens.

Cat Street (S. 101) Buden verhökern auf diesem touristischen Straßenmarkt kommunistischen Kitsch und alte Bruce-Lee-Poster.

Island Beverly Mall (S. 135) Japanische Jugendmode, bei der einem (fast) der Atem stockt.

Niin (S. 111) Umweltbewusst erzeugter Schmuck und Accessoires aus recyceltem Holz und Seeohrschalen.

Soul Art (S. 92) Dim Sum aus Polymer Ton und chinesische Kultfiguren, direkt aus Peking.

Sport & Aktivitäten

Obwohl Hongkong als Metropole aus Glas und Stahl gilt, bietet es überraschend vielfältige Freizeitgestaltungsmöglichkeiten unter freiem Himmel, bei denen sich das Wasser und die fremdartige Natur in direkter Stadtnähe genießen lassen. Neben unzähligen Wanderwegen gibt es auch Fitnesscenter, viele Spas und Massagezentren für Erholungssuchende.

Drachenbootrennen

Hongkong ist vielleicht der beste Ort der Welt, um sich ein Drachenbootrennen anzuschauen: Hier sind die Traditionen, auf denen der Sport basiert, noch sehr lebendig. In der Stadt finden über 20 Rennen pro Jahr statt, die meisten zwischen Mai und Juli. Das Hong Kong Tourism Board (www.discoverhongkong.com) bietet Infos zu den Events.

Fitness-, Yoga- & Meditationszentren

Yoga und Fitness sind der Renner in Hongkong, den größten Profit machen ein paar bekannte Studios. Pure Fitness (S. 95) hat umfangreiche Fitnesseinrichtungen (inkl. Yogakurse) und verschiedene Filialen; außerdem hat der Anbieter Tagespreise. Wer sich vom Sightseeing erholen möchte, kann im Samadhi Training Centre for the Soul (S. 112) im trendigen Sheung Wan meditieren (mit oder ohne Klangtherapie).

SCHLANGEN

Beim Wandern durch Gestrüpp in den New Territories ist Vorsicht geboten, insbesondere auf den Inseln Lamma und Lantau. Giftschlangen können eine Gefahr darstellen, obwohl sie nur dann angreifen, wenn sie überrascht oder provoziert werden. Wer dennoch gebissen wird, sollte unverzüglich ein öffentliches Krankenhaus aufsuchen, private Arztpraxen haben kein Mittel gegen das Gift vorrätig.

Fußball

Hongkong erfreut sich einer recht lebendigen Fußball-Amateurliga. Die Spiele finden auf dem Happy Valley Sports Ground (S. 118), der mehrere Plätze auf dem Gelände des Happy Valley Racecourse umfasst, und im **Mong Kok Stadium** (旺角大球場; Karte S. 353; ☎852 2380 0188; 37 Flower Market Rd, Mong Kok; Ⓜ Prince Edward, Ausgang B1) statt. Näheres zu Spielplänen und Austragungsorten gibt's im Sportteil englischsprachiger Zeitungen oder auf der Website der Hong Kong Football Association (www.hkfa.com). Informationen zu Freizeitkicks finden sich unter http://casualfootball.net.

Golf

In Hongkong gibt's nur einen öffentlichen Golfplatz, aber auch einige private Clubs öffnen an Werktagen gegen eine Green-Gebühr die Tore.

Die Hong Kong Golf Association (www.hkga.com) hält eine Liste mit Driving Ranges und Turnieren in der Sonderverwaltungszone bereit. Unter den Events sind auch die Hong Kong Open Championships, eines der wichtigsten Profi-Golfturniere in Asien (meist Nov. oder Dez.).

Kampfsport

In Hongkong gibt es eine Vielzahl von Kampfsportveranstaltern, aber nur wenige haben spezielle Angebote für Besucher, die nur Englisch sprechen.

Das Hong Kong Shaolin Wushu Culture Centre (S. 204) auf Lantau bietet Aufenthalte mit Übernachtung an. Die Wan Kei Ho International Martial Arts Association

Oben: Wandern, Lantau Trail (S. 203)

Links: Kajakfahren, Halbinsel Sai Kung (S. 183)

(S. 112) hat einheimische sowie ausländische Kundschaft und veranstaltet zweimal pro Woche für alle Interessierten offene Kurse in Sheung Wan.

Klettern

Hongkongs Naturregionen sind mit tollen Granitwänden und Vulkanfelsen gesprenkelt. Am besten kann man in Tung Lung Chau klettern: Hier gibt's eine Wand fürs technische Klettern, eine Big Wall und einen Sea Gully. Am Strand von Shek O kann man ausgezeichnet bouldern.

Die Website von Hong Kong Climbing (www.hongkongclimbing.com) ist eine praktische Informationsquelle für alle Kletterer.

Laufen

Am besten läuft es sich auf Hong Kong Island, z. B. auf der Harlech Rd und der Lugard Rd auf dem Peak, auf der Bowen Rd oberhalb von Wan Chai, an der Promenade Richtung Westen vom Hong Kong-Macau Ferry Terminal in Sheung Wan, auf dem Track im Victoria Park und auf der Rennbahn im Happy Valley – natürlich nur, wenn gerade keine Pferderennen stattfinden! In Kowloon ist die Tsim Sha Tsui East Promenade bei Joggern beliebt. Auch Lamma ist mit seinen vielen Wegen und Pfaden und der schönen Aussicht ideal für diesen Querfeldeinläufe – vor allem, weil auf der Insel keine Autos fahren.

Pferderennen

Pferderennen sind der beliebteste Zuschauersport in Hongkong. Es gibt zwei Rennbahnen: eine in Happy Valley (S. 132) und eine in Sha Tin (S. 183). Die beste Gelegenheit, ein Pferderennen in Hongkong mitzuerleben, sind die Mittwochsrennen (19 Uhr, 10 HK$) im Happy Valley während der Rennsaison (Sept.–Juni) .

Für neugierige Alleinreisende mit schmalem Budget bietet sich die Kneipentour (10 HK$/Pers.) von Hong Kong Pub Crawl (S. 94) an, die an Renntagen mittwochabends stattfindet und neben ein paar Stunden im Happy Valley einen Biercoupon und eine schnelle Einführung ins Wettgeschäft beinhaltet.

Das komplette Rennerlebnis bekommt man bei der Come Horseracing Tour (ab 1390 HK$/Pers.) vom Anbieter **Gray Line Tours** (☎852 2368 7111; www.grayline.com.hk). Das Paket beinhaltet Transport, Essen, Wein oder Bier, so viel man will, sowie den Zugang zum Mitgliederbereich; die Angebote gelten an beiden Rennbahnen an den jeweiligen Renntagen.

Radfahren

Hongkongs natürliches Terrain eignet sich hervorragend zum Radfahren.

Der längste Radweg führt von Sha Tin durch Tai Po nach Tai Mei Tuk durch herrliche Parks, an Tempeln und am Wasser vorbei. Die Hong Kong Cycling Alliance (http://hkcyclingalliance.org) hält Infor-

GUT ZU WISSEN

Karten

Das Map Publications Centre vertreibt ausgezeichnete Wander- und Radwanderkarten. Man bekommt sie online (www.landsd.gov.hk/mapping/en/pro&ser/products.htm) oder in einer der vielen Verkaufsstellen.

Praktische Informationen & Adressen

Enjoy Hiking (www.hiking.gov.hk) Staatliche Website mit umfassenden Infos. Man kann die Wege nach Region, Schwierigkeitsgrad, Dauer etc. auswählen.

Environmental Protection Department (www.epd.gov.hk) Listen der Naturschutzgebiete und Meeresparks.

Hong Kong Birdwatching Society (www.hkbws.org.hk) Die englischsprachige Website ist im Aufbau.

Hong Kong Tourism Board (www.discoverhongkong.com) Komplettverzeichnis mit sämtlichen Sportevents.

Leisure and Cultural Services Department (www.lcsd.gov.hk) Liste der Sportplätze, Stadien, Strände, Schwimmbäder, Wassersportzentren usw. sowie Leihausrüstung.

South China Athletic Association (南華體育會; Karte S. 344; ☎Anfragen 852 2577 6932, Mitgliedschaften 852 2577 4427; www.scaa.org.hk; 5. Stock, South China Sports Complex, 88 Caroline Hill Rd, Causeway Bay; Mitgliedschaft für Nicht-Hongkonger 60 HK$/Monat; ⏱8–21.30 Uhr; 🚌31) Vermietet Sportanlagen.

mationen zu Verkehrsregeln und Sicherheitsmaßnahmen für Radfahrer bereit.

Zum Mountainbiken benötigt man eine (kostenlose) Genehmigung. Bei der Mountain Biking Association (www.hkmba.org) gibt's Details.

Rugby

Für die **World RugbySevens** (www.hksevens.com.hk; Hong Kong Stadium; ⌚Ende März od. Anfang April) kommen Teams aus aller Welt nach Hongkong und treten im 40 000 Sitzplätze umfassenden Hong Kong Stadium (S. 133) in So Kon Po in blitzschnellen 15-Minuten-Spielen gegeneinander an. Auch Nicht-Rugbyfans versuchen, Tickets zu ergattern – die Sevens sind eine riesige, dreitägige internationale Party mit lustigen Kostümen und Alkoholpegeln wie beim Karneval.

Tauchen

Hongkong hat einige überraschend schöne Tauchstellen, insbesondere im äußersten Nordosten, und auch an Tauchkursen mangelt es nicht. Der in Sai Kung beheimatete Fünf-Sterne-PAFI-Anbieter Splash Hong Kong (S. 185) in den New Territories hat Tauchkurse (ab 1200 HK$) und spannende Tauchgänge (ab 500 HK$) im Programm.

Wakeboarding

Die meisten Anbieter dieser populären Sportart befinden sich in Sai Kung (New Territories) und Tai Tam (Hong Kong Island). Die Preise beginnen normalerweise bei rund 850 HK$ pro Stunde. Empfehlenswert ist **Hong Kong Wakeboard** (☎852 9454 5772; www.wakeboard.com.hk; Tai Tam Tuk, Tai Tam; 850–1500 HK$/Std.; ⌚6–19 Uhr).

Wandern & Trekken

Viele Besucher sind überrascht, wenn sie hören, dass man in Hongkong hervorragend wandern kann. Lange Naturpfade führen kreuz und quer durch das Territorium, über die Inseln und durch atemberaubende Landschaften auf Bergen, an Küsten und im Urwald. Die vier bekanntesten Routen sind der MacLehose Trail, mit 100 km der längste Weg im Gebiet, der 78 km lange Wilson Trail, der an beiden Seiten des Victoria Harbour entlangführt, der 70 km lange Lantau Trail und der Hong Kong Trail mit 50 km Länge. Dank des ausgezeichneten Nahverkehrsnetzes kann man all diese Wege auch gut etappenweise wandern.

Tipps zu möglichen Wanderrouten liefern die Wanderführer, die nahezu in allen Hongkonger Buchläden erhältlich sind. Auf der offiziellen Webseite und in der dazugehörigen Handyapp Enjoy Hiking (www.hiking.gov.hk) findet man Karten zu vielen Wanderwege rund um Hongkong sowie Informationen zu Sperrungen von Wegen sowie zu den Service-Einrichtungen der Parks. Bevor man aufbricht, sollte man sich auf jeden Fall über die aktuelle Wetterlage und den momentanen Zustand der Wege informieren (aufgrund von Erdrutschen werden Routen manchmal gesperrt oder umgeleitet).

Wellness & Therapien

Egal, ob man sich eine dekadente Kaviarmaske gönnen will oder gern eine Fußmassage hätte, Hongkongs umfangreiche Wellnessszene kann helfen. Die meisten Luxushotels haben einen eigenen Wellnessbereich. Wer auch mit weniger Aufwand zufrieden ist, findet in Central und Kowloon

DER HONG KONG TRAIL

Wer wandern, sich aber nicht überanstrengen will, sollte sich für den **Hong Kong Trail** (港島徑) auf Hong Kong Island entscheiden. Die 50 km lange Route umfasst acht Abschnitte in verschiedenen Schwierigkeitsgraden. Sie beginnt auf dem Peak (mit der Tram hochfahren und den Schildern folgen) und endet nahe Shek O im Süden von Hong Kong Island.

Einer der einfachsten und malerischsten Abschnitte, der **Dragon's Back**, dauert rund zwei Stunden. Man läuft an einem Bergkamm entlang, vorbei an Wäldern und dann hinauf zum gewundenen Rückgrat des Drachen, von wo sich ein toller Blick auf sonnige Strände und sanfte Hügel mit Wolkenschatten bietet. Anschließend steigt man zur Shek O Rd hinab, von wo es zu Fuß oder per Bus zum Strand von Shek O (S. 142) geht. Dort kann man sich verdientermaßen etwas zu essen gönnen, schwimmen gehen oder Frisbee spielen.

zahlreiche Anbieter von Verwöhnanwendungen sowie traditionelle und Reflexzonenmassagen. Aber ein wenig aufpassen muss man trotzdem: Einige Massagepraxen, vor allem in Wan Chai, sind Etablissements für ein „Happy End"!

Windsurfen, Kajak- & Kanufahren

Die beste Zeit zum Windsurfen erstreckt sich von Oktober bis in den Dezember. Auf der Website des Leisure and Cultural Services Department (www.lcsd.gov.hk) gibt es Infos zu staatlichen Wassersportzentren, die Kanus, Surfbretter, Kajaks und weitere Ausrüstung verleihen – einige allerdings nur an die Inhaber entsprechender Bescheinigungen. Die Veranstalter Kayak and Hike (S. 184) und Sea Kayak Hong Kong (S. 199) bieten beide Exkursionen in den Hong Kong Global Geopark (S. 175) an.

Viertel für Viertel

➡ **Hong Kong Island: Central** (S. 94) In Hongkongs Geschäftsbezirk gibt's Fünf-Sterne-Spas, und es ist auch kein Problem, spontan einen Massagetermin zu bekommen.

➡ **Hong Kong Island: The Peak & der Nordwesten** (S. 111) Auf den Peak zu klettern (oder zu reiten) ist eine einmalige Erfahrung; oben gibt es gute Wanderwege.

➡ **Hong Kong Island: Wan Chai & der Nordosten** (S. 135) Viele Wanderwege, Fitnessstudios, Spas und Massagezentren.

➡ **Hong Kong Island: Aberdeen & der Süden** (S. 145) In Southside dreht sich alles um Strände und Familienspaß: Hier befindet sich der größte Vergnügungspark der Stadt.

➡ **Kowloon** (S. 171) Die Stadtparks auf der überfüllten Halbinsel eignen sich hervorragend zum Leutegucken.

Top-Tipps

Drachenbootrennen (S. 39) Die aufregende Atmosphäre dieser stimmungsvollen Rennen erlebt man am besten am Stanley Beach, in Tai-O und Aberdeen – hier werden die spektakulärsten Events veranstaltet.

Hongkongs Wanderwege (S. 145) Für jeden ist etwas dabei: Hongkong bietet einen spannenden Mix aus Hügeln, Geschichte, Grotten und ländlicher Kultur.

Pferderennen in Happy Valley (S. 132) Das berauschende Donnern der Hufe auf dieser Rennbahn mitten in der Stadt sorgt für ein unvergessliches Erlebnis.

World Rugby Sevens (S. 68) Im Rahmen dieses Events kann man sich für drei Tage voller aufregender Spiele und rauschender Partys unter die Rugbyfans mischen.

Kajakfahren in Sai Kung (S. 185) Warum nicht auch einmal durch das von hübschen Hügeln und geologischen Wundern umgebene klare Wasser paddeln?

Kampfsport

Hong Kong Shaolin Wushu Culture Centre (S. 204) Unterricht in Kampfsportarten im alten Shaolin-Stil.

Wan Kei Ho International Martial Arts Association (S. 112) Kung-Fu für Einheimische und Ausländer.

Yip Man Martial Arts Athletic Association (S. 171) Sechswöchige Intensivkurse.

Wandern & Landschaft

Tai Long Wan Hiking Trail (S. 184) Ein herrlicher Wanderweg zu einem noch herrlicheren Strand.

Tai Tam Waterworks Heritage Trail (S. 145) Hier begegnen sich Natur und Geschichte.

Dragon's Back (S. 145) Hong Kong Islands schönste Landschaft; der Weg führt durch Shek O.

Morning Trail (S. 98) Ein schattiger, gepflasterter Weg rund um The Peak mit überwältigenden Blicken auf die Stadt.

Sunset Peak (S. 203) Hongkongs dritthöchster Gipfel auf Lantau.

Lamma Island Family Trail (S. 197) Ein zweistündiger Spaziergang zwischen den beiden Hauptsiedlungen dieser zu den Outlying Islands gehörenden Insel.

Schwimmen

Lamma (S. 197) Kleine und entspannte Insel.

Lantau (S. 200) Groß, abgeschieden und für Wassersport geeignet.

Cheung Chau Island (S. 206) Perfekt zum Windsurfen.

Sai Kung (S. 183) Sporttauchen, Kajak fahren und blaues Wasser in Hülle und Fülle.

Island South (S. 142) Manchmal überfüllt, aber traumhaftes Wasser rund um Stanley und Shek O.

Kennedy Town Swimming Pool (S. 111) Ausgezeichnete Location für ein Bad mitten in der Stadt mit toller Aussicht auf den Hafen.

Wellness

Spa im Four Seasons (S. 95) Luxus, Luxus und noch mehr Luxus.

Iyara (S. 94) Städtische Oase, in der es kostenlosen Wein gibt und man einen faszinierendem Blick auf den Central–Mid-Levels Escalator hat.

Ten Feet Tall (S. 95) Hier werden Fußmassagen, Akupressur und Aromatherapien mit kalt gepressten Fruchtsäften angeboten.

Happy Foot Luxe (S. 95) Centrals beliebteste Wahl für eine Fußmassage.

Wasserspaß

Hong Kong Dolphinwatch (S. 171) An der Mündung des Pearl River bekommt man Hongkongs bonbonrosafarbene Delfine zu Gesicht.

Kayak and Hike (S. 184) Auf einer geführten Kajaktour kann man den Geopark und sein klares Wasser erforschen.

Aqua Luna (S. 94) Segel setzen auf einer Holzdschunke, um den beleuchteten Victoria Harbour in Aktion zu erleben.

Splash Hong Kong (S. 185) Bei einem spannenden Tauchgang in den New Territories die Korallenbänke im tiefsten Nordosten Hongkongs bewundern.

Hongkong erkunden

HONGKONG **HIGHLIGHTS**

Tian Tan Buddha (S. 176), Lantau

Stadtviertel im Überblick

❶ Hong Kong Island: Central S. 76

Das pulsierende Herz von Asiens Finanzzentrum ist voller Firmenimperien, kolonialzeitlicher Überbleibsel und gigantischer Konsumdenkmäler. Hier findet man die Börse, das Mandarin Oriental, Prada sowie Restaurants und Bars der Spitzenklasse, alle untergebracht in einer faszinierenden Mischung aus moderner Architektur und alten Gebäuden. Das Tag und Nacht dynamische Viertel Central und seine nicht minder nachtaktiven Nachbarn Lan Kwai Fong und Soho sind Geschäftsplattform und Spielwiese der gut betuchten Hongkonger.

❷ Hong Kong Island: The Peak & der Nordwesten S. 96

Der Victoria Peak ist Hongkongs größte Attraktion und bietet einen großartigen Blick auf die ganze Stadt. Unterhalb des Peaks werden nach und nach die charmanten, alten Viertel Sheung Wan, Sai Ying Pun und Kennedy Town saniert. Sie bieten für jeden etwas: Geschichte, Antiquitäten und die schönen Künste, stilvollen Hedonismus oder großzügige Einblicke in das hiesige Alltagsleben, wie es schon seit Jahrzehnten gelebt wird.

❸ Hong Kong Island: Wan Chai & der Nordosten S. 113

Wan Chai ist Hongkong im Destillat: ein vielseitiges, umtriebiges Nebeneinander von Alt und Neu, Kunst und Folkloretraditionen, Menschen über Menschen und einer sensationellen Küche. Im Westen beherbergt Admiralty den Regierungssitz, lockt mit einem atemberaubenden Ausblick auf Hügel und Meer und bietet in Sachen Shoppen, Essen oder Unterkünfte eher Qualität als Quantität. Im Shoppingmekka Causeway Bay konkurrieren Restaurants, Straßenverkehr und Einkaufszentren mit einer Rennbahn und einem Friedhof um den spärlichen Platz, während sich ganz am Rand in herrlichen Oasen der Stille Ost und West treffen.

❹ Hong Kong Island: Aberdeen & der Süden S. 136

Der Süden der Metrolpole ist nicht nur ein geschichtsträchtiges Fleckchen – in Pok Fu Lam befindet sich das letzte erhaltene Dorf der Insel neben den Überresten einer viktorianischen Molkerei –, Aberdeen und Ap Lei Chau sind zudem die Heimat von Hongkongs Fischern, die auf Booten leben und dementsprechend köstliche Meeresfrüchte und Bootsfahrten anbieten. In Ap Lei Chau kann man auch wunderbar shoppen und in Wong Chuk Hang zeitgenössische Kunst bewundern. Der Süden ist zusätzlich quasi der Spielplatz im Hinterhof – es gibt Strände und Restaurants direkt am Wasser, einen Basar am Ufer und einen Vergnügungspark.

❺ Kowloon S. 146

Tsim Sha Tsui ist mit ausgezeichneten Museen, einer unschlagbaren Lage am Hafen und sämtlichen Superlativen gesegnet, die Central zu bieten hat – nur etwas gemäßigter. Zu den weiteren Vorzügen gehören grüne Parks, koloniale Schmuckstücke und die bunteste ethnische Mischung in Hongkong. Das indigene Yau Ma Tei spiegelt das alte Hongkong in seiner bezauberndsten Form wider – es ist ein Mosaik aus Neonlichtern, Nachtmärkten, Pensionen und Kampfsportzentren. Mong Kok hingegen ist Kommerz pur. In New Kowloon locken ein buddhistisches Nonnenkloster sowie ein taoistischer Tempel spirituell Interessierte an.

Mehr zu den New Territories findet sich ab S. 177, Details zu den Outlying Islands gibt's ab S. 195, zu Shenzhen ab S. 208 und zu Macao ab S. 217.

Central

CENTRAL | LAN KWAI FONG | SOHO | MID-LEVELS

Highlights

❶ **Star Ferry** (S. 78) Mit den kultigen grün-weißen Fähren aus der Mitte des 20. Jhs. fahren, die den ganzen Tag bis in die Nacht hinein durch den Victoria Harbour tuckern

❷ **Tai Kwun** (S. 79) In der lang erwarteten Neuinterpretation der alten Central Police Station großartige Ausstellungen zu Kunst und Kultur bewundern

❸ **Wolkenkratzer** (S. 80) Die aus Filmen berühmten Wolkenkratzer kennenlernen und z. B. den Bank of China Tower und das HSBC Building besichtigen

❹ **Kantonesische Küche** (S. 82) An einem Abend im Yat Lok preisgekröntes Streetfood genießen und am nächsten die kantonesische Küche im Duddell's (S. 84)

❺ **Barhopping** (S. 89) In Lan Kwai Fong und Soho einige der weltbesten Cocktailbars besuchen, asiatisch beeinflusste Mixologie-Künste erleben, auf Dachterrassen Wein nippen und Craft-Bier trinken

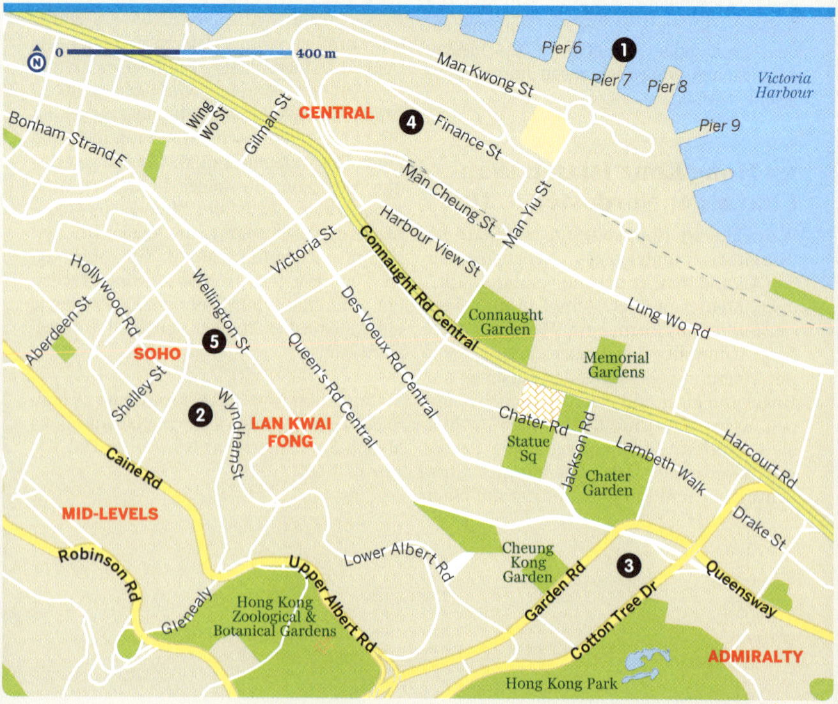

Detailpläne dieses Gebiets s. Karten S. 332, S. 336 & S. 340

Rundgang: Central

In Hongkongs zentralem Geschäftsbezirk kehrt nie Ruhe ein. Die Läden schließen nicht vor 20 oder 21 Uhr, die Büroangestellten scheinen nie Feierabend zu machen, und sobald die Sonne untergeht, konkurrieren die Bars in Lan Kwai Fong und Soho mit zahllosen Lokalen um Gäste.

Central hat ein paar Top-Museen zu bieten, auf keinen Fall sollte man aber das Tai Kwun verpassen: Die ehemalige Central Police Station wurde als neuer Kunst- und Kulturkomplex gestaltet. Danach kann man sich noch weiteren Gedenkstätten zu Hongkongs Vergangenheit widmen – in Central versammeln sich viele Vertreter der Kolonialarchitektur Hongkongs.

Wer noch Geld unter die Leute bringen will, kann das in den Luxusmalls erledigen, oder man hüpft von einer der Dutzenden kleinen erstklassigen Kunstgalerien zur nächsten; Hauptsache man vergisst dabei nicht das Essen und Trinken, denn das ist Centrals größte Stärke. Das Mittagessen plant man besser nicht zwischen 12 und 14 Uhr ein, wenn Horden von Anzugträgern hungrig die Tische stürmen. Die Hongkonger sind zwar viel beschäftigte Leute, aber das Mittagessen ist ihnen heilig.

Bei dem Gerenne sollte man nicht versäumen, den Blick zu heben: Centrals Glas-und-Stahl-Moderne ist eine zweite Welt im Himmel, und Wolkenkratzer wie das HSBC Building und der Bank of China Tower verdienen Beachtung. Und was ist die Krönung am Tagesende? Eine kühle Brise auf der historischen Star Ferry nach Kowloon.

Lokalkolorit

- **Klein-Manila** Sonntags übernehmen philippinische Hausangestellte den Statue Square (S. 81), um zu essen, zu singen, zu reden und Karten zu spielen.
- **Einkehr** Zwischen den Bars in Lan Kwai Fong findet man winzige Tempel, in denen Angestellte Räucherstäbchen anzünden. Einer steht am Ende der Wo On Lane, ein weiterer an den Stufen der Peel St., Ecke Staunton St.
- **Shoppen** Auf dem Graham Street Market (S. 81) kaufen Einheimische schon seit fast 200 Jahren Obst, Tofu, Enteneier und fermentierte Bohnen ein.

An- & Weiterreise

- **MTR** An der MTR-Station Central halten Züge der Island- und der Tsuen-Wan-Linie.
- **Straßenbahn** Die Strecke verläuft von Ost nach West entlang der Des Voeux Rd Central; sehr praktisch für Ziele zwischen den MTR-Stationen und kostet nur 2,60 HK$ pro Fahrt (nur mit Octopus-Card oder abgezähltem Fahrgeld).
- **Peak Tram** Die Standseilbahn fährt von ihrer Talstation (33 Garden Rd) hinauf auf den Peak.

Top-Tipp

Um die erstklassigen Restaurants in Central zu genießen, ohne sich dabei gleich zu ruinieren, hält man am besten nach Mittagsmenüs Ausschau. Die meisten Restaurants haben besondere Angebote, die auf Geschäftsleute ausgerichtet sind, aber auch etwas für sparsame Feinschmecker sind. Wer nicht allein isst, sollte mittags und abends vorab reservieren.

Gut essen

- Old Bailey (S. 86)
- Yat Lok (S. 82)
- Tai Cheong Bakery (S. 82)
- Duddell's (S. 84)
- Ho Lee Fook (S. 86)
- Chifa Dumpling House (S. 84)

Details s. S. 82

Nett ausgehen

- Quinary (S. 89)
- Pontiac (S. 89)
- Iron Fairies (S. 89)
- Sevva (S. 88)
- Beer Bay (S. 88)
- Behind Bars (S. 90)

Details s. S. 88

Schön shoppen

- G.O.D (S. 92)
- Wattis Fine Art (S. 92)
- Kowloon Soy Company (S. 92)
- Shanghai Tang (S. 92)
- Soul Art (S. 92)
- Mountain Folkcraft (S. 93)

Details s. S. 92

KAPING NG / SHUTTERSTOCK ©

HIGHLIGHTS
STAR FERRY

Wer nicht wenigstens einmal mit einer Elektro-Diesel-Fähre der legendären Flotte Star Ferry (mit so schönen Namen wie Morning Star und Twinkling Star) gefahren ist, kann eigentlich nicht behaupten, er hätte Hongkong erlebt. Egal zu welcher Tageszeit – das faszinierende Panorama aus Wolkenkratzern und aufragenden Bergen macht diesen Ausflug zu einer der besten Schifffahrten, die man unternehmen kann.

Star Ferry wurde 1888 von Dorabjee Nowrojee, einem Parsen aus Bombay, gegründet. Einst nutzte man Sampans für die Überquerung. Nowrojee brachte für den Privatgebrauch ein Dampfschiff mit, das zur ersten Star Ferry wurde.

Die Star Ferry war Zeuge wichtiger historischer Ereignisse in Hongkong wie am Weihnachtstag 1941, als der Gouverneur Sir Mark Aitchison Young mit der Fähre nach Tsim Sha Tsui übersetzte, wo er vor den Japanern kapitulierte. 1966 demonstrierten Tausende am Pier gegen eine geplante Preiserhöhung von 5 ¢. Aus der Demonstration wurde ein gewalttätiger Aufruhr, der als Wegbereiter lokaler sozialer Proteste gilt, die zu ersten kolonialen Reformen geführt haben.

Der Pier auf Hong Kong Island, eine Replik edwardianischer Architektur, hat den alten Art-déco-Pier am Edinburgh Pl abgelöst, der trotz Proteste abgerissen wurde. Der Kowloon Pier ist jedoch unangetastet. Für einen ersten Trip empfiehlt sich eine Fahrt von Tsim Sha Tsui nach Central bei klarer Nacht (die andere Richtung ist weniger imposant). Auf dem unteren Deck (nur von Tsim Sha Tsui nach Central geöffnet) kostet es etwas weniger, Lärm und Dieselabgase sind aber die Nachteile. Am Ende der zehnminütigen Fahrt wirft ein Crew-Mitglied seinem Kollegen ein Seil zu, der es mit einer Hippe fängt – wie es seit der ersten Fahrt 1880 Tradition ist.

Die Star-Ferry-Boote verkehren auf zwei Routen: Tsim Sha Tsui–Central und Tsim Sha Tsui–Wan Chai. Die erste Route ist die beliebtere. Tickets gibt's am Pier.

NICHT VERSÄUMEN!

- Die Aussicht
- Kowloon Pier
- Das Andocken

PRAKTISCH & KONKRET

- 天星小輪
- Karte S. 332, F2
- ☎852 2367 7065
- www.starferry.com.hk
- Pier 7, Central
- Erw. 2,20–3,70 HK$, Kind 1,50–2,20 HK$
- ⏲alle 6–12 Min., 6.30–23.30 Uhr
- Ⓜ Hong Kong, Ausgang A2

WANG SING / SHUTTERSTOCK ©

HIGHLIGHTS
TAI KWUN

Modernes Schweizer Design und Relikte aus der Kolonialzeit verschmelzen im Tai Kwun, einer Neuinterpretation der alten Polizeistation von Central und eines der bedeutendsten Projekte zur Erhaltung in Hong Kong Island. Die Renovierungsarbeiten dauerten acht Jahre, währenddessen einer der Originalblocks einstürzte. Das lang ersehnte gigantische Kunst- und Kulturzentrum wurde schließlich im Mai 2018 eröffnet.

Die Anlage wurde 1841 für die britische Armee errichtet, als diese im Ersten Opiumkrieg Hongkong besetzte. Als die Chinesen das Gebiet 1842 abtraten, wurde es zum Vorbild für koloniales Recht und ein seltenes Beispiel für Polizeistation, Gericht und Gefängnis in einem Komplex. Bis ins frühe 20. Jh. kamen Gebäude hinzu, 1995 wurde es zu einem Denkmal erklärt. Man sollte im Barrack Block starten, wo die Main Heritage Gallery die Geschichte der Stätte erläutert.

Der riesige Komplex umfasst 18 Blocks mit Ausstellungen, Galerien, Shoppingmöglichkeiten und Lokalen. Infotafeln erzählen die Geschichten von Einheimischen und Polizisten, die hier arbeiteten. Man sollte Zeit einplanen für die Gefängniszellen in Halle B (Block 12), in denen animierte Silhouetten von Gefangenen die hiesigen Lebensbedingungen aufzeigen – darunter ist auch Vietnams Revolutionär Ho Chi Minh, der hier in den 1930er-Jahren einsaß. Nicht versäumen sollte man den alten Eingang des Victoria-Gefängnisses (von der Arbuthnot Rd), der früher eine provisorische Kapelle war.

JC Contemporary (eine zeitgenössische Kunstgalerie) und JC Cube (ein Veranstaltungsort) sind moderne Meisterwerke der Schweizer Architekten Herzog und de Meuron, die mit Aluminiumziegeln die viktorianischen Backsteine widerspiegelten. Der Rest des Komplexes entspricht den kolonialen Wurzeln (europäischer Neoklassizismus mit chinesischem Stil).

NICHT VERSÄUMEN!

- Ausstellung im Police Headquarters Block
- Barrack Block Main Heritage Gallery
- Halle-B-Ausstellung „Leben im Victoria-Gefängnis"
- JC Contemporary Art Gallery
- Kapellenfresken im Victoria-Gefängnis

PRAKTISCH & KONKRET

- Karte S. 336, D4
- ☎852 3559 2600
- www.taikwun.hk
- 10 Hollywood Rd, Lan Kwai Fong
- Eintritt frei
- 10–23 Uhr, Besucherzentrum bis 20 Uhr

SEHENSWERTES

Central weist den größten Teil an Gebäuden aus der Kolonialzeit des Landes sowie einige der größten und unglaublichsten modernen Wolkenkratzer der Welt auf; ein steifer Nacken ist vorprogrammiert.

Central

★PEAK TRAM STANDSEILBAHN

Karte S. 332 (☎852 2522 0922; www.thepeak.com.hk; Lower Terminus, 33 Garden Rd; einfache Strecke/hin & zurück Erw. 37/52 HK$, Kind 3–11 Jahre & Senioren über 65 Jahre 14/23 HK$; ⏰7–24 Uhr; Ⓜ Central, Ausgang J2) Seit 1888 erklimmt die Standseilbahn die 396 m bis zum höchsten Punkt auf Hong Kong Island. Die Fahrt mit der scheppernden Bahn über den steilen Abhang gehört zum typischen Hongkong-Erlebnis dazu und beschert einem einen schwindelerregenden Blick über die Dächer der Stadt. In den letzten Jahren wurde die Bahn so beliebt, dass es Pläne gibt, die Endhaltestelle weiter nach oben zu verlegen. Auf diese Art sollen die immer länger werdenden Warteschlangen, die zu Spitzenzeiten ein öffentliches Problem darstellen, besser in den Griff bekommen werden.

Die Peak Tram startet zwischen 7 und 24 Uhr alle 10 bis 15 Minuten; mit der Octopus-Card reduziert man die Wartezeit erheblich. Achtung: Die Kasse erhöht den Fahrpreis, der den Zugang zur Aussichtsterrasse des Sky Terrace 428 enthält (einfache Strecke/hin & zurück 84/99 HK$).

BANK OF CHINA TOWER BEMERKENSWERTES GEBÄUDE

Karte S. 332 (中銀大廈, BOC Tower; 1 Garden Rd; Ⓜ Central, Ausgang K) Der grandiose 70-stöckige Bank of China Tower wurde von I. M. Pei entworfen und 1990 vollendet. Er ragt wie ein Würfel aus dem Boden und verjüngt sich raffiniert Viertel um Viertel nach oben, bis die Südfassade ganz allein himmelwärts strebt. Ein paar Geomantiker glauben, dass die vier Prismen negative Symbole sind; als Gegenstück von Kreisen verkörpern sie das Gegenteil der Eigenschaften, die Kreisen zugeschrieben werden: Geld, Einheit und Perfektion.

ST. JOHN'S CATHEDRAL KIRCHE

Karte S. 332 (聖約翰座堂; ☎852 2523 4157; www.stjohnscathedral.org.hk; 4-8 Garden Rd; ⏰Mo–Di & Do–Fr 7–18, Mi bis 18.30, Sa & So bis 19.30 Uhr; Ⓜ Central, Ausgang K) GRATIS In dieser anglikanischen Kathedrale von 1849 wurden von Anfang an bis heute durchgängig Gottesdienste gefeiert. Einzige Ausnahme war das Jahr 1944, als die japanische Armee die St. John's Cathedral als Gesellschaftsklub nutzte. Im Zweiten Weltkrieg wurde sie schwer beschädigt, woraufhin die Haupteingangstüren erneuert werden mussten. Sie wurden aus dem Holz der HMS *Tamar* hergestellt, eines britischen Kriegsschiffs, das den Victoria Harbour geschützt hatte. Dieser Ort ist in vielerlei Hinsicht heilig: Es ist das einzige nicht staatlich verwaltete Grundstück in ganz Hongkong. Der Eingang befindet sich auf dem Battery Path.

HONG KONG ZOOLOGICAL & BOTANICAL GARDENS PARK

Karte S. 332 (香港動植物公園; www.lcsd.gov.hk; Albany Rd; ⏰Terrassengärten 5–22 Uhr, Gewächshaus 9–16.30 Uhr; 👪; 🚌3B, 12) GRATIS Der viktorianische Park wartet mit einer einladenden Ansammlung von Brunnen, Skulpturen und Gewächshäusern sowie einem Zoo und einigen fabelhaften Volieren auf. Hier leben etwa 160 Vogelarten sowie zahlreiche Affen, Faultiere, Lemuren und Orang-Utans in einer grünen Umgebung. Die Albany Rd unterteilt den Park: Im Ostteil nahe der Garden Rd sind die Pflanzen und Vogelhäuser angesiedelt, im Westteil sind die meisten anderen Tiere untergebracht.

★HSBC BUILDING BEMERKENSWERTES GEBÄUDE

Karte S. 332 (滙豐銀行總行大廈; www.hsbc.com.hk/1/2/about/home/unique-headquarters; 1 Queen's Rd; ⏰Aufzug Mo–Fr 9–16.30, Sa bis 12.30 Uhr; Ⓜ Central, Ausgang K) GRATIS Das einzigartige Gebäude wurde vom britischen Architekten Sir Norman Foster im Jahr 1985 entworfen und hat sich bewährt – nach mehr als 30 Jahren ist seine Anziehungskraft in Central immer noch spürbar. Bei seiner Fertigstellung war es das teuerste Bauwerk der Welt und ein technisches Wunder – Foster hat erfolgreich die Grenzen der herkömmlichen Bankenarchitektur gesprengt. Das Erdgeschoss ist ein einladender öffentlicher Raum auf zwei Stockwerken, den man durchqueren kann und der eine Ausstellung zur Geschichte und Architektur des HSBC Building beherbergt.

OLD BANK OF CHINA BUILDING BEMERKENSWERTES GEBÄUDE

Karte S. 332 (1 Bank St; Ⓜ Central, Ausgang K) Der 1950 erbaute ehemalige Hauptsitz der Bank of China beherbergt heute die Filiale Central und in den oberen Stockwerken den exklusiven China Club, der die Atmosphäre des alten Shanghai heraufbeschwört. Die BOC-Zentrale befindet sich mittlerweile im eindrucksvollen Bank of China Tower weiter südöstlich, den der chinesischstämmige Amerikaner I. M. Pei entwarf und der 1990 fertiggestellt wurde.

STATUE SQUARE PLATZ

Karte S. 332 (皇后像廣場; Edinburgh Pl; Ⓜ Central, Ausgang K) Auf diesem geruhsamen Platz standen einst Denkmäler von Mitgliedern des britischen Königshauses. Heute zollt er nur einem einzigen Herrscher Tribut – dem Gründer der HSBC. Im nördlichen Teil (zu erreichen über eine Fußgängerunterführung) steht der 1923 errichte **Cenotaph** (和平紀念碑; Karte S. 332; Chater Rd; Ⓜ Central, Ausgang J1), der jenen Einwohnern Hongkongs gedenkt, die in den beiden Weltkriegen ihr Leben ließen. Auf der Südseite der Chater Rd wartet der Statue Square mit verschiedenen Brunnen und Sitzbereichen auf – dank kostenlosem WLAN ist es ein rund um die Uhr beliebter Ort.

★ HONG KONG MARITIME MUSEUM MUSEUM

Karte S. 332 (香港海事博物館; ☎852 3713 2500; www.hkmaritimemuseum.org; Central Ferry Pier 8; Erw./Kind & Senior 30/15 HK$; ⏲Mo–Fr 9.30–17.30, Sa & So 10–19 Uhr; 👪; Ⓜ Hong Kong, Ausgang A2) Das vielschichtige Museum beleuchtet 2000 Jahre chinesische Schifffahrtsgeschichte und die Entwicklung des Hongkonger Hafens. Ausgestellt werden u. a. Keramiken aus Chinas Seehandel, Schätze aus Schiffswracks sowie alte nautische Instrumente. Moderne Ausstellungen zu Themen wie Tauchen und Naturschutz befinden sich auf den oberen Ebenen. Einige der bemerkenswertesten Ausstellungsstücke sind in den Kellergalerien zu sehen, die dem Kantonhandel gewidmet sind, darunter eine Replik der ersten Dschunke, die es 1847 nach New York schaffte.

H QUEEN'S KUNSTZENTRUM

Karte S. 336 (☎852 2343 1738; www.hqueens.com.hk; 80 Queens Rd; Ⓜ Central, Ausgang D2) Die meisten Dinge in Hongkong strecken sich gen Himmel, da macht die moderne Kunstszene keine Ausnahme. Das H Queen's ist ein vertikales Kunstzentrum mitten im Herzen von Central und kann mit einigen hochkarätigen internationalen Namen wie David Zwirner, Pace und Hauser & Wirth aufwarten. Insgesamt gibt es 24 Galerien sowie eine Auswahl an Restaurants für den Snack danach. Die Geschäftszeiten sind unterschiedlich, aber die Galerien haben meistens dienstags bis samstags von 11 und 19 Uhr geöffnet.

GRAHAM STREET MARKET MARKT

Karte S. 336 (嘉咸街; Graham St; ⏲8–18 Uhr; 🚌5B) Dieser geschäftige Straßenmarkt versorgt Central seit fast 200 Jahren mit Obst, Gemüse, Tofu, Enteneiern, allen erdenklichen fermentierten Bohnen und Saucen. Leider ist der Markt seit ein paar Jahren in Gefahr, aber die Pläne der städtischen Behörden, ihn durch Hotels und Wohnungen zu ersetzen, bewegen sich extrem langsam voran. Bis dahin bleibt dies einer der besten Orte, um Hongkongs Alltag hautnah kennenzulernen.

⊙ Lan Kwai Fong & Soho

TAI KWUN MUSEUM, KUNSTZENTRUM

Siehe S. 79.

CENTRAL–MID-LEVELS ESCALATOR ROLLTREPPE

Karte S. 336 (Soho; ⏲abwärts 6–10 Uhr, aufwärts 10.30–24 Uhr) Das weltweit längste überdachte Förderband für Menschen führt im Zickzack über ein 800 m langes System aus Rolltreppen und Fahrsteigen von den Büros in Central zu den Wohnhäusern nahe der Conduit Rd in den Mid-Levels. Man stellt sich darauf und beobachtet, wie die Straßen vorbeiziehen – am besten am frühen Abend vom Startpunkt an der Queen's Rd Central bergauf, dann sieht man den heitersten täglichen Pendlerverkehr der Welt. Man gelangt so auch praktisch zu den Bars von Soho, ohne sich schwitzend auf den steilen Ladder Streets (enge Straßen mit Stufen) zu drängeln.

⊙ Mid-Levels

DR. SUN YAT-SEN MUSEUM MUSEUM

Karte S. 336 (孫中山紀念館; ☎852 2367 6373; http://hk.drsunyatsen.museum; 7 Castle Rd; ⏲Mo–Mi & Fr 10–18, Sa & So bis 19 Uhr; 🚌40M)

OASEN IN DER STADT

Langsam genervt von den Wolkenkratzern und Centrals hektischen Straßen? Dann schnell in diese städtischen Oasen, die sich an den ungewöhnlichsten Orten verstecken.

Cheung Kong Park Eingequetscht zwischen der St. John's Cathedral und dem Former French Mission Building bietet dieser winzige Park am Hang Wasserspiele und fotogene Miniatur-Aussichten auf die Bank of China und die Turmspitzen des HSBC.

Exchange Square Wolkenkratzer bewachen Weltklasseskulpturen auf dieser erhöhten Terrasse zwischen Gehwegen und der IFC Mall; die Brunnen auf diesem Platz versüßen den gestressten Büroangestellten die Mittagspause.

IFC Mall Roof Garden Mit Takeaway-Dim-Sum von Tim Ho Wan oder mit einer Flasche Alkohol vom 7-Eleven in der Hong Kong Station im Gepäck fährt man mit dem Aufzug in den 4. Stock der IFC Mall (S. 94) und tritt hinaus in diesen gepflegten Dachgarten mit viel Grün, barähnlichen öffentlichen Sitzgelegenheiten und unerwarteten Hafenblicken inklusive Wow-Faktor.

GRATIS Dr. Sun Yat-Sen war eine Schlüsselfigur im Kampf für eine chinesische Republik und schließlich der erste Präsident in den Tagen nach der Revolution 1911, aus der später die Kuomintang hervorging, die Nationale Volkspartei Chinas. Das Museum ist in einem Gebäude im edwardianischen Stil untergebracht und zeigt Archivmaterial zu seinem Leben – faszinierend, aber auch etwas verwirrend angelegt. Am besten beginnt man im zweiten Stock, um zu verstehen, warum Yat-Sen als Vater des modernen Chinas betrachtet wird.

JAMIA MOSQUE — MOSCHEE

Karte S. 336 (些利街清真寺; Lascar-Moschee; ☎852 2523 7743, 852 2838 9417; 30 Shelley St; ⏲Touren Di–Do, Sa & So 11.30–20, Fr 15–20 Uhr) Hongkongs älteste Moschee wird auch Lascar-Moschee genannt (nach den indischen Seeleuten, für die sie ursprünglich gebaut wurde). Die mintgrüne Schönheit wird heute von den Hochhäusern des Mid-Level überschattet. Die erste Moschee an dieser Stelle wurde 1849 unter dem Namen Mohammedan erbaut, die aktuelle entstand 1915. Nicht-Muslime können das Gotteshaus während der Öffnungszeiten im Rahmen einer geführten Tour betreten oder die Fassade von der Terrasse aus bewundern. Die Jamia Mosque ist über den Central–Mid-Levels Escalator erreichbar.

ESSEN

In Central befinden sich viele der schicksten, mit mehreren Michelin-Sternen ausgezeichneten Restaurants der Stadt. Es gibt aber auch genügend normale kantonesische Lokale. Wo es möglich ist, sollte man reservieren. Bei vielen der besten Restaurants und Cafés, in denen man nicht reservieren kann, muss man mit Warteschlangen rechnen.

Central

★YAT LOK — CHINESISCH $

Karte S. 336 (一樂燒鵝; ☎852 2524 3882; 34-38 Stanley St; Gerichte 56–180 HK$; ⏲Do–Di 10–21, So bis 17.30 Uhr; Ⓜ Central, Ausgang D2) In diesem winzigen Lokal, das für seine gebratene Gans bekannt ist, steht man nicht selten Ellenbogen an Ellenbogen mit den Einheimischen. Auch Anthony Bourdain schwärmte von diesem Vogel. Die Keule ist das beste Stück, und eine allgemeine Regel besagt, je mehr man zahlt, desto besser ist das Fleisch. Die Gerichte, darunter Reis oder glitschige Reisnudeln, kosten zwischen 56 und 170 HK$. Es wird nicht viel Englisch gesprochen, aber es gibt eine Karte. Man kann das Essen auch mitnehmen.

★TAI CHEONG BAKERY — BÄCKEREI $

Karte S. 336 (泰昌餅家; ☎852 3960 6262; 35 Lyndhurst Tce; Gebäck ab 6 HK$; ⏲8–20.30 Uhr; 🚌40M) Die Bäckerei Tai Cheong war vor allem für ihre luftig-leichten Beignets (frittierter, in Zucker gerollter Teig; kantonesisch *sa yung*) bekannt, bis der ehemalige Gouverneur Chris Patten dabei fotografiert wurde, wie er ihre Cremetörtchen verschlang. Seither stehen die „Fat Patten"-Törtchen im Rampenlicht – das buttrige

Gebäck mit gegrilltem Schweinefleisch ist ebenso köstlich, aber eigentlich ist hier eh alles exquisit.

★LAN FONG YUEN
CAFÉ $

Karte S. 336 (蘭芳園; ☎852 2854 0731, 852 2544 3895; 2 & 4A Gage St; Gerichte ab 60 HK$, Mindestverzehr 28 HK$; ⊙Mo–Sa 7–18 Uhr; 5B) Die schäbige Fassade verbirgt ein komplettes *cha chaan tang* (Tee-Café). Lan Fong Yuen (1952) hat angeblich den „Pantyhose"-Milchtee erfunden. Instagrammer kommen in Scharen, um ihm mit einem Getränk in der Hand zu huldigen. Über tausend Tassen des starken, milden Gebräus werden hier täglich neben Schweinefleischbrötchen, Instantnudeln und anderen Köstlichkeiten verkauft.

MAK'S NOODLE
NUDELN, KANTONESISCH $

Karte S. 336 (麥奀雲吞麵世家; ☎852 2854 3810; www.maksnoodle.sg; 77 Wellington St; Nudeln ab 42 HK$; ⊙11–21 Uhr; M Central, Ausgang D2) Der Gründer von Mak's Noodle kam im Zweiten Weltkrieg von China nach Hongkong und baute dieses heute legendäre Nudellokal auf, zuerst als *dai pai dong* (Imbissstand), dann als Laden – obwohl es inzwischen eine Kette ist, ist diese Filiale in Central mit einer kleinen Küche mit Blick auf die Straße das Original. Durch das grüne Chinoiserie-Dekor aus den 1920er-Jahren fühlt man sich hier mehr wie im Restaurant als in den anderen Zweigstellen. Empfehlenswert ist die Garnelen-Wan-Tan-Suppe mit Rinderbrust.

LIN HEUNG TEA HOUSE
KANTONESISCH, DIM SUM $

Karte S. 336 (☎852 2544 4556; EG, 160-164 Wellington St; Gerichte ab 60 HK$; ⊙6–22 Uhr, Dim Sum bis 15.30 Uhr; M Sheung Wan, Ausgang E2) Morgens ist dieses berühmte Teehaus aus den 1950er-Jahren voller älterer Herren, die in Ruhe Zeitung lesen. Hier zu essen kann für Uneingeweihte überwältigend sein: Die Dim Sum (ab 15 HK$) werden auf Trolleys dargeboten und die Bedienungen werden von Einheimischen bedrängt, die hektisch mit Bestellzetteln wedeln, sobald die Kellner aus der Küche kommen. Es wird wenig Englisch gesprochen; wer essen will, sollte sich strategisch in der Nähe der Küche platzieren.

Die *har-gow*-Klöße (Garnelen) sind sehr begehrt, genau wie Hühnerfüße in Schwarze-Bohnen-Sauce, aber manchmal muss man einfach nehmen, was man abbekommt. Dies ist die Art von Ort, in dem Stammgäste ihre eigene Teekanne haben und bevorzugt bedient werden. Für alle anderen ist es ein faszinierendes Schauspiel.

YUM CHA – CENTRAL
DIM SUM $

Karte S. 332 (☎3708 8081; www.yumchahk.com; 2. OG, Nan Fung Place, 173 Des Voeux Rd Central; Gerichte ab 50 HK$; ⊙11.30–15 & 18–23 Uhr, Happy Hour 18–20 Uhr; ; M Sheung Wan, Ausgang E3) Das Yum Cha mit vier Filialen in ganz Hongkong ist eine der beliebtesten Dim-Sum-Ketten. Warum? Vor allem wegen der instagramtauglichen (und zugegebenermaßen amüsanten) Schweinefleischbrötchen, die aussehen wie Schweine, und der klebrigen Vanillebrötchen mit Augen. Neben themenbezogenen Gerichten gibt es traditionelle Dim Sum und Abwandlungen der klassischen Sum-Optionen, die mit einer großzügigen Auswahl an Tees serviert werden.

BUTAO RAMEN
JAPANISCH $

Karte S. 336 (豚王; ☎852 3189 1200; www.butaoramen.com; 69 Wellington St; Ramen ab 89 HK$; ⊙11–23 Uhr; M Central, Ausgang D2) Wenn man die Warteschlange draußen sieht, glaubt man sofort, dass dieses Straßenlokal die besten Ramen der Stadt serviert. Zur Auswahl stehen verschiedene Brühen, etwa die stets beliebte herzhafte Butao (Schwein), die scharfe Red King, die Fusion-Kreation Green King mit Parmesan und die Black King mit Tintenfischtinte. Man kann selbst entscheiden, wie lange die Nudeln gekocht werden und wie stark die Brühe sein soll.

TIM HO WAN
DIM SUM $

Karte S. 332 (添好運點心專門店; ☎852 2332 3078; www.timhowan.com; Shop 12A, Level 1, Hong Kong Station; Gerichte 100–150 HK$; ⊙9–20.30 Uhr; M Hong Kong, Ausgang E1) Das von einem früheren Four-Seasons-Koch eröffnete Tim Ho Wan war das erste preiswerte Dim-Sum-Restaurant, das einen Michelin-Stern erhielt. Viele Umzüge und Filialeröffnungen später mag diese neue Schwester unter der IFC Mall (S. 94) nichtssagend wirken, aber man schmeckt den Stern noch unverändert in den köstlichen Leckerbissen (die Garnelenklöße sind ausgezeichnet). Man sollte sich auf eine Wartezeit zwischen 15 und 40 Minuten einstellen.

MANA! FAST SLOW FOOD
VEGAN $

Karte S. 336 (☎852 2851 1611; www.mana.hk; 92 Wellington St; Gerichte 100–200 HK$; ⊙10–22

Uhr; 📶✍; Ⓜ Central, Ausgang D2) 🍃 Lust auf frisches Obst und Gemüse? In diesem Paradies für Veganer und Rohkostliebhaber werden Smoothies, Salate und Fladenbrot (auch glutenfrei) serviert. Das Brot wird von dem fröhlichen Personal vor Ort gebacken sowie mit Bio-Gemüse belegt und mit mediterranen Dips bestrichen. Neben leckerem Essen ohne schlechtes Gewissen bietet das Mana eine entspannte Atmosphäre, die über die beengten Räumlichkeiten und die nicht so freundlichen Preise hinwegsehen lässt.

Es gibt inzwischen eine zweite Filiale nahe der Tai Ping Shan St in Sheung Wan mit zum Verweilen einladender, überdachter Außenbestuhlung in einer Ladder Street und mit mehr Coffeeshop-Atmosphäre.

DUMPLING YUAN — KLÖSSE $

Karte S. 336 (餃子園; ☎852 2525 9018; 98 Wellington St; Gerichte ab 55 HK$; ⏲10–23 Uhr; 🚌40M) In diesem schlichten Restaurant mit Nischen und Plastikstühlen hat jeder ohne Ausnahme auf alle Fälle eine Sache in der Hand: eine Schüssel voll himmlisch gedämpfter Klöße, u.a. mit Lamm und Frühlingszwiebeln, Rind und Sellerie sowie Schwein und Schnittlauch.

WANG FU — KLÖSSE $

Karte S. 336 (王府; ☎852 2121 8006; EG, 65 Wellington St; Gerichte 40 HK$; ⏲Mo–Sa 11–15 & 18–22 Uhr; 🚌40M) Die Wellington St ist gespickt mit erstklassigen Dim-Sum-Cafés; dieses hier ist bekannt für seine selbstgemachten gedämpften Klöße nach Peking-Art, von denen die Besucher vom Festland einen Teller nach dem anderen verputzen. Jeden Tag wird eine andere Sorte im Fenster als Special angepriesen, zudem gibt es herzhafte Nudel- und Reisgerichte.

CITY HALL MAXIM'S PALACE — DIM SUM $

Karte S. 332 (美心皇宮; ☎852 2521 1303; 2. Stock, Lower Block, Hong Kong City Hall, 1 Edinburgh Pl; Gerichte ab 150 HK$; ⏲Mo–Sa 11–15 & 17.30–23.30, So 9–15 & 17.30– 23.30 Uhr; 📶👪; Ⓜ Central, Ausgang K) Dieser „Palast" bietet das typische Hongkonger Dim-Sum-Erlebnis: Es ist fröhlich, laut und findet in einem riesigen, kitschigen Saal statt, der mit Dekodrachen und Hunderten Einheimischer gefüllt ist. Eine überwältigende Dim-Sum-Parade ist auf traditionelle Weise auf Trolleys aufgereiht. Sonntags ab 9 Uhr gibt es Frühstück, doch die ersten Gäste stehen schon um 8.30 Uhr für einen Tisch an.

DAI PAI DONG — STREETFOOD $

Karte S. 336 (盛記; Stanley St; Gerichte 100 HK$; ⏲11–15 & 18–23 Uhr; 👪; Ⓜ Central, Ausgang D2) In Soho, einer Enklave der gehobenen Küche, kann es schwierig sein, ein gutes und günstiges Restaurant zu finden. Auf der Stanley St befinden sich einige *dai pai dong* (Imbissstände), die der Gentrifizierungswelle standgehalten und sich die laute, fröhliche Atmosphäre eines Arbeiterlokals bewahrt haben. Keines davon ist ausgeschildert, und es wird sehr wenig bis gar kein Englisch gesprochen, aber die Karten sind größtenteils übersetzt.

Am besten bestellt man sich hier einen Hongkong-Klassiker wie Knoblauchgarnelen, frittierte Nudeln und Schweinefleisch süßsauer.

CHIFA DUMPLING HOUSE — FUSION $$

Karte S. 336 (☎852 2311 1815; www.chifa.hk; EG, 26 Peel St; Gerichte abends ab 300 HK$; ⏲So–Do 12–23, Fr & Sa bis 23.30 Uhr; 📶✍) Seit Mitte des 19. Jhs. gibt es eine chinesische Diaspora in Peru, die ihre Gerichte aus der Heimat mit peruanischen Zutaten kochen. Diese Interpretation der chinesischen Küche findet man im Chifa im Retro-Look. Klöße wie die violetten *xiao long bao* (Suppenklöße) mit Rote Beete-Sauce sollen hier die Hauptrolle spielen, aber die Karte gibt noch viel mehr her – alles ist lecker und wunderschön angerichtet.

Mittags gibt's ein gutes Menüangebot mit zwei oder drei Gängen (128 oder 168 HK$), viele der interessantesten Gerichte sind allerdings nur abends im Angebot. Vorab reservieren.

LUK YU TEA HOUSE — KANTONESISCH $$

Karte S. 336 (陸羽茶室; ☎852 2523 5464; 24-26 Stanley St; Gerichte ab 200 HK$; ⏲7–21.30 Uhr, Dim Sum bis 18 Uhr; 👪; Ⓜ Central, Ausgang D2) Dieses wunderschöne ehemalige Teehaus (ca. 1933) mit originaler Art-déco-Einrichtung war der Treffpunkt für Opernsänger, Schriftsteller und Maler, um Lesungen abzuhalten und über das Schicksal des Landes zu diskutieren. Das Essen ist altmodisch kantonesisch, es gibt aber auch eine Auswahl an Dim-Sum-Klößen. Die Preise spiegeln die großartige Kulisse wider: Hierher kommt man wegen des Ambientes, nicht um günstig zu speisen.

★ DUDDELL'S — KANTONESISCH $$$

Karte S. 336 (都爹利會館; ☎852 2525 9191; www.duddells.co; Level 3 & 4 Shanghai Tang Mansion, 1 Duddell St; Dim Sum ab 65 HK$, mittags ab 380 HK$, abends 500–1000 HK$; ⌚ Mo–Sa 12–14.30 & 18–22.30 Uhr; 📶; Ⓜ Central, Ausgang G) In dieser Restaurant-Galerie mit Michelin-Stern werden leichte kantonesische Speisen in faszinierenden, mit Kunstwerken geschmückten Räumlichkeiten serviert: in einem eleganten Speisesaal, in einem mit Marmor gefliesten Salon im Schick der 1950er-Jahre und auf einer begrünten Terrasse. Hier kann man wunderbar exquisite Gerichte wie gegrilltes iberisches Schwein mit Honig schlemmen. Stilistisch übertrifft das zeitgenössische Setting die Konkurrenz um Längen. Der Sommelier ist ebenfalls ausgezeichnet.

AMBER EUROPÄISCH $$$

Karte S. 336 (☎852 2132 0066; www.mandarinoriental.com/landmark; Landmark Oriental, 15 Queen's Rd Central; Mittagsmenü 628–1518 HK$, Abendmenü 2098–2628 HK$; ⌚12–14.30 & 18.30–22.30 Uhr; Ⓜ Central, Ausgang G) Zur Zeit der Recherche wurde das mit zwei Michelin-Sternen ausgezeichnete Amber einer kompletten Renovierung unterzogen (es sollte jedoch demnächst wieder geöffnet sein), auf eine Sache ist aber Verlass: auf Chef Ekkebus und seine meisterlichen Versionen traditioneller französischer Gerichte mit modernen asiatischen Aromen und Zutaten – etwa Hokkaido-Seeigel an Hummergelee und Algenwaffeln oder Entenstopfleber mit Daikonrettisch-Fondant.

LUNG KING HEEN KANTONESISCH, DIM SUM $$$

Karte S. 332 (龍景軒; ☎852 3196 8880; www.fourseasons.com/hongkong; Four Seasons Hotel, 8 Finance St; Gerichte 350–700 HK$, Mittagsmenü wochentags 640 HK$, Yum-Cha-Verkostung 1650 HK$; ⌚Mo–Fr 12–14.30, Sa & So 11.30–15 Uhr, tgl. 18–22 Uhr; 📶; Ⓜ Hong Kong, Ausgang E1) Das weltweit erste chinesische Restaurant mit drei Michelin-Sternen hat selbige noch immer. Die kantonesische Küche – obwohl keineswegs einzigartig in Hongkong – ist ausgezeichnet. Das kulinarische Erlebnis schafft den Spagat zwischen Hafenblick, tadellosem Service (kombiniert mit einem schlichten Ambiente ohne den Schnickschnack der anderen Four-Seasons-Restaurants) und angemessenen Preisen für die Qualität.

8½ OTTO E MEZZO BOMBANA ITALIENISCH $$$

Karte S. 332 (☎852 2537 8859; www.ottoemezzobombana.com; Shop 202, 18 Chater Rd, Landmark Alexandra; Mittag-/Abendessen ab 700/1380 HK$; ⌚Mo–Sa 12–14.30 & 18.30–22.30 Uhr; 📶; Ⓜ Central, Ausgang H) Das einzige italienische Restaurant in Asien mit drei Michelin-Sternen macht seinem Namen alle Ehre – dafür sorgt Koch Bombana. Das „Achteinhalb“ ist der perfekte Ort, um weiße Trüffel zu genießen, ist es doch ein Veranstalter von Auktionen für die feinwürzigen Juwelen. Für das Wochenende sollte man den Tisch zwei Monate im Voraus buchen, einen Tisch für mittags unter der Woche bekommt man leichter.

Lan Kwai Fong & Soho

MOTORINO PIZZA $

Karte S. 336 (☎852 2801 6881; www.motorinopizza.com; 14 Shelley St, Soho; Gerichte 170–380 HK$; ⌚12–24 Uhr; 📶👪; Ⓜ Central, Ausgang D2) Dieser schmale, geschäftige Außenposten der berühmten Pizzeria aus N.Y.C. serviert kohlegeküsste neapolitanische Pizza mit Blasen werfendem, köstlichem Rand, an dem man seine Kiefermuskeln trainieren kann. Die Kreation mit Rosenkohl und geräuchertem Pancetta ist besonders köstlich. Zum Mittagessen kann man reservieren. Das Mittagsmenü zum Festpreis ist unter der Woche mit 138 HK$ für Pizza und Softdrink ein guter Deal.

FLYING PAN AMERIKANISCH $

Karte S. 336 (☎852 2140 6333; www.the-flying-pan.com; EG, 9 Old Bailey St, Soho; Frühstücksmenü 50–140 HK$; ⌚24 Std.; 📶👪; 🚌26) Dieses Lokal im Stil eines amerikanischen Diners aus den 1950er-Jahren ist kitschig, *fast* unberührt von Instagrammern und es werden Tag und Nacht rund um die Uhr riesige Frühstücke serviert. Um 10 Uhr morgens läuft Guns N' Roses. Einheimische und Auswandererfamilien treffen sich am Wochenende zum Brunchen. Das dicke, himmlisch saftige, getoastete Grillkäsesandwich mit Rührei und Speckstreifen (50 HK$) ist wahrscheinlich das beste westliche Frühstück zu dem Preis, das man in Central finden kann.

SER WONG FUN KANTONESISCH $

Karte S. 336 (蛇王芬; ☎852 2543 1032; 30 Cochrane St, Soho; Gerichte 100–480 HK$; ⌚11–22.30 Uhr; Ⓜ Central, Ausgang D1) Bei diesem Spezialisten für Schlangensuppe serviert das schick gekleidete Personal alte kantonesische Gerichte, die genauso betörend sind wie die berühmte Fleischsuppe. Die vollen Tische sagen alles. Viele der Stammgäste kommen nur wegen der hausgemachten, mit Roséwein verfeinerten Leberwurst her – sie schmeckt hervorragend zu einer Schüssel schneeweißem Reis. Abends sollte man reservieren.

★OLD BAILEY CHINESISCH $$

Karte S. 336 (☎852 2877 8711; www.oldbailey.hk; 2. OG, JC Contemporary, Tai Kwun, Old Bailey St, Soho; Gerichte ab 300 HK$; ⊙Mo–Sa 12–15 & 18–23 Uhr, Loungebar 12–23 Uhr; ; 26) Die Freude am Old Bailey beginnt mit der schicken Einrichtung von Herzog & de Meuron, die hier modernes skandinavisches Design von der Mitte des 20. Jhs. mit chinesischen Gestaltungsgrundsätzen mixen. Hinzu kommt die ausladende Außenterrasse mit Blick auf Tai Kwun und Sohos Wolkenkratzer. Das Essen mit Gerichten wie geräucherte Taube mit Longjing-Tee und saftige *xiao long bao* (Suppenklöße) mit Szechuan-Pfefferkörnern wird dem Ambiente gerecht.

HO LEE FOOK HONGKONG $$

Karte S. 336 (☎852 2810 0860; http://holeefookhk.tumblr.com; EG, 1-5 Elgin St, Soho; Gerichte 250–500 HK$; ⊙So–Do 18–23, Fr & Sa bis 24 Uhr; ; MCentral, Ausgang D2) So respektlos sein Name auch klingen mag, bietet dieses lebhafte Underground-Lokal doch eine moderne Variante der Retro-Chinatown-Küche. Dicke Garnelentoasts werden mit Kewpie-Mayo serviert, das *char siu* mit erstklassigem Kurobuta-Schwein zubereitet und das *lo mein* mit Garnelen kommt mit knusprigem frittiertem Knoblauch und Meeresfrüchteöl. Verständlicherweise ist das Lokal beliebt und es dreht sich viel ums Sehen und Gesehen werden, trotz der düsteren Nachtclubbeleuchtung.

SOUL FOOD THAI $$

Karte S. 336 (☎852 2177 3544; www.soulfoodthai.com.hk; 26-28 Elgin St, Soho; Gerichte 200–400 HK$; ⊙Mo–Mi 18–22.45, Do–Sa bis 23.45 Uhr, So 12–22 Uhr, Happy Hour 18–21 Uhr; ; 26) Der Import aus Bangkok bietet eine ganz eigene Interpretation der klassischen Thai-Küche: Es gibt hier sättigende Gerichte wie Pad Thai mit Butterkrebs, südthailändische Samosas und cremiges Kokosnusseis mit salzigem Karamell und knackigen Erdnüssen. Der schwach beleuchtete Innenraum des Soul Food ist schlicht und nüchtern mit einer einzigen Sitzreihe. Für abends sollte man vorab reservieren. Man erreicht das Lokal über den Central-Mid-Levels Escalator (S. 81).

CHOM CHOM VIETNAMESISCH $$

Karte S. 336 (☎852 2810 0850; www.chomchom.hk; 58-60 Peel St, Soho; Gerichte 350–500 HK$; ⊙Sa–Mi 17 Uhr–open end, Do–Fr ab 18 Uhr; ; MCentral, Ausgang D1) Das äußerst beliebte und immer lebhafte Chom Chom erfindet vietnamesisches Streetfood mit kühnen Aromen und Holzkohlegrills neu – am besten lässt man es sich mit einem frisch gezapften Bier schmecken. Dank der Ecklage kann man hier auch prima Leute beobachten, oft gibt es lange Warteschlangen. Pho-Fans aufgepasst: Die Nudeln werden in einer erfrischenden Kombination mit Rindfleisch, Knoblauch und Thai-Basilikum serviert.

YUNG KEE RESTAURANT KANTONESISCH $$

Karte S. 336 (鏞記; ☎852 2522 1624; www.yungkee.com.hk; 32-40 Wellington St, Lan Kwai Fong; Gerichte mittags ab 150 HK$, abends 250–500 HK$; ⊙11–23.30 Uhr; ; MCentral, Ausgang D2) Die gebratene Gans, die von der restauranteigenen Farm stammt und in einem kohlebefeuerten Ofen zubereitet wird, ist seit 1942 Stadtgespräch. Das liegt an der besonderen Sauce, die hier aufgetischt wird: eine leichte und aromatische, fleischige Bratensauce mit gelben Bohnen, mariniert in chinesischem Fünfgewürz. Zwischen 14 und 17.30 Uhr gibt es günstigere Reis- und Fleischgerichte, darunter die berühmte Gans.

CARBONE ITALIENISCH $$$

Karte S. 336 (☎852 2593 2593; www.carbone.com.hk; 9. OG, LKF Tower, 33 Wyndham St, Lan Kwai Fong; Hauptgerichte 220–600 HK$, Mittagsmenü für 2 Pers. 388 HK$/Pers.; ⊙Mo–Sa 12–14.30, So–Do 18–23.30, Fr & Sa bis 24 Uhr) Das Carbone ist die einzige ausländische Filiale der extravaganten italienisch-amerikanischen Kette aus New York. Man kommt sich beim Abendessen vor wie Frank Sinatra im Jahr 1963. Die Wände sind mit dunklem Holz verkleidet, die Stühle sind aus rotem Leder, die Kellner tragen coole rotbraune Smokings und die Desserts werden auf einem Rollwagen serviert. Zu den Retro-Klassikern gehören das gigantische Kalbskotelett mit Parmesan und der riesige, sehr befriedigende Berg Spaghetti mit Fleischbällchen.

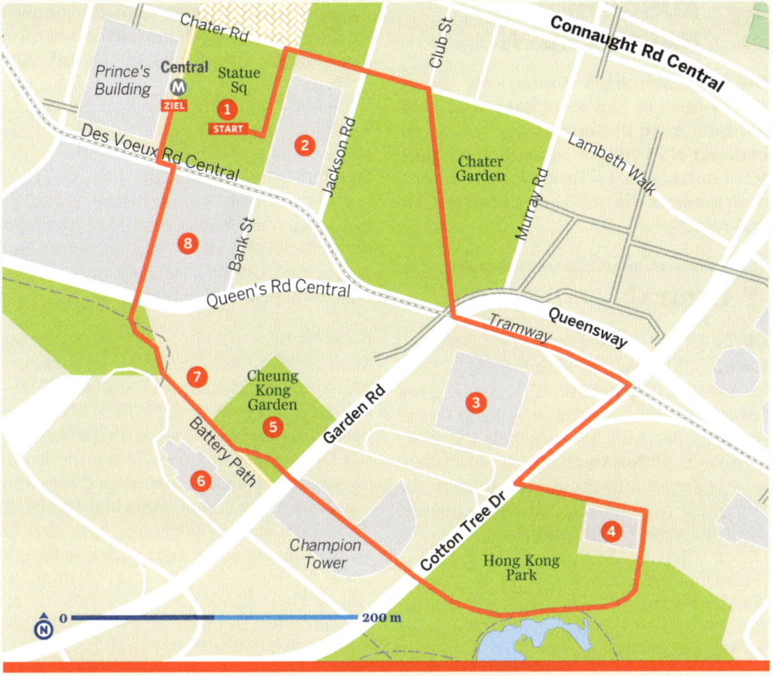

Stadtspaziergang
Hongkongs Zentrum erkunden

START STATUE SQ, CENTRAL
ZIEL MTR-STATION CENTRAL
LÄNGE/DAUER 1,5 KM, 1 STD.

Start ist am 1 **Statue Square** (S. 81), wo man das Hongkonger Leben beobachten kann – vor allem an Sonntagen, wenn sich die philippinischen Hausangestellten hier treffen, Karten spielen, plaudern, tanzen und Karaoke singen. Man bewundert die Fassade des neoklassizistischen 2 **Old Supreme Court Building** (前立法會大樓; 8 Jackson Rd), eines der wenigen erhaltenen Gebäude aus der Kolonialzeit in der Gegend und der frühere Sitz der modernen Legislative Hongkongs.

Nun geht es in südwestlicher Richtung durch den Chater Garden Park über den Queensway zum scharfkantigen, modernen 3 **Bank of China Tower** (S. 80), der von Wasserspielen und Skulpturen umgeben ist.

Überquert man den Cotton Tree Dr in Richtung Osten findet man im Hong Kong Park das kostenlose 4 **Flagstaff House Museum of Tea Ware** (S. 116), das wertvolle Teekannen und -tassen sowie Teezubehör beherbergt. Im Café nebenan kann man einige der besten Teesorten Chinas kosten.

Von hier geht es westwärts durch den Park vorbei am See und dann über Fußgängerüberwege über den Cotton Tree Dr, durch den Champion Tower, über die Garden Rd und durch den 5 **Cheung Kong Park** (S. 82) – vielleicht mit einer Pause, um das HSBC Building und den Bank of China Tower zu fotografieren – zur 6 **St. John's Cathedral** (S. 80) von 1849. Sie wird von hohen Konzernkathedralen umringt und ist ein wichtiges historisches Denkmal Hongkongs.

Nun folgt man dem Battery Path vorbei am Backsteinbau des 7 **Former French Mission Building** (前法國外方傳道會大樓; 1 Battery Path), geht die Treppe runter über die Queen's Rd Central zum 8 **HSBC Building** (S. 80) und fährt mit der Rolltreppe (sofern in Betrieb) hinauf zum Atrium. Durch die Plaza im Erdgeschoss geht's zu Stephen und Stitt, den Löwen am Ausgang zur Des Voeux Rd Central. Nun ist es nur ein kurzes Stück nordwärts bis zur MTR-Station Central, zwischen Statue Sq und Prince's Building.

AUSGEHEN & NACHTLEBEN

Die Straßenpartys finden die ganze Nacht über in Lan Kwai Fong und gelegentlich auch in Soho statt. Der Dresscode ist als Minimum sportlich elegant. Mit Flipflops oder Turnschuhen kommt man kaum in die schicken Läden in Central rein.

Central

DR. FERN'S GIN PARLOUR — COCKTAILBAR

Karte S. 336 (☎852 2111 9449; Shop B31A, Landmark Atrium, 15 Queen's Rd; ⏲So–Do 12–1, Fr & Sa bis 2 Uhr; 📶; Ⓜ Central, Ausgang G) Genau das, was der Arzt befohlen hat: Irgendwo zwischen viktorianischem Gewächshaus und wissenschaftlichem Labor greift das Dr. Fern's für sein schräges Aussehen auf die biologische Zusammensetzung des Gins zurück. Die Bar versteckt sich im Untergeschoss der Landmark Mall (Zugang von der Pedder St) hinter einer Tür mit der Aufschrift „Waiting Room" (Wartezimmer). Es gibt einen Tischservice, und man wird von einem Arzt begrüßt. Abends sollte man reservieren.

Auf der Karte stehen über 300 Gins. Entscheidungsschwierigkeiten? Das Gin-Aromenrad vorne auf der Karte geleitet einen durch die verschiedenen Kategorien. Ein Gin Tonic kostet zwischen 95 und 220 HK$.

SEVVA — COCKTAILBAR

Karte S. 332 (☎852 2537 1388; www.sevva.hk; 25. OG, Prince's Bldg, 10 Chater Rd; ⏲Mo–Do 12–24, Fr & Sa bis 2 Uhr; 📶; Ⓜ Central, Ausgang H) Wenn es in Hongkong eine 1-Million-Dollar-Aussicht gibt, dann ist es die vom Balkon des megastylischen Sevva. Hier sind einem die Wolkenkratzer so nah, dass man ihre Stahlarterien fast greifen kann, und in der Ferne sieht man den Hafen und Kowloon. Nachts ist der Blick schlichtweg atemberaubend – die Preise allerdings auch: Für ein Glas Wein zahlt man mindestens 160 HK$. Wer abends einen Tisch auf dem Balkon möchte, sollte vorher reservieren. Alternativ begnügt man sich mit einem Stehtisch oder geht einfach kurz raus, um Fotos zu schießen.

BEER BAY — BAR

Karte S. 332 (Hong Kong Central Ferry Pier 3; ⏲Mo–Do 15–23, Fr & Sa 14–23.30, So 12–21.30 Uhr; Ⓜ Hong Kong, Ausgang A1, A2) Immer noch im Sightseeing-Outfit und keine Lust auf die schicken Nachtclubs in Central? Die Rettung naht in Form dieser fast ausschließlich von Einheimischen besuchten Bierkneipe im Freien am Fähranleger. Sie ist besonders bei den Bewohnern der vorgelagerten Inseln beliebt, die sich hier gern noch kurz einen Drink genehmigen, bevor es zurück nach Hause geht. Man kann auf den Betonstufen sitzen und bei einem einheimischen Gweilo-Craft-Bier aufs Wasser blicken. Snacks bringt man selber mit.

HONI HONI — COCKTAILBAR

Karte S. 336 (☎852 2353 0885; www.honihonibar.com; 3. OG, Somptueux Central Bldg, 52 Wellington St; ⏲Mo–Sa 16–2, So bis 24 Uhr, Happy Hour Mo–Fr 16–19 Uhr; 📶; Ⓜ Central, Ausgang D2) Die Terrasse ist eine Tropeninseloase, die sich buchstäblich über dem Chaos von Lan Kwai Fung erhebt. Das Honi Honi war die erste Tikibar Hongkongs, und obwohl sie nicht mehr die einzige ist, ist sie immer noch die beste. Es gibt eine vernünftige Happy Hour (Cocktails ab 40 HK$, ungewöhnlich für Hongkongs Topbars), klassische 1970er-Jahre-Möbel und ausgezeichnete Cocktails mit frischen Früchten. An einem Sonntag im Monat findet das Uncensored Cabaret statt, eine Ansammlung lokaler Acts – hier ist alles erlaubt.

CAFÉ 8 — CAFÉ

Karte S. 332 (☎852 3791 2158; http://cafe8.org; Dachebene, Hong Kong Maritime Museum, Central Pier 8; ⏲10–20 Uhr; 📶; Ⓜ Hong Kong) Dieses Café im obersten Stockwerk des Pier 8 ist ein Sozialunternehmen, das Arbeit und Ausbildung für Schüler des Nesbitt Centre – die lokale NGO unterstützt Erwachsene mit Lernbehinderungen – bietet. Hier geht es zwanglos zu, viele Einheimische kommen wegen der gelegentlichen Livemusik sowie der günstigen Drinks (55 HK$/Prosecco), Kuchen und Mittagessen. Von der Außenterrasse hat man einen atemberaubenden Blick auf den Hafen.

BEHIND — CLUB

(www.facebook.com/clubbehind; ⏲letzter Sa im Monat) Behind startete in einem der ersten Schwulenclubs in Hongkong, dem Club 97 in Lan Kwai Fong (inzwischen geschlossen), und verwandelte sich dann in eine wechselnde Clubnacht. Es ist eine All-inclusive-Nacht, die in der LGBT-Gemeinde sehr beliebt ist, aber nicht exklusiv ist, und die regelmäßig etwa 600 Gäste anlockt. Der Veranstaltungsort wechselt alle paar Monate; einfach online informieren.

GOOD SPRING CO TEEHAUS

(春回堂; ☎852 2544 3518; 8 Cochrane St, Central; Tee 10–35 HK$; ⊙9–19.30 Uhr; Ⓜ Central, Ausgang D2) Dieser Laden für chinesische Medizin verkauft an seiner Theke Kräutertees gegen oder für alles – zum Entgiften, Entwässern, Kühlen und gegen Erkältungen. Am beliebtesten ist der bittere 24-Kräuter-Tee. Es gibt auch aromatische Chrysanthemen-Aufgüsse. Während man dort steht und mit den einheimischen Angestellten Tee nippt, kann man beobachten, wie das Personal hinten wertvolle Wurzeln und Pülverchen verpackt.

Lan Kwai Fong & Soho

★ QUINARY COCKTAILBAR

Karte S. 336 (☎852 2851 3223; www.quinary.hk; 56-58 Hollywood Rd, Soho; ⊙Mo–Sa 17–1 Uhr; 📶; Ⓜ Central, Ausgang D2) Das Quinary – wiederholt unter die besten 50 Bars der Welt gewählt – ist eine schicke, stimmungsvoll beleuchtete Cocktailbar und zieht gut gekleidete Gäste an. Die talentierten Mixologen kredenzen eigene Kreationen, und diese asiatisch inspirierten Cocktails sind köstliche, spektakuläre Meisterwerke. Typische Vertreter sind z. B. der Quinary Sour (Whisky, Süßholzsirup, Bonitoflocken) und der instagram-taugliche Earl Grey Caviar Martini mit weißer Schaumhaube.

★ PONTIAC BAR

Karte S. 336 (☎852 2521 3855; 13 Old Bailey St, Lan Kwai Fong; ⊙Mo–Fr 17–00.30, Sa ab 15, So 15–22.30 Uhr, Happy Hour 17–20 Uhr; 📶; 🚌26) Das Pontiac hat etwas unglaublich Gemütliches, das es von den meisten kitschigen Bars in LKF abhebt. Die schmale, vorne offene, graffitibesprühte Bar wird ausschließlich von Frauen geführt, was mit der Wäscheleine voller BHs hinter der Theke zum Ausdruck gebracht wird. Alternative Musik, freundliche Atmosphäre, Happy-Hour-Bier für 15 HK$: Was will man mehr?

★ IRON FAIRIES COCKTAILBAR

Karte S. 336 (☎852 2603 6992; www.facebook.com/theironfairieshongkong; Unteres EG, 1-13 Hollywood Rd, Lan Kwai Fong; ⊙Mo–Do 18–2, Fr & Sa 17–3, So 17–2 Uhr; 📶; 🚌26) Der Australier Ashley Sutton ist ein Meister des Theaters und seine Bar ist anders als alles andere in Hongkong. Zehntausend Schmetterlinge flattern an Kupferdrähten von der Decke in einem höhlenartigen Raum, der einer Schmiedewerkstatt nachempfunden ist und auf dessen Tische Unmengen aus Eisen geschmiedete Feen sitzen. Es ist wunderbar surreal, und die Cocktails sind auch nicht schlecht. Zugang von der Pottinger St.

65 PEEL CRAFTBIER

Karte S. 336 (☎852 2342 2224; www.facebook.com/65peel; EG, 65 Peel St, Soho; ⊙Mo–Sa 16–24, So ab 14 Uhr; 📶) Alles, was man über Hongkongs Craft-Bierszene wissen muss, steht auf Seite eins der Bierkarte vom 65 Peel, das sich einheimischen Bieren von Brauereien wie Young Master, Lion Rock und Moonzen verschrieben hat. Die Stärke der Biere ist von 1 bis 12 eingestuft, die Bitterkeit angegeben durch den IBU-Wert. Zum Verkosten gibt es vier Biere à 200 ml für 140 HK$.

Tagsüber eher ruhig wacht die Craft-Bierbar im Industriestil abends auf, wenn der neonpinke Wandschmuck dem nackten Betonraum ein unheimliches Licht verleiht. Auf der Speisekarte stehen neu interpretierte Hongkonger Gerichte.

STOCKTON COCKTAILBAR

Karte S. 336 (☎852 2565 5268; www.stockton.com.hk; 32 Wyndham St, Lan Kwai Fong; ⊙Mo–Mi 18–2, Do–Sa bis 4 Uhr; Ⓜ Central, Ausgang D2) Das versteckte Stockton erzeugt mit Chesterfield-Sofas und dunkler Holzverkleidung die Atmosphäre eines Privatclubs im viktorianischen London. Die Einrichtung ist so geschickt arrangiert, dass sich dunkle, intime Nischen bilden. Die Cocktails (ab 130 HK$) sind von berühmten Schriftstellern inspiriert und werden zügig serviert, z. B. in Keramikgefäßen mit Rosmarinverzierung. Wer am Wochenende nach 21 Uhr kommen will, sollte unbedingt reservieren.

Um hinzukommen, vom großen Eisentor schräg gegenüber dem Fringe Club ein paar Türen Richtung Westen gehen und dann durch die offene Tür in einen Flur mit Kerzen auf dem Boden treten. Stocktons Eingang ist ganz hinten im Gebäude, die Treppe hoch.

CLUB 71 BAR

Karte S. 336 (☎852 2858 7071; UG, 67 Hollywood Rd, Soho; ⊙Mo–Sa 17–1 Uhr, Happy Hour 17–21 Uhr; 📶; 🚌26, Ⓜ Central, Ausgang D1) Diese freundliche, bescheidene Bar mit Bohème-Flair ist nach dem Protestmarsch vom 1. Juli 2003 benannt. Sie ist bei einheimischen Künstlern und Aktivisten beliebt, die wegen des günstigen Biers und der Jamsessions herkommen. In dem öffentlichen Park davor haben Revolutionäre vor einem Jahrhundert einen Plot geschmiedet, um die Qing-Dynastie zu stürzen. Der Eingang ist in der Gasse neben 69 Hollywood.

BEHIND BARS BAR

Karte S. 336 (www.facebook.com/behindbars.hk; E-Hall, Tai Kwun, Arbuthnot Rd, Soho; Di–So 16–24 Uhr; 26) Eine Reihe von miteinander verbundenen Gefängniszellen in der ehemaligen Polizeistation von Central, dem heutigen Tai-Kwun-Kulturkomplex (S. 79), wurde geschickt in diese schräge Bar umgemodelt. Im „Block 15" aus roten Backsteinen haben die weißgetünchten Zellen jetzt Spiegelwände und Sitznischen, und ein großer Gemeinschaftstisch füllt den Mittelgang aus, wo früher die Wärter patrouillierten.

COLETTE'S ART BAR BAR

Karte S. 336 (852 2521 7251; www.hkfringe.com.hk; 2. OG, 2 Lower Albert Rd, Lan Kwai Fong; Mo–Fr 12–14.30, Di–Do 16.30–22, Fr & Sa bis 24 Uhr; M Central, Ausgang D1) Das Eldorado für Schnäppchenjäger und durstige Sparfüchse: Die Happy Hour geht von 16.30 bis 22 Uhr im künstlerischen Colette's, das damit eine der billigsten Bars in Central ist. Sie befindet sich in einem hübschen alten Eckhaus, in dem früher ein Milchhof war, und hat einen versteckten Balkon mit Bestuhlung. Bei dem vegetarischen Mittagsbüfett wird es unter der Woche voll (118 HK$ mit Getränk). Das Colette's gehört zum Fringe Club (S. 91), der auch eine Galerie, einen Coffeeshop im Kellergewölbe, Veranstaltungsräume und den altmodischen Auslandskorrespondentenclub, in dem sich Auswanderer treffen, beherbergt.

CÉ LA VI DACHTERRASSENBAR

Karte S. 336 (852 3700 2300; http://hk.celavi.com; 25. OG, California Tower, 32 D'Aguilar St, Lan Kwai Fong; 15 Uhr–open end, Happy Hour Mo–Fr 17–20 Uhr; ; M Central, Ausgang D2) Mit dem Aufzug geht's in den 25. Stock und dann immer weiter hoch, bis man das Skydeck erreicht. Die schicke Bar hat drei Ebenen, aber es gibt nur einen Ort, wo man sein will: auf dem Dach mitten zwischen den riesigen Türmen. Wer sitzen will, muss einen Tisch reservieren, am besten sieht man den Sonnenuntergang aber im Stehen. Der Soundtrack ist lateinamerikanisch, und nach 18 Uhr gibt's einen Dresscode: keine Shorts oder offene Schuhe für die Männer, keine Flipflops für die Frauen. Bei der Happy Hour gilt zwei für eins.

PETTICOAT LANE SCHWULE & LESBEN

Karte S. 336 (852 2808 2738; www.petticoatlane.club; UG, 57-59 Wyndham St, Lan Kwai Fong; Di & Do 18–2, Mi bis 3, Fr bis 4, Sa 20–4 Uhr; M Central, Ausgang D2) Centrals beste LGBT-Partys finden im Petticoat Lane statt, ein Kellerclub mit glitzernden Blättern über der Bar, einer Tanzfläche, einer kleinen Außenterrasse und gender-neutralen Toiletten. Die Atmosphäre ist intim und bei den wöchentlichen „Wednesgay"-Abenden mit Oben-ohne-Barkeepern gibt es kostenlos Absolut Vodka (22–23 Uhr) für alle und anderes. Jeden Tag um Mitternacht gibt's eine Dragshow.

SLIDE ON 79 SPORTBAR

Karte S. 336 (852 2779 9279; www.slideon79.com; Harilela House, 79 Wyndham St, Lan Kwai Fong; Mo & Di 11.45–24, Mi & Do bis 1, Fr & Sa bis 3, So 15–00.30 Uhr, Happy Hour 15–20 Uhr;) Wer Sportübertragungen sucht, aber ungern in einen unechten englischen oder irischen Pub gehen will, wird im Slide on 79 fündig. Die Cocktailkarte, die Livegigs, die Wandmalereien und eine schöne offene Front mitten in LKF machen es allerdings für jeden Anlass zu einer guten Option – das Slide ist weit entfernt von einer normalen Sportbar. Der Eingang ist an der Pottinger St. Bei der Happy Hour gilt „Zwei zum Preis von einem".

ANGEL'S SHARE WHISKY BAR BAR

Karte S. 336 (852 2805 8388; www.angelsshare.hk; 2. OG, Amber Lodge, 23 Hollywood Rd, Lan Kwai Fong; Mo–Do 15–2, Fr & Sa bis 3 Uhr, Happy Hour 17–21 Uhr; M Central, Ausgang D1) Dieser Laden im Look eines europäischen Herrenclubs ist eine der besten Whiskybars in Hongkong und bietet über 100 Whiskysorten aus aller Welt. Man kann vier Whiskys à 25 ml für 450 HK$ kosten oder man entscheidet sich für die besondere Fassauswahl, die direkt aus einem 180-l-Eichenfass am Eingang der Bar kommt. Ab 22 Uhr wird's hier voll.

GLOBE PUB

Karte S. 336 (852 2543 1941; www.theglobe.com.hk; 45-53 Graham St, Soho; So–Do 10–24,

Fr & Sa bis 2 Uhr, Happy Hour 10–20 Uhr; ; Central, Ausgang D1) Von außen wirkt das Globe vielleicht wie eine stinknormale, kleine LKF-Bar, aber drinnen ist es eine riesige, pubähnliche Bierhalle mit einer eindrucksvollen Auswahl von 150 Importbieren, darunter 13 vom Fass sowie lokale Craft-Biere wie Gweilo und Young Masters. Die langen Holztische und gemütlichen Bänke sind beliebt bei Leuten, die gern anständiges britisches Kneipenessen futtern. Das Globe eignet sich auch gut für Sportevents.

PEAK CAFE BAR BAR

Karte S. 336 (852 2140 6877; www.cafedecogroup.com; 9-13 Shelley St, Soho; Mo–Fr 11–2, Sa & So 9–2 Uhr, Happy Hour 15–20 Uhr; ; 13, 26, 40M) Diese einladende Bar serviert tolle, günstige Cocktails und ist mit bezaubernden Möbeln und Details aus dem alten Peak Cafe von 1947 eingerichtet, das durch das Peak Lookout (S. 105) ersetzt wurde. Die Bar besteht aus zwei Teilen, wobei der untere Bereich für speisende Gäste reserviert ist; beide Teile befinden sich neben dem Central-Mid-Levels Escalator (S. 81). Am besten setzt man sich während der Happy Hour ans Fenster und sieht zu, wie die Welt vorbeizieht.

KUNG LEE SAFTBAR

Karte S. 336 (公利真料竹蔗水; 852 2544 3571; 60 Hollywood Rd, Soho; Saft ab 14 HK$; 11–22 Uhr; 26) Diese Institution im Herzen Sohos verkauft seit 1948 Kräutertees und frischen Zuckerrohrsaft – die Qualität ist unvermindert hoch, genau wie der Charme der alten Fliesen, Poster und Schilder. Es gibt auch „Schildkrötengelee“, in dem der gemahlene Panzer einer bestimmten Schildkrötenart und einige chinesische Kräuter enthalten sind. Es soll gut zum Kühlen und zur Entgiftung sein.

T:ME SCHWULENBAR

Karte S. 336 (852 2332 6565; www.time-bar.com; 65 Hollywood Rd, Soho; Mo–Sa 18–2 Uhr, Happy Hour 18–21.30 Uhr; Central, Ausgang D1) Diese kleine, schicke Schwulenbar befindet sich in einer Gasse gegenüber einem kleinen Park und serviert Cocktails mit asiatischen Zutaten wie Ingwerlikör, Litschi und Pflaumenwein. Tägliche Angebote halten die Preise erträglich, vor allem die zweite Happy Hour freitags und samstags nach Mitternacht. Der Eingang ist in der Gasse abseits der Peel St, gleich nördlich der Hollywood Rd.

VOLAR CLUB

Karte S. 336 (852 2810 1510; UG, 38-44 D'Aguilar St, Lan Kwai Fong; Einlass Di–Do 200 HK$, Fr & Sa 300 HK$; Di 18–1, Mi–Fr bis 6, Sa 22–6 Uhr; Central, Ausgang D2) Dieser futuristisch ausgeleuchtete (im wahrsten Sinne des Wortes) Underground-Club ist eine Institution im Nachtleben von Lan Kwai Fong; hier lässt man es bis Sonnenaufgang richtig krachen. Das verschwitzte, internationale Publikum ist in den Zwanzigern und feiert die ganze Nacht wild durch. Der Eintritt wird erhoben, sobald sich der Club langsam füllt, normalerweise so zwischen 1 und 2 Uhr morgens.

☆ UNTERHALTUNG

★ PEEL FRESCO JAZZ

Karte S. 336 (852 2540 2046; www.peelfresco.com; 49 Peel St, Soho; Di–So 17.30 Uhr–open end; 13, 26, 40M) Im charmanten Peel Fresco gibt's an sechs Abenden die Woche Livejazz. Einheimische und internationale Künstler treten auf einer kleinen Bühne auf, so nah, dass das Publikum mit den Musikern anstoßen kann. Der Club ist klein, entspannt und freundlich; es gibt keinen besseren Ort in Soho, um es sich mit einem Drink gemütlich zu machen, wenn die Action gegen 21.30 Uhr losgeht. Um einen Sitzplatz zu erhaschen, sollte man um 21 Uhr da sein.

Manchmal muss man 200 HK$ Eintritt zahlen, wenn ein internationaler Musiker auftritt, aber oft sind die Gigs kostenlos.

FRINGE CLUB LIVEMUSIK

Karte S. 336 (藝穗會; 852 2521 7251, Theaterkarten 852 2521 9126; www.hkfringe.com.hk; 2 Lower Albert Rd, Lan Kwai Fong; ; Central, Ausgänge D1, D2, G) Im Fringe gibt's an den meisten Freitag- und Samstagabenden originelle Livemusik, meist Jazz, Rock und Weltmusik. An den anderen Abenden finden im heimeligen Theater lokale und internationale Darbietungen statt. Der Club befindet sich in einem viktorianischen Gebäude (ca. 1892), das zu einem Milchbetrieb gehörte, und die charakteristischen rot-weiß-gestreiften Backsteinmauern der Fassade sind bekannt unter der Bezeichnung „Blut und Bandagen“.

TAKEOUT COMEDY CLUB COMEDY

Karte S. 336 (852 6220 4436; www.takeoutcomedy.com; UG, 34 Elgin St, Soho; 26) Lust auf

Lacher? In Hongkongs erstem Vollzeit-Comedyclub, der vom chinesisch-amerikanischen Jameson Gong gegründet wurde, treten englisch-, kantonesisch- und mandarinsprachige Stand-up-Comedians und Impro-Darsteller auf. Ab und zu schauen Comedians aus Übersee vorbei. Das aktuelle Programm gibt's online.

PALACE IFC — KINO

Karte S. 332 (☎852 2388 6268; Podium Level 1, 8 Finance St, IFC Mall, Central; ⏲Mo–Fr 10–22, Sa 8.30–24, So 8.30–22 Uhr; Ⓜ Hong Kong, Ausgang F) Dieses Kino mit acht Sälen in der IFC Mall (S. 94) ist zweifellos das modernste und komfortabelste in Hongkong.

GRAPPA'S CELLAR — LIVEMUSIK

Karte S. 332 (☎852 2521 2322; http://elgrande.com.hk/restaurant/grappas-cellar; 1 Connaught Pl, Central; ⏲11–24 Uhr; Ⓜ Hong Kong, Ausgang B2) An mindestens zwei Wochenenden im Monat verwandelt sich dieses italienische Kellerrestaurant in eine Jazz- oder Livemusikbühne – mit karierten Tischdecken und allem drum und dran. Die Veranstaltungstermine und alle Informationen zu den Tickets gibt's telefonisch oder über die Website des Grappa's.

SHOPPEN

Centrals gewaltiges, miteinander verbundenes Netzwerk aus Einkaufszentren und Bürogebäuden hat alle Luxusgüter zu bieten, die man sich nur wünschen kann. Im Süden am Hügel findet man interessante exklusive unabhängige Geschäfte. Am östlichen Ende der Hollywood Rd reihen sich Antiquitätenläden und Kunstgalerien aneinander.

★G.O.D. — GESCHENKE, HAUSHALTSWAREN

Karte S. 336 (Goods of Desire; ☎852 2805 1876; www.god.com.hk; 48 Hollywood Rd, Soho; ⏲11–21 Uhr) Goods of Desire – oder G.O.D. – ist eine freche, einheimische Lifestyle-Marke, die Haushaltswaren, Klamotten, Bücher und Geschenke mit Retro-Hongkong-Thema verkauft. Schön sind die Schürzen mit aufgedruckten Bildern von Hongkongs berühmten Neonschildern, die Bettwäsche mit Kois und die preisgünstigen Tops in modernen Stoffen und Farben. Sie eignen sich toll als Souvenirs. Es gibt eine weitere Filiale in PMQ (S. 100).

★WATTIS FINE ART — ANTIQUITÄTEN

Karte S. 336 (www.wattis.com.hk; 2. OG, 20 Hollywood Rd, Lan Kwai Fong; ⏲Mo–Sa 10.30–18 Uhr; 🚌26) Diese Galerie im oberen Stockwerk stellt eine großartige Sammlung antiker Landkarten, Lithografien, Fotos und Poster zum Verkauf. Man findet selten so eine umfangreiche Hommage an die asiatische Geschichte, denn hier handelt es sich nicht nur um Hongkong und Macau, sondern auch um chinesische Städte wie Shanghai und südostasiatische Ziele wie Borneo, Myanmar, Malaka und Mumbai. Zugang von der Old Bailey St.

★KOWLOON SOY COMPANY — ESSEN & TRINKEN

Karte S. 336 (九龍醬園; ☎852 2544 3695; www.kowloonsoy.com; 9 Graham St, Central; ⏲Mo–Fr 8.30–18.15, Sa bis 18 Uhr; Ⓜ Central, Ausgang D1) Dies ist *das* Geschäft (ca. 1917) für traditionell hergestellte, natürlich fermentierte Sojasaucen, erstklassige Sojabohnensaucen (chinesische Misos) und andere vorzügliche Lebensmittel. Hier werden auch Tausendjährige Eier (*pei darn,* 皮蛋) und eingelegter Ingwer (*suen geung,* 酸姜) verkauft, was in Restaurants oft zusammen auf den Tisch kommt. Schon gewusst, dass Tausendjährige Eier den Geschmack von jungen Rotweinen voller wirken lassen, weil sie alkalisch sind? Das muss man gleich mal testen!

Der Besitzer spricht ausgezeichnet Englisch und hilft einem bei der Auswahl.

★SHANGHAI TANG — KLEIDUNG, HAUSHALTSWAREN

Karte S. 336 (上海灘; ☎852 2525 7333; www.shanghaitang.com; 1 Duddell St, Shanghai Tang Mansion, Central; ⏲10.30–20 Uhr; Ⓜ Central, Ausgang D1) Das elegante Geschäft auf vier Stockwerken ist eine lokale Institution und einer der wenigen Läden in Central, der sich auf Luxus-China-Style spezialisiert. Hierher kommt man, wenn man auf der Suche nach einem figurbetonten *qípáo* (auch Cheongsam, schmales, festliches chinesisches Kleid) mit einer modernen Note, einer Clutch im chinesischen Stil oder einer lindgrünen Mandarinjacke ist. Außerdem gibt's im Shanghai Tang wunderschöne Haushaltswaren im Chinoiserie-Stil; man wird aber nicht viel unter 1000 HK$ finden.

SOUL ART — KUNST & KUNSTHANDWERK

Karte S. 336 (☎852 2857 7786; www.soulartshop.com; EG, 24-26 Aberdeen St, Soho; ⏲11–20

Uhr; 🚌26) Dieser Peking-Import erweckt die traditionelle chinesische Kultur in Form von handgemachten Ton- und Stofffigürchen mit Polymerbeschichtung zum Leben – und das ist in Wirklichkeit viel cooler und schöner, als es sich anhört. Die zierlichen Körbe mit regenbogenfarbenen Kugeln und Stofftigern, die handgenäht sind und dann mit Pfingstrosen handbemalt wurden, sind hinreißend – genau wie Tiger, die flauschige rote Katze des Ladens.

LIANCA MODE & ACCESSOIRES

Karte S. 336 (📞852 2139 2989; www.liancacentral.com; UG, 27 Staunton St, Soho; 🕒11.30–20 Uhr; 🚌26) Eine unterschätzte Boutique mit Lederwaren made in Hongkong – vor allem Handtaschen und Geldbörsen – in klassischen Designs. Alle Produkte, außer ein paar importierter Accessoires, wurden liebevoll in Liancas eigener Werkstatt hergestellt. Zugang von der Graham St.

MOUNTAIN FOLKCRAFT GESCHENKE & SOUVENIRS

Karte S. 336 (高山民藝; 📞852 2523 2817; www.mountainfolkcraft.com; 12 Wo On Lane, Lan Kwai Fong; 🕒Mo–Sa 10–18.30 Uhr; Ⓜ Central, Ausgang C) Dies ist einer der schönsten Läden für folkloristische Kunst in der ganzen Stadt und einer der preisgünstigsten für alte asiatische Artefakte. Der Laden ist randvoll mit Batik- und Sarong-Ballen, Kleidung, Schnitzereien, Lackwaren und Papierschnitten, die von ethnischen Minderheiten in China und anderen asiatischen Ländern hergestellt wurden.

ARCH ANGEL ANTIQUES ANTIQUITÄTEN

Karte S. 336 (📞852 2851 6848; 70 Hollywood Rd, Lan Kwai Fong; 🕒Mo–Sa 9.30–18.30, So bis 18 Uhr; 🚌26) Obwohl er eigentlich auf antikes Porzellan und Grabbeigaben spezialisiert ist, hat dieser Laden auf seinen drei Etagen noch viel mehr zu bieten: Von alten Tuschezeichnungen und Terrakotta-Pferden bis hin zu Palastmöbeln – das freundliche Personal hilft einem, sich in dem gut präsentierten Sortiment zurechtzufinden. Die Preise bewegen sich zwischen 3000 und 1 Mio. HK$.

ANDY HEI ANTIQUITÄTEN

Karte S. 336 (研木得益; 📞852 3105 2002; www.andyhei.com; 72 Hollywood Rd, Lan Kwai Fong; 🕒Mo–Sa 10–12.30 & 13.30–18 Uhr; 🚌26, Ⓜ Central, Ausgang D2) Dieser erstklassige Möbelhändler ist auf klassische chinesische Möbel aus den Ming- und Qing-Dynastien sowie auf Objekte von Gelehrten spezialisiert. Außerdem werden hier seltene *huanghuali*- und *zitan*-Stücke aus Holz restauriert, vor allem aus dem 18. Jh. Hei ist im Gründungsvorstand der Messe Fine Art Asia (www.fineartasia.com), auf der alte asiatische Kunst und Antiquitäten ausgestellt werden.

CANDLE COMPANY HAUSHALTSWAREN

Karte S. 336 (📞852 2545 0099; www.carrollandchan.com; 11 Lyndhurst Tce, Central; 🕒Mo–Sa 10–20, So ab 12 Uhr) Der Flagshipstore für Hongkongs Kerzen- und Diffusormarke Carroll & Chan verkauft Produkte, die sich auch gut als Geschenk eignen, z. B. umweltfreundliche Bienenwachskerzen, Lotusblumendiffusor aus Papier, Räucherstäbchen und parfümierte Holzpilze in Leinenbeuteln. Die Zitronellkerzen gegen Moskitos sind besonders praktisch für Hongkonger Sommernächte. Unbedingt am Parfüm auf Basis von weißer Michelia, einer beliebten einheimischen Blume, schnuppern.

CUFFS KLEIDUNG

Karte S. 336 (📞852 2413 8098; www.cuffs.hk; 2/F, Yuen Yick Bldg, 27-29 Wellington St, Central; 🕒Mo–Sa 11.30–20 Uhr) Das Cuffs ist der flippigste Vertreter von Hongkongs neuer Generation an Schneidereien. Die Mode ist trendbewusst, und es werden nicht nur Anzüge, Hemden und Smokings, sondern auch lässige Chinos und Frauenkleidung maßgeschneidert. Es gibt sogar eine Shirt Bar und eine Suit Bar, wo sich der gemeine Dandy beraten lassen kann. Zweiteilige Anzüge sind ab 4200 HK$ erhältlich. Zum Sortiment gehören auch Kleider und Accessoires von der Stange.

POTTERY WORKSHOP GALLERY KUNST, HAUSHALTSWAREN

Karte S. 336 (樂天陶社; 📞852 2525 7949; www.potteryworkshop.com.cn; Zi. 305, 3. OG, Lyndhurst Bldg, Lyndhurst Tce, Central; 🕒Di–So 13–18 Uhr; 🚌26) Diese Galerie im dritten Stock zeigt verspielte Keramikobjekte lokaler Künstler und Kunsthandwerker vom Festland und aus Übersee. Die hübschen Werke reichen von Geschirr bis zu Skulpturen. Zum Angebot gehören auch Töpferkurse. Der Eingang befindet sich neben dem HSBC (S. 80).

GIORDANO LADIES KLEIDUNG

Karte S. 336 (📞852 2921 2955; www.giordanoladies.com; EG & 1. OG, Lansing House, 43-45

Queen's Rd Central, Central; ⏲Mo–Sa 11–21, So bis 20 Uhr; Ⓜ Central, Ausgang D1) Giordano Ladies ist eine Hongkonger Mittelklassemarke, die elegante Kleidung in neutralen Farben mit skandinavischer Ästhetik verbindet. Das Sortiment ist weit weniger bieder, als der Markenname vermuten lässt. Es gibt gut geschnittene Büro-, Nutz- und Freizeitkleidung, die ohne aufzufallen in jeden Kleiderschrank passen würde. Die Preise beginnen bei etwa 800 HK$.

PEARL LAM GALLERIES — KUNST

Karte S. 336 (藝術門; ☎852 2522 1428; www.pearllam.com; 601-605 Peddar Bldg, 12 Pedder St, Central; ⏲Mo–Sa 10–19 Uhr; Ⓜ Central, Ausgang D1) Diese elegante Galerie bietet zeitgenössische Kunst vom chinesischen Festland, aus Hongkong und ganz Asien sowie aus Europa – überwiegend sind es Gemälde und Skulpturen. Die Besitzerin Pearl Lam ist schon seit den 1990er-Jahren eine leidenschaftliche Förderin zeitgenössischer Kunst und modernen Designs made in China. Sie betreibt auch in Shanghai und Singapur Galerien und hat kürzlich eine neue Flagshipgalerie im nahegelegenen H Queen's (S. 81) eröffnet.

LINVA TAILOR — MODE & ACCESSOIRES

Karte S. 336 (年華時裝公司; ☎852 2544 2456; EG, 38 Cochrane St, Central; ⏲Mo–Sa 9.30–18 Uhr; 🚌26) Braucht jemand einen Cheongsam, auch *qípáo* genannt (ein enges chinesisches Gewand)? Man kann entweder seine eigene Seide mitbringen oder sich in dieser altmodischen Schneiderei (gegr. 1965) den Stoff aussuchen. Wenn man nicht genug Zeit hat, schicken einem die Maßschneider Mr. und Mrs. Leung die fertigen Stücke gern nach Hause.

JOYCE — MODE & ACCESSOIRES

Karte S. 336 (☎852 2810 1120; www.joyce.com; EG, 16 Queen's Rd Central, New World Tower, Central; ⏲10.30–19.30 Uhr; Ⓜ Central, Ausgang D1) Diese Mode- und Schönheitsboutique ist eine gute Wahl, wenn es eher an Zeit als an Geld fehlt. Comme des Garçons, Chloé und Alexander McQueen sind nur ein paar der internationalen Luxuslabels, die hier angeboten werden. Der Laden ist so vornehm, dass man auf Wunsch sogar Tee ans Sofa serviert bekommt. Dieselben Stoffe zum halben Preis gibt's bei **Joyce Warehouse** (Karte S. 346; ☎852 2814 8313; www.joyce.com; 21. OG, Horizon Plaza Arcade, 2 Lee Wing St, Ap Lei Chau; ⏲10–19 Uhr; Ⓜ South Horizons, Ausgang C).

IFC MALL — EINKAUFSZENTRUM

Karte S. 332 (☎852 2295 3308; www.ifc.com.hk; 8 Finance St, Central; Ⓜ Hong Kong, Ausgang F) Diese luxuriöse Shoppingmall beherbergt 200 Luxus-Boutiquen und verbindet die IFC-Türme One und Two sowie das Four Seasons Hotel miteinander. Hier sind u. a. die Outlets von Gucci, Céline, Bottega Veneta und Chloé zu finden – und das sind noch längst nicht alle. Im unteren Stockwerk befindet sich die Haltestelle des Hong Kong Airport Express. Am besten ist aber die wunderbare Dachterrasse in der 4. Etage.

SPORT & AKTIVITÄTEN

★IYARA — SPA

Karte S. 336 (☎852 2545 8638; www.iyaradayspa.com; 1. OG, 26 Cochrane St, Lan Kwai Fong; Maniküre/Pediküre ab 160/250 HK$, Massage ab 380 HK$; ⏲Mo–Do 10–21, Fr & Sa bis 20, So 11–20 Uhr) Viele Spas in Hongkong sind höhlenartig in schwach beleuchteten Hochhäusern ohne Fenster untergebracht. Das Iyara dagegen wirkt eher wie ein geheimer Garten. Der freundliche Betreiber Thais nutzt Bio-Produkte. Fenster vom Boden bis zur Decke auf Höhe des Central-Mid-Levels Escalator bieten Unterhaltung, während man eine Maniküre oder eine Fußmassage mit einem (kostenlosen) Glas Wein genießt.

AQUA LUNA — BOOTFAHREN

Karte S. 332 (☎852 2116 8821; www.aqualuna.com.hk; Central Pier 9, Central; ab 160 HK$) Dieser Veranstalter bietet professionelle Hafentouren auf traditionellen chinesischen Holzdschunken mit überdachtem Obergeschoss und gemütlichen Sitzplätzen an Deck. Die vielen Optionen werden an verschiedenen Tagen angeboten, darunter eine Hop-on/Hop-off-Hafentour, eine Fahrt nach Stanley, die Abendtour Symphony of Lights (S. 167) und montags eine empfehlenswerte Dim-Sum-Mittagsfahrt (400 HK$). Die Touren starten in Central und halten noch mal am Tsim Sha Tsui Pier 2. Meistens ist ein Bier oder ein Wein inklusive.

HONG KONG PUB CRAWL — ESSEN & TRINKEN

(www.hongkongpubcrawl.com; 100 HK$; ⏲Mi, Do) Diese netten wöchentlichen Trinkevents ziehen ein junges Publikum an, darunter viele Alleinreisende aus Hongkongs Hostels. Für die Karte für 100 HK$ bekommt man ein Bier umsonst und einige verwässerte Schnäpse sowie günstige Getränkedeals in jeder Bar (für Hongkonger Verhältnisse viel wert). Donnerstagabends ist der Haupttag, aber die Mittwochstour beinhaltet den Happy Valley Racecourse (S. 132).

SPA AT THE FOUR SEASONS
SPA

Karte S. 332 (☎852 3196 8900; www.fourseasons.com/hongkong/spa.html; Four Seasons Hotel, 8 Finance St, Central; ⌚8–23 Uhr, letzter Termin 22 Uhr; Ⓜ Hong Kong, Ausgang F) Ein 1860 m² großes, supernobles Spa mit Eisbrunnen und „Kräuterkokon-Raum". Die Preise passen zur Four-Seasons-Location. Die spezielle Anwendung des Hauses ist die Jadesteinmassage, bei allen Angeboten darf man aber den Whirlpool, das Dampfbad und die Sauna nutzen. Wenn man in den Whirlpool will, sollte man morgens oder nach 18 Uhr kommen, denn dieser ist von 14 bis 18 Uhr gesperrt.

WORLD WIDE FUND FOR NATURE HONG KONG
ÖKOTOUR

(WWFHK; ☎852 2526 1011; www.wwf.org.hk) Der World Wide Fund for Nature Hong Kong organisiert geführte Touren zum Mai Po Nature Reserve (S. 193) und zum Hoi Ha Wan Marine Park (S. 185). Online buchen.

IMPAKT
KAMPFSPORT

Karte S. 336 (☎852 2167 7218; www.impakt.hk; 110-116 Queen's Rd Central, 2. OG, Wings Bldg, Central; ⌚Mo–Fr 7–22, Sa 8–19, So 10–17 Uhr; Ⓜ Central, Ausgang D2) Das Impakt ist eines von wenigen Kampfsportzentren mit weiblichen Trainern. Sie bringen erfahrenen Kampfsportlern, aber auch vom Film *Die Akte Jane* inspirierten Anfängern Muay Thai, Kickboxen, Ju-Jitsu, Karate und anderes bei. Interessierte können ohne Voranmeldung an einzelnen Unterrichtseinheiten teilnehmen, für 250 HK$ das Fitnessstudios nutzen oder private Trainingsstunden (pro Pers. 325 HK$/Std.) buchen. Hier wird ausgezeichnet Englisch gesprochen.

TEN FEET TALL
MASSAGE

Karte S. 336 (☎852 2971 1010; www.tenfeettall.com.hk; 20, & 21. OG, L Place, 139 Queen's Rd Central, Central; ⌚Mo–Fr & So 11–1, Sa 10.30–2 Uhr; Ⓜ Central, Ausgang D2) Die weitläufige, schummrig beleuchtete Wohlfühlzone (745 m²) bietet eine breite Palette an Anwendungen, von Fußreflexzonen- und Schultermassagen bis zu kräftigen Druckpunktmassagen und Behandlungen mit Aromaölen. Es gibt eine Karte mit kalt gepressten Obstsäften und an diesen kann man nippen, während man sich verwöhnen lässt.

HAPPY FOOT LUXE
SPA

Karte S. 336 (知足樂; ☎852 2522 1151; www.happyfoot.hk; 19. & 20. OG, Century Sq, 1 D'Aguilar St, Lan Kwai Fong; ⌚10–1 Uhr; Ⓜ Central, Ausgang D2) Viele ehrgeizige Hongkonger Geschäftsleute gönnen sich regelmäßig intensive chinesische Fußmassagen. Die Fuß-/Körpermassagen für 50 Minuten kosten ab 218/270 HK$ bei Happy Foot; alternativ zieht man sich in einen der dunklen Räume für eine Thai-Massage oder eine Nagelbehandlung zurück.

PURE FITNESS
FITNESSSTUDIO

Karte S. 332 (☎852 8129 8000; www.pure-fitness.com; Level 3, 8 Finance St, IFC Mall, Central; Tagesrate 350 HK$; ⌚Mo–Sa 6–24, So 8–22 Uhr; Ⓜ Hong Kong, Ausgang F) Das schicke, städtische Fitnessstudio bietet eine umfangreiche Ausstattung und Kurse sowie Kurzzeitmitgliedschaften (von einem Monat – ideal für Reisende, die länger bleiben) und einen Tagestarif (350 HK$). Die IFC-Zweigstelle konzentriert sich auf Fitness und Anfängeryoga, andere Filialen in ganz Hongkong haben unterschiedliche Angebote wie Kickboxen, Pilates und Tanz-Fitness. Es ist sehr beliebt bei den Berufstätigen der Gegend.

Hong Kong Island: The Peak & der Nordwesten

SHEUNG WAN | THE PEAK | SAI YING PUN | KENNEDY TOWN

Highlights

❶ **Victoria Peak** (S. 98) Den anstrengenden Aufstieg wagen oder mit der Peak Tram (S. 294) auf den Gipfel fahren, um dort herumzustreifen und die Aussicht zu genießen

❷ **Sheung Wan** Bei einem Bummel durch die Straßen Sheung Wans die faszinierende Geschichte des Hongkongs des 19. Jhs. entdecken

❸ **PMQ** (S. 100) In diesem altehrwürdigen Bau nach Schmuck, Kleidung und Haushaltswaren *made in Hongkong* stöbern – Kaffee, Drinks und Kunst inklusive

❹ **Man Mo Temple** (S. 99) Im größten Tempel auf Hong Kong Island, der von Dutzenden Wolkenkratzern fast erdrückt zu werden scheint, Weihrauchschwaden einatmen

❺ **Kennedy Town** (S. 102) In dem aufstrebenden Viertel, in dem die Wolkenkratzer der Uferbebauung weichen, Craft-Bier und klassisches Dim Sum genießen

Detailpläne dieses Gebiets s. Karte S. 338 ➡

Rundgang: The Peak & der Nordwesten

Von allen Vierteln im Westen von Hong Kong Island fesselt Sheung Wan mit seiner ausgewogenen Mischung aus Moderne und Tradition am meisten. Am besten beginnt man die Erkundung morgens, wenn die Tempel und die Läden für getrocknete Meeresfrüchte erwachen.

Man stöbert in den Antiquitätenläden und Galerien rund um die Hollywood Rd, genießt eine Pause mit einem leckeren Kaffee in einer Rösterei oder gönnt sich Arme Ritter und einen Milchtee in einem *cha chaan tang* (Teehaus). Selbst wer nichts kaufen will, sollte dem PMQ, einer historisch bedeutsamen und künstlerischen Ecke, einen Besuch abstatten.

Danach etwas frische Luft gefragt. Da bieten sich eine Wanderung auf den Mt. Davis, ein Kunstbummel im University Museum & Gallery oder ein Besuch im Little Creatures in Kennedy Town an, wo man am Ufer spazieren gehen und Craft-Bier trinken kann. Vor der Dämmerung geht's nach Central, um mit der Peak Tram auf den Victoria Peak zu fahren und zuzusehen, wie die Stadt zum Lichtermeer wird. Anschließend vergnügt man sich in Sheung Wan mit asiatischer Fusion-Küche und Cocktails.

Lokalkolorit

➡ **Aktivitäten** An der Uferpromenade im Sun Yat Sen Memorial Park kann man sich den Einheimischen anschließen, die hier gern einige Runden laufen.

➡ **Shoppen** Die Des Voeux Rd West ist bekannt als „Straße der getrockneten Meeresfrüchte". In dem streng riechenden Areal holen sich kantonesische Köche getrocknete Shrimps, Fischblasen oder Seegurken.

➡ **Treffpunkte** Der Belcher Bay Park in Kennedy Town ist ein grüner Gemeindetreff, wo Teenager zusammenkommen und Senioren Sport treiben und Mah-Jongg spielen.

An- & Weiterreise

➡ **Bus** Stadtbusse fahren vom **Macau Ferry Pier Bus Terminus** (Karte S. 338; Connaught Rd Central, Sheung Wan) vor dem Shun Tak Centre in alle Teile von Hong Kong Island und Kowloon.

➡ **Schiff/Fähre** In Sheung befindet sich der **Hong Kong–Macau Ferry Terminal** (Shun Tak Centre; Karte S. 338; Shun Tak Centre, 200 Connaught Rd Central, Sheung Wan), von der regelmäßig Fähren nach Macau und auch einige Fähren nach Guangdong ablegen.

➡ **Straßenbahn** Die historische Doppeldecker-Straßenbahn fährt auf der Des Voeux Rd Central und der Des Voeux Rd West und verbindet Central mit Sheung Wan, Sai Ying Pun und Kennedy Town.

Top-Tipp

Das Viertel um die Tai Ping Shan St in Sheung Wan sollte man sich unbedingt ansehen. Wo sich einst Mietwohnungen befanden und im 19. Jh. die Pest ausbrach, befindet sich jetzt ein blühendes Boheme-Zentrum, in dem entspannte, geschmackvolle Cafés, Galerien und Boutiquen neben alten, verwitterten Schreinen wie Pilze aus dem Boden schießen.

Gut essen

- Kau Kee Restaurant (S. 103)
- Little Bao (S. 103)
- Rōnin (S. 105)
- Sun Hing Restaurant (S. 105)
- Man Mo Café (S. 104)
- Black Salt (S. 108)

Details s. S. 103 ➡

Nett ausgehen

- Old Man (S. 108)
- Ping Pong Gintoneria (S. 110)
- Little Creatures (S. 110)
- Craftissimo (S. 109)

Details s. S. 108 ➡

Schön shoppen

- PMQ (S. 100)
- Cat Street (S. 101)
- Capital Gallery (S. 110)
- Niin (S. 111)
- Only Alice (S. 111)
- Lam Kie Yuen Tea Co (S. 111)

Details s. S. 110 ➡

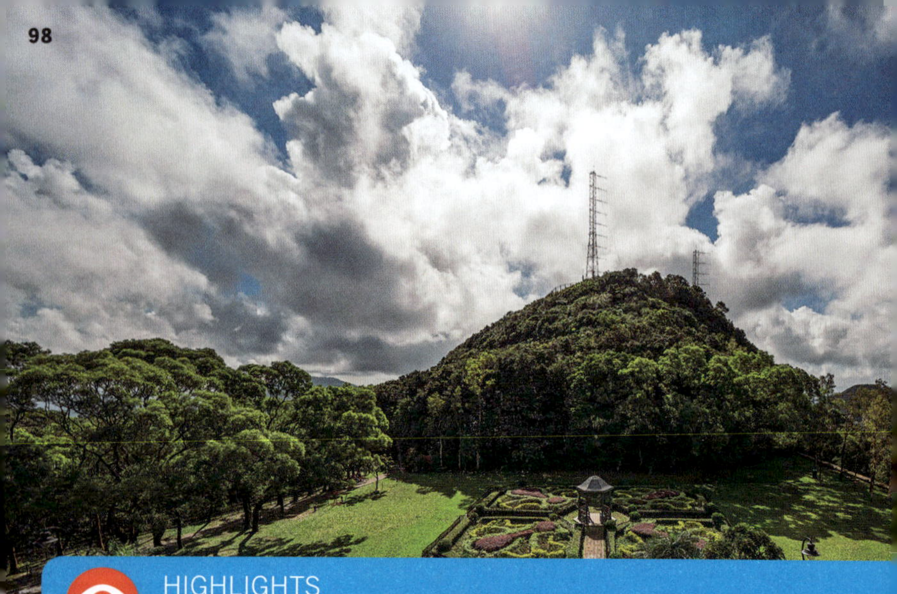

HELLORF ZCOOL / SHUTTERSTOCK ©

HIGHLIGHTS
VICTORIA PEAK

Mit 552 m ist der Victoria Peak der höchste Punkt auf Hong Kong Island. Der Hügel ist verständlicherweise der meistbesuchte Ort der Stadt. Hier genießt man den weiten Ausblick auf die Metropole, viel Grün und leicht begehbare, aber herrliche Wanderwege. All das ist in nur acht Minuten von Central aus mit Hongkongs ältestem Verkehrsmittel erreichbar: der 125 Jahre alten, der Schwerkraft trotzenden Peak Tram (S. 294).

Erwartungsgemäß ist der Peak zu einer Geldmaschine mit Restaurants, zwei Shopping-Malls und diversen Unterhaltungsstätten geworden, aber der Zauber ist immer noch spürbar, wenn man das alles ignoriert. Von der Sky Terrace 428 (die so heißt, weil sie sich 428 m über dem Meeresspiegel befindet) genießt man den Panoramablick und kann tolle Fotos machen. Zeit für weitere Erkundungen mitbringen!

Rund 500 m nordwestlich der Seilbahn-Bergstation die steile Mt. Austin Rd hinauf befindet sich die Stätte, an der einst die Sommerresidenz des Gouverneurs stand. Sie wurde von japanischen Soldaten im Zweiten Weltkrieg niedergebrannt. Der Torbau und die Gärten sind geblieben und wurden um pseudoviktorianische Pavillons und Steinsäulen ergänzt. Man braucht rund 30 Minuten, um raufzukommen, wird dafür aber mit viel Ruhe belohnt. Hinter den Gärten ist ein zweiter Aussichtspunkt mit Blick auf Insel und Meer.

Der sonnengesprenkelte Morning Trail, ein 3,5 km Rundweg durch The Peak (min. 1 Std.), führt von der Peak Galleria die Lugard Rd hinauf gen Norden. Man kann auch zum Pok Fu Lam Reservoir wandern oder auf zwei Pfaden nach Central laufen, von denen einer durch die Zoological & Botanical Gardens führt und der andere dem Tramway Path folgt. Der 50 km lange Hong Kong Trail beginnt ebenfalls auf dem Gipfel. Karten gibt's im Hong Kong Tourist Board Centre (S. 302); die App *Easy Hiking Hong Kong* ist auch nützlich.

NICHT VERSÄUMEN!

- Peak Tram
- Wanderwege
- Victoria Peak Garden

PRAKTISCH & KONKRET

- 維多利亞山頂
- ☎852 2522 0922
- www.thepeak.com.hk
- Kombi-Peak-Tram-Sky-Pass Erw./Kind hin & zurück 99/47 HK$, einfache Strecke 84/38 HK$
- ⏲24 Std.
- 🚌 15 ab Central, unterhalb des Exchange Sq, 🚋Peak Tram Lower Terminus

HIGHLIGHTS
MAN MO TEMPLE

Einer der ältesten Tempel Hongkongs, der stimmungsvolle Man Mo Temple, ist dem stets mit Schreibfeder dargestelltem Gott der Literatur (Man) und dem Kriegsgott (Mo) geweiht, der immer mit Schwert zu sehen ist.

Geschichte

Der Tempel wurde 1847 zur Zeit der Qing-Dynastie von wohlhabenden chinesischen Kaufleuten errichtet und diente als Heiligtum und als Schiedsgericht bei innerchinesischen Streitigkeiten. Schwüre, die in diesem taoistischen Tempel abgelegt wurden – oft begleitet von dem Ritual, einen Hahn zu köpfen –, wurden von der Kolonialregierung anerkannt.

Der Tempel heute

Vor dem Haupteingang befinden sich vier vergoldete Tafeln an Pfeilern, die bei Prozessionen getragen wurden. Auf zwei Tafeln sind die Götter beschrieben, die drinnen verehrt werden, auf einer wird um Ruhe und Respekt in der Tempelanlage gebeten, und auf der letzten wird Frauen, die gerade menstruieren, verboten, die Haupthalle zu betreten. Im Innern des Tempels (auf der linken Seite, wenn man hineingeht) können zwei mit schmuckvollen Schnitzereien verzierte Sänften aus dem 19. Jh. bewundert werden, auf denen die Statuen der zwei Götter bei Festen getragen wurden.

Die betörende, rauchige Luft im Tempel entsteht durch unzählige Spiralen, die wie seltsame Pilze vom Dach herunterhängen. Dabei handelt es sich um Räucherkerzen, die als Opfergaben von den Gläubigen abgebrannt werden.

Die Halle auf der Westseite des Tempels heißt Lit Shing Kung (Palast der Heiligen). Hier werden andere buddhistische und taoistische Gottheiten verehrt. Die Halle Kung Sor (Begegnungsstätte) war vor Einführung des modernen Justizwesens Sitzungssaal eines chinesischen Gerichts. Ein Zweizeiler am Eingang ermahnt die Besucher, selbstsüchtige Interessen und Vorurteile draußen zu lassen. Drinnen wimmelt es von Wahrsagern.

NICHT VERSÄUMEN!

- Haupttempel
- Lit Shing Kung
- Wahrsager

PRAKTISCH & KONKRET

- 文武廟
- Karte S. 338, G4
- ☎852 2540 0350
- 124–126 Hollywood Rd, Sheung Wan
- Eintritt frei
- 8–18 Uhr
- 26

SEHENSWERTES

Viele der faszinierendsten Attraktionen Hongkongs, von skurrilen Museen über historische Gebäude bis zu Tempeln, aus denen es fremdartig duftet, finden sich rund um The Peak und in den Vierteln darunter.

Sheung Wan

MAN MO TEMPLE TAOISTISCHER TEMPEL

Siehe S. 99.

★**PMQ** KUNSTZENTRUM

Karte S. 338 (元創方; ☎852 2870 2335; www.pmq.org.hk; S614, Block A, PMQ, 35 Aberdeen St, Soho; ⏰Gebäude 7–23 Uhr, Läden 12–20 Uhr; 🚌26, Ⓜ Central, Ausgang D2) Das Zentrum für Kunst und Lifestyle residiert in dem mehrstöckigen modernistischen Gebäudekomplex der um 1951 erbauten ehemaligen Police Married Quarters (Wohnanlage für Polizeiangehörige; PMQ). Dutzende kleiner Galerien und Läden, darunter eine Filiale von G.O.D (S. 92), verkaufen heute hier Designerkram, z.B. hippen handgearbeiteten Schmuck, Kleidung und Haushaltswaren, womit das Gelände ideal ist, um nach kitschfreien Souvenirs zu stöbern. Es gibt hier auch mehrere Restaurants und Cafés, einen luftige zentralen Hof mit Pop-up-Läden und Straßenkunst sowie in der obersten Etage eine große Fläche für kostenlose Wechselausstellungen.

Das Gelände hat sich im Laufe der Zeit mehrfach gewandelt: Zunächst wurde hier 1843 ein Tempel errichtet, später wich dieser der Central School, die u.a. der spätere Revolutionsführer Dr. Sun Yat-sen besuchte. Überreste dieser Schule sind noch erhalten. Das PMQ liegt zwischen der Hollywood Rd im Norden, der Staunton St im Süden, der Aberdeen St im Osten und der Shing Wong St im Westen.

★**PAK SING ANCESTRAL HALL** TEMPEL

Karte S. 338 (廣福祠; Kwong Fuk Ancestral Hall; 42 Tai Ping Shan St; ⏰8–17 Uhr; 🚌26) Im 19. Jh. sind viele Chinesen, die ihr Zuhause auf der Suche nach einem besseren Leben verließen, in Übersee gestorben. Da sich die traditionsbewussten Chinesen wünschten, in ihrer Heimatstadt beigesetzt zu werden, wurde 1856 dieser Tempel erbaut, um die Leichen aufzubewahren, die auf ihre Beerdigung in China warteten. Er diente außerdem als öffentliche Ahnenhalle für all jene, die es sich nicht leisten konnten, die sterblichen Überreste zu überführen. Die Familien Letzterer haben in einem Raum

DER WILDE WESTEN VON HONG KONG ISLAND

Nimmt man die Island Line der MTR bis zum westlichsten Punkt (oder die Doppeldecker-Straßenbahn), landet man in Kennedy Town, einem ruhigen Viertel am Fuß des Mt. Davis, das weiter von den Wolkenkratzern in Central entfernt wirkt, als es eigentlich ist. Hier trifft das Hongkonger Stadtleben auf den Rand des Victoria Harbour. Fischer werfen hier immer noch direkt von der Praya ihre Angeln aus.

Ein gutes Fleckchen, um in den Tag zu starten, ist der Kennedy Town Swimming Pool (S. 111). Hier kann man es wie die Einheimischen machen und in dem sagenhaften, 50 m langen Freiluftpool am Hafen eine Runde schwimmen. Gleich auf der anderen Straßenseite liegt der bei Pensionären beliebte Belcher Bay Park, in dem an öffentliche Spieltischen Mah-Jongg-Marathons ausgetragen werden.

Die niedrig bebauten Straßen von Kennedy Town sind überwiegend nicht bemerkenswert und unberührt von der Gentrifizierung, und gerade das ist es, was ihren Charme ausmacht. Das Viertel ist ein guter Ausgangspunkt zu einer Wanderung auf den Mt. Davis (S. 102) oder für einen Blick aufs Meer von der Sai Wan Swimming Shed (S. 102), einem wackligen Bau, der von Einheimischen (und Instagrammern) genutzt wird und der letzte seiner Art ist. Hongkongs Feinschmecker kommen nur wegen einer Sache nach Kennedy Town: Dim Sum im Sun Hing (S. 105). Wer sehr früh (so gegen 5 Uhr) oder sehr spät kommt, kann zuschauen wie sich Taxifahrer und bei der Stadt beschäftigte Arbeiter in diesem Arbeiterlokal die Bäuche vollschlagen. Die Erkundung des Viertel endet mit Craft-Bier in der australischen Kleinbrauerei Little Creatures (S. 110), die ein klares Anzeichen dafür ist, dass der sozioökonomische Strukturwandel doch nicht mehr lange auf sich warten lassen wird.

hinter dem Altar im Laufe der Zeit 3000 Erinnerungstafeln aufgestellt.

PALACE OF MOON & WATER KWUN YUM TEMPLE BUDDHISTISCHER TEMPEL

Karte S. 338 (水月觀音堂; 7 Tai Ping Shan St; ⌚9–18 Uhr; 🚌26) Dieser schummrig beleuchtete Tempel darf nicht mit dem nahe gelegenen Kwun Yam Temple verwechselt werden. Hier wird die 1000-armige Kwun Yum (Guanyin), die Göttin des Mitgefühls, verehrt. Einer Legende zufolge bekam sie von Buddha 1000 Waffen, um jedem helfen zu können, der in Not war. Gegen eine kleine Spende darf man die kleine hölzerne Windmühle am Eingang drehen – das soll Glück bringen.

KWUN YAM TEMPLE BUDDHISTISCHER TEMPEL

Karte S. 338 (觀音廟; Kwun Yum; 34 Tai Ping Shan St; ⌚7.30–17.30 Uhr; 🚌26) Sheung Wans ältester Tempel wurde 1840 erbaut und ehrt Kwun Yam, die Göttin der Barmherzigkeit. Er ist ein kurioses Bauwerk mit wunderschönen, aufwendigen Messingschnitten über dem Eingang. Der Tempel wurde bei der Renovierung durch ungewöhnliche Elemente ergänzt: orangefarbene Eisengeländer und ein gelbes, mit buddhistischen Swastika-Symbolen bedrucktes Vordach.

LIANG YI MUSEUM MUSEUM

Karte S. 338 (兩依博物館; ☎852 2806 8280; www.liangyimuseum.com; 181-199 Hollywood Rd, Soho; 200 HK$; ⌚nach Vereinbarung Di–Sa 10–18 Uhr; Ⓜ Central, Ausgang D2) Das private Museum beherbergt auf drei Etagen zwei exquisite Sammlungen: Die erste umfasst chinesische Möbel aus der Zeit der Ming- und der Qing-Dynastie und gehört zu den weltweit besten ihrer Art, die zweite besteht aus chinesisch beeinflussten europäischen Toilettentischen aus dem 19. und 20. Jh. Die kostbaren Sammlungen werden in alle sechs Monate wechselnden Themenausstellungen zusammen mit Objekten aus weltweit führenden Museen präsentiert. Das Museum ist wirklich beeindruckend. Der Besuch ist nur nach Vereinbarung (mindestens einen Tag vorab buchen!) und im Rahmen einer Führung möglich. Besucher können die Möbel, die nicht durch Seile oder Glas geschützt sind, berühren und sich sogar draufsetzen.

CAT STREET GEBIET

Karte S. 338 (摩囉街; Upper Lascar Row; ⌚10–18 Uhr; 🚌26) Gleich nördlich der Hollywood Rd (und parallel zu ihr) liegt die Upper Lascar Row, auch Cat Street genannt, eine Fußgängergasse mit Antiquitäten- und Kuriositätenständen bzw. -läden, die beispielsweise Bruce-Lee-Filmplakate, alte Fotos von Hongkong, billigen Schmuck und nachgeprägte antike Münzen verkaufen. Es macht Spaß, hier nach Souvenirs zu stöbern, doch muss man sich dessen bewusst sein, dass die meisten Artefakte Fälschungen aus Massenproduktion sind.

HONG KONG MUSEUM OF MEDICAL SCIENCES MUSEUM

Karte S. 338 (香港醫學博物館; ☎852 2549 5123; www.hkmms.org.hk; 2 Caine Lane, Mid-Levels; Erw./erm. 20/10 HK$; ⌚Di–Sa 10–17, So 13–17 Uhr; 🚌3B) Zwar liegt der Schwerpunkt des Museums auf der Medizin und ist vor allem für Wissenschaftler ausgelegt, es gibt aber auch mehrere für Traveller interessante Ausstellungen, darunter insbesondere eine zur Geschichte des Bezirks Tai Ping Shan, in dem sich das Museum befindet. Heute ist Tai Ping Shan ein Hipster-Viertel mit kleinen Läden, Bars und Cafés, aber einst war es ein großer Slum mit Mietwohnungen; 1894 brach hier eine Pestepidemie aus, wegen der Hongkongs Hafen in Quarantäne gestellt werden musste. Das führte dazu, dass die Briten die sanitären Anlagen und die Gesundheitsversorgung in der Kolonie reformierten.

Das Museumsgebäude, vor dem Bauhinien stehen, ist eine hübsche Backstein-und Fliesenkonstruktion aus edwardianischer Zeit (1905). Wer mit dem Bus kommt, steigt an der Haltestelle Ladder St an der Caine Rd aus.

MAN WA LANE GEBIET

Karte S. 338 (文華里; Man Wa Lane; ⌚10–18 Uhr; Ⓜ Sheung Wan, Ausgang A1) Die Kiosks in dieser Gasse gleich östlich der MTR-Station Sheung Wan haben sich auf Namensstempel spezialisiert: In die Fläche eines Siegels aus Stein (auch Holz oder Jade) wird der chinesische Name des Kunden graviert. Mit roter chinesischer Tinte oder Zinnoberpaste kann der Siegelabdruck eine handschriftliche Signatur ersetzen. Wenn man den Ladeninhabern seinen Namen sagt, kreieren sie eine individuelle Glück verheißende Version.

WESTERN MARKET HISTORISCHES GEBÄUDE

Karte S. 338 (西港城; ☎852 6029 2675; 323 Des Voeux Rd Central & New Market St; ⌚9–19 Uhr;

(Sheung Wan, Ausgang B) Die Textilhändler, die in den 1990er-Jahren aus den nahe gelegenen Straßen verdrängt wurden, zogen in dieses 1906 errichtete und inzwischen renovierte Marktgebäude um, das sich durch eine auffällige rot-weiße Fassade, vier Ecktürme und weitere edwardianische Details auszeichnet. Die Korridore im 1. Stock werden von Stoffballen gesäumt; Souvenirläden und das Restaurant **Grand Stage** (大舞臺飯店; Karte S. 338; 852 2815 2311; Gerichte ab 100 HK$; 11.30–15 Uhr; ; M Sheung Wan, Ausgang E2) nehmen das Erdgeschoss und die obersten Stockwerke ein. Im Eingangsbereich gibt's ein paar Cafés.

The Peak

VICTORIA PEAK — AUSSICHTSPUNKT

Siehe S. 98.

Sai Ying Pun & Kennedy Town

UNIVERSITY OF HONG KONG — UNIVERSITÄT

Karte S. 338 (香港大學; 852 2859 2111; www.hku.hk; Pok Fu Lam Rd, Pok Fu Lam; 23, 40 ab Admiralty) Die 1911 gegründete HKU ist die älteste Universität in Hongkong. Das edwardianische Hauptgebäude mit seiner rosafarbenen Fassade, säulenbestandenen Veranden und einem Kern aus rotem Backstein wurde 1912 errichtet und steht unter Denkmalschutz. Unter Schutz stehen noch mehrere weitere, aus dem frühen 20. Jh. stammende Gebäude auf dem Campus, darunter das mit einer Kuppel versehene Hung Hing Ying Building (1919) gegenüber dem Haupteingang und das Tang Chi Ngong Building (1929).

UNIVERSITY MUSEUM & ART GALLERY — MUSEUM

Karte S. 338 (852 2241 5500; www.hku.hk/hkumag; Fung Ping Shan Bldg, 94 Bonham Rd, Pok Fu Lam; Mo–Sa 9.30–18, So 13–18 Uhr; 23, 40M) GRATIS Das Museum besitzt Keramiken und Bronzen aus 5000 Jahren, darunter exquisites blau-weißes Ming-Porzellan, Möbel aus der Zeit der frühen Qing-Dynastie und die mit fast 1000 Stücken weltweit größte Sammlung kleiner Kreuze der Nestorianer (Ostchristen) aus der Zeit der Yuan-Dynastie. Hinzu kommen Wechselausstellungen aus aller Welt zu allen möglichen Themen, von italienischen Skulpturen der Medici bis zu Fotojournalismus aus der Mongolei.

Das Museum befindet sich östlich des Hauptgebäudes der Universität gegenüber dem Anfang der Hing Hon Rd.

SAI WAN SWIMMING SHED — UFER

(Victoria Rd, Western District; 1) Örtliche Instagrammer und Hochzeitsfotografen wissen alles über die Sai Wan Swimming Shed, einen wunderschönen Bau unterhalb des Mt. Davis, wo die Einwohner Hongkongs sich gern im Meer erfrischen und den Blick auf die dunstige Skyline der Stadt in der Ferne genießen. Früher gab es mehrere Schwimmbäder am Ufer, aber dieses ist als einziges übrig geblieben. Es ist charmant, schon ein bisschen klapprig und verfügt über ein paar Holzplattformen, kleine Schreine, improvisierte Duschen und einen Steg, der im Meer verschwindet.

Um hinzukommen, nimmt man den durch Sheung Wan, Sai Ying Pun und Kennedy Town führenden Bus 1 und steigt an der Haltestelle Caritas Jockey Club an der Victoria Rd aus. Die Stufen, die zu der Badestelle hinunterführen, sind ein paar Gehminuten weiter östlich an der Victoria Rd zu finden.

Achtung: Obwohl es hier Duschen gibt und die Einheimischen auch ins Wasser gehen, warnen chinesisch beschriftete Schilder davor, an dieser Stelle zu schwimmen. Wer trotzdem ins Wasser geht, tut dies auf eigenes Risiko.

MT. DAVIS — RUINEN

(Mt. Davis Path, Victoria Rd; 1) Der grüne, einsame Mt. Davis ist eines der letzten Abenteuer im Norden von Hong Kong Island. Im frühen 20. Jh. war der Hügel Standort der Mount Davis Battery, die die Westspitze von Hong Kong Island verteidigen sollte. Die unheimlichen, verlassenen Ruinen der Baracken und Geschützstellungen können heute besucht werden; Wegmarkierungen gibt es aber nicht. Schmetterlinge flattern herum, und man genießt den ungestörten Blick auf den Hafen. Wer sich das Gelände anschauen möchte, fährt mit Bus 1 bis zur Haltestelle Mt. Davis Path und marschiert den Hügel hinauf.

Die Geschützstellung wurde während der japanischen Besetzung Hongkongs im Jahr 1941 schwer beschädigt und kurz darauf der Wildnis überlassen. Weil hier nur das Pfeifen des Windes die Stille unterbricht, ist nachvollziehbar, dass es auf diesem Gipfel spuken soll. An den Wochenenden kommen manchmal Einheimische hierher, aber werktags hat man das Gelände meist ganz für sich.

Der Mt. Davis Path ist eine zehnminütige Busfahrt mit der Linie 1 von der MTR-Station Kennedy Town entfernt. Wer lieber hinauffahren und nur hinunterlaufen will (der Path ist eine Straße, wenn auch eine sehr ruhige), nimmt ein Taxi (40 HK$). Über das urwaldartig überwucherte Gelände führen zwar Stufen, sie sind anscheinend willkürlich angelegt und teilweise unpassierbar, weil sie nicht gewartet werden. Für die Wanderung hinauf muss man rund 45 Minuten einplanen, hinunter geht es in etwa 30 Minuten.

ESSEN

Die Qualität der Restaurants auf dem Peak bessert sich, aber noch immer bekommt man unten günstiger besseres Essen. In Sheung Wan gibt's einige ausgezeichnete Optionen mit Fusion-Küche. Sai Ying Pun hat eine entspanntere Nachbarschaftsatmosphäre, aber die Qualität der Speisen ist genauso gut. Fürs Abendessen sollte man reservieren, sofern das gewählte Restaurant Reservierungen annimmt. Brunchen nach westlicher Art wird zunehmend beliebter; dafür steht mittlerweile eine ganze Reihe Optionen im entlegenen Uferviertel Kennedy Town zur Verfügung.

Sheung Wan

★KAU KEE RESTAURANT — NUDELN $

Karte S. 338 (九記牛腩; ☎852 2850 5967; 21 Gough St, Central; Gerichte ab 50 HK$; ⏲Mo–Sa 12.30–22.30 Uhr; Ⓜ Sheung Wan, Ausgang E2) Man könnte ewig darüber diskutieren, ob es hier die beste Rinderbrust der Stadt gibt. Es besteht aber kein Zweifel, dass das mit schmackhaften Nudeln in einer duftenden Rinderbrühe servierte Fleisch schwer zu toppen ist. In den 90 Jahren der Existenz dieses Lokals haben schon Filmstars und Politiker hier angestanden, um einen Tisch zu bekommen. Neben der üblichen Rinderbrust kann man – und viele Einheimische tun das – auch Rindersehnen (牛筋; *ngau gun*) in Currysauce bestellen. Das beste Fleisch bleibt aber dem klassischen Gericht vorbehalten.

MAMMY PANCAKE — IMBISS $

Karte S. 338 (媽咪雞蛋仔; 32 Bonham Strand E; Waffeln ab 16 HK$; ⏲12–21 Uhr) Hongkong ist eine Stadt, in der kulinarischen Trends schnell aufgegriffen werden. Zu den hiesigen Erfindungen zählen die gewölbten, manchmal mit Zutaten wie roten Bohnen oder Erdnussbutter gefüllten Eierwaffeln. Viele Einheimische behaupten, dass vom Guide Michelin empfohlene Mammy Pancake serviere die lockersten und besten. Man bestellt an der Theke und wartet auf seine Papiertüte. Wer sich besonders hip fühlen will, bestellt auch noch einen Eistee.

CHAN KAN KEE — GUANGDONG-KÜCHE $

Karte S. 338 (陳勤記鹵鵝飯店; ☎852 2858 0033; 11 Queen's Rd W; Gerichte 100–300 HK$; ⏲11–22.30 Uhr; 📶; 🚌5) Wer auf authentisches Chaozhou-Essen steht, bekommt in diesem familienbetriebenen Restaurant herzhafte marinierte Gans, Austernomelett und Entensuppe. Mittags ist es hier rappelvoll. Chaozhou (auch Chiu Chow) ist übrigens eine Stadt im Nordosten der Provinz Guangdong, die dortige Küche ist aber so raffiniert und charakteristisch, dass sie häufig von der kantonesischen unterschieden wird.

CHAN CHUN KEE — GUANGDONG-KÜCHE $

Karte S. 338 (陳春記; ☎852 3542 5793; Shop 5, Queen St Cooked Food Market, 1 Queen St; Gerichte ab 30 HK$; ⏲12–19 Uhr; 🚊) Vegetarier, aufgepasst: Verschiedene Teile vom Schwein begegnen einem in allen Menüs dieses Lokals mit Chaozhou-Küche! Die Einheimischen strömen wegen der Suppe aus Schweineblut und -innereien (豬紅豬雜湯) zu dieser unprätentiösen Garküche. Wem das zu gewagt ist, der hält sich an die Klößchen aus Fischhaut oder die Fischbällchen mit Nudeln.

★LITTLE BAO — FUSION $$

Karte S. 338 (☎852 2194 0202; www.little-bao.com; 66 Staunton St; Gerichte 200–400 HK$; ⏲Mo–Fr 18–23, Sa 12–16 & 18–23, So 112–16 & 18–22 Uhr; 📶🖉; Ⓜ Central, Ausgang D2) Der trendige Diner beeindruckt mit seinen *bao* (chinesischen Klößen) – schneeweißen Kugeln, vollgestopft mit saftigem Fleisch und asiatischen Würzsaucen – sowie seinen Fusion-Gerichten zum Teilen. Das Markenzeichen, Schweinebauch-*bao* mit Hoisin-Sauce und getrüffelten Fritten mit Shiitake-Tempeh kann leicht die größte und spektakulärste Mahlzeit werden, die man in Hongkong zu sich nimmt. Früh kommen, um den eigenen Namen auf die Warteliste setzen zu lassen – Reservierungen werden nicht angenommen!

★MAN MO CAFÉ DIM SUM $$

Karte S. 338 (☎852 2644 5644; www.manmodimsum.com; 40 Upper Lascar Row; Gerichte 300–500 HK$; ⊙Mo–Sa 12–22.30, So bis 17 Uhr; 📶🍴; Ⓜ Central, Ausgang D2) In diesem einladenden Restaurant tun sich Chefköche kulinarischer Giganten aus Taiwan (Din Tai Fung) und Frankreich (Robuchon) zusammen, um kreatives Dim Sum der Spitzenklasse zu erschaffen. Die Portionen sind klein, aber einmalig und äußerst lecker. Aus den *xiao long bao* (Suppenklößchen) quillt Gänsestopfleber, aus den mit Sesam bestreuten Bällchen trieft Nutella, und die Klößchen mit Trüffel und Brie sind verführerisch für Vegetarier. Das schicke Interieur verrät die Einflüsse Frankreichs (und der Lage in der Antiquitätengasse Cat St).

CHACHAWAN THAI $$

Karte S. 338 (☎852 2549 0020; www.chachawan.hk; EG, 206 Hollywood Rd; Gerichte 200–450 HK$; ⊙12–15 & 18.30–23 Uhr, Happy Hour 17–19 Uhr; 📶🍴; Ⓜ Sheung Wan, Ausgang A2) Das hippe, kleine, auf die scharfe Küche der Isan-Region im Nordosten Thailands spezialisierte Lokal ist stets voll besetzt und sehr laut. Hier gibt's weder Currys noch Phat Thai, sondern nur bunte Salate mit Chili und Kräutern sowie Grillfisch und -fleisch (und vegetarische Optionen). Dazu trinkt man Cocktails mit thailändischen Zutaten wie süßem Tee und Lychee. Reservierungen werden nicht angenommen – abends wartet man meist ein bisschen.

YARDBIRD JAPANISCH $$

Karte S. 338 (☎852 2547 9273; www.yardbirdrestaurant.com; 154-158 Wing Lok St; Gerichte ab 250 HK$; ⊙Mo–Sa 18–24 Uhr; Ⓜ Sheung Wan, Ausgang 2, 🚌 Macau Ferry Terminal) Das Yardbird ist eine Hipster-Hommage an Hühnchen. Jeder Teil des Vogels, vom Schenkel bis zum Magen, wird gewürzt, auf den Spieß gesteckt und dann im Yakitori-Stil gegrillt. Die fertigen Spieße sind aromatisch und haben die perfekte Konsistenz. Das Lokal ist beliebt und nimmt keine Reservierungen an; während man auf den Tisch wartet, kann man im Barbereich Sakes testen.

TIM'S KITCHEN KANTONESISCH $$

Karte S. 338 (桃花源; ☎852 2543 5919; www.timskitchen.com.hk; 84-90 Bonham Strand; Mittagessen 130–500 HK$, Abendessen 300–1000 HK$; ⊙11–15 & 18–23 Uhr; 👪; Ⓜ Sheung Wan, Ausgang A2) Das zweistöckige förmliche Restaurant gilt als eines der besten Hongkongs – wie die Michelin-Sterne und das Lob hiesiger Feinschmecker beweisen. Es serviert außerordentlich feine und delikate kantonesische Gerichte und mittags auch Dim Sum zu vernünftigen Preisen. Spezialitäten wie die gedünsteten Krabbenscheren mit Wachskürbis oder die Riesengarnelen müssen einen Tag im Voraus bestellt werden. Reservierung erforderlich!

ABC KITCHEN EUROPÄISCH $$

Karte S. 338 (☎852 9278 8227; www.abckitchen.com.hk; Shop 7, Queen St Cooked Food Centre, 1 Queen St; Mittagessen 45–65 HK$, Abendessen 150–350 HK$; ⊙Mo–Sa 12–14.30, Mo–So 19–22 Uhr; Ⓜ Sheung Wan, Ausgang B) Das Ambiente ist unerwartet: Man fühlt sich hier wie in Food-Court eines Frischmarkts. Serviert wird jedoch elegante europäische Cuisine – so ein Erlebnis findet man nur hier. Und auch das Essen ist hervorragend: Die Karte wechselt, aber das Spanferkel ist ein Highlight, das meistens draufsteht. Wem der Sinn nach westlichem Essen steht, der findet zu diesen Preisen nirgendwo etwas Besseres. Für das Abendessen muss reserviert werden. Wer sich seinen Wein mitbringt, spart Geld. Nur Barzahlung!

MRS. POUND ASIATISCH $$

Karte S. 338 (☎852 3426 3949; www.mrspound.com; 6 Pound Lane; Gerichte 200–400 HK$; ⊙12–15 & 17–24 Uhr; 📶; 🚌26) Als das Mrs. Pound einst eröffnet wurde, handelte es sich um einen Briefmarkenladen. Heute kommt es als Schlosserei daher. Wenn man an das Schloss neben der Tür klopft, öffnet sich diese und gibt den Blick auf den verspielt-kneipenartigen Diner mit asiatischer Fusion-Straßenkost (z. B. Mais mit Sriracha-Sauce oder Rindfleisch-Rendang-Poutine) frei. Zur Happy Hour (17–20 Uhr) gibt's viele Cocktails und Knabbereien zum halben Preis. Keine Reservierung! Später am Abend verwandelt sich das Lokal in eine lustige Bar.

GOUGH'S ON GOUGH BRITISCH $$

Karte S. 338 (☎852 2473 9066; www.goughsongough.com; 15 Gough St, Soho; Gerichte 400–800 HK$; ⊙So–Fr 12–14.30, tgl. 18.30–24 Uhr; ❄; Ⓜ Sheung Wan, Ausgang E1) Das schrille britische Restaurant, das von dem Innenarchitekten Timothy Oulton gestaltet wurde, ist wirklich beeindruckend. Die Wendeltreppe, das Aquarium, der monochrom gemusterte Fußboden und die kontrastierenden Ornamente schreien geradezu danach, per Instagram weiterverbreitet zu werden. Die Speisen sind modern-britisch (z.B. klassische Seafood- und Fleischgerichte). Wer keinen Tisch mehr reservieren konnte, kann sich noch an der guten Auswahl kreativer Cocktails in der traulichen Bar im Obergeschoss laben.

CHAIRMAN KANTONESISCH $$

Karte S. 338 (大班樓; ☎852 2555 2202; www.thechairmangroup.com; 18 Kau U Fong; Gerichte ab 300 HK$; ⏲12–15 & 18–23 Uhr; 📶; Ⓜ Sheung Wan, Ausgang E2) Dezente, nachgemachte Retro-Einrichtung und herzlicher Service verleihen diesem gehobenen Restaurant eine gemütliche Atmosphäre. Hier werden klassische kantonesische Gerichte mit gesundem Touch serviert. Die Zutaten kommen aus der Region, das gepökelte Fleisch und die Essiggurken werden auf der hauseigenen Farm hergestellt. Kein Wunder, dass fast alle Gerichte perfekt sind – vom Geschmack bis zur Präsentation. Unbedingt reservieren!

ABERDEEN ST. SOCIAL BRITISCH $$

Karte S. 338 (☎852 2866 0300; www.aberdeenstreetsocial.hk; EG, PMQ, 25 Aberdeen St, Central; Gerichte unten 150–300 HK$, oben 400–800 HK$; ⏲12–23 Uhr; 📶; Ⓜ Sheung Wan) Das trendige, von dem britischen Promi-Koch Jason Atherton geführte Lokal besteht eigentlich aus zwei Restaurants. Unten gibt's ein Patio-Café für alltags, in dem die hippen Bewohner Sheung Wans Avocado-Toast und Fish&Chips essen. Oben befindet sich das teure, avantgardistische Restaurant, in dem man zum Abendessen beispielsweise Räucheraal mit Gänsestopfleber speist. Verglichen mit den abends geltenden Preisen ist das Drei-Gänge-Mittagsmenü für 298 HK$ geradezu ein Schnäppchen. Happy Hour ist sonntags bis freitags von 17 bis 20 Uhr.

★ **RŌNIN** JAPANISCH $$$

Karte S. 338 (☎852 2547 5263; www.roninhk.com; EG, 8 On Wo Lane, Central; Gerichte ab 500 HK$; ⏲Mo–Sa 18–24 Uhr; 📶; Ⓜ Sheung Wan, Ausgang E2) Mit nur 24 Plätzen an der Theke hinter einer unbeschilderten Tür besitzt das Rōnin alles, was ein Lokal in Soho zum Geheimtipp machen würde – und auf die täglich wechselnde Karte hat man dann noch gar nicht geblickt. Die köstlichen, einfallsreichen Gerichte sind nach „roh", „kleiner" und „größer" geordnet. Darunter sind Offenbarungen wie der saftige Torpedobarsch in Bierteig und die knusprigen, handtellergroßen Krabben mit *yuzu* und Sesam.

Das Personal empfiehlt einen zum Essen passenden Sake oder Shōchū (hochprozentiges japanisches Getränk) – es kennt sich damit bestens aus.

UPPER MODERN BISTRO FRANZÖSISCH $$$

Karte S. 338 (☎852 2517 0977; www.upper-bistro.com; 6-14 Upper Station St; 2-Gänge-Mittagsmenü 168–248 HK$, Abendmenü ab 500 HK$; ⏲Mo–Do 12–22.30, Fr & Sa bis 23, So 11.30–22 Uhr; Ⓜ Central, Ausgang D2) Die Bezeichnung „Bistro" ist angesichts des schicken, modernen Interieurs mit den Platten an der Decke, die an übereinanderliegende Blütenblätter erinnern, eine echte Untertreibung. In dem großen Restaurant in einer Nebenstraße der trendigen Tai Ping Shan St kocht der mit Michelin-Sternen ausgezeichnete Philippe Orrico französische Haute Cuisine mit cleveren asiatischen Abwandlungen.

The Peak

PEAK LOOKOUT INTERNATIONAL, ASIATISCH $$

(太平山餐廳; ☎852 2849 1000; www.peaklookout.com.hk; 121 Peak Rd; Gerichte ab 200 HK$; ⏲Mo–Do 10.30–24, Fr bis 1, Sa 8.30–1, So 8.30–24 Uhr; 🚌15, 🚋Peak Tram) Das 60 Jahre alte koloniale Etablissement besitzt mehr Charakter als alle anderen Restaurants in The Peak zusammen. Es ist auch das einzige Restaurant im Viertel, das nicht in einem Einkaufszentrum untergebracht ist. Mittlerweile wirkt das Lokal ein bisschen schäbig, aber das Essen – vor allem das westliche – ist immer noch gut, und die Aussicht von der Freiluftterrasse lädt zum Verweilen ein.

Sai Ying Pun & Kennedy Town

★ **SUN HING RESTAURANT** DIM SUM $

(新興食家; ☎852 2816 0616; EG, 8C Smithfield Rd, Kennedy Town; Gerichte 50 HK$; ⏲3–16 Uhr; 🚌101) Schon mancher Zecher ist in Soho nach einer langen Nacht auf der Suche nach billigem Dim Sum gen Westen geschwankt, ohne etwas zu finden. Aber kurz vor dem Verschmachten zeigt sich wie eine Vision das Sun Hing in all seiner Pracht. Tränen der Erleichterung! Gut, manche behaupten, die Glückstränen kämen wegen der „Golden Sauce"-Eiercreme-Brötchen (流沙包)… Die sollte man jedenfalls unbedingt bestellen.

Das Personal spricht kaum Englisch, aber es gibt eine englischsprachige Karte, und das Personal lässt sich zeigen, was man haben will. Die Gerichte werden in Körbchen zu Tischen neben dem Café gebracht.

CROSS CAFE — CAFÉ $

Karte S. 338 (十字冰室; ☎852 2887 1315; www.facebook.com/crosscafehk; Shop 12, EG, Hang Sing Mansion, 48–78 High St, Sai Ying Pun; Frühstück/Gerichte ab 30/40 HK$; ⊙Mo–So 7.30–20.30 Uhr; Ⓜ Sai Ying Pun, Ausgang B2, Minibus 12) Dieses Café mit minimalistischer weißer Bestuhlung und roten Neonschildern ist eine zeitgenössische Abwandlung der beliebten traditionellen Hongkonger *cha chaan tang* (Teehäuser). Die Gerichte, beispielsweise Hafer in Mango-Papaya-Milch oder fluffige Brötchen mit Rührei und Trüffeln, sind perfekt für ein leckeres Frühstück. Das Café hat kein englisches Schild, ist aber an den chinesischen Neon-Schriftzeichen zu erkennen.

KWUN KEE RESTAURANT — KANTONESISCH $

Karte S. 338 (坤記煲仔小菜; ☎852 2803 7209; Wo Yick Mansion, 263 Queen's Rd W, Sai Ying Pun; Gerichte ab 80 HK$; ⊙Mo–Sa 11–14.30 & 18–23, So 18–23 Uhr; 🚌101) Hongkongs hohe Tiere pilgern wegen des Reises im Tontopf (80–105 HK$, nur abends erhältlich) in dieses Lokal, eines Gerichts, bei dem der Reis und die Zutaten (z. B. Hühnchen) in einem Topf über Holzkohlefeuer gegart wird, bis sich die Körner mit dem Fleischsaft vollgesaugt haben und sich am Topfboden eine feine Kruste absetzt. Der Eingang des Restaurants befindet sich in der Kwai Heung St.

Es gibt zwar noch eine zweite Filiale in der Des Voeux Rd West, aber diese hier ist das Original und hat die bessere Atmosphäre. Die Gäste sitzen auch draußen an der Straße.

CHAU KEE — KANTONESISCH $

Karte S. 338 (周記; ☎852 2559 2389; EG, Tung Lee Mansion, 1H Water St, Sai Ying Pun; Gerichte ab 50 HK$; ⊙Di–So 8–18 Uhr; 🚌) Was ergibt sich, wenn man ein traditionell chinesisches Eierbrötchen und die Hongkong-typischen lecker knusprigen Armen Ritter kreuzt? Der Lava-Toast des Chau Kee! Das moderne *cha chaan tang*, dessen Wände mit alten Fotos der Stadt geschmückt sind, wurde mit diesem Schmankerl vor Ort bekannt, bietet aber auch darüber hinaus den ganzen Tag lang gute und günstige Gerichte.

BA YI RESTAURANT — CHINESISCH $

Karte S. 338 (巴依餐廳; ☎852 2484 9981; 43 Water St, Sai Ying Pun; Gerichte ab 150 HK$; ⊙Di–So 12–15 & 18–22 Uhr; Ⓜ Sai Ying Pun, Ausgang B2) Das rustikale *halal*-Restaurant serviert Gerichte aus der nordwestchinesischen Provinz Xinjiang. Besonders Freunde von Lammfleisch kommen hier voll auf ihre Kosten, denn gut gewürztes Lamm gibt's hier gegrillt, geschmort, gebraten oder gekocht. Reservierung erforderlich – Spezialitäten wie gebratene Lammkeule müssen zudem vorab bestellt werden. Das Restaurant finden sich fünf bis zehn Gehminuten von der MTR-Station Sai Ying Pun den Hügel hinauf.

CATCH — EUROPÄISCH $

(☎852 2855 1289; www.catch.hk; 95 Catchick St, Kennedy Town; Brunch 68–148 HK$, Mittagsmenü 128–148 HK$, Abendessen 160–400 HK$; ⊙Mo–Mi 17–24, Do & Fr 12–15 & 17–24, Sa & So 9–16.15 & 18–24 Uhr; 📶; Ⓜ Kennedy Town, Ausgang B) Lässige Leute essen in diesem Straßencafé australischer Art in Kennedy Town oder stehen für einen Tisch an. Das Café ist berühmt für seine Wochenend-Brunch-Klassiker wie Avocado auf Sauerteigbrot, begleitet von wirklich gutem Kaffee. Am Dienstagabend gibt's zwei Steaks zum Preis von einem; die Happy Hour erstreckt sich montags bis donnerstags von 17 bis 20 Uhr.

YUEN KEE DESSERT — DESSERTS $

Karte S. 338 (源記甜品專家; ☎852 2548 8687; 32 Centre St, Sai Ying Pun; Desserts ab 25 HK$; ⊙13–23 Uhr; 🚌101, 104) Dieses bei älterem Publikum beliebte Restaurant serviert schon seit 1855 seine berühmte süße Maulbeer-Misteltee-Suppe mit Seerosensamen und Ei (桑寄蓮子雞蛋茶) und ist ausschließlich auf *tong shui* (traditionelle süße, heiße Suppen) spezialisiert. Alternativen zu der oben genannten Variante beinhalten Mandeln, Walnüsse oder rote Bohnen. Wer unschlüssig ist, entscheidet sich am besten für die Eiercremesuppe.

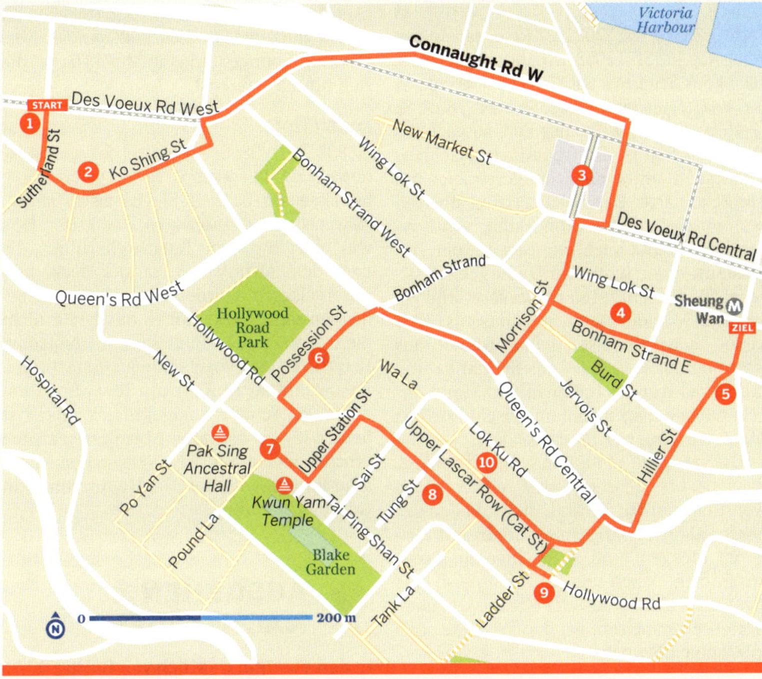

Stadtspaziergang
Hongkongs Großhandelsviertel

START HALTESTELLE SUTHERLAND ST DER KENNEDY-TOWN-STRASSENBAHN
ZIEL MTR-STATION SHEUNG WAN, AUSGANG B
LÄNGE/DAUER 1,5 KM; 1 STD.

Los geht's an der Haltestelle Sutherland St der Kennedy-Town-Straßenbahn. An der Des Voeux Rd West kann man die vielen 1 **Läden für getrocknete Meeresfrüchte** mit Meerestieren aller Art besichtigen und erschnuppern. Auf der Sutherland St läuft man nach Süden zur Ko Shing St, wo man in den mittelalterlich anmutenden Waren der 2 **Heilkräuterhändler** stöbern kann.

Am Ende der Ko Shing St gelangt man wieder auf die Des Voeux Rd West und folgt ihr gen Nordosten. Auf der Connaught Rd West kommt man am kolonialzeitlichen 3 **Western Market** (S. 101) vorbei. An der Kreuzung mit der Morrison St geht man nach Süden bis zur Bonham Strand East, wo sich 4 **Lam Kie Yuen Tea Co** (S. 111) befindet. Hier darf man vielleicht ein paar Tees probieren.

Hungrig? Dann auf, die Bonham Strand hinunter, zu 5 **Mammy Pancake** (S. 103)! Dann geht's zurück und die 6 Possession St hinauf, wo britische Soldaten 1841 den Union Jack hissten. Links in die Hollywood Rd abbiegen und die Pound Lane hinauf zur Tai Ping Shan St marschieren! Hier steht u. a. der 7 **Kwun Yum Temple** (S. 101).

Nun der Tai Ping Shan St nach Südosten folgen und dabei nach Straßenkunst Ausschau halten. Links führt die Upper Station St hinab zum Beginn der Hollywood Rd mit ihren 8 **Antiquitätenläden**. Geht man auf der Hollywood Rd weiter nach Osten, gelangt man zum 9 **Man Mo Temple** (S. 99), einem der ältesten und bedeutendsten Tempel der Sonderverwaltungszone.

Ein Abstecher die Ladder St runter bringt einen zur Upper Lascar Row, dem Standort des 10 **Cat Street Market** (S. 101) mit seiner großen Auswahl billiger Souvenirs. Auf der Ladder St kehrt man zurück zur Queen's Rd Central, auf der man gen Norden bis zur Wing Lok St läuft, wo man die MTR-Station Sheung Wan (Ausgang A1) erreicht.

BLACK SALT ASIATISCH $$

Karte S. 338 (☎852 3702 1237, Reservierung über WhatsApp 852 5173 3058; www.blacksalt.com.hk; EG, 14 Fuk Sau Lane, Sai Ying Pun; Gerichte ab 300 HK$; ⊙Di–Sa 17.30–23, So bis 22, Sa & So 12–15 Uhr; 📶🍷; Ⓜ Sai Ying Pun, Ausgang B2) Das Black Salt ist das freundliche Nachbarschaftsrestaurant, das jeder gern gleich um die Ecke hätte. Das Lokal verfügt über einen winzigen Innenraum (daher vorab reservieren!), und auch draußen auf der Terrasse an einer schmalen Gasse stehen Tische. Die Gerichte sind ein leckerer und gekonnter Mix der Aromen Südasiens. Hier gibt's beispielsweise *momo*-Klöße aus Kathmandu, *kothu roti* aus Sri Lanka und *mattar paneer* aus Indien mit im Mund zergehendem hausgemachtem Frischkäse. Das Menü wird in zwei Teilen serviert.

Die Gerichte sind zwar so portioniert, dass sie für mehrere Esser reichen, doch wenn man allein kommt, stellt das ausgezeichnete Personal gern ein Mahl mit kleineren Mengen (und zu geringerem Preis) zusammen – auch solo kann man also eine gute Auswahl der auf der Karte stehenden Gerichte verspeisen. An den Wochenenden gibt's einen Brunch.

OKRA JAPANISCH $$

Karte S. 338 (☎852 2806 1038; www.okra.kitchen; EG, 110 Queen's Rd W, Sai Ying Pun; Gerichte ab 400 HK$; ⊙Mo–Sa 18–23.30 Uhr; 📶; Ⓜ Sai Ying Pun, Ausgang A1) In dem entspannten *izakaya* (zwanglose japanische Kneipe) in Sai Ying Pun steht der Sake genauso im Mittelpunkt wie das Essen, und das engagierte Personal serviert beides perfekt. Das Lokal arbeitet mit vertrauenswürdigen Produzenten zusammen, die die besten natürlich erzeugten, unpasteurisierten Sakes nach Hongkong liefern. Zu essen gibt's passende kreative Gerichte wie knackigen Rosenkohl mit hausgemachter XO-Sauce (Meeresfrückte-Sauce) und geräucherten Rippchen mit *yuzu*-Marmelade.

POTATO HEAD INDONESISCH $$

Karte S. 338 (☎852 2858 6066; www.ptthead.com; EG, 100 Third St, Sai Ying Pun; Gerichte 150–400 HK$; ⊙Restaurant Mo–Fr 12–23, Sa & So ab 11 Uhr; ❄📶; Ⓜ Sai Ying Pun, Ausgang B2) Der Hongkonger Ableger des Potato Head, das als hipper Strandclub auf Bali mit tollen Cocktails von sich reden machte, ist weniger ein Restaurant als ein Event-Raum mit vielerlei Angeboten. Man findet hier das ausgezeichnete indonesische Restaurant Kaum, in dem man kleine Gerichte an einem langen Holztisch isst, eine lustige Cocktail-Lounge und eine Musikfläche, die sich hinten versteckt.

MISSY HO'S ASIATISCH $$

(☎852 2817 3808; www.facebook.com/MissyHosHK; EG, 48 Forbes St, Kennedy Town; ⊙Abendessen Mo–Sa 18–22 Uhr, Bar bis 23 Uhr; 📶; Ⓜ Kennedy Town, Ausgang A) Das Missy Ho's war einst für seine Rutsche berühmt, die nach dem Abendessen von der Decke heruntergelassen wurde. Weil Sicherheitsbedenken aufkamen, gibt es das heute nicht mehr. Trotzdem ist in dieser mit Hongkong-Requisiten und Vogelkäfigen ausstaffierten Restaurantbar in Kennedy Town Spaß immer noch schwer angesagt. Das Lokal ist beliebt für ein munteres Abendessen an den Wochenenden; auf der Karte stehen asiatische Fusion-Gerichte. Die Happy Hour gilt von 16 bis 19 Uhr.

AUSGEHEN & NACHTLEBEN

In den Vierteln westlich von Soho gibt es ein entspanntes Nachtleben, und je weiter man nach Westen vordringt, desto ruhiger geht es zu. In Sheung Wan blüht rund um die Jervois St und die Bonham Strand gerade die Schwulen- und Lesbenszene auf. In Sai Ying Pun finden sich ein paar ausgezeichnete Cocktailbars.

Sheung Wan

★OLD MAN COCKTAILBAR

Karte S. 338 (☎852 2703 1899; www.theoldmanhk.com; Lower EG, 37-39 Aberdeen St, Soho; Cocktails 100 HK$; ⊙Mo–Sa 17–2, So bis 24 Uhr; Ⓜ Central, Ausgang D2) Wenn Ernest Hemingway noch lebte, würde ihm die kleine Flüsterkneipe ohne Schild bestimmt gefallen. Sie ist nach seinem Roman *Der alte Mann und das Meer* benannt, und hinter der Theke blickt ein neokubistisches Porträt des Schriftstellers anerkennend auf die Gäste. Die Atmosphäre ist freundlich und unprätentiös; die Cocktails sind kreativ und enthalten z.B. Greyerzer, im Vakuumbeutel gegarte Pandan-Blätter und Nori-Pulver.

Man sollte versuchen, einen Platz an dem Gemeinschaftstisch vor der gemütlichen

SCHWULEN- & LESBENSZENE IN SHEUNG WAN

Hongkongs LGBT-Szene ist für eine Stadt dieser Größe und Offenheit erstaunlich klein, aber es gibt sie immerhin. Die Szene ist freundlich, einladend, und ihr Selbstvertrauen wächst. In den letzten Jahren haben sich einige Bars und Clubs in Sheung Wan angesiedelt, und 2018 schlossen sich drei davon zusammen, um das Gebiet als „Gaybarhood" (schwules Barviertel) anzupreisen. Das Epizentrum liegt rund um die Jervois St und die Bonham Strand und umfasst derzeit die nicht weit voneinander entfernten Treffs Zoo, Wink und FLM. Sonderangebote, Events und News aus der LGBT-Gemeinde findet man auf der Website (www.gaybarhood.net) und auf der entsprechenden Facebook-Seite.

Bar zu ergattern, um zuzuschauen, wie die Barkeeper zaubern. Der Mittelstreifen des Tisches ist eisgekühlt, damit die Drinks ordentlich kalt bleiben. Der Eingang ist nicht beschildert; man nimmt von der Aberdeen St die Stufen, die hinunter in eine Sackgasse führen.

TEAKHA TEEHAUS

Karte S. 338 (茶家; ☎852 2858 9185; www.teakha.com; Shop B, 18 Tai Ping Shan St; ⌚Mo & Mi–Fr 9–18, Sa & So 8.30–19 Uhr; 📶; 🚌26) In dieser modernen Version eines chinesischen Teehauses genießt man die schicken Bio-Teekreationen am besten zusammen mit den hausgemachten Pfannkuchen. Das Lokal liegt gleich abseits der Hauptstraße im unheimlich hippen Viertel um die Tai Ping Shan St. Das niedliche Teegeschirr ist auch ein gutes Souvenir.

CRAFTISSIMO CRAFT-BIER

Karte S. 338 (☎852 6274 3130; www.craftissimo.hk; Shop D, EG, 22-24 Tai Ping Shan St; ⌚So–Do 13–22, Fr & Sa bis 23 Uhr; 🚌26) Dieser entspannte Laden in einer Gasse abseits der Tai Ping Shan St, der Bier verkauft und eine Bar hat, ist an den als niedrigere Barhocker dienenden Fässchen zu erkennen. Drinnen gibt's keine Sitzplätze, sondern nur sechs Zapfhähne mit wechselnden Biersorten und eine Wand voller örtlicher und internationaler Craft-Biere in Flaschen, die man kaufen und mitnehmen oder draußen im charmanten improvisierten Patio trinken kann.

BARISTA JAM KAFFEE

Karte S. 338 (☎852 2854 2211; www.baristajam.com.hk; Shop D, EG, 126-128 Jervois St; ⌚Di–Fr 8–18, Mo & Sa ab 10, So ab 11 Uhr; 📶; Ⓜ Sheung Wan, Ausgang A2) Kaffeekenner sollten zu diesem kleinen Laden mit Betonwänden pilgern, der auch Kaffeebohnen und professionelle Kaffeemaschinen verkauft. Wer etwas verweilen will, kann zu dem tollen Flat White auch getoastete Sandwiches, Rührei oder Salate bestellen.

CUPPING ROOM KAFFEE

Karte S. 338 (☎852 3705 0208; www.cuppingroom.hk; Shop 8, Silver Jubilee Mansion, Po Hing Fong; ⌚Mo–Fr 9–17, Sa & So bis 18 Uhr; 📶; 🚌26) Der leckere, schwere Duft nach frisch geröstetem Kaffee hängt in diesem Laden mit Kaffeespezialitäten in der Luft, weil sich die Rösterei gleich hinter der Theke befindet. Das Cupping Room hat mehrere Filialen in Hongkong, aber hier entfaltet sich der ganze Kaffeezauber. Das Café ist ungewöhnlich geräumig und ein nettes Plätzchen, um sich nach dem Stöbern im nahe gelegenen Viertel Tai Ping Shan zu erholen. Die Leute kommen auch gern zum Brunchen hierher.

ZOO SCHWULE & LESBEN

Karte S. 338 (☎852 3583 1200; www.facebook.com/ZooBarHK; EG, 33 Jervois St; ⌚19–4.30 Uhr; 📶; Ⓜ Sheung Wan, Ausgang A2) Dank ihrer offenen Front ist diese schwul-lesbische Bar eine der einladendsten in Hongkong. Drinnen drängt sich das überwiegend einheimische Publikum unter Diskokugeln rund um die Theke. Richtig los geht's hier erst spät. Fast genau gegenüber findet sich der elegantere Schwulenclub FLM.

WINK SCHWULE & LESBEN

Karte S. 338 (☎852 3568 1402; www.facebook.com/winkhongkong; EG, 79 Bonham Strand; ⌚Mo–Fr 17.30–3, Sa & So ab 20 Uhr, Happy Hour Mo–Fr 17–21 Uhr; 📶) Diese Bar mit dem lustigen Namen ist gesellig, schick und für ihre Cocktails, z. B. den Rainbow Fruit Tea, bekannt. Die schwarzen Wände bilden einen spektakulären Hintergrund für die von hinten beleuchtete Reihe von Sukkulenten am Rand des Raums. Die Betreiber des Lokals haben sich zum Ziel gesetzt, zusammen mit anderen LGBT-freundlichen Treffs in der Nähe Sheung Wan als eine „Gaybarhood" zu promoten. Bei der Happy Hour (Mo–Fr 17–21 Uhr) gibt's zwei Drinks zum Preis von einem.

Sai Ying Pun & Kennedy Town

PING PONG GINTONERIA BAR

Karte S. 338 (☎852 9835 5061; www.pingpong129.com; 135 Second St, Sai Ying Pun; ⏱So–Do 16.30–24, Fr & Sa bis 1 Uhr; 📶; Ⓜ Sai Ying Pun, Ausgang B2) Hinter einer geschlossenen roten Tür führen Stufen hinunter in eine riesige ehemalige Tischtennishalle, die heute eine der coolsten Bars in Hongkong ist. Das angesagte Getränk ist Gin: Mehr als 50 Sorten aus aller Welt gibt's an der neonlichtbeleuchteten Theke, serviert in Form klassischer und kreativer Cocktails (Gin Tonic ab 110 HK$). Das Publikum – und mehr noch das Dekor – ist deutlich künstlerisch angehaucht.

LITTLE CREATURES CRAFT-BIERI

(☎852 2833 5611; www.littlecreatures.hk; EG, 5A New Praya, Kennedy Town; ⏱Mo–Fr 9–23.30, Sa & So 8–23 Uhr; 📶) Diese australische Kleinbrauerei hat die besucherfreundlichste Brauereikneipe in ganz Hongkong. Diese belegt einen für die hiesigen Verhältnisse recht großen Raum gleich hinter dem Ufer, die fast schon wie eine echte Kathedrale aus wiederverwertetem Holz mit Hopfenaroma wirkt. Man findet hier alle klassischen Biervarianten und eine wachsende Zahl örtlicher Experimente, z. B. das Mangostan-Ale. Der Brunch und die Kneipenkost nach westlicher Art sind hervorragend.

JUNELS RESTO BAR BAR

Karte S. 338 (☎852 5182 8725; EG, 11 Lai On Lane, Water St, Sai Ying Pun; ⏱12 Uhr–open end; Ⓜ Sai Ying Pun, Ausgang B3) Die bei den Einwohnern des Western District beliebte Junels Resto Bar ist ein etwas andere philippinisches Restaurant (in das man auch eigentlich nicht zum Essen kommt). Abends verwandelt es sich in einen allen offenstehenden Karaoke-Treffpunkt, wo Gruppen von Freunden vergnügt die unterschiedlichsten Hits schmettern. Das San-Miguel-Bier ist billig, und der Laden ist das ganze Jahr über wie ein Weihnachtsbaum dekoriert.

NOC KAFFEE

Karte S. 338 (☎852 3611 5300; www.noccoffeeco.com; EG, Bohemian House, 321 Des Voeux Rd W, Sai Ying Pun; ⏱8–18 Uhr; 📶; 🚇) Das helle, bunte NOC ist eine kathedralenartige Rösterei mit Kaffeeladen und ein schöner Ort für Verehrer der aromatischen Bohnen. Die Baristas sind eifrig bei der Sache. An den langen Gemeinschaftstischen in einem coolen, minimalistischen Ambiente kann man entspannt arbeiten, sich unterhalten oder brunchen.

Unterhaltung

SHEUNG WAN CIVIC CENTRE THEATER

Karte S. 338 (上環文娛中心; ☎Tickets 852 2853 2678, Informationen 852 2853 2689; www.lcsd.gov.hk/en/swcc/; 5. Stock, Sheung Wan Municipal Services Bldg., 345 Queen's Rd Central, Sheung Wan; ⏱9–23, Ticketschalter 10–18.30 Uhr; Ⓜ Sheung Wan, Ausgang A2) Dieses staatlich geführte Zentrum teilt sich ein Gebäude mit einem Frischmarkt und einem Food-Court. Das ganzjährige Programm besteht aus Theaterproduktionen lokaler Truppen – einige davon sehr experimentell – und gelegentlichen Konzerten von Indie-Musikern und -Bands.

SHOPPEN

An der sich unaufhaltsam gentrifizierenden Hollywood Rd, die sich von Central bis nach Sheung Wan erstreckt, finden sich einige der besten Kunstgalerien und Antiquitätenläden Hongkongs. Im Gebiet rund um die Tai Ping Shan St kann man gut Mode unabhängiger Designer kaufen.

CAPITAL GALLERY ANTIQUITÄTEN

Karte S. 338 (長安美術; ☎852 2542 2271; 27E Tung St, Sheung Wan; ⏱Mo–Sa 10–18 Uhr, So nach Vereinbarung; 🚌26, Ⓜ Central, Ausgang D2) Der kleine, freundliche Laden an einem Hang zwischen der Upper Lascar Row und der Hollywood Rd ist auf Keramik spezialisiert und vollgestopft mit Skulpturen und Kuriositäten, die bis zu 4000 oder 5000 Jahre alt sind. Weitere Highlights sind Stücke von der Seidenstraße, beispielsweise uigurische Textilien aus dem nordwestlichen China.

CHAN SHING KEE
ANTIQUITÄTEN

Karte S. 338 (陳勝記; ☎852 2543 1245; www.chanshingkee.com; 228-230 Queen's Rd Central, Sheung Wan; ⊙Mo–Sa 9–18 Uhr; 🚌101, 104) Dieser Laden mit dreistöckiger Ausstellungsfläche ähnlich wie in einem Museum wird von Daniel Chan betrieben; er gehört der dritten Generation einer Familie an, die schon seit 70 Jahren im Geschäft ist. Das Chan Shing Kee ist bei Sammlern und Museen aus aller Welt für seine schönen, klassischen chinesischen Möbel (16.–18. Jh.) bekannt. Im Sortiment finden sich auch uralte chinesische Paravents und kunstvoll verzierte Holzboxen.

NIIN
SCHMUCK

Karte S. 338 (☎852 2878 8811; www.niinstyle.com; 200 Hollywood Rd, Sheung Wan; ⊙Mo–Mi & Fr 10–19, Do 11–20, Sa 11–18 Uhr) 🍃 Was wird wohl aus all den Seeohr-Schalen, die in den Hongkonger Restaurants anfallen? Einige enden hier, umgearbeitet zu schönen Anhängern, Ringen, Armbändern und Handtaschen. Die australisch-asiatische Designerin Jeanine Hsu nutzt Muschelschalen, Recycling-Holz, Messing und natürliche Schmucksteine für ihre ungewöhnlichen, aber gut tragbaren Kreationen. Die Stücke kosten 1200 HK$ aufwärts.

ONLY ALICE
MODE & ACCESSOIRES

Karte S. 338 (☎852 3464 0772; www.theonlyalice.com; EG, 55 Tung St, Sheung Wan; ⊙Di–Fr 9.30–18.30, Sa & So 10–19 Uhr; 🚌26) In einer Gegend, wo das Angebot von Mode unabhängiger Designer schier unüberschaubar ist, zeichnet sich dieses moderne Hongkonger Label durch seine tragbare Mode zu vernünftigen Preisen aus. In dem kleinen Laden in Tai Ping Shan findet man verspielte T-Shirts, schicke Alltagskleidung und feminine Blumenmuster sowie Accessoires wie Stirnbänder und ausgefallene Strümpfe. Die meisten Stücke kosten weit weniger als 1000 HK$.

SELECT 18
VINTAGE

Karte S. 338 (☎852 2858 8803; EG, Grandview Garden, 18 Bridges St, Soho; ⊙Mo–Mi 12–21, Do–Sa bis 23, So 12–20.30 Uhr) Ein buntes Durcheinander von Sammlerstücken aus Europa und Asien, darunter viele Erinnerungsstücke aus Hongkong, lässt sich in diesem Laden besichtigen. Zu den Schätzen, die man hier finden kann, zählen alte Fotos, Werbeplakate, Rennkarten aus dem Happy Valley und chinesische Comics. Der Laden hat auch ein großes Angebot von modernem Schmuck im Retro-Stil.

LAM KIE YUEN TEA CO
ESSEN & TRINKEN

Karte S. 338 (林奇苑茶行; ☎852 2851 0018; www.lkytea.com; EG, 105-107 Bonham Strand E, Sheung Wan; ⊙Mo–Sa 9–18 Uhr; Ⓜ Sheung Wan, Ausgang A2) Der schon seit 1955 bestehende Laden zeigt, wie viele Teesorten es in China gibt. Von unfermentiertem Tee über alle Zwischenstufen bis hin zu voll fermentierten Sorten gibt's hier ein beinahe unüberschaubares Angebot. Aber keine Panik: Der Inhaber lässt einen probieren. Auch hübsches, aber ziemlich teures Teegeschirr ist hier zu haben.

WEIHRAUCHLÄDEN AN DER QUEEN'S ROAD WEST
KUNSTHANDWERK

Karte S. 338 (Queen's Rd W, Sheung Wan; ⊙8–19 Uhr; 🚌26) In den Gebäuden mit den Hausnummern 136 bis 150 der Queen's Rd West verkaufen diverse Läden Weihrauch und Papier-Opfergaben für die Toten. Die Papierchen werden verbrannt, damit die Toten im Jenseits friedlich gestimmt bleiben. Die Auswahl an leicht Entzündlichem ist erstaunlich: Es gibt Dim-Sum-Gerichte, iPads, Rolex-Uhren, Viagra-Tabletten und sogar mit Sonnenenergie betriebene Wasserboiler aus Papier. Natürlich kann man die Sachen auch als nette Souvenirs kaufen, sollte aber gewarnt sein: Es soll Unglück bringen, wenn man sie behält und nicht verbrennt.

SPORT & AKTIVITÄTEN

KENNEDY TOWN SWIMMING POOL
SCHWIMMEN

(☎852 2817 7973; 2 Sai Cheung St North, Kennedy Town; Erw./Kind Mo–Fr 17/8 HK$, Sa & So 19/9 HK$; ⊙6.30–12, 13–17 & 18–22 Uhr, Mi 10–17 Uhr geschl.; Ⓜ HKU, Ausgang C2) Dem Bau der MTR-Station Kennedy Town musste ein altes Schwimmbad weichen; als Ersatz wurde dieses architektonisch fesselnde Ungetüm am Hafen errichtet. Der stets von Einheimischen bevölkerte Komplex besitzt beheizte Hallenbäder, einen Whirlpool und ein Schwimmbecken für Kinder, das Highlight ist aber das 50x25 m große Freiluftbad mit Blick auf den Hafen.

An den Drehsperren kann man bequem mit der Octopus Card zahlen.

HUMID WITH A CHANCE OF FISHBALLS
ESSEN & TRINKEN

(☎852 9139 5761; www.humidwithachanceoffishballs.com; Dim-Sum-Tour 220–270 HK$; ⊙Dim-Sum-Tour Mi & Sa) Dim-Sum-Novizen, die einen genaueren Einblick in die Kultur und Etikette des Yum Cha gewinnen wollen, können dieses ausgezeichnete kommentierte Dim-Sum-Mittagessen in einem der abgefahrensten Läden von Sheung Wan buchen. Die Tourleiterin Virginia, eine kundige kanadisch-asiatische Gourmet-Expertin, kennt alle Tricks, um an die besten Bissen zu kommen. Sie veranstaltet auch Hongkongs einzige CRaft-Bier-Tour (an manchen Samstagen; 610 HK$).

SAMADHI TRAINING CENTRE FOR THE SOUL
MEDITATION

Karte S. 338 (☎852 9311 2915; www.facebook.com/samadhicentre; 2-4 Tai Ping Shan St, Sheung Wan; ⊙Mi–Mo 11–19 Uhr; 🚌26) Das Samadhi hilft, wenn einem Hongkong zu viel wird. Im Erdgeschoss gibt's eine Fläche für Meditierende, wo abgehetzte Menschen (auch Traveller) sich einfach niederlassen können. Darüber befindet sich ein weiterer Saal, in dem wöchentlich Meditationssitzungen abgehalten werden, oft verbunden mit Musiktherapie. Das Programm des Zentrums steht auf der Facebook-Seite; die meisten Events sind kostenlos, müssen aber vorab gebucht werden.

WAN KEI HO INTERNATIONAL MARTIAL ARTS ASSOCIATION
KAMPFKUNST

Karte S. 338 (尹圻灝國際武術總會; ☎852 9506 0075, 852 2544 1368; www.kungfuwan.com; 3. Stock, Yue's House, 304 Des Voeux Rd Central, Sheung Wan; Ⓜ Sheung Wan, Ausgang A) Der auch englisch sprechende Meister Wan lehrt eine große Schar einheimischer und ausländischer Schüler nördliche Shaolin-Kampfkunst. Gruppenkurse gibt's montags und donnerstags von 19 bis 20 Uhr, man kann aber auch Privatstunden nehmen.

Hong Kong Island: Wan Chai & der Nordosten

ADMIRALTY | WAN CHAI | CAUSEWAY BAY | HAPPY VALLEY | ISLAND EAST

Highlights

❶ **Blue House Cluster** (S. 117) Rund um die Queen's Rd East das architektonische Erbe, Hipster-Bars, Tempel, Wet Markets und Basare unter freiem Himmel entdecken

❷ **Happy Valley Racecourse** (S. 132) Mittwochabends mit einem Bier in der Hand auf der Pferderennbahn in der Stadt einen Adrenalinkick verspüren

❸ **Fashion Walk** (S. 134) Mit Horden trendbewusster Teenager in den Straßen und Einkaufszentren von Causeway Bay auf die Jagd nach Designermode gehen

❹ **Flagstaff House Museum of Tea Ware** (S. 116) In diesem Museum mit Restaurant im Hong Kong Park Kultur, Geschichte und Gastronomie erleben

❺ **Chun Yeung Street Market** (S. 120) Mit der North-Point-Straßenbahn mitten durch diesen traditionellen, von der Fujian-Gemeinde geprägten Markt fahren und sich dann ins Gedränge stürzen

Detailpläne dieses Gebiets s. Karten S. 340, S. 342 & S. 344

Top-Tipp

Wenn man die östlichen Inselbezirke aus einer Straßenbahn betrachtet, rauschen sie wie ein Film vorbei. Die vor allem aus Wohnhäusern bestehenden Viertel zu Fuß zu erkunden, ist nicht sehr beeindruckend, fährt man aber schneller zwischen den Blocks hindurch, ergibt sich ein Rhythmus und Muster. Und das Gute ist: Man kann jederzeit raushüpfen, wenn man etwas Interessantes entdeckt hat. In diesem Bezirk gibt es 30 Haltestellen für die Tram Richtung Osten.

Gut essen

- Bo Innovation (S. 125)
- Kam's Kitchen (S. 126)
- Seventh Son (S. 123)
- Samsen (S. 123)
- Kam's Roast Goose (S. 122)
- Yee Tung Heen (S. 127)

Details s. S. 121

Nett ausgehen

- Second Draft (S. 131)
- Skye Bar (S. 131)
- Botanicals (S. 129)
- Stone Nullah Tavern (S. 129)
- Sugar (S. 132)
- Executive Bar (S. 131)

Details s. S. 128

Schön shoppen

- Fashion Walk (S. 134)
- Pacific Place (S. 133)
- Kapok (S. 134)
- Times Square (S. 134)
- Two Girls (S. 134)
- Kevin Cheung (S. 134)

Details s. S. 133

Rundgang: Wan Chai & der Nordosten

Von der MTR-Station Admiralty bahnt man sich den Weg durch die marmorne Pracht des Einkaufszentrum Pacific Place bis zum Hong Kong Park, wo sich vor der Wolkenkratzerkulisse Karpfen in Teichen tummeln und Schildkröten auf Steinen aalen. Dann geht's ostwärts weiter. Ein Abstecher führt zum Asia Society Hong Kong Centre, einem historischen Juwel, gefolgt von einem Bummel durch die Queen's Rd East, wo einst die Küste des „alten" Wan Chai verlief. Nach einem Snack oder Getränk im hippen Viertel Star St geht's in Richtung Stone Nullah Lane, vorbei an einem Tempel und einem Postamt aus der Kolonialzeit bis zum Blue House, dem historischen Schmuckstück Wan Chais. Zum Mittagessen gibt's moderne Hongkonger Küche in Wan Chai oder Causeway Bay (nur eine Straßenbahnfahrt entfernt, am besten kommt man erst nach der Mittagspause der Angestellten). Danach schaut man sich nach Büchern oder Mode um, entspannt sich im Victoria Park und gönnt sich zur Happy Hour Drinks in Tai Hang, das zu Causeway Bay gehört. Alternativ nimmt man ein *ding ding* Richtung Osten und lässt sich treiben.

Lokalkolorit

- **Charmante Viertel** In den grünen Straßen Tai Hangs stößt man auf nette Eckcafés, Bars und kleine Galerien.
- **Fujian Town** North Point ist die farbenfrohe Hochburg der Hongkonger Fujian-Gemeinde, die sich rund um den Chun Yeung Street Market (S. 120) konzentriert.
- **Kulinarische Streifzüge** Wan Chais Wet Markets sind ein Fest für die Sinne. In der ersten Etage gibt's Food Courts, die frisch zubereitete Speisen anbieten.
- **Lil' Jakarta** Indonesische Hausangestellte treffen sich sonntags im und um den Victoria Park (S. 119), um zu essen, zu beten und sich zu unterhalten.

An- & Weiterreise

- **Bus** Die Busse 5, 5B und 26 von Central nach Admiralty, Causeway Bay und Happy Valley halten an der Yee Wo St. Nach Stanley verkehrt der grüne Minibus 40.
- **Fähre** Vom Wan Chai Ferry Pier fahren Fähren nach Tsim Sha Tsui, vom North Point Pier nach Hung Hom.
- **MTR** An der MTR-Station Admiralty kann man von der Island-Linie, die in Ost-West-Richtung fährt, in die South-Island-Linie umsteigen. North Point ist die Umsteigestation für die Island- und die Tseung-Kwan-O-Linie, die in den Osten und Norden Kowloons fährt.
- **Straßenbahn** In der Hennessy Rd kann man gut in die Bahnen nach Central und Causeway Bay einsteigen. Die Bahnen nach Happy Valley fahren über die Percival St.

PIM COMMANDEUR / 500PX ©

HIGHLIGHTS
HONG KONG PARK

Der hügelige, friedliche Hong Kong Park wurde bewusst so gestaltet, dass er nicht natürlich wirkt. Stattdessen prägen ihn künstliche Elemente wie der Springbrunnen-Platz, der Wasserfall, der Spielplatz und das Vogelhaus, verbunden durch von Bäumen gesäumte Wege, die durch terrassierte Parkanlagen führen. Die dramatische Kulisse des Parks – auf der einen Seite stehen dicht gedrängt Wolkenkratzer, auf der anderen ragen die Berge empor – sorgt für tolle Fotomotive.

Das Highlight des Parks ist das **Edward Youde Aviary** (尤德觀鳥園; Karte S. 340; 9–17 Uhr) GRATIS, in dem 800 Vogelarten leben. Es wirkt wie ein Regenwald, der mitten in der Stadt gepflanzt wurde. Besucher laufen auf Brücken mehrere Meter über dem Boden. Das Vogelhaus wurde nach einem früheren Hongkonger Gouverneur (1982–1986) benannt.

An der Nordostspitze des Parks steht das elegante Flagstaff House (S. 116). Es wurde 1846 in der Kolonialzeit für einen britischen Generalmajor gebaut und beherbergt heute ein Museum für antikes chinesisches Teegeschirr. Im angrenzenden Lock Cha Tea Shop (S. 121) kann man sich bei einer guten Kanne Tee und vegetarischem Dim Sum erholen.

Die erlesene **KS Lo Gallery** (羅桂祥茶藝館; Karte S. 340; 852 2869 0690; 10 Cotton Tree Dr; Mi–Mo 10–18 Uhr) GRATIS über dem Lock Cha Tea Shop (S. 121) zeigt seltene chinesische Keramik aus berühmten antiken chinesischen Manufakturen sowie ein steinernes Siegel, das dem gleichnamigen Sammler gehörte.

In der früheren Kaserne Victoria Barracks am Ostrand des Parks befindet sich das **Hong Kong Visual Arts Centre** (香港視覺藝術中心; Karte S. 340; 852 2521 3008; 7A Kennedy Rd; Mi–Mo 10–18 Uhr; 3B, 12, 12A) GRATIS, das gelegentlich Ausstellungen örtlicher und asiatischer Künstler veranstaltet.

NICHT VERSÄUMEN!

- Edward Youde Aviary
- Flagstaff House Museum of Tea Ware
- KS Lo Gallery
- Hong Kong Visual Arts Centre

PRAKTISCH & KONKRET

- 香港公園
- Karte S. 340, C4
- 852 2521 5041
- www.lcsd.gov.hk/en/parks/hkp/index.html
- 19 Cotton Tree Dr, Admiralty
- Eintritt frei
- Park 6–23 Uhr
-
- M Admiralty, Ausgang C1

SEHENSWERTES

In Wan Chai und Umgebung sind vielleicht nicht so viele traditionelle Sehenswürdigkeiten wie in Kowloon und Central vorhanden, doch das klaustrophobisch enge Gebiet, das sich von Osten nach Westen erstreckt, ist mit seinen zahllosen Wolkenkratzern selbst eine Attraktion. Der Bereich zwischen der Queen's Rd East und der Johnston Rd, wo früher die ursprüngliche Küstenlinie verlief, ist mit kulturellem Erbe aus der Vergangenheit und der Neuzeit gespickt, im neuen Hafenviertel finden sich dagegen Denkmäler, die der Kultur, dem Handel und der Souveränität gewidmet sind. Mitten in diesem urbanen Dschungel gibt es auch gepflegte Grünanlagen, von Weihrauch erfüllte Tempel und ein oder zwei gute Museen und Galerien.

Admiralty

HONG KONG PARK — PARK

Siehe S. 115.

★ASIA SOCIETY HONGKONG CENTRE — KULTURZENTRUM

Karte S. 340 (亞洲協會香港中心; Hong Kong Jockey Club Former Explosives Magazine; ☎852 2103 9511; www.asiasociety.org/hong-kong; 9 Justice Dr; ⌚Galerie Di–So 11–17 Uhr, letzter Do im Monat bis 19 Uhr; Ⓜ Admiralty, Ausgang F) GRATIS Die Hongkonger Asia Society zog 2012 in diesen großartigen Komplex auf einem Hügel, in dem sich eine Kunstgalerie, ein Theater, ein Restaurant (S. 121) und ein Souvenirladen befinden; alle Einrichtungen sind öffentlich zugänglich. In dem Komplex aus historischen Gebäuden und früheren Sprengstoffdepots, die kunstvoll mittels erhöhter Fußgängerpassagen und Dachgärten miteinander verbunden sind, kann man wunderbar herumschlendern. Die Architekten Tod Williams und Billie Tsien haben sich für ein flaches Gebäudedesign entschieden, das einen Kontrast zu den nahen Wolkenkratzern bildet und die natürliche Landschaftsform aufnimmt.

Monatlich finden Führungen in englischer Sprache statt, die einen tieferen Einblick in die Militärgeschichte des Komplexes vermitteln. Die Termine stehen auf der Website.

FLAGSTAFF HOUSE MUSEUM OF TEA WARE — MUSEUM

Karte S. 340 (旗桿屋茶具文物館; ☎852 2869 0690; 10 Cotton Tree Dr; ⌚Mi–Mo 10–18 Uhr; Ⓜ Admiralty, Ausgang C1) GRATIS Das Flagstaff House wurde 1846 als Wohnsitz eines Kommandeurs der britischen Streitkräfte gebaut und ist das älteste Kolonialgebäude Hongkongs, das noch an seinem ursprünglichen Standort steht. Die von Säulen gesäumten Verandas verströmen klassizistische Eleganz. Das Museum zeigt Teegeschirr, das aus der Zeit vom 11. bis ins 20. Jh. stammt: Teeschalen, Teetische, Dufttassen (die insbesondere genutzt wurden, um das Aroma des besten Oolong-Tees aus Taiwan zu genießen) und Teekannen aus Porzellan oder violettem Ton aus Yixing.

Im angrenzenden Lock Cha Tea Shop (S. 121) kann man bei einer schönen Kanne Tee wunderbar die Batterien wieder aufladen. Das Flagstaff House steht an der Nordostspitze des Hong Kong Park.

TAMAR PARK — PARK

Karte S. 340 (添馬公園; Harcourt Rd; Ⓜ Admiralty, Ausgang A) Dieser Park am Hafen befindet sich auf dem Gelände der New Central Government Offices (新政府總部) und besteht aus einladenden grünen Rasenflächen, auf denen man sich sonnen kann, während die Schiffe an einem vorbeiziehen. Er gehört zu einer 4 km langen Promenade entlang der Nordküste von Hong Kong Island, die von den Central Piers vor der IFC Mall an Wan Chai vorbei bis nach North Point führt. Gelegentlich finden hier Konzerte und Kunstveranstaltungen statt, zudem protestierte hier 2014 die sogenannte Regenschirm-Bewegung.

LIPPO CENTRE — ARCHITEKTUR

Karte S. 340 (力寶中心; 89 Queensway; Ⓜ Admiralty, Ausgang B) Das HSBC (Hongkong & Shanghai Bank) Building (S. 80) und der Hong Kong International Airport (S. 287), die beide vom englischen Architekten Norman Foster entworfen wurden, mögen zwar Hongkongs bekannteste Werke der zeitgenössischen Architektur sein, doch in der Stadt gibt's auch etliche schöne moderne Gebäude älterer Meister. Das Lippo Centre erinnert an Koalas, die einen Baum umarmen, und besteht aus zwei Bürotürmen. Es wurde in den 1980er-Jahren vom amerikanischen Architekten Paul Rudolph entworfen, der auch die Rudolph Hall schuf, die die Yale School of Architecture beherbergt.

BLUE HOUSE CLUSTER

Die Erhaltung des in den 1920er-Jahren gebauten Blue House Cluster, einer Gruppe von Mietshäusern, ist eine seltene Erfolgsgeschichte des Denkmalschutzes. Die Häuser gehören zu den letzten erhaltenen Mietshäusern aus Holz in der Stadt. Das schöne vierstöckige Blue House mit seinen schmiedeeisernen Balkons, die an New Orleans erinnern, und die angrenzenden Nachbarhäuser Yellow House und Orange House wurden von einem örtlichen Trust übernommen und sorgfältig restauriert. Inzwischen sind sie teilweise für Besucher geöffnet. In einigen Wohnungen leben noch immer Nachfahren der ursprünglichen Mieter.

Im **Blue House Cluster** (藍屋; Karte S. 342; ☎852 2835 4376; www.vivabluehouse.hk; 72-74A Stone Nullah Lane, Wan Chai; Ⓜ Wan Chai, Ausgang D) GRATIS gibt's zwei Restaurants, einen Trödelladen, eine öffentliche Bibliothek und einen Bio-Gemüseladen, die alle gemeinnützig sind – die Gewinne fließen zurück in den Blue House Cluster. Bei den kostenlosen Führungen in englischer Sprache (⏲Sa 11 Uhr) besichtigt man eine Wohnung, die in dem Zustand erhalten wurde, in dem sie sich zur Mitte des 20. Jhs. befand. Erstaunlich, wie viele Familien sich ein Zimmer teilten! Im **House of Stories** (⏲Di–Di 10–18 Uhr), einem Museum und Ausstellungsbereich im Erdgeschoss, erfährt man viel Interessantes über das Hongkong von gestern.

Das Blue House wurde über einem Tempel errichtet, der dem Gott der chinesischen Medizin geweiht ist und der zusammen mit dem Mietshaus erhalten wurde. An der Ecke King Sing St und Stone Nullah Lane kann man seine Fassade sehen.

Wan Chai

★ PAK TAI TEMPLE — TAOISTISCHER TEMPEL

Karte S. 342 (北帝廟; 2 Lung On St; ⏲8–17 Uhr; Ⓜ Wan Chai, Ausgang A3) Ein kleiner Spaziergang die Stone Nullah Lane hinauf führt zu diesem majestätischen taoistischen Tempel, der 1863 zu Ehren des Meeresgottes Pak Tai erbaut wurde. Er ist der größte Tempel auf Hong Kong Island. Den Dachfirst schmücken Keramikelemente, die Szenen aus der kantonesischen Oper darstellen und im Keramikzentrum Shiwan in Guangdong hergestellt wurden. In der Haupthalle des Tempels steht eine 3 m hohe Kupferstatue Pak Tais, die zur Zeit der Ming-Dynastie gegossen wurde.

KING YIN LEI — HISTORISCHES GEBÄUDE

(景賢里; ☎852 2848 6230; www.heritage.gov.hk; 45 Stubbs Rd; 🚌15, 15B an Sonn- & Feiertagen) GRATIS Die beeindruckende, fast 1600 m² große Villa (erbaut 1937) verdankt ihre einzigartige Architektur dem chinesischen Renaissancestil. Dieser entstand in den 1920er-Jahren, als die chinesische Regierung zur Wiederbelebung der traditionellen Kultur aufrief und Architekten in Shanghai begannen, östliche und westliche Stile miteinander zu fusionieren.

Das Haus wurde von einem britischen Architekten für die Frau eines reichen chinesischen Händlers gebaut. Der opulente Komplex sieht nicht nur fantastisch aus – seine Säle und Räume sind hinreißend –, er ist auch ein Zeugnis für den steigenden gesellschaftlichen und wirtschaftlichen Status der Chinesen auf Hong Kong Island vor dem Zweiten Weltkrieg.

Hier wurden übrigens Teile des Films *Treffpunkt Hongkong* (1955) mit Clark Gable gedreht. 2007 rückten die Bulldozer buchstäblich bis ans Tor des King Yin Lei vor, bis empörte Denkmalschützer die Regierung so unter Druck setzten, dass diese das Gebäude zu einem Denkmal erklärte.

Das King Yin Lei ist nur an einigen Wochenenden im Juni und Juli für Besucher geöffnet, und man muss vorher reservieren. Die Öffnungstage stehen auf der Website. Der grüne Minibus 26, der in der Lee Garden Rd in Causeway Bay abfährt, hält hier.

HUNG SHING TEMPLE — BUDDHISTISCHER TEMPEL

Karte S. 342 (洪聖古廟; 129–131 Queen's Rd E; ⏲8.30–17.30 Uhr; 🚌6, 6A, Ⓜ Wan Chai, Ausgang A3) In einer Ecke an der Südseite der Queen's Rd East wurde dieser dunkle, wenig einladende Tempel auf riesigen Felsblöcken errichtet, die einst den Hafen überblickten. Er entstand um das Jahr 1850 zu Ehren eines hohen Beamten der Tang-Dynastie, der für seine Tugend (wichtig!) und für seine Fähigkeit, lukrative Handelsprognosen (noch wichtiger!) zu erstellen, bekannt war.

Eine schmale Treppe führt in den oberen Stock, wo man sich von chinesischen Wahrsagern für einen sehr hohen Betrag die Zukunft voraussagen lassen kann.

SOUTHORN PLAYGROUND — PARK

Karte S. 342 (修頓球場; Hennessy Rd; ⌚6–23.30 Uhr; Ⓜ Wan Chai, Ausgang B2) Diese Sportanlage wirkt nicht gerade spektakulär, doch sie ist das soziale Zentrum des alten Wan Chai, wo man zu jeder Tageszeit eine bunte Mischung von Bewohnern des Viertels erleben kann. Senioren spielen Schach, Studenten und Amateursportler Basketball oder Fußball, und auch Hausfrauen betätigen sich sportlich. Sozialarbeiter stehen bereit, es gibt Hiphop-Wettbewerbe, Singles schauen sich nach One-Night-Stands um und ein paar Angestellte der umliegenden Banken und Bauarbeiter verbringen im Southorn Playground ihre Mittagspause.

HONG KONG CONVENTION & EXHIBITION CENTRE — GEBÄUDE

Karte S. 342 (香港會議展覽中心; www.hkcec.com.hk; 1 Expo Dr; 🚌18) Das riesige, 1988 erbaute Messezentrum am Wasser ist einer der führenden Veranstaltungsorte für große Messen und Kongresse, darunter die Art Basel Hong Kong (S. 61). Seine Architektur wurde schon mit einem Vogelflügel, einem Bananenblatt und einem Lotusblütenblatt verglichen. Auf dem Weg zum Golden Bauhinia Square (S. 167) kann man hineinspazieren und durch eine riesige Glaswand den großartigen Hafenblick genießen.

POLICE MUSEUM — MUSEUM

(警隊博物館; ☎852 2849 7019; www.police.gov.hk/ppp_en/01_about_us/pm.html; 27 Coombe Rd, The Peak; ⌚Di 14–17, Mi–So 9–17 Uhr; 👪; 🚌15) GRATIS Krimifans sollten sich dieses kleine Museum in der grünen Wan Chai Gap nicht entgehen lassen. In dieser früheren Polizeistation geht es um die 1844 gegründete Polizei von Hongkong, doch die eigentlichen Stars sind die Triaden (die Hongkonger Mafia). Die aufschlussreiche Ausstellung Triad Societies & Narcotics enthüllt die Geheimrituale der Triaden und gibt einen historischen Überblick über die Kowloon Walled City. Kinder werden von der Waffenausstellung begeistert sein.

Fotografieren ist im Museum verboten. Wer mit dem Bus kommt, steigt an der Haltestelle zwischen der Stubbs Rd und der Peak Rd aus.

LOVER'S ROCK — AREAL

(姻緣石; abseits der Bowen Rd; 🚌grüner Minibus 24A) Lover's Rock oder Destiny's Rock (Yan Yuen Sek) ist ein phallusförmiger Felsen auf einer Klippe am Ende eines Weges oberhalb der Bowen Rd, der mit Räucherwerk und Opfergaben geschmückt ist. Hierher pilgern vorwiegend Frauen, die sich Kinder wünschen oder Beziehungsprobleme haben. Besonders viel los ist während des Maidens' Festival am siebten Tag des siebten Mondes (Mitte Aug.).

Zu erreichen ist die Stätte am besten mit dem grünen Minibus 24A vom Busbahnhof Admiralty. Von der Endhaltestelle aus (Shiu Fai Tce; 肇輝台) nimmt man den Weg hinter der Wohnanlage.

CENTRAL PLAZA — GEBÄUDE

Karte S. 342 (中環廣場; 18 Harbour Rd; 🚌18, Ⓜ Wan Chai, Ausgang A5) Das Central Plaza, eines der höchsten Gebäude Hongkongs, ist mit seiner dreifarbigen Glasfassade in Gold, Silber und Terrakotta sehr markant. Besucher können bis in die 46. Etage fahren und den Panoramablick auf den Hafen genießen. Vom Central Plaza führt eine erhöhte Fußgängerbrücke direkt zum Hong Kong Convention & Exhibition Centre (S. 118) und zur MTR-Station Wan Chai.

COMIX HOME BASE — KULTURZENTRUM

Karte S. 342 (動漫基地; ☎852 2824 5303; www.comixhomebase.com.hk; 7 Mallory St; ⌚10–20 Uhr; 👪; Ⓜ Wan Chai, Ausgang A3) GRATIS Dieses Kulturzentrum in einem umgebauten historischen Gebäude widmet sich ausschließlich den Kunstrichtungen Comic und Anime. Eine kleine Ausstellung im Erdgeschoss gibt eine Einführung in die Geschichte der Hongkonger Comics, von Klassikern aus der Kriegszeit (Renjian Pictorial) und Satiren aus der Kolonialzeit (Old Master Q) über Ma Wing-shings Kampfkunst-Comics bis hin zu den nachdenklichen Werken jüngerer Künstler wie Chi Hoi.

Causeway Bay

★ TIN HAU TEMPLE — TEMPEL

Karte S. 344 (天后廟; 10 Tin Hau Temple Rd; ⌚7–17 Uhr; Ⓜ Tin Hau, Ausgang B) Dem berühmtesten Tin-Hau-Tempel (Göttin der Seefahrer) von Hong Kong Island verdanken ein ganzes Viertel, eine Metrostation und eine Straße ihre Namen. Er war 370 Jahre lang ein Ort des Gebets und versprüht trotz Reno-

INSIDERWISSEN

DIE RENT-A-CURSE-GRANNIES

Unter der Überführung in der Canal Rd zwischen Wan Chai und Causeway Bay kann man kleine alte Damen anheuern, um seinen Feinden eine Abreibung zu verpassen. Die „Fluch-Omas" sitzen auf ihren Plastikhockern und schlagen mit einem Schuh – ob mit einem orthopädischen Schuh der Omas oder einem Stiletto, entscheidet der Kunde – kräftig auf Bilder von Rivalen in Liebesdingen, mobbenden Kollegen oder weinerlichen Promis. Dabei rappen sie rhythmische Flüche. Und das alles für schlappe 50 HK$! Im Hung-Shing-Tempel (S. 117) gibt's einen „Meister", der dasselbe mit einem symbolischen „kostbaren" Schwert für die astronomische Summe von 100 HK$ erledigt.

Das voodooähnliche Exorzieren von Bösewichten (打小人; *da siu yan*) ist eine Praxis, die zur Volkszauberei gehört. Praktiziert wird der Brauch das ganze Jahr über, aber das beliebteste Datum ist der Tag des Erwachens der Insekten, wenn die Sonne genau auf dem 345. Breitengrad steht (meist zwischen dem 5. und 20. März des gregorianischen Kalenders). Man glaubt, es bringe Versöhnung und Klärung, obwohl auch das rein symbolisch sein könnte.

vierungen antikes Flair, vor allem wegen der kunstvollen Steinschnitzereien in Eingangsnähe und den Keramikfiguren aus Shíwān, die das Dach zieren. Der Hauptschrein beherbergt eine Statue der Göttin mit geschwärztem Gesicht.

VICTORIA PARK PARK

Karte S. 344 (維多利亞公園; www.lcsd.gov.hk/en/ls_park.php; Causeway Rd; ⌚Park 24 Std.; 🚻; Ⓜ Tin Hau, Ausgang B) GRATIS Der Victoria Park ist die größte öffentliche Grünfläche auf Hong Kong Island und entstand auf einem Areal, das einst zum **Causeway Bay Typhoon Shelter** (銅鑼灣避風塘; Karte S. 344; abseits der Hung Hing Rd; Ⓜ Causeway Bay, Ausgang D1) gehörte. Am besten kommt man morgens unter der Woche, wenn unzählige Menschen Tai-Chi-Übungen in Zeitlupentempo vollführen. Vor dem chinesischen Neujahrfest verwandelt sich der Park in einen Blumenmarkt und während des Mondfests in ein Meer aus Laternen. Der Pool (einst im Freien) von 1957 ist der älteste der Stadt.

Im Park gibt es 13 Tennisplätze, zwei Bowls-Bahnen, Swimmingpools, Fußball- und Basketballplätze sowie Joggingwege.

NOONDAY GUN HISTORISCHE STÄTTE

Karte S. 344 (香港怡和午炮; 221 Gloucester Rd; ⌚7–24 Uhr; Ⓜ Causeway Bay, Ausgang D1) Die Sonne mag schon lange über dem British Empire untergegangen sein, doch dieses 3-Pounder-Hotchkiss-Schiffsgeschütz wird noch immer jeden Tag um Punkt 12 Uhr abgefeuert, eine Tradition aus der Kolonialzeit, die bis in die Mitte des 19. Jh. zurückgeht. Das Geschütz steht in einer kleinen Anlage am Wasser an einer stark befahrenen Straße gegenüber vom Excelsior Hotel. Jeden Tag versammelt sich eine kleine Menschenmenge, wenn die Kanone von einem Bediensteten in weißen Handschuhen abgefeuert wird.

Die Noonday Gun wird vom britischen Konglomerat Jardine Matheson unterhalten. Berühmt wurde sie, weil sie in Noël Cowards Lied *Mad Dogs and Englishmen* Erwähnung fand. Sie ist nicht leicht zu finden, man muss durch eine Unterführung unter einem Parkplatz gehen und sollte nach einer silbernen Tür in der Gasse gleich westlich vom World Trade Centre Ausschau halten.

⦿ Happy Valley

F11 PHOTOGRAPHIC MUSEUM MUSEUM

(F11攝影博物館; ☎852 6516 1122; http://f11.com; 11 Yuk Sau St; ⌚Di–Sa 14–18 Uhr; 🚋Happy Valley) GRATIS In dieser Jugendstilresidenz aus den 1930er-Jahren finden in der Regel jedes Jahr drei oder vier Fotoausstellungen statt. Sie wurde von einem Hongkonger Rechtsanwalt und Sammler historischer Leicas restauriert und in ein Museum verwandelt. In der Vergangenheit wurden hier Fotografien von Elliott Erwitt, Bruno Barbey und Robert Capa gezeigt. Ein Besuch ist nur nach Anmeldung möglich (telefonisch oder per E-Mail). In der Filiale **F22** (Karte S. 342; ☎852 9698 1122; www.f22.com; 5. OG, Amber Commercial Bldg, 70-74 Morrison Hill Rd, Wan Chai; ⌚Di–Sa 14–18 Uhr; 🚋Happy Valley) GRATIS ist eventuell auch etwas los.

INSIDERWISSEN

YIK CHEONG BUILDING: HONGKONG IM FILM

Die schäbige, unglaublich dicht stehende und wahnsinnig hoch aufragende Gruppe von farbenfrohen **Wohnblöcken** (益昌大廈; Monster Building; King's Rd, Quarry Bay; MTai Koo, Ausgang B), die eine perfekte Kulisse für Filme wie *Blade Runner* abgeben würde, gehört zu den meistfotografierten – und auf Instagram geposteten – Sehenswürdigkeiten der Stadt, besonders, seit sie in einem *Transformers*-Film zu sehen war. Das hat dazu geführt, das das Fotografieren inzwischen zum Schutz der Einwohner verboten wurde. Wenn man die 1026–28 King's Rd betritt, kann man aber (leise) einen Blick darauf werfen.

HONG KONG CEMETERY FRIEDHOF

Karte S. 342 (香港墳場; Wong Nai Chung Rd; 7–18 oder 19 Uhr; Happy Valley) GRATIS Überfüllt und kosmopolitisch – das Hongkong der Toten unterscheidet sich nicht von der Stadt der Lebenden. Die Grabsteine drängen sich dicht an dicht auf diesem christlichen Friedhof (1845), der sich neben den jüdischen, hinduistischen, parsischen und muslimischen Friedhöfen und dem St. Michael's Catholic Cemetery befindet. Die Grabstätten stammen aus der Mitte des 19. Jhs. und beherbergen Kolonialisten, Magnaten und Filmdiven.

HONG KONG RACING MUSEUM MUSEUM

Karte S. 342 (852 2966 8065; 2. OG, Happy Valley Stand, Wong Nai Chung Rd; 12–19 Uhr, an Renntagen bis 21 Uhr; Happy Valley) GRATIS Das Hong Kong Racing Museum präsentiert gefeierte Trainer, Jockeys und Pferde, die im Lauf der Jahre die Besucher des Happy Valley Racecourse begeistert haben. Die Briten konnten die Pferderennbahn gar nicht schnell genug anlegen – das älteste Foto, das ein Rasenoval auf einer kahlen Ebene inmitten von Hügeln zeigt, stammt aus dem Jahr 1865.

Das zentrale Ereignis des Happy Valley Racecourse – ungeachtet der individuellen Siege – war der schreckliche Brand im Jahr 1918, bei dem fast 600 Menschen starben. Das **Race Course Fire Memorial** (馬場先難友紀念碑; So Kon Po, Wan Chai; 5B, 8H, MCauseway Bay, Ausgang F1) erinnert an die Opfer.

Island East

★CHUN YEUNG STREET MARKET MARKT

(春秧街街市; Chun Yeung St, North Point; 8–18 Uhrm; MNorth Point, Ausgang A4) Fährt man mit der Straßenbahn Richtung North Point, findet man sich hinter Fortress Hill in einer schmalen Straße voller Marktstände und alter Mietshäuser wieder. Dies ist der berühmte Chun Yeung Street Market, auf dem um 17 Uhr so viel los ist, dass die Straßenbahn zwischen Händlern und Karren kaum durchkommt. Viele Geschäfte verkaufen Lebensmittel aus Fujian, die es nirgendwo sonst in Hongkong gibt. In North Point lebt eine riesige Fujian-Gemeinde; in der Chun Yeung St kann man den Fujian-Dialekt hören.

Wenn die Straßenbahn in die King's Rd einbiegt, passiert sie das unauffällige **Wah Fung Chinese Goods Centre** (華豐國貨公司; 852 2856 0333; Kiu Kwan Mansion, 395-421 King's Rd, North Point; 10.30–21 Uhr; MNorth Point, Ausgang A4). Früher befand sich in diesem Gebäude, der Kiu Kwan Mansion (僑冠大廈), das größte chinesische Warenhaus Hongkongs. Während der Unruhen im Jahr 1967 diente das Gebäude untergetauchten Kommunisten als Versteck.

★HONG KONG MUSEUM OF COASTAL DEFENCE MUSEUM

(香港海防博物館; 852 2569 1500; http://hk.coastaldefence.museum; 175 Tung Hei Rd, Shau Kei Wan; März–Sept. Fr–Mi 10–18 Uhr, Okt.–Feb. bis 17 Uhr; ; MShau Kei Wan, Ausgang B2) GRATIS Das großartige Museum befindet sich in einer Küstenfestung (erbaut 1887), die den östlichen Seezugang in den Hongkonger Hafen (über den schmalen Kanal Lei Yue Mun) bewachte. Es führt Besucher durch sechs Jahrhunderte der Küstenverteidigung, von marodierenden Piraten während der Ming-Dynastie bis zur Schlacht um Hongkong gegen die Japaner im Jahr 1941. Die Ausstellungen werden in der alten Redoute präsentiert. Draußen bietet sich eine herrliche Aussicht. Ein historischer Rundgang führt vorbei an Geschützstellungen, Tunneln und Beobachtungsposten bis fast hinunter zur Küste.

Wenn man aus der MTR-Station kommt, folgt man den Museumsschildern und gelangt in etwa 15 Minuten auf der Tung Hei Rd zum Museum. Bus 85 (Ausgang A3 nehmen) fährt zwischen North Point und Siu

Sai Wan die Shau Kei Wan Rd entlang und hält in der Tung Hei Rd vor dem Museum.

HONG KONG FILM ARCHIVE MUSEUM

(香港電影資料館; ☎Reservierungen 852 3761 6661, Auskunft 852 2739 2139, Infozentrum 852 2119 7360; www.filmarchive.gov.hk; 50 Lei King Rd, Sai Wan Ho; ⌚10–20 Uhr, Hauptkasse 12–20 Uhr, Infozentrum Mo & Mi–Fr 10–19, Sa bis 17, So 13–17 Uhr; Ⓜ Sai Wan Ho, Ausgang A) GRATIS Das Archiv ist ein Paradies für Kinoliebhaber. Hier lagern über 6300 Filmrollen und Bänder, außerdem Zeitschriften und Drehbücher aus der Kinogeschichte Hongkongs im Lauf der Jahrzehnte. Vor einem Besuch kann man sich den umfangreichen Online-Katalog (auch auf Englisch) anschauen. Zusätzlich bietet das Archiv Themenausstellungen und regelmäßige Vorführungen im hauseigenen **Kino**. Das aktuelle Programm ist online nachzulesen.

Von der MTR-Station läuft man auf der Tai On St Richtung Norden und biegt dann nach Westen auf die Lei King Rd ab.

PARA SITE GALERIE

(藝術空間; ☎852 2517 4620; www.para-site.org.hk; 22/F, Wing Wah Industrial Bldg, 677 King's Rd, Quarry Bay; ⌚Mi–So 12–19 Uhr; Ⓜ Quarry Bay, Ausgang C) GRATIS Kunstliebhaber werden begeistert sein, wenn sie dieses großartige versteckte Juwel entdecken. Die Galerie und Ausstellungsfläche befindet sich in der obersten Etage eines Büroturms. Die Ausstellungen werden von der etablierten unabhängigen Künstlergruppe Para Site organisiert und kuratiert. Der Schwerpunkt liegt auf Hongkonger und asiatischer Kunst mit universeller Bedeutung.

ESSEN

Wan Chai ist mit seinem reichen Angebot an unterschiedlichen Küchen in allen Preislagen das unangefochtene kulinarische Zentrum Hongkongs. Ob einem der Sinn nun nach mit Michelin-Sternen ausgezeichneter kantonesischer Molekularküche steht, nach traditionellem Gänsebraten oder nach dem gänzlich untouristischen Getümmel eines *cooked food market* – hier wird man fündig. Causeway bietet eine Fülle an zwanglosen Schnellrestaurants aller Art, North Point ist ein aufstrebendes Ziel für Feinschmecker und Kenner. Weiter weg warten Shau Kei Wan und Sai Wan Ho mit preiswerten kantonesischen Standardgerichten und Street Food auf.

Admiralty

★ LOCK CHA TEA SHOP VEGETARISCH, CHINESISCH $

Karte S. 340 (樂茶軒; ☎852 2801 7177; www.lockcha.com; EG, KS Lo Gallery, 10 Cotton Tree Dr, Hong Kong Park; Dim Sum 28–35 HK$, Tee ab 38 HK$; ⌚10–20 Uhr, Wochenende bis 21 Uhr, jeden 2. Di im Monat geschl.; ✎; Ⓜ Admiralty, Ausgang C1) Im üppig grünen Hong Kong Park serviert das Lock Cha aromatische chinesische Tees und vegetarische Dim Sum in einem auf Antik getrimmten Raum, der an ein altes Studierzimmer erinnert. Samstags von 19 bis 20.30 Uhr und sonntags von 16.30 bis 18.30 Uhr erklingt traditionelle Musik. Am besten reserviert man telefonisch.

Vorträge rund ums Thema Tee und Kurse mit Verkostung (1000 HK$ für drei Teeproben für bis zu fünf Pers.) können einen Tag im Voraus arrangiert werden; die Einzelheiten erfragt man telefonisch.

GREAT FOOD HALL SUPERMARKT, INTERNATIONAL $

Karte S. 340 (☎852 2918 9986; www.greatfoodhall.com; UG, Pacific Pl; Gerichte ab 100 HK$; ⌚10–22 Uhr; ✎; Ⓜ Admiralty, Ausgang F) Die Great Food Hall im Untergeschoss des eleganten Einkaufszentrums Pacific Place (S. 133) ist halb ein gehobener Feinkostladen, halb ein schicker Supermarkt. Hier kann man sich Sandwiches, belegte Brötchen, importierten Käse und abgepackten Salat für ein Picknick im benachbarten Hong Kong Park (S. 115 besorgen oder sich bei Triple O einen Hamburger zum Mitnehmen holen.

AMMO MEDITERRAN $$

Karte S. 340 (☎852 2537 9888; www.ammo.com.hk; Asia Society Hong Kong Centre, 9 Justice Dr; Hauptgerichte ca. 250 HK$; ⌚So–Do 11–23, Fr & Sa bis 24 Uhr; Ⓜ Admiralty, Ausgang F) „Militärschick" ist das Designmotto dieses modernen europäischen Restaurants. Die dekorativen Kupferakzente sollen an die Vergangenheit des Orts als britisches Munitionslager erinnern. Ob man das nun gelungen findet oder nicht – das Ambiente ist auf jeden Fall einzigartig. Das Ammo serviert mittags, abends und zum Brunch kleine Teller mit mediterraner Küche.

Es befindet sich im Asia Society Hong Kong Centre (S. 116). Täglich zwischen 15 und 17 Uhr wird Nachmittagstee serviert.

PURE VEGGIE HOUSE VEGETARISCH, CHINESISCH **$$**

Karte S. 340 (心齋; ☎852 2525 0556; 3. OG, Coda Plaza, 51 Garden Rd, Mid-Levels; Gerichte 250–500 HK$; ⌚10.30–22.30 Uhr; ✎; 🚌12A ab MTR-Station Admiralty) Das Essen dieses buddhistischen Restaurants geht weit über den üblichen Tofu mit Brokkoli hinaus: Hier werden innovative, köstliche vegetarische Gerichte mit Zutaten von Bio-Bauern aus der Gegend um die Stadt Heyuan in der Region Guangdong serviert. Alle Gerichte werden mit Natursalz und kaltgepresstem Erdnussöl zubereitet – und ohne Glutamat oder andere versteckte Ärgernisse. Die ausgezeichneten vegetarischen Dim Sum, die mittags auf den Tisch kommen, werden auch überzeugten Fleischessern schmecken.

SAN XI LOU SICHUAN-KÜCHE **$$**

Karte S. 340 (三希樓; ☎852 2838 8811; 7. OG Coda Plaza, 51 Garden Rd, Mid-Levels; Gerichte 200–400 HK$; ⌚11–22.30 Uhr; 🚌12A ab MTR-Station Admiralty) Frische Zutaten und der meisterhafte Einsatz von Kräutern machen das isoliert gelegene San Xi Lou zum besten Sichuan-Restaurant der Stadt. Unentschlossene Chili-Fans machen mit dem Eintopf nichts falsch, doch echte Liebhaber der Sichuan-Küche sollten den „im Wasser gekochten Fisch" (水煮魚) wählen: Dabei handelt es sich um Fischscheiben und geriebenes Gemüse in einer dunkelroten Brühe mit getrocknetem Chili und Sichuan-Pfeffer.

Viele Restaurants nehmen für dieses feurige Gericht Tiefkühlfisch, hier hingegen schmeckt man die delikate Süße des frischen Fischs und spürt die seidige Konsistenz. Am besten reserviert man einen Tisch am Fenster mit Blick auf die Botanic Gardens.

Wan Chai

KAM'S ROAST GOOSE KANTONESISCH **$**

Karte S. 342 (甘牌燒鵝; ☎852 2520 1110; www.krg.com.hk; 226 Hennessy Rd; Gerichte 80–200 HK$; ⌚11.30–21 Uhr; Ⓜ Wan Chai, Ausgang A2) Um in den Genuss der perfekt gebratenen Gänse zu kommen, muss man hier oft mindestens eine halbe Stunde anstehen. Das mit einem Michelin-Stern ausgezeichnete Kram's ist einer von zwei Ablegern des berühmten Yung Kee Restaurant (S. 86) in Central und wahrt dieselben strengen Standards für die Herkunft und die Zubereitung des Fleisches wie die Hauptfiliale. Am leckersten sind die Oberschenkel – saftig, aber nicht so fett –, die mit Dampfreis oder gewürzten Nudeln serviert werden.

Neben dem knusprigen Geflügel gibt's auch andere Fleischgerichte vom Grill wie Spanferkel. Wer Essen zum Mitnehmen bestellt, bekommt es in der Regel ohne Wartezeit.

PICI ITALIENISCH **$**

Karte S. 340 (☎852 2755 5523; https://pici.hk; 16 St Francis Yard; Pasta ca. 130 HK$; ⌚11.30–22.30 Uhr; Ⓜ Admiralty, Ausgang F) Die Pasta-Bar Pici ist ebenso wie das Thai-Restaurant Samsen (S. 123) ein typischer Vertreter des Hongkonger Trends „fast-casual 2.0" – qualitätsvolles Essen in zwanglosem Ambiente und mit eingeschränktem Service. Das Pici ist hip, der Koch spielt die Hauptrolle, und es richtet sich ebenso an einzelne Mittagsgäste wie an Freunde, die einen weinseligen Abend verbringen wollen. Die Pasta-Auswahl reicht von den namensgebenden *pici* (dicke Spaghetti aus der Toskana) mit Pecorino und Paprika bis zu Pappardelle mit langsam gegartem Schweinebacken-*ragú*. Zu Stoßzeiten kann es vorkommen, dass man warten muss.

LE PETIT SAIGON SANDWICHES **$**

Karte S. 340 (☎852 2455 2499; http://legarconsaigon.com; 12-18 Wing Fung St; *banh mi* 88 HK$; ⌚12–21 Uhr; ✎; Ⓜ Amiralty, Ausgang F) Wenn es Hongkongs alltägliches Eiersandwich mal einfach nicht bringt, sollte man es mit einem *banh mi* (vietnamesisches Sandwich) versuchen. Ob es authentisch ist, verrät das Brot. Zum Glück sind die Baguettes an dieser Theke knusprig und luftig. Gefüllt sind sie üppig mit Schweinefleisch, Hühnerfleisch oder Tofu und all den aromatischen Kräutern und pikanten Salatbestandteilen, die man an einem Saigoner Straßenstand erwarten würde.

HONBO BURGER **$**

Karte S. 340 (☎852 2567 8970; https://honbo.hk; 6-7 Sun St; Burger ab 88 HK$; ⌚12–16 & 17–22 Uhr; Ⓜ Admiralty, Ausgang F) Die saftigen *honbo* (kantonesisches Wort für Hamburger) sind delikat und köstlich. Sie werden mit regionalen Zutaten wie Rindfleisch und Gemüse aus den New Territories und Brötchen aus der Umgebung zubereitet. Der kantonesische Koch und Besitzer sorgt dafür, dass die Speisekarte (Rindfleisch und Käse, gebutterte Weichschalenkrabben oder gebratene Jakobsmuscheln) so kompakt und ordentlich ist wie der kleine Speiseraum. Dazu gibt's tolle Pommes und ein paar Hongkonger Craft-Biere vom Fass.

DIMDIMSUM
DIM SUM $

Karte S. 342 (點點心點心灣仔店; ☎852 3568 2770; www.dimdimsum.hk; 7 Tin Lok Lane; Dim Sum 18–40 HK$; ⏲10–23.30 Uhr; Ⓜ Causeway Bay, Ausgang A) Es gibt nur wenige bewährte und gute Restaurants in der Stadt, die Dim Sum bis abends servieren (meistens wird es zum Brunch gegessen). Aber da wäre ja noch DimDimSum, eine kantonesische Restaurantkette mit mehreren Filialen in ganz Hongkong. Hier bekommt man alle Klassiker: Rettichkuchen, lockere *char siu bao* (mit gegrilltem Schweinefleisch gefüllte Brötchen), Schweinefleisch- und Krabbenklöße sowie knusprige, gedämpfte Reisrollen.

LA CREPERIE
FRANZÖSISCH $

Karte S. 340 (☎852 2529 9280; 1. OG, 100 Queen's Rd E; pikante *galettes* ab 98 HK$, Crêpes ab 68 HK$; ⏲Mo–Fr 12–24, Sa 11.30–23, So 11–22 Uhr; Ⓜ Wan Chai, Ausgang A3) In dieser gemütlichen kleinen Crêperie, ähnlich wie man sie auch in einer bretonischen Küstenstadt finden würde, locken üppige pikante *galettes* (bretonische Buchweizenpfannkuchen) mit herzhaften Füllungen wie Reblochon-Käse und gewürfeltem Schinken sowie lockere Crêpes mit Eiscreme, Früchten und Schokolade. Dazu wird importierter Cidre in Schalen serviert.

CHUEN CHEONG FOODS
CHINESISCH $

Karte S. 342 (泉昌美食; ☎852 2575 8278; 150 Wan Chai Rd; 2 Stück stinkender Tofu 15 HK$; ⏲Mo–Sa 12.30–21 Uhr; Ⓜ Wan Chai, Ausgang A4) Wir schlendern gemütlich durch Wan Chai und nehmen plötzlich diesen Geruch wahr… Moment mal, ist hier ein Pferdestall in der Nähe? Nein, das ist nur der dungartige Geruch von stinkendem Tofu, einem Paradebeispiel für „schmeckt besser, als es riecht". Dieser beliebte Straßenstand (keine Ausschilderung in lateinischen Buchstaben) serviert den beliebten Snack nach Hongkong-Art: frittiert und mit Chilisauce und süßer Hoisin-Sauce.

CHRISLY CAFE
HONGKONG-KÜCHE $

Karte S. 342 (華星冰室; ☎852 2666 7766; www.chrislycafe.com.hk; Shop B1, EG, Kwong Sang Hong Bldg, 6 Heard St; Gerichte ab 38 HK$; ⏲7–23 Uhr; Ⓜ Wan Chai, Ausgang A4) Im wie ein traditionelles *cha chaan tang* (Teehaus) gestalteten Crisly Café, das der Gründer des Plattenlabels Mandopop eröffnet hat, gibt's gebutterte Ananasbrötchen, lockeres Rührei oder Toast mit Kondensmilch und Erdnussbutter.

★ SEVENTH SON
KANTONESISCH $$

Karte S. 342 (家全七福; ☎852 2892 2888; www.seventhson.hk; 3. OG, Wharney Guangdong Hotel, 57-73 Lockhart Rd; Gerichte ab 350 HK$; ⏲11.30–15 & 18–22.30 Uhr; Ⓜ Wan Chai, Ausgang C) Der lohnenswerte Ableger des berühmten und für seine hohen Preise berüchtigten Fook Lam Moon (S. 160; wegen der hier verkehrenden Filmstars und Politiker auch Tycoon's Canteen genannt) serviert die gleiche Hausmannskost wie das FLM sowie ein paar extravagante Meeresfrüchtegerichte. Das Essen ist exzellent, die Preise sind fair und der Service ist genauso hervorragend wie der, den die Stammgäste des FLM genießen.

★ SAMSEN
THAILÄNDISCH $$

Karte S. 342 (泰麵; ☎852 2234 0001; 68 Stone Nullah Lane; Gerichte ab 118 HK$; ⏲12–14.30 & 18.30–23 Uhr; Ⓜ Wan Chai, Ausgang D) Ein Bissen des köstlichen Pad Thai und aus der Queen's Rd East wird die Khao San Rd. Doch da im hippen kleinen Samsen ein australischer Koch das Sagen hat, wird der gute alte Backpackerklassiker mit Riesengarnelen aufgemotzt und mit pikanten thailändischen Salaten serviert. Dazu gibt's Craft-Bier von Moonzen. Man sollte sich auf eine Warteschlange gefasst machen.

LIU YUAN PAVILION
SHANGHAI-KÜCHE $$

Karte S. 342 (留園雅敘; ☎852 2804 2000; 3. OG, The Broadway, 54-62 Lockhart Rd; Gerichte 200–600 HK$; ⏲12–14.30 & 18–22.30 Uhr; Ⓜ Wan Chai, Ausgang C) In diesem hellen, freundlichen Restaurant in hübschen Gelbtönen gibt's fantastische Klassiker der Shanghai-Küche, von *xiao long bao* (Suppenklöße) mit Krabbenfleisch bis zu zarter geschmorter Schweinshaxe. Das Restaurant hat in der Shanghai-Gemeinde viele treue Fans, also besser reservieren. An Gemeinschaftstischen und großen Tischen finden auch Gruppen Platz.

KIN'S KITCHEN
KANTONESISCH $$

Karte S. 342 (留家廚房; ☎852 2571 0913; 5. OG, W Sq, 314–324 Hennessy Rd; Gerichte 180–450 HK$; ⏲12–15 & 18–23 Uhr; Ⓜ Wan Chai, Ausgang A2) Der einstige Kunstkritiker und jetzige Gastronom Lau Kin verbindet in diesem unprätentiösen Restaurant seinen Sinn für Kunst mit seiner Leidenschaft für regionale Produkte. Der Fokus liegt auf kreativ interpretierten kantonesischen Klassikern. Lau, mit seinem silbernen Haar und den rosigen Wangen ein echter Bonvivant, erklärt seiner Kundschaft manchmal die Besonderheiten der vier verschiedenen Sorten von weißem Reis auf der Karte.

Ausgezeichnetes Dim Sum (2 Stück muss man mindestens bestellen) wird nur mittags serviert.

KASA KANTONESISCH, DESSERTS **$$**

Karte S. 342 (家香; ☎852 2659 9189; Suite 103, 1/F Shui On Centre, 6-8 Harbour Rd; Hauptgerichte ab 120 HK$; ⏲Mo–Fr 8–21.30, Sa 12–21 Uhr; ⓂWan Chai, Ausgang C) Das kreative und bezahlbare Kasa experimentiert in seiner einfachen offenen Küche mit typisch chinesischen und westlichen Gerichten. Meeräsche wird mit einer Sauce aus fermentierten Bohnen serviert, Reis aus dem Tontopf wird mit vakuumgegartem Schweinefleisch zubereitet, die geschmorten Rippchen sind, von Shanghai inspiriert, à la *dongpo* gewürzt, und die Schottischen Eier kommen mit *lap cheung* (kantonesische Wurst) anstelle von Hackfleisch auf den Tisch.

22 SHIPS TAPAS **$$**

Karte S. 342 (☎852 2555 0722; www.22ships.hk; 22 Ship St; Tapas 88–198 HK$; ⏲12–15 & 18–23 Uhr; ⓂWan Chai, Ausgang B2) Der winzige, trendige Tapas-Laden nimmt keine Reservierungen an, darum muss man oft anstehen, um in den Genuss der verspielten kleinen Gerichte des jungen britischen Kochs Aaron Gillespie zu gelangen. Es gibt u.a. Jakobsmuschel-Ceviche mit *yuzu*, einer sauren asiatischen Zitrusfrucht (138 HK$), oder wunderbar gebräuntes Spanferkel mit Ananas und *piquillo*-Paprika (198 HK$).

PAWN KITCHEN BRITISCH **$$**

Karte S. 342 (☎852 2866 3444; www.thepawn.com.hk; 62 Johnston Rd; Hauptgerichte ab 200 HK$; ⏲Mo–Sa 11–14, So bis 24 Uhr; ⓂWan Chai, Ausgang A3) Das Pawn residiert in der 2. Etage eines historischen Gebäudes mit großen Balkons und beeindruckt mit seiner modernen britischen Küche: in Malzbier gedämpfte Muscheln mit „großen Pommes“, rustikaler Fisch-Pie und nicht zuletzt das Vorzeigegericht des Gründers und Kochs Tom Aiken, den Käsemakkaroni mit geschmortem Rind, Hummer oder Trüffeln. Bei der Reservierung fragt man am besten nach einem Tisch auf dem Balkon.

HONG ZHOU RESTAURANT ZHEJIANG **$$**

Karte S. 342 (杭州酒家; ☎852 2591 1898; 1. OG, Chinachem Johnston Plaza, 178–186 Johnston Rd; 200–800 HK$; ⏲11.30–14.30 & 17.30–22.30 Uhr; ⓂWan Chai, Ausgang A5) Das bei Gourmetkritikern beliebte Restaurant punktet mit exzellenter Hángzhōu-Küche, der delikaten Schwester der Shanghai-Küche. Die Gerichte, darunter Garnelenpfanne mit Teeblättern, sollen alle Sinne anregen. Die Variante von Dongpo-Schwein (東坡肉), saftig geschmortem Schweinebauch, benannt nach einem kulinarisch interessierten Dichter, ist eine köstliche Cholesterinbombe.

MEGAN'S KITCHEN KANTONESISCH, HOTPOT **$$**

Karte S. 342 (美味廚;☎852 2866 8305; 165-171 Wan Chai Rd, 5. St., Lucky Centre; Hotpot 200–300 HK$/Pers.; ⏲12–15 & 18–23.30 Uhr; ⓂWan Chai, Ausgang A3) Im Megan's kann man aus

MÄRKTE IN WAN CHAI

Die Gegend zwischen der Queen's Rd East und der Johnston Rd in Wan Chai ist ein quirliger Open-Air-Basar, in dem sich Verkäufer, Besucher und parkende Autos drängen. In der Cross St und Wan Chai Rd locken farbenfrohe **Wet Markets** (灣仔街市; Karte S. 342; Zenith, 258 Queen's Rd E; ⏲6–20 Uhr; ⓂWan Chai, Ausgang A3). In der **Tai Yuen St** (Karte S. 342; ⏲10–19.30 Uhr; ⓂWan Chai, Ausgang A3), von den Einheimischen „Spielzeugstraße“ (玩具街; *woon gui kaai*) genannt, gibt es Stände, die Goldfische, Plastikblumen und altmodische Unterwäsche verkaufen. Am bekanntesten ist sie aber wegen der sinkenden Zahl traditioneller Spielwarengeschäfte, die nicht nur typische Spielsachen, sondern auch Blechspielzeug von Clockwork und andere Sammlerstücke im Angebote haben – und diese lassen auch die Herzen von Erwachsenen höher schlagen. Eine wahre Fundgrube sind die skurrilen Geschäfte in der Spring Garden Lane und der Wan Chai Rd, wo es von Gewürzen über Begräbnisbeigaben bis zu elektronischem Schnickschnack nichts gibt, was es nicht gibt.

verschiedenen Brühen wie *tom yum* oder „Hummer-Borschtsch" wählen, die der klassischen Hotpot-Erfahrung einen modernen Kick verleihen, obwohl Klassiker wie die scharfe Sichuan-Suppe genauso gut sind. Die umfangreiche Karte mit Sachen zum Dippen reicht vom üblichen Standard (Pilze, Fischstücke, Tofu) bis zu Avantgarde (die fabelhaften Regenbogen-Tintenfischbällchen muss man probieren).

Wie alle Hotpot-Restaurants besucht man das Megan's am besten mindestens zu viert. Durch die unterteilten Hotpots kann man bis zu drei Brühen probieren, also je mehr Leute, desto besser. Vorab telefonisch reservieren, vor allem am Wochenende. Wer auf Party aus ist, kann für 168 HK$ pro Person so viel Wein trinken, wie er will.

BO INNOVATION — CHINESISCH $$$

Karte S. 342 (廚魔; ☎852 2850 8371; www.boinnovation.com; 1. OG, 60 Johnston Rd; Mittagsmenü 750 HK$, Probiermenü 900 HK$, Probiermenü abends 2280–2680 HK$; ⏲Mo–Fr 12–14, Mo–Sa 19–22 Uhr; Ⓜ Wan Chai, Ausgang B2) Leidenschaftliche Gourmets mit dem nötigen Kleingeld werden in diesem mit drei Michelin-Sternen ausgezeichneten GastroLab unbedingt essen wollen. Es wird vom „Dämonenkoch", dem Hongkonger Alvin Leung, geleitet. Leung, der für seine einzigartige „X-Treme Cuisine" gefeiert wird, wirft alle üblichen Regeln über den Haufen und erfindet traditionelle chinesische Gerichte auf mutige und oft drastische Weise neu.

Causeway Bay

CAFE MATCH BOX — HONGKONG-KÜCHE $

Karte S. 344 (喜喜冰室; ☎852 2868 0363; www.cafematchbox.com.hk; 57 Paterson St; Frühstücksmenüs ab 36 HK$; ⏲8–23 Uhr; Ⓜ Causeway Bay, Ausgang D1) Das winzige Match Box ist eine hippe Reminiszenz an die *bing sutt* der 1950er-Jahre (wörtlich „Eiszimmer"), den Lokalen im Stil westlicher Cafés, die die Vorläufer der *cha chaan tang* waren. Mandopop-Objekte, ein antiker Cola-Kühlschrank und Retro-Buswartehäuschen bilden die Kulisse für die Rote-Bohnen-Getränke, lockeren Eiersandwiches, Makkaroni und Haferbrei mit Toast – viel Toast. Die Lage in einer Gasse verstärkt die besondere Atmosphäre noch.

NAGI RAMEN — JAPANISCH $

Karte S. 344 (凪豚骨拉麵; 3 King St, Tai Hang; Ramen ab 82 HK$; ⏲Di–So 12–15 & 18–20.45 Uhr; Ⓜ Tin Hau, Ausgang B) Der winzige Ramen-Laden mit nur vier Tischen könnte auch in Shibuya stehen. Hier kann man die nahezu perfekten Nudel- und Schweineknochenbrühen des in Japan ausgebildeten Kochs schlürfen. Die Gäste können sich mit Zutaten wie Gewürzen, Salz und Knoblauch sowie mit Extras, z. B. weichgekochten Eiern, ihre Lieblingsbrühe zusammenstellen, dabei hilft ein zweisprachiges Blatt zum Ankreuzen.

SISTER WAH — NUDELN $

Karte S. 344 (華姐清湯腩; ☎852 2807 0181; 13 Electric Rd, Tin Hau; Nudeln 48 HK$; ⏲11–22.45 Uhr; Ⓜ Tin Hau, Ausgang A2) Einheimische und Traveller drängen sich in diesem Ecklokal und lassen sich flache Reisnudeln mit Rinderbrust oder Sehnen in klarer Brühe schmecken. Ältere Gäste essen dazu gern eine Schüssel gekochten Winterrettich.

ATUM DESSERANT — DESSERTS $

Karte S. 344 (☎852 2377 2400, 852 2956 1411; www.atumhk.com; 16. OG, The L Square, 459-461 Lockhart Rd; Desserts ab 138 HK$; ⏲13–23.30 Uhr; ✎; Ⓜ Causeway Bay, Ausgang C) In dieser Dessertbar mit skandinavischem Flair setzt man sich am besten auf einen Hocker und beobachtet, wie mithilfe von flüssigem Stickstoff und den Künsten des Besitzers, der jahrelang Konditor im Mandarin Oriental war, ausstellungsreife Kreationen entstehen. Die „Improvisation" (348 HK$ für zwei Pers.) besteht aus Konfekt, Obst und Eiscreme, die auf eine Platte „gemalt" werden und wie eine Fusion aus Jackson Pollock und Monet wirken.

HO HUNG KEE — NUDELN $

Karte S. 344 (何洪記; ☎852 2577 6028; 12. OG, Hysan Pl, 500 Hennessy Rd; Nudeln ab 40 HK$; ⏲11.30–23.30 Uhr; Ⓜ Causeway Bay, Ausgang F2) Im Ho werden leckere Nudeln, Wan Tan und Congee nach den traditionellen Rezepten der Kette, die auf eine 70-jährige Geschichte zurückblickt, zubereitet. Die funktionieren noch heute bestens, ebenso wie die Dim Sum und kantonesischen Klassiker, die neuerdings das Angebot bereichern. Leider hat der Laden in dem fensterlosen Einkaufszentrum wenig Atmosphäre. Zur Mittagszeit ist es hier allerdings immer brechend voll – und das nicht erst, seit das Ho Hung Kee einen Michelin-Stern erhielt.

Im Flughafen befindet sich eine weitere Filiale.

LAB MADE ICE CREAM DESSERTS $

Karte S. 344 (分子雪糕專門店; ☎852 9355 4476; www.labmade.com.hk; 6 Brown St, Tai Hang; Eiscremes ab 47 HK$; ⏲14–24, So bis 23 Uhr; ✎; Ⓜ Tin Hau, Ausgang B) Ein köstliches Experiment: Die Eiscreme von Lab Made wird mit flüssigem Stickstoff und einem Mixer hergestellt, jede Kugel auf Bestellung geformt und in einer Dampfwolke serviert. Auf der wechselnden Karte stehen täglich vier Sorten, eine Mischung aus den üblichen Verdächtigen (z. B. Schokolade oder Mango) und purer Magie, die es nur in Hongkong gibt (Kondensmilch und Erdnussbutter, lila Reis und sogar Mondkuchen).

YU SICHUAN-KÜCHE, NUDELN $

Karte S. 344 (渝酸辣粉; ☎852 2838 8198; 4 Yiu Wa St; Gerichte ab 100 HK$; ⏲12–17 & 18–23 Uhr; Ⓜ Causeway Bay, Ausgang A) In diesen unauffälligen kleinen Laden strömen Gäste, die süchtig nach Sichuan-Pfeffer sind. Sie sind auf der Suche nach dem kribbelnden, betäubenden *ma-la*-Geschmack, der sich nur einstellt, wenn die Sichuan-Gerichte richtig zubereitet werden. Den Schärfegrad der Nudeln, von mild bis zu maximal, kann man selbst wählen, und es gibt auch einige Speisen, die nicht scharf sind.

BOWRINGTON ROAD MARKET MARKT $

Karte S. 342 (鵝頸街市; 21 Bowrington Rd; Gerichte ab 35 HK$; ⏲6–20 Uhr; Ⓜ Causeway Bay, Ausgang A) Dies ist einer der quirligsten Wet Markets der Gegend. Er hat eine Markthalle, einen Außenbereich und in der oberen Etage ein „Cooked Food Centre" mit vielen *dai pai dong* (大牌檔, Imbissstand), an denen bis 2 Uhr billige Speisen verkaufen werden.

DELICIOUS KITCHEN SHANGHAI-KÜCHE $

Karte S. 344 (☎852 2577 8350, 852 2577 7720; 9-11B Cleveland St; Gerichte 55–120 HK$; ⏲11–23 Uhr; Ⓜ Causeway Bay, Ausgang E) Die Hauptattraktion dieses lebhaften kleinen Lokals ist der Reis nach Shanghai-Art, der mit zerkleinertem Chinakohl gekocht und mit Fleisch oder Meeresfrüchten serviert wird – auf der Karte findet er sich unter „steamed rice with vegetables". Das legendäre mit Honig glasierte Schweinekotelett schmeckt dazu am besten. Die dicken, mit Gemüse gefüllten Wan Tan und das herrlich knusprige gebratene Tofu sind ebenfalls sehr lecker.

★KAM'S KITCHEN KANTONESISCH $$

Karte S. 344 (甘飯館; ☎852 3568 2832; 5 Mercury St, Tin Hau; Mittagessen 60-300 HK$, Abendessen ab 200 HK$; ⏲11.30–15 & 18–22.30 Uhr; Ⓜ Tin Hau, Ausgang A1) Eine Familienfehde im altehrwürdigen Yung Kee in Central führte zur Eröffnung dieses fantastisch preiswerten Ablegers. Kam's Kitchen serviert klassische, aufwendige kantonesische Gerichte wie mit Krabbenrogen gefüllte Garnelen und Austern mit Ingwer und Zwiebeln. Natürlich gibt's auch die berühmte Gans, gebraten oder im eigenen Fett auf gebratenem Reis.

Die gebratene Gans für 60 HK$ ist nur mittags im Angebot. Vom schäbigen Speiseraum mal abgesehen ist die Gans genauso klasse wie die im Sternerestaurant Kam's Roast Goose (S. 122), aber nicht so runzlig.

CHOI'S KITCHEN KANTONESISCH $$

Karte S. 344 (私房蔡; ☎852 3485 0501; Shop C, EG, Hoi Kok Mansion, 9 Whitfield Rd, Tin Hau; Reis aus dem Tontopf 138 HK$; ⏲Mo–Sa 11–22 Uhr; Ⓜ Tin Hau, Ausgang A2) Das kantonesische Restaurant war ursprünglich ein *dai pai dong* (大牌檔; Imbissstand) und ist für seinen Reis aus dem Tontopf bekannt, der mit Konservenwurst, gedämpftem Hühnchen oder geräucherter Ente serviert wird. Den Reis, der auf Bestellung gekocht wird (30 Min.), gibt's nur abends. Die kostbaren Stücke, die am Tontopf angebacken sind, entfernt man mit dem mitgelieferten Metalllöffel.

PAK LOH CHIU CHOW KANTONESISCH $$

Karte S. 344 (百樂潮州; ☎852 2576 8886; www.pakloh.com; 23-25 Hysan Ave; Mittagessen/Abendessen ab 200/300 HK$; ⏲11–23 Uhr; Ⓜ Causeway Bay, Ausgang A) Man sieht dem ordentlich renovierten Restaurant nicht an, dass es ein Veteran der Chiu-Chow- (Chaozhou-)Küche ist, einer regionalen Variante der kantonesischen Küche, die für ihre grandiosen Meeresfrüchtegerichte berühmt ist. Ob man sich an Klassiker wie das Fischgericht Bombay Duck mit Salz und Pfeffer (nach Tangerinenöl zum Dippen fragen), an marinierte Gans oder herzhaftes Austernomelett hält oder ob man sich eine riesige gedämpfte Krabbe gönnt, die kalt gegessen wird – aufs Pak Loh ist immer Verlass.

TAI PING KOON CHINESISCH $$

Karte S. 344 (太平館餐廳; ☎852 2576 9161; www.taipingkoon.com; 6 Pak Sha Rd; Menüs ab 170 HK$; ⏲11–23.30 Uhr; Ⓜ Causeway Bay, Ausgang F) Viele chinesische Gerichte wurden ja dem westlichen Geschmack angepasst, doch hier verhält es sich genau andersherum. Traditionelle europäische Gerichte wie gebackene Schnecken, „Schweizer" Hähnchenflügel und russischer Borschtsch werden in ordentlichem, wenn auch leicht abgenutztem Ambiente von Kellnern serviert, die hier schon seit Jahrzeiten arbeiten.

Die „Soy Sauce Western' Cuisine" soll ursprünglich vom Originalrestaurant Tai Ping Koon in Guangzhou erfunden worden sein. In der Stadt gibt's mehrere Filialen.

YEE TUNG HEEN DIM SUM, KANTONESISCH $$$
Karte S. 344 (怡東軒; ☎852 2837 6790; 2. OG, Excelsior Hotel, 281 Gloucester Rd; Mittag-/Abendessen ab 200/500 HK$; ⌚12–15 & 18–22 Uhr; Ⓜ Causeway Bay, Ausgang D1) Das elegante, unaufgeregte Restaurant unter Leitung des Mandarin Oriental ist Experte für kantonesische Haute Cuisine. Essen und Service haben die fürs Mandarin typische Qualität, man zahlt jedoch ein Drittel weniger (außerdem ist das Reservieren einfacher). Beste Zutaten werden kunstvoll verarbeitet und eindrucksvoll angerichtet, das gilt auch für Dim Sum zum Mittagessen, darunter Auberginenpastete und eine preisgekrönte Pilzauswahl.

FORUM KANTONESISCH, DIM SUM $$$
Karte S. 344 (富臨飯店阿一鮑魚; Ah Yat Abalone; ☎852 2869 8282; www.forumrestaurant1977.com; 1. OG, Sino Plaza, 255-257 Jaffe Rd; Gerichte 500–1600 HK$; ⌚11–14.30 & 17.30–22.30; Ⓜ Causeway Bay, Ausgang D4) Das mit zwei Michelin-Sternen ausgezeichnete Forum ist das Vorzeigeschild einer Restaurantkette für gehobene Küche und serviert exquisite Klassiker aus Guangdong (mittags auch Dim Sum). Vor allem ist es aber für seine geschmorte Abalone berühmt, die nach einem Rezept des preisgekrönten Kochs und Besitzers Yeung Koon-yat zubereitet wird. Die schlechte Neuigkeit: Sie kostet ab 2100 HK$ (billiger wird es, wenn man das Menü wählt, das aber nur für sechs Personen serviert wird).

FARM HOUSE KANTONESISCH $$$
Karte S. 344 (農圃飯店; ☎852 2881 1331; www.farmhouse.com.hk; 1. OG, Taiping Tower, 8 Sunning Rd; Gerichte 500–1500 HK$; ⌚11–14.30 & 18–22.30 Uhr; Ⓜ Causeway Bay, Ausgang F1) Es ist leicht zu verstehen, warum wohlhabende Familien aus der Umgebung in diesem alteingesessenen Restaurant speisen, wenn ihre Hausangestellten im Urlaub sind. Die großartigen Variationen von Hausmannskost wie gedämpfte Schweinfleischfrikadellen mit Enteneiern, aber auch die anspruchsvolleren kantonesischen Gerichte, z. B. frittierte, vom Knochen gelöste Hühnerflügel, gefüllt mit Klebreis, sind kaum zu übertreffen. Das Ambiente ist entspannt und elegant.

Wer hier freitags oder am Wochenende essen möchte, sollte ein paar Tage im Voraus buchen.

WEST VILLA KANTONESISCH, DIM SUM $$$
Karte S. 344 (西苑酒家; ☎852 2882 2110; 5. OG Lee Gardens One, 33 Hysan Ave; Gerichte ab 500 HK$; ⌚11–23.30 Uhr; Ⓜ Causeway Bay, Ausgang A) Dieses elegante Restaurant befindet sich über einem noblen Einkaufszentrum. Die Becken mit Königskrabben, die langen Reihen von Chateau-Margaux-Weinen und die Speisekarte mit vielen extrem teuren Abalone-Gerichten können schon etwas einschüchternd wirken. Sehr gut ist auch das *char siu* (gegrilltes Schwein, 198 HK$): an den Rändern leicht angekohlt und mit dem perfekten Verhältnis von magerem und fettem Fleisch. Das Hühnchen in Sojasauce ist geradezu göttlich und die Dim Sum, die mittags im Angebot sind, sind exquisit.

Happy Valley

CHEONG KEE HONGKONG-KÜCHE $
(昌記; ☎852 2573 5910; 2. OG, Wong Nai Chung Market & Cooked Food Centre, 2 Yuk Sau St; Gerichte ab 30 HK$; ⌚7–16.30 Uhr; 🚌1 ab Des Voeux Rd Central, 🚋Happy Valley) Dieser schäbige kleine *dai pai dong* über einem Wet Market ist einer der ehrwürdigsten *cha chaan tangs* Hongkongs. Seine Gäste lieben den ultradicken, mit Kondensmilch und Erdnussbutter getränkten Toast. Der Milchtee ist süß und samtig, die regionale Hausmannskost wie Nudeln mit Schweinekotelett oder *char siu* mit Ei ist weit überdurchschnittlich.

Es ist gleich der erste Stand, wenn man das „Cooked Food Centre" betritt. Es gibt zwar keine englische Speisekarte, doch die Mitarbeiter sprechen ein wenig Englisch.

GI KEE SEAFOOD RESTAURANT DAI PAI DONG, KANTONESISCH $
(銇記海鮮飯店; ☎852 2574 9937; Shop 4, 2. OG, Wong Nai Chung Wet Market & Cooked Food Centre, 2 Yuk Sau St; Gerichte ab 150 HK$; ⌚11–13.30 & 17–23 Uhr; 🚌1 von Des Voeux Rd Central, 🚋Happy Valley) Es kann sei, dass man an dem *dai pai dong* über einem Wet Market auf einen freien Plastikhocker warten muss, ehe man sich über die köstlichen kantonesischen Gerichte wie Hühnchen mit gebratenem Knoblauch hermachen kann. Der Mann in der Küche, Chan Chung-fai, hatte vor einigen Jahren

eine riesige Fangemeinde, zu der auch Stars wie Zhang Ziyi und Jackie Chan gehörten.

Wenn man das „Cooked Food Centre" betritt, ist es der dritte Stand auf der linken Seite, zwei Stände hinter dem Cheong Kee.

Island East

★ON LEE NOODLE NUDELN $

(☎852 2513 8398; 22 Main St E, Shau Kei Wan; Nudeln ab 40 HK$; ⏲Fr–Mi 9–19 Uhr; Ⓜ Shau Kei Wan, Ausgang B2) Das Highlight ist hier die unglaublich zarte Rinderbrust, die mit Nudeln gegessen wird, entweder in einer Suppe oder mit Sojasauce verrührt (eine kleine Schale Fleischbrühe gibt's zusätzlich). Wer richtig hungrig ist, kann dazu Fischbällchen, Wan Tan oder noch mehr Rinderbrust bestellen. Das On Lee Noodle liegt günstig für eine Pause nach dem Besuch des nahen Hong Kong Museum of Coastal Defence (S. 120).

★TIM HO WAN – NORTH POINT DIM SUM $

(添好運; ☎852 2979 5608; www.timhowan.com.hk; 2-8 Wharf Rd, Seaview Bldg, North Point; Dim Sum ab 18 HK$; ⏲10–21.30 Uhr; Ⓜ North Point, Ausgang A3) Hongkongs Dim-Sum-Kette, berühmt für ihr tolles Preis-Leistungs-Verhältnis, ist inzwischen ein globales Unternehmen mit Filialen in Asien, Australien und den USA. In dieser Filiale geht es weniger hektisch zu als in anderen, und die Fensterwand und die größeren Tische sorgen für ein schöneres Ambiente als im Originalrestaurant in Mong Kok. Auf die Qualität kann man sich verlassen: sehr gut, aber nicht auf Gourmetniveau.

★SUN KWAI HEUNG CHINESISCH $

(新桂香燒臘; ☎852 2556 1183; 17, Kam Tam Yun House, 345 Chai Wan Rd, Chai Wan; Gerichte ab 47 HK$; ⏲8–21 Uhr; Ⓜ Chai Wan, Ausgang C) Der abseits gelegene Laden serviert einmaliges kantonesisches Grillfleisch – und man muss nicht wie in den bekannteren Restaurants anstehen. Mehrmals am Tag kommt *char siu* (gegrilltes Fleisch), karamellisiert und mit gebräunten Rändern, frisch vom Grill.

SIU WAH KITCHEN KANTONESISCH $

(紹華小廚; ☎852 8199 8188; Shop CF3, Aldrich Bay Market Cooked Food Centre, Aldrich Bay, Shau Kei Wan; Reis aus dem Tontopf ab 72 HK$; ⏲Di–So 10–22 Uhr; Ⓜ Shau Kei Wan, Ausgang B3) Dieser einfache Stand bereitet Reis aus dem Tontopf nach traditioneller Weise auf Holzkohle zu. Auf diese Weise kocht der Reis gleichmäßiger als mit Gas und erhält eine wunderbare Kruste. Zu den ungewöhnlicheren Varianten gehören Taro mit Schweinefleisch (芋頭肉碎飯) sowie Hammel und Kumin (疆土羊肉). Nachdem man den Reis mit süßer Sojasauce beträufelt hat, sollte man ein paar Minuten warten, sodass eine knusprige karamellisierte Schicht entsteht. Die Geschmacksknospen werden es einem danken!

MASTER LOW KEY FOOD SHOP WAFFELN $

(低調高手大街小食; ☎852 6986 8500; 76A Shau Kei Wan Main St E, Shau Kei Wan; Eierwaffeln ab 16 HK$; ⏲Mo–Fr 12–22, Sa & So 11–22 Uhr; ✎; Ⓜ Shau Kei Wan, Ausgang B1) Master Low Keys Eierwaffeln (雞蛋仔) gehören zu den besten der Stadt. Die köstlichen, luftigen Bällchen mit goldener Kruste und weichem Eikern sind der beliebteste Snack Hongkongs. Auf den Tisch kommen auch belgische Waffeln mit Erdnussbutter und Kondensmilch oder nach Hongkonger Art mit Schinken.

Der Food Shop ist direkt außen beim Ausgang B1 der MTR-Station Shau Kei Wan.

★TUNG PO SEAFOOD RESTAURANT MARKT, KANTONESISCH $$

(東寶小館; ☎852 2880 5224, 852 2880 9399; 2. OG, Java Rd Wet Market, Municipal Services Bldg, 99 Java Rd, North Point; Gerichte 200–600 HK$; ⏲17.30–24 Uhr; Ⓜ North Point, Ausgang A1) Eine herzhafte Mahlzeit ist an jedem *dai pai dong* über dem Java Rd Wet Market garantiert, doch im Tung Po (und seiner Schwesterfiliale, 店小二) kommt man in den Genuss etwas teurerer kantonesischer Fusionsküche mit einem Hauch von Exzentrik. Von Donnerstag bis Samstag ist dies das wildestes Restaurant Hongkongs, denn dann fließt das in Schalen servierte Bier in Strömen und R&B-Musik dröhnt aus den Lautsprechern.

Empfehlenswerte Gerichte sind das Brathähnchen, die nach thailändischer Art gebratenen Venusmuscheln und die auf dem Holzkohlegrill gegarten Garnelen. Wer nach 19 Uhr kommen will, sollte reservieren (zwischen 14.30 und 17.30 Uhr anrufen). Um 21 Uhr geht es am lebhaftesten zu. Die großen Tische eignen sich am besten für Gruppen.

AUSGEHEN & NACHTLEBEN

Ursprünglich zog es viele Trinkfreudige in die Lockhart Rd östlich von Central, weil dort wenigstens ein bisschen was

los war und das auch noch spätabends. Doch inzwischen haben etliche einzigartige Bars und Kneipen in der Nähe der Queen's Rd East dafür gesorgt, dass das Nachtleben in Wan Chai deutlich aufregender geworden ist. Hippe, legere Bars, die Craft-Biere und Cocktails servieren, sind rund um die Sun St, Moon St und Star St sowie in der Umgebung des Blue House wie Pilze aus dem Boden geschossen. Die Ausgehszene in Causeway Bay hat mittlerweile ebenfalls mehr zu bieten als japanische Whiskybars, z. B. Spezialitätenbars und Eckcafés in Tai Hang und „Caroline Haven". Und auch die Gourmetkaffeekultur fasst allmählich Fuß.

Admiralty

CAFE GREY — BAR

Karte S. 340 (☎852 2918 1838; www.upperhouse.com; 88 Queensway, Pacific Pl; ⌚18–22.30, Fr & Sa bis 24 Uhr; Ⓜ Admiralty, Ausgang F) Ins Cafe Grey im 49. Stock des Upper House (S. 249) kommen viele Büroangestellte, um nach der Arbeit etwas zu trinken, zu essen und in der Atmosphäre eines exklusiven Clubs mit ihren Kumpels aus der Geschäftswelt abzuhängen. Auch wenn man nicht auf Firmenrechnung einkehren kann, sollte man sich wegen des Hafenblicks einen Drink an der 14 m langen steinernen Bar gönnen.

Das Cafe Grey ist übrigens auch ein beliebter Treffpunkt für den Nachmittagstee (15.30–17.30 Uhr).

Wan Chai

★ BOTANICALS — BAR

Karte S. 342 (Botanical Bar; ☎852 2866 3444; www.thepawn.com.hk; 1. OG, 62 Johnston Rd; ⌚So–Do 11.30–1, Fr & Sa bis 2 Uhr; Ⓜ Wan Chai, Ausgang A3) Ins Botanicals im 1. Stock des prachtvollen historischen Gebäudes The Pawn (S. 124) zieht's viele Angestellte, die in den beiden stilvollen Bars oder auf der eleganten Veranda im Kolonialstil etwas trinken wollen. Neben offenen Weinen und Craft-Bieren gibt's ab 17 Uhr auch kreative Cocktails, darunter exquisite Negronis (100–140 HK$), die mit verschiedenen Gin-Infusionen, edlen Wermutweinen und Kräuterzusätzen gemixt werden.

Freitags und samstags legen ab 20 Uhr DJs auf. Einmal im Monat veranstaltet die Bar auf dem Dach Cocktailkurse, die man auf der Website buchen kann.

★ STONE NULLAH TAVERN — BAR

Karte S. 342 (☎852 3182 0128; www.stonenullahtavern.com; 69 Stone Nullah Lane; ⌚12–1 Uhr; Ⓜ Wan Chai, Ausgang A3) Die Eckkneipe mit dezentem amerikanischen Motto bietet die beste Happy Hour Wan Chais mit unbegrenzten Hausspirituosen, Weinen, Bier von Pabst Blue Ribbon, Brathähnchen und Ahornschinken (17–19 Uhr, 100 HK$). In der übrigen Zeit ist sie ein geselliger Treff in einem hippen historischen Viertel und serviert gut gemixte Cocktails (99 HK$), Bourbon und Craft-Biere von Young Master.

DJIBOUTII — BAR

Karte S. 340 (☎852 9449 0777; 2 Landale St; ⌚Mo 12–1, Fr bis 3, Sa 17–3 Uhr; Ⓜ Wan Chai) Das Djiboutii liegt in einer Seitenstraße und verströmt mit der lila Neonbeleuchtung, den coolen Möbeln und den von Afrika inspirierten Deko-Objekten jede Menge Charakter. Man sucht sich einen Platz, entweder auf Barhockern unter einem Kristallleuchter oder draußen im mit Wandbildern verzierten Durchgang, und bestellt die mit Früchten versetzten Cocktails (ab 120 HK$), die Spezialität der Bar. Für Hungrige sind Barsnacks wie verschiedene Spieße, Brathähnchen, hausgemachte Dips und Minipizzas im Angebot.

TAI LUNG FUNG — BAR

Karte S. 342 (大龍鳳; ☎852 2572 0055; 5-9 Hing Wan St; ⌚Mo–Do 12–1, Fr & Sa bis 1.30 Uhr, Happy Hour 12–21 Uhr; Ⓜ Wan Chai, Ausgang A3) Der Name der in einer Seitenstraße gelegenen Bar im Retro-Stil geht auf eine kantonesische Operntruppe aus den 1960er-Jahren zurück. Im allgemeinen Sprachgebrauch bedeutet Tai Lung Fung (Großer Drachenphönix) „viel Aufhebens", und entsprechend pompös ist die Dekoration. Die Atmosphäre ist entspannt und gesellig, die Getränkekarte allerdings nicht sehr aufregend.

MANSON'S LOT — CAFÉ

Karte S. 342 (☎852 2362 1899; www.mansonslot.com; 15 Swatow St; ⌚8–18.30, Do–Sa bis 20 Uhr; Ⓜ Wan Chai, Ausgang D) In dieses hübsche kleine hippe Café kommen die Gäste wegen des beliebten Mittagsmenüs und wegen der ausgezeichneten australischen Röstungen. Zum Flat White gibt's noch eine Dosis Geschichte dazu: Das Grundstück gehörte im 19. Jh. dem Gründer des ersten Hongkon-

Stadtspaziergang
Die vergessenen Straßen von Wan Chai

START PAK TAI TEMPLE
ZIEL STAR ST
LÄNGE/DAUER 1,2 KM; 2 STD.

Schon nach einem kurzen Spaziergang abseits der Hauptbusrouten und der Metrostation Wan Chai (Ausgang A3) stellt sich ein Gefühl dafür ein, wie das Viertel im 19. Jh. aussah. Der atemberaubende 1 **Pak Tai Temple** (S. 117) wurde vor 150 Jahren von Einheimischen erbaut. Ein kleines Stück bergab steht das 2 **Blue House** (S. 117), eines der letzten erhaltenen aus Holz gebauten Mietshäuser Hongkongs. Das House of Stories gewährt einen Einblick in das Leben in Wan Chai im vorigen Jahrhundert.

Die Streamline-Moderne-Fassade des Wan Chai Market (Ecke Queen's Rd East/ Wan Chai Rd) ist alles, was von dem früheren Gebäude gegenüber eines Einkaufszentrums im Original erhalten ist. Einst das Herz des Viertels, wurde der Markt im Zweiten Weltkrieg von den japanischen Streitkräften als Leichenhalle genutzt. Der neue, klimatisierte Markt ist in der Nr. 258. Westlich davon steht Hongkongs ältestes Postamt, das 3 **Old Wan Chai Post Office** (舊灣仔郵政局; 221 Queen's Rd E; ⏲Mo–Mi 10–17 Uhr).

Bei einem Abstecher zur 4 **Spring Garden Lane**, eine der ersten Ecken, die die Briten bebauten, bekommt man eine Vorstellung, wie es im 20. Jh. aussah. Weiter geht's auf der Queen's Rd East, wo man einen Blick in den 5 **Hung Shing Temple** (S. 117) werfen kann, der einst am Meer stand.

Gleich westlich vom Tempel geht man die Ship St bergauf und erreicht das heute verfallene 6 **Ghost House** in der 55 Nam Koo Tce. Seine Geschichte ist tragisch: Japanische Soldaten nutzten es als Bordell, in dem „Trostfrauen" (Zwangsprostituierte) lebten.

Das 7 **Viertel rund um die Star St** ist eine ruhige, hippe Ecke. Straßennamen wie Star, Sun und Moon (Sterne, Sonne und Mond) erinnern daran, dass hier Hongkongs erstes Kraftwerk war. In der 31 Wing Fung St steht ein sechsstöckiges Jugendstilhaus mit Balkons. Über eine Rolltreppe und einen unterirdischen Rollsteig (der Eingang ist am unteren Ende der Wing Fung St) gelangt man zur MTR-Station Admiralty.

ger Milchbauernhofes, einem schottischen Chirurgen namens Patrick Manson.

CANNY MAN PUB

Karte S. 342 (精伶吧; ☎852 2861 1935; www.thecannyman.com; UG, Wharney Guangdong Hotel, 57-73 Lockhart Rd; ⏲12–2, Fr & Sa bis 3 Uhr; Ⓜ Wan Chai, Ausgang C) In Hongkongs einzigem schottischen Pub, einem holzgetäfelten Laden unter einem Hotel, kann man Sportfernsehen schauen und zum Ale Haggis, Lamm-*stovies* (eine Art Eintopf) oder *mince and tatties* (Hackfleisch und Kartoffelpüree) essen. Die Mittagsmenüs bieten ein tolles Preis-Leistungs-Verhältnis und natürlich ist das Scotch-Angebot fantastisch. Happy Hour ist täglich bis 21 Uhr.

AGAVE BAR

Karte S. 342 (☎852 2866 3228; www.epicurean.com.hk; Shop C & D, 93 Lockhart Rd; ⏲So–Do 12–1, Fr & Sa bis 2 Uhr, Happy Hour 15–20 Uhr; Ⓜ Wan Chai, Ausgang C) Tequila-Fans werden begeistert sein, denn hier sind mehrere Dutzend Sorten vorrätig, und die Barkeeper gehen großzügig damit um. Die meisten Gäste bestellen Margaritas (ab 82 HK$), und essen dazu Chips und Salsa, wenn sie Hunger haben. Die Bar ist hell und farbenfroh dekoriert. Am besten sucht man sich einen Platz mit Blick auf die Lockhart Rd, um die sonderbaren und wunderbaren Bewohner Wan Chais vorbeigehen (oder -schwanken) zu sehen.

In der Hollywood Rd in Central gibt's eine zweite, neuere Filiale.

DUSK TILL DAWN BAR

Karte S. 342 (☎852 2528 4689; EG, 76-84 Jaffe Rd; ⏲Mo–Fr 12–5, Sa & So 15–6 Uhr; Ⓜ Wan Chai, Ausgang C) Für die einen ist es ein Albtraum, für andere dagegen erfüllen sich hier ihre Träume von Hongkongs wildem Nachtleben. Der Name ist Programm: Wenn sich die anderen Bars allmählich leeren, legt das Dusk Till Dawn erst richtig los. Eine lautstarke Filipino-Band sorgt dafür, dass das bierselige Publikum aus Einheimischen und Expats tanzt, bis die Sonne aufgeht. Bier kostet ab 80 HK$.

Causeway Bay

★ SECOND DRAFT CRAFT-BIER

Karte S. 344 (☎852 2656 0232; 98 Tung Lo Wan Rd, Tin Hau; ⏲12–1 Uhr; Ⓜ Tin Hau, Ausgang B) Dieses von vielen Einheimischen frequentierte Gastropub in Tai Hang ist die Art von niveauvoller Kneipe, wo sich alle zu kennen scheinen. Unter den sorgfältig ausgewählten einheimischen Bieren sind die der fabelhaften Brauerei Young Master besonders stark vertreten (450 ml ca. 80 HK$). Die Bio-Weine passen gut zu den einfallsreichen Snacks wie Edamame mit knuspriger Hühnerhaut.

Tagsüber kann man hier prima ein Mittagessen verputzen oder einen sortenreinen Kaffee trinken.

★ SKYE BAR BAR

Karte S. 344 (☎852 2839 3327; 22. OG, Park Lane Hotel, 10 Gloucester Rd; ⏲12–1 Uhr; Ⓜ Causeway Bay, Ausgang E) Die Aussicht von dieser Open-Air-Dachbar, die über eine Ecke des Park Lane Hotel herausragt, ist der Wahnsinn. Am besten gönnt man sich in der geselligen, von geschwungenen Linien dominierten Bar ein Glas des Champagners Perrier-Jouët (170 HK$), während man eines der prächtigsten Hafenpanoramen der Stadt bewundert. Ach, Hongkong!

★ EXECUTIVE BAR LOUNGE

Karte S. 344 (☎852 2893 2080; http://executivebar-com-hk-1.blogspot.hk; 27. OG Bartlock Centre, 3 Yiu Wa St; ⏲Mo–Fr 17.30–1, Sa bis 2 Uhr; Ⓜ Causeway Bay, Ausgang A) Die diskrete Bar mit Blick auf die Rennbahn ist ein echtes Juwel und hat nur 20 Plätze, sodass der japanische Besitzer und Barkeeper Ichiro (der sie im Alleingang betreibt) seinen Gästen ungeteilte Aufmerksamkeit schenkt. Er kreiert perfekte Varianten klassischer Cocktails mit frischen, aus Japan importierten Früchten, per Hand gestoßenem Eis und saisonalen Bitters, die er selbst ansetzt. Auch die Whisky-Auswahl ist großartig.

HONG KONG ISLAND TAPHOUSE CRAFT-BIER

Karte S. 344 (☎852 3705 9901; 1A-1B Tsing Fung St, Tin Hau; ⏲13–2 Uhr; Ⓜ Tin Hau, Ausgang A2) Der Hingucker dieser flotten Bar ist die funkelnde Chromwand mit etwa 50 Zapfhähnen, aus denen Hongkonger Biere von Young Master, Moonzen, Kowloon Bay, Lion Rock, Gweilo, Mak's etc. fließen. Ein 400-ml-Glas kostet etwa 80 HK$. Die Küche bereitet köstliche Chicken Wings zu, dazu gibt's zehn verschiedene Saucen.

ELEPHANT GROUNDS CAFÉ

Karte S. 344 (☎852 2253 1313; www.elephantgrounds.com; Shop C, 42-48 Paterson St, Fashion Walk; ⏲10–21.30, Sa & So bis 22 Uhr; Ⓜ Causeway

INSIDERWISSEN

FEUERDRACHEN IN TAI HANG

Tai Hang, ein ruhiges, hippes Wohnviertel mit alten Tempeln, gemütlichen Cafés und einigen Hochhäusern, ist für seinen Feuerdrachentanz berühmt. Beim Mondfest ziehen an drei Abenden etwa 300 Einwohner mit einem selbst gebauten Drachen zum Klang von Trommeln und Gongs durch die Straßen. Der Drache ist 67 m lang und mit 70 000 Räucherstäbchen bestückt. Diese Parade findet seit 1880 jedes Jahr statt. Damals war Tai Hang noch ein winziges Hakka-Dorf, das von einer Seuche heimgesucht wurde. Die Parade dauert von 20.15 bis 22.30 Uhr. Viele Zuschauer drängen sich dicht an dicht, um einen Blick auf den Drachen zu erhaschen, und immer wieder erklingen die Rufe „Watch it! Watch it!" („Aufgepasst!"). Mehr Infos findet man unter www.taihangfiredragon.hk.

Bay, Ausgang E) Das 2013 gegründete Elephant Grounds wurde schnell zu Hongkongs angesagtester Kette für Third-Wave-Kaffees und bei Hipstern beliebte Brunchgerichte wie Avocadotoast oder Eier Benny. Diese Filiale ragt heraus, weil sie eine Eistheke hat, die ungewöhnliche Aromen wie thailändischer Eistee und Earl-Grey-Cookie bietet.

DICKENS BAR
BAR

Karte S. 344 (☎852 2837 6782; www.mandarinoriental.com/excelsior/dining/dickens_bar; UG, Excelsior Hong Kong, 281 Gloucester Rd; ⏲Mo–Do 12–1, Fr & Sa bis 2 Uhr, Happy Hour 16–20 Uhr; Ⓜ Causeway Bay, Ausgang D1) Das wie ein britisches Pub eingerichtete Dickens ist seit Langem eine Bastion der Expats. Es schenkt sein eigenes Lager namens Master Dickens sowie Craft-Biere von Gweilo, Young Master und Hong Kong Beer Co. aus. Außerdem gibt's englische Boddington-Biere vom Fass und altmodische Ales wie Black Sheep in Flaschen. Im Hintergrund läuft guter Britpop, und auf den großen Bildschirmen kann man große Sportevents live verfolgen.

BUDDY BAR
BAR

Karte S. 344 (☎852 2882 9780; 22 School St, Tai Hang; ⏲Do–Do 17.30–2 Uhr; Ⓜ Tin Hau, Ausgang B) In dieser ruhigen Eckkneipe scheinen alle einander zu kennen (und selbst Traveller würden sie kennen, wenn sie in Tai Hang wohnen würden). Die Getränkeauswahl ist begrenzt, doch dafür hat niemand was dagegen, dass Hunde zu Füßen ihrer Besitzer schlafen, während diese ein Pint belgisches Ale trinken.

Island East

★SUGAR
LOUNGE

(☎852 3968 3738; www.east-hongkong.com; 32. OG; ⏲Mo–Do 17.30–1, Fr & Sa bis 1.30 Uhr) Die beneidenswerte Aussicht auf East Island ist das Highlight der eleganten Terrassenbar oben auf dem Designer-Businesshotel **East** (香港東隅; ☎852 3968 3808; 29 Taikoo Shing Rd, Taikoo Shing, Quarry Bay; Ⓜ Tai Koo, Ausgang D1). Bei einem Pfirsich-Mojito, der Hausspezialität, kann man die grandiose Kulisse bewundern: im Westen die Glastürme des Taikoo Place, direkt vor einem in der Bucht das Kreuzfahrtterminal Kai Tak (die frühere Start- und Landebahn des alten Flughafens). Von Donnerstag bis Sonntag sollte man abends einen Tisch reservieren.

☆ UNTERHALTUNG

★HAPPY VALLEY RACECOURSE
PFERDERENNEN

Karte S. 344 (跑馬地馬場; ☎852 2895 1523; www.hkjc.com/home/english/index.asp; 2 Sports Rd, Happy Valley; 10 HK$; ⏲Sept.–Juli Mi 19–22.30 Uhr; 🚋Happy Valley) Ein Ausflug zum Pferderennen gehört zu einem Hongkong-Besuch einfach dazu, besonders, wenn man am Mittwochabend hier ist, denn dann finden die wöchentlichen Pferderennen statt. Zuschauer versammeln sich auf den Tribünen und an der Strecke, Stände verkaufen Markenbiere, lustige Perücken und Livemusik sorgen für gute Laune – all das trägt zu einer elektrisierenden Partystimmung bei.

Wer wetten will, kauft zunächst an den Ständen Wettvouchers und benutzt dann die Automatenterminals, die über englischsprachige Menüs und Instruktionen verfügen; Mitarbeiter der Rennbahn helfen gern.

Die ersten Pferderennen fanden hier schon 1846 statt. Heute werden sowohl hier als auch auf dem neueren und größeren (wenn auch nicht so stimmungsvollen) Sha Tin Racecourse (S. 183) in den New Territories Rennen ausgetragen. Genaueres zum Wetten und zu Paketen für Traveller findet man auf der Website. Zur Rennbahn fährt man mit der Happy-Valley-Straßenbahn Richtung Osten bis zur Endhaltestelle und überquert dann die Straße. Mit der Octopus Card hat man freien Eintritt.

WANCH LIVEMUSIK

Karte S. 340 (☎852 2861 1621; www.thewanch.hk; 54 Jaffe Rd, Wan Chai; Ⓜ Wan Chai, Ausgang C) Das Wanch, das nach dem Spitznamen des Distrikts Wan Chai benannt ist, ist mit Reminiszenzen ans alte Hongkong dekoriert. Jeden Abend ab 21.30 Uhr spielen hier Musiker (überwiegend Classic Rock, Blues und Folk). Jeden Montag wird ab 20 Uhr gejammt. Der Eintritt ist frei und von 17 bis 21 Uhr ist Happy Hour.

HONG KONG STADIUM STADION

Karte S. 344 (香港大球場; ☎852 2895 7926; 55 Eastern Hospital Rd, So Kon Po; 🚋 Happy Valley) Das Hong Kong Stadium in So Kon Po, einem Bezirk von Causeway Bay, hat 40000 Sitze und ist Hongkongs größte Sportanlage. Hier findet das Hong Kong Sevens der World Rugby Sevens Series (S. 68) statt.

Zum Zeitpunkt der Recherche war geplant, in Kai Tak ein neues, größeres Stadion zu bauen.

SUNBEAM THEATRE THEATER

(新光戲院; ☎852 2563 2959, 852 2856 0161; www.sunbeamtheatre.com/hk; 423 King's Rd, Kiu Fai Mansion, North Point; Oper 60–380 HK$; Ⓜ North Point, Ausgang A4) In diesem historischen Theater werden das ganze Jahr über kantonesische Opern aufgeführt. Die Vorstellungen finden in der Regel eine Woche lang an fünf Abenden um 19.30 Uhr statt, gelegentlich gibt's auch um 13 oder 13.30 Uhr eine Matinee.

Im Theater befindet sich außerdem ein Kino, das Klassiker und neue Filme aus Hongkong, China und Japan zeigt.

HONG KONG ACADEMY FOR THE PERFORMING ARTS TANZ, THEATER

Karte S. 340 (香港演藝學院; ☎852 2584 8500; www.hkapa.edu; 1 Gloucester Rd, Wan Chai; Ⓜ Admiralty, Ausgang E2) Das APA (erbaut 1985) ist mit seinem markanten dreieckigen Atrium und der außergewöhnlichen Fassade, die ein Kunstwerk für sich ist, ein Wahrzeichen Wan Chais. Es ist ein bedeutender Veranstaltungsort für Musik, Tanz, Theater und Forschung.

AMC PACIFIC PLACE KINO

Karte S. 340 (☎852 2265 8933; www.amccinemas.com.hk; 1. OG, 1 Pacific Pl, Admiralty; Ⓜ Admiralty, Ausgang F) Dieses Kino im Einkaufszentrum Pacific Place (S. 133) in Admiralty zählt zu den schicksten der Stadt: Es hat sechs Säle (oder „houses", wie sie in Hongkong genannt werden), u. a. ein VIP-Saal namens Oval Office mit Bedienung am Platz.

HONG KONG ARTS CENTRE KULTURZENTRUM

Karte S. 133 (香港藝術中心; www.hkac.org.hk; 2 Harbour Rd, Wan Chai; Ⓜ Wan Chai, Ausgang A1) In diesem beliebten Veranstaltungsort für Tanz, Theater und Musik sind auch die **Pao Galleries** (包玉剛及包兆龍畫廊; Karte S. 342; ☎852 2582 0200; ⊙während Ausstellungen 10–20 Uhr) GRATIS, die sich über zwei Etagen erstrecken und Retrospektiven sowie Gruppenausstellungen von Bildmedien aller Art zeigen. Zudem gibt's Boutiquen, ein Kunstbuchladen, das Kino HKAC und ein Café.

HKAC CINEMA KINO

Karte S. 342 (☎852 2582 0200; oberes UG, Hong Kong Arts Centre, 2 Harbour Rd, Wan Chai; 🚌18) Das Kino im Untergeschoss des Hong Kong Arts Centre zeigt hauptsächlich Arthousefilme sowie gelegentlich chinesische Klassiker mit englischen Untertiteln. Das Ticketbüro befindet sich im 2. Stock.

SHOPPEN

Mit dem Pacific Place lockt in Admiralty eines der schönsten Luxuseinkaufszentren der Stadt, doch das eigentliche Herzstück zum Shoppen in diesem Teil Hongkongs ist Causeway Bay. Schnäppchenjäger sind auf den überdachten und Open-Air-Märkten Wan Chais zu Hause, North Point bietet dagegen traditionelle chinesische Geschäfte.

Admiralty

★ **PACIFIC PLACE** EINKAUFSZENTRUM

Karte S. 340 (太古廣場; ☎852 2844 8988; www.pacificplace.com.hk; 88 Queensway; ⊙10–22 Uhr; Ⓜ Admiralty, Ausgang F) Dem noblen Pacific Place, ein Meer aus poliertem Marmor mit teurer Haute Couture und Accessoires, gelingt es mit seinem weiträumigen Design, der recht überschaubaren Besucherzahl und den Oberlichtern, die Tageslicht hineinlassen, die verbreitete Einkaufszentren-Müdigkeit zu verhindern.

Wan Chai

★KAPOK MODE & ACCESSOIRES

Karte S. 340 (☎852 2549 9254; www.ka-pok.com; 3 Sun St; ⏲11–20, So bis 18 Uhr; Ⓜ Admiralty, Ausgang F, Ⓜ Wan Chai, Ausgang B1) Im hippen Gebiet um die Star St verkauft die in Hongkong gegründete Boutique neben Taschen und originellen Designergeschenken coole Männermode sorgfältig ausgewählter Nobelmarken (sowie ihrer eigenen Marke Future Classics). An der Kaffeetheke kann man einen sortenreinen Espresso trinken, während man sich umschaut. Um die Ecke (5 St Francis Yard) liegt eine Schwesternboutique, die hauptsächlich Kleidung im Angebot hat.

KEVIN CHEUNG GESCHENKE & SOUVENIRS

Karte S. 342 (張瑋晉; ☎852 6033 2102; http://kevin-cheung.com; 2. OG, 4 Hing Wan St; Ⓜ Wan Chai, Ausgang D) Das Atelier des Produktdesigners Kevin Cheung ist zugleich sein Zuhause. Es befindet sich in wunderschönen historischen Räumen im Blue House Cluster (S. 117) in Wan Chai. Cheung sammelt Hongkonger Müll und Schrott (alte Teppiche, Fahrräder etc.) und schafft daraus nützliche, schöne Produkte. Fahrradklingeln aus alten Reiskochern oder seine „wallpaper wallets“ sind einzigartige Geschenke aus Hongkong. Wer das Atelier besuchen möchte, muss das vorher mit ihm arrangieren.

WAN CHAI COMPUTER CENTRE ELEKTRONIK

Karte S. 342 (灣仔電腦城; 1. OG, Southorn Centre, 130-138 Hennessy Rd; ⏲Mo–Sa 10–19, So 12–20 Uhr; Ⓜ Wan Chai, Ausgang B1) Ob man nun eine Drohne kaufen will, einen maßgeschneiderten Gaming PC zusammenstellen möchte oder das Smartphone-Display reparieren lassen will, weil es bei der letzten Kneipentour in Lan Kwai Fong Schaden genommen hat: Das alles und mehr kann man in diesem blinkenden, piepsenden Labyrinth winziger Elektronikläden erledigen.

KUNG FU SUPPLIES SPORT & OUTDOOR-AUSRÜSTUNG

Karte S. 342 (功夫用品公司; ☎852 2891 1912; www.kungfu.com.hk; Room 6A, 6. OG Chuen Fung House, 192 Johnston Rd; ⏲Mo–Sa 10–19 Uhr; 🚌6, 6A, 6X, Ⓜ Wan Chai, Ausgang A5) Wer nach Kampfkunstutensilien wie Uniformen, Nunchakus und ungefährlichen Trainingswaffen sucht oder auch nur in der Buch- und DVD-Sammlung stöbern möchte, ist hier richtig.

Causeway Bay

★FASHION WALK BEKLEIDUNG

Karte S. 344 (www.fashionwalk.com.hk; ⏲Büro 10–23 Uhr; Ⓜ Causeway Bay, Ausgang D4) Das Shoppingparadies für Mode liegt größtenteils auf Straßenebene und erstreckt sich über vier Straßen in Causeway Bay: Paterson, Cleveland, Great George und Kingston. Hier sind große Namen wie Comme des Garçons, Sandro und Kiehl's vertreten, aber auch beliebte massentaugliche Ketten und aufstrebende einheimische Marken.

★TIMES SQUARE EINKAUFSZENTRUM

Karte S. 344 (時代廣場; www.timessquare.com.hk; 1 Matheson St; Ⓜ Causeway Bay, Ausgang A) Das lebhafte Times Square im Herzen von Causeway Bay ist ein Mekka der Hongkonger Shoppingfans. Auf den 13 Etagen (dies war das erste „vertikale Einkaufszentrum“ der Stadt) findet man viele bekannte Marken sowie Restaurants, Cafés und ein Kino. Vor der berühmten Uhr auf dem Vorplatz versammeln sich an Silvester genau wie auf dem Times Square in New York zahlreiche Menschen, um das neue Jahr zu begrüßen.

Früher war dies ein Wohnviertel mit einem Straßenbahndepot in der Sharp St. Im Lego Store (9. OG) halten Modelle, komplett mit Straßenbahnen, Teehäusern und Wohnhäusern, die Erinnerung daran lebendig.

★ESLITE BÜCHER

Karte S. 344 (誠品; ☎852 3419 6789; 8.–10. OG, Hysan Pl, 500 Hennessy Rd; ⏲So–Do 10–22, Fr & Sa bis 23 Uhr; 👪; Ⓜ Causeway Bay, Ausgang F2) In der schicken dreistöckigen taiwanesischen Buchhandlung kann man Stunden verbringen. Das riesige Sortiment umfasst englisch- und chinesischsprachige Bücher und Magazine, zudem gibt es einen Laden mit wunderschönen Schreibwaren und Journalen in Ledereinbänden, ein Café, eine Theke für Bubble Tea sowie eine umfangreiche Abteilung für Spielzeug und Kinderbücher.

TWO GIRLS KOSMETIK

Karte S. 344 (雙妹嚜; ☎862 2504 1811; www.twogirls.hk; Shop 283, 2-10 Great George St, Causeway Pl; ⏲12–21 Uhr; Ⓜ Causeway Bay, Ausgang E) Hongkongs erste Kosmetikmarke verkauft seit 1898 duftende, sehr preiswerte Cremes,

Lotionen, Parfüms und Puder. Dank der hübschen Retro-Verpackungen, die zwei in Cheongsam gewandete Frauen zeigen, sind die Produkte wunderbare Geschenke.

Der Laden ist im 2. Stock des Causeway Place, eines labyrinthischen Gewirrs winziger Läden, und nicht ganz leicht zu finden.

G.O.D. HAUSHALTSWAREN, BEKLEIDUNG

Karte S. 344 (Goods of Desire; ☎852 2890 5555; www.god.com.hk; 9 Sharp St E; ⊙12–22 Uhr; Ⓜ Causeway Bay, Ausgang A) In der Causeway-Bay-Filiale des Hongkonger Ladens gibt's Vintage-Kühlschrankmagneten, berühmte T-Shirts und die respektlosen Glückskatzen (wenn man sie sieht, versteht man es sofort). In Central sind noch größere Filialen.

PAPABUBBLE ESSEN

Karte S. 344 (☎852 2367 4807; www.papabubble.com.hk; 34 Tung Lo Wan Rd, Tai Hang; ⊙11–22 Uhr; 👪; Ⓜ Tin Hau, Ausgang B) Der spanische Hersteller hausgemachter Süßigkeiten bietet in der Hongkonger Filiale neue Geschmackskombinationen wie Zitronentee und Durian. Die Verpackung ist mit chinesischen Tierkreiszeichen oder den Schriftzeichen für „doppeltes Glück" an den den hiesigen Markt angepasst. Es sind tolle Geschenke. Kinder schauen sehr gern zu, wenn der heiße Zucker hinter der Theke in die Länge gezogen wird.

YIU FUNG STORE ESSEN

Karte S. 344 (么鳳; ☎852 2576 2528; http://yiufungstore.hk; Foo Ming St; ⊙11–22.30 Uhr; Ⓜ Causeway Bay, Ausgang A) Hongkongs berühmtestes Geschäft (in den 1960er-Jahren gegründet) für eingelegtes Obst und Gemüse aus China hat inzwischen mehrere Filialen und verkauft saure Pflaumen, Zitronen mit Lakritzaroma, Manadarinenschalen, eingelegte Papaya und getrocknete Loganfrüchte. Vor dem Chinesischen Neujahrsfest ist es hier immer gerammelt voll.

SOGO WARENHAUS

Karte S. 344 (崇光; ☎852 2833 8338; www.sogo.com.hk; 555 Hennessy Rd; ⊙10–22 Uhr; Ⓜ Causeway Bay, Ausgang B) Das Angebot dieses Warenhauses unter japanischer Leitung ist einfach überwältigend: Auf 17 Etagen werden Luxusmode, Accessoires, Kosmetik, Haushaltswaren und mehr verkauft. Wenn Sale ist (Termine siehe Website), gibt's Riesenrabatte und im Laden ist der Teufel los.

Ein Highlight sind der Supermarkt und der Food Court im Untergeschoss, wo es japanische Delikatessen aller Art gibt, z. B. *onigiri* (mit Fisch gefüllte Reisbällchen), Pfannkuchen mit gebratenem Oktopus, *mochi* (klebrige süße Reiskuchen), die fast zu schön sind, um sie zu essen, und Sakes.

HYSAN PLACE EINKAUFSZENTRUM

Karte S. 344 (☎852 2886 7222; www.hp.leegardens.com.hk; 500 Hennessy Rd; ⊙So–Do 10–22, Fr & Sa bis 23 Uhr; Ⓜ Causeway Bay, Ausgang F2) Das schicke Einkaufszentrum mit 17 Etagen vertreibt Hunderte stets trendige japanische, koreanische und lokale Mode- und Kosmetikmarken in einer etwas edleren Umgebung als andere Teenie-Mekkas. Die Preise sind günstiger als in den meisten Malls in Causeway Bay. Im Supermarkt Jason's Food & Living im unteren UG gibt es eine großartige Bäckerei.

ISLAND BEVERLY MALL EINKAUFSZENTRUM

Karte S. 344 (金百利商場; 1 Great George St; Ⓜ Causeway Bay, Ausgang E) Auf engstem Raum führen in diesem unauffälligen Einkaufszentrum neben dem Sogo Rolltreppen und Gässchen zu winzigen Läden, die lokale Designerklamotten, Kleidung, Spielzeug und Kosmetikartikel aus Japan und Korea sowie alle möglichen verrückten Accessoires verkaufen. Wer für seine Jeans die perfekt passenden Jimmy-Choo-Imitate sucht, ist hier ebenfalls richtig. Die Geschäfte sind von nachmittags bis spätabends geöffnet.

SPORT & AKTIVITÄTEN

EASTERN NATURE TRAIL WANDERN

(東區自然步道) Der 9 km lange, dreistündige Naturpfad gehört zu Teil 5 des Hong Kong Trail. Bekannt ist er für die einheimischen Bäume und Zugvögel, die man unterwegs sieht. Der Weg beginnt in der Mount Parker Rd in Quarry Bay und endet in der Wong Nai Chung Gap Rd in Tai Tam. Er führt auch an Relikten aus dem Zweiten Weltkrieg und einer einstigen Zuckerraffinerie vorbei. Wenn man zum Tai Tam Reservoir hinabsteigt, passiert man den schönen Tai Tam Country Park. Folgt man der Tai Tam Reservoir Rd, erreicht man die Wong Nai Chung Gap Rd.

Der Startpunkt ist über Ausgang B der MTR-Station Tai Koo zu erreichen. Von dort geht's 600 m nach Westen, ehe man in die Quarry St einbiegt. Der Beginn des Wegs befindet sich nahe des Quarry Bay Municipal Services Building in der 38 Quarry St.

Hong Kong Island: Aberdeen & der Süden

ABERDEEN | AP LEI CHAU | POK FU LAM | DEEP WATER BAY | REPULSE BAY | STANLEY | SHEK O

Highlights

❶ **Aberdeen Promenade** (S. 138) Beobachten, was an Bord der vor Anker liegenden Boote passiert, dann in ein Sampan steigen und den Taifunschutz überqueren, wie die Menschen es schon seit Jahrzehnten tun

❷ **Wong Chuk Hang** (S. 140) Galeriebesuche, Brauereibesichtigungen und Entspannung im modernsten Café im Industriedesign

❸ **Béthanie** (S. 139) In die Zeit in der Geschichte Hongkongs zurückreisen, in der französische Missionare in Pok Fu Lam auf Milchbauern und Feuerdrachen trafen

❹ **Stanley** Sich in einem der britischen Pubs in dieser Hafenstadt ein oder zwei Pints gönnen und an einem der Strände schwimmen gehen

❺ **Shek O Beach** (S. 142) Am schattigen Sandstrand dieses entspannten, von Klippen umringten Dörfchens herumlümmeln

Detailpläne dieses Gebiets s. Karte S. 346

Rundgang: Aberdeen & der Süden

Das südliche Viertel ist nicht nur geschichtsträchtig – in Pok Fu Lam liegt das letzte erhaltene Dorf der Insel neben den Überresten einer viktorianischen Molkerei –, Aberdeen und Ap Lei Chau sind zudem die Heimat von Hongkongs Fischern, die auf Booten leben und Meeresfrüchte und Bootsfahrten anbieten. In Ap Lei Chau kann man auch gut shoppen und in Wong Chuk Hang moderne Kunst bewundern. Der Süden ist außerdem der Spielplatz der Insel, von den Stränden und Restaurants am Wasser über den Basar am Ufer bis hin zum Vergnügungspark.

Lokalkolorit

➡**Ausgehen** Nach dem Abendessen in Ap Lei Chau oder Aberdeen kann man sich in einem kleinen Supermarkt Getränke kaufen und an die Promenade weiterziehen.

➡**Shoppen** Wer im gigantischen Horizon Plaza (S. 145) einkauft, sollte bequeme Schuhe tragen.

➡**Meeresfrüchte** Feinschmecker kaufen ihre Meeresfrüchte am liebsten auf einem Markt und lassen sie in einem *dai pai dong* (Imbiss) zubereiten (Preis nach Gewicht). Der Ap Lei Chau Market und das dazugehörige Cooked Food Centre (S. 143) bieten diesen Service an.

➡**Schwimmen** Leuchtalgen (absolut harmlos) im Wasser sind in den Sommermonaten in Stanley, Middle Bay und Repulse Bay nichts Ungewöhnliches.

An- & Weiterreise

➡**MTR** Im Zentrum von Aberdeen gibt es keinen Bahnhof, aber die South-Island-Linie fährt von Admiralty nach Ap Lei Chau (Stationen South Horizons und Lei Tung), Wong Chuk Hang und Ocean Park.

➡**Bus nach Shek O** Bus 9 vom MTR-Bahnhof Shau Kei Wan (Ausgang A3).

➡**Bus nach Stanley** 6A, 6X und 260 fahren u. a. über Deep Water Bay von Central (unterhalb des Exchange Sq) zum **Stanley Market Bus Terminus** (赤柱市集巴士總站; Karte S. 347; Ecke Stanley Village Rd & Stanley Beach Rd). Der **Minibus 40** (Karte S. 347; Stanley Village; ⏲24 Std.) startet auch am Jardine's Bazaar (Causeway Bay).

➡**Bus nach Aberdeen** Die Busse 73 und 973 aus Stanley halten an der Aberdeen Main St. Bus 107 aus Kowloon Bay stoppt am **Aberdeen Bus Terminus** (香港仔巴士總站; Karte S. 346; zw. Aberdeen Praya Rd & Wu Nam St). Vom **Shum Wan Bus Terminus** (深灣道巴士站，雅濤閣裡; Karte S. 346; im Broadview Court) starten die Busse nach Causeway Bay und Central.

➡**Bus nach Pok Fu Lam** Bus 40 vom Wan Chai Pier. Die Busse 7, 90B und 91 verbinden Pok Fu Lam mit der Aberdeen Praya Rd.

Top-Tipp

Die Strände an der Südseite Hongkongs genießt man am besten an Werktagen, weil man sie dann ganz für sich alleine hat. Die Wasserqualität am versteckten St. Stephen's Beach (S. 142) ist super und der Ausblick auf den Sonnenuntergang nahezu perfekt.

Tief durchatmen

- Dragon's Back (S. 145)
- Tai Tam Waterworks Heritage Trail (S. 145)
- Shek O Beach (S. 142)
- Waterfall Bay Park (S. 140)
- Aberdeen Promenade (S. 138)
- Deep Water Bay (S. 141)

Details s. S. 138 ➡

Gut essen

- Ap Lei Chau Market Cooked Food Centre (S. 143)
- Aberdeen Fish Market Yee Hope Seafood (S. 143)
- Amalfitana (S. 143)
- Lighthouse (S. 143)
- Nam Long Shan Road Cooked Food Market (S. 142)

Details s. S. 142 ➡

Nett ausgehen

- Komune (S. 144)
- Ben's Back Beach Bar (S. 144)

Details s. S. 144 ➡

SEHENSWERTES

Der südliche Teil von Hong Kong Island erhebt den Anspruch, Hongkongs reichste Fischgründe zu besitzen. Hier findet man die traditionellen und modernen Häuser, Märkte und Tempel von Hongkongs „Volk des Wassers". Es wird allgemein angenommen, dass Aberdeen Harbour Hongkong seinen Namen gab. Sein kantonesischer Name „Heung Gong Zai" bedeutet „Kleines Hongkong" oder „Kleiner duftender Hafen". Hierher wurden Weihrauchbäume aus den New Territories über Tsim Sha Tsui gebracht, um sie nach China zu exportieren, was dem Hafen einen dauerhaften Duft verlieh.

Aberdeen

ABERDEENS STADTZENTRUM — VIERTEL

Karte S. 346 (香港仔市中心; Ⓜ Wong Chuk Hang, Ausgang B) Die Straßen von Aberdeens Stadtzentrum, auf denen sich etliche Kleinbusse drängen, scheinen sich nur wenig von anderen kleinen Vororten Hongkongs zu unterscheiden. Dennoch gibt es Geschäfte mit getrockneten Meeresfrüchten im Übermaß und man hört Gespräche im Tanka-Dialekt. Die Einheimischen hier sind bekannt für ihre wilden Bankette in den traditionsreichen Restaurants nach Drachenbootrennen. Die meisten Außenstehenden gehen hier allerdings nur vorbei, um zur Aberdeen Promenade zu gelangen und um den Sampan nach Ap Lei Chau zu nehmen. Die Busse zum/vom Zentrum, Causeway Bay und den anderen Teilen Hong Kong Islands halten hier ebenfalls.

★ ABERDEEN PROMENADE — UFER

Karte S. 346 (香港仔海濱公園; Aberdeen Praya Rd; 🚌 70, 72, 72; Ⓜ Wong Chuk Hang, Ausgang B) GRATIS Die von Bäumen gesäumte Aberdeen Promenade verläuft an der Aberdeen Praya Rd gegenüber von Ap Lei Chau auf der anderen Seite des Wassers von West nach Ost. An ihrem Westende befindet sich der riesige **Aberdeen Wholesale Fish Market** (香港仔魚市場; Karte S. 346) mit seinen mächtigen Wassertanks voller Meerestiere. Der Markt ist schmutzig und stinkt, repräsentiert Hongkong aber zu 100 %. Bevor man ihn erreicht, kommt man an vertäuten Hausbooten und Schiffen vorbei, auf denen Meeresfrüchte verarbeitet werden. (Es gibt hier sogar ein oder zwei Karaoke-Schuppen.)

★ YOUNG MASTER BREWERY — BRAUEREI

Karte S. 346 (少爺麥啤; www.youngmasterales.com; EG, Sungib Industrial Centre, 53 Wong Chuk Hang Rd, Wong Chuk Hang; Tour 100 HK$; ⏲ Mo–Sa 9–18 Uhr, So geschl.; Ⓜ Wong Chuk Hang, Ausgang A2) Das Young Master Ales ist nach Wong Chuk Hang umgezogen und nun ebenerdig. Vorne werden Produkte verkauft, während hinten das Brühsystem, die Gärfässer und die Abfüllanlage surren, zischen und rattern. Die ungefilterte, chemiefreie Auswahl an Bieren in kleinen Chargen reicht von leicht bis kräftig. Die Sorten haben schräge Namen aus der Hongkonger Popkultur wie „Falsches Blut", eine Hommage an Kung-fu-Filme. Die einstündigen Touren am Samstag kann man online buchen (Englisch 13 Uhr, Kantonesisch 16 Uhr). Man darf das Gelände nicht betreten, aber man kann Bier zum Mitnehmen kaufen.

Der Markenname ist ein scherzhafter Tribut an die vergangene Zeit in Hongkong, als die Briten regierten und Wirtschaftssektoren wie die Textil-, die Plastik- und die Elektronikindustrie durchstarteten.

OCEAN PARK — VERGNÜGUNGSPARK

(海洋公園; ☎ 852 3923 2323; www.oceanpark.com.hk; Ocean Park Rd; Erw./Kind 3–11 Jahre 385/193 HK$; ⏲ 10–19.30 Uhr; 👪; Ⓜ Ocean Park) Auch wenn Disneyland auf Lantau die großen Massen anzieht, bleibt der Ocean Park der bevorzugte Vergnügungspark in Hongkong. Mit ständigen Erweiterungen, neuen Attraktionen und noch mehr Nervenkitzel sowie vier Großen Pandas und zwei seltenen Kleinen Pandas lockt der Park nach wie vor unzählige Familien an. Man sollte jedoch wissen, dass in der Marine World Wale in Gefangenschaft gehalten und Shows mit Delfinen und Orcas durchgeführt werden. Wissenschaftliche Studien legen nahe, dass die Tiere dadurch Schaden nehmen. Der Ocean Park erlebt gerade eine riesige Expansion, 2019/20 wird die 3716 m² große Wasserwelt Tai Shue Wan eröffnet.

Der Park ist in zwei Hauptbereiche unterteilt. Der Haupteingang befindet sich in Waterfront (untere Ebene). Von hier geht's auf einer Fahrt mit der Panoramaseilbahn oder der Standseilbahn Ocean Express mit Meeresmotto zum Hauptbereich auf dem Summit (obere Ebene).

Die Hauptattraktionen in Waterfront sind Amazing Asian Animals und Aqua City. Das Grand Aquarium, das größte Kuppelaquarium der Welt, ist für 5000 Fische und über

400 Spezies ein Zuhause. In Old Hong Kong wurden die alten Gebäude nachgebaut, die einst Wan Chai und ältere Teile Kowloons schmückten. Im Norden lockt Whiskers Harbour mit Fahrgeschäften für die Kleinen.

In Summit verschaffen Thrill Mountain und die gefeierte Achterbahn Hair Raiser den größten Nervenkitzel. Im Chinese Sturgeon Aquarium ist ein lebendes Geschenk vom chinesischen Festland zu besichtigen.

TIN HAU TEMPLE — TEMPEL

Karte S. 346 (天后廟; 182 Aberdeen Main Rd; ⏲8–17 Uhr; 🚌70) Zwischen einer Kirche und der Hauptstraße beherbergt dieser Tempel viele Götterstatuen, zwei Mondtore und schwebende Weihrauchspulen. Die Steinsäulen, die Verzierungen mit einer Kriegerin auf dem Dach und die Kupferglocke (der Sage nach wurde sie von einem Fischer vom Meeresgrund gerettet) stammen aus der Qing-Dynastie, aber die Wandmalereien von Drachen und Phoenix sehen nach 20. Jh. aus. Der Tempel huldigt der Göttin des Meeres, aber auch Wong Tai Sin, der außergewöhnliche Wunscherfüller, tritt in Erscheinung.

OLD HOUSE NO. 10 — DORF

(黃竹坑新圍10號; ⏲Sa & So 9–13 & 14–17 Uhr; 🚌260, 6A, 6X, 73, 973, 65) Geschichtsfans freuen sich über das antike Dorf nahe des Ocean Park. Wong Chuk Hang „San Wai" („Neues Dorf") wurde in den 1860er-Jahren gegründet und ist eine Erweiterung des 200 Jahre zählenden „alten Dorfes", das zwar noch in der Nähe des Aberdeen Tunnels steht, aber zu einem Elendsviertel verkommen ist. Das Highlight des neuen Dorfes ist ein altes traditionelles Wohnhaus mit Tonskulpturen von Karpfen, Blumen, Fledermäusen und Drachen. Das Haus ist samstags, sonntags und an Feiertagen geöffnet. Man steigt bei Wong Chuk Hang San Wai (黃竹坑新圍村) aus dem Bus, der gleichen Haltestelle wie auch zum Ocean Park, oder man nimmt Ausgang C der Metrostation Ocean Park.

⦿ Ap Lei Chau

AP LEI CHAU — GEBIET

Karte S. 346 (鴨脷洲) Ap Lei Chau hat etwas von seinem verschlafenen Charme bewahrt, obwohl durch die Eröffnung der MTR-South-Island-Linie einiges passiert ist. Am Ufer stehen Werften und um das Horizon Plaza (S. 145) im Süden gibt es Lagerhäuser. Zudem entstanden Häuser mit Flachdächern sowie in den 70er- und 80er-Jahren grobe öffentliche Bauten, um die Bootsbauer unterzubringen, und Dutzende neue Hochhäuser, um den „Meeresblick" auszuschlachten. Um die Ap Lei Chau Main St herum befinden sich Maschinenwerkstätten, es gibt Meeresfrüchte in Hülle und Fülle und das sehr empfehlenswerte Cooked Food Centre (S. 143). Ap Lei Chau erreicht man über die Stationen South Horizons und Lei Tung.

HUNG SHING TEMPLE — TAOISTISCHER TEMPEL

Karte S. 346 (洪聖古廟; Hung Shing St; ⏲8–17 Uhr; Ⓜ Lei Tung, Ausgang A1) Ap Lei Chaus größter Tempel wurde mehrmals restauriert, seit er 1773 von Fischern erbaut wurde. Er ist Hung Shing gewidmet, dem Schutzpatron der Seeleute. Hauptmerkmale sind die Ausrichtung zum Meer (was gutes Feng-Shui bringen soll), die schönen Shiwan-Figuren an den Dachkanten (sie kennzeichnen seine Bedeutung) und die zwei „Drachenstäbe" aus Holz im Vorhof, die die angeblich „todesähnliche Aura" der Aberdeen-Polizeistation am anderen Ufer bekämpfen sollen.

AP LEI CHAU WATERFRONT PROMENADE — UFER

Karte S. 346 (鴨脷洲海濱長廊; Ⓜ Lei Tung, Ausgang A1) An der Ap Lei Chau Waterfront Promenade, direkt an der Aberdeen Promenade gegenüber vom Taifunschutzbunker, legen die Fähren von Aberdeen an. Die Leute aus dem Viertel kommen abends zum Fischen her. Es ist ein schöner Fußweg und man findet hier auch den alten Hung Shing Temple.

⦿ Pok Fu Lam

POK FU LAM VILLAGE — DORF

(薄扶林村; ☎Ms So 852 6199 9473; www.pflvarchives.org.hk; 🚌7, 40, 40M, 90B, 91) Das friedliche Pok Fu Lam Village an einem Hügel sieht im Vergleich zu den dicht stehenden Mittelklassehäusern ringsum wie eine Barackenstadt aus. Es ist vielleicht kein Hingucker, aber Historiker schätzen es wegen des berühmten Feuerdrachentanzes beim Mondfest und wegen seiner langen Tradition der Hongkonger Milchindustrie. Weitere Highlights sind Béthanie und Li Ling Pagoda.

Da die einzelnen Stätten verstreut liegen, besucht man sie am besten im Rahmen einer geführten Tour. Vierstündige englischsprachige Touren sind auf Anfrage für 7000 HK$ pro Person möglich. Man muss zwei Wochen vorab telefonisch oder per Email buchen.

NEUES LEBEN IN WONG CHUK HANG

Beflügelt durch die Eröffnung der MTR-South-Island-Linie und der Haltestelle Wong Chuk entwickelt sich diese Gegend zu einer hippen Enklave mit Galerien, Cafés und Brauereien, die sich in alten Fabriken und Lagerhäusern eingenistet haben. Die hauseigene Brauerei der Special Administrative Region, die Young Master Brewery (S. 138), ist nun hier, genau wie die **Black Kite Brewery** (Karte S. 346; www.blackkite.hk; 11B Derrick Industrial Building, 49 Wong Chuk Hang Rd; Tour 100 HK$; ⏲Di–Sa 11–18 Uhr; Ⓜ Wong Chuk Hang, Ausgang A2), die zweistündige Touren auf Englisch anbietet (per Email buchen). **Sensory Zero** (感味宮匠; Karte S. 346; ☎852 2511 6011; www.sensoryzero.com; Shop G01, One Island South, 2 Heung Yip Rd; Mittagsmenü 85–165 HK$; ⏲8–20 Uhr; P ❄ 📶; Ⓜ Wong Chuk Hang, Ausgang A2), eine Kaffeerösterei in einem Lagerhaus mit offenen Rohren und Mauern, eignet sich für japanisch inspirierte Gerichte an langen Gemeinschaftstischen.

Kunst ist hier eine der großen Attraktionen. Zu empfehlen sind in der Galerieszene:

Empty Gallery (Karte S. 346; ☎852 2563 3396; www.emptygallery.com; 18. & 19. OG, Grand Marine Centre, 3 Yue Fung St, Tin Wan; ⏲Di–Sa 11–19 Uhr) Über 420 m² schwarzen Raums, den man über eine Garage erreicht, bevorzugt mit experimentellen Arbeiten von etablierten und aufstrebenden Künstlern.

de Sarthe (Karte S. 346; ☎852 2167 8896; www.desarthe.com/about.html; 20. OG, Global Trade Square, 21 Wong Chuk Hang Rd; ⏲Di–Sa 11–19 Uhr; Ⓜ Wong Chuk Hang, Ausgang A2) Die französische Galerie (900 m²) hat bereits viele westliche und asiatische Künstler beherbergt (französische Impressionisten, Nachkriegskünstler, moderne Talente u. v. m.).

Rossi & Rossi (Karte S. 346; ☎852 3575 9417; www.rossirossi.com; 3. OG, Einheit C, Yally Industrial Building, 6 Yip Fat St; ⏲Di–Sa 11–18 Uhr; Ⓜ Wong Chuk Hang, Ausgang A2) Spezialisiert auf klassische und moderne asiatische Kunst, vor allem aus Indien, dem Himalaja und Südostasien; tibetanische Kunst ist ihre Stärke.

Blindspot Gallery (刺點畫廊; Karte S. 346; ☎852 2517 6238; www.blindspotgallery.com; 15. OG, Po Chai Industrial Bldg, 28 Wong Chuk Hang Rd, Aberdeen; ⏲Di–Sa 10–18 Uhr, So & Mo nur nach Vereinbarung; Ⓜ Wong Chuk Hang, Ausgang A2) Unbestreitbar einer der besten Orte, um sich mit Hongkonger und asiatischer Fotografie und Videokunst vertraut zu machen, darunter sind auch Werke von Stanley Wong, Ken Kitano und Maleonn.

Pékin Fine Arts (北京藝門畫廊; Karte S. 346; ☎852 2177 6190; www.pekinfinearts.com; 16F Union Industrial Bldg, 48 Wong Chuk Hang Rd, Aberdeen; ⏲Di–So 10–18 Uhr; Ⓜ Wong Chuk Hang, Ausgang A2) In dieser kleinen Hongkonger Zweigstelle der Galerie in Peking, gut versteckt in einem düsteren Fabrikgebäude, erwartet die Besucher eine vielseitige Auswahl an Werken moderner chinesischer Künstler.

BÉTHANIE — HISTORISCHES GEBÄUDE

(伯大尼; ☎852 2584 8918; www.hkapa.edu/about/getting-here/; 139 Pok Fu Lam Rd; 25 HK$; ⏲Mo–Sa 11–18, So ab 12 Uhr; 🚌7, 40, 40M, 90B, 91) Das wunderschön restaurierte Gebäude, das sich im hügeligen Pok Fu Lam versteckt, einer College- und Wohngegend nordwestlich von Aberdeen, ist das Highlight in dieser Ecke der Stadt. Es wurde 1875 von französischen Missionaren als Sanatorium für Priester aus ganz Asien erbaut, die sich hier von Tropenkrankheiten erholen sollten, bevor sie wieder in ihre Missionen zurückkehrten, und beherbergt heute eine Filmschule.

Die 30-minütige geführte Tour umfasst den Besuch der neugotischen Béthanie-Kapelle, des Theaters in den beiden achteckigen Kuhställen des Milchbetriebs und eines winzigen Museums, das die Geschichte der Mission erzählt. Die Touren werden stündlich angeboten und zwei sind auf Englisch. Es ist ratsam, vorab anzurufen, da Teile vielleicht nicht besichtigt werden können, falls sie gerade vermietet sind. Die nächste Bushaltestelle befindet sich an der Kreuzung Pok Fu Lam Reservoir und Pok Fu Lam Rd.

WATERFALL BAY PARK — PARK

(瀑布灣公園; Waterfall Bay Rd; 🚌4, 970, Minibus 69) Der Wasserfall und die Bucht sind heiter und angenehm. Lastkähne und Fischerdschunken schippern übers Wasser, Lamma ist überraschend nah, und Figürchen von sowohl chinesischen als auch hinduistischen Göttern stehen auf den Felsen. Richtung Meer steht ein Bunker aus dem Zweiten

Weltkrieg, als die britischen Truppen Aberdeen als Stützpunkt im Kampf gegen die Japaner nutzten. In der Bucht dringt zudem der Feuerdrachen von Pok Fu Lam Village im Finale vom Mondfesttanz ins Wasser ein.

Auf ihrer Reise zu anderen Häfen in Asien war es vor allem der Zugang zu Trinkwasser, der die Briten und Europäer auf die Waterfall Bay aufmerksam machte. Als sie die Einheimischen nach dem Namen des Ortes fragten, antworteten diese „Heung Gong", was so viel heißt wie „Hong Kong".

Busse Richtung Wah Fu Estate, z. B. Nr. 4 und 970, halten hier. Ausstieg ist am Wah Fu Commercial Complex (華富商場). Nach zehn Minuten auf der Waterfall Bay Rd sieht man den Waterfall Bay Park. Drinnen geht's dann in Richtung des Residence Bel-Air. Von den zwei Treppen führt eine runter zur Bucht.

CYBERPORT WATERFRONT PARK — PARK

(數碼港公園; Telegraph Bay, 100 Cyberport Rd, Cyberport; ⌚7–23 Uhr) Eingebettet zwischen Luxushäusern und dem Meer bietet der schöne Park viel Grünfläche zum Picknicken, einen Joggingweg am Ufer, einen Fahrradweg und Bäume für schattiges Lesen. Einheimische führen ihre Hunde spazieren und relaxen, und alle lächeln einander zu.

Deep Water & Repulse Bay

DEEP WATER BAY — STRAND

(深水灣; 🚌6, 6A, 6X, 260) Die Deep Water Bay ein paar Kilometer nordwestlich der Repulse Bay ist eine ruhige kleine Bucht, deren Strand von großen Bäumen flankiert wird. Am Südende des Strandes gibt es ein paar Lokale und Grillplätze. Hier müssen sich Badenixen den Strand mit weniger Menschen teilen als an der Repulse Bay. Der Strand ist ein Wakeboard-Hotspot.

REPULSE BAY — STRAND

(淺水灣; 🚌6, 6A, 6X, 260) Der lange Strand mit goldgelbem Sand in der Repulse Bay ist bei chinesischen Touristengruppen das ganze Jahr über beliebt und – wenig überraschend – an Sommerwochenenden überfüllt. Hier kann man aber prima Leute gucken. Der Strand bietet Duschen und Umkleiden sowie schattige Bäume am Straßenrand, aber das Wasser ist ziemlich trüb.

Die Middle Bay (中灣) und South Bay (南灣), 10 bzw. 30 Minuten südlich, haben weniger überfüllte Strände. Middle Bay ist bei Schwulen beliebt, während es französische Auswanderer in die South Bay zieht.

KWUN YAM SHRINE — TAOISTISCHER TEMPEL

(觀音廟; 🚌6, 6A, 6X, 260) In Richtung Südostende des Strandes der Repulse Bay steht ein bunter Schrein, der Kwun Yam gewidmet ist, der Göttin der Barmherzigkeit. In der umliegenden Gegend findet man eine Ansammlung von Gottheiten und anderen Figuren – Goldfische, Widder, den Gott des Geldes und Statuen von Tin Hau –, die schrill und cartoonmäßig kitschig sind. Die meisten Statuen wurden von Lokalgrößen und Geschäftsmännern in den 1970ern in Auftrag gegeben.

Stanley

STANLEY — DORF

Karte S. 347 (赤柱) Dieses Highlight besucht man am besten werktags. Der **Stanley Market** (赤柱市集; Karte S. 347; Stanley Village Rd; ⌚9–18 Uhr; 🚌6, 6A, 6X, 260) ist ein Gassenlabyrinth, in dem es günstige Kleidung gibt (Feilschen ist Pflicht!); der **Stanley Main Beach** (赤柱正灘; Karte S. 347; 🚌6A, 14) ist für Sonnenanbeter und Windsurfer. 500 m südlich des Markts lohnt sich ein Besuch des **Stanley Military Cemetery** (赤柱軍人墳場; ☎852 2557 3498; Wong Ma Kok Rd; ⌚8–17 Uhr; 🚌14, 6A), dessen ältestes Grab von 1841 ist.

ST. STEPHEN'S COLLEGE HERITAGE TRAIL — HISTORISCHE STÄTTE

Karte S. 347 (聖士提反書院文物徑; ☎852 2813 0360; www.ssc.edu.hk/ssctrail/eng; 22 Tung Tau Wan Rd; 🚌6, 6A, 6X, 260) GRATIS Wer sich für den Zweiten Weltkrieg interessiert, kommt

PAT KAN UK

Am südlichen Ende der Stanley Main St steht eine Reihe von acht einstöckigen Häusern aus roten Ziegelsteinen und mit grünen Türen. Malerisch blicken diese Hingucker im Schatten der Bäume genau wie die alten Leute, die sie bewohnen, aufs Meer. In den 1930er-Jahren waren es Eigenheime, als die Regierung Anbauflächen beschlagnahmte, um Baracken für eine bessere Küstenabwehr in Stanley zu bauen.

Pat Kan Uk (八間屋) ist eine Transliteration aus dem Kantonesischen für „acht Häuser".

auf dem schönen Campus des St. Stephen's Colleges, direkt neben dem Stanley Military Cemetery, auf seine Kosten. Die 1903 gegründete Schule wurde 1941 im Zuge der Invasion Hongkongs durch die Japaner zu einer militärischen Notklinik umfunktioniert. Nach dem Fall der Stadt wurde ein Internierungslager eingerichtet. An Heiligabend 1941 stürmten japanische Soldaten das Gebäude und töteten 56 britische und kanadische Soldaten, die hier verwundet lagen. Die Kapelle wurde 1950 zum Gedenken an die Kriegsopfer auf dem höchsten Punkt des Campus' errichtet. Zugang zum Trail bekommt man nur im Rahmen einer zweistündigen geführten Tour, bei der Studenten acht Stationen auf dem Campus erläutern. Man sollte zwischen ein und drei Monate im Voraus über die Webseite buchen.

ST. STEPHEN'S BEACH STRAND

(聖士提反灣泳灘; 🚌6A, 14) Dieser tolle kleine Schlupfwinkel liegt nur einen kurzen Spaziergang südlich von Stanley und bietet praktische Cafés, Duschen und Umkleiden. Im Sommer kann man am Wassersportzentrum Surfbretter und Kajaks ausleihen.

MURRAY HOUSE HISTORISCHES GEBÄUDE

Karte S. 347 (美利樓; Stanley Bay; 🚌6, 6A, 6X, 260) Das dreistöckige Murray House mit den Arkaden erhebt sich auf der anderen Seite der Bucht, gegenüber der Stanley Main St. Es wurde 1846 als Offizierskaserne in Central errichtet und stand dort fast 150 Jahre lang, bis es 1982 durch den Bank of China Tower ersetzt wurde. Es wurde an seinem heutigen Platz wieder aufgebaut und 2001 eröffnet. Heute beherbergt es Restaurants, von denen viele einen tollen Blick aufs Meer bieten.

Shek O

SHEK O BEACH STRAND

(石澳; 🚌9 von MTR-Shau Kei Wan, Ausgang A3) Der Strand von Shek O erstreckt sich auf einem weiten Sandstreifen mit Bäumen im hinteren Bereich, Duschen, Umkleiden und mietbaren Schließfächern. Es geht hier nicht besonders leise zu, außer an Taifuntagen, aber der entspannte, von schroffen Klippen gesäumte Strand ist trotzdem angenehm.

BIG WAVE BAY STRAND

(大浪灣; Ⓜ Shau Kei Wan, Ausgang A3, Minibus nach Shek O) Der schöne, oft verlassene Strand liegt 2 km nördlich von Shek O und ist außerhalb der Surfszene kaum bekannt. Man erreicht ihn, indem man die Straße Richtung Norden aus der Stadt nimmt, vorbei am Golfplatz des Shek O Golf & Country Club, am Kreisverkehr nach Osten abbiegt und der Straße bis zum Ende folgt. Eines von acht prähistorischen Felsenreliefs, die in Hongkong entdeckt wurden, befindet sich auf der Landzunge oberhalb von Big Wave Bay.

ESSEN

Aberdeen

NAM LONG SHAN ROAD COOKED FOOD MARKET HÄNDLER $

Karte S. 346 (南朗山道熟食市場; 1 Nam Long Shan Rd, Wong Chuk Hang; Gerichte ab 60 HK$; Ⓜ Wong Chuk Hang, Ausgang B) Der zweistöckige Indoormarkt blieb übrig, nachdem die

STRAND-BARBECUE AUF HONGKONGER ART

Am Wochenende sieht man an den Stränden und in den Parks zahlreiche Hongkonger, die enthusiastisch lange Metallgabeln schwingen. Ein altes Hongkonger Ritual? Irgendwie schon. Für die Menschen in der Sonderverwaltungszone sind Barbecues an öffentlichen Stränden und in Parks vergleichbar mit den Festen, die in Ländern mit größeren Häusern drinnen oder im Garten stattfinden. Ein eigenes BBQ zu schmeißen, ist einfach und verspricht einen tollen Tag. Man muss früh da sein, um einen Platz zu bekommen.

Einige empfehlenswerte kostenlose Grillplätze:

Shek O Beach

St. Stephen's Beach

Silvermine Bay Beach bei Mui Wo in Lantau (Karte S. 202; ⛴Mui Wo)

Lo So Shing Beach in Lamma (蘆鬚城; Karte S. 198; ⛴Yung Shue Wan)

Lion Rock Country Park (望夫石; Lion Rock Country Park; Ⓜ Tai Wai)

angeschlossene Wohnsiedlung der Arbeitergemeinschaft zerstört wurde. Die neonbeleuchtete Markthalle ist voller günstiger *cha chaan tang* (Teehäuser) und Wok-Buden. Die Geschäfte laufen gut, da die Bewohner der neuen Hochhäuser zum Essen herkommen.

★ABERDEEN FISH MARKET YEE HOPE SEAFOOD RESTAURANT KANTONESISCH, SEAFOOD **$$**

Karte S. 346 (香港仔魚市場二合海鮮餐廳; ☎852 2177 7872, 852 5167 1819; 102 Shek Pai Wan Rd; Gerichte ab 350 HK$; ⏱4–14.30 Uhr; 🚌107, Ⓜ Wong Chuk Hang, Ausgang B) Das unterschätzte, von Fischern geführte Lokal versteckt sich in Hongkongs einzigem Fischgroßmarkt und ist *die* Adresse für frische Meeresfrüchte. Es gibt keine Speisekarte, aber man kann sagen, wie viel man ausgeben möchte, dann wird das Essen aus den passenden Zutaten zubereitet. Dazu gehören auch einige, die man in Lokalen sonst nicht bekommt – hier ist jedes Gericht ein Treffer.

Das Restaurant dient auch den Fischern vom Markt als Kantine, und es kommen den ganzen Tag über Männer in Gummistiefeln auf ein Bierchen, Arme Ritter à la Hongkong oder andere Klassiker aus den *cha chaan tang* (Teehäusern) vorbei. Andere Gäste können es ihnen gleichtun. Es gibt kein englischsprachiges Schild: einfach nach dem unscheinbaren, einstöckigen gelben Gebäude mit grünem Dach am Ende des Fischmarkts Ausschau halten!

Man braucht einen Kantonesisch sprechenden Freund, wenn man einen Tisch reservieren möchte; am besten organisiert man alles Nötige zwei Tage im Voraus (zwei Wochen vorab fürs Wochenende).

JUMBO KINGDOM FLOATING RESTAURANT KANTONESISCH **$$**

Karte S. 346 (珍寶海鮮舫; ☎852 2553 9111; www.jumbo.com.hk; Shum Wan Pier Dr, Wong Chuk Hang; Gerichte ab 200 HK$; ⏱Mo–Sa 11–23.30, So ab 9 Uhr; ❄ 👪; 🚌90 ab Central, Ⓜ Wong Chuk Hang, Ausgang B) Das Jumbo Kingdom wurde jüngst renoviert und besteht aus zwei Restaurants: dem Jumbo Floating Restaurant und dem Tai Pak Floating Restaurant. Die dreistöckigen „schwimmenden" Sensationen (sie sind mit Beton befestigt) sehen aus wie eine Kreuzung zwischen der Verbotenen Stadt in Peking und dem Casino Lisboa in Macao – so kitschig, dass sie schon wieder cool sind. Das überteuerte Dragon Court im 2. Stock kann man ignorieren und lieber Dim Sum im 3. Stock genießen.

Ap Lei Chau

★AP LEI CHAU MARKET COOKED FOOD CENTRE SEAFOOD **$**

Karte S. 346 (鴨利洲市政大廈; 1. Stock, Ap Lei Chau Municipal Services Bldg, 8 Hung Shing St; Gerichte 45–100 HK$; 🚌Minibus 36X ab Lee Garden Rd, Causeway Bay, Ⓜ Lei Tung, Ausgang A1) Über einem Indoormarkt in einer Halle mit Klapptischen und Plastikstühlen werden an *dai pai dong* (Imbissstände) Köstlichkeiten zubereitet. **Pak Kee** (栢記; ☎852 2555 2984; Meeresfrüchtegerichte ab 160 HK$; ⏱18–22.30 Uhr) und **Chu Kee** (珠記; ☎852 2555 2052; Meeresfrüchtegerichte ab 180 HK$; ⏱18–24 Uhr) bieten leckere Meeresfrüchtegerichte. Man kann auch unten auf dem Markt Seafood kaufen, welches man oben zubereiten lässt. Am Wochenende ist es voll und laut.

Fischer und Drachenbootfahrer kommen abends für das Bier und das Essen her. Man erreicht den Markt mit der Metro oder von der Aberdeen Promenade per Sampan.

TREE CAFE CAFÉ **$**

Karte S. 346 (☎852 2870 1582; www.tree.com.hk/cafe; 28. Stock, Horizon Plaza, 2 Lee Wing St; Gerichte ab 80 HK$; ⏱10.30–19 Uhr; 👪; 🚌90 von Central, Ⓜ South Horizon, Ausgang C) In der Horizon-Plaza-Shoppingmall gibt es zahllose Läden, warum also nach einem Bummel nicht in dem umweltbewussten Café ausruhen, das im gleichnamigen Möbelgeschäft im obersten Stockwerk ist? Es gibt guten Kaffee und einen Spielbereich für Kids.

Repulse Bay

AMALFITANA PIZZA **$**

(☎852 2388 7787; www.amalfitana.hk; Shop 105, EG, The Pulse, 28 Beach Rd; Pizza 140–250 HK$; ⏱12–22.30 Uhr; ❄ 📝 👪; 🚌40, 90, 6X) Das Amalfitana ist nach vorne hin offen und liegt nur einen Steinwurf vom Strand entfernt, man kann die köstliche Pizza also zwischen zwei Sprüngen ins Wasser genießen. Auf der Karte stehen die klassischen Beläge sowie vier „Bambino"-Versionen für die Kleinen. Die Pizza gibt's auch zum Mitnehmen.

LIGHTHOUSE EUROPÄISCH **$$**

(☎852 2889 5939; www.facebook.com/hkthelighthouse; Shop 303, Level 3, The Pulse, 28 Beach Rd; Gerichte/Brunch ab 380/428 HK$; ⏱Mi–Fr 12–15.30, Sa & So 11.30–17.30 Uhr; ❄ 👪; 🚌40, 90, 6X) In dem Bistro dreht sich alles ums Wasser: Die hellbraunen und blauen Farben passen sich dem Meer, das man durch die Fenster sieht, perfekt an. Die Karte deckt alle beliebten Meeresfrüchte – Austern, Seebarsch mit Salzkruste, Muscheln mit Pommes oder als Suppe und Fish & Chips – ab, mit Finesse von einem Koch aus der Bretagne zubereitet.

VERANDAH INTERNATIONAL **$$$**

(露台餐廳; ☎852 2292 2822; www.therepulsebay.com; 1. Stock, 109 Repulse Bay Rd; Gerichte ab 600 HK$; ⏲Mi–Sa 12–14.30, 15–17.30 & 19–22.30, So 11–15, 15.30–17.30 & 19–22.30 Uhr; 🚌6, 6A, 6X, 260) Im grandiosen Verandah zu speisen, das vom Peninsula geführt wird, ist ein besonderes Erlebnis. Das große Restaurant schwelgt in kolonialer Nostalgie inklusive Flügel am Eingang, Holzventilatoren an der Decke und Marmortreppe mit Holzgeländer.

Der Sonntags-Brunch ist berühmt (700 HK$) und der Nachmittagstee (ab 300 HK$/Pers.) der beste auf dieser Seite von Hong Kong Island. Vorab reservieren.

LIMEWOOD INTERNATIONAL

(☎852 2866 8668; www.limewood.hk; Shops 103 & 104, 1F, The Pulse, 28 Beach Rd; ⏲mittags Mo–Mi 12–14.30, Do–So bis 16 Uhr, abends Mo–Sa 18–22.30, So bis 21.30 Uhr; 🚌40, 90, 6X) Die Karte ist gut, auch wenn die mit Obst verfeinerte Fusion-Küche etwas zu vorhersehbar ist. Die Fisch-Tacos und die Rinderkoteletts sind gut gewürzt, und die Guacamole mit Schweinegrieben, Fischrogen und Seeigel überrascht. Entweder entspannt man in den Holzstühlen vorn oder auf einer Polsterbank.

Stanley

SEI YIK KANTONESISCH **$**

Karte S. 347 (泗益; ☎852 2813 0507; 2 Stanley Market St; Gerichte ab 30 HK$; ⏲Mi–Mo 6–16 Uhr; 🚌6, 6A, 6X, 66) Wochenendausflügler strömen in das *dai pai dong* (Imbiss) mit Zinndach, gegenüber des Stanley Municipal Buildings, für die Armen Ritter nach Hongkong-Art mit *kaya* (Kokosnussmarmelade). Keine Beschilderung in lateinischer Schrift; nach der Schlange von Pilgern und den Obsttürmen, die den Eingang verbergen, schauen!

TOBY INN KANTONESISCH, DIM SUM **$**

Karte S. 347 (赤柱酒家; ☎852 2813 2880; U1-U2, 126 Stanley Main St; Hauptgerichte 80–240 HK$, Dim Sum 17–25 HK$; ⏲5.30–22.30 Uhr; 🚌6, 6A, 6X, 260) Das Lokal ist bei Stanleys Einwohnern beliebt. Ältere Gäste essen hier morgens gern Dim Sum, Drachenbootfahrer lassen sich die günstigen Meeresfrüchte schmecken, und Familien freuen sich den ganzen Tag über schlichte, leckere Gerichte.

AUSGEHEN & NACHTLEBEN

KOMUNE DACHBAR

Karte S. 346 (www.komune.com.hk; 64 Wong Chuk Hang Rd; ⏲6.30–23 Uhr; Ⓜ Wong Chuk Hang, Ausgang A2) Im Komune auf dem Dach des Ovolo Southside (S. 250) gibt's Bier, Softdrinks und Cocktails sowie lateinamerikanisch und asiatisch angehauchte Häppchen. Die umwerfende Aussicht ist das I-Tüpfelchen. Happy Hour von 15 bis 19 Uhr.

BEN'S BACK BEACH BAR BAR

(石澳風帆會; ☎852 2809 2268; Shek O hinter dem Strand, 273 Shek O Village; ⏲Do & Fr 19–24, Sa & So ab 11 Uhr; 🚌9 ab Shau Kei Wan MTR, Ausgang A3) Hinter dem Shek O Beach ist das Ben's eine Kneipe, in der jeder jeden kennt. Dorf- und Stadtbewohner und Auswanderer trinken hier Bier zu Reggaebeats und dem Klang der Brandung. Nebenan steht ein Schrein.

Vom Busbahnhof in Shek O rechts auf den Pfad einbiegen, der zu einer verlassenen Schule und zum Gesundheitszentrum führt. Der Strand liegt am Ende des Pfades.

DELANEY'S PUB

(☎852 2677 1126; Shop 314, The Arcade, 100 Cyberport Rd, Pok Fu Lam; ⏲Mo–Do 12–22, Fr & Sa 11.30 Uhr–open end; 🐾; 🚌30X, 42C, 73, 73P, 107P, 970) Das Publikum der entlegenen Filiale des Irish Pub setzt sich meist aus den Büros und Luxusapartments zusammen. Die Terrasse mit Sonnenschirmen und Meeresblick ist am Wochenende gut besucht. Die Erwachsenen nippen am Champagner oder gucken Sport, die Kleinen spielen im Kinderbereich.

Happy Hour von 16 bis 20 Uhr. Wer mit der Metro kommt, steigt an der Station Wong Chuk Hang in den Minibus 69A um.

SHOPPEN

Die Lagerhallen entlang Wong Chuk Hang bieten alles, von Kunst bis zu lokalem Bier und Designer-Fahrrädern, am Südende der Ap Lei Chau gibt's Designerstühle und Mode der Nebensaison. Getrocknete Meeresfrüchte bekommt

man in Aberdeens Zentrum und um die Ap Lei Chau Main St, Freizeitmode und Krimskrams auf dem Stanley Market.

★G.O.D. BEKLEIDUNG, HAUSHALTSWAREN

Karte S. 347 (Goods of Desire; ☎852 2673 0071; www.god.com.hk; Stanley, Shop 105, Stanley Plaza, 22-23 Carmel Rd, Stanley; ⌚Mo–Fr 10.30–20, Sa & So bis 21 Uhr; 🚌6, 6A, 6X, 260) Das G.O.D. ist einer der coolsten einheimischen Läden Hongkongs und behandelt das klassische Stadtbild von Hongkong mit wenig Respekt: U.a. können Smartphone-Covers mit Bildern von Häuserblocks, Lampeninstallationen, die denen auf altmodischen Märkten ähneln, Kissen mit Koi-Druck etc. erworben werden. In der Stadt gibt's einige G.O.D.-Läden, aber diese Filiale ist eine der größten.

★HORIZON PLAZA EINKAUFSZENTRUM

Karte S. 346 (新海怡廣場; www.horizonplazahk.com; 2 Lee Wing St, Ap Lei Chau; ⌚10–19 Uhr; Ⓜ South Horizons, Ausgang C) Das Outlet-Center in einem umgebauten Fabrikgebäude versteckt sich an der Südküste von Ap Lei Chau. Es hat über 100 Läden auf 25 Stockwerken. Einheimische kaufen hier ihre Möbel, aber man findet auch Alexander McQueen und Jimmy Choos zu Schnäppchenpreisen. Sachen für Kinder gibt's auch (Bücher, Spielzeug, Klamotten, Möbel etc.).

★EDIT X EDITECTURE KLEIDUNG

Karte S. 346 (☎852 2548 8682; www.editecture.com; 10F, Unit B, Shui Ki Industrial Bldg, 18 Wong Chuk Hang Rd, Wong Chuk Hang) Der große Büro/Laden/Ausstellungsraum mit Bibliothek gehört zwei Freunden, die für ihre Designs von Restaurants bis Klamotten schon Preise bekamen. Das Highlight ist die ausgefallene Streetwear der Hausmarke Edit. Im Laden finden auch Veranstaltungen statt.

SPORT & AKTIVITÄTEN

Sieben Strände, zwei Golfplätze, unzählige Wanderwege und Wassersportmöglichkeiten – und alles direkt am Stadtzentrum – in diesem Stadtviertel kommen die Endorphine nicht zur Ruhe.

★DRAGON'S BACK WANDERN

(龍脊) Der bekannteste Wanderweg der Stadt beginnt in einem Wald und führt hinauf zu einem Bergkamm (er sieht wie das Rückgrat eines Drachen aus), bis er am Strand und am Meer endet. In Hongkong gibt es genug visuell und kulturell lohnenswertere Wege, doch der beeindruckende, 8,5 km lange Dragon's Back ist einfach zu erreichen. An Tagen, an denen die Golfrasen, das Meer und die Luxushäuser in der Sonne glänzen, mutet es geradzu surreal an.

Bus 9 und Minibusse mit „Shek O"-Zeichen starten vom Busbahnhof Shau Kei Wan (beim Ausgang A des MTR-Bahnhofs Shau Kei Wan). Am Startpunkt des Weges aussteigen – To Tei Wan (土地灣) an der Shek O Rd.

★TAI TAM WATERWORKS HERITAGE TRAIL WANDERN

(大潭水務文物徑) Der malerische, 5 km lange Wanderweg führt an Reservoirs und einer hübschen Ansammlung von 20 historischen Wasserwerksbauten vorbei. Zu den Errungenschaften viktorianischer Ingenieurskunst gehören Brücken, Aquädukte, Schleusenhäuser, Pumpstationen und Dämme, von denen viele noch funktionstüchtig sind.

Der zweistündige Weg endet an der Tai Tam Tuk Raw Water Pumping Station. Man kann ihn in Wong Nai Chung Gap in der Nähe der Luxusapartments in Hong Kong Parkview oder an der Kreuzung Tai Tam Rd und Tai Tam Reservoir Rd betreten. Am Wochenende gehen die Einwohner hier mit ihren Hunden, Kindern, Dienstmädchen, Chauffeuren und Nannys spazieren.

Vom MTR-Stopp Admiralty geht's mit Bus 6 zum Wong Nai Chung Reservoir; dann der Tai Tam Reservoir Rd ostwärts folgen.

HONG KONG AQUABOUND CENTRE WASSERSPORT

Karte S. 347 (☎852 8211 3876; www.aquabound.com.hk; Stanley Main Beach, Stanley; Kajakverleih 80 HK$/Std.; ⌚9–18.30 Uhr; 🚌6A, 14) Verleih von Kajaks, Stehpaddelboards und Ausrüstung zum Windsurfen und Wakeboarden. Man kann hier auch Lehrer engagieren. Die Preise variieren je nach Kursgröße. Online erhält man Infos oder kann buchen.

HONG KONG YACHTING BOOTSFAHRT

Karte S. 346 (☎852 2526 0151; www.hongkongyachting.com; 18A Gee Chang Hong Centre, 65 Wong Chuk Hang Rd, Aberdeen; Dschunkenparty ab 680 HK$/Pers.; ⌚Mo–Sa 9–18 Uhr; 🚌4C, 90) Hier kann man Boote mieten, die vom Aberdeen Harbour aus diverse Ziele in Hongkong und auf den Outlying Islands ansteuern. Man kann auch ein Hafentour-Ticket kaufen oder eine Bootsparty organisieren.

Kowloon

TSIM SHA TSUI | YAU MA TEI | MONG KOK | SHAM SHUI PO | NEW KOWLOON

Highlights

❶ **Symphony of Lights** (S. 167) Die Skyline von Hongkong im Glanz dieser nächtlichen Lichtershow auf beiden Seiten des Victoria Harbour bewundern

❷ **Lobby des Peninsula** (S. 253) Zu den Klängen eines Streichquartetts in der Lobby des „Pen" Scones und Earl Grey genießen

❸ **Temple Street Night Market** (S. 149) Auf Hongkongs munterstem Nachtmarkt die berauschende Mixtur aus Kommerz, Kultur und Imbisskost aufsaugen

❹ **Sik Sik Yuen Wong Tai Sin Temple** (S. 150) In diesem Tempel an einer taoistischen Zeremonie teilnehmen oder sich die Zukunft voraussagen lassen

❺ **Chi Lin Nunnery** (S. 151) Durch die ruhige Gartenanlage dieser buddhistischen Enklave und durch den angrenzenden Ziergarten schlendern

Detailpläne dieses Gebiets s. Karten S. 348, S. 350, S. 352 & S. 353

Rundgang: Kowloon

Der Tag beginnt mit ein paar Stunden im Museum of History, gefolgt von einem halbstündigen Bummel auf der malerischen Tsim Sha Tsui East Promenade (falls ein Teil davon gesperrt ist, nimmt man einen Umweg über die Salisbury Rd) zum Star Ferry Concourse. Unterwegs bestaunt man verschiedene Sehenswürdigkeiten wie etwa das Cultural Centre oder den Uhrenturm und kehrt mittags in einem indischen oder Shanghai-Restaurant ein.

Auf dem Weg nach Yau Ma Tei stoppt man an der St Andrew's Church und der Kowloon British School. Etwa eine Stunde ist für die Erkundung des Tin-Hau-Tempels, des Jademarkts und der Shanghai St einzuplanen. Danach schaut man sich Sham Shui Po und den Flohmarkt in der Ap Liu Street an, und anschließend, wenn noch genug Zeit bleibt, genießt man einfach die Stille im Nonnenkloster Chi Lin Nunnery in Diamond Hill.

Nach dem Abendessen an einem Straßenstand in Yau Ma Tei steht der Nachtmarkt in der Temple Street an. Bei ein paar Drinks in einer Bar in Tsim Sha Tsui (TST) kann man die Erlebnisse des Tages sacken lassen.

Lokalkolorit

➡ **Treff** Filmfans und Kunstinteressierte chillen gern in der oberen Etage des Mido Café (S. 160).

➡ **Shoppen** Modefreaks finden in der Rise Shopping Arcade (S. 168) und in den Läden am Granville Circuit bezahlbare Erweiterungen ihrer Garderobe.

➡ **Singalong Parlours** Collegestudenten feiern ihren Geburtstag gern in den „Mitsing-Stuben" in Yau Ma Tei wie dem Canton Singing House (S. 166).

An- & Weiterreise

➡ **Bus** Vom Star Ferry Bus Terminal fahren Busse zu Zielen in Kowloon, auf Hong Kong Island und in den New Territories. Zu den nützlichen Buslinien gehören die N21 (zum Flughafen), die 5A (nach Kowloon City) und die 8 (zur Kowloon Station). Die Busse von Eternal East Cross Border Coach (S. 288) fahren von verschiedenen Haltestellen in Tsim Sha Tsui ab.

➡ **Schiff/Fähre** Macau Ferries legt vom China Ferry Terminal an der Canton Rd (Tsim Sha Tsui) ab. Star Ferries nutzt den Star Ferry Pier am westlichen Ende der Salisbury Rd.

Top-Tipp

Kowloon besitzt eine vielfältige gastronomische Szene. In den Chungking Mansions gibt's die besten indischen Lebensmittelgeschäfte und Restaurants, in der Kimberley St und der Austin Ave gute koreanische Lokale und Minimärkte; nepalesische Kost findet man in den Straßen um den Temple Street Night Market und thailändische Lokale in Kowloon City.

Gut essen

- Chi Lin Vegetarian (S. 162)
- Yè Shanghai (S. 158)
- Tim Ho Wan (S. 161)
- Din Tai Fung (S. 159)
- Kung Wo Tofu Factory (S. 161)
- Mido Café (S. 160)

Details s. S. 157 ➡

Nett ausgehen

- Kowloon Taproom (S. 162)
- Bound (S. 166)
- Horizonte Lounge (S. 165)
- InterContinental Lobby Lounge (S. 162)
- Aqua (S. 163)
- Butler (S. 163)

Details s. S. 162 ➡

Schön shoppen

- Ladies' Market (S. 169)
- Yue Hwa Chinese Products Emporium (S. 169)
- K11 Select (S. 168)
- Rise Shopping Arcade (S. 168)
- Showa Film & Camera (S. 169)

Details s. S. 168 ➡

HIGHLIGHTS

HONG KONG MUSEUM OF HISTORY

Wer bei seinem Hongkong-Trip nur Zeit für ein einziges Museum hat, sollte das Hong Kong Museum of History besuchen. Der kurze Überblick über die Natur, Ethnografie und Kultur Hongkongs ermöglicht Besuchern, ihre Eindrücke einzuordnen und zu verstehen.

Die acht Säle der Ausstellung **Hong Kong Story** nehmen Besucher mit auf eine faszinierende Reise durch die Geschichte Hongkongs, angefangen von der Natur und der prähistorischen Geschichte dieser Region ab 4000 v. Chr. bis hin zur Rückgabe des Territoriums an China im Jahr 1997. Man sollte nicht zu viel Zeit in den frühgeschichtlichen Galerien verbringen, denn das Beste kommt erst noch.

Das Museum zeigt farbenfrohe Repliken einer chinesischen Hochzeitsprozession sowie Behausungen der auf Booten lebenden Tanka und der Puntay, die ummauerte Dörfer bauten. Unter den Exponaten sind auch traditionelle Trachten und Nachbauten von Ladenhäusern aus dem Jahr 1881. Außerdem kann man in eine 1913 gebaute Straßenbahn steigen und Filmmaterial aus dem Zweiten Weltkrieg anschauen, darunter Zeitzeugenberichte von Chinesen und Ausländern, die in japanische Gefangenschaft gerieten.

Die der städtischen Kultur Hongkongs gewidmete Abteilung präsentiert u. a. die Rekonstruktion eines traditionellen Lebensmittelgeschäfts, einen alten Getränkespender und Wohnungseinrichtungen. Ein Kino im Stil der 1960er-Jahre zeigt sogar täglich alte kantonesische Filme.

NICHT VERSÄUMEN!

- Hong Kong Story
- Sonderausstellungen

PRAKTISCH & KONKRET

- 香港歷史博物館
- Karte S. 350, B2
- ☎852 2724 9042
- http://hk.history.museum
- 100 Chatham Rd S, Tsim Sha Tsui
- Eintritt frei
- ⌚Mo & Mi–Sa 10–18, So bis 19 Uhr
- 👪
- Ⓜ Tsim Sha Tsui, Ausgang B2

HIGHLIGHTS

TEMPLE STREET NIGHT MARKET

Wenn die Nacht anbricht und die Neonlichter zu leuchten beginnen, erwacht Hongkongs geschäftigster Markt zum Leben. Der Markt erstreckt sich von der Man Ming Lane bis zur Nanking St im Süden und wird von dem historischen Tin-Hau-Tempelkomplex (S. 155) in zwei Hälften geteilt. Hier kann man prima die Stimmung genießen, an den *dai pai dongs* (Imbissständen) etwas essen, kostenlose Vorstellungen kantonesischer Opern erleben und sich, wenn man will, die Zukunft voraussagen lassen. Der meiste Betrieb herrscht zwischen 19 und 22 Uhr.

An der Wende zum 20. Jh. sammelten sich die Verkäufer von Snacks und Krimskrams rund um den Tin-Hau-Tempel, das gesellschaftliche und spirituelle Zentrum von Yau Ma Tei, um ihre Ware an Tempelgänger zu verhökern. In den 1920ern hatte sich aus diesem Treiben ein Markt entwickelt, der sich immer weiter nach Norden und Süden ausbreitete. Aber erst in den 1980ern erschien der damals noch „Diebesmarkt" genannte Markt als Attraktion in den Reiseführern.

Wer gern unter freiem Himmel speist, sollte die Woo Sung St, die im Osten parallel zum Markt verläuft, oder den Bereich nördlich vom Tempel ansteuern. Hier bekommt man alles, was die asiatische Küche hergibt: von einer Schüssel Wan Tans bis zu Austernomeletts und nepalesischen Currys. Ein ungewöhnliches Erlebnis ist es, in einem Singalong Parlour Platz zu nehmen und sich Essen dorthin zu bestellen.

Jeden Abend errichten mehrere Wahrsager in der Mitte des Marktes Zelte und sagen der Kundschaft ihr Schicksal voraus (ab 100 HK$), wozu sie im Gesicht und in den Händen lesen und das Geburtsdatum benutzen. Einige haben Vögel darauf abgerichtet, „Glückskarten" zu ziehen. Die meisten Wahrsager sprechen ein paar Brocken Englisch.

Wer Glück hat, kann ein paar Passagen einer kantonesischen Oper unter freiem Himmel erleben. Einige der berühmtesten Stars der Opernbühne begannen ihre Karriere auf diese bescheidene Weise – oder behaupten es zumindest.

NICHT VERSÄUMEN!

- Shoppen
- Imbissstände
- Wahrsager
- Singalong Parlours in der Temple St

PRAKTISCH & KONKRET

- 廟街夜市
- Karte S. 352, A1
- Temple St, Yau Ma Tei
- ⏲6–23 Uhr
- Ⓜ Yau Ma Tei, Ausgang C

ROMAN BABAKIN / SHUTTERSTOCK ©

HIGHLIGHTS
SIK SIK YUEN WONG TAI SIN TEMPLE

Zu dem geschäftigen Tempel, einem Ensemble aus Hallen, Schreinen, Pavillons und Altären, pilgern Einwohner aller Art, von Rentnern bis zu jungen Berufstätigen. Manche Besucher kommen nur zum Beten, andere wollen mithilfe von *chim* ihr zukünftiges Schicksal erfahren: Die Glücksstäbchen aus Bambus werden aus einer Schachtel auf den Boden geworfen und von Wahrsagern gedeutet.

Der 1973 erbaute Komplex ist dem „Großen Unsterblichen Wong", Wong Tai Sin, geweiht, einer heilkundigen taoistischen Gottheit, die als Hirte in der Provinz Zhèjiāng gelebt und Felsbrocken in Schafe verwandelt haben soll. Das ganze Viertel ist nach dem heiligen Mann benannt, was seltsam anmutet, da er ein Einsiedler gewesen sein soll. Als Wong 15 Jahre alt war, lehrte ihn ein Unsterblicher, einen Kräutertrank zu brauen, der alle Krankheiten heilte. Deshalb wird Wong von Kranken ebenso wie von denen verehrt, die gesund bleiben wollen. Mit „Wong Tai Sin" werden manchmal auch Personen bezeichnet, die übertrieben großzügig sind.

Am Hauptaltar werden taoistische Rituale zelebriert. Das Bild der Gottheit wurde 1915 aus der Provinz Guangdong nach Hongkong gebracht. Rechts hinter dem Hauptschrein liegen die Good Wish Gardens mit Brücken, Karpfenteichen und Pavillons, von denen die sechseckige Unicorn Hall mit ihren geschnitzten Türen und Fenstern besonders hübsch anzuschauen ist.

Über Treppen gelangt man unterhalb des Haupttempels zu einem glitzernden, ultramodernen Andachtssaal, der 2011 für einen Preis von 100 Mio. HK$ gebaut wurde. Der Saal erinnert an ein Kasino aus Las Vegas und steht in starkem Kontrast zu dem traditionellen Ambiente darüber. Der Eintritt kostet 100 HK$.

NICHT VERSÄUMEN!

- Architektur
- *Chim*
- Hauptaltar
- Zeremonien
- Wahrsager
- Gärten

PRAKTISCH & KONKRET

- 嗇色園黃大仙祠
- ☎ 852 2327 8141, 852 2351 5640
- www.siksikyuen.org.hk
- 2 Chuk Yuen Village, Wong Tai Sin
- Spende 2 HK$
- ⏲7–17 Uhr
- Ⓜ Wong Tai Sin, Ausgang B2

SIRIKUNKRITTAPHUK / SHUTTERSTOCK ©

HIGHLIGHTS
CHI LIN NUNNERY

Das große buddhistische Nonnenkloster gehört zu den eindrucksvollsten Bauwerken in Hongkong. Es stammt ursprünglich aus den 1930er-Jahren und wurde 1998 im Stil eines Klosters aus der Tang-Dynastie wieder neu aufgebaut. Lotusteiche, Bonsai-Teepflanzen und schweigsame Nonnen, die ihre Opfergaben darbringen oder hinter geschnitzten Wandschirmen ihre Gesänge anstimmen, prägen dieses friedliche Bild.

Das Nonnenkloster ist der weltweit größte Komplex aus handgezimmerten Holzgebäuden. Die massiven Bauten sind von einer handwerklichen Meisterkunst, wie sie bei modernen Rekonstruktionen alter Architektur nur selten zu finden ist. Die Bauweise, bei der die Holzelemente so ineinandergreifen, dass kein einziger Nagel benötigt wurde, will den Einklang zwischen Mensch und Natur zum Ausdruck bringen.

Man betritt den Komplex durch das Sam Mun, eine Reihe von „drei Toren", die für die buddhistischen Gebote Mitgefühl, Weisheit und die „geschickten Mittel" *(upaya)* stehen. Durch den ersten Hof kommt man zur Halle der Himmelskönige mit einer großen Statue des sitzenden, von Gottheiten umgebenen Buddhas. Hinter ihr erhebt sich die Haupthalle mit einer Statue des Buddha Shakyamuni.

An das Kloster schließt sich der **Nan Lian Garden** an. Zu den Attraktionen dieses anmutigen Parks im Stil der Tang-Zeit zählen eine goldene Pagode, Koi-Teiche, Blumenbeete und Steingärten. Im Nan Lian Garden finden sich auch das Chi Lin Vegetarian (S. 162) und das Song Cha Xie (S. 166).

NICHT VERSÄUMEN!

- Architektur im Tang-Stil
- Sam Mun
- Lotusteichgarten
- Halle der Himmelskönige
- Haupthalle
- Nan Lian Garden

PRAKTISCH & KONKRET

- 志蓮淨苑
- ☎852 2354 1888
- www.chilin.org
- 5 Chi Lin Dr, Diamond Hill
- Eintritt frei
- ⏲Nonnenkloster 9–16.30 Uhr, Garten 6.30–19 Uhr
- Ⓜ Diamond Hill, Ausgang C2

SEHENSWERTES

Kowloon besitzt die meisten bedeutenden Museen Hongkongs, den geschäftigsten und faszinierendsten taoistischen Tempelkomplex (S. 150) und einige der muntersten Straßenmärkte. Beim Herumschlendern entdeckt man verblassende Spuren des kolonialen Erbes, darunter alte Kirchen und Polizeiwachen. In Yau Ma Tei ist noch etwas vom Flair der Vergangenheit wahrzunehmen, insbesondere in der Shanghai St. Viele Attraktionen Kowloons haben mit dem Ausblick auf die Skyline von Hong Kong Island zu tun, den man am besten vom Ufer und in verschiedenen Bars und Restaurants in guter Lage genießen kann.

Tsim Sha Tsui

HONG KONG MUSEUM OF HISTORY — MUSEUM

Siehe S. 148.

★ TSIM SHA TSUI EAST PROMENADE — HAFEN

Karte S. 350 (尖沙嘴東部海濱花園; Salisbury Rd; Ⓜ East Tsim Sha Tsui, Ausgang J) Hong Kong Island hat eine der schönsten Skylines der Welt, und von dieser Promenade aus hat man einen guten, unverstellten Blick auf sie. Tagsüber kann man hier gut spazieren gehen, doch wirklich eindrucksvoll wird es am Abend während der Symphony of Lights (S. 167), einer spektakulären Sound-and-Light-Show, bei der Dutzende Gebäude der Skyline von Hong Kong Island mitmachen.

Bis vor Kurzem waren große Teile der Promenade wegen Renovierung gesperrt. Die Besucher werden hier nun eine auf den neuesten Stand gebrachte Avenue of Stars finden, die mit Handabdrücken und Skulpturen der Hongkonger Filmindustrie und ihren Stars ihre Anerkennung erweist.

Die Promenade beginnt parallel zur Salisbury Rd gleich westlich der im Bau befindlichen Victoria Dockside, einem ehrgeizigen, 279 000 m² großen Erschließungsprojekt, das Büro- und Ladenflächen, Kunstgalerien und das ultraluxuriöse Rosewood Hotel umfasst. Die Promenade führt dann ostwärts weiter fast bis zum Hong Kong Coliseum und dem Bahnhof Hung Hom.

Richtig turbulent geht es auf der Promenade während des Feuerwerks zum chinesischen Neujahrsfest Ende Januar/Anfang Februar sowie im Juni während des Drachenbootfestes zu.

VORSICHT: FALSCHE MÖNCHE

Echte Mönche fordern niemals Geldspenden. Es kann allerdings während eines Aufenthalts vorkommen, dass man von Trickbetrügern in Mönchsroben um Geld angegangen wird. Die aufdringlicheren von diesen „Mönchen" versuchen z. B., einem gefälschte buddhistische Amulette zu verkaufen, oder sie „segnen" einen, um anschließend auf eine Spende zu drängen. Wird man in solcher Weise angegangen, sollte man deutlich nein sagen und den falschen Mönch einfach ignorieren.

★ KOWLOON PARK — PARK

Karte S. 348 (九龍公園; www.lcsd.gov.hk; Nathan & Austin Rd; ⏲6–24 Uhr; 👪; Ⓜ Tsim Sha Tsui, Ausgang C2) Der Kowloon Park wurde auf dem Gelände einer früheren Kaserne eines indischen Regiments der britischen Armee angelegt und ist eine grüne Oase, die erholsame Zuflucht vor dem Getümmel auf der Nathan Rd bietet. Gewundene Wege ziehen sich vorbei an Banyanbäumen, Gartenanlagen, Springbrunnen und einem Flamingoteich; morgens kann man Senioren beim Tai Chi zuschauen.

Sonntagnachmittags gibt's ab 14.30 Uhr an der „Kung Fu Corner" am Sculpture Walk des Parks Kampfkunstdemonstrationen und Drachentänze. Im Hong Kong Heritage Discovery Centre (Eintritt frei) findet man Ausstellungen zum alten Hongkong, aber Kids werden sich eher für die Voliere und die vielen Bademöglichkeiten (S. 171) begeistern.

FORMER MARINE POLICE HEADQUARTERS — HISTORISCHES GEBÄUDE

Karte S. 348 (前水警總部; ☎852 2926 8000; www.1881heritage.com; 2A Canton Rd; ⏲10–22 Uhr; ⛴Star Ferry, Ⓜ East Tsim Sha Tsui, Ausgang L6) GRATIS Der prachtvolle, 1884 erbaute viktorianische Komplex gehört zu den vier ältesten Verwaltungsgebäuden Hongkongs. Es wurde bis in die 1990er-Jahre ununterbrochen von der Hongkonger Hafenpolizei genutzt, außer im Zweiten Weltkrieg, als sich die japanische Marine hier einnistete. Heute ist der Komplex eine kommerzielle Anlage namens „Heritage 1881“. Im originalen Gebäude finden sich – natürlich über teuren Läden – Restaurants und das Hullet House, ein Boutiquehotel nur mit Suiten.

Mehrere originale Details blieben erhalten, darunter die Zellen, die Taubenschläge, ein Luftschutzkeller und die Stallungen. Im Namen der Anlage wurde die 1884 durch 1881 ersetzt, weil das chinesische Wort für „4“ an das Wort für „Tod“ anklingt und der Erschließer abergläubisch war. Es gibt kostenlose Führungen, die man telefonisch buchen kann.

AVENUE OF STARS — UFER

Karte S. 348 (星光大道; Tsim Sha Tsui East Promenade) Die Avenue of Stars an der spektakulären Tsim Sha Tsui East Promenade zollt mit Handabdrücken, Skulpturen und Informationstafeln der Hongkonger Filmindustrie und ihren Stars Tribut.

Bis vor Kurzem war sie wegen Renovierungen geschlossen. Anfang 2019 wurde dann die Avenue of Stars, zu der auch die berühmte Statue von Bruce Lee gehört, wiedereröffnet.

NATHAN ROAD — STRASSE

Karte S. 348 (彌敦道; Ⓜ Tsim Sha Tsui, Jordan) Kowloons Hauptverkehrsstraße ist nach Matthew Nathan, dem einzigen jüdischen Gouverneur Hongkongs, benannt und präsentiert sich als eine von Autos und Fußgängern verstopfte Meile voller Einkaufszentren, Schmuckläden und Modeboutiquen. Immerhin findet man hier authentisches Hongkonger Stadtleben, und Absteigen drängen sich um Spitzenklassehotels. Die Gegend ist absolut sicher – und das ist auch gut so, weil man es gar nicht vermeiden kann, sich durchs Gedränge zu wuseln, wenn man sich in dieser Gegend aufhält.

Man sollte unbedingt bis zu dem Abschnitt vordringen, der parallel zum Kowloon Park und nördlich von diesem liegt: Hier läuft man im Schatten prächtiger Banyanbäume.

HONG KONG SCIENCE MUSEUM — MUSEUM

Karte S. 350 (香港科學館; ☎852 2732 3232; http://hk.science.museum; 2 Science Museum Rd; Erw./erm. 25/12,50 HK$, Mi frei; ⏲Mo–Mi & Fr 10–19, Sa & So bis 21 Uhr; 👪; Ⓜ Tsim Sha Tsui, Ausgang B2) Kleinere Kinder werden von den vielen interaktiven Exponaten in diesem modernen Museum begeistert sein. Die langweiligen, schwer zu verstehenden Gesetze der Physik, Chemie und Biologie werden unterhaltsam mit Robotern, Virtual Reality, Videospielen usw. erläutert, daneben gibt's aber auch traditionelle museale Objekte wie Fahrzeugmodelle und Dinosaurierskelette.

KOWLOON MOSQUE & ISLAMIC CENTRE — MOSCHEE

Karte S. 348 (九龍清真寺; ☎852 2724 0095; 105 Nathan Rd; ⏲5–22 Uhr; Ⓜ Tsim Sha Tsui, Ausgang C2) Mit einer herrlichen Kuppel, vier 11 m hohen Minaretten und aufwendigen Fenstergittern ist die Kowloon Mosque ein prächtiges Gebäude und ein bedeutender Andachtsort für die 300 000 Muslime in der Sonderverwaltungszone. In den drei Sälen der 1984 erbauten Moschee (das frühere Gebäude wurde beim Bau der MTR beschädigt) finden bis zu 3000 Gläubige Platz. Die ursprüngliche Moschee war für die indischen Muslime erbaut worden, die in dem indischen Regiment der britischen Armee dienten, das seinen Sitz in der Kaserne im heutigen Kowloon Park hatte.

Muslime können am Gottesdienst teilnehmen, Nicht-Muslime sollten vor dem Betreten um Einlass bitten und ihre Schuhe ausziehen.

ROSARY CHURCH — KIRCHE

Karte S. 350 (玫瑰堂; ☎852 2368 0980; http://rosarychurch.catholic.org.hk; 125 Chatham Rd S; ⏲7.30–19.30 Uhr; Ⓜ Jordan, Ausgang D) Die Rosenkranzkirche wurde als älteste katholische Kirche Kowloons 1905 mit dem Geld errichtet, das ein in Hongkong ansässiger portugiesischer Arzt gestiftet hatte. Ursprünglich diente sie den Katholiken eines in Kowloon stationierten indischen Bataillons als Gotteshaus, später der wachsenden katholischen Gemeinde vor Ort. Die gelbliche Fassade der in einem Hof voller Pflanzen stehenden neugotischen Kirche erinnert an die Kirchen in Macao.

In der Kirche werden auch englischsprachige Messen gelesen (Mo–Sa 8 & 18.30, So 8.45, 12.30 & 19 Uhr).

FORMER KOWLOON BRITISH SCHOOL — HISTORISCHES GEBÄUDE

Karte S. 348 (前九龍英童學校; www.amo.gov.hk; 136 Nathan Rd; Ⓜ Tsim Sha Tsui, Ausgang B1) Das Schulgebäude, eines der ältesten noch erhaltenen, wurde 1902 für die Kinder der in Hongkong lebenden Briten erbaut. Später erhielt das viktorianische Backsteingebäude luftige Veranden und hohe Decken, weil es Klagen gab, dass viele Schulkinder in Ohnmacht gefallen seien.

Heute residiert in dem Gebäude das Antiquities & Monuments Office (古物古蹟辦事處). Dieses Amt für Altertümer und Denkmäler zeigt hier Ausstellungen, die über gegenwärtige Anstrengungen zur Erhaltung von traditionellen chinesischen und Kolonialgebäuden informieren.

ST. ANDREW'S ANGLICAN CHURCH — KIRCHE

Karte S. 348 (聖安德烈堂; ☎852 2367 1478; www.standrews.org.hk; 138 Nathan Rd; ⏲7.30–22.30 Uhr, Kirche 8.30–17.30 Uhr; Ⓜ Tsim Sha Tsui, Ausgang B1) Auf einem Hügel neben der ehemaligen britischen Schule von Kowloon steht die älteste protestantische Kirche Kowloons. Das schöne Bauwerk aus Granit und Backsteinen im Stil der englischen Gotik wurde 1905 für die Protestanten Kowloons errichtet. Während der japanischen Besatzung wurde es in einen Schrein verwandelt. In der Nähe befindet sich das hübsche alte Pfarrhaus aus dem Jahr 1909 mit den arkadenähnlichen Balkons. In die Kirche gelangt man von der Ostseite der Nathan Rd über eine Treppe oder einen Hang.

HONG KONG MUSEUM OF ART — MUSEUM

Karte S. 348 (香港藝術館; ☎852 2721 0116; http://hk.art.museum; 10 Salisbury Rd; Erw./erm. 10/5 HK$, Mi frei; ⏲Mo–Fr 10–18, Sa & So bis 19 Uhr; ⛴ Star Ferry, Ⓜ East Tsim Sha Tsui, Ausgang J) Zum Zeitpunkt unserer Recherche war das ausgezeichnete Museum wegen einer viele Millionen Dollar teuren Renovierung geschlossen (Ende 2019 soll es voraussichtlich wiedereröffnet werden). Es präsentiert auf sechs Geschossen chinesische Altertümer, chinesische Kunst, historische Bilder und zeitgenössische Kunst aus Hongkong. Zu den Highlights zählen die Xubaizhi-Sammlung von Malereien und Kalligrafien, zeitgenössische Kunstwerke sowie Keramiken und andere Antiquitäten aus China.

FORMER KCR CLOCK TOWER — HISTORISCHES GEBÄUDE

Karte S. 348 (前九廣鐵路鐘樓; Tsim Sha Tsui Star Ferry Concourse; ⛴ Star Ferry, Ⓜ East Tsim Sha Tsui, Ausgang L6) Der 1915 errichtete, 44 m hohe Uhrenturm aus Granit und rotem Backstein am südlichen Ende der Salisbury Rd gehörte einst zum südlichen Endbahnhof der Kowloon-Canton Railway (KCR). Der Zugbetrieb wurde in den modernen Bahnhof Hung Hom verlegt und der alte Bahnhof 1978 abgerissen. Wie er einst aussah, erfährt man anhand des maßstabsgetreuen Modells im Hong Kong Railway Museum in Tai Po.

HONG KONG SPACE MUSEUM & THEATRE — MUSEUM

Karte S. 348 (香港太空館; ☎852 2721 0226; www.lcsd.gov.hk; 10 Salisbury Rd; Erw./erm. 10/7 HK$, Shows 36/16 HK$; ⏲Mo & Mi–Fr 13–21, Sa & So 10–21 Uhr; 👪; Ⓜ East Tsim Sha Tsui, Ausgang J) Das 2016 umgebaute golfballförmige Museum am Ufer beherbergt eine neue Dauerausstellung „Journey of Space Exploration“. Mehrmals täglich gibt's im Stanley Ho Space Theatre moderne 3D-Shows. Für die in einem Zeitfenster von zwei Stunden gültigen Eintrittstickets muss man draußen anstehen.

INTERNATIONAL COMMERCE CENTRE — GEBÄUDE

(環球貿易廣場; ICC; www.shkp-icc.com; 1 Austin Rd W; Sky100 Erw./erm. 188/128 HK$; ⏲10–21 Uhr; Ⓜ Kowloon, Ausgang C1) Hongkongs höchstes Gebäude (484 m) ist ein schöner, freistehender Solitär in West Kowloon. Wer die Aussicht genießen will, fährt entweder hinauf ins **Ritz-Carlton** (麗思卡爾頓酒店; ☎852 2263 2263; www.ritzcarlton.com; 1 Austin Rd W, Ⓜ Kowloon, Ausgang C1, D1) im 12. Stock oder besucht das Sky100, eine Aussichtsterrasse in der 100. Etage. Von der „Metal Zone“ des Element im 2. Stock weisen einem Schilder den Weg. Der letzte Einlass ist um 20 Uhr.

FOOK TAK ANCIENT TEMPLE — BUDDHISTISCHER TEMPEL

Karte S. 348 (福德古廟; 30 Haiphong Rd; ⏲6–20 Uhr; Ⓜ Tsim Sha Tsui, Ausgang C2) Tsim Sha Tsuis einziger Tempel ist ein winziger, verrauchter Bau mit einem aufgeheizten Blechdach. Über seine Vergangenheit weiß man nur, dass es sich um einen Schrein aus der Zeit der Qing-Dynastie handelt und dass er im Jahr 1900 renoviert wurde. Vor dem Zweiten Weltkrieg huldigten hier die ungelernten Arbeiter der nahen Kowloon Wharf – dort, wo sich heute der Ocean Terminal (S. 33) befindet – dem Erdgott. Heute bringen in dem Tempel hauptsächlich 80-jährige Greise Weihrauch dar. Die verehrte Gottheit soll ein langes Leben garantieren.

Yau Ma Tei

TEMPLE STREET NIGHT MARKET — MARKT

Siehe S. 149.

INSIDERWISSEN

MAH-JONGG FÜR ABGEBRÜHTE

In der Shanghai St in Yau Ma Tei finden sich immer noch einige Mah-Jongg-Spielhallen (麻將館). In den 1950er-Jahren war das Mah-Jongg, ein Spiel für vier Spieler, so beliebt, dass die Briten trotz des eigentlich herrschenden Glücksspielverbots damit begannen, Lizenzen für Mah-Jongg-Spielhallen zu vergeben. In der Glanzzeit gab es über 150 Spielhallen; heute existieren aber nur noch ein paar wenige Dutzend.

Die hell erleuchteten, von Zigarettenqualm erfüllten Mah-Jongg-Hallen waren oft in Gangsterfilmen zu sehen, da sie als Spielwiese der Triaden, also der Hongkonger Mafia, galten. Heute werden sie stark von der Polizei überwacht und sind im Wesentlichen nur noch das laute Gelände für eingefleischte Zocker.

Die meisten Spielhallen haben Schilder mit der Aufschrift 麻將娛樂 („Mah-Jongg-Unterhaltung"). Man darf sich darin kurz umsehen, das Fotografieren ist allerdings verboten.

★SHANGHAI STREET — STRASSE

Karte S. 352 (上海街; Ⓜ Yau Ma Tei, Ausgang C) Ein Spaziergang die Shanghai St hinunter gleicht einer Reise in eine ferne Vergangenheit. Die einstige Hauptstraße Kowloons wird heute von Geschäften gesäumt, die chinesische Brautkleider, Sandelholzräucherstäbchen und Buddha-Statuen verkaufen. Außerdem gibt's hier Mah-Jongg-Spielhallen und an der Kreuzung mit der Saigon St auch einen alteingesessenen Pfandleiher. Die perfekte Adresse für Souvenirs wie Mondkuchenformen aus Holz mit eingeprägten Bildern von Fischen, Schweinen oder guten Wünschen, Garbehälter aus Bambus, lange Essstäbchen zum Umrühren von Speisen im Topf sowie hübsche Keramikschalen!

Es gibt hier vor allem Küchenzubehör: Dutzende Geschäfte verkaufen Woks, Fleischerbeile, Schneidebretter aus Baumstämmen und andere Utensilien, die bei der Zubereitung eines chinesischen Mahls nicht fehlen dürfen.

TIN HAU TEMPLE — TAOISTISCHER TEMPEL

Karte S. 352 (天后廟; ☎852 2385 0759; www.ctc.org.hk; Ecke Temple & Public Square St; ⏲8–17 Uhr; Ⓜ Yau Ma Tei, Ausgang C) Das große, von Weihrauch erfüllte Heiligtum stammt aus dem 19. Jh. und ist einer der berühmtesten, der Meergöttin geweihten Tempel in Hongkong, auch wenn er durch Restaurierungen modern anmutet. Der öffentliche Platz vor dem Tempel ist das Zentrum des Viertels. Hier legten früher die Fischer ihre Hanfseile in die Sonne neben den chinesischen Banyanbäumen, in deren Schatten heute ältere Männer sitzen und Schach spielen.

YAU MA TEI POLICE STATION — HISTORISCHES GEBÄUDE

Karte S. 352 (油麻地警署; 627 Canton Rd; Ⓜ Yau Ma Tei, Ausgang C) Nur einen Katzensprung vom Tin Hau Temple (S. 155) entfernt steht diese schöne, mit Arkaden und Bogen geschmückte edwardianische Polizeiwache (erbaut 1923), die zuletzt im Film *Rush Hour 2* einen kleinen Gastauftritt hatte. Einige architektonische Merkmale wurden gemäß den Prinzipien des Feng Shui verändert – der Kampf gegen Kriminalität ist schließlich eine riskante Angelegenheit. So wurde der Säulenvorbau am Haupteingang in eine Ecke versetzt, um die Bewohner des Gebäudes besser vor schädlichen Einflüssen zu schützen.

YAU MA TEI WHOLESALE FRUIT MARKET — MARKT

Karte S. 352 (油麻地果欄; Ecke Waterloo Rd & Reclamation St; ⏲24 Std.; Ⓜ Yau Ma Tei, Ausgang B2) Der 1913 gegründete historische Großmarkt ist ein Gewirr aus ein- und zweistöckigen Gebäuden aus Backstein und Naturstein mit Schildern aus der Zeit vor dem Zweiten Weltkrieg über den Ständen. Großmarktaktivität herrscht hier nachts immer noch (besonders kurz vor der Morgendämmerung), aber seit 2012 dient der Markt auch dem Einzelhandel, sodass man tagsüber kommen und z. B. frische Durianfrüchte kaufen kann (was keine gute Idee ist, wenn man sich sein Zimmer teilt!).

In den 1980er-Jahren war der Markt eine Brutstätte der Triaden.

YAU MA TEI THEATRE — HISTORISCHES GEBÄUDE

Karte S. 352 (油麻地戲院; ☎852 2264 8108, Tickets 852 2374 2598; www.lcsd.gov.hk/ymtt; 6

Waterloo Rd, Ecke Reclamation St; ⏲Theaterkasse 13–20 Uhr; Ⓜ Yau Ma Tei, Ausgang B2) Im historischen, 1930 erbauten Yau Ma Tei Theatre neben dem Wholesale Fruit Market finden heute regelmäßig Vorstellungen kantonesischer Opern statt. Jahrzehntelang ließen sich Tagelöhner und Rikscha-Fahrer in dem Kino mit seinem Art-Deco-Interieur unterhalten. Als dann in den 1980er-Jahren das Interesse nachließ und die Leute lieber in moderne Kinos gingen, wurden Erotik-Filme gezeigt und Porno-Videos verkauft. Das Kino wurde 1998 geschlossen und 2012 als Theater wiedereröffnet.

Mong Kok & Sham Shui Po

LUI SENG CHUN HISTORISCHES GEBÄUDE

Karte S. 353 (雷春生堂; ☎852 3411 0628; http://scm.hkbu.edu.hk/lsctour; 119 Lai Chi Kok Rd, Ecke Tong Mi Rd, Mong Kok; ⏲Führung Mo–Fr 14.30 & 16, Sa 9.30 & 11 Uhr, Konsultationen Mo–Sa 9–13 & 14–20, So 9–13 Uhr; Ⓜ Prince Edward, Ausgang C2) GRATIS Das hübsche vierstöckige chinesische *shophouse* an einer Straßenecke wurde um 1931 erbaut und gehört zu einer Schule für chinesische Medizin. Die Architektur vereint verschiedene chinesische und europäische Stile: Veranden, urnenförmige Balustraden und andere modische Elemente einer neoklassizistischen italienischen Villa. Das gut erhaltene Erdgeschoss, in dem sich ein Kräuterteegeschäft befindet, ist öffentlich zugänglich. Kostenlose Führungen (45 Min.) in den Kliniken im oberen Stockwerk sind nach Anmeldung möglich. Die Führungen finden auf Kantonesisch statt, die Exponate sind aber zweisprachig beschriftet.

Für Gruppen aus mehr als vier Personen kann eine englischsprachige Tour arrangiert werden. Wer einen chinesischen Arzt konsultieren möchte, vereinbart einen Termin.

C&G ARTPARTMENT GALERIE

Karte S. 353 (☎852 2390 9332; www.candg-artpartment.com; 3. OG, 222 Sai Yeung Choi St S, Mong Kok; ⏲Mo, Do, Fr & So 14–19.30, Sa ab 11 Uhr; Ⓜ Prince Edward, Ausgang B2) Clara und Gum, die Gründer dieser avantgardistischen Galerie, die sich drei Treppen hoch in einem Wohngebäude befindet, setzen sich leidenschaftlich für die örtliche Kunstszene und sozial engagierte Künstler ein. Das C&G veranstaltet auch Kunstkurse. Weitere Einzelheiten und Infos zu den gerade gezeigten Ausstellungen stehen auf der Website. Die Galerie ist in einem Gebäude hinter dem Pioneer Centre (始創中心).

HERITAGE OF MEI HO HOUSE MUSEUM MUSEUM

(美荷樓生活館; ☎852 3728 3500; Block 41, Shek Kip Mei Estate, 70 Berwick St, Sham Shui Po; ⏲Di–So 9.30–17 Uhr; 🚌A2, Ⓜ Sham Shui Po, Ausgang D2) GRATIS Das Museum im Mei Ho House Youth Hostel (S. 252) beleuchtet die Geschichte des Mei Ho House. Es gehörte zu den ersten Umsiedlungsgebäuden, die errichtet wurden, um 58 000 Menschen, die

JOBBENDE KÜNSTLER IN NEW KOWLOON

Der Besuch in einem Künstlerdorf ist interessant, aber wenn man nicht gerade an einem „Tag der offenen Ateliers" kommt, wird man nicht viele Künstler treffen – die meisten haben Alltagsjobs und kommen nur an den Wochenenden in ihre Ateliers. Ein Besuch in Einrichtungen wie dem Cattle Depot Artist Village (S. 157), dem **Jockey Club Creative Arts Centre** (賽馬會創意藝術中心; JCCAC; www.jccac.org.hk; 30 Pak Tin St, Shek Kip Mei; ⏲10–22 Uhr; Ⓜ Shek Kip Mei, Ausgang C) oder dem **ACO in the Foo Tak Building** (艺鵠; Karte S. 342; ☎852 2893 4808; www.aco.hk; 14. OG, Foo Tak Bldg, 365 Hennessy Rd, Wan Chai; ⏲Di–So 12–19 Uhr; Ⓜ Causeway Bay, Ausgang B) kann trotzdem lohnen. Es gibt dort auch Galerien, Buchläden und Cafés mit regulären Öffnungszeiten; außerdem ist die Architektur interessant, weil die Künstler in aufgegebenen Fabriken, alten Häusern oder sogar einem ehemaligen Schlachthaus residieren.

Einige Künstler haben nichts gegen Besucher, andere arbeiten aber lieber in der Abgeschiedenheit, auch wenn sie ihre Türe wegen der Katze des Nachbarn einen Spalt weit offen lassen. Vor dem Eintreten immer höflich fragen, ob man reinkommen darf. In einige Ateliers kommen Besucher nur mit Anmeldung, daher sollte man sich die Websites anschauen und Kontakt mit den Künstlern aufnehmen, ehe man sich auf den Weg macht.

bei einem Feuer im Jahr 1953 ihr Heim verloren hatten, aufzunehmen. Somit markiert dieses Gebäude den Beginn des sozialen Wohnungsbaus in Hongkong. Mit Artefakten und Nachbildungen alter Residenzen gewährt das Museum einen Einblick in den Alltag und die Kultur Hongkongs der 1950er- bis 1970er-Jahre.

LEI CHENG UK HAN TOMB MUSEUM MUSEUM

(李鄭屋漢墓博物館; ☎852 2386 2863; www.lcsd.gov.hk; 41 Tonkin St, Sham Shui Po; ⌚Fr–Mi 10–18 Uhr; Ⓜ Cheung Sha Wan, Ausgang A3) GRATIS Eine Terrakottaarmee lässt sich hier nicht besichtigen, wer sich aber für die Frühgeschichte der Region interessiert, kann hier eine Grabanlage aus der Zeit der Östlichen Han-Dynastie (25–220 n.Chr.) erkunden. Die Anlage besteht aus vier gewölbten Grabkammern um ein Grab mit Kuppeldach. Die Gruft wurde mit einem Betonmantel versehen; Besucher können nur durch eine Plexiglasscheibe ins Innere spähen.

New Kowloon

CHI LIN NUNNERY BUDDHISTISCHES KLOSTER

Siehe S. 151.

SIK SIK YUEN WONG TAI SIN TEMPLE TAOISTISCHER TEMPEL

Siehe S. 150.

KOWLOON WALLED CITY PARK PARK

(九龍寨城公園; ☎852 2716 9962; www.lcsd.gov.hk; Tung Tau Tsuen, Tung Tsing, Ecke Carpenter & Junction Rd, Kowloon City; ⌚Park 6.30–23 Uhr, Ausstellung Do–Di 10–18 Uhr; MTR Lok Fu, Ausgang B) Der von den Briten in den frühen 1990er-Jahren angelegte, prächtige 1,2 ha große Park war nur wenige Jahre davor eines der berüchtigtsten Wohnviertel, die die Welt je gesehen hatte. In klaustrophobischer Enge hausten hier 40 000 Menschen in einer vollständig ungeplanten Siedlung mit bis zu 15 Stockwerken hohen Baracken, die durch ein Netz enger Gassen und Treppen verbunden waren; in diese kam kein Tageslicht und trug der Siedlung den kantonesischen Spitznamen „Stadt der Dunkelheit“ ein.

Gangs, Bordelle und Opiumhöhlen gab es in der Kowloon Walled City. Weder die britische noch die Regierung der VR China wollten sich einmischen. Als die Lage unhaltbar wurde, siedelten die Briten schließlich alle Bewohner um, rissen die Baracken ab und schufen auf dem Gelände einen Park mit Anklängen an das ursprüngliche chinesische Fort, das hier 1847 errichtet worden war. Das Fort war während der gesamten britischen Kolonialherrschaft eine chinesische Enklave, was teilweise auch das unkontrollierte Wachsen der Kowloon Walled City erklärte.

Erstaunlicherweise sind Reste des ursprünglichen Forts, darunter eine Kanone und das teilweise wiederaufgebaute Spital, immer noch erhalten (in letzterem befindet sich heute ein kleine Ausstellung zur Geschichte der Walled City). Man sieht auch freigelegte Abschnitte des ursprünglichen Südtors und das Schild der Siedlung. Ein maßstabsgetreues Modell der Walled City am Parkeingang vermittelt einen Eindruck von der unglaublichen Enge, die einst hier herrschte.

Verwirrenderweise liegt der Kowloon Walled City Park innerhalb des größeren, prosaischeren Carpenter Road Park, der, irgendwie passend, von einer Steinmauer umgrenzt ist.

CATTLE DEPOT ARTIST VILLAGE DORF

(牛棚藝術村; 63 Ma Tau Kok Rd, To Kwa Wan; ⌚10–22 Uhr; 🚌106, 12A, 5C, 101, 111) Das 100 Jahre alte Schlachthaus in Kowloon ist zu einem Künstlerdorf geworden, und Ateliers und Ausstellungssäle bevölkern heute die roten Backsteingebäude. Zu manchen Zeiten ist allerdings nicht viel los. Einer der aktivsten Nutzer ist die gemeinnützige, der bildenden Kunst gewidmete Organisation **1a Space** (☎852 2529 0087; www.oneaspace.org.hk; Unit 14, Cattle Depot Artist Village, 63 Ma Tau Kok Rd, To Kwa Wan; ⌚Di–So 11–19 Uhr; 🚌106, 12A, 5C, 101, 111), die regelmäßig Ausstellungen örtlicher und internationaler Kunst, Konzerte und Theatervorstellungen bietet.

Das Cattle Depot Artist Village befindet sich im nördlichen Teil von To Kwa Wan, einem Gebiet an der Ostküste von Kowloon, gleich neben dem Gasometer.

ESSEN

In Kowloon gibt's zwar nicht so viele Nobelrestaurants wie auf Hong Kong Island, aber in Tsim Sha Tsui findet man doch eine bemerkenswerte Fülle von chinesischen und asiatischen Res-

taurants aller Preisklassen. Herzhafte regionale Kost bekommt man in Yau Ma Tei und Mong Kok. Kowloon City ist bekannt für seine vielen Lokale mit authentischer thailändischer Küche.

Tsim Sha Tsui

★NEW CHETTTINAD SÜDINDISCH $

Karte S. 348 (Shop 17, EG, Chungking Mansions, 36-44 Nathan Rd; Gerichte ab 35 HK$; ⌚8–23 Uhr; Ⓜ Tsim Sha Tsui, Ausgang N5) In diesem winzigen Halal-Lokal, dem besten unter zahlreichen im herrlich multikulturellen Labyrinth von Chungking Mansions, isst man unter indischen Geschäftsleuten, Schneidern und Händlern. Zu den perfekt knusprigen Dosas in Skateboardgröße gibt's Masala-Kartoffeln und Dal, man kann sich aber auch für ein Thali mit vielen Gerichten entscheiden. Ein süßer, scharfer Ingwertee rundet die Mahlzeit ab.

OWLS CHOUX GELATO EISCREME $

Karte S. 350 (32 Mody Rd; Eis ab 38 HK$; ⌚15.30–22.30 Uhr; Ⓜ Tsim Sha Tsui, Ausgang N1) In diesem niedlichen Dessertladen ist alles, vom Eis bis zur Karamellsauce, selbstgemacht. Das Eis in Geschmacksrichtungen wie Pistazie, Earl Grey oder schwarzer Sesam gibt's in der Waffel oder als Sandwich zwischen Brandteig mit süßer Sauce.

YUM CHA DIM SUM $

Karte S. 350 (飲茶; ☎852 2751 1666; http://yumchahk.com; 3/F 20-22 Granville Rd; Gerichte 100–250 HK$; ⌚11.30–23 Uhr; 👪; Ⓜ Tsim Sha Tsui, Ausgang B2) Kinder lieben die lustigen Klöße und Brötchen in Tierform, die es in diesem verspielten, aber durchaus guten Dim-Sum-Lokal gibt. Die Brötchen mit Schweinefleisch haben kleine Schweinsgesichter, die Eiercreme-Brötchen sind eierförmig, und die vogelförmigen Ananas-Waffeln werden in kleinen Käfigen serviert. Nicht auslassen sollte man die spaßigen Versionen kantonesischer Snacks wie die „Lollipop"-Süßigkeiten und die sauren Hühnerflügel.

MAMMY PANCAKE DESSERTS $

Karte S. 348 (媽咪雞蛋仔; 8-12 Carnarvon Rd; Eierwaffeln 20–33 HK$; ⌚So–Do 11.30–21, Fr & Sa bis 22.30 Uhr; 👪; Ⓜ Tsim Sha Tsui, Ausgang D2) Dieser Imbiss hat mit die besten Eierwaffeln in Hongkong, den hier bei den Einheimischen aller Altersstufen sehr beliebten lockeren Waffeln. Man kann sie einfach oder in einfallsreichen Geschmacksrichtungen wie Matcha, Kastanie, Süßkartoffel oder Rousong haben, wenn man sich nicht mit einem Waffel-Sandwich voller Erdnussbutter und gesüßter Kondensmilch begnügt. Wer etwas bestellen wird, muss rund 15 Minuten warten.

WOODLANDS INDISCH $

Karte S. 350 (活蘭印度素食; ☎852 2369 3718; www.woodlandshk.com; OG, 16 & 17 Wing On Plaza, 62 Mody Rd; Gerichte 90–200 HK$; ⌚12–15.30 & 18.30–22.30 Uhr; 🌶; Ⓜ East Tsim Sha Tsui, Ausgang P1) Das in einem langweiligen, altmodischen Einkaufszentrum gelegene Woodlands bietet seit 1981 zu günstigen Preisen ausgezeichnete vegetarische Gerichte aus Indien. Zu seiner Kundschaft gehören hauptsächlich Inder, aber auch ein paar Einheimische. Unentschlossene Vielesser halten sich am besten an die Thalis (90–135 HK$), die auf einer runden Metallplatte serviert werden und aus zehn kleinen Gerichten, einer Nachspeise und Brot bestehen. Das Dosa ist empfehlenswert.

SWEET DYNASTY KANTONESISCH, DESSERTS $

Karte S. 348 (糖朝; ☎852 2199 7799; www.sweetdynasty.com; Shop A, UG, Hong Kong Pacific Centre, 28 Hankow Rd; Gerichte 70–300 HK$; ⌚So–Do 8–24, Fr & Sa bis 1 Uhr; Ⓜ Tsim Sha Tsui, Ausgang A1) Auf der umfangreichen Karte des Sweet Dynasty stehen zwar viele einfache kantonesische Gerichte, aber am besten sind immer noch die Desserts, die Nudeln und das Reis-Congee, die den Laden berühmt machten. Mit dem Fahrstuhl geht's hinunter in den höhlenartigen Speiseraum. Dim Sum gibt's bis 20 Uhr.

★YÈ SHANGHAI DIM SUM $$

Karte S. 348 (夜上海; ☎852 2376 3322; www.elite-concepts.com; 6. OG, Marco Polo Hotel, Harbour City, Canton Rd; Gerichte 400–800 HK$; ⌚11.30–14.30 & 18–22.30 Uhr; Ⓜ Tsim Sha Tsui, Ausgang C2) Dunkles Holz und gedämpfte Beleuchtung, inspiriert vom Shànghǎi der 1920er-Jahre, sorgen in dem geschäftigen Restaurant für romantische Atmosphäre. Die klassischen Gerichte der Shanghaier und der Zhèjiāng-Küche – mit Tee geräucherte Ente, süßsaurer Husarenfisch, gedämpfter Schweinebauch – sind exquisit. Die einzige Ausnahme in all der Jiāngnán-Harmonie bildet das kantonesische Dim Sum, das mittags aufgetischt wird, aber auch wunderbar ist.

★**DIN TAI FUNG** SHANGHAI-KÜCHE $$

Karte S. 348 (鼎泰豐; ☎852 2730 6928; www.dintaifung.com.hk; Shop 130, 3. OG, Silvercord, 30 Canton Rd; Gerichte 150–300 HK$; ⏲11.30–22.30 Uhr; 🚻; Ⓜ Tsim Sha Tsui, Ausgang C1) Die perfekt gefalteten *xiao long bao* (Klöße nach Shanghaier Art) haben diese taiwanesische Kette in ganz Asien zu einer Institution gemacht. Man bestellt sie gefüllt mit Schweinefleisch, Krabben, Gemüse oder sogar mit Trüffeln. Hier bilden sich Warteschlangen und Reservierungen werden nicht angenommen, dennoch ist der Service ausgezeichnet. Unbedingt probieren sollte man die lockeren dampfgegarten Brötchen mit Schweinefleisch und die fettigen, aber sehr guten frittierten Schweinekoteletts.

★**SPRING DEER** PEKINGENTE $$

Karte S. 350 (鹿鳴春飯店; ☎852 2366 4012; 1. OG, 42 Mody Rd; Gerichte 150–500 HK$; ⏲11.30–15 & 18–23 Uhr; Ⓜ East Tsim Sha Tsui, Ausgang P3) In diesem bei den Einheimischen seit Langem beliebten Restaurant gibt's das am authentischsten auf nordchinesische Art zubereitete gebratene Lamm in ganz Hongkong. Sehr gut sind auch die perfekt gebräunte, in dicke Scheiben geschnittene und mit traditionellem *shāobǐng*-Brot servierte Pekingente und die gedämpften Pfannkuchen. Der Service kann manchmal so einladend sein wie ein Winter in Peking im Jahr 1967. Ohne Reservierung läuft hier nichts.

GAYLORD INDISCH $$

Karte S. 348 (爵樂印度餐廳; ☎852 2376 1001; 1. OG, Ashley Centre, 23-25 Ashley Rd; Gerichte ab 250 HK$; ⏲12–15 & 18–23 Uhr; 🖉; Ⓜ Tsim Sha Tsui, Ausgang L5) Gedämpfte Beleuchtung und abendliche Livemusik sorgen für Stimmung beim Genuss des ausgezeichneten Rogan Josh, des Dal und der vegetarischen Gerichte in Hongkongs ältestem (seit 1972) und Kowloons bestem indischen Restaurant. Hier zahlt man zwar mehr als in anderen indischen Lokalen vor Ort, aber die Sitznischen, die natürliche Beleuchtung und der aufmerksame Service lohnen die Ausgabe.

Wer Geld sparen will, kommt mittags zum günstigen Büfett (128 HK$) oder für die Mittagsmenüs (ab 70 HK$).

T'ANG COURT KANTONESISCH, DIM SUM $$$

Karte S. 348 (唐閣; ☎852 2375 1133; www.hongkong.langhamhotels.com; 1. OG, Langham Hotel, 8 Peking Rd; Mittags-/Abendmenü ab 700/1100 HK$; ⏲12–14.30 & 18–22.30 Uhr; Ⓜ Tsim Sha Tsui, Ausgang L4) Dicke Teppiche, feine Seide und burgunderrote Wandbehänge sorgen in diesem hochgelobten, vornehmen und mit drei Michelin-Sternen ausgezeichneten kantonesischen Restaurant im Langham Hotel für eine elegante Atmosphäre. Wer die hiesige Kochkunst ohne viel Wirbel probieren will, hält sich an die Verkostungsmenüs (ab 1080 HK$/Pers.).

Anders als in den meisten gehobenen kantonesischen Restaurants ist hier auch gut für Gäste gesorgt, die allein kommen: Es gibt ein eigenes Verkostungsmenü für eine Person, auf Wunsch auch mit einer halben Flasche Champagner.

SUN TUNG LOK KANTONESISCH, DIM SUM $$$

Karte S. 348 (新同樂; ☎852 2152 1417; www.suntunglok.com.hk; 4. OG, Miramar Shopping Centre, 132 Nathan Rd; mittags 250–3000 HK$, abends 500–5000 HK$; ⏲11.30–15 & 18–22.30 Uhr; Ⓜ Tsim Sha Tsui, Ausgang B2) Das 1969 gegründete, mit zwei Michelin-Sternen prämierte Sun Tung Lok hält stolz die Traditionen der kantonesischen Kochkunst hoch. Das erlebt man beim (mittags erhältlichen) Dim Sum sowie bei Gerichten wie geschmorten Seeohren, die ein Gradmesser für kulinarische Meisterschaft sind. Die Kronleuchter und die Tischtücher können aber leider nicht über die fensterlose Lage in einem Einkaufszentrum hinwegtrösten.

Das Sun Tung Lok ist teuer, aber die Menüs sind erschwinglich, und mehrere Dim Sum werden auf Wunsch auch in halben Portionen serviert.

WOO COW HOT POT $$$

Karte S. 350 (禾牛薈火焗館; Great Beef Hot Pot; ☎852 3997 3369; 1. & 2. OG, China Insurance Bldg, 48 Cameron Rd; Gerichte 350–600 HK$; ⏲17.30–2 Uhr; ❄; Ⓜ Tsim Sha Tsui, Ausgang B3) Unentschlossene Gäste werden angesichts der Unmenge an Hot-Pot-Optionen schier verzweifeln: 200 Zutaten (die meisten frisch oder hausgemacht), 20 Sorten Brühe (von Muschelsuppe bis zu raffinierten Kräuterkombinationen) und eine Vielzahl an Würzen (so viel man haben will). Man kann der Speisekarte nicht entkommen, die Lampen sind zu hell! Und nun die Sashimi-Optionen… Eine Reservierung ist unbedingt erforderlich.

Wie in den meisten Hot-Pot-Restaurants müssen wegen der Tischgröße mindestens vier Gäste zusammenkommen, damit man auf seine Kosten kommt (und nicht Vieles einfach ungegessen in den Müll wandert).

DONG LAI SHUN CHINESISCH **$$$**
Karte S. 350 (東來順; ☎852 2733 2020; www.rghk.com.hk; B2, Royal Garden Hotel, 69 Mody Rd; Gerichte 500–1500 HK$; ⏲11.30–14.30 & 18–22.30 Uhr; 📶; Ⓜ East Tsim Sha Tsui, Ausgang P2) Hier bekommt man in vornehmen Ambiente rustikale nordchinesische Gerichte wie den Lamm-Hot-Pot, bei dem man hauchdünne Scheiben Lammfleisch in die kochende Brühe taucht und mit Sesam-Sauce verspeist. Das aus Peking stammende Restaurant rechtfertigt seinen Michelin-Stern jedoch auch mit ausgefallenen Shanghaier, Sichuan- und kantonesischen Gerichten sowie seiner Peking-Ente (600 HK$), die vorab bestellt werden muss.

TIN LUNG HEEN KANTONESISCH **$$$**
(天龍軒; ☎852 2263 2270; www.ritzcarlton.com/hongkong; 102. OG, Ritz-Carlton Hong Kong, 1 Austin Rd W, International Commerce Centre; Abendessen ab 1000 HK$; ⏲12–14.30 & 18–22.30 Uhr; ❄; Ⓜ Kowloon, Ausgang C1) Das Dekor in diesem mit zwei Michelin-Sternen ausgezeichneten Palast ist so imposant, dass sich Xi Jinping hier wie zu Hause fühlen würde, jedoch ist der Service freundlich und die Aussicht phänomenal. Das Markenzeichen, *char siu* (Schweinebraten) mit spanischem Iberico-Schwein, ist das teuerste Grillgericht der Stadt, aber gut und gern auch das beste.

Am günstigsten ist das Dim Sum am Mittag (und zu der Zeit ist der Ausblick am schönsten).

GADDI'S FRANZÖSISCH **$$$**
Karte S. 348 (☎852 2696 6763; www.peninsula.com; 1. OG, The Peninsula, 19-21 Salisbury Rd; Mittags-/Abendmenü 700/2200 HK$; ⏲12–14.30 & 19–22.30 Uhr; Ⓜ Tsim Sha Tsui, Ausgang E) In diesem eleganten französischen Restaurant mit einem herrlichen Interieur und einer Geschichte, die gleich nach dem Zweiten Weltkrieg begann, sind Männer ohne Hemdkragen unerwünscht. Die traditionellen französischen Gerichte (glasierte Ente, Weinbergschnecken, Soufflés) werden durch eine spektakuläre Weinkarte ergänzt. Manche mögen sich an der Band, die abends live spielt, stören, ansonsten herrscht aber im Gaddi's ein altmodisches Flair.

FOOK LAM MOON KANTONESISCH, DIM SUM **$$$**
Karte S. 350 (福臨門; ☎852 2366 0286; www.fooklammoon-grp.com; Shop 8, 1. OG, 53-59 Kimberley Rd; Gerichte 400–2000 HK$; ⏲11.30–14.30 & 18–22.30 Uhr; Ⓜ Tsim Sha Tsui, Ausgang B1) Die Einheimischen nennen das FLM eine Promi-Kantine. Aber auch wer nicht reich und berühmt ist, wird in diesem Restaurant so bedient, als wäre er es. Auf der umfangreichen Karte stehen teure Gerichte wie Seeohren, für die man mindestens 1000 HK$ pro Nase berappt. Man kann sich aber durchaus an das Dim Sum (ab 60 HK$/Korb) halten, das hervorragend, aber nur mittags zu haben ist.

Yau Ma Tei

★ MIDO CAFÉ CAFE **$**
Karte S. 352 (美都餐室; ☎852 2384 6402; 63 Temple St; Gerichte 40–90 HK$; ⏲9–22 Uhr; Ⓜ Yau Ma Tei, Ausgang B2) Dieses 1950 eröffnete *cha chaan tang* (Teehaus) ist sehr ansehnlich und das berühmteste in Kowloon. Mit seinen Mosaikfliesen und seinem Gitterwerk steht es an einer Straßenecke, die bei Sonnenuntergang zum Leben erwacht. Man steigt in das geräumige Obergeschoss hinauf und wählt einen Platz an der Wand mit eisengerahmten Fenstern, durch die man auf den Tin-Hau-Tempel (S. 155) blickt.

Das Essen ist so retro wie das Ambiente: Es gibt Sandwichs mit Frühstücksfleisch, Nudelsuppe, gebackener Reis und andere Speisen, die in einem Kochbuch der britischen Armee aus dem Jahr 1939 stehen könnten.

AUSTRALIA DAIRY COMPANY CAFÉ **$**
Karte S. 352 (澳洲牛奶公司; ☎852 2730 1356; 47-49 Parkes St, Jordan; Gerichte 30–50 HK$; ⏲Mi–Mo 7.30–23 Uhr; Ⓜ Jordan, Ausgang C2) Lange Warteschlangen und gehetzte Bedienung sind die Norm in diesem beliebten Hongkonger *cha chaan tang* (Teehaus), das für seine geschäumten Milch- und Eierpuddings (30 HK$) berühmt ist (eiskalt schmecken sie am besten). Einheimische frühstücken hier Sandwichs mit Rührei und Suppen mit Nudeln und Schinken. Hier zu essen ist leider kein geruhsames Erlebnis!

SUN SIN NUDELN **$**
Karte S. 352 (新仙清湯腩; ☎852 2332 6872; 37 Portland St; Gerichte 40–65 HK$; ⏲11–24 Uhr; Ⓜ Yau Ma Tei, Ausgang B2) Das stilvolle, auf Rinderbrust spezialisierte Lokal in einem

für Bordelle bekannten Viertel serviert saftiges Rindfleisch in einer Brühe mit Rettich, in Tomatensuppe oder als Curry. Wer Lust auf einen Snack hat, bekommt eine Kelle Rinderbrust in einem ausgehöhlten Brot.

NATHAN CONGEE & NOODLE NUDELN $

Karte S. 352 (彌敦粥麵家; ☎852 2771 4285; 11 Saigon St; Gerichte 60 HK$; ⏲7.30–23.30 Uhr; Ⓜ Jordan, Ausgang B2) Der bescheidene Laden tischt seit einem halben Jahrhundert schmackhaftes kantonesisches Essen auf. Man bestellt Fritten als Beilage zum Reis-Congee oder bezwingt einen Reiskloß in Pyramidenform oder blanchierte Fischhaut mit Petersilie und Erdnüssen.

Wer nach Einbruch der Dunkelheit kommt, kann die schicke Neonfassade des ein paar Hausnummern entfernten (Nr. 17) Sik Heung Yuen Cafe bewundern.

HING KEE RESTAURANT KANTONESISCH $

Karte S. 352 (興記菜館; ☎852 2384 3647; 19 Temple St; Gerichte ab 65 HK$; ⏲18–24 Uhr; Ⓜ Yau Ma Tei, Ausgang C) Das Hing Kee begann als ein Straßenstand, an dem sich Nachteulen und Gangster nachts mit herzhaftem Reis aus dem Tontopf und Austernomelettes versorgten. Heute gibt's hier immer noch das Gleiche, aber in einem Haus und ohne das Lokalkolorit. Man muss damit rechnen, anstehen zu müssen.

Mong Kok & Sham Shui Po

★ TIM HO WAN DIM SUM $

(添好運點心專門店; ☎852 2788 1226; www.timhowan.com.hk; 9-11 Fuk Wing St, Sham Shui Po; Dim Sum ab 28 HK$; ⏲10–21.30, Sa & So ab 9 Uhr; Ⓜ Sham Shui Po, Ausgang B1) Das Tim Ho Wan ist als das erste günstige Dim-Sum-Lokal berühmt, das einen Michelin-Stern (2010) erhielt. Es hat sich von einem ursprünglichen Lokal in Mong Kok (das ein ehemaliger Dim-Sum-Koch des Four Seasons eröffnete) zu einem kleinen Imperium mit fünf Restaurants in Hongkong und zu einem weltweiten von Sydney bis Singapur vertretenen Franchise-Unternehmen weiterentwickelt. Dies ist die zweite Filiale, die ursprüngliche ist geschlossen.

Das Tim Ho Wan bietet nicht das beste Dim Sum in Hongkong, es hat aber seinen Michelin-Stern behalten und kann immer noch sehr gut sein, und das Preis-Leistungs-Verhältnis ist wahrlich erstaunlich. Und da sich der Hype inzwischen gelegt hat, kann man in den meisten Stunden des Tages einfach vorbeikommen und einen Tisch erhalten.

★ KUNG WO TOFU FACTORY TOFU $

(公和荳品廠; ☎852 2386 6871; 118 Pei Ho St, Sham Shui Po; Gerichte 8–30 HK$; ⏲9–21 Uhr; Ⓜ Sham Shui Po, Ausgang B2) Stammkunden strömen zu diesem charmanten, 50 Jahre alten Laden, um frische Sojamilch, in der Pfanne gebratenen Tofu und süßen Tofu-Pudding (12 HK$) zu kaufen. Der Tofu wird traditionell aus Bohnen gewonnen und mit einer Handmühle gerieben. Der seidige Tofu hat eine nussige Note und ist nicht rein weiß – er ist so erfreulich unvollkommen wie der Service.

Das 1893 gegründete Kung Wo zeigt seinen Namenszug stolz in roter chinesischer Kanzleischrift.

ONE DIM SUM DIM SUM $

Karte S. 353 (一點心; ☎852 2789 2280; Shop 1 & 2, Kenwood Mansion, 15 Playing Field Rd, Mong Kok; Gerichte 40–100 HK$; ⏲10.30–24, Sa & So ab 9.30 Uhr; Ⓜ Prince Edward, Ausgang A) Das nette kleine Lokal ist bekannt für sein günstiges Dim Sum, das es den ganzen Tag lang gibt. Man kreuzt seine Wahl auf dem Speisezettel an; die Qualität ist mindestens genauso gut wie im nahe gelegenen Tim Ho Wan. Das One Dim Sum hat zwar seinen 2012 gewonnen Michelin-Stern nicht behaupten können, allerdings strömen die Massen weiterhin. In der Regel liegt die Wartezeit aber bei unter 30 Minuten.

Weniger Betrieb herrscht zwischen 15 und 17 Uhr sowie zwischen 21 und 24 Uhr.

GOOD HOPE NOODLE NUDELN $

Karte S. 352 (好旺角麵家; ☎852 2384 6898; Shop 5-6, 18 Fa Yuen St, Mong Kok; Gerichte 30–90 HK$; ⏲11–0.45 Uhr; Ⓜ Mong Kok, Ausgang D3) Das seit 40 Jahren bestehende Restaurant hat es geschafft, sich seine Michelin-Empfehlung und seine Fangemeinde zu bewahren. Die bissfesten Nudeln, Wan-Tan-Happen und das seidige Congee begeistern die Gäste bereits seit Jahrzehnten und werden immer noch ganz traditionell zubereitet, mittlerweile aber in einem gepflegten, modernen Ambiente serviert.

Die geschmorten Schweinefüße sind hier die beliebteste Beilage zu Nudeln, könnten aber selbst für überzeugte Fleischfresser nichts sein.

New Kowloon

★CHI LIN VEGETARIAN VEGETARISCH, CHINESISCH $
(志蓮素齋, 龍門樓; Long Men Lou; ☎852 3658 9388; 60 Fung Tak Rd, Nan Lian Garden; Gerichte ab 200 HK$; ⏲Mo–Fr 12–21, Sa & So 11.30–21 Uhr; ✍; Ⓜ Diamond Hill, Ausgang C2) In diesem eleganten chinesischen Restaurant im prächtigen Nan Lian Garden speist man Bio-Wildpilze mit Reis oder Nudeln oder makelloses Dim Sum, z. B. gedämpften Spargel mit Lilienzwiebeln und Trüffeln. Dabei schaut man zu, wie der künstliche Wasserfall über den riesigen Fenstern in die Tiefe stürzt. Wer das Chi Lin Nunnery (S. 151) nebenan besucht, sollte unbedingt hier vorbeischauen.

Besonders an den Wochenenden sollte man im Voraus reservieren. Achtung: Mittags muss man hier für mindestens 120 HK$ pro Person und abends für noch ein bisschen mehr bestellen.

TÀI UK THAILÄNDISCH $
(泰屋; ☎852 4510 6228; 47 South Wall Rd; Gerichte ab 45 HK$; ⏲12–24 Uhr; Ⓜ Lok Fu, Ausgang B) Thailändische Köche mit Kopftuch bereiten gelbes und rotes Curry sowie authentisches Pad Thai in diesem improvisierten günstigen Lokal zu, in dem man sogar billiges Chang-Bier bekommt. Da fehlt nur noch ein DVD-Filmprojektor, der *Spider-Man 2* abspielt, dann würde man sich wie auf Koh Pha-Ngan fühlen.

Um hierher zu gelangen, läuft man vom MTR-Bahnhof Lok Fu 15 Minuten nach Süden oder nimmt den Bus 75X.

CHEONG FAT THAILÄNDISCH, NUDELN $
(昌發泰國粉麵屋; ☎852 2382 5998, 852 2382 0280; 25-27 South Wall Rd, Kowloon City; Nudeln ab 30 HK$; ⏲12–23.30 Uhr; Ⓜ Lok Fu, Ausgang B) Schmackhafte nordthailändische Gerichte wie *khao-soi*-Nudeln, *larb* (ein thailändischer/laotischer Fleischsalat) und gebratenen Fisch mit Zitronengras bietet dieses günstige und freundliche Lokal in der Mitte von Kowloon Citys „Little Thailand". Nach dem Essen kann man sich in den Straßen umschauen, in denen es Läden gibt, die importierte Kräuter, Chili, Weihrauch und Mangos verkaufen.

Man findet hier zwei Restaurants gleich nebeneinander – beide gehören zu Cheong Fat. Um hierher zu kommen, läuft man vom MTR-Bahnhof Lok Fu 15 Minuten nach Süden oder nimmt den Bus 75X.

QUEEN'S CAFE RUSSISCH $
(☎852 2265 8288; www.queenscafe.com; Shop 18, L1/F, Festival Walk, 80 Tat Chee Ave, Kowloon Tong; mittags/abends ab 150/300 HK$; ⏲11–23 Uhr; Ⓜ Kowloon Tong, Ausgang C1) Das Queen's ist auf „Soy Sauce Western" spezialisiert, Hongkongs älteste Fusionküche. Diese geht auf russische Köche zurück, die nach dem Sieg der Bolschewiken nach Shanghai flohen und dort Cafés eröffneten. Die Highlights sind gebackene Speisen, Lamm-Schaschlik vom Grill, kalter Aufschnitt und die Hongkonger Version des russischen Borschtsch.

AUSGEHEN & NACHTLEBEN

Abends gibt's in Kowloon Nachtleben für alle Schichten und Ethnien, von schicken Hotelbars bis zu schmuddeligen koreanischen *hof*. In der Barmeile an der Knutsford Tce gleich östlich der Nathan Rd tummeln sich jeden Abend die Partylustigen. In East Tsim Sha Tsui finden sich an der Hart Ave und drum herum ebenfalls genug Straßenbars für einen gehörigen Kater. Die Kleinbrauereiszene kommt voran; überall eröffnen Braustuben mit viel Atmosphäre.

Tsim Sha Tsui

★INTERCONTINENTAL LOBBY LOUNGE CAFÉ, BAR
Karte S. 350 (☎852 2721 1211; www.hongkong-ic.intercontinental.com; Hotel InterContinental Hong Kong, 18 Salisbury Rd; ⏲7–0.30 Uhr; 📶; Ⓜ East Tsim Sha Tsui, Ausgang J) Der Mund steht einem sperrangelweit offen, denn in dieser Bar hat man durch die Glaswand den fabelhaftesten Blick auf den Hafen in ganz Hongkong. Da fühlt man sich gleich als jemand Besonderes. Wer den Ausblick genießen will, muss nicht mehr tun, als einen (sehr teuren) Drink zu bestellen. Die Bar ist auch ein idealer Ort, um sich die abendliche Lightshow (S. 167) um 20 Uhr anzuschauen.

★KOWLOON TAPROOM CRAFT-BIER
Karte S. 348 (☎852 2861 0355; www.kowloon-taproom.com; 26 Ashley Rd; ⏲Mo–Fr 14–2, Sa & So ab 13 Uhr; 📶; Ⓜ Tsim Sha Tsui, Ausgang H) Das Taproom nutzt die Marktlücke zwischen den Hotelbars in TST und den immerglei-

ABSTECHER

LEI YUE MUN

Das verfallene Fischerdorf in einem Ausläufer des Industriegebiets von Kowloon wurde in den 1960er-Jahren zum angesagten Ort, um Meeresfrüchte unter freiem Himmel zu speisen. Altbewährte Restaurants wie das Lung Mun und das Lei Yue Mun versorgen schon seit Generationen die Hongkonger mit gedünsteten oder in der Pfanne gebratenen Meeresfrüchten.

Rund zwei Dutzend Restaurants verteilen sich um die Marktstände mit Langusten, Seeohren, Krabbenspinnen und weiteren Meerestieren. Man trifft seine Wahl, kauft das Gewünschte und bringt die Meerestiere dann in ein Restaurant seiner Wahl, um sie auf die eine oder andere Art zubereiten zu lassen (ca. 100–150 HK$/Pers.). Trotz der alten Fischerboote, die im Taifun-Schutzhafen dümpeln, werden heute praktisch alle hier angebotenen lebenden Meerestiere aus Übersee eingeflogen.

Das Dorf Lei Yue Mun liegt zehn Gehminuten südlich des MTR-Bahnhofs Yau Tong. Nach dem Verlassen des MTR-Bahnhofs läuft man auf der Cha Kwo Ling Rd und der Shung Shun St 15 Minuten nach Süden oder nimmt vor dem Bahnhof den grünen Minibus 24M. Wer von Hong Kong Island kommt, nimmt von Sai Wan Ho die Fähre über den Kanal nach Sam Ka Tsuen.

chen Sportbars und bietet ein Dutzend ausschließlich lokaler Craft-Biere, z. B. von Lion Rock und Heroes, an. Dazu gibt's viele Snacks, hauptsächlich Frittiertes, darunter auch Fish and Chips im IPA-Bierteig. Die schmuddelige, zur Straße offene Bar, deren nackten Wände mit Postern zugepflastert sind, ist ein guter Ort, um die Leute zu beobachten. Ein Bier gibt's ab 60 HK$.

CHICKEN HOF & SOJU — BIERHALLE

Karte S. 350 (李家; Hähnchen; ☎852 2375 8080; 84 Kam Kok Mansion, Kimberley Rd; Bier ab 32 HK$; ⏲17–4 Uhr; Ⓜ Jordan, Ausgang D) Mitten im koreanischen Viertel verbirgt sich dieser kleine, dunkle Treff, eine authentisch schäbige *chimeak-* (Hähnchen-und-Bier-) Bar. Koreanisches Lagerbier gibt's schon ab freundlichen 32 HK$, und man braucht viel davon (und vielleicht auch einen *soju*), um das knusprige gebratene Hähnchen herunterzuspülen.

Alternativ kann man auch koreanische Würstchen und Meeresfrüchte-Pfannkuchen bestellen. Wenn man sich nach dem Weg erkundigt, muss man wissen, dass einige Leute den Laden als „Lee Family Chicken" kennen.

BUTLER — COCKTAILBAR

Karte S. 350 (☎852 2724 3828; 5. OG, Mody House, 30 Mody Rd; Drinks rund 200 HK$; ⏲Di–Sa 18.30–3, So bis 1.30 Uhr; 📶; Ⓜ East Tsim Sha Tsui, Ausgang N2) Die elegante japanische Bar versteckt sich diskret im Wohnviertel von Tsim Sha Tsui und ist in zwei Etagen aufgeteilt: Unten gibt's Cocktails und oben Whiskys. Man kann Whisky-Magazine durchblättern und dabei zuschauen, wie die immer höflichen Barkeeper präzise ihre starken Cocktails mixen.

OZONE — DACHTERRASSENBAR

(☎852 2263 2263; www.ritzcarlton.com; Ritz-Cartlon Hotel, 118. OG, ICC, 1 Austin Rd; ⏲Mo–Mi 17–1, Do bis 2, Fr bis 3, Sa 15–3, So 12–24 Uhr; 📶; Ⓜ Kowloon, Ausgang U3) Das Ozone mag die höchste Bar in Asien sein, aber man befindet sich hier so hoch in der Stratosphäre, dass dem Ausblick schon wieder der Pepp fehlt. Man schnappt sich einen Platz auf dem windgeschützten Außenbalkon und drückt sich direkt gegen das Glas. Cocktails und gemixte Drinks gibt's erst ab über 200 HK$, und wer will, kann hier auch mit einer Flasche altem Cristal Roederer (171 000 HK$) sein Erbe vertun.

Und was ist mit diesem verlockenden, unbesetzten Ecktisch? Nicht setzen – das allein kostet schon 6000 HK$!

AQUA — DACHTERRASSENBAR

Karte S. 348 (☎852 3427 2288; www.aqua.com.hk; 29 & 30. OG, 1 Peking Rd; ⏲16–2 Uhr, Happy Hour 16–18 Uhr; 📶; Ⓜ Tsim Sha Tsui, Ausgang L5) In dieser Cocktailbar mit Mezzanin trinkt man mit Blick auf den Hafen, allerdings sind die besten Tische am Fenster den Gästen des darunterliegenden feinen Speiserestaurants Hutong vorbehalten. Die kreativen Cocktails (ab 138 HK$) sind angesichts des tollen Ausblicks durch die Panoramafenster noch recht günstig. Freitags und samstags kommt Leben in die sonst verwaiste DJ-

Stadtspaziergang Kowloons wimmelnde Marktstraßen

START MTR-BAHNHOF PRINCE EDWARD, AUSGANG A
ZIEL MTR-BAHNHOF JORDAN, AUSGANG A
LÄNGE/DAUER 4,5 KM; 2 STD.

In zehn Gehminuten kommt man vom MTR-Bahnhof Prince Edward (Ausgang A) zur Flower Market Rd, die von exotischen Blumen gesäumt ist. Von hier geht's zur Tung Choi St, auf der man zwei Blocks in Richtung Süden zum **1 Goldfish Market** läuft. In einem Dutzend Läden werden hier die Fische verkauft. Die Vielfalt ist erstaunlich und für Raritäten werden stolze Preise gefordert.

Nun wird es eng. Auf dem Tung Choi St Market, auch **2 Ladies' Market** (S. 169) genannt, drängen sich die Kauflustigen um die Stände, an denen vor allem billige Kleidung und Schnickschnack verkauft werden.

Wendet man sich nun nach Westen und dann nach Süden zur Waterloo Rd, kommt man am **3 Yau Ma Tei Theatre** (S. 155) im Art-déco-Stil vorbei und zum historischen **4 Yau Ma Tei Wholesale Fruit Market** (S. 155), der 1913 gegründet und später zu einer Spielwiese der Triaden wurde. Man geht auf der Reclamation St nach Süden, biegt links in die Man Ming Lane ab und gelangt schließlich zur Spitze der Temple St.

Unter den nackten Glühlampen des **5 Temple Street Night Market** (S. 149) halten zahllose Stände ihr Angebot (von Sex-Spielzeug bis zu Koffern) bereit. Der Markt erstreckt sich bis zur Jordan Rd; unterwegs kann man Darbietungen kantonesischer Opern oder Karaoke in einem der **6 Cantonese Singing Houses** (S. 166) erleben.

Duftender Weihrauch liegt über dem **7 Tin Hau Temple** (S. 155); der Markt hat hier seinen Ursprung: In den 1920er-Jahren verkauften die Händler Essen und Kleinkram an die Tempelbesucher. Nahe des Tempels findet man heute noch Wahrsager.

Ein guter Ort zum Stöbern nach billigen Schmuckstücken – von echter Jade sollte man die Finger lassen, wenn man sich nicht gut damit auskennt – ist der große **8 Jade Market** (S. 170) mit vielen Ständen. An der Jordan Rd wendet man sich nun nach Osten, biegt nach Süden in die Nathan Rd ab und erreicht den MTR-Bahnhof Jordan.

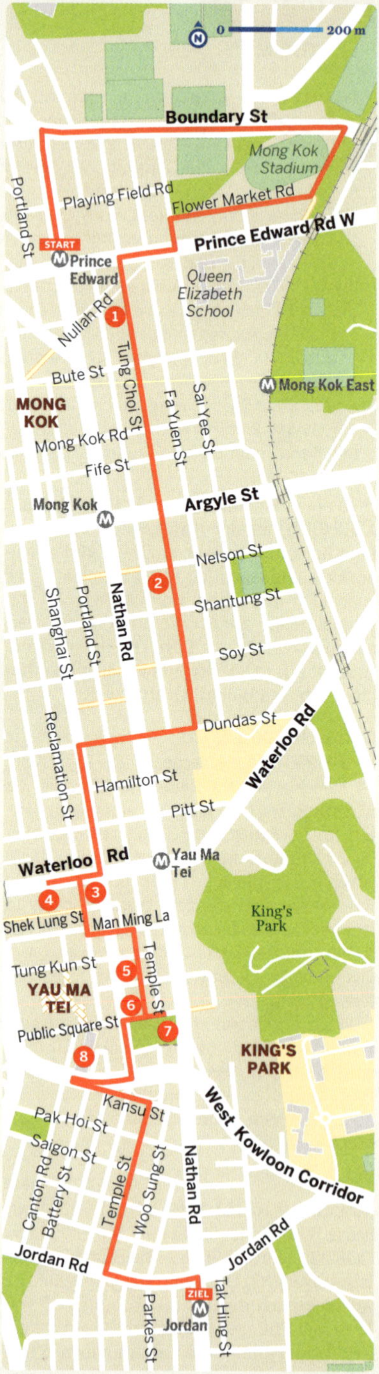

Kanzel. Es gibt auch Snacks, darunter ausgezeichnete Tempura-Shrimps.

VIBES LOUNGE

Karte S. 348 (☎852 2315 5999; www.themirahotel.com; 5. OG, Mira Hong Kong, 118 Nathan Rd; ⏲So–Mi 17–24, Do–Sa bis 1 Uhr; 📶; Ⓜ Tsim Sha Tsui, Ausgang B1) In der prächtigen, zu den Elementen offenen Loungebar im 5. Stock des Hotels Mira finden sich Pflanzen, Wasserspiele und exotische Hütten (in denen man sich zu einem heftigen Grundpreis niederlassen kann). Die Haus-DJs legen donnerstags bis samstags ab 20 Uhr eher ruhige Electro-Musik auf. Neben einer großen Auswahl von Cocktails und Bieren gibt's auch Barsnacks und Shishas.

N1 COFFEE & CO CAFÉ

Karte S. 350 (☎852 3568 4726; www.n1coffee.hk; 34 Mody Rd, East Tsim Sha Tsui; ⏲9–19 Uhr; 📶; Ⓜ East Tsim Sha Tsui, Ausgang N4) Die beste Adresse für einen richtig guten Kaffee in East Tsim Sha Tsui. Die Sandwichs und Bagels sind ebenfalls gut.

FATT'S PLACE BAR

Karte S. 350 (☎852 3421 1144; 2 Hart Ave; ⏲12–1, Fr & Sa bis 3 Uhr; Ⓜ East Tsim Sha Tsui, Ausgang N2) Man kann in jeder beliebigen der munteren, zur Straße offenen Bars an der Kneipenmeile Hart Ave in TST einkehren, aber das Fatt's zeichnet sich gegenüber den meisten anderen durch ein besseres Biersortiment, die gesellige Stimmung, die freundliche Bedienung und kostenlose Erdnüsse aus. Die Schalen der Erdnüsse lassen übrigens den Boden so aussehen, als befände man sich in einem Elefantenstall.

FELIX BAR BAR

Karte S. 348 (☎852 2315 3188; 28th OG, Peninsula Hong Kong, Salisbury Rd; ⏲17.30–1.30 Uhr; 📶; Ⓜ Tsim Sha Tsui, Ausgang E) In diesem von Philippe Starck gestalteten modern-europäischen Restaurant mit mehreren verschiedenen Barbereichen kann man bei einem Champagner-Cocktail die Aussicht genießen.

AMUSE BAR

Karte S. 350 (☎852 2317 1988; 4 Austin Ave; ⏲Mo–Fr 17–4, Sa 18–4, So 18–3 Uhr; 📶; Ⓜ Jordan, Ausgang D) Höhere Angestellte und Studenten bevölkern diese stilvolle Nachbarschaftsbar, deren Ambiente von flackernden Kerzen und freiliegenden Backsteinwänden bestimmt wird. Die Cocktails sind nur mittelmäßig, was aber nicht stört, wenn man ein Ledersofa an der Fensterfront ergattert. Achtung: Die Stammgäste und das Personal gehen hier mit dem in Hongkong geltenden Rauchverbot sehr locker um.

BOO BAR, KARAOKE

Karte S. 352 (☎852 2736 6168; 5. OG, Pearl Oriental Tower, 225 Nathan Rd, Jordan; ⏲So–Do 19–2, Fr bis 4, Sa 21–4 Uhr, Happy Hour 19–21 Uhr; Ⓜ Jordan, Ausgang C1) Die entspannte Schwulenbar an der Nathan Rd mixt gute und günstige Cocktails (78 HK$). Das Lokal ist freundlich und locker, aber ein ruhiger Drink ist wegen des lauten Karaoke nicht möglich. Samstags ab 19 Uhr legt ein DJ auf.

Yau Ma Tei & Mong Kok

★ HORIZONTE LOUNGE DACHTERRASSENBAR

Karte S. 352 (☎852 2121 9888; www.hotelmadera.com.hk; Madera Hotel, 1-9 Cheong Lok St, Yau Ma Tei; ⏲17–1 Uhr; 📶; Ⓜ Jordan, Ausgang B1) Von diesem hohen Standort in der Skyline von Kowloon fühlt man sich wie Rapunzel auf ihrem Turm. Über die vier (niedrigen) Mauern genießt man in alle Richtungen den Ausblick auf die ganze chaotische Pracht dieser unvergleichlichen Mischung aus Stadtdschungel und Inselparadies. Man bestellt unten einen Drink an der Theke und nimmt dann draußen Platz, um den Sonnenuntergang zu bewundern. Nicht direkt nach unten schauen!

TAP: THE ALE PROJECT CRAFT-BIER

Karte S. 353 (☎852 2468 2010; 15 Hak Po St, Mong Kok; ⏲12–1 Uhr; 📶; Ⓜ Mong Kok, Ausgang E2) In einer munteren Zeile von unabhängigen Restaurants und Bars bietet das Tap in seinem Schankraum mit freiliegenden Backsteinwänden und blauem Anstrich rund 20 örtliche Kleinbrauerei-Ales vom Fass. Das Personal ist nicht besonders freundlich, lässt einen aber vor der Bestellung probieren. Sehr zu empfehlen sind die ausgezeichneten Sandwichs, von gegrilltem Käse auf Sauerteigbrot bis hin zu aufwendigen Fusion-Kompositionen, von denen es manche auch als halbe Portionen gibt.

KUBRICK BOOKSHOP CAFÉ CAFÉ

Karte S. 352 (☎852 2384 8929; www.kubrick.com.hk; Shop H2, Prosperous Garden, 3 Public Sq St, Yau Ma Tei; ⏲11.30–21.30 Uhr; 📶; Ⓜ Yau Ma Tei, Ausgang C) Ein bunt zusammengewürfeltes studentisches Publikum drängt sich in diesem Café mit Buchladen, das an die Broadway Cinematheque (S. 168) angeschlossen ist. Hier kann man einen Kaffee trinken und dabei in dem Sortiment von Büchern aus den Bereichen Kunst, Film und Kultur stöbern. Zu essen gibt's Burger und Pasta.

KNOCKBOX COFFEE COMPANY KAFFEE
Karte S. 353 (852 2781 0363; http://knockboxcoffee.hk; 21 Hak Po St, Mong Kok; Mo–Do 11–22, Fr–So bis 23 Uhr, letzte Bestellung 21 Uhr; ; Mong Kok, Ausgang E) Man pflanzt sich auf einen Hocker an der Theke dieses hippen eigenständigen Cafés und genießt einen Kaffee, der von Spezialisten gebraut wurde, die sich mit ihren Bohnen auskennen. Wer etwas essen will, findet hier Gebäck, Bagels, Salate und größere Gerichte wie Fish and Chips.

New Kowloon

★BOUND BAR
Karte S. 353 (32 Boundary St, Prince Edward; 11–2 Uhr; ; Prince Edward, Ausgang D) Man könnte ein Dutzend Hongkonger Bars zusammenquetschen und hätte immer noch nicht so viel Atmosphäre wie in diesem Boheme-Treff mit Kunst an den Wänden, Neonlichtern in Pink, Indie-Musik und einem Kühlschrank voller Craft-Bier. Dem Aussehen nach könnte das Bound die Zentrale einer hippen Werbeagentur sein, tatsächlich aber ist das Personal nett und der Kaffee fabelhaft.

SONG CHA XIE TEEHAUS
(松茶榭; Pavilion of Pine & Tea; 852 3658 9390; 60 Fung Tak Rd, Nan Lian Garden; Tee ab 160 HK$; 12–18.30 Uhr; Diamond Hill, Ausgang C2) Der schöne Teepavillon besitzt anmutige Holzkorridore und intime Sitzecken, also genau das richtige ruhige Ambiente, um einen guten chinesischen Tee zu genießen. Das Teehaus wartet auch mit einem schönen Ausblick in den Garten auf, das Personal scheucht aber Leute weg, die einfach nur schauen, aber nichts bestellen wollen. Wer für einen Tee eintritt, muss Pantinen überstreifen.

Jeder Gast muss mindestens einmal Tee bestellen, und es gibt auch einige Dim-Sum-Gerichte. Das Teehaus befindet sich im Nan Lian Garden vor dem Chi Lin Nunnery (S. 151).

UNTERHALTUNG

★CANTON SINGING HOUSE LIVEMUSIK
Karte S. 352 (艷陽天; 49-51 Temple St, Yau Ma Tei; 20 HK$; 15–19 & 20–5 Uhr; Yau Ma Tei, Ausgang C) Der älteste und stimmungsvollste Singalong Parlour an der Temple St erinnert mit Diskokugeln und leuchtenden Schreinen an eine Filmkulisse. Die Sänger treten einer nach dem anderen auf die Bühne, um ihre Oldies zu schmettern; einige Gäste applaudieren, während sie ihr Bier zischen, andere sind zu sehr mit Kartenspielen beschäftigt. Das Publikum wirkt insgesamt sehr pittoresk.

In jeder Runde treten 20 Sänger an, die alle ihre Fans mitbringen. Wenn einem der Song gefällt, gibt man mindestens 20 HK$ Trinkgeld. Aber auch wenn einem der Gesang nicht gefällt, sollte man ab und an ein Trinkgeld in die Box auf der Bühne werfen, um das Erlebnis zu genießen. Für 100 HK$ kann man auch selbst auf die Bühne gehen. Der Keyboard-Spieler kennt auch einige westliche Klassiker.

★THIS TOWN NEEDS LIVEMUSIK
(www.facebook.com/thistownneeds; 1. OG, 6 Shung Shun St, Yau Tong; örtliche Bands 150 HK$, internationale Bands 200–500 HK$; Yau Tong, Ausgang A2) This Town Needs (Diese Stadt braucht)… mehr Underground-Musiktreffs wie diesen hier. In dem hippen Lagerhaus-Ambiente im Kowlooner Küstenviertel Yau Tong stehen jeden Monat zehn bis 15 Konzerte auf dem Programm. Das TTN ist eine sehr vergrößerte, neu gestaltete Version des ehemaligen Hidden Agenda und bietet jetzt auch eine Ausstellungsfläche, Filmvorführungen und ein Café (12–19 Uhr, unterschiedliche Tage) sowie eine Bar, die während der Live-Shows geöffnet ist.

Die Gigs bieten alles Mögliche, von Post-Rock bis zu Reggae, Jazz, Techno oder Punk. Das Hidden Agenda wechselte jahrelang in Hongkong die Locations, richtete sich in leerstehenden Fabriken ein, wenn die Miete günstig war, und flog dort wieder raus, wenn die Immobilienbesitzer mit der Erschließung begannen oder sich die Nachbarn über den Lärm beschwerten. In den früheren Standorten spielten Underground-Bands aus der VR China (Chochukmo, Hungry Ghosts, Carsick Cars) und aus Übersee (Tahiti 80, The Chariot, Anti-Flag, Alcest, Pitchtuner). Das aktuelle Programm steht auf der Facebook-Seite.

INSIDERWISSEN

DIE SINGALONG PARLOURS IN DER TEMPLE STREET

Eines der Highlights von Yau Ma Tei sind die altmodischen Singalong Parlours (歌廳). Sie entstanden vor 20 Jahren, um Straßensängern an Regentagen Schutz zu bieten.

Die meisten Salons sind schlicht eingerichtet: Tische, eine Bühne und ein paar bunte Lämpchen, die für gute Laune sorgen sollen. Alle haben einen eigenen Orgelspieler und eine Gruppe freiberuflicher Sängerinnen, die den Gästen Gesellschaft leisten und sie dazu auffordern, sich ein Lied zu wünschen oder gleich selbst mitzusingen (gegen eine Gebühr). Ihr Repertoire reicht von Auszügen aus chinesischen Opern bis zu englischen Oldies. Die Singalong Palours haben viele schräge Stammgäste, darunter verrückte Typen aus der Nachbarschaft und zahlreiche alte Männer, die Whisky aus dem Flachmann trinken und alle Damen zu kennen scheinen…

Am lustigsten ist es ab 21 Uhr. Da es in den Salons nichts zu essen gibt, können die Gäste sich Essen liefern lassen. In einigen Etablissements gibt es Bier, man kann sich aber auch sein eigenes aus dem Minimarkt mitbringen.

Der Eingang befindet sich eine Tür westlich des Eingangs zum schicken Apartmentgebäude Ocean One.

★SYMPHONY OF LIGHTS — LIGHTSHOW

(Uferpromenade Kowloon; ⏲20–20.20 Uhr) Die Symphony of Lights, bei der jeden Abend beide Seiten des Victoria Harbour illuminiert werden, ist eine kitschige Ode an all die protzigen Immobilien (und ein Stinkefinger an die Umweltaktion Earth Hour). Tanzende Laserstrahlen, Suchscheinwerfer und LED-Lichter bewegen sich im Takt der Musik des Hong Kong Philharmonic Orchestra, die am Kowlooner Ufer beim Hong Kong Cultural Centre und jenseits des Wassers am **Golden Bauhinia Square** (金紫荊廣場; Karte S. 342; 1 Expo Dr, Wan Chai; 🚌18, Ⓜ Wan Chai, Ausgang A5) aus den Lautsprechern dröhnt.

Wer sich das Spektakel von einem Hotelzimmer mit Hafenblick oder in einem schicken Restaurant anschaut, kann die offizielle Handy-App („A Symphony of Lights") herunterladen und die Musik in Echtzeit hören.

NED KELLY'S LAST STAND — JAZZ

Karte S. 348 (☎852 2376 0562; 11A Ashley Rd, Tsim Sha Tsui; ⏲11.30–2 Uhr, Happy Hour 11.30–21 Uhr; Ⓜ Tsim Sha Tsui, Ausgang L5) Das Ned's, eine Kowlooner Institution, feierte 2017 seinen 45. Geburtstag und ist damit einer der ältesten Pubs in Hongkong. Das nach dem australischen Gesetzlosen benannte Lokal lockt sein Stammpublikum aus ortsansässigen Ausländern mit seiner Dixieland-Band an, die jeden Abend aufspielt und zwischen den Nummern Witze vom Stapel lässt. Das abgewetzte Dekor erinnert mit Laternen, verblichenen Plakaten und australischem Kleinkram an einen alten Saloon.

HONG KONG CULTURAL CENTRE — THEATER, MUSIK

Karte S. 348 (香港文化中心; www.lcsd.gov.hk; 10 Salisbury Rd, Tsim Sha Tsui; ⏲9–23 Uhr; 📶; Ⓜ East Tsim Sha Tsui, Ausgang L6) Am schönsten Teil des Hafens steht das hässliche, fensterlose Cultural Centre, das mit einem Konzertsaal für 2085, einem großen Theatersaal für 1750 und einer Studiobühne für bis zu 535 Besucher sowie einer eindrucksvollen Rieger-Orgel und Probenräumen eine Kulturstätte von Weltrang ist.

An der Südseite des Gebäudes beginnt die Aussichtsplattform, von der man Zugang zur Tsim Sha Tsui East Promenade (S. 152) hat.

WEST KOWLOON CULTURAL DISTRICT — DARSTELLENDE KUNST

(西九文化區; WKCD; ☎852 2200 0000; www.westkowloon.hk; West Kowloon Waterfront Promenade; ⏲6–23 Uhr; Ⓜ Kowloon, Ausgang D) Das WKCD an einer spektakulären Stelle des Ufers von West Kowloon entwickelt sich langsam zu Hongkongs Kulturviertel. Immer mehr Kulturstätten werden gebaut, darunter das heiß angepriesene M+ Art Museum, und das Gebiet wird außerdem gelegentlich für große Events und Festivals genutzt. Ein Teil des Geländes ist auch dann geöffnet, wenn keine Veranstaltungen anstehen, aber angesichts der Bauarbeiten lohnt es sich derzeit kaum, einfach so vorbeizuschauen.

DADA BAR + LOUNGE — LIVEMUSIK

Karte S. 350 (www.dadalounge.com.hk; 2. OG, Luxe Manor, 39 Kimberley Rd, Tsim Sha Tsui; ⏲Mo–Sa 11–2, So bis 1 Uhr; Ⓜ Tsim Sha Tsui, Ausgang B1) GRATIS Jazz- und Blues-Musiker treten abends auf der Bühne dieser Hotelbar auf, die mit ihren scharlachroten Teppichen, herzförmigen Sesseln und Kandelabern an das Moulin Rouge erinnert. Livemusik gibt's montags bis donnerstags von 19 bis 22 Uhr und an den Wochenenden von 19 Uhr bis nach Mitternacht (wenn man an der Theke mindestens 180 HK$ pro Pers. ausgeben muss).

BROADWAY CINEMATHEQUE KINO

Karte S. 352 (百老匯電影中心; ☎852 2388 3188; Ground OG, Prosperous Gardens, 3 Public Sq St, Yau Ma Tei; Ⓜ Yau Ma Tei, Ausgang C) In vier Kinosälen werden hier neue anspruchsvolle Filme, Wiederholungen und Blockbuster gezeigt. Es gibt auch einen Laden, der Filme aus aller Welt auf DVD und Filmplakate verkauft. Guten Kaffee und einfache Gerichte bekommt man nebenan im Kubrick Bookshop Café (S. 165).

SHOPPEN

In Kowloon bedeutet Shoppen, sich durch die Massen zu kämpfen, gleichgültig ob es sich um die Schnäppchenjäger im Harbour City, Hongkongs gewaltigstem Einkaufszentrum, oder um das Gedränge in der Nathan Rd mit ihrem sich stets ändernden Angebot von schicken und schäbigen Läden handelt. Weiter nördlich ist Yau Ma Tei ein toller Ort, um nach örtlichen chinesischen Waren und einmaligen Geschenken zu stöbern, und ebenso gilt das für den Temple Street Night Market. In Mong Kok gibt's alles von Elektronik bis zu Sportartikeln in gedrängter Enge. Das Shopping-Highlight in New Kowloon sind die günstigen Computer Centre in Sham Shui Po.

Tsim Sha Tsui

★ K11 SELECT ACCESSOIRES, KLEIDUNG

Karte S. 350 (Shop 101, K11 Mall, 18 Hanoi Rd; ⏲10–22 Uhr; Ⓜ East Tsim Sha Tsui, Ausgang D2) Der an ein kleines Warenhaus erinnernde Laden im Einkaufszentrum K11 (S. 168) präsentiert abgefahrene Mode und Accessoires von überwiegend aus Hongkong stammenden Designern. Matter Matters setzt auf starke Farben und geometrische Graphik auf seinen Taschen und Geschenkartikeln. Männerkleidung und Unisex-Accessoires vieler Marken findet man im Laden Kapok.

RISE SHOPPING ARCADE BEKLEIDUNG

Karte S. 350 (利時商場; 5-11 Granville Circuit; ⏲15–21 Uhr; Ⓜ Tsim Sha Tsui, Ausgang B2) Das kleine Einkaufszentrum ist bis unters Dach vollgepackt mit billiger Streetwear aus Hongkong, Korea und Japan; darunter mischen sich ein paar Imitate – das gehört einfach dazu. Mit Geduld und gutem Auge kann man sich hier so ausstaffieren, dass einen die Vogue zum Fotoshooting einladen würde. Am besten kommt man zwischen 16 und 20.30 Uhr, weil dann die meisten Läden geöffnet haben.

K11 ART MALL EINKAUFSZENTRUM

Karte S. 350 (18 Hanoi Rd; ⏲10–22 Uhr; Ⓜ East Tsim Sha Tsui, Ausgang D2) Mit internationalen Modemarken und ein paar bodenständigeren lokalen Labels ist das K11 modern, kompakt und übersichtlich. „Art Mall“ nennt sich das Einkaufszentrum, weil es darin auch Ausstellungsflächen für einheimische Künstler gibt. Das Untergeschoss ist mit vielen Pralinenläden ein Paradies für Süßigkeitenfans. Das Einkaufszentrum befindet sich direkt über dem MTR-Bahnhof.

HARBOUR CITY EINKAUFSZENTRUM

Karte S. 348 (www.harbourcity.com.hk; 3-9 Canton Rd; ⏲10–22 Uhr; Ⓜ Tsim Sha Tsui, Ausgang C1) Dieses Shopping- und Essens-Mekka ist ein Magnet für Millionen Urlauber, die hier rund 700 Läden aus vier Themenbereichen (Kinder, Sport, Mode und Kosmetik) finden. Außerdem erwarten einen auch Lebensmittelmärkte, Cafés und ein Kinokomplex.

Seltene Lebensmittel aus aller Welt und einen Foodcourt mit Gerichten der asiatischen Küche gibt's bei Cty'super.

BROWN'S TAILOR KLEIDUNG

Karte S. 348 (☎852 3996 8654; www.brownstailor.com; Unit E, 2. OG, Comfort Bldg, 88 Nathan Rd; ⏲Mo–Fr 11–19, Sa bis 18.30 Uhr; Ⓜ Tsim Sha Tsui, Ausgang B1) Das Brown's gehört zu einer neuen Generation von Läden, die maßgefertigte Kleidung für Männer anbieten. Die Schneider verstehen sich auf traditionelle Anzüge, können den klassischen Look aber auch durch moderne Elemente aufpeppen. Je nach Stoff kostet ein Anzug zwischen 7500 und 12 000 HK$. Für die Anfertigung sind zehn Tage mit diversen Anproben und anschließend noch weitere 14 Tage bis zur Fertigstellung erforderlich.

HEAVEN PLEASE KLEIDUNG

Karte S. 348 (☎852 3107 0839; www.heavenplease.com; Shop 230, 2. OG, Mira Pl 1, 132 Nathan Rd; ⏲12–21 Uhr; Ⓜ Tsim Sha Tsui, Ausgang B1) Lady Gaga trifft auf Punk-Lolita in diesem Laden zweier Hongkonger Modeschöpferinnen, von denen eine früher Moderedakteurin bei *Marie Claire* war. Spitze und der Glamour der 1980er-Jahre kommen bei den Stücken großzügig zum Einsatz.

SWINDON BOOKS BÜCHER

Karte S. 348 (☎852 2366 8001; www.swindonbooks.com; 13-15 Lock Rd; ⏲Mo–Fr 9–18, Sa bis 13 Uhr; Ⓜ Tsim Sha Tsui, Ausgang H) Der lokale Buchladen bietet viele Titel zu Hongkong. Oben gibt's Sonderangebote von gebrauchten oder im Laden ramponierten Büchern.

PREMIER JEWELLERY SCHMUCK

Karte S. 348 (愛寶珠寶有限公司; ☎852 2368 0003; Shop G14-15, EG, Holiday Inn Golden Mile Shopping Mall, 50 Nathan Rd; ⏲Mo–Sa 10–19.30, So bis 16 Uhr; Ⓜ Tsim Sha Tsui, Ausgang G) Das Familienunternehmen wird in dritter Generation von einem Schmuckhändler im Anzug geführt, der seit über 40 Jahren vor Ort Diamanten, Weißgold und Jade verkauft. Die treuen Stammkunden, zu denen vor allem das Bordpersonal von Fluglinien zählt, kauft hier maßgefertigte Jadestücke und mit Diamanten besetzte Verlobungsringe. Sich ein Stück anfertigen zu lassen, dauert zwei bis vier Tage.

CURIO ALLEY GESCHENKARTIKEL & SOUVENIRS

Karte S. 348 (zw. Lock & Hankow Rd; ⏲10–20 Uhr; Ⓜ Tsim Sha Tsui, Ausgang C1) Das ist ein lustiger Laden, um nach Namensstempeln, Specksteinschnitzereien, Fächern und anderem chinesischen Schnickschnack zu fahnden. Der Laden versteckt sich in einer Gasse zwischen der Lock und der Hankow Rd gleich südlich der Haiphong Rd.

Yau Ma Tei & Mong Kok

★ LADIES' MARKET MARKT

Karte S. 353 (通菜街, 女人街; Tung Choi Street Market; www.ladies-market.hk; Tung Choi St, Mong Kok; ⏲12–23.30 Uhr; Ⓜ Mong Kok, Ausgang D3) Auf dem vollgestopften Tung Choi Street Market gibt es günstige Klamotten und billigen Schmuck. Die Verkäufer bauen ihre Stände ab 12 Uhr auf, zwischen 13 und 18 Uhr ist das Angebot jedoch am größten. Die erhältlichen Größen orientierten sich allerdings oft an zierlichen asiatischen Personen. Ein toller Ort, um die authentische Hongkonger Atmosphäre aufzusaugen!

★ YUE HWA CHINESE PRODUCTS EMPORIUM KAUFHAUS

Karte S. 352 (裕華國貨; ☎852 3511 2222; www.yuehwa.com; 301-309 Nathan Rd, Jordan; ⏲10–22 Uhr; Ⓜ Jordan, Ausgang A) Dieser fünfstöckige Koloss ist eines der wenigen herkömmlichen chinesischen Kaufhäuser, die es in der Stadt noch gibt. Shoppen kann man hier Seidenschals, traditionelle chinesische Babykleidung und bestickte Pantoffeln, Schmuck (sowohl billig als auch teuer), mit hübschen Mustern verzierte Essstäbchen sowie Keramik, Akupunkturmodelle aus Plastik und Kalligrafie-Sets. Im oberen Stockwerk dreht sich alles um Tee, und es gibt Geschäfte, in denen man diesen kostenlos probieren kann. Essen findet sich im Untergeschoss.

SHOWA FILM & CAMERA VINTAGE

Karte S. 353 (☎852 6541 5621; www.showa-store.com; 3. OG, 66 Sai Yeung Choi St, Mong Kok; ⏲14–21 Uhr; Ⓜ Mong Kok, Ausgang D3) Fotonarren und Antiquitätenjäger lieben diesen abgefahrenen Laden, der altmodische Filmkameras, Linsen, Accessoires und Geschenkartikel verhökert. Das Personal ist leidenschaftlich bei der Sache und erzählt gern; außerdem gibt's einen erstklassigen Filmentwicklungs-Service.

Das Showa hat eine weitere Filiale an der 1-5 Foo Ming St in Causeway Bay.

CHAN WAH KEE CUTLERY STORE HAUSHALTSWAREN

Karte S. 352 (陳華記刀莊; ☎852 2730 4091; 278 Bowring St, Yau Ma Tei; ⏲Do–Di 11–18 Uhr; Ⓜ Jordan, Ausgang C2) Der 80-jährige Mr. Chan, einer der letzten Messerschleifmeister Asiens, greift in diesem einfachen Laden zu neun verschiedenen Schleifsteinen, um die Klingen zu wetzen. Das Feintuning erfolgt mit Wasser und Öl. Wenn man ein Messer aus seinem sehr guten Sortiment kauft, schleift er es sofort. Die Preise reichen von 200 HK$ für ein kleines Schälmesser bis zu etwa 2000 HK$ für ein Shun-Messer.

Zu seinen Kunden zählen Köche, Metzger, Schneider und Hausfrauen aus aller Welt. Dank seiner magischen Hand haben ihm einige Kunden sogar schon japanische Messer zum Schärfen geschickt. Hackmesser, Fleischerbeile, Hobel, Gemüsemesser, ja sogar Scheren – Mr. Chan macht sie alle scharf.

JADE MARKET MARKT

Karte S. 352 (玉器市場; Battery St & Kansu St, Yau Ma Tei; ⌚10–18 Uhr; Ⓜ Yau Ma Tei, Ausgang C) In der von der Battery St schleifenförmig umschlossenen Markthalle wird an Hunderten von Ständen Jade aller Art und Qualität angeboten. Wer sich nicht darauf versteht, Nephrit von Jadeit zu unterscheiden, sollte hier besser keine teuren Stücke kaufen. Einige der besten Angebote bestehen gar nicht aus Jade: Man findet beispielsweise hübsche altmodische Ketten und Armbänder aus Keramikperlen und bunte Holzperlen mit glücksverheißenden Schriftzeichen.

SINO CENTRE EINKAUFSZENTRUM

Karte S. 352 (信和中心; 582-592 Nathan Rd, Mong Kok; ⌚10–22 Uhr; Ⓜ Yau Ma Tei, Ausgang A2) Die winzigen Läden in diesem Einkaufszentrum verkaufen alles, was mit asiatischen Comics und Animes zu tun hat, von Figürchen für Groß und Klein über Vintage-Casio-Uhren bis zu Videospielen.

LANGHAM PLACE MALL EINKAUFSZENTRUM

Karte S. 353 (朗豪坊; ☎852 3520 2800; www.langhamplace.com.hk/en; 8 Argyle St, Mong Kok; ⌚11–23 Uhr; Ⓜ Mong Kok, Ausgang C3) Die 300 Läden in dieser 15-stöckigen Supermall bleiben bis 23 Uhr geöffnet. Insbesondere an Wochenenden ist der Massenandrang der Kauflustigen, von denen scheinbar Millionen aus der VR China kommen, schier unerträglich.

MONG KOK COMPUTER CENTRE ELEKTRONIK

Karte S. 353 (旺角電腦中心; www.mongkokcc.com; 8-8A Nelson St, Mong Kok; ⌚13–22 Uhr; Ⓜ Mong Kok, Ausgang D3) Die Preise in diesem Einkaufszentrum für Computer sind günstig, doch die Verständigung könnte ein Problem sein. Es gibt mehr Fertiggeräte als Computerkomponenten.

HONG KONG READER BÜCHER

Karte S. 353 (序言書室; ☎852 2395 0031; www.hkreaders.com; 7. OG, 68 Sai Yeung Choi St S, Mong Kok; ⌚13–23 Uhr; Ⓜ Mong Kok, Ausgang D3) Der zweisprachige Buchladen mit Café wird von ein paar jungen Hongkongern geführt und hat ein intellektuelles Flair. Wer etwas von Derrida oder Miłosz sucht, ist hier genau richtig. Infos zu aktuellen Lesungen stehen auf der Website, die meisten sind allerdings auf Kantonesisch.

Am Haus Nr. 68 muss man einige Stufen bewältigen, ehe man den klobigen alten Aufzug erreicht.

New Kowloon

★GOLDEN COMPUTER ARCADE & GOLDEN SHOPPING CENTER ELECTRONIK

(黃金電腦商場　、高登電腦中心; www.goldenarcade.org; 146-152 Fuk Wa St, Sham Shui Po; ⌚11–21 Uhr; Ⓜ Sham Shui Po, Ausgang D2) In dieses Einkaufszentrum, das drei Stockwerke in einem Gebäude gleich gegenüber der MTR-Station Sham Shui Po belegt, strömen die Technikfreaks, um sich günstige Computer und Zubehör zu besorgen. Als beste Läden gelten die drei Cs: Centralfield, Capital und Comdex.

APLIU STREET FLEA MARKET MARKT

(鴨寮街; Apliu St, zw. Nam Cheong St & Yen Chow St, Sham Shui Po; ⌚12–24 Uhr; Ⓜ Sham Shui Po, Ausgang A1) Der schäbige Flohmarkt, der sich auf alles Digitale und Elektronik spezialisiert hat, ist ein Paradies für Computerfreaks. Er reicht bis auf die Pei Ho St.

CHEUNG SHA WAN ROAD MARKT

(長沙灣道; Cheung Sha Wan Rd, Sham Shui Po; ⌚Mo–Fr 10–18.30, Sa bis 16 Uhr; Ⓜ Sham Shui Po, Ausgang C1) Diese lange Straße ist ein buntes Durcheinander von Geschäften, die Stoffe, Einfassungen, Knöpfe, Bänder und andere Rohmaterialien sowie Konfektionsmode anbieten. Auch der eine oder andere Modedesigner ist vertreten.

ELEMENTS EINKAUFSZENTRUM

(圓方; www.elementshk.com; 1 Austin Rd W, West Kowloon; ⌚11–21 Uhr; Ⓜ Kowloon, Ausgang C1) Das gehobenste Einkaufszentrum Kowloons befindet sich im ICC (S. 154) und ist ein verwirrendes Labyrinth, das in fünf Zonen, die den fünf Elementen der Natur entsprechen, unterteilt ist. Neben vielen Läden und Restaurants findet sich hier auch Hongkongs größter Kinokomplex.

FESTIVAL WALK EINKAUFSZENTRUM

(又一城; www.festivalwalk.com.hk; 80-88 Tat Chee Ave, Kowloon Tong; ⌚11–22 Uhr; Ⓜ Kowloon Tong, Ausgang C1) Das Festival Walk wirkt mit seinen polierten Böden und silbern schimmernden Rolltreppen luftiger und dadurch angenehmer als die meisten anderen

Einkaufszentren der Stadt. Neben rund 200 Läden befinden sich hier auch ein Kino und eine Eislaufbahn.

SPORT & AKTIVITÄTEN

HONG KONG DOLPHINWATCH WILDTIERBEOBACHTUNG

Karte S. 348 (香港海豚觀察; ☎852 2984 1414; www.hkdolphinwatch.com; 15. OG, Middle Block, 1528A Star House, 3 Salisbury Rd, Tsim Sha Tsui; Erw./Kind 460/230 HK$; ⏲Bootstouren Mi, Fr & So) Hong Kong Dolphinwatch wurde 1995 gegründet, um auf die Gefährdung von Hongkongs rosa Delfinen aufmerksam zu machen. Die Organisation veranstaltet dreimal pro Woche Bootstouren zur Delfinbeobachtung (3–4 Std.), wenn genügend Interessenten vorhanden sind. Die Touren müssen vorab gebucht werden. Das Unternehmen erklärt, bei 97% aller Fahrten werde mindestens ein Delfin gesichtet. Wenn man keinen einzigen Delfin sieht, darf man an einer weiteren Fahrt kostenlos teilnehmen.

Die Guides versammeln sich um 8.50 Uhr in der Lobby des **Kowloon Hotel** (九龍酒店; Karte S. 348; ☎852 2929 2888; www.thekowloonhotel.com; 19-21 Nathan Rd; Ⓜ Tsim Sha Tsui, Ausgang E) in Tsim Sha Tsui, wo der Bus über die Tsing Ma Bridge nach Tung Chung abfährt. Dort legt das Boot dann ab und kehrt am Nachmittag zurück.

Es wird geschätzt, dass 100 bis 200 Chinesische Weiße Delfine *(Sousa chinensis)* – der Name ist irreführend, denn eigentlich sind die Tiere kaugummirosa – in den Küstengewässern rund um Hongkong leben, weil sie das Brackwasser im Mündungsgebiet des Pearl River als idealen Lebensraum empfinden. Unglücklicherweise sind diese prächtigen Tiere wegen der Umweltverschmutzung stark gefährdet, und ihre Anzahl schwindet dramatisch.

WATERTOURS BOOTSFAHRT

Karte S. 348 (☎852 2926 3868; www.watertours.com.hk; 6. OG, Carnarvon Plaza, 20 Carnarvon Rd, Tsim Sha Tsui) Hongkong lässt sich wohl am besten vom Boot aus bewundern. Dieses Unternehmen veranstaltet eine Reihe von „Kreuzfahrten“ auf dschunkenähnlichen Booten. Am lohnendsten sind die einstündigen Exkursionen, z. B. die „Symphony of Lights Tour“ (290 HK$), bei denen es kostenlos und unbegrenzt alkoholische und nichtalkoholische Getränke gibt.

CHIN WOO ATHLETIC ASSOCIATION KAMPFKUNST

Karte S. 352 (精武體育館; ☎852 2384 3238; www.chinwoo.com.hk; Flat B & C, 13. OG, Wah Fung Bldg, 300 Nathan Rd, Yau Ma Tei; ⏲14.30–21 Uhr; Ⓜ Jordan, Ausgang B1) Dies ist der 88 Jahre alte Ableger der Chin Woo Athletic Association, die vor 100 Jahren in Shanghai von dem berühmten Kung-Fu-Meister Huo Yuanjia (霍元甲) gegründet wurde. Die Shanghaier Schule war Thema in den Filmen *Bruce Lee – Todesgrüße aus Shanghai* und *Fearless* (mit Jet Li). Man kann die Schule während der Öffnungszeiten besuchen. Der Unterricht findet allerdings meist auf Kantonesisch statt.

YIP MAN MARTIAL ARTS ATHLETIC ASSOCIATION KAMPFKUNST

Karte S. 348 (葉問國術總會; ☎852 2723 2306; www.yipmanwingchunasso.com; 54 3/F Mirador Mansion, 58 Nathan Rd, Tsim Sha Tsui; Ⓜ Tsim Sha Tsui, Ausgang D) Diese *win-chun*-Kampfkunstschule wirkt mit ihren Trainingswaffen und der Außenterrasse, auf der man bei Sonnenaufgang Roundhouse-Kicks trainieren kann, durchaus stilecht. Die erfahrenen Lehrer sprechen ein wenig Englisch, und es gibt ein einfaches Gästehaus für längere Trainingsprogramme.

Ein einmonatiger Kurs mit drei (jeweils zwei- oder dreistündigen) Lektionen pro Woche kostet 500 HK$. Ein sechsmonatiger Intensivkurs (6 Std./Tag an 6 Tagen/Woche) kostet je nach Schüler rund 5000 HK$.

KOWLOON PARK SWIMMING COMPLEX SCHWIMMEN

Karte S. 348 (九龍公園游泳池; ☎852 2724 3577; Nathan & Austin Rds, Tsim Sha Tsui; Erw./erm. 19/9 HK$; ⏲6.30–12, 13–17 & 18–22 Uhr; 👪; Ⓜ Tsim Sha Tsui, Ausgang C2) Kinder lieben dieses riesige, ältere Schwimmbad mit vier Hallenpools und mehreren lagunenartigen Schwimmbereichen im Freien. Hier kann man sich günstig und mit Spaß abkühlen, wenn es in Hongkong glühend heiß ist. An Sommerwochenenden ist der Andrang allerdings so groß, dass man kaum das Wasser findet.

Tagesausflüge ab Hongkong

HIGHLIGHTS
PING SHAN HERITAGE TRAIL

Der 1 km lange Weg führt durch drei alte Dörfer im Nordwesten der New Territories. Es geht zu zwölf restaurierten historischen Gebäuden und zu einem Museum im Ort Ping Shan, das dem mächtigen Tang-Clan gewidmet ist, dem Gründer des herrlichen, 500 Jahre alten Dorfs. Die Tangs sollen zu den frühesten Zuwanderern gehören, die in der Nähe Hongkongs siedelten.

Die erste Station ist die **Ping Shan Tang Clan Gallery** (屏山鄧族文物館; ☎852 2617 1959; Hang Tau Tsuen, Ping Shan, Yuen Long; ⏲Di–So 10–17 Uhr; 🚉Ping Shan) GRATIS am Ostende des Weges. Die in einer ehemaligen Polizeiwache untergebrachte Galerie erläutert die Geschichte der Tangs. Zu der farbenfrohen Sammlung gehören eine traditionelle Sänfte, Ritualgegenstände und ein riesiges Holzbett. Das Gebäude wurde 1899 errichtet und diente als kolonialer Vorposten der Überwachung der „widerspenstigen" Dorfbevölkerung.

Von dem Museum geht's zurück zur Ping Ha Rd und dort nach rechts. Auf der rechten Seite erblickt man den kleinen Hung Shing Temple und nach einer weiteren Rechtskurve die Ching Shu Hin Chamber und die Kun Ting Study Hall.

Nördlich des Hung-Shing-Tempels, der Shu Hin Chamber und der Kun Ting Study Hall (s. Foto) folgen die Tang Clan Ancestral Hall (S. 193) und die Yu Kiu Ancestral Hall, zwei der größten Ahnenhallen Hongkongs. Die Tangs sind zu Recht stolz darauf, ganz besonders auf jene, die ihren Namen trägt. Die große Anlage mit drei Hallen und zwei Höfen kündet von dem Prestige, welches der Clan am Kaiserhof genoss.

Am Weg liegen noch weitere Tempel und ein Brunnen. Am Ende des Trails erhebt sich die kleine, dreistöckige **Tsui Sing Lau Pagoda** (聚星樓; Ping Ha Rd, Ping Shan Heritage Trail; ⏲9–13 & 14–17 Uhr, Di geschl.; 🚉Tin Shui Wai) GRATIS, die einzige erhaltene antike Pagode der Region.

NICHT VERSÄUMEN!

- Ping Shan Tang Clan Gallery
- Tang Clan Ancestral Hall
- Yu Kiu Ancestral Hall

PRAKTISCH & KONKRET

- 屏山文物徑
- ☎852 2617 1959
- Hang Tau Tsuen, Ping Shan, Yuen Long, New Territories
- ⏲Ancestral Halls & Tsui Sing Lau Pagoda 9–13 & 14–17 Uhr, Di geschl.
- Ⓜ Tin Shui Wai, Ausgang E

HIGHLIGHTS
HONG KONG GLOBAL GEOPARK

Der von der UNESCO geschützte Hong Kong Global Geopark umfasst 50 km² im Osten und Nordosten der New Territories und besteht aus zwei Gebieten mit tollen Felsformationen aus Vulkan- (ca. 140 Mio. Jahre alt) und Sedimentgestein (400 Mio. Jahre alt). Man erkundet sie am besten bei einer geführten Bootstour. Infos gibt's auf der Website des Volcano Discovery Centre (www.volcanodiscoverycentre.hk).

NICHT VERSÄUMEN!

- Brandungspfeiler und -tore
- Roter Schluffstein und abgeschiedene Inseln

PRAKTISCH & KONKRET

- 香港地質公園
- New Territories
- www.geopark.gov.hk

Sai Kung Volcanic Rock Region

In der wunderschönen Sai Kung Volcanic Rock Region finden sich verkeilte Säulen aus Vulkangestein mit wabenartigem Querschnitt, die schräg stehen und an Finger erinnern, die gen Himmel deuten. Diese Formationen bedecken eine ganze Felswand wie die Pfeifen einer riesigen Orgel. An einer einsamen Bucht ragen sie hingegen auf wie die Skyline einer Stadt.

Die Felsformationen erinnern an die grauen Basaltlavaformationen des Giant's Causeway in Nordirland, doch sind Hongkongs kieselsäurereiche Felsen leuchtend gelb, was selten ist und vor der Kulisse des blauen Meeres und des Himmels (bei heiterem Wetter) sehr eindrucksvoll aussieht.

Die Säulen bildeten sich in der Kreidezeit bei Vulkanausbrüchen aus Lava und Vulkanasche, die erkalteten und sich zusammenzogen. An einigen Stellen, etwa im einzigen zu Fuß begehbaren Abschnitt am High Island Reservoir East Dam (S. 186), sieht man Felsen, die von der Schwerkraft verbogen wurden, ehe sie vollständig ausgekühlt waren.

Die Bootstouren decken einige der folgenden Gebiete ab: die Inselgruppe Ung Kong, die Ninepin-Gruppe, den High Island Reservoir East Dam und Sharp Island. Je nach Wetter erblickt man dabei gewaltige Pfeiler, steile Klippen, Bogen und Höhlen im Meer.

Die Touren kosten rund 300 HK$ pro Person. Sie beginnen am **Volcano Discovery Centre** (火山探知館; Karte S. 185; ☎852 2394 1538; www.volcanodiscoverycentre.hk; Sai Kung Waterfront Park; ⊙9–17 Uhr, Ausstellung 9.30–16.30 Uhr; ; 92, 299X) nahe der Küste von Sai Kung und dauern rund drei Stunden.

NE New Territories Sedimentary Rock Region

In dieser Region gibt es alte Dörfer und während des Devon entstandene Felsen. Man sieht seltsam geformte, rot oxidierte Konglomerat-, Sand- und Schluffsteinformationen, die vor 400 Mio. Jahren entstanden, u.a. die berühmte „Devil's Fist". Man kann die alten Dörfer, darunter Lai Chi Wo (S. 191), und einige der einsamsten Inseln der Gegend besuchen und die Schichtung an den Felsen studieren. Man kommt auch an einer verlassenen Perlenfarm vorüber, dem letzten erhaltenen Zeugnis der Perlenfischerei, die in Hongkong 900 Jahre lang über den Zweiten Weltkrieg hinaus bis in die 1960er-Jahre betrieben wurde.

Die Bootstouren führen durch den Tolo Channel, eine Wasserstraße südlich der Plover Cove, die über einer tiefen Bruchzone liegt, welche sich bis nach Shenzhen, Fujian, Taiwan und Zhejiang erstreckt – vor Millionen Jahren war hier noch Land.

Die meisten Bootstouren beinhalten einige der folgenden Ziele: Double Haven, Ma Shi Chau, Lai Chi Wo (S. 191), den Tin Hau Temple an der Joss House Bay (S. 178), Bluff Head, Kat O Island (吉澳), Crooked Island (鴨洲) und Tung Ping Chau (S. 187). Sie starten in der Regel vom Ma Liu Shui Pier nahe der Chinese University und dauern einen halben Tag. Neuerdings gibt's auch eine Wochenend-Fährverbindung zwischen dem Ma Liu Shui Pier, Kat O und Crooked Island. Das Boot legt samstags, sonntags und an Feiertagen in Ma Liu Shui um 8.30 Uhr nach Kat O, in Kat O um 10.15 Uhr nach Crooked Island, in Crooked Island um 12 Uhr zurück nach Kat O und in Kat O um 15.30 Uhr nach Ma Liu Shui ab.

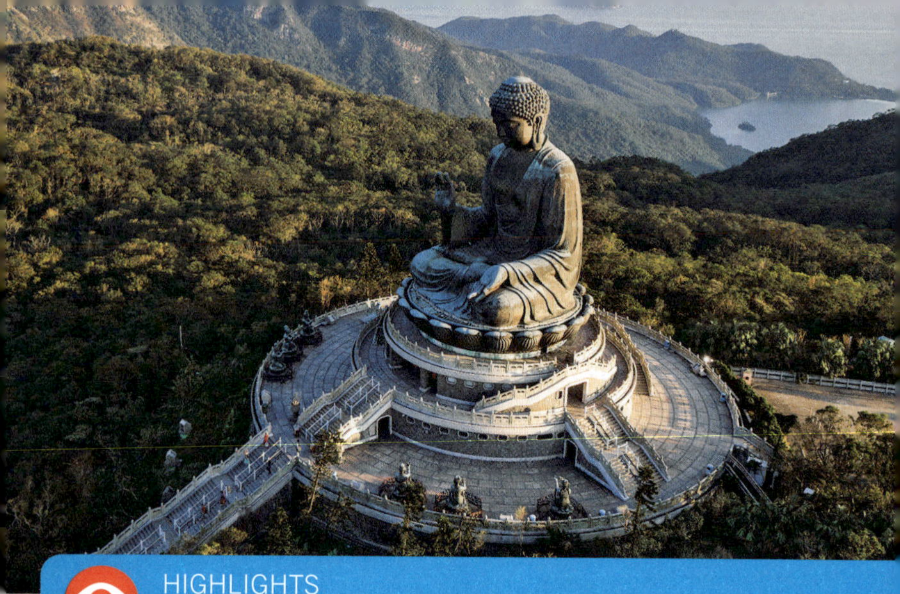

HIGHLIGHTS
PO LIN MONASTERY & TIAN TAN BUDDHA

Keine Reise nach Hongkong wäre komplett ohne einen Besuch des Ngong-Ping-Plateaus mit der Statue des sitzenden Tian Tan Buddha. Man kann die Statue beim Anflug nach Hongkong und an klaren Tagen von Macao aus sehen. Eindrucksvoller ist jedoch eine Begegnung aus nächster Nähe. Das Buddha-Bildnis thront in 500 m Höhe im westlichen Bergland von Lantau.

Der als „Big Buddha" bekannte Tian Tan Buddha ist eine 23 m (inkl. Lotossockel 26,4 m) hohe Darstellung des Buddha Amithaba. Die Statue wurde 1993 enthüllt und ist immer noch die weltgrößte Bronzeskulptur des sitzenden Buddha. Es lohnt sich, die 268 Stufen hinaufzuklettern, um sich die Statue von Nahem anzusehen und den Ausblick zu genießen. Am Geburtstag Buddhas im April oder Mai, einem öffentlichen Feiertag, pilgern Tausende zu der Figur. Besucher müssen sich dezent kleiden und respektvoll verhalten. Fleisch und Alkohol sind auf dem Gelände verboten.

Auf der zweiten Sockelebene zeigt ein kleines Museum Ölgemälde und Keramiktafeln, die das Leben und die Lehren Buddhas illustrieren.

Das 1924 erbaute Po Lin Monastery ist eher eine Touristenattraktion als ein religiöser Ort. Hunderttausende kommen pro Jahr, und die Anlage wird stetig ausgebaut. Viele Gebäude, die man bei der Ankunft sieht, sind neuen Datums, die älteren stehen dahinter. Das **Po Lin Vegetarian Restaurant** (寶蓮禪寺齋堂; Karte S. 202; ☎852 2985 5248; Ngong Ping; normales/Deluxe-Menü 110/150 HK$; ⏲11.30–16.30 Uhr; 🌿) ist berühmt für sein günstiges Essen.

Am spektakulärsten kommt man hier hinauf, indem man die 5,7 km lange Seilbahn **Ngong Ping 360** (昂平360纜車; Karte S. 202; www.np360.com.hk; Erw./Kind/erm. einfache Strecke ab 145/70/95 HK$, hin & zurück ab 210/100/140 HK$; ⏲Mo–Fr 10–18, Sa, So & Feiertage 9–18.30 Uhr; 👪) nimmt, die Ngong Ping mit dem nördlich des Berges gelegenen Zentrum von Tung Chung verbindet. Die Fahrt über Bucht und Berge dauert 25 Minuten; jede verglaste Gondel bietet Platz für 17 Passagiere. Die Bergstation liegt gleich westlich des Klosters im an einen Themenpark erinnernden Ngong Ping Village, das zu besichtigen sich nicht lohnt.

NICHT VERSÄUMEN!

- Tian Tan Buddha
- Po Lin Monastery
- Ngong Ping 360

PRAKTISCH & KONKRET

- 寶蓮禪寺
- Lantau
- Karte S. 202, C3
- ☎852 2985 5248
- ⏲9–18 Uhr

New Territories

Auf zu den New Territories!

In den New Territories tun sich erstklassige Wandermöglichkeiten auf. Sehr lohnend ist es, eine oder mehrere Etappen des MacLehose Trail oder den Pat Sin Leng Nature Trail abzuwandern. Alternativ kann man die hinreißende Insel Tung Ping Chau oder das Plover Cove Reservoir umrunden. Wer mag, kann auf Tap Mun Island die Wanderung mit einer Sternenbeobachtung verbinden.

Wer nicht in die Berge aufbrechen will, kann Sha Tin und Tai Po oder Tsuen Wan und Tuen Mun innerhalb eines Tages besuchen. Für die Heritage Trails und Naturschutzgebiete von Yuen Long braucht man auf jeden Fall einen ganzen Tag. Natürlich lohnt auch der Hong Kong Global Geopark einen ausgedehnten Besuch. Ob man sich dafür einer Bootsfahrt oder einer Wandertour anschließt oder aber auf eigene Faust Kajak fährt oder hier herumspaziert, man benötigt (mindestens) fast einen ganzen Tag dazu.

Highlights

➡ **Sehenswertes** Hong Kong Global Geopark (S. 175)

➡ **Essen** Yue Kee Roasted Goose Restaurant (S. 180)

➡ **Ausgehen** Accro Coffee (S. 194)

Top-Tipp

Kaitos, jene Fähren, die auf Hongkongs weniger bekannten Wasserstraßen verkehren, sind nützlich, wenn es um einen Besuch der New Territories und der Outlying Islands geht. Verlässliche Informationen zu den Abfahrtszeiten finden sich auf der offiziellen Website der Verkehrsverwaltung (www.td.gov.hk).

An- & Weiterreise

➡ **Metro** Die MTR East Rail Line hält in Sheung Shui, Fanling, Tai Po und Sha Tin. Die Ma On Shan Line bedient Sha Tin, mit der Tseung Kwan O Line gelangt man nach Sai Kung. Die West Rail Line bringt einen nach Tsuen Wan, Yuen Long und Tuen Mun. Das Netz der MTR Light Rail in den westlichen New Territories umfasst Gebiete in Yuen Long und Tuen Mun. Die MTR betreibt außerdem Zubringerbusse

ABSTECHER

TAI MO SHAN

Hongkongs höchster Berg ist nicht der Victoria Peak, sondern der Tai Mo Shan („großer Nebelberg"), der mit seinen 957 m fast doppelt so hoch ist wie die Erhebung auf Hong Kong Island, die mit ihren 552 m dagegen wie ein Maulwurfshügel wirkt. Mehrere Wanderwege führen rund um und auf den Berg. Man kann die Wanderung immer mit einem Frühstück im Choi Lung (S. 180) oder Duen Kee (S. 180) beginnen, muss sich aber, wenn man länger laufen will, seine Verpflegung und sein Trinkwasser selbst mitbringen.

Das **Tai Mo Shan Country Park Visitor Centre** (大帽山郊野公園遊客中心; ☎852 2498 9326; Ecke Route Twisk & Tai Mo Shan Rd; ⏲9.30–16.30, Di geschl.; 🚌51 ab Ⓜ Tsuen Wan West Bus Terminus) befindet sich an der Kreuzung der Route Twisk (deren Name für „Tsuen Wan into Shek Kong" steht) und der Tai Mo Shan Rd, die wiederum vom längsten Wanderweg der Sonderverwaltungszone, dem 100 km langen MacLehose Trail, gekreuzt wird.

Die nächstgelegene MTR-Station ist Tsuen Wan. Von dort nimmt man an der Tai Ho Rd North den Bus 51 bis zur Kreuzung der Route Twisk mit der Tai Mo Shan Rd in Tsuen Kam Au. Ostwärts geht's auf der Tai Mo Rd, die einen Teil der Etappe 9 des MacLehose Trails bildet, zum Gipfel. Rund 45 Gehminuten hinter der Bushaltestelle führt rechts ein Betonpfad Richtung Süden zum **Sze Lok Yuen Hostel** (施樂園; ☎852 2488 8188; Tai Mo Shan, Tsuen Wan; B 85–115 HK$, Stellplatz 20–30 HK$). Bus 64 verbindet außerdem den Tai Mo Shan mit Yuen Long und dem Tai Po Market; Bus 25K fährt zwischen dem Tai Po Market und dem Tai Mo Shan.

in Tuen Mun, Yuen Long und Tai Po, die zu den Haltestellen in der Nähe von Bahnhöfen fahren.

➡**Bus** Viele Busse nach Tuen Mun verkehren über Tsuen Wan und Yuen Long, die meisten Busse nach Tai Po über Tai Wai, Sha Tin, Sheung Shui und Fanling.

Gut zu wissen

➡**Gebietsvorwahl** ☎852

➡**Lage** Nördlich und östlich von Kowloon; die Clearwater Bay Peninsula liegt 15 km östlich von Tsim Sha Tsui, der Ping Shan Heritage Trail in Yuen Long befindet sich 30 km nordwestlich von Kowloon.

Clearwater Bay Peninsula

Tseung Kwan O, erreichbar über die gleichnamige MTR-Station, ist das Sprungbrett zur Clearwater Bay Peninsula. Es gibt mehrere wunderschöne Strände, an denen man einen Nachmittag verleben kann. Am schönsten und beliebtesten sind der Clearwater Bay First Beach und der Clearwater Bay Second Beach. Im Sommer sollte man besser werktags kommen, da an den Wochenenden zu beiden Stränden die Massen strömen.

Fans von Meeresfrüchten kommen am Po Toi O Village nicht vorbei: Dort gibt's Meeresfrüchte und Hausmannskost vom Feinsten.

SEHENSWERTES & ESSEN

★TIN HAU TEMPLE AN DER JOSS HOUSE BAY TEMPEL

(糧船灣天后古廟, Großer Tempel; ☎852 2519 9155; ⏲8–17 Uhr; Minibus 16) Dieses weitläufige Gebäude an der Tai Au Mun Rd ist der größte, älteste und einer der wichtigsten unter Hongkongs Tin-Hau-Tempeln, weshalb er auch als Tai Miu („Großer Tempel") bezeichnet wird. Er besitzt schöne Dachvorsprünge, birgt eine Ausstellung von Miniaturbooten und hat einen Hof, in dem Fischer oft ihre silbrigen Köder trocknen. Der Große Tempel wurde 1266 von Salzhändlern aus Fujian erbaut. Hinter ihm befindet sich eine große Felsinschrift aus der Zeit der Song-Dynastie, die vom Besuch des Leiters der Salzbehörde und eines Freundes im Jahr 1274 sowie der Geschichte zweier Tempel berichtet. Das ist die älteste datierte Inschrift in ganz Hongkong.

In dem Großen Tempel stehen drei Statuen von Tin Hau, darunter eine, die während des Tin Hau Festivals, das hier besonders ausgiebig gefeiert wird, bei einem Umzug herumgetragen wird. Die Göttin wird von ihren üblichen Dienern begleitet, dem rotgesichtigen General Allesseher und dem grüngesichtigen General Alleshörer. Aus ihren Namen 觀 (*guan*, „beobachten") und 音 (*yin*, „Geräusch") setzt sich der Namen der Göttin 觀音 (Guanyin) zusammen.

Vom Tai Miu kann man auf dem 6,6 km langen High Junk Peak Country Trail auf den Tin Ha Shan (273 m) und weiter auf den High Junk Peak (Tiu Yu Yung; 344 m) wandern, ehe es ostwärts zurück nach Tai Au Mun geht.

SEAFOOD ISLAND KANTONESISCH, SEAFOOD **$$**

(海鮮島海鮮酒家; ☎852 2719 5730; Shop B, 7 Po Toi O Chuen Rd; Gerichte ab 280 HK$; ⏲11–23 Uhr) Krustentiere aller Art sind die Spezialitäten in diesem energiegeladenen Restaurant im abgeschiedenen Po Toi O Village. Das Seafood Island bietet keinen Luxus und ist eher zweckmäßig eingerichtet, aber berühmt für sein Tintenfisch-Sashimi und seine Scheidenmuscheln. Hier zu essen, macht besonders in der Gruppe Spaß, denn mit ein paar Leuten zusammen kann man sich über alle angebotenen Köstlichkeiten hermachen. Ein Menü für zwölf Personen kostet zwischen 3380 und 4680 HK$.

SPORT & AKTIVITÄTEN

CLEARWATER BAY COUNTRY PARK OUTDOOR-AKTIVITÄTEN

(清水灣郊野公園; 🚌103) Tai Au Mun ist das Zentrum des Parks. Von dort führen Wege in verschiedene Richtungen. Über das **Clearwater Bay Country Park Visitor Centre** (清水灣郊野公園遊客中心; ☎852 2719 0032; ⏲9.30–16.30 Uhr, Di geschl.; 🚌91 von Choi Hung nach Tai Au Mun) gelangt man Richtung Südosten nach Tai Hang Tun. Nimmt man von Tai Au Mun die Lung Ha Wan Rd nach Norden, kommt man zum Strand an der Lung Ha Wan (Lobster Bay); zurückkehren kann man von dort auf dem 2,3 km langen Lung Ha Wan Country Trail.

Tsuen Wan

Eine Erkundung der Vororte des Wohnviertels Tsuen Wan kann vor allem für Frühauf-

Tsuen Wan

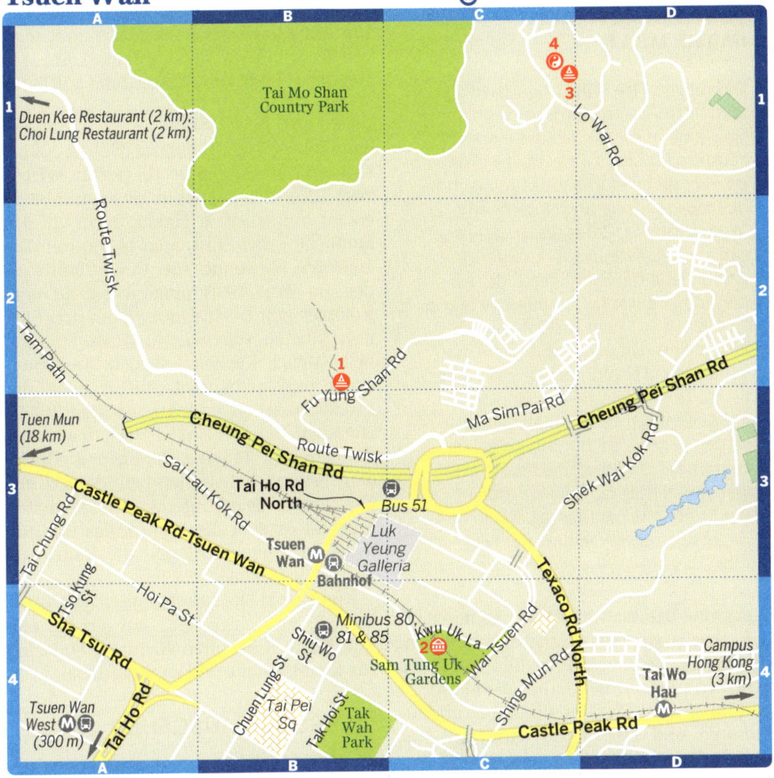

steher sehr lohnend sein. Morgens *yum cha* in einem der Teehäuser im Chuen Lung Village zu genießen, ist ein Erlebnis. Nach dem Frühstück zieht es Wanderer in der Regel in den Tai Mo Shan Country Park. Wer bunte, vor Lebens nur so sprühende Tempel sehen will, kehrt ins Ortszentrum zurück und nimmt einen Minibus zum palastartigen Western Monastery und zum farbenfrohen Yuen Yuen Institute.

Tsuen Wan

Sehenswertes

1 Chuk Lam Sim Monastery B2
2 Sam Tung Uk Museum C4
3 Western Monastery C1
4 Yuen Yuen Institute C1

SEHENSWERTES

YUEN YUEN INSTITUTE TAOISTISCHER TEMPEL

Karte S. 179 (圓玄學院; ☎852 2492 2220; Lo Wai Rd, Sam Dip Tam; ⏲8.30–17 Uhr; Grüner Minibus 81) GRATIS Das mit ausdrucksvollen Statuen taoistischer und buddhistischer Gottheiten sowie konfuzianischer Heiliger geschmückte Yuen Yuen Institute in den Hügeln nordöstlich von Tsuen Wan gewährt einen faszinierenden Einblick in Hongkongs dreiteilige religiöse Welt. Das Hauptgebäude ist eine Nachbildung des Himmelstempels in Peking.

Im Hochparterre sitzen drei taoistische Unsterbliche in einer ruhigen Halle; auf der unteren Ebene kann man die Masse der Gläubigen beobachten, die beten und Opfergaben für die 60 Inkarnationen taoistischer Heiliger verbrennen, deren Bildnisse die Wände säumen.

CHUK LAM SIM MONASTERY BUDDHISTISCHES KLOSTER

Karte S. 179 (竹林禪苑; ☎852 2416 6557; Fu Yung Shan Rd; ⏲9–17 Uhr; Grüner Minibus 85)

INSIDERWISSEN

TEXTILES REVIVAL IM THE MILLS

Das riesige **The Mills** (www.themills.com.hk) in Tsuen Wan ist eine ehemalige Textilfabrik, die zu einem Kreativzentrum für Mode umgebaut worden ist. Hier gibt's Workshops für angehende Modeschöpfer und Unternehmer in der Branche, Cafés und Läden, die örtliches Kunsthandwerk zeigen. In einem der alten Fabrikgebäude residiert das Centre for Heritage, Arts and Textile (CHAT; www.mill6chat.org); es hat einen Dachgarten, in dem man seinen Hund ausführen könnte. Hongkongs Textilindustrie wurde in den 1950er-Jahren von Shanghaier Emigranten begründet, darunter auch den Betreibern der Mills, und dominierte vier Jahrzehnte lang die Wirtschaft der Stadt, ehe niedrigere Lohnkosten anderswo zur Schließung der Fabriken führten.

Das große Bambuswaldkloster ist beschaulich abseits der Touristenströme gelegen. Ein älterer Mönch baute es 1932 mit sechs Schülern in einen Berghang. Die hübschen buddhistischen Fresken, die Miniaturlandschaften und Fischteiche wurden später hinzugefügt. In der zweiten Halle befinden sich drei der größten goldenen Buddhas in Hongkong. Die Einheimischen kommen hierher, um die aus Thailand stammende Statue des viergesichtigen Brahma (Phra Phrom) zu verehren. Sie gehen dabei betend um sie herum – je nach ihrer Bitte an den Gott im oder gegen den Uhrzeigersinn.

WESTERN MONASTERY BUDDHISTISCHES KLOSTER

Karte S. 179 (西方寺; ☎852 2411 5111; Lo Wai Rd, Sam Dip Tam; ⌚8.30–17.30 Uhr; 🚌Grüner Minibus 81) GRATIS Der ruhige Komplex wurde in den 1970er-Jahren im Lo Wai Village, einem der ältesten Dörfer von Tsuen Wan, im Stil eines chinesischen Palastes erbaut und erinnert an die Kulisse eines Historienfilms. Die verschiedenen Hallen sind groß und geräumig und miteinander durch Treppen verbunden, die einen Hügel hinaufführen. Nahe dem Eingang befindet sich ein interessanter kleiner Garten mit Miniaturlandschaften, Bodhisattva-Grotten und liegenden Buddhas. Zu bestimmten Tageszeiten kann man in der Haupthalle Mönche beim Rezitieren von Mantras beobachten. Um das Kloster zu erreichen, nimmt man von der Shiu Wo St den Minibus 81. Ein Taxi von der MTR-Station kostet rund 50 HK$.

SAM TUNG UK MUSEUM MUSEUM

Karte S. 179 (三棟屋博物館; ☎852 2411 2001; 2 Kwu Uk Lane; ⌚10–18 Uhr, Di geschl.; Ⓜ Tsuen Wan) GRATIS Das gepflegte Museum zeigt in einem ummauerten Hakka-Dorf, wie das ländliche Leben im späten 18. Jh. war. Die einstigen Einwohner (der Chan-Clan) wurden im Jahr 1980 umgesiedelt. In dem Komplex gibt es ein Dutzend auf drei Pfeilern ruhende Gebäude, in denen traditionelle Möbel, Küchenutensilien, Aussteuerwaren und landwirtschaftliche Geräte der Hakka zu sehen sind. Die meisten Stücke stammen aus zwei Hakka-Dörfern aus dem 17. Jh. in der Provinz Guangdong. Hinter den restaurierten Hallen befindet sich die alte Dorfschule mit interaktiven Exponaten und Videos über die Frauen, das traditionelle Kunsthandwerk und die Nahrungsmittel der Hakka.

Von der MTR-Station Tsuen Wan (Ausgang E) marschiert man auf der Sai Lau Kok Rd fünf Minuten Richtung Südosten zur Kwu Uk Lane und zum Museum.

ESSEN & AUSGEHEN

★ CHOI LUNG RESTAURANT KANTONESISCH $

(彩龍茶樓; ☎852 2490 4711; 27 Chuen Lung Village, Route Twisk; Dim Sum 18–30 HK$; ⌚5.30–15 Uhr; 🚌Minibus 80 ab Tsuen Wan) Das 40 Jahre alte Restaurant nahe dem Dorfeingang nutzt Quellwasser zur Zubereitung seines Tofu-Desserts. Hier ist Selbstbedienung angesagt: Man holt sich sein Dim Sum aus der Küche, macht sich Tee und setzt sich auf einen Plastikhocker. Am besten kommt man zwischen 8 und 10 Uhr. Dann gibt es die größte Auswahl, und die geschäftige Atmosphäre sorgt dafür, dass man gut in den Tag startet.

DUEN KEE RESTAURANT KANTONESISCH, DIM SUM $

(端記茶樓; ☎852 2490 5246; 57-58 Chuen Lung Village, Route Twisk; Dim Sum 16–55 HK$; ⌚6–14 Uhr; 🚌Minibus 80 ab Tsuen Wan) Nahe den Feldern kann man hier unter den Sonnenschirmen dieses beliebten, schlichten Yum-Cha-Lokals Dim Sum genießen. Die wahre Attraktion findet sich aber im Obergeschoss, wo ältere Dörfler beim Teetrinken ihre Käfigvögel präsentieren. Das Markenzeichen des Lokals ist die selbst gezogene Brunnenkresse, die blanchiert und mit Austernsauce serviert wird.

★YUE KEE ROASTED GOOSE RESTAURANT KANTONESISCH $$

(裕記大飯店; ☎852 2491 0105; www.yuekee.com.hk/en; 9 Sham Hong Rd, Sham Tseng; Gerichte 180–500 HK$; ⏰11–23 Uhr; 🚌Minibus 302 ab Ⓜ Tai Wo Hau) In der Gasse voller Restaurants, die gebratene Gans anbieten, ist das 60 Jahre alte, mit einem Michelin-Stern ausgezeichnete Yue Kee ein Highlight. Man bestellt mächtige Platten mit über Kohlenfeuer gebratener Gans mit kupferbrauner Haut (eine halbe Gans ist für vier Personen schon viel) und probiert Spezialitäten des Hauses wie in Sojasauce geschmorte Gänsefüße, in Wein gedünstete Gänseleber oder in der Pfanne gebratene Gänseinnereien. Wer sich da nicht rantraut, bekommt hier auch viele der üblichen kantonesischen Gerichte. Vorab reservieren!

CHENG'S STORE TEEHAUS

(鄭記士多; ☎852 2491 6628; 10 Sham Hong Rd, Sham Tseng; Tee/Kaffee 70–150 HK$; ⏰13–22 Uhr; 🚌Minibus 302 ab Ⓜ Tai Wo Hau) Teekenner schätzen diesen exzentrischen Laden, in dem es Milchtee mit Iron-Buddha-Blättern einer Oolong-Teesorte) und Yin Yeung mit Blue Mountain (Nilgiri-Tee) gibt. Der Inhaber Mr. Cheng fordert horrende Preise, aber seine Kreationen sind ausgewogen und ungewöhnlich. Er stellt seine Arbeit auch dramatisch zu Schau, erzählt von Tanninen und der Teezubereitung zur Zeit der Song-Dynastie. Serviert werden seine Getränke in Schalen.

SCHLAFEN

★CAMPUS HONG KONG HOSTEL $

(香港校園旅舍; ☎852 2945 1111; www.campushk.com; 123 Castle Peak Rd, Yau Kom Tau; B ab 220 HK$, Zi. ab 880 HK$; 🏊; Ⓜ Tsuen Wan) Das fantastische Hostel ist eigentlich ein Studentenheim, nimmt aber auch Backpacker auf, wenn Zimmer frei sind, was vor allem in den Sommermonaten der Fall ist. Es gibt 48 Zimmer mit vier Betten, die jeweils mit schicken Arbeits- und Gemeinschaftsbereichen, Einbauküche und Dusche ausgestattet sind. Das Hostel gehört zu einem Apartmentkomplex (Bay Bridge Hong Kong) mit Service, daher können seine Gäste auch den Blick aufs Meer genießen und den Fitnessraum sowie den Swimmingpool nutzen.

Sha Tin

Wer diesen Teil der New Territories besucht, kommt meist an der New Town Plaza an, einem geschäftigen, mit dem MTR-Bahnhof Sha Tin verbundenen Einkaufszentrum. Es gibt drei interessante religiöse Einrichtungen in der Gegend: das Ten Thousand Buddhas Monastery, das Po Fook Hill Columbarium und den Che Kung Temple. Die andere Hauptattraktion des Viertels ist das Heritage Museum.

Am besten legt man seinen Besuch aufs Wochenende, wenn während der Pferderennen auf dem schön angelegten Sha Tin Racecourse die Begeisterung hohe Wogen schlägt.

SEHENSWERTES

★HONG KONG HERITAGE MUSEUM MUSEUM

Karte S. 182 (香港文化博物館; ☎852 2180 8188; www.heritagemuseum.gov.hk; 1 Man Lam Rd; ⏰Mo & Mi–Fr 10–18, Sa & So bis 19 Uhr; 👪; Ⓜ Che Kung Temple, Ausgang A) Das geräumige, sehr gute Museum in einem hässlichen Gebäude südwestlich des Zentrums von Sha Tin gewährt einen Einblick in die örtliche Geschichte und Kultur. Zu den Highlights zählen das Kindermuseum mit interaktiven Spielbereichen, die New Territories Heritage Hall mit Modellen traditioneller Dörfer, die Cantonese Opera Heritage Hall, wo man alte Opern mit englischen Untertiteln sehen kann, und die elegante Galerie für chinesische Kunst. Es gibt auch eine Ausstellung mit rund 300 Exponaten zu Leben und Werk des Wuxia-Romanautors Louis Cha Leung-yung, der unter seinem Pseudonym Jin Yong berühmt wurde. Vom MTR-Bahnhof Che Kung Temple läuft man auf der Che Kung Miu Rd nach Osten, nimmt die Unterführung und überquert auf der Fußgängerbrücke den Kanal. Das Museum erreicht man nach einem 200 m langen Marsch nach Osten.

TEN THOUSAND BUDDHAS MONASTERY TEMPEL

Karte S. 182 (萬佛寺; ☎852 2691 1067; ⏰10–17 Uhr; Ⓜ Sha Tin, Ausgang B) GRATIS Der in den 1950er-Jahren erbaute skurrile Tempel birgt tatsächlich mehr als 10 000 Buddhas.

Sha Tin

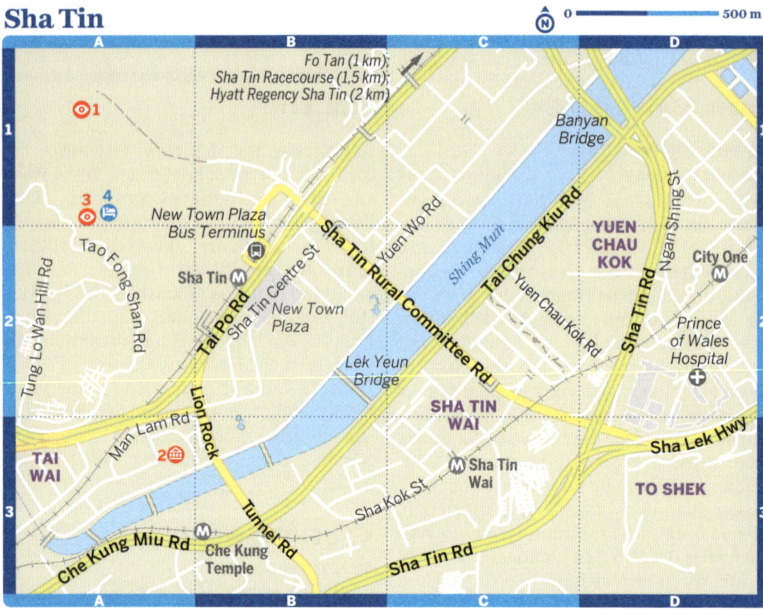

Sha Tin

Sehenswertes

1 10 000 Buddhas Monastery A1
2 Hong Kong Heritage Museum A3
3 Tao Fong Shan Christian Centre A1

Schlafen

4 Tao Fong Shan Ascension House A1
Tao Fong Shan Pilgrim's Hall .... (siehe 3)

Rund 12 800 Miniaturfiguren säumen allein die Wände des Haupttempels, und Dutzende lebensgroße goldene Statuen von Buddha-Schülern flankieren die steilen Stufen, die zum Klosterkomplex hinaufführen, der mehrere Hallen und Pavillons sowie eine neunstöckige Pagode umfasst. Die Anlage ist der reinste Kitsch, aber unter den Tempeln Hongkongs so einmalig, dass sich der Aufstieg auf den Hügel allemal lohnt.

TAO FONG SHAN CHRISTIAN CENTRE ARCHITEKTUR

Karte S. 182 (道風山基督教叢林; ☎852 2694 4038; www.tfscc.org/en; 33 Tao Fong Shan Rd) GRATIS Das Tao Fung Shan, architektonisch ein Beispiel für den Chinese-Revival-Stil, ist ein protestantisches Meditationszentrum, Seminar und Hostel. Im Jahr 1929 kaufte ein lutherischer Missionar aus Norwegen, der sich leidenschaftlich für den Buddhismus interessierte, Land in Sha Tin und beauftragte einen dänischen Architekten, einen Ort zu entwerfen, wo sich Christen und Buddhisten begegnen könnten. Das Symbol des Tao Fong Shan ist ein mit einer Lotosblüte verschlungenes Kreuz. Die Gebäude haben schwarz eingedeckte Dächer, hellblaue Kanten und rote Säulen. Sie sind an der Tempelarchitektur orientiert, zeigen aber die klare Formensprache und zurückhaltende Farbgebung der nordeuropäischen Baukunst.

ESSEN

FOODY TAIWANESISCH, INTERNATIONAL $

(伙食工業; ☎852 3586 0863; Shop 3, EG, Leader Industrial Centre, 57-59 Au Pui Wan St, Fo Tan; Gerichte 80–200 HK$; ⌚Mo–Do 12–18, Fr–So bis 22.30 Uhr) Taiwanesische Nudelgerichte und gebratenes Hähnchen, aber auch Pasta und Burger, werden in diesem geräumigen, schäbig-schicken Café voller Retro-Möbel und Vintage-Objekte serviert. Das Essen ist ordentlich, wenn auch nicht ausgezeichnet, aber dank der bequemen Stühle und der freundlichen Bedienung kann man hier prima entspannen. Tagsüber dudelt R&B aus Taiwan aus den Boxen, abends gibt's gelegentlich Auftritte von Liedermachern oder Diskussionen zu kulturellen Themen.

★ SHA TIN 18 KANTONESISCH, CHINESISCH $$
(沙田18; ☎852 3723 7932; www.hongkong.shatin.hyatt.com; Hyatt Regency Hong Kong, 18 Chak Cheung St; Gerichte 350–800 HK$; ⌚11.30–15 & 17.30–22.30 Uhr; Ⓜ University) Die Pekingente (ganze Ente 788 HK$, halbe Ente 500 HK$) hat dieses Hotelrestaurant neben der Chinese University ins gastronomische Rampenlicht gerückt. Man bucht den wertvollen Vogel 24 Stunden im Voraus und verzehrt ihn auf dreierlei Art: Auf Pfannkuchen isst man die knusprige Haut mit etwas Fleisch und Lauch, dann gibt es eine Entensuppe und schließlich das im Wok gebratenen, in kleine Happen geschnittene Fleisch. Auch die Desserts der asiatischen Fusion-Küche sind hochgeschätzt.

☆ UNTERHALTUNG

SHA TIN RACECOURSE PFERDERENNEN
(沙田賽馬場; www.hkjc.com; Penfold Park, Sha Tin; Eintritt an Renntagen Zuschauertribüne 10 HK$, Mitgliederlogen 100–150 HK$; Ⓜ Racecourse) Nordöstlich des Zentrums von Sha Tin befindet sich Hongkongs zweite Rennbahn, die bis zu 80 000 Besucher fasst. Rennen finden in der Regel zwischen September und Anfang Juli an Sonntagnachmittagen (und manchmal auch samstags oder an Feiertagen) statt; eine Liste der Rennen steht auf der Website.

Die East-Rail-Station Racecourse gleich westlich der Rennbahn ist nur an Renntagen in Betrieb.

SCHLAFEN

TAO FONG SHAN ASCENSION HOUSE HOSTEL $
Karte S. 182 (道風山昇天屋; www.ascensionhousehk.com; 33 Tao Fong Shan Rd; B 180 HK$, DZ 350 HK$, 4BZ 650 HK$; 🚭❄; Ⓜ Sha Tin, Ausgang B) Das am Rand des Tao-Fong-Shan-Komplexes gelegene Ascension House hat vier schlichte, klimatisierte Schlafräume für je zwei oder drei Personen. Es gibt nur Gemeinschaftsbäder, die Gäste können aber die Küche benutzen. Das Haus wird von Freiwilligen aus Skandinavien geführt, die auch die tägliche Andacht leiten, die Essen im Freien veranstalten und Wochenendausflüge organisieren. Die Teilnahme an diesen Programmen steht den Gästen frei.

TAO FONG SHANPILGRIM'S HALL HOSTEL $
Karte S. 182 (道風山雲水堂; ☎852 2691 2739; www.tfssu.org/pilgrim.html; 33 Tao Fong Shan Rd, Sha Tin; Zi. ohne Bad 310–480 HK$; 🚭❄; 🚉 Sha Tin, Ausgang B) Das an die Lutherische Kirche angeschlossene Hostel gehört zum Tao-Fong-Shan-Komplex und thront friedlich auf einem Hügel oberhalb von Sha Tin. Die Zimmer sind sauber und ruhig. Die Kantine liefert schlichte, gesunde Gerichte (gegen Entgelt), man muss aber vorab reservieren.

HYATT REGENCY SHA TIN HOTEL $$$
(沙田凱悅酒店; ☎852 3723 1234; www.hongkong.shatin.hyatt.com; 18 Chak Cheung St, Sha Tin; Zi. 2500–3000 HK$, Suite 3500–12 500 HK$; P🚭❄@📶🏊; 🚉 University) Das Hotel ist eine ausgezeichnete Option, wenn es einem nichts ausmacht, ein paar MTR-Stationen außerhalb des Geschehens zu wohnen. Zum Ausgleich hat man den tollen Ausblick auf den Tolo Harbour und die sanften Hügel von Sha Tin sowie ein ausgezeichnetes chinesisches Restaurant. In der Nebensaison können die Preise für ein Standardzimmer deutlich fallen, und es gibt auch Rabatt bei längeren Aufenthalten.

Sai Kung Peninsula

Die Sai Kung Peninsula ist eines der letzten Reviere in Hongkong, in denen man wandern, schwimmen und Boot fahren kann. Der größte Teil der Halbinsel gehört zu einem schönen, 7500 ha großen Country Park. Am Ufer legen kleine Fähren zu nahe gelegenen Insel-Badestränden ab, die allesamt einen Besuch lohnen. Von Booten am Pier werden Meeresfrüchte verkauft. Die Atmosphäre ist einzigartig.

Der MacLehose Trail, ein quer durch die New Territories führender, 100 km langer Wanderweg, beginnt in Pak Tam Chung auf der Sai Kung Peninsula. Überdies finden sich in Sai Kung Town, vor allem an der attraktiven Uferpromenade, ausgezeichnete chinesische Seafood-Restaurants.

◉ SEHENSWERTES

HONG KONG GLOBAL GEOPARK PARK
Siehe S. 175.

SAI KUNG TOWN GEBIET

Karte S. 185 (西貢市中心; 🚌92, Ⓜ Choi Hung, Minibus 1A, 1M, 🚌299X, Ⓜ Sha Tin East Rail) Sai Kung Town ist ein wundervoller Ausgangspunkt, um die zerklüfteten, weitläufigen Landschaften auf der Sai Kung Peninsula zu erkunden. Die wie bunt zusammengewürfelt wirkende Stadt am Ufer besitzt eine Reihe von Seafood-Restaurants und dient als Haltepunkt und Verkehrsknoten für das Umland. Fähren fahren von hier aus regelmäßig zu Inseln vor der Küste mit abgeschiedenen Stränden und Dörfern. Von Haltestellen am Ufer bringen Busse, Minibusse und Taxis ihre Fahrgäste zu diversen Stellen im Country Park, auch zu verschiedenen Punkten des MacLehose Trail.

ESSEN & AUSGEHEN

HONEYMOON DESSERT DESSERTS $

Karte S. 185 (滿記甜品; ☎852 2792 4991; Units B&C, 10A Po Tung Rd, Sai Kung; Desserts ab 25 HK$; ⌚So–Fr 13–1, Sa bis 2 Uhr; 🚌1) Dieser Laden hat sich auf chinesische Dessertsuppen mit Nüssen, Hülsenfrüchten und Yamswurzel oder mit Früchten, Kokosmilch und Sago spezialisiert. Es gibt auch Crêpes und Pudding mit tropischen Früchten wie Mango, Banane und – eine Spezialität – Durianfrüchten.

★LOAF ON KANTONESISCH, SEAFOOD $$

Karte S. 185 (六福菜館; ☎852 2792 9966; 49 See Cheung St, Sai Kung; Gerichte ab 150 HK$; ⌚11–22 Uhr; 🚌1) Hier herrscht das Motto: Gegessen wird, was gefangen wird. In dem dreistöckigen Restaurant mit Michelin-Stern landet der Fisch, der morgens in den Gewässern um Sai Kung frisch gefangen wurde, mittags auf den Tellern der Gäste. Die Fischsuppe, das Markenzeichen des Lokals, und der gedünstete Fisch sind am schnellsten ausverkauft. Es gibt kein englischsprachiges Schild, aber das Lokal ist an dem einsamen Tisch vor der Tür und dem leuchtenden Messingschild zu erkennen. Reservierung empfehlenswert.

CHUEN KEE SEAFOOD RESTAURANT SEAFOOD $$$

Karte S. 185 (全記海鮮菜館; ☎852 2792 6938; 87-89 Man Nin St, Sai Kung; Seafood-Gerichte ab 350 HK$; ⌚11–23 Uhr; 🚌1) Das Chuen Kee beeindruckt mit seiner Auswahl an Fisch, Krusten- und Weichtieren – die man alle noch lebend in den Wasserbecken am Eingang sieht. Die Zubereitung ist ähnlich wie in den anderen Restaurants, man bekommt hier aber auch handflächengroße Fangschreckenkrebse, Königskrabben, 30 cm lange Scheidenmuscheln und andere Leckerbissen.

CLASSIFIED WEINBAR

Karte S. 185 (☎852 2529 3454; 5 Sha Tsui Path, Sai Kung; ⌚8–24 Uhr) Dieses Lokal mit Klasse ist *die* angesagte Bar schlechthin, wenn man in Sai Kung guten Wein und Käse genießen will. Dank der offenen Front und der hölzernen Gemeinschaftstische kann man hier auch prima die Leute beobachten.

MOMENTAI BAR

Karte S. 185 (無問題; ☎852 2792 8991; Kiosk 1 Waterfront, Wai Man Rd, Sai Kung; ⌚Di–Sa 12–23, So bis 22 Uhr) Das direkt neben der Promenade von Sai Kung gelegene Momentai bietet sich für ein Bier oder ein Glas Wein an, wenn man nach einem Bootsausflug zu einem nahe gelegenen Inselstrand wieder auf dem Festland angekommen ist. Die Aussicht ist unschlagbar, aber essen sollte man besser irgendwo anders.

SPORT & AKTIVITÄTEN

★TAI LONG WAN HIKING TRAIL WANDERN & TREKKEN

(大浪灣遠足郊遊徑; 🚌Village Bus 29R) Am nördlichen Ende der Sai Kung Peninsula finden sich mehrere wundervolle Wanderwege, die durch eine der noch ursprünglichsten Landschaften in Hongkong führen. Allgemein beliebt ist der atemberaubende, 12 km lange Tai Long Wan Hiking Trail, der am Ende der Sai Wan Rd beginnt und zu wunderschönen Buchten führt, darunter Sai Wan, Tai Long Wan und Chek Keng. Werktags hat man den Wanderweg fast ganz für sich allein. Die Wanderung dauert fünf bis sechs Stunden.

KAYAK AND HIKE WANDERN & TREKKEN, WASSERSPORT

(☎852 9300 5197; www.kayak-and-hike.com) Die siebenstündige Kajaktour durch den Sai Kung Geopark ist eine faszinierende Option, die Schönheit des Geoparks zu bewundern. Mit einem Schnellboot oder einer Dschunke wird man zur Kajak-Station auf der nahe gelegenen Bluff Island gebracht; von dort paddelt man zu einem Strand, an dem man schwimmen und schnorcheln kann. Los geht's um 8.30 Uhr am alten Pier von Sai Kung (800 HK$/Pers.).

Sai Kung Town

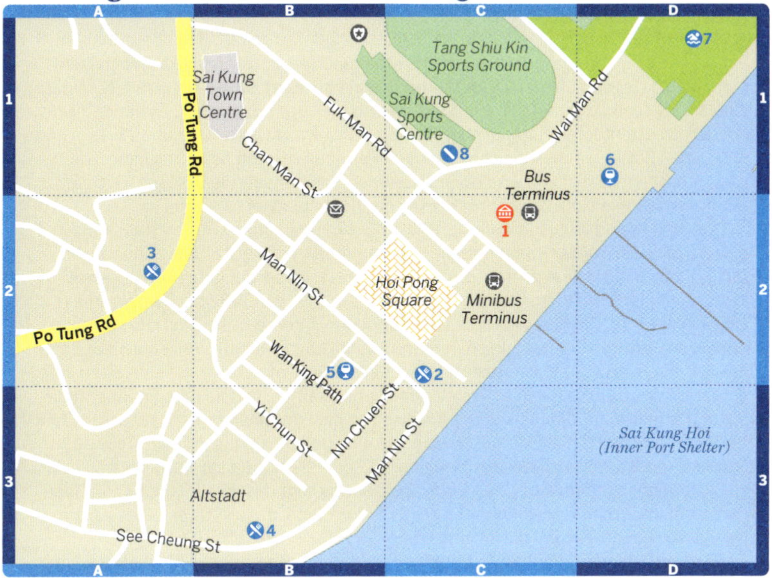

HOI HA WAN MARINE PARK
OUTDOOR-AKTIVITÄTEN

(海下灣海岸公園; ☎1823; Hoi Ha; 🚌Grüner Minibus 7) Eine lohnende, 6 km lange Wanderung beginnt am Dorf Hoi Ha im Hoi Ha Wan Marine Park, einem 260 ha großen Schutzgebiet, das durch Betonsperren vom Tolo Channel abgegrenzt und für Fischerboote gesperrt ist. An der Küste wachsen Mangroven, und unter Wasser wimmelt es von Korallen, Seesternen und Fischen.

SPLASH HONG KONG
TAUCHEN

Karte S. 185 (☎852 2792 4495; www.splashhk.com; Unit 5, 1. Stock, Ko Fu House, 58-72 Fuk Man Rd, Sai Kung; Kurse ab 1200 HK$, Tauchgang ab 500 HK$) Rund um Hongkong gibt es einige überraschend schöne Tauchspots, vor allem im äußersten Nordosten. Das in Sai Kung ansässige Splash ist ein ausgezeichnetes, PADI-zertifiziertes Tauchzentrum, das Kurse für Anfänger, Fortgeschrittene und Profis sowie Tauchgänge vom Strand oder Boot anbietet und Tauchausrüstung verleiht.

SAI KUNG SWIMMING POOL
SCHWIMMEN

Karte S. 185 (☎852 2791 3100; Wai Man Rd, Sai Kung; ⏲April–Okt. 6.30–12, 13–18.30 & 19.30–22 Uhr; 🚌92, 94, 99, 299, 1, 1A) Das Schwimmbad besteht aus einem 50 m langen Hauptpool, einem Lehrschwimmbecken und einem

Sai Kung Town

Sehenswertes
1 Volcano Discovery Centre C2

Essen
2 Chuen Kee Seafood Restaurant C2
3 Honeymoon Dessert A2
4 Loaf On B3

Ausgehen & Nachtleben
5 Classified...................................... B2
6 Momentai...................................... D1

Sport & Aktivitäten
7 Sai Kung Swimming Pool.................. D1
8 Splash Hong Kong C1

Spaßbad. In den kühleren Monaten wird das Wasser beheizt. Zur Reinigung ist das Bad jeden Mittwoch (oder Donnerstag, wenn der Mittwoch ein Feiertag ist) geschlossen.

CHONG HING WATER SPORTS CENTRE
WASSERSPORT

(創興水上活動中心; ☎852 2792 6810; www.lcsd.gov.hk/en/watersport/hiring/hiring_craft/hiri_book1.html; West Sea Cofferdam, High Island Reservoir, Sai Kung; Vermietung von Kanus, Dingis & Surfbrettern 20–30 HK$/Std.) Zu dem staat-

ABSTECHER

HIGH ISLAND RESERVOIR EAST DAM

Schöne Architektur, das Südchinesische Meer und 14 Mio. Jahre alte Vulkanfelsen machen die Gegend um den **High Island Reservoir East Dam** (萬宜水庫東霸; www.ecotoursaikung.com) zu einem der atemberaubendsten Orte Hongkongs. Es handelt sich um den am leichtesten zugänglichen Teil des Hong Kong Global Geopark (S. 175) und die einzige Stelle, wo man die sechseckigen Felssäulen direkt berühren kann. Die Landschaft ist surreal und wird noch seltsamer durch Tausende Dolosse (riesige, Zementblöcke), die als Wellenbrecher vor der Küste platziert wurden.

Der High-Island-Stausee war nach Plover Cove Hongkongs zweiter Stausee, der durch Abschottung der Küste mithilfe von Dämmen dem Meer abgewonnen wurde. Die Maßnahme wurde ergriffen, um die Trinkwasserversorgung des Territoriums sicherzustellen, nachdem China während der Unruhen von 1967 die Belieferung eingestellt hatte. Die Anlage wurde vom Londoner Unternehmen Binnie & Partners entworfen und von der italienischen Firma Vianini Lavori gebaut. Am südlichen Ende des East Dam erblickt man einen riesigen, hellblauen Dolos, der in Gedenken an jene aufgestellt wurde, die bei dem Projekt ums Leben kamen. In der Nähe findet sich die Betonplatte, die auf Chinesisch und Englisch an die Einweihung des Stausees im Jahr 1978 erinnert. Die Schaffung des Sees hatte eine unbeabsichtigte Folge: Teile des Gebiets, das 30 Jahre später der Hong Kong Global Geopark sein würde, waren nun zu Fuß zugänglich. Am südlichen Ende des Damms liegt das Fels-Eiland Po Pin Chau (wörtlich: Insel mit abgebrochener Seite) vor der Küste, dessen Oberfläche ganz mit Felssäulen überzogen ist, die an eine riesige Orgel erinnern.

Der East Dam des High Island Reservoir gehört zur Etappe 1 des MacLehose Trail, man kann also dorthin wandern. Alternativ schließt man sich einer Geopark-Tour an, die den East Dam mit im Programm hat. Eine Liste der Anbieter findet sich auf der Website, auf der man auch buchen kann.

Zum Recherchezeitpunkt wurde gerade die grüne Minibus-Linie 9A eingerichtet, die Pak Tam Chung auf der Halbinsel Sai Kung mit dem East Dam verbindet. In der Testphase wurde die Strecke sonn- und feiertags zwischen 15 und 18 Uhr bedient (11,30 HK$). Um zum East Dam zu gelangen, kann man auch den Bus 94 vom Sai Kung Bus Terminus nach Pak Tam Chung nehmen und dann, der Etappe 1 des MacLehose Trail folgend, 9 km auf der Tai Mong Tsai Rd und der Sai Kung Man Kee Rd zum Damm laufen.

Die Taxifahrt von Sai Kung Town zum East Dam dauert rund 30 Minuten und kostet 160 HK$. Für die Rückfahrt wird man allerdings ein Funktaxi rufen müssen, z. B. unter 852 8103 1189. Damit überhaupt ein Taxi kommt, muss man wahrscheinlich einen Aufschlag von 50 HK$ und mehr in Kauf nehmen.

lichen Wassersportzentrum gehören ein großer künstlicher See, ein Campingplatz und der interessante **Astropark** (天文公園; ☎852 2721 0226; www.astropark.hk.space.museum; ⏲24 Std.). Man kann Kanus, Segelboote und Surfbretter sowie Stellplätze mieten. Es werden auch Kanutouren zu Meereshöhlen veranstaltet.

Tung Ping Chau

Der östlichste Punkt Hongkongs, die nierenförmige Insel Tung Ping Chau (東平洲), liegt wunderbar einsam in der Mirs Bay im äußersten Nordosten der New Territories. Einst lebten 3000 Menschen auf der heute praktisch verlassenen Insel, die Tung Ping Chau (Östliche Friedensinsel) genannt wird, um sie deutlich von Peng Chau (auf Kantonesisch gleich ausgesprochen) zu unterscheiden, einer kleinen Insel in der Nähe von Lantau. Tung Ping Chau liegt rund 25 km nordöstlich von Ma Liu Shui, von wo die Fähren zur Insel ablegen.

Tung Ping Chau gehört zum Hong Kong Global Geopark (S. 175), der acht Stätten von besonderer geologischer Bedeutung umfasst, die vor der Erschließung und Bebauung geschützt sind. Zusammen mit den umliegenden Gewässern – in denen es von marinem Leben (insbesondere Korallen) wimmelt – bilden sie Hongkongs vierten Meerespark.

SPORT & AKTIVITÄTEN

TUNG PING CHAU TRAIL WANDERN & TREKKEN

(東平洲環島遊) Dieser 6 km lange Weg beginnt an der Fähranlegestelle von Tung Ping Chau und führt rund um die Insel herum. Auf dem Weg kommt man durch alte, verlassene Dörfer und sieht spektakuläre geologische Formationen, darunter Sedimentgesteine, von den Wellen geschaffene Plattformen und Pfeiler im Meer. In der Nähe des Wassers hinterlassen die aufs Land treffenden Wellen kleine Tümpel, in denen es von Seesternen, Seeanemonen und winzigen Krebstieren wimmelt.

SCHLAFEN

TUNG PING CHAU CAMPSITE CAMPING

(東平洲營地) GRATIS Dieser Campingplatz befindet sich neben dem Kang Lau Shek (更樓石), einem spektakulären Steinpfeiler am Meer. Ganz in der Nähe ist auch eine mächtige, von den Wellen geglättete Plattform zu sehen. Zu den Service-Einrichtungen hier gehören Grillgruben, Bänke mit Tischen, Entwässerungsgräben und Wäscheleinen.

Tai Po

Das aus zwei einst eigenständigen Marktstädten zu beiden Seiten des Flusses Lam Tsuen zusammengewachsene Tai Po besitzt ein belebtes Stadtzentrum am Ufer. Drum herum erstrecken sich Wohngebiete und weiter draußen ländliches Hügelland. Im Ort findet man skurrile Tempel, ein nettes Eisenbahnmuseum und mehrere Naturschutzgebiete. Das Beste an dieser sich ständig verändernden Region ist aber das Leben auf den Straßen. Auf den lebendigen Märkten kann man um Lychees feilschen, an kleinen Ständen für Tofu oder Nudeln anstehen und Eltern beobachten, die stolz ihre Kids fotografieren, die auf der Fußgängerbrücke über den Fluss watscheln. Das ist Hongkonger Stadtleben wie von anno dazumal!

SEHENSWERTES

TAI PO WATERFRONT PARK PARK

(大埔海濱公園; ⌚Insekatrium 8–19 Uhr, Turm ab 7 Uhr, Park 24 Std.; 🚌72A, 73, 73X, 75X, 271, 275R, 275S, 275, 74K) In Hongkongs größtem öffentlichen Park, einem der schönsten der Stadt, finden sich von Bäumen gesäumte Rasenflächen, auf denen man picknicken oder seinen Drachen steigen lassen kann, ein mit weißen Zeltbahnen geschütztes Amphitheater, ein Radweg am Tolo Harbour entlang, von dem aus man während des Drachenbootfests die Bootsrennen beobachten kann, und ein Insektarium. Das Highlight ist ein skurriler Aussichtsturm, der an eine Rakete im Reifrock erinnert. Der Turm ist mit Teleskopen ausgestattet, durch die man einen genaueren Blick auf den Hafen und die fernen Wolkenkratzer sowie die dystopische 1970er-Jahre-Industrielandschaft des Tai Po Industrial Estate werfen kann.

TAI PO MARKET MARKT

Karte S. 187 (大埔街市; Fu Shin St; ⌚6–20 Uhr; Ⓜ Tai Wo) Der eine ganze Straße einnehmende Frischmarkt – nicht zu verwechseln mit der gleichnamigen MTR-Station – ist einer der interessantesten in den New Territories. Hier kann man die Augen am bunten Obst- und Gemüsesortiment weiden, an den Tischen voller gedörrter Meeresfrüchte, am Anblick alter Frauen, die klebrige Hakka-Reiskuchen feilbieten, sowie an Ständen, an denen frischer Aloe- und Zuckerrohrsaft verkauft wird.

KADOORIE FARM & BOTANIC GARDEN FARM

(嘉道理農場暨植物園; ☎852 2483 7200; www.kfbg.org.hk; Lam Kam Rd; Erw./Kind 30/15 HK$, Kleinkind unter 5 Jahren & Senior frei; ⌚9.30–17 Uhr; 👪; 🚌64K) Die in einem Tal gelegene, 148 ha große Kadoorie Farm & Botanic Garden ist hauptsächlich ein Umweltschutz- und Ausbildungszentrum. Besonders schön sind die Wälder und Gärten mit ihrer überwiegend einheimischen Flora und Fauna. Es gibt einige Hoftiere, und man kann hier auch Bioprodukte kaufen. Zur Farm fährt der Bus 64K.

HONG KONG RAILWAY MUSEUM MUSEUM

Karte S. 187 (香港鐵路博物館; ☎852 2653 3455; www.heritagemuseum.gov.hk/en_US/web/hm/museums/railway.html; 13 Shung Tak St; ⌚10–18 Uhr, Di geschl.; 👪; Ⓜ Tai Wo) GRATIS Das kleine Museum residiert im ehemaligen Bahnhof Tai Po Market, der 1913 im traditionellen chinesischen Stil errichtet wurde, und ist ein lohnendes Ziel für Eisenbahnfans und Familien mit eisenbahnbegeisterten Kindern. Es gibt hier einige Exponate zur Geschichte des Hongkonger Eisenbahnwesens, das Highlight sind aber die historischen Waggons, in die die Besucher sogar hineinklettern dürfen.

Tai Po

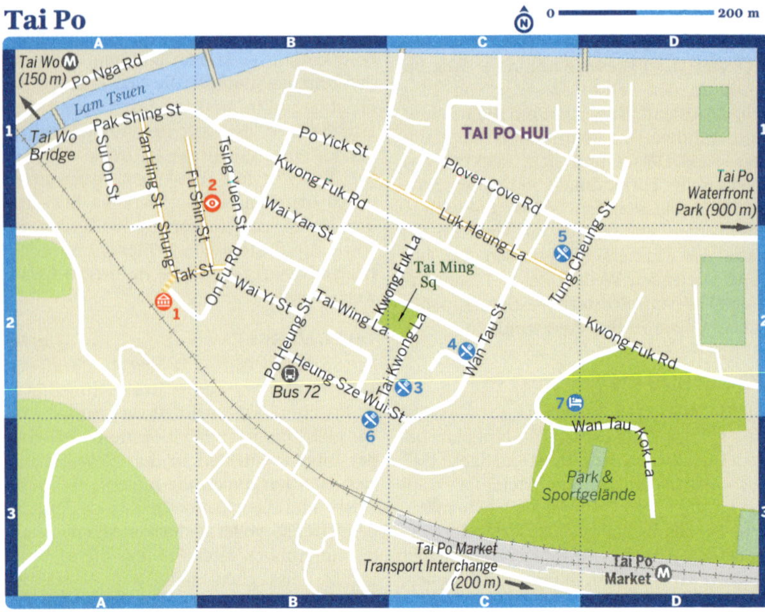

Tai Po

Sehenswertes

1 Hong Kong Railway Museum A2
2 Tai Po Market B1

Essen

3 Ah Po Tofu C2
4 Chan Hon Kee C2
5 Choi Yun Kei C2
6 Tai Po Hui Market B3

Schlafen

7 Green Hub C2

ESSEN

TAI PO HUI MARKET — STREETFOOD $

Karte S. 188 (大埔墟街市大樓; 8 Heung Sze Wui St; Gerichte 30–50 HK$; ⏲Markt 6–20 Uhr, Foodcourt bis 2 Uhr; Ⓜ Tai Po Market, Ausgang A2) Das moderne, silberfarbene Gebäude beherbergt einen großen, sauberen und stets stark frequentierten Frischmarkt mit einem weitläufigen Food-Court ganz oben. Besonders beliebt sind dort Stand 27 (東記) mit Nudeln und Schweinefleisch auf Shanghaier Art, Stand 20 (有記) mit klebrigen Hakka-Klößen, Stand 14 (錦華) mit Reis-Congee und die Stände 8 und 9 (林記), die Dim Sum anbieten. Man sitzt an Gemeinschaftstischen und kann sich sein Essen praktischerweise aus dem Angebot verschiedener Verkäufer zusammenstellen.

CHAN HON KEE — KANTONESISCH $

Karte S. 188 (陳漢記; ☎852 2658 2277; 91B Wan Tau St; Reis im Tontopf 50–80 HK$, Reisnudelrollen 17–27 HK$; ⏲11–4 Uhr; Ⓜ Tai Po Market, Ausgang A2) Die Leute strömen wegen der seidenweichen, durchscheinenden, gedämpften Reisnudelrollen in dieses Nachbarschaftslokal, die es mit Fleisch oder Meeresfrüchten gefüllt oder pur und mit Sojasauce beträufelt gibt. Nur zum Abendessen wird auch der ebenfalls sehr beliebte, herzhafte Reis im Tontopf in 26 Varianten angeboten. Draußen bildet sich immer eine Warteschlange, man sollte also besser frühzeitig kommen.

AH PO TOFU — DESSERTS $

Karte S. 188 (亞婆豆腐花; Shop 2A, Tai Kwong Lane; Tofupudding 8 HK$; ⏲10–20 Uhr; Ⓜ Tai Po Market, Ausgang A2) Man erkennt den beliebten Laden mit *dau fu fa* (weichem, süßem Tofupudding) an der Warteschlange in der geschäftigen Fußgängerzone. Man bestreut den Pudding nach eigenem Geschmack mit mehr oder weniger Palmzucker, isst ihn und gibt die leere Schale anschließend an der Theke ab.

CHOI YUN KEI NUDELN, KANTONESISCH $

Karte S. 189 (蔡潤記; ☎852 2657 6460; 7 Tung Cheung St; ⊙7.30–16 Uhr; Ⓜ Tai Po Market, Ausgang A1) Diese berühmte, alte Institution verkauft nur vier Speisen: Rinderbrust (牛腩), Fischbällchen (魚蛋), Fischhappen (魚片) und Kutteln (牛肚). Und alle sind delikat! Man isst sie mit Suppennudeln – sehr gut geeignet sind dafür flache Reisnudeln (河粉) – und einer Beilage aus gebratener Fischhaut (炸魚皮) und pochiertem Blattgemüse (郊外油菜).

Bedient wird man langsam, man braucht also etwas Geduld.

SPORT & AKTIVITÄTEN

TAI PO KAU NATURE RESERVE WANDERN & TREKKEN

(大埔滘自然護理區; Tai Po Rd; 🚌70, 72) Das dicht bewaldete, 460 ha große Tai Po Kau Nature Reserve ist Hongkongs weitläufigste Waldfläche. Hier finden sich viele Baumarten und Insektenspezies. Der Wald ist zudem ein herrlicher Ort für einen ruhigen Spaziergang oder etwas Sport. Vier Hauptwege mit einer Länge zwischen 3 und 10 km ziehen sich kreuz und quer durch das Schutzgebiet, außerdem gibt es einen kurzen Naturpfad von weniger als 1 km Länge. Wer herkommen möchte, sollte das nicht an Sonn- oder Feiertagen tun, weil dann die Massen hier einfallen.

Das Schutzgebiet ist gut mit Bussen erreichbar. Der Bus 70 passiert bei der Anfahrt Jordan und Mong Kok. Von den nahe gelegenen East-Rail-Bahnhöfen Sha Tin und Tai Po Market aus kann man Bus 72 nehmen. Eine Taxifahrt vom East-Rail-Bahnhof Tai Po Market kostet rund 40 HK$, eine vom East-Rail-Bahnhof University rund 55 HK$.

SCHLAFEN

★ **GREEN HUB** HOSTEL $

Karte S. 189 (綠匯學苑; ☎852 2996 2800; www.greenhub.hk; 11 Wan Tau Kok Lane; EZ/2BZ/3BZ ab 400/650/900 HK$; ❄📶; Ⓜ Tai Po Market, Ausgang A2) 🍃 Das fabelhafte Hostel gehört zum umgewidmeten, heute von Mitarbeitern der Kadoori Farm bewirtschafteten Komplex der alten Polizeiwache von Tai Po. Die Zimmer haben hohe Decken; vier von ihnen sind mit Klimaanlagen ausgestattet, Bewohner der übrigen müssen sich mit Ventilatoren und natürlicher Durchlüftung zufrieden geben. Die von 10 bis 15.30 Uhr geöffnete Kantine bietet vegetarische Gerichte aus örtlichen Fair-Trade-Zutaten. Jeden Monat gibt's Tauschpartys. Reservierung erforderlich!

Fanling & Sheung Shui

Zu den Highlights von Fanling zählen der nur einen Steinwurf vom East-Rail-Bahnhof Fanling entfernte eindrucksvolle Fung Ying Sin Temple und der faszinierende Lung Yeuk Tau Heritage Trail, der fünf alte Wehrdörfer verbindet. In Sheung Shui findet sich ein prächtiges Herrenhaus aus dem 19. Jh. mit chinesischen und westlichen Merkmalen.

Für Abenteuerlustige bieten sich abseits üblicher Pfade z. B. das wenig besuchte ummauerte Dorf Ping Kong oder das Dorf Sha Tau Kok an, in dessen (noch) unberührtem Umland einige japanische Bunker aus dem Zweiten Weltkrieg zu finden sind.

SEHENSWERTES

TAI FU TAI MANSION HISTORISCHES GEBÄUDE

(大夫第; San Tin, Yuen Long; ⊙9–13 & 14–17 Uhr, Di geschl.; 🚌76K) Der zwischen Yuen Long und Sheung Shui gelegene prachtvolle Gebäudekomplex in einem mit westlichen Elementen durchsetzten Mandarin-Stil wurde 1865 errichtet. Angehörige des Man-Clans, einer mächtigen Familie in den New Territories, lebten hier über ein Jahrhundert lang, ehe sie 1980 auszogen. Der Hof ist von Steinmauern mitsamt Station für die Wache eingefasst. Drinnen finden sich Holzschnitzereien mit glücksverheißenden chinesischen Symbolen neben Glasscheiben im Jugendstil. Es gibt auch einen Springbrunnen, wie man ihn in Europa kennt.

FUNG YING SIN TEMPLE TAOISTISCHER TEMPEL

(蓬瀛仙館; ☎852 2669 9186; www.fysk.org; 66 Pak Wo Rd, Fanling; ⊙8–18 Uhr; Ⓜ Fanling) Dieser leuchtend bunte Tempel an einem Hang gegenüber dem MTR-Bahnhof Fanling gehört zu den wichtigsten taoistischen Tempeln Hongkongs. Er wurde 1926 gegründet und im Laufe der Jahre sorgsam renoviert. Einige Außenwände sind mit wundervollen Malereien geschmückt, die taoistische Unsterbliche darstellen. Es gibt einen terrassenartigen Obstgarten, eine Wand, die mit Sprüchen aus dem Daodejing von Laotse bedeckt ist, und ein **vegetarisches Restau-**

rant (EG & 1. Stock, Building A7; ⌚11–17 Uhr). Hinter dem Tempel befindet sich ein Columbarium (Urnenhalle).

ESSEN

★KWAN KEE BEEF BALLS & PORK KNUCKLES NUDELN $

(群記牛肉丸豬手; ☎852 2675 6382; 5 Luen Cheong St, Luen Wo Hui, Fanling; Gerichte 50 HK$; ⌚11–17.45 Uhr) In diesem schlichten Laden gibt es Rindfleischbällchen und knorpelige Schweinefüße, die in blauen Plastikschalen serviert und auf Wunsch mit aromatischer hausgemachter Chilisauce beträufelt werden. Es bildet sich immer eine Warteschlange. Das Essen ist schnell ausverkauft, sodass es passieren kann, dass man gebeten wird, in einer Stunde wiederzukommen, wenn die nächste Ladung fertig ist.

★SUN HON KEE HAKKA-KÜCHE, KANTONESISCH $$

(新漢記; ☎852 2683 0000; 5 Luen Wo Rd, Fanling; Hauptgerichte 88–288 HK$; Ⓜ Fanling, Ausgang C) In dem geschäftigen, sich über zwei Etagen erstreckenden Restaurant werden gut zubereitete Gerichte der Hakka-Küche angeboten, in der viele eingelegte Zutaten zum Einsatz kommen und die für Schmorgerichte bekannt ist. Die Speisen sind meist stark gewürzt, da sie mit Reis gegessen werden sollen. Empfehlenswert sind das in gelbem Wein geschmorte Hühnchen (黃酒煮雞), der geschmorte Schweinebauch (客家炆豬肉) und der in der Pfanne gebratene Tintenfisch mit Schalotten (紅蔥爆吊桶). Am besten schmeckt alles mit Bier oder mit Reis, Speck und süßer Sojasauce (豬油撈飯). Für das Abendessen am Wochenende sollte man vorab reservieren.

SPORT & AKTIVITÄTEN

LUNG YEUK TAU HERITAGE TRAIL WANDERN & TREKKEN

(龍躍頭文物徑; 🚌54K) Dieser 4,5 km lange Weg schlängelt sich nordöstlich von Fanling an fünf relativ gut erhaltenen ummauerten Dörfern des Tang-Clans vorbei. Das mit 800 Jahren älteste, attraktivste und am besten erhaltene Dorf ist das an seiner 1 m dicken Wehrmauer erkennbare Lo Wai, das allerdings Besuchern nicht offen steht. Nachdem man es von außen bewundert hat, geht's weiter zu den einladenderen Dörfern Tung Kok Wai im Nordosten und Sun Wai am nördlichen Ende des Weges.

Plover Cove

Abgesehen vom Tsz Shan Monastery hat Plover Cove nur zwei echte Highlights zu bieten: wandern und Rad fahren. Große Teile des Gebiets sind als Geopark ausgewiesen. Hier finden sich zerklüftete Felsen und jede Menge wundervolle Mineralien, vor allem rund um das Plover Cove Reservoir. Hier kann man gut einen ganzen Tag verbringen. Auf dem 4,4 km langen Pat Sin Leng Nature Trail kann man herrlich ein bisschen wandern.

SEHENSWERTES

TSZ SHAN MONASTERY KLOSTER

(慈山寺; ☎852 2123 8666; www.tszshan.org; 88 Universal Gate Rd, Tai Po; ⌚9.30–17 Uhr; Ⓜ Tai Po Market, Tai Wo) Das 46 000 m² umfassende Tsz Shan Monastery ist quasi ein topaktuelles Relikt vergangener Zeiten, dessen Errichtung 1,5 Mrd. HK$ gekostet und zwölf Jahre in Anspruch genommen hat. Auf den ersten Blick erscheint die Anlage wie ein anmutiger Komplex der Tang-Zeit. Aber hinter der Verkleidung aus kostbarem Rotem Sandelholz verbirgt sich eine Stahlkonstruktion, die auf die Pfeiler und andere Merkmale der altertümlichen Architektur verzichtet. Das verleiht dem Kloster ein moderneres Aussehen. Das Tsz Shan Monastery ist nicht für Laufpublikum geöffnet; man muss sich online bis zu einem Monat im Voraus anmelden. Im Kloster werden Meditationen und Workshops zu den Themen Tee und Kalligrafie angeboten. Interessierte finden Einzelheiten auf der Website.

SPORT & AKTIVITÄTEN

★PLOVER COVE RESERVOIR OUTDOOR-AKTIVITÄTEN

(船灣淡水湖; 🚌75K) Der Stausee gehört zum Hong Kong Global Geopark und wurde 1968 auf eher ungewöhnliche Weise angelegt. Statt einen Damm in den Lauf eines Flusses zu bauen – durch Hongkong fließen nur sehr wenige –, wurde eine Barriere an der Mündung einer großen Bucht errichtet. Das Meerwasser wurde ab- und Süßwasser hineingepumpt. Das Gebiet rund um den künstlichen See eignet sich hervorragend zum Wandern und Radfahren; für die Erkundung sollte man einen ganzen Tag einplanen.

PAT SIN LENG NATURE TRAIL WANDERN & TREKKEN

(八仙嶺自然教育徑; 🚌75K) Der ausgezeichnete, 4,4 km lange Weg, für den man zwei bis zweieinhalb Stunden braucht, führt vom Verwaltungszentrum des Plover Cove Country Park in Tai Mei Tuk in Richtung Nordosten bis zum Bride's Pool. Er ist Schildern ausgestattet, die mit den Ziffern 1 bis 22 versehen sind, sodass man sich praktisch nicht verlaufen kann. Die Landschaft ist schön, und die beiden Wasserfälle am Bride's Pool sind herrlich, doch an den Wochenenden ist die Gegend überlaufen.

Sha Tau Kok

Das Sha Tau Kok Village (沙頭角) 11 km nordöstlich von Fanling lag mehr als 60 Jahre lang in einem abgesperrten Grenzgebiet, das 1951 nach der Machtübernahme der Kommunisten in China vom übrigen Hongkong abgesperrt war. Auch heute noch haben nur die dortigen Einwohner Zugang, aber das 400 ha große Gelände im Westen und Südwesten, auf dem sich eine Reihe alter Dörfer befindet, ist seit 2012 teilweise für die Öffentlichkeit zugänglich.

SEHENSWERTES

★**LAI CHI WO** DORF

(荔枝窩; hakkahomelcw@gmail.com; Plover Cove Country Park) Das zum Hong Kong Global Geopark gehörende, 400 Jahre alte Lai Chi Wo ist das am besten erhaltene ummauerte Hakka-Dorf Hongkongs und liegt in einem intakten Waldgebiet. Mit seinen 200 Häusern, Ahnenhallen, Tempeln und einem luftigen, von alten Banyanbäumen gesäumten Platz ist das Dorf schön anzusehen. Sonn- und feiertags gibt's um 11 und 13.30 Uhr 90-minütige Führungen, für die man sich auf dem Dorfplatz oder (um sicherzugehen, dass man mitdarf) vorab per E-Mail anmeldet. Für werktags lassen sich maßgeschneiderte Touren vereinbaren; dafür sollte man allerdings zwei Wochen im Voraus Kontakt aufnehmen.

Lai Chi Wo gehört zu den biologisch vielfältigsten Süßwasser-Feuchtgebieten Hongkongs. Am Bach außerhalb des Dorfes sieht man Heritiera- (Malven-)Bäume, deren Brettwurzeln wie zarte Spitze wirken. Hier findet man auch die weiß blühende Derris, eine rankende Kletterpflanze mit langen, weichen Ästen, die wie langgestreckte Arme wirken und eine natürliche Schaukel bilden. Die Pflanze ist giftig; ihre zerquetschte Wurzel lässt sich zur Betäubung von Fischen und als Insektengift einsetzen. Am Boden huschen hier viele Mangrovenkrabben umher; darüber fliegen jede Menge Schmetterlings und Libellen herum.

Lai Chi Wo war einst eines der wohlhabendsten ummauerten Dörfer der Hakka in den nordöstlichen New Territories. Ein 5 bis 7 ha großer Wald erstreckt sich halbmondförmig hinter dem Dorf – nach Feng-Shui-Prinzipien ist das ideal, da ein Wald im Hintergrund Glück bringen soll. Die dichten Bäume bilden auf jeden Fall eine natürliche Schutzbarriere.

Das Dorf ist zu einem Vorbild für die Wiederbelebung ländlicher Gebiete in Hongkong geworden. In den 1960er-Jahren wurde es fast komplett von seinen Einwohnern verlassen, aber dank der Anstrengungen von Dorfbewohnern und Umweltschützern geht es hier heute wieder lebhaft zu.

Es werden wieder Reis und Gemüse angebaut, die Schweine- und Kuhställe werden restauriert, und die verlassenen Dorfhäuser dienen heute als Bildungs- und Forschungseinrichtungen sowie als Ferienhäuser für Traveller.

Sonn- und feiertags fährt um 9 Uhr eine Fähre vom Ma Liu Shui Pier nahe der Chinese University nach Lai Chi Wo und kehrt um 15.30 Uhr zurück. Die Fahrt dauert rund 90 Minuten und kostet hin und zurück 80 HK$.

Die meisten Touren in die Hong Kong Global Geopark Sedimentary Rock Region haben einen Halt in Lai Chi Wo im Programm. Alternativ kann man auch von Wu Kau Tang oder Luk Keng zum Dorf wandern und im Foo's Cafe zu Mittag essen.

Der grüne Minibus 20C, der zwischen der MTR-Station Tai Po Market und Tai Mei Tuk verkehrt, fährt täglich zwischen 5.45 und 19.45 Uhr alle ein oder zwei Stunden über Tai Mei Tuk hinaus weiter nach Wu Kau Tang; der letzte Minibus kehrt gegen 20.15 Uhr aus Wu Kau Tang zurück.

Von Wu Kau Tang sind es noch 4,6 km nach Lai Chi Wo.

Sonn- und feiertags fährt der Bus 275R von der MTR-Station Tai Po Market zum Bride's Pool, der nur 750 m von Wu Kau Tang entfernt ist.

Der grüne Minibus 56K fährt werktags alle 30 Minuten und samstags, sonntags und an Feiertagen alle zehn Minuten vom

MTR-Bahnhof Fanling nach Luk Keng. Von Luk Keng sind es 9,6 km nach Lai Chi Wo.

KANG YUNG STUDY HALL HISTORISCHES GEBÄUDE

(鏡容書屋; Sheung Wo Hang; ⌚9–13 & 14–17 Uhr, Di geschl.) GRATIS Diese schöne Studienhalle im Hakka-Dorf Sheung Wo Hang (上禾坑村) war im 18. Jh. eine Privatschule, zu der Schüler noch aus Sha Tin kamen. Durch das von Hibiskus umrankte Tor gelangt man zu zwei grauen Backsteinhallen mit Dachkammern. Zu jedem Mondfest (am 15. Tag des achten Monats des chinesischen Mondkalenders) fertigen die einheimischen Gebrüder Li, von denen einer ein Bildhauer ist, riesige Kong-Ming-Laternen an und lassen diese Lampions gegen 19 Uhr von einer Wiese aus aufsteigen.

ESSEN

CHUNG KEE STORE HAKKA-KÜCHE $

(松記士多; ☎852 2679 9148; Kuk Po Village, Luk Keng, Sha Tau Kok; Gerichte ab 120 HK$; ⌚Sa, So & Feiertage 11–18 Uhr, Juli & Aug. geschl.) Tief zwischen den Hügeln hat ein Dorfbewohner mit einer Leidenschaft fürs Kochen seinen Laden am Meer in ein Restaurant verwandelt. Die Gäste speisen unter Bäumen Meeresfrüchte und typische Hakka-Gerichte wie gedämpfte Meeräschen, geschmorten Schweinebauch und gegrillte Muscheln. Aber auch wer nur das Leib- und Magengericht der Wanderer – Fertignudeln mit Frühstücksfleisch und Ei – haben will, wird bei Mr. Yeung gut bedient.

FOO'S CAFE CAFÉ $

(富記茶室; Lai Chi Wo Village; ⌚So & Feiertage 9.30–16 Uhr) Die Mitarbeiter dieses Cafés im Dorf Lai Chi Wo besorgen die Zutaten farmfrisch vor Ort und macht daraus leckere Gerichte: Wantan mit Bio-Schweinefleisch, Leinsamen-Nudeln mit Frühlingszwiebeln und Suppe mit Wachskürbis und getrockneten Shrimps sind einige der Gerichte, die saisonal angeboten werden. Unbedingt probieren sollte man den Hakka-Süßtee, der aus dem letzten verbliebenen wilden Süßteebaum des Dorfes gewonnen wird. Tees aus *Clitoria ternatea*-Blüten, Ringelblumen und Zitronengras sind weitere durstlöschende Getränke.

FOOK LEE TEA HOUSE HAKKA-KÜCHE $

(福利茶室; ☎852 2679 9421; 1 Sam A Tsuen, Sha Tau Kok; Gerichte 50–160 HK$; ⌚Sa, So & Feiertage Morgen–Sonnenuntergang) Die Dorfküche mit Tischen auf dem Hof serviert geschmorten Schweinebauch, Tintenfisch mit Salz und Pfeffer sowie weitere herzhafte kantonesische und Hakka-Gerichte. Das Restaurantpersonal stellt Tofu selbst her und zieht eigenes Gemüse. Der Laden ist an jedem Wochenende in der kühlen, für Wanderungen geeigneten Jahreszeit zum Brunch und Mittagessen sowie zu einem sehr späten Mittagessen geöffnet; die Öffnungszeiten im Hochsommer kann man telefonisch erfragen.

Man nimmt nahe der MTR-Station Tai Po Market den Minibus 20R und fährt bis zur Endhaltestelle in Wu Kau Tang (烏蛟騰村), dort folgt man vom Laternenpfahl aus dem Weg ins Wu Kau Tang Village. Da gibt es mehrere Wege, die an Sam A Tsuen oder dem Sam A Village (三椏村) vorbeiführen, in dem sich das Teehaus befindet.

SHOPPEN

LAI CHI WO FARMERS MARKET ESSEN, ACCESSOIRES

(荔枝窩農墟; www.facebook.com/HakkaHomeLCW; ⌚So & Feiertage) Die Dorfbewohner von Lai Chi Wo stellen kleine Portionen erstklassiger Sojasauce sowie ein Öl aus Kurkuma, Zucker und Frühlingszwiebeln her. Man bekommt hier auch frischen Reis und Früchte sowie Eis am Stiel mit essbaren Blumen. An manchen Sonntagen wird ein Bauernmarkt abgehalten, aber fast immer werden einige der genannten Produkte auch an anderen Tagen im Dorf verkauft.

SCHLAFEN

HOK TAU CAMPSITE CAMPING

(鶴藪營地; Hok Tau, Pat Sin Leng Country Park) GRATIS Dieser Campingplatz am malerischen Hok Tau Reservoir (鶴藪水塘) liegt innerhalb des 3100 ha großen Pat Sin Range Country Park. Er befindet sich außerdem an den Etappen 9 und 10 des quer durch den Park führenden Wilson Trail.

Yuen Long

Yuen Long ist ein wichtiger Verkehrsknoten und ein Sprungbrett zu den Mai Po Marshes und den nahe gelegenen ummauerten Dörfern Kat Hing Wai und Shui Tau Tsuen.

Wer keine Tour nach Mai Po gebucht, findet im Hong Kong Wetland Park einen ganz

ABSTECHER

MAI PO NATURE RESERVE

Das 270 ha große **Naturschutzgebiet** (米埔自然保護區; ☎852 2526 1011; www.wwf.org.hk; Mai Po, Sin Tin, Yuen Long; ⏲9–17 Uhr; 🚌76K ab East-Rail-Bahnhof Sheung Shui oder West-Rail-Bahnhof Yuen Long) umfasst das Mai Po Visitor Centre am nordöstlichen Ende, wo man sich registrieren muss, das Mai Po Education Centre im Süden mit Ausstellungen zur Geschichte und Ökologie des Feuchtgebiets und der Deep Bay, Plankenwege und Pfade durch die Mangroven und Sümpfe sowie ein Dutzend Beobachtungspunkte. Im Norden ragt leider die Stadtlandschaft von Shenzhen auf.

Der Zugang nach Mai Po ist eingeschränkt – ohne Anmeldung kommt man nicht hinein. Um das Gebiet zu sehen, schließt man sich am besten einer der geführten Touren des World Wide Fund for Nature (WWF) Hong Kong an, der das Schutzgebiet verwaltet. Man kann die Touren online buchen (www.wwf.org.hk). Halbtägige englischsprachige Touren (150 HK$) beginnen jeden Sonntag um 14.30 Uhr am Besucherzentrum. Andere Optionen sind die vierstündige Mangrove Broadwalk Tour (Erw./Kind 216/180 HK$), die saisonal angebotene Night Safari und die Thementouren zur Migration und zum Shrimpsfang. Das Alter, ab dem Kinder an den Touren teilnehmen können, ist unterschiedlich; die Einzelheiten finden sich auf der Website.

Um das Schutzgebiet auf eigene Faust zu besuchen, braucht man eine Genehmigung des Director of Agriculture, Fisheries and Conservation. Um eine solche Genehmigung zu beantragen, ruft man unter 852 2708 8885 an oder sendet eine E-Mail mit Anschreiben und ergänzenden Dokumenten an mailbox@afcd.gov.hk.

Besucher sind gehalten, bequeme Wanderschuhe oder Stiefel zu tragen und auf helle, auffällige Kleidung zu verzichten. Am besten kommt man während der Flut (min. 2 m), wenn Zehntausende Vögel – hauptsächlich Enten, Möwen, Kormorane und Eisvögel, aber auch viele seltene Arten – in das Gebiet fliegen. Infos zu den Gezeiten findet man auf der Website oder mittels der App des Hong Kong Observatory (www.hko.gov.hk/tide/predtide.htm).

Der Bus 76K, der zwischen Yuen Long und den MTR-East-Rail-Stationen Fanling und Sheung Shui verkehrt, setzt einen in Mai Po Lo Wai ab, einem Dorf an der Hauptstraße gleich östlich der Marsch. Der Autoparkplatz ist von dort 20 Gehminuten entfernt. Der rote Minibus 17 fährt von der San Fat St in Sheung Shui ebenfalls nach Mai Po Lo Wai. Alternativ kostet ein Taxi ab Sheung Shui 88 HK$.

guten Ersatz; zur Vogelbeobachtung hier sind die Morgenstunden am besten geeignet. Der Anblick des Sonnenuntergangs in Pak Nai an der westlichsten Spitze Hongkongs ist ein unvergessliches Erlebnis. Mit einem Seafood-Abendessen in Lau Fau Shan endet der Tag auf bestmögliche Art.

SEHENSWERTES

PING SHAN HERITAGE TRAIL — HISTORISCHE GEBÄUDE

Siehe S. 174.

★ HONG KONG WETLAND PARK — PARK

(香港濕地公園; ☎852 3152 2666; www.wetlandpark.gov.hk; Wetland Park Rd, Tin Shui Wai; Erw./erm. 30/15 HK$; ⏲10–17 Uhr, Di geschl.; 👪; 🚌967, 🚊705, 706) Der 60 ha große Ökopark gibt einen Überblick über die Ökosysteme in den Feuchtgebieten der nordwestlichen New Territories. Die Naturpfade, Vogelbeobachtungstürme und Aussichtsplattformen machen den Park zu einem ausgezeichneten Revier, um Vögel zu beobachten. In der futuristischen, mit Gras bewachsenen Parkzentrale finden sich interessante Galerien (darunter eine zu tropischen Sümpfen), ein Filmtheater, ein Café und ein Aussichtsbalkon. Wer einen eigenen Feldstecher besitzt, sollte ihn mitbringen; ansonsten muss man wegen der vielen Interessierten dauernd warten, bis man die Ferngläser auf den Aussichtspunkten und Beobachtungstürmen benutzen kann.

TANG CLAN ANCESTRAL HALL — HISTORISCHES GEBÄUDE

(鄧氏宗祠; Hang Tau Tsuen, Ping Shan; ⏲9–13 & 14–17 Uhr, Di geschl.; Ⓜ Tin Shui Wai, Ausgang E) GRATIS Hongkongs prunkvollste Ahnenhalle, die von 1273 stammt, strahlt Würde und Pracht aus. Die Räume und Verzierungen wirken monumental, die Farbgebung ist aber gedämpft. Die Schüsselfeste (bei denen die Gäste in großen Schüsseln aufgeschichtete Speisen essen), die der Tang-Clan hier in den Höfen veranstaltet, sind berühmt – wie auch die Modenschauen eines seiner bekanntesten Mitglieder, des Modeschöpfers William Tang, der die Uniformen für Dragon Air, das MTR-Personal und die Mitarbeiter des Hong Kong International Airport entwarf.

TANG CHING LOK ANCESTRAL HALL
HISTORISCHES GEBÄUDE

(清樂鄧公祠; Shui Mei; ⏲Mi, Sa & So 9–13 & 14–17 Uhr; 64K) GRATIS Die schön dekorierte Ahnenhalle aus dem 15. Jh. in der südwestlichen Ecke des Shui Mei Village ist der Versammlungsort der vier ältesten Zweige des Tang-Clans. Wenn ein Sohn geboren wird, werden hier Kerzen entzündet, und der Name des Neugeborenen wird offiziell in das Familienregister eingetragen. Auf der Tafel in der Mitte des Dachfirsts findet sich das Motiv des über das Drachentor springenden Karpfens, ein Symbol für Wohlstand und Ansehen, die durch harte Arbeit erlangt wurden.

PAK NAI
STRAND

(白泥; Minibus 33 ab M Tin Shui Wai) Pak Nai, wörtlich „weißer Schlamm", ist eine der besten Stellen in Hongkong, um sich den Sonnenuntergang anzuschauen. An dem 6 km langen Küstenabschnitt finden sich Mangroven, Fischteiche, Farmen, Schuppen und schlammige Strände voller Austernschalen. Den Sonnenuntergang kann man von den meisten Stellen der Deep Bay Rd (die sich nach Upper Pak Nai als Nim Wan Rd fortsetzt) aus beobachten, der einzigen Straße, die hier an der Küste verläuft.

Der grüne Minibus 33 fährt von Yuen Long über Lau Fau Shan nach Pak Nai. Die genauen Zeitpunkte des Sonnenuntergangs stehen auf der Website des Hong Kong Observatory (www.hko.gov.hk).

ESSEN & AUSGEHEN

HO TO TAI NOODLE SHOP
NUDELN $

(好到底麵家; ☎852 2476 2495; 67 Fau Tsoi St; Wantan-Nudeln 30 HK$; ⏲10–20 Uhr; Tai Tong Rd) Diese 60 Jahre alte Institution in Yuen Long gehört zu den weltweit preiswertesten Lokalen, die im *Guide Michelin* gelistet sind. Es ist bekannt für seine frischen kantonesischen Eiernudeln und die Nudeln mit Garnelenrogen, die man hier täglich bekommen kann. Von überall kommen Gourmets vorbei, um die köstlichen Wantan-Nudeln zu schlürfen. An der Kasse gibt's auch eine englischsprachige Speisekarte. Das Lokal liegt drei Gehminuten südlich der Light-Rail-Station Tai Tong Rd.

DAI WING WAH
KANTONESISCH $

(大榮華酒樓; ☎852 2476 9888; 2. Stock, Koon Wong Mansion, 2-6 On Ning Rd; Gerichte 90–500 HK$, Dim Sum ab 20 HK$; ⏲7–23.30 Uhr; Tai Tong Rd) Das Dai Wing Wah, eine Idee des berühmten Kochs Leung Man-to, ist ein traditionelles Bankett-Restaurant, das auf Gerichte aus den ummauerten Dörfern spezialisiert ist. Leung besorgt die Zutaten, wenn immer möglich, bei kleinen Farmen und Nahrungsmittelproduzenten aus der Gegend und bereitet sie mittels seiner innovativen Kochkunst zu. Unbedingt probieren sollte man die in Zitronensaft gedünsteten Meeräschen, die geräucherten Austern und die dampfgegarten Biscuits mit Demarara-Zucker.

HANG HEUNG
BÄCKEREI $

(恆香老餅家; ☎852 2476 3080; www.hangheung.com.hk; 66 Castle Peak Rd; ⏲9–20 Uhr; M Yuen Long, Ausgang B) Die Hongkonger sind vertraut mit den roten Pappschachteln mit Goldschrift, die vom Fett des warmen, krümeligen chinesischen Gebäcks triefen. Oft handelt es sich um „Frauenkuchen", blätterige, süße Monde mit Wachskürbis und einer Paste aus Lotossamen. Es gibt aber auch Dattelkuchen oder Eierröllchen. Von allen Filialen ist dieser alte, in Rot und Gold gestaltete Laden die beste.

KAI KEE DESSERTS
DESSERTS $

(佳記甜品; ☎852 2479 4743; Shop 7, Chi Fu Centre, 7 Yau San St, Yuen Long; Desserts 20–80 HK$; ⏲12.30–2 Uhr) Yuen Longs altbewährter Dessertladen ist berühmt für sein Grasgelee, auf denen sich ein kleiner Berg aus gemischten Früchten und Perlsago türmt. Im Sommer ziehen die Familien nach dem Abendessen nur wegen dieser Desserts hierher. Aber das Kai Kee hat noch mehr als 100 andere Leckereien zu bieten: Von Mandelsuppe nach einem Familienrezept bis zu thailändischem Klebreis mit Mango findet man hier alles Mögliche.

ACCRO COFFEE
CAFÉ

(☎852 9430 1433; Shop 8, EG, Fook Cheong Bldg, 21-27 Ma Wang Rd, Yuen Long; ⏲12–24 Uhr; M Long Ping, Ausgang B1) Ausgezeichnete sortenreine Kaffees, aber auch Kaffeemischungen werden bei Accro Coffee, etwas außerhalb des Zentrums von Yuen Long, von einem kundigen Barista zubereitet. Die hiesigen Kaffees gehören zu den besten in den New Territories, weshalb das gemütliche Café an den Wochenenden auch überfüllt ist. Für Hungrige gibt's ordentlichen Käsekuchen und Waffeln mit Earl-Grey-Creme.

Tuen Mun

Tuen Mun mit seinen Industriegebieten und Wohnvierteln ist kein besonders attraktiver Teil Hongkongs, doch lohnt sich die Anreise wegen mehrerer historischer Tempel. Im Viertel Shem Tseng kann man die örtliche Spezialität, gebratene Gans, probieren, während an der Küste Meeresfrüchte locken.

SEHENSWERTES & ESSEN

TSING SHAN MONASTERY BUDDHISTISCHES KLOSTER

(青山禪院; ☎852 2441 6666; www.tsingshanmonastery.org.hk; Tsing Shan Monastery Path; ⏲24 Std.; 🚌610, 615, 615P) Hongkongs ältester Tempel steht am Fuß des Pui To Shan (Castle Peak). Er wurde schon im 5. Jh. von dem ehrwürdigen Pui To (wörtlich „der in einem Korb reist") gegründet, einem indischen Mönch, der das Meer in einem Holzkorb überquerte. Der heutige Komplex wurde aber erst im 20. Jh. wieder neu aufgebaut. Zu dem ausgedehnten Komplex zählen Schreine und Tempel für diverse Gottheiten und Bodhisattvas, darunter ein in einer Grotte untergebrachter Schrein für Pui To. Manche Andachtsstätten sind verfallen und verströmen einen gespenstischen Charme.

MIU FAT MONASTRY BUDDHISTISCHES KLOSTER

(妙法寺; ☎852 2461 8567; 18 Castle Peak Rd; ⏲9–17 Uhr; 🚌751) Das Miu Fat Monastery in Lam Tei, gleich nördlich des Zentrums von Tuen Mun, ist einer der sonderbarsten buddhistischen Klosterkomplexe in Hongkong, der nur dem Ten Thousand Buddhas Monastery in Sha Tin nachsteht. In der im überschwänglichen Stil der 1970er-Jahre gestalteten Haupthalle ringeln sich nicht nur Drachen um die Pfeiler, sondern man sieht hier auch mächtige Stein-Elefanten. Drinnen befinden sich ein goldenes Abbild Buddhas und drei große Buddha-Statuen. Gar nicht zu übersehen ist die neue Erweiterung, ein 45 m hoher Turm in Form einer riesigen Lotosblüte – die bei Nacht zudem leuchtet.

In dem Kloster geht es sehr lebhaft zu; Nonnen in braunen Kutten laufen in Scharen hier herum. Hin kommt man mit der Light-Rail-Linie 751 von den Haltestellen Tuen Mun oder Town Centre. Man fährt bis zur Station Lam Tei. Der Komplex findet sich auf der anderen Seite der Castle Peak Rd. Diese überquert man einfach auf dem Fußgängerüberweg und läuft dann 150 m Richtung Norden. Der Bus 63X ab der MTR-Station Mong Kok hält direkt vor dem Kloster.

SAM SHING HUI SEAFOOD MARKET SEAFOOD $$

(三聖墟海鮮市場; Sam Shing St, Castle Peak Bay; Gerichte 250–500 HK$; ⏲10–22 Uhr; 🚌Minibus 140M ab Tsing Yi) Direkt neben dem Meeresfrüchtemarkt am Castle Peak Beach finden sich reihenweise *dai pai dongs* (Imbissstände) und bessere Lokale, die alles zubereiten, was man gerade frisch auf dem Markt erstanden hat. Das Erlebnis ist ähnlich wie beim Seafood-Essen in Sai Kung, nur dass sich hier mehr Einheimische als Touristen tummeln und niemand Englisch spricht. Man kommt aber weiter, wenn man lächelt und auf das Gewünschte deutet – zunächst sollte man sich allerdings unbedingt nach dem Preis erkundigen!

Outlying Islands

Auf zu den Outlying Islands!

Wenn man nicht gerade auf Po Toi oder Tung Lung Chau die Sterne beobachten will, lassen sich alle Outlying Islands mit Ausnahme von Lantau im Rahmen eines Tagesausflugs besuchen. Wenn man für Lantau nur einen Tag zur Verfügung hat, bieten sich einige lohnende Optionen an: ein Besuch in Disneyland, die Fahrt mit der Seilbahn zum Po Lin Monastery, gefolgt von einem Mittagessen und einer Shoppingtour in Tung Chung, ein Strand- und Dorfbesuch in Mui Wo, Muschelsuche oder Kiteboarden am Shui Hau Beach oder die

ABSTECHER

PO TOI

Po Toi, ein beliebtes Wochenendziel von Urlaubern mit eigenem Boot, ist die größte Insel in einer Gruppe aus fünf Inseln, von denen die kleinste kaum mehr als ein großer Felsen ist. Die Grenze der Sonderverwaltungszone Hongkong liegt nur 2 km weiter südlich.

Auf Po Toi gibt's malerische Wanderwege, einen kleinen Tin Hau Temple (vom Pier aus auf der anderen Seite der Bucht) sowie an der Südküste geologische Formationen mit Spitznamen wie Palm Cliff (Palmenklippe), Tortoise Rock (Schildkrötenfelsen) und Monk Rock (Mönchsfelsen), außerdem noch einen Leuchtturm und mysteriöse, 3000 Jahre Felsritzungen, die prähistorische Totems darstellen.

Po Toi ist bekannt für sein Bambustheater, das während des Tin Hau Festivals (23. Tag des 3. Mondmonats – April oder Mai) auf einer Klippe aufgebaut wird. Die provisorische Bühne ist den Göttern im Tin Hau Temple zugewandt, weil sie das eigentliche Publikum dieser Aufführungen kantonesischer Opern sind. Unterhalb der Klippe finden Drachenbootrennen statt. Außerdem dümpeln mit Wimpeln geschmückte Fischerdschunken in der See. Zu dieser Zeit ist die Insel ziemlich überfüllt, und es gibt lange Wartezeiten in den Restaurants. Die festliche Atmosphäre ist aber wirklich ansteckend.

Das **Ming Kee Seafood Restaurant** (明記海鮮酒家; ☎852 2472 1408, 852 2849 7038; ⏲11–23 Uhr; ⛴Po Toi) ist eines von mehreren Restaurants in der Hauptsiedlung und das bei Tagesausflüglern bei Weitem beliebteste – an Wochenende vorab reservieren!

Für Sternegucker ist der **Leuchtturm Nam Kok Tsui** (南角咀燈塔; ⛴Po Toi) der ideale Ort – von der Anlegestelle ist er 1,5 km entfernt, also auch zu Fuß mit Campingausrüstung leicht erreichbar. Hier kann man auch gut den Sonnenuntergang beobachten. Rechts vom Weg zu dem (in Betrieb befindlichen) Leuchtturm liegt ein flaches Gelände, auf dem man zelten kann. Hinter dem Leuchtturm führen Stufen zu den von Wind und Wellen gepeitschten Felsen, die Nam Kok Tsui (südlicher spitzer Mund) genannt werden – dies ist die südlichste Landspitze Hongkongs.

Erkundung der Tempel und Pfahlbauten im Tai O Village, ergänzt um eine kleine Wanderung. Man kann den Tag aber auch einfach einer Wanderung auf Abschnitten des spektakulären Lantau Trail widmen, die schon an sich toll und noch besser ist, wenn man sie mit einem Seafood-Abendessen abschließt. Cheung Chau ist viel kleiner als Lantau, aber auch hier lassen sich denkwürdige 14 Stunden zubringen: Man isst Fischbällchen oder Gebackenes nahe dem Pier, eilt dann nach Sai Wan, um an abgeschiedenen felsigen Stränden zu baden, oder spaziert unter Obstbäumen in den Dörfern oder an der von Kakteen gesäumten Küste herum. Wer über Nacht bleibt, kann windsurfen und am nächsten Tag ein Strand-Barbecue genießen. Lamma steht ganz im Zeichen von Meeresfrüchten und Wanderungen; es gibt mehrere Buchten, die sich gut zum Baden und Kajakfahren eignen. Dank der einmalig lässigen Atmosphäre dieser Insel kann man hier einen guten halben Tag einfach in den Dörfern abhängen, die Kunstszene erkunden und mit den Insulanern etwas trinken.

Highlights

➡**Sehenswertes** Po Lin Monastery & Tian Tan Buddha (S. 176)

➡**Essen** Lamma Rainbow (S. 199)

➡**Aktivitäten** Lantau Peak (S. 203)

Top-Tipp

Im Herbst, der besten Saison für Sternegucker, kann der Campingplatz auf Tung Lung Chau am Wochenende überfüllt sein. Werktags kann man problemlos kommen. Charterboote gibt's am Sai Wan Ho Pier. Man sagt einfach, dass man nach Tung Lung Chau möchte und handelt den Preis aus. Man sollte sie auch gleich für die Rückfahrt buchen, wenn man nicht mit einer der an den Wochenenden regelmäßig fahrenden Fähren zurückkehren kann.

An- & Weiterreise

➡**Boot/Fähre** Die kleineren Schnellfähren sparen Zeit, die Fahrt kostet aber 50 bis 100 % mehr als die mit den großen, „normalen“ Fähren. An Feiertagen steigen die Preise. Die Fahrpläne findet man online und an den Piers.

Central (Pier 6)–Mui Wo (Lantau) Erw. normal/Deluxe-/Schnellfähre 15,90/26,20/31,30 HK$; 50–55 Min. (große Fähre); halbstündl. ab 6.10 Uhr.

Central (Pier 4)–Yung Shue Wan (Lamma) Erw. 17,80 HK$; 30 Min.; ab 6.30 Uhr alle halbe Stunde bis Stunde.

Central (Pier 4)–Sok Kwu Wan (Lamma) Erw. 22 HK$; 40 Min.; 7.20–23.30 Uhr alle 1½ Std.

Central (Pier 5)–Cheung Chau Erw. normal/Deluxe-/Schnellfähre 13,60/21,30/26,80 HK$; 55–60 Min. (große Fähre); halbstündl. ab 6.10 Uhr.

➡**Kaito** Diese Boote bedienen abgelegene Inseln und Ziele; sie fahren weniger häufig als reguläre Fähren und nach flexiblem Fahrplan. Die Fahrpläne stehen auf der Website des Transport Department (www.td.gov.hk).

Gut zu wissen

➡**Gebietsvorwahl** ☎852

➡**Lage** Lamma ist vom Stadtzentrum Hongkongs aus am leichtesten zu erreichen und nur 3 km von Aberdeen entfernt. Lantau ist die größte Insel mit den meisten Bewohnern. Auf dieser Insel liegt der Hong Kong International Airport.

Lamma

Lamma, Hongkongs lässige „Hippie-Insel“ ist aus der Ferne leicht an den drei Kohleschloten zu erkennen, die die Skyline einzigartig machen. Diese Schornsteine fallen so stark ins Auge, weil es auf Lamm, wo rund 6000 Menschen leben, sonst keine hohen Bauten gibt, sondern nur üppige Wälder, versteckte Strände und entspannte Dörfer, die durch Fußwege miteinander verbunden sind. Autos gibt es auf der Insel nicht, aber auf die eine oder andere Schlange sollte man gefasst sein.

Die beiden Hauptsiedlungen auf der Insel sind Yung Shue Wan im Nordwesten und Sok Kwu Wan an der Ostküste. Die meisten Besucher kommen in Yung Shue Wan an, einem bei ortsansässigen Ausländern beliebten Zentrum der Gegenkultur.

SEHENSWERTES

YUNG SHUE WAN DORF

Karte S. 198 (榕樹灣; Yung Shue Wan) Yung Shue Wan (Banyanbaumbucht) ist mit rund 6000 Einwohnern die mit Abstand größte Siedlung auf der Insel, aber dennoch nicht mehr als ein kleines Dorf mit einer autofreien Hauptstraße, die der Krümmung der Bucht folgt. Obwohl hier viel gebaut wird, hat sich das Dorf ziemlich viel rustikalen Charme bewahrt. Cafés, Bars, Imbissstände für vegetarisches Essen und New-Age-Läden säumen die Hauptstraße, die bei Einheimischen und Touristen gleichermaßen beliebt ist.

TIN HAU TEMPLE TEMPEL

Karte S. 198 (天后廟; Yung Shue Wan; Yung Shue Wan) Dieser Tempel ist mit Holztafeln aus der Zeit der Qing-Dynastie ausgestattet, sollte also über 100 Jahre alt sein, doch ist sein Erscheinungsbild von einem Umbau in den 1960er-Jahren geprägt. Sehenswert sind die etwas komisch und ziemlich westlich wirkenden Löwen, die den Eingang bewachen. Als der Tempel wiederaufgebaut wurde, steckte China in den Fängen der Kulturrevolution, die das Ziel verfolgte, alte Gebräuche auszurotten. Es war unmöglich, einen Bildhauer zu finden, der neue Löwen geschaffen hätte, und da es in Hongkong an solchen Künstlern fehlte, ging der Auftrag an einen Bildhauer aus Lamma, der Löwen im westlichen Stil für südostasiatische

LAMMA ISLAND FAMILY TRAIL

Von Yung Shue Wan aus ist der 4 km lange Family Trail die beste Möglichkeit, einen guten Teil der Insel zu sehen. Der Weg verläuft zwischen Yung Shue Wan und Sok Kwu Wan, der zweitgrößten Ortschaft auf Lamma (die wenig mehr als eine Reihe Meeresfrüchterestaurants ist). Wer gern in der heißen Sonne herumläuft, kann bis Tung O Wan weitermarschieren. Diese idyllische Bucht liegt rund 30 Minuten bzw. 2 km weiter südlich. Anschließend kann man eventuelle noch über Mo Tat Wan nach Sok Kwu Wan zurückkehren (insgesamt 5 km).

Lamma

Lamma

Sehenswertes

1 Herboland B2
2 Hung Shing Yeh Wan B2
3 Lo So Shing B3
4 Tin Hau Temple D2
5 Yung Shue Wan D2

Essen

6 Bookworm Cafe D2
7 Candela D1
8 Lamma Rainbow C3
9 Wai Kee Seafood Restaurant C3

Ausgehen & Nachtleben

10 Island Bar D1
11 Yardley Brothers Beer Shack A2

Sport & Aktivitäten

12 Sea Kayak Hong Kong B3

Kunden anfertigte. Während chinesische Löwen aufrecht sitzen und dem Tempel ihre Rücken zuwenden, liegen diese und blicken sich an wie die Löwen der HSBC.

HUNG SHING YEH WAN — STRAND

Karte S. 198 (洪聖爺灣; Yung Shue Wan) 25 Gehminuten (1,7 km) südöstlich der Fähranlegestelle von Yung Shue Wan findet sich der Strand von Hung Shing Yeh, der beliebteste auf Lamma. Frühmorgens oder an Werktagen ist der Strand fast verlassen, allerdings ist der Blick auf das Kraftwerk jenseits der Bucht gewöhnungsbedürftig. Der Strand wird durch ein Netz gegen Haie geschützt. Es gibt Toiletten, Duschen und Umkleiden. In der Nähe gibt's auch ein paar während der Saison geöffnete Restaurants und Getränkestände.

HERBOLAND — FARM

Karte S. 198 (香草原; 852 9094 6206; abseits des Hung Shing Yeh Beach; Sa & So 11–17 Uhr;

Yung Shue Wan) Im grünen Umland des Strandes von Hung Shing Yeh befindet sich Herboland, die erste Bio-Kräuterfarm der Sonderverwaltungszone. Man wandert vorbei an duftenden Rosmarinbüschen und Verbene und kann aus mehr als 40 Kräutertees wählen, deren Kräuter in dem herrlichen Teegarten angebaut werden. Die Öffnungszeiten sind unregelmäßig, daher sollte man sich vor der Anreise erkundigen.

ESSEN

BOOKWORM CAFE — CAFÉ $

Karte S. 198 (南島書蟲; 852 2982 4838; 79 Main St, Yung Shue Wan; Gerichte ab 100 HK$; Mo–Mi & Fr 9–17, Sa & So 11–20 Uhr; Yung Shue Wan) Der Urvater der gesundheitsbewussten und ökologischen Küche in Hongkong nimmt für sich in Anspruch, die größte Auswahl vegetarischer Gerichte auf Lamma zu bieten. Wir mögen vor allem die Bücherwände und den Shepherdess Pie, zu dem der Bio-Rotwein gut schmeckt. Das Café, das auch ein Buchladen für gebrauchte Bücher ist, könnte allerdings ruhig mehr Personal beschäftigen.

★ LAMMA RAINBOW — CHINESISCH, SEAFOOD $$

Karte S. 198 (南丫天虹; 852 2982 8100; www.lammarainbow.com; Shops 1A-1B, EG, 23-25 First St, Sok Kwu Wan; Gerichte ab 250 HK$; 10–22.30 Uhr; Sok Kwu Wan) Das gigantische Rainbow hat zwar 800 Plätze, doch für Spitzenzeiten muss man trotzdem vorab reservieren. Gedünsteter Zackenbarsch, Hummer und Seeohr sind die Spezialitäten dieses Uferrestaurants und wirklich ausgezeichnet. Da die Portionen groß sind, teilt man sie sich am besten mit Freunden. Das Restaurantpersonal holt Gäste mit eigenen Fähren von Pier 9 in Central oder vom Tsim Sha Tsui Public Pier ab; die Abfahrtszeiten erfährt man telefonisch oder auf der Website.

WAI KEE SEAFOOD RESTAURANT — SEAFOOD $$

Karte S. 198 (威記海鮮酒家; 852 2982 8135; 3 & 4 First St, Sok Kwu Wan; 10.30–22 Uhr) Das kleine, beliebte Meeresfrüchterestaurant ist bekannt für seine in der Pfanne gebratenen Garnelen mit Sojasauce und sautierten Muscheln. Die Produkte sind frisch und die Preise vernünftig. Die Menüs für vier oder acht Personen kosten ungefähr 200 HK$ pro Nase, lohnen sich aber nur, wenn man nicht heißhungrig ist und kein Bier bestellt (was angesichts des frittierten Tintenfischs mit Salz und Pfeffer, der auf der Karte steht, schwierig ist).

CANDELA — TAPAS $$

Karte S. 198 (852 6344 5288; 23 Main St, Yung Shue Wan; 18 Uhr–open end;) in dem neuen Restaurant von Küchenchef Carlos kommen günstige und leckere spanische Tapas auf den Tisch. Einwohner und Besucher strömen in Scharen herbei, um das gebratene Schweinefleisch, den Auberginensalat und die *papas bravas* (frittierten Kartoffelwürfel) zu genießen. Die Öffnungszeiten variieren allerdings; das Lokal ist immer dann geöffnet, wenn man sieht, dass die Angestellten draußen eine Paella zubereiten.

AUSGEHEN & NACHTLEBEN

★ YARDLEY BROTHERS BEER SHACK — CRAFT-BIER

Karte S. 198 (www.yardleybrothers.hk; 16B Tai Yuen Village, Yung Shue Wan; Sa & So 13–18 Uhr) Dieses Brauer-Brüderpaar verkauft leckeres Kleinbrauereibier vom Fass in einer schwarzen Bude am Weg zum Hauptstrand der Insel. Das erfrischende Lamma Island IPA ist perfekt nach einem langen Tag am Wasser.

ISLAND BAR — BAR

Karte S. 198 (852 2982 1376; 6 Main St, Yung Shue Wan; Mo–Fr 15 Uhr–open end, Sa & So ab 12 Uhr; Yung Shue Wan) Die der Fähranlegestelle von Yung Shue Wan am nächsten gelegene Bar ist eine bei älteren Ausländern beliebte Institution und veranstaltet die besten Jamsessions (und Quiz-Abende) der ganzen Insel. Die Happy Hour erstreckt sich von 17 bis 20 Uhr.

SPORT & AKTIVITÄTEN

SEA KAYAK HONG KONG — KAJAKFAHREN

Karte S. 198 (852 9313 9165; www.tours.seakayakhongkong.com; 54 Lo So Shing Village, Sok Kwu Wan) Der umweltbewusste Tourveranstalter bietet Kajaktouren u. a. im Hong Kong Global Geopark und im East Lamma Channel. Jedes Wochenende gibt's Ausflüge und Trainingskurse. Das Unternehmen hat seinen Sitz in Lamma, fährt aber überall hin. Anfragen stellen und buchen kann man auf der Website; die aktuellen Touren stehen auf der Facebook-Seite.

Lantau

Lantau, Hongkongs größte Insel, bietet sich allein schon wegen ihrer Weitläufigkeit für tagelange Erkundungen an. Die Nordspitze der Insel ist stark bebaut: Hier liegen der Flughafen, Disneyland und der hohe Wohn- und Einkaufskomplex Tung Chung. Viele Gebiete Lantaus sind aber immer noch ganz ländlich. Hier finden sich traditionelle Fischerdörfer, einsame Strände und im Inselinneren auch bergiges Land, durch das sich anspruchsvolle Wanderwege ziehen.

Die meisten Besucher kommen nach Lantau, um Micky einen Besuch abzustatten oder um sich den zu Recht berühmten großen Tian Tan Buddha anzuschauen. Man sollte aber nicht nur den Nordteil der Insel besichtigen – nur wer weiter nach Süden vordringt, gewinnt wirklich einen Eindruck von der entspannten Insel, wo Kühe mitten auf der „Straße" grasen, Schulkinder mit ihren Großeltern in den flachen Buchten Tang sammeln und sich immer noch Schuppentiere an den bewaldeten Hängen tummeln.

Die größte Siedlung, Tung Chung, liegt an der Nordküste, die zweitgrößte, Mui Wo, an der Ostküste. Der Flughafen befindet sich in Chek Lap Kok, gleich nördlich von Tung Chung.

SEHENSWERTES

PO LIN MONASTERY & TIAN TAN BUDDHA — BUDDHISTISCHES KLOSTER

Siehe S. 176.

★TAI O — DORF

Karte S. 202 (🚌1 ab Mui Wo, 11 ab Tung Chung, 21 ab Ngong Ping) An Wochenenden strömen die Besucher scharenweise an die entlegene Westküste von Lantau, um einen Einblick in die faszinierende Lebensweise der Einwohner zu nehmen. In Tai O, der historischen Heimat der Volksgruppe der Tanka, dreht sich das ganze Leben ums Meer. Die Häuser stehen auf Pfählen im Ozean, Sampans fahren auf den dunkelgrünen Wasserwegen, und ältere Einwohner trocknen Meeresfrüchte immer noch traditionell auf Strohmatten, um die Shrimps-Paste herzustellen, für die das Dorf berühmt ist.

★PFAHLBAUTEN — HISTORISCHES GEBÄUDE

Karte S. 202 (棚屋; Kat Hing St, Tai O; 🚌1 ab Mui Wo, 11 ab Tung Chung, 21 ab Ngong Ping) Tai Os verbliebene Pfahlbauten stehen gegeneinander gelehnt, sodass die Konstruktion möglichst stabil ist. Von einigen führen Leitern hinunter zu den Booten, mit denen man an Land gelangt. Die Geschichte einiger dieser Häuser reicht über zwei Jahrhunderte zurück. Die ältesten wurden aus Kiefernrinde, Palmblättern und Granitpfeilern gebaut, die aus Chek Lap Kok stammen, wo sich heute der Flughafen befindet. Während Taifunen wurden sie mit Seilen gesichert, damit die Flut sich nicht wegspülte. Die Häuser aus den 1960er-Jahren waren robuster und wurden aus dem wiederverwerteten Borneo-Eisenholz alter Fischerboote gebaut. Eisenholz ist ein sehr starkes Material, das eine schöne schwarze Farbe annimmt, wenn es lange Zeit dem Wasser ausgesetzt ist.

★TAI O KWAN TAI TEMPLE — TAOISTISCHER TEMPEL

Karte S. 202 (大澳關帝廟; Kreuzung der Kat Hing St & Tai O Market St, Tai O; ⏰8–18 Uhr) Tai Os ältester Tempel datiert aus dem 15. Jh., also in die Zeit der Ming-Dynastie zurück und ist Kwan Tai gewidmet, einem zum Kriegsgott erhobenen General. Der Tempel wurde zur Zeit der Qing-Dynastie mit Spenden von Hofbeamten und Kaufleuten aus Tai O, deren Namen auf Steintafeln im Tempel eingraviert sind, renoviert. Zu den Details, die bei den Renovierungsmaßnahmen hinzukamen, zählen eine Glocke aus Kupfer und die schmucken Dachverzierungen aus Shiwan, einer für ihre Töpferwaren berühmten chinesischen Stadt. Eine rotgesichtige Statue des Kwan Tai steht in der Haupthalle. Kwan Tai, bekannter als Guan Di oder Guan Yu, ist ein Symbol für Heldenmut und Treue; er wird von den Fischern und Bauern genauso verehrt wie von Kaufleuten, Gangstern und den Ordnungshütern.

★SHUI HAU BEACH — STRAND

Karte S. 202 (水口灣; 👪) Lantaus größter Wattstreifen, der Shui Hau Beach, ist ein schönes Stück Land mit welligem schwarzem Sand und Mangroven, zwischen denen es von Krustentieren und Muscheln nur so wimmelt. Bei Ebbe tummeln sich hier Dutzende Muschelsucher. Im Dorf gibt's ein Lädchen, in dem man kleine Harken ausleihen und sein Gepäck abstellen kann. Hinter dem Laden führt ein Pfad hinunter zum Strand. Die Inhaber bereiten (gegen Gebühr) die gesammelten Muscheln zu. Der

ABSTECHER

HANDBEMALTE TÖPFERWAREN AUF PENG CHAU

Das in den 1970ern gegründete **Chiu Kee Porcelain Studio** (超記瓷器廠; Karte S. 202; ☎852 9822 6506, 852 9193 8044; www.facebook.com/Winus-Lee-mini-ceramic-workshop-173182096098659; 7 Wing Hing St; ⏲12–18 Uhr) ist eine der wenigen Werkstätten vor Ort, die noch handbemalte Töpferwaren herstellen. Hier sieht man die Arbeiten der Gründer, des verstorbenen Mr. Lam und seiner Frau Mrs. Lam, die heute die Werkstatt führt. Das Tafelgeschirr in traditionellem und zeitgenössischem Stil eignet sich prima als Geschenk oder Haushaltsaccessoire. Mrs. Lam veranstaltet an Wochenenden auch zweistündige Keramikmalerei-Workshops (180 HK$/Pers.). Die Workshops sind beliebt, deshalb sollte man vorab (telefonisch) reservieren.

Laden verkauft auch klebrige Hakka-Reisgerichte.

HONG KONG DISNEYLAND VERGNÜGUNGSPARK

Karte S. 202 (香港迪士尼樂園; ☎852 183 0830; www.hongkongdisneyland.com; Erw./Kind 619/458 HK$; ⏲Mo–Fr 10–20, Sa & So bis 21 Uhr; 👪; Ⓜ Disney Resort Station) Disneyland ist wie ein Initiationsritus für die vielen asiatischen Touristen, die hierher strömen, um sich einen der berühmtesten Kulturexporte der USA aus der Nähe anzusehen. Der Park ist in sieben Bereiche unterteilt – Main Street USA, Tomorrowland, Fantasyland, Adventureland, Toy Story Land, Mystic Point und Grizzly Gulch –, aber verglichen mit der US-Version recht klein. Die meisten Attraktionen sind auf Familien mit kleinen Kindern ausgerichtet.

TRAPPIST MONASTERY KLOSTER

Karte S. 202 (神樂院; ☎852 2987 6292; Tai Shui Hang; ⛴Kaito ab Peng Chau, Discovery Bay) Nordöstlich von Mui Wo und südlich von Discovery Bay befindet sich die römisch-katholische Lady of Joy Abbey, die als Trappist Haven Monastery bekannter ist. Die Zisterzienser der strengeren Observanz oder Trappisten gelten als eine der asketischsten religiösen Gemeinschaften der römisch-katholischen Kirche; die Kongregation auf Lantau wurde ursprünglich im 19. Jh. in Peking gegründet. Die hier lebenden Mönche sind heute alle Einheimische aus Hongkong. Die aus Stein in mittelalterlichem Stil erbaute Kapelle ist ein ruhiger, zur Kontemplation einladender Ort.

FAN LAU GEBIET

Karte S. 202 Das nur zu Fuß erreichbare Fan Lau („geteiltes Wasser"), eine kleine Halbinsel an der Südwestspitze von Lantau, hat ein paar gute Strände und die Überreste des Fan Lau Fort zu bieten, das 1729 erbaut wurde, um den Kanal zwischen Lantau und der Mündung des Pearl River vor Piraten zu schützen. Das Fort wurde bis zum Ende des 19. Jhs. genutzt und 1985 restauriert. Von der Anlage aus hat man einen herrlichen Blick aufs Meer.

ESSEN & AUSGEHEN

TAI O LOOKOUT FUSION-KÜCHE $$

Karte S. 202 (☎852 2985 8383; www.taioheritagehotel.com; Tai O Heritage Hotel, Shek Tsai Po St, Tai O; Sandwiches & Hauptgerichte 78–268 HK$; ⏲11–21.30 Uhr; 🚌1 ab Mui Wo, 11 ab Tung Chung, 21 ab Ngong Ping) Die rotierenden Deckenventilatoren, Sitzecken aus Holz und die gefliesten Böden dieses verglasten Dachrestaurants sorgen für altmodischen Charme. Hier kann man gut einfach einen Kaffee trinken und entspannen.

Das Essen – gebratener Reis mit der berühmten Shrimps-Paste aus Tai O, Käsekuchen mit hiesigen Berg-Begonien – wird aber auch hoch geschätzt.

HEMINGWAY'S BAR

Karte S. 202 (☎852 2987 8855; www.hemingways.hk; Shop G09, Discovery Bay Plaza, Discovery Bay; ⏲Mo–Fr 15–1, Sa & So bis 2 Uhr; 👪) Das schicke, aber ein wenig wie ein Kettenrestaurant wirkende karibische Lokal mit Bar ist stets voller hier ansässiger Ausländer, die Gemüse mit Tomatensauce und gegrillte Jackfrucht essen. Die Speisekarte wird nach und nach von vegetarisch auf vegan umgestellt.

Von den Tischen, die unter Sonnenschirmen stehen, kann man gut aufs Wasser schauen.

CHINA BEACH CLUB BAR

Karte S. 202 (☎852 2983 8931; 18 Tung Wan Tau Rd, Silvermine Bay Beach; ⏲Fr–So 12–22 Uhr;

Lantau

0
5 km
Tuen Mun (6,5 km)
West Brother
East Brother
Ma Wan
Tsing Ma Bridge
Tsing Yi
Kap Shui Mun Bridge
Sunny Bay
Central (12 km)
AsiaWorld-Expo
Hong Kong International Airport HKTB Centres
Tung Chung New Development Ferry
Airport
North Lantau Hwy
Discovery Bay Tunnel
3
Disneyland Resort
18
16
Chek Lap Kok
15
Tai Pak Wan (Discovery Bay)
Central (11 km)
Discovery Bay
9
Tai Ho
Pak Mong
Tung Chung
Seilbahn-Talstation
Tung Chung
Lantau Trail
Stausee
Peng Chau
10
Kau Yi Chau
Macao (30 km)
Sha Lo Wan
Nei Lak Shan (751 m)
Tai Shui Hang
6
Central (8,5 km); Tsim Sha Tsui (10 km)
8
WONG LUNG HANG
Lantau North Country Park
13
Po Lin
1 Monastery & Big Buddha
Seilbahn-Bergstation
Tung Chung Rd
Tai Tung Shan (869 m)
14
Mui Wo
12
Silvermine Bay
Chau Kung To
7
5
Tai O
17
11
Lantau South Country Park
Hei Ling Chau
Fung Wong Shan (Lantau Peak; 934 m)
Pui O
Lantau Trail
Shek-Pik-Stausee
Dog's Tooth Peak
Tong Fuk
Cheung Sha
Lower Cheung Sha Village
Ham Tin
Chi Ma Wan Peninsula
South Lantau Rd
West Lamma Channel
Peaked Hill
Shek Pik
4
Lantau Trail (Startpunkt)
Lantau North Country Park
Fan Lau Beach
2
Fan Lau
Cheung Chau
s. Karte Cheung Chau S. 206
Macao (35 km)
Shek Kwu Chau

Lantau

Highlights
1 Po Lin Monastery & Big Buddha C3

Sehenswertes
2 Fan Lau B4
3 Hong Kong Disneyland F1
4 Shui Hau Beach C4
Pfahlbauten .... (siehe 5)
5 Tai O B3
Tai O Kwan Tai Temple .... (siehe 5)
6 Trappist Monastery F2

Essen
Po Lin Vegetarian Restaurant ...... (siehe 1)
7 Tai O Lookout B3

Ausgehen & Nachtleben
8 China Beach Club E3
9 Hemingway's E2

Shoppen
10 Chiu Kee Porcelain Studio F2

Sport & Aktivitäten
Friendly Bicycle Shop .... (siehe 12)
Hong Kong Shaolin Wushu Culture Centre .... (siehe 5)
11 Fung Wong Shan (Lantau Peak) C3
12 Lantau Trail E3
13 Ngong Ping 360 .... C3
14 Tai Tung Shan (Sunset Peak) D3

Schlafen
15 Auberge E2
Espace Elastique .... (siehe 5)
Hong Kong Disneyland Hotel ...... (siehe 3)
16 Hong Kong Hotels Association D2
17 Ngong Ping SG Davis Hostel C3
Tai O Heritage Hotel .... (siehe 7)

Praktisches
Gepäckaufbewahrung des Hong Kong Airport .... (siehe 18)

Transport
18 Hong Kong International Airport C2

Mui Wo) Das nette Restaurant hat eine luftige Dachterrasse und einen Balkon mit Blick auf den Strand an der Silvermine Bay. Hier kann man gut bei griechischer Moussaka oder einem Cocktail oder Bier entspannen. Die „Cocktailstunde", bei der es zwei Cocktails zum Preis von einem gibt, kann sich bis in die Nacht hinein ziehen.

SPORT & AKTIVITÄTEN

★ FUNG WONG SHAN — WANDERN & TREKKEN

Karte S. 202 (Lantau Peak) Der Lantau Peak oder Fung Wong Shan (kanton.: Phönixberg) ist mit 934 m nach dem Tai Mo Shan (957 m) in den New Territories Hongkongs zweithöchster Gipfel. Die Aussicht von oben ist fantastisch; an klaren Tagen sieht man sogar das 65 km westlich gelegene Macao. Erfahrene Wanderer steigen gern auf den Berg, um sich von dort den Sonnenaufgang anzusehen. Einige steigen im Ngong Ping SG Davis Hostel (S. 204) ab und brechen gegen 4 Uhr zu der zweistündigen Gipfelwanderung auf.

★ TAI TUNG SHAN — WANDERN & TREKKEN

Karte S. 202 (大東山; Sunset Peak) Für den schweißtreibenden, dreistündigen Aufstieg auf Hongkongs dritthöchsten Gipfel (869 m) wird man mit einem schönen Panoramablick auf die umliegenden Berge belohnt. Ehrgeizige können den Aufstieg mit der Besteigung des Fung Wong Shan zur „Two Peak Challenge" kombinieren. Auf dem Weg zum Gipfel erblickt man gruselige „Geisterhäuser" – Ruinen von Ferienhütten, die Missionare in den 1930er-Jahren für ihren Urlaub errichtet haben.

LANTAU TRAIL — WANDERN & TREKKEN

Karte S. 202 (鳳凰徑) Der Lantau Trail ist ein 70 km langer Rundweg, der in Mui Wo beginnt und endet. Er ist in zwölf Etappen mit einer Länge zwischen 2,5 und 10,5 km unterteilt, von denen einige einzeln, andere nur zusammen bewältigt werden können. Auf einigen Abschnitten wandert man relativ eben, auf anderen geht es bergiger zu – Letztere zählen zu den spektakulärsten Wanderstrecken Hongkongs.

FRIENDLY BICYCLE SHOP — RADFAHREN

Karte S. 202 (老友記單車專門店; ☎852 2984 2278; 18A Mui Wo Ferry Pier Rd, Mui Wo; Fahrrad 40 HK$/Std.; ⏲Mi–Fr 10–18, Sa & So bis 20 Uhr) Der Laden in Mui Wo verleiht und repariert Fahrräder. Um den Laden zu finden, geht

ABSTECHER

TUNG LUNG CHAU

Die zerklüftete „Östliche Dracheninsel", die neuntgrößte der 260 Inseln Hongkongs, liegt östlich von Hong Kong Island und südlich von Kowloon. An der Nordseite der Insel finden sich prähistorische **Felsritzungen** (Tung Lung Chau); das **Tung Lung Fort** (東龍洲炮台; Tung Lung Chau) in der nordöstlichen Ecke der Insel kündet von ihrer militärischen Bedeutung zur Zeit des chinesischen Kaiserreichs. Tung Lung Chau ist weitgehend unbewohnt, und die meisten neuen Einwohner, z. B. die Inhaber des Nudelladens **Holiday Store** (假日士多; 852 2798 8877, 852 2560 9491; Nudeln 28 HK$; Sa, So & Feiertage morgens–abends), kamen erst in den 1960er- und 1970er-Jahren. Sie leben von Gemüseanbau und Schweinezucht. Nach ihrer Auskunft sieht die Insel, abgesehen von den neuen, asphaltierten Straßen und den Effekten der Einführung des elektrischen Stroms, noch genau so aus wie vor 40 Jahren.

man von der Fähranlegestelle nach links und folgt der Uferstraße.

HONG KONG SHAOLINWUSHU CULTURE CENTRE KAMPFKUNST

Karte S. 202 (香港少林武術文化中心; 852 2985 8898; www.shaolincc.org.hk; Shek Tsai Po St, Tai O; Kurse ab 650 HK$) Außerhalb des Zentrums von Tai O findet sich diese entspannte Kampfkunstschule samt Hostel. Sie ist eine der wenigen Schulen in Hongkong, die kurze Intensivkurse für neugierige Kampfkunst-Novizen anbieten. Die Kurse werden immer mal wieder veranstaltet; eine Regelmäßigkeit ist allerdings nicht zu erkennen. Gelegentlich gibt's auch Pauschalangebote, daher lohnt es sich, wenn man sich auf der Website informiert.

SCHLAFEN

NGONG PING SG DAVIS HOSTEL HOSTEL $

Karte S. 202 (昂坪戴維斯青年旅舍; 852 2985 5610; www.yha.org.hk; Ngong Ping; B ab 150 HK$, Zi. ab 380 HK$, Zelt 320 HK$; 2 ab Mui Wo oder 21, 23 ab Tung Chung) Das Hostel nahe dem Tian Tan Buddha ist ein idealer Standort, wenn man den Sonnenaufgang auf dem Fung Wong Shan (Lantau Peak) erleben will. Das Hostel ist allerdings Inhabern einer HKYHA/HI-Karte und deren Gästen vorbehalten.

Von der Bus-Endhaltestelle Ngong Ping nimmt man, wenn man auf den Tian Tan Buddha blickt, den asphaltierten Weg zur Linken, geht rechts an den öffentlichen Toiletten vorbei und folgt der Ausschilderung.

★ **AUBERGE** RESORT $$

Karte S. 202 (香港愉景灣酒店; 852 2295 8288; www.aubergediscoverybay.com; 88 Siena Ave, Discovery Bay; Zi. ab 1400 HK$;) Das Resorthotel bietet saubere, geräumige Zimmer mit fabelhaften Bädern und einen unverstellten Blick auf die Bucht bzw. in die Hügel. Einheimische Ehepaare und Familien kommen gern zu einem kurzen Urlaub hierher, angelockt von der lässigen Atmosphäre, dem üppigen Frühstück und dem Fitnessraum samt Spa. Für die Kinder gibt's ein Spielzimmer und Pferdekutschfahrten. Das Hotel unterhält einen Shuttle-Bus-Service von/nach Sunny Bay und Disneyland.

ESPACE ELASTIQUE B&B $$

Karte S. 202 (歸田園居; 852 2985 7002; www.espaceelastique.com.hk; 57 Kat Hing St, Tai O; Zi. So–Do 700–1550 HK$, Fr & Sa 900–1850 HK$; @; 1 ab Mui Wo, 11 ab Tung Chung, 21 ab Ngong Ping) Das gemütliche B&B mit vier Zimmern ist eine der gepflegtesten Unterkünfte auf Lantau. Alle Zimmer sind geschmackvoll dekoriert; das Doppelzimmer im 2. Stock mit einem Balkon, von dem aus man auf die Hauptwasserstraße von Tai O blickt, ist immer schnell ausgebucht. Die freundliche Inhaberin Veronica kann in vielen Sprachen Reisetipps geben; im Café bekommt man ein herzhaftes Frühstück. Sehr angenehm ist der Whirlpool auf dem Dach. Das B&B nimmt allerdings bevorzugt Gäste auf, die drei Tage bis eine Woche bleiben wollen.

HONG KONG DISNEYLAND HOTEL RESORT $$

Karte S. 202 (852 3510 6000; www.hongkongdisneyland.com; Hong Kong Disneyland; Zi. ab 2500 HK$; @) Kindern wird das schlossartige Disney-Resort mit seinem Irrgarten in Micky-Form, dem riesigen Pool mit kurviger Wasserrutsche und diversen, auf Kinder ausgerichteten Einrichtungen bestimmt gefallen. Es gibt eine Lesestunde mit Disney-Figuren, eine Prinzessinnen-Boutique und ein Spielzimmer. Auch Erwachsene dürften mit den relativ geräumigen, viktorianisch aufgemachten Zimmern zufrieden sein. Aktuelle Pauschalangebote findet man auf der Website.

★TAI O HERITAGE HOTEL
BOUTIQUEHOTEL $$$

Karte S. 202 (大澳文物酒店; www.taioheritagehotel.com; Shek Tsai Po St, Tai O; Zi. 2000–2500 HK$; ; 1 ab Mui Wo, 11 ab Tung Chung, 21 ab Ngong Ping) Lantaus coolstes Hotel residiert in einer 100 Jahre alten ehemaligen Polizeiwache. Die neun Zimmer sind schön in zeitgenössischem Stil möbliert und bieten Spitzenkomfort. Uns gefiel besonders der Sea Tiger Room, das ehemalige Büro des Inspektors. Er ist mit 24m² zwar das kleinste Zimmer, hat aber Panoramafenster, durch die man sich die Meeresbrise um die Nase wehen lassen kann.

Cheung Chau

Die kleine, hantelförmige Insel ist dank ihrer Strände und des putzigen Zentrums nahe dem mit Imbissen und Läden gesäumten Hauptpier ein beliebtes Ausflugsziel. Viele Läden und Lokale sind direkt in den Häusern ihrer Inhaber untergebracht. Hier kann man einen Nachmittag lang die Tempel und das Dorf erkunden, Fischbällchen essen und die felsige Küste erforschen. Alternativ verbringt man ein Wochenende in einem der vielen Ferienhäuser und verbummelt einen Tag mit Windsurfen, gefolgt von einem Seafood-Essen in einem Freiluftrestaurant am Hafen.

SEHENSWERTES

★RECLINING ROCKS
NATURPHÄNOMEN

Karte S. 206 (五行石; ; Cheung Chau) An der südwestlichen Ecke von Cheung Chau lehnen fünf riesige erodierte Felsbrocken, die an Fabelwesen der chinesischen Mythologie erinnern, an einer Klippe. Der größte dieser malerischen Brocken scheint auf dem Klippenrand zu balancieren. Die Reclining Rocks liegen an dem an der Küste entlangführenden Cheung Chau Family Trail, zehn Gehminuten südlich der Cheung Po Tsai Cave. Die von Kakteen gesäumte Po Yue Wan (Stingray Bay) ist eine atemberau-

DAS BUN FESTIVAL (BRÖTCHENFEST) AUF CHEUNG CHAU

Das jährlich an vier Tagen Ende April oder Anfang Mai stattfindende Bun Festival auf Cheung Chau ist eines der faszinierendsten kulturellen Erlebnisse in Hongkong. Bei dem Fest zu Ehren der taoistischen Gottheit Pak Tai gibt's Umzüge, Musik und jede Menge süße Brötchen. Der Höhepunkt der Feierlichkeiten ist das Klettern auf den „Brötchenturm"; wer als Erstes das oberste Brötchen erreicht, hat gewonnen.

Die Brötchentürme sind Bambusgerüste von bis zu 20 m Höhe, die mit geweihten Brötchen bedeckt sind. Wer rund eine Woche vor dem Fest Cheung Chau besucht, kann zuschauen, wie die Türme vor dem Pak-Tai-Tempel aufgebaut werden.

Um Mitternacht des ausersehenen Tages klettern Hunderte Menschen auf die Türme, um sich die glücksverheißenden Brötchen zu schnappen. Je höher das Brötchen hängt, desto mehr Glück verspricht es, daher versuchen alle, die Spitze zu erreichen. Im Jahr 1978 brach ein Turm unter dem Gewicht der Kletterer zusammen, und zwei Dutzend Menschen wurden verletzt. Danach wurde der Wettkampf mehr als 20 Jahre lang ausgesetzt und erst 2005 – unter strikten Sicherheitsauflagen – wieder aufgenommen.

Am dritten Festtag findet ein Umzug mit Festwagen, Stelzenläufern und Darstellern statt, die als Figuren aus chinesischen Legenden und Opern kostümiert sind. Am interessantesten sind die farbenfroh gekleideten „schwebenden Kinder", die an langen Stangen durch die Straßen getragen werden. Sie sind geschickt an Metallstützen gebunden, die sich unter der Kleidung verbergen. Zu den Stützen zählen auch eine Fußbank und ein gepolsterter Sitz.

Bei dem viertägigen Fest ernähren sich alle auf der Insel vegetarisch, und den Geistern der Fische und Tiere, die im vergangenen Jahr geschlachtet und gegessen wurden, werden Opfer dargebracht.

Cheung Chau

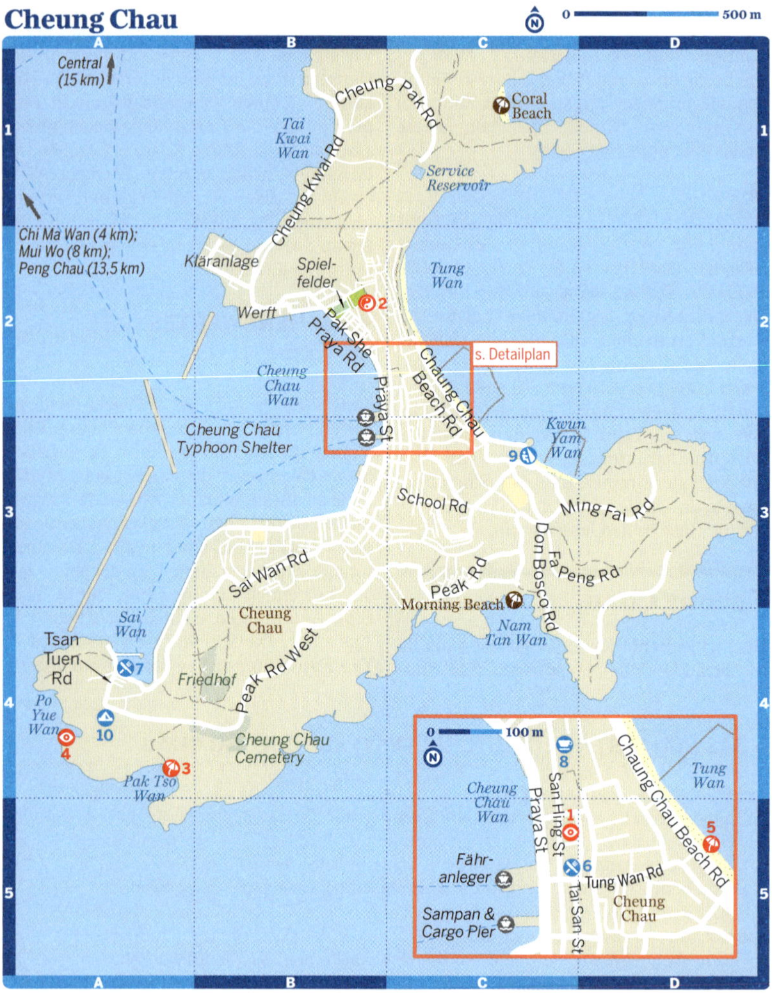

Cheung Chau

Sehenswertes

1 Cheung Chau Main St & Umgebung C5
2 Pak Tai Temple B2
3 Pak Tso Wan A4
4 Reclining Rocks A4
5 Tung Wan D5

Essen

6 Kam Wing Tai Fish Ball Shop C5
7 Pirate Bay A4

Ausgehen & Nachtleben

8 Valor C4

Sport & Aktivitäten

9 Cheung Chau Windsurfing Centre C3

Schlafen

10 Saiyuen A4

bende Landschaft. Die Besucher kommen zum Angeln hierher oder einfach, um einmal ganz sie selbst zu sein.

PAK-TAI-TEMPEL
TAOISTISCHER TEMPEL

Karte S. 206 (北帝廟; ☎852 2981 0663; ⌚7–17 Uhr; ⛴Cheung Chau) Der farbenfroh restaurierte Tempel von 1783 ist der Mittelpunkt des Cheung Chau Bun Festival, das jedes Jahr Ende April oder Anfang Mai stattfindet. Der wichtigste und älteste Tempel der Insel ist der taoistischen Gottheit Pak Tai, dem „Obersten Herrscher des Nordhimmels", Schutzherrn des Staates, Wächter über Frieden und Ordnung und Schutzpatron der Fischer geweiht.

CHEUNG CHAU MAIN STREET & UMGEBUNG
DORF

Karte S. 206 (長州大街附近; ⛴Cheung Chau) Die Hauptsiedlung der Insel liegt auf dem schmalen Landstreifen, der die beiden Landzungen im Norden und Süden verbindet. Am Ufer geht's geschäftig zu: In den labyrinthischen Straßen und Gassen finden sich alte Häuser im chinesischen Stil und verfallende Läden, die von Plastikeimern bis zu Höllengeld und anderen Brandopfergaben alles Mögliche verkaufen. In den Straßen nahe dem Ufer riecht es nach Weihrauch und den Fischen, die zum Trocknen in der Sonne hängen.

PAK TSO WAN
STRAND

Karte S. 206 (白鱔灣, Italian Beach; ⛴Cheung Chau) Wenn man den nahen Friedhof besucht, lohnt sich der Weg hinunter zum Pak Tso Wan (den ortsansässige Westler als „Italian Beach" bezeichnen). Der abgelegene Sandstrand eignet sich zum Schwimmen und auch – jedenfalls wenn man Bewohnern von Sai Wan glaubt – zum Nacktbaden.

TUNG WAN
STRAND

Karte S. 206 (東灣; ⛴Cheung Chau) Tung Wan, östlich der Fähranlegestelle, ist zwar nicht der schönste Strand auf Cheung Chau, aber der längste und beliebteste. Das südliche Ende von Tung Wan ist eine prima Gegend zum Windsurfen. Es gibt viele Einrichtungen, und Rettungsschwimmer überwachen den mit Seilen abgegrenzten Badebereich.

ESSEN & AUSGEHEN

★ PIRATE BAY
FRANZÖSISCH $

Karte S. 206 (海盜灣; www.facebook.com/PirateBayCheungChau; No 13-14, Tsan Tuen Rd; ⌚Do–So 12–19 Uhr; ❄👨‍👩‍👧; ⛴Cheung Chau) Ein französisch-asiatisches Ehepaar serviert leckere Crêpes (besonders gut sind die mit Karamell), herzhafte Hühnchen-Rillette, Ratatouille und Boeuf Bourguignon. Gegen den Durst kann man mit französischen Weinen (fabelhaft mit Käseplatte) und Asahi-Bier vom Fass angehen. Jede Woche gibt's auch besondere Angebote, die nicht auf der Karte stehen, z. B. veganes marokkanisches oder Hähnchen-Masala. Der Laden ist an der Piratenflagge und der Kunst an den Wänden leicht zu erkennen; meist auch an dem dudelnden 1980er-Jahre-Pop.

KAM WING TAI FISH BALL SHOP
CHINESISCH $

Karte S. 206 (甘永泰魚蛋; ☎852 2981 3050; 106 San Hing St; Fischbällchen 10–15 HK$; ⌚7–17 Uhr; ⛴Cheung Chau) Die lange Schlange draußen in der Gasse verrät, dass einen in diesem Laden etwas Besonderes erwartet. Die Bällchen aus Fisch- und Fleisch-Gehacktem nach Hakka-Art werden ganz heiß serviert. Ein Spieß mit gemischten Bällchen ist sehr zu empfehlen.

VALOR
CAFÉ

Karte S. 206 (啡寮; ☎852 6699 5892; 4 Sun Hing St; ⌚10.30–19 Uhr; ⛴Cheung Chau) Im Valor kann man sich gut vom Getümmel auf den überfüllten Straßen Cheung Chaus erholen. Mit seinen Kaffeemaschinen nahe dem Eingang gibt sich dieser Laden geschmackvoll zurückhaltend. Der gut zubereitete Kaffee wird kreativ präsentiert. Der Cold-Brew-Kaffee kommt in kleinen Kokosschalen pur oder mit Stickstoff aufgeschäumt daher. Wer etwas Heißes trinken will, bestellt beispielsweise Filterkaffee aus Yirgacheffe-Bohnen oder Trinkschokolade mit Salzrand.

SPORT & AKTIVITÄTEN

Eine tolle Art, sich den Hafen anzuschauen und die Atmosphäre des Fischerdorfs in sich aufzunehmen, ist es, für eine halbe Stunde ein Sampan zu chartern (je nach Tag, Saison & Nachfrage ca. 80–150 HK$). Die meisten Sampans finden sich rund um den Frachtpier im Dorf Cheung Chau, aber praktisch jedes kleine Boot im Hafen lässt sich als Wassertaxi anheuern. Einfach winken, und zwei oder drei werden auf einen zusteuern.

Vor dem Einsteigen unbedingt erst auf den Preis einigen!

CHEUNG CHAU WINDSURFING CENTRE WINDSURFEN

Karte S. 206 (長洲滑浪風帆中心; ☎852 2981 8316; www.ccwindc.com.hk; Kwun Yam Wan Beach, No 1 Hak Pai Rd; ⌚Do–Di 10–19 Uhr; ⛴Cheung Chau) Windsurfen ist schon lange ein beliebter Freizeitspaß auf Cheung Chau. Lee Lai-shan, die bislang einzige Hongkonger Olympionikin, die (1996 bei den Olympischen Sommerspielen in Atlanta im Windsurfen) eine Goldmedaille gewann, wuchs hier auf. Am nördlichen Ende des Strandes Kwun Yam Wan betreibt Lees Onkel die Cheung Chau Windsurfing Centre, wo man den Sport selbst ausprobieren kann (1-tägige Anfängerkurse ab 1800 HK$; 1 Woche vorab anmelden).

SCHLAFEN

SAIYUEN CAMPING **$$**

Karte S. 206 (西園; ☎852 2981 1010; www.saiyuen.com; DD CC Lot 12, Sai Wan; kleines Zelt 800–3300 HK$; 🚭❄; ⛴Cheung Chau) Die sanft hügeligen Gartenanlagen dieses herrlichen, 4,5 ha großen Landsitzes wurden in einen Abenteuerpark (Tickets 9–19.45 Uhr) und eine „Glamping"-Location (Glamour + Camping) umgewandelt. Auch Kindern gefällt es hier: Es gibt Obstbäume, und Ziegen laufen frei herum. Übernachten kann man in Tipis, Safarizelten, mongolischen Jurten oder unter „Sternenzelt"-Kuppeln. Mit Ausnahme der Tipis sind alle Unterkünfte mit Klimaanlage und Duschkabine ausgestattet. Insgesamt sind die Einrichtungen für eine Glamping-Anlage aber ziemlich einfach. Familien können hier reichlich Abenteuer erleben: Seilrutschen genauso wie Hühnerfleisch in der Erde braten.

Shenzhen

Auf nach Shenzhen!

Shenzhen (深圳), das glitzernde Sinnbild des chinesischen Wirtschaftswunders, ist in kürzerer Zeit von einem Sumpf im Pearl-River-Delta zu einer der größten Megastädte der Welt geworden, als benötigt wurde, um in London die St. Paul's Cathedral zu errichten. Millionen Migranten vom Land sind seit den 1980er-Jahren von den goldenen Toren der Stadt angelockt worden; heute ist Shenzhen für Hochschulabsolventen mit ambitionierten Plänen und global agierende Unternehmen attraktiv.

Aber nicht alles dreht sich hier um Arbeit, Arbeit und noch einmal Arbeit. Die freigeistige, zukunftsorientierte Metropole hat eine blühende Kunst- und Musikszene und ein spannendes Nachtleben, multikulturelle Restaurants und Shopping-Möglichkeiten ohne Ende. Abseits der Wolkenkratzer und Malls entdeckt man faszinierende „Stadtdörfer", arme, aber vor Leben sprühende Arbeiterviertel, die einst Clan-Dörfer waren, ehe die Stadt sie verschlang.

Highlights

- **Sehenswertes** OCT-LOFT (S. 209)
- **Essen** Phoenix House (S. 213)
- **Ausgehen** Oil (S. 214)

An- & Weiterreise

Vom **Busbahnhof Luóhú** (罗湖汽车站; Luóhú Qìchēzhàn; Karte S. 210; ☎0755 8232 1670; unterhalb der Luóhú Commercial City) fahren alle 20 Minuten Busse nach Guangzhou(50–70 ¥, 2 Std., 7–22 Uhr). Von hier aus erreicht man auch andere Städte in der Provinz Guangdong, darunter Dōngguǎn, Zhōngshān, Cháozhōu und Shàntóu.

Die Busse zu ferneren Zielen in der gesamten VR China fahren vom **Busbahnhof Yínhú** (Shangbubei Lu) ab.

Dutzende Hochgeschwindigkeitszüge pendeln täglich zwischen dem Futian- oder dem Nordbahnhof in Shenzhen und dem Bahnhof West Kowloon in Hongkong. Vor der Abfahrt in Shenzhen bzw. Hongkong durchläuft man die Pass- und Zollkontrolle der VR China und braucht daher an der Grenze der Sonderverwaltungszone den Zug nicht zu verlassen. Der erste Hochgeschwindigkeitszug nach West Kowloon fährt am Nordbahnhof in Shenzhen um 6.44 Uhr ab, der letzte um 22.36 Uhr. Die einfache Fahrt zweiter Klasse kostet 75 ¥.

Die neue Hochgeschwindigkeitstrasse verbindet in der anderen Richtung den Nordbahnhof in Shenzhen mit dem Südbahnhof von Guangzhou.

Shenzhens Metro trifft mit Hongkongs Mass Transit Railway (MTR) in Luóhú (Linie 1) und am Fútián-Checkpoint (Linie 4) zusammen. Hier müssen die Fahrgäste aussteigen und die Grenze zu Fuß passieren. Wer über Hongkong hinaus nach China einreisen will, benötigt ein Visum (S. 303).

Normale Intercityzüge nach Guangzhou fahren vom Bahnhof Shenzhen (80 ¥, 1 Std. 20 Min.), vom Bahnhof Fútián (80 ¥, 50 Min.) sowie vom Bahnhof Shenzhen-Nord (75 ¥, 30 Min.).

Unterwegs vor Ort

Shenzhen hat ein ausgezeichnetes öffentliches Verkehrsnetz mit zum Recherchezeitpunkt acht U-Bahn-Linien; weitere sind im Bau. Der nach Entfernungen gestaffelte Fahrpreis beginnt bei 2 ¥; die Wertmarken erhält man an zweisprachig beschrifteten Automaten, für die man 1-¥-Münzen oder 5-¥-Scheine benötigt.

Tageskarten sind an den Service-Buden der U-Bahnhöfe für 20 ¥ erhältlich; sie gelten für U-Bahn und Ortsbusse. Die meisten Busfahrten in der Stadt kosten zwischen 1 und 2 ¥.

Der Grundpreis für Taxis beträgt 12,50 ¥ (23–6 Uhr 16 ¥), dazu kommen ein Treibstoffaufschlag von 4 ¥ und 2,40 ¥ für jeden weiteren Kilometer. Für Fahrten ins Umland kann man in der Regel vorab einen Preis aushandeln.

Gut zu wissen

- **Gebietsvorwahl** ☎0755
- **Einwohner** 12,53 Mio.
- **Touristeninformation** (深圳旅遊咨詢中心; Shenzhen Tourist Consultation Centre; Karte S. 210; ☎0755 8232 3045; EG, Bahnhof Shenzhen, Ausgang Ost; ⌚9–18 Uhr) Auf Nachfrage erhält man einen kostenlosen, einigermaßen detaillierten Stadtplan.
- **Währung** Anders als in den Sonderverwaltungszonen Hongkong bzw. Macao gilt in Shenzhen die Landeswährung der VR China, der Renminbi (CNY; RMB) mit der Währungseinheit Yuan (¥).

SEHENSWERTES

★ OCT-LOFT — KUNSTZENTRUM

(华侨城创意文化园; Huáqiáochéng Chuàngyì Wénhuàyuán; www.octloft.cn; 2 Jinxiu Beilu, Nanshan District; 南山区锦绣北街2号; ⌚10–17.30 Uhr; Ⓜ Linie 1 bis Qiaocheng-Ost, Ausgang A, Ⓜ Linie 2 bis Qiaocheng North, Ausgang B) Der bei weitem schönste Ort zum Spazierengehen oder einfach zum Abhängen in der Stadt ist das luftige OCT-LOFT, ein Komplex umgebauter Fabriken aus der kommunistischen Ära, zwischen denen Kopfsteinpflastergassen verlaufen. Hier kann man auch gut viele zeitgenössische Galerien besuchen und zwischendurch in den ausgezeichneten Cafés, Designläden, Musiktreffs, Bars, Restaurants sowie dem besten Buchladen Shenzhens (S. 215) Zwischenstopps einlegen.

Das OCT-LOFT (OCT steht für Overseas Chinese Town) begann, passend für Shenzhen, als eine Produktionsstätte für Fernseher, ehe es dann zu einem Kreativzentrum wurde. Es lohnt sich, hier abzusteigen, wenn man ein Zimmer im hippen Shēnzhèn Loft Youth Hostel (S. 216) ergattert, das früher ein Wohnheim für Fabrikarbeiter war. Achtung: Das OCT-LOFT liegt nicht am U-Bahnhof OCT!

★ LIÁNHUĀ-SHĀN-PARK — PARK

(莲花山公园; Liánhuā Shān Gōngyuán; 6030 Hongli Lu, Fútián District; 福田区红荔路6030号; ⌚6–22.30 Uhr; 👪; Ⓜ Linie 4 bis Lianhua North, Ausgang A2, Ⓜ Linie 3, 4 bis Children's Palace, Ausgang F2) GRATIS Wer eine halbe Stunde auf die Spitze dieses tropischen Hügels im Herzen des Bezirks Fútián hinaufspaziert, kann hier die besten Fotos von Shenzhens Skyline machen. Passenderweise teilt man sich die Aussicht mit einer Statue Deng Xiaopings, dessen Wirtschaftsreformen in den 1980er-Jahren den gewaltigen Aufschwung der VR China ermöglichten.

★ SUNRISE ART CENTER — GALERIE

(太阳山艺术中心; Tàiyáng Shān Yìshù Zhōngxīn; ☎0755 2871 6049; www.sunrise-art.com.cn; 23 Laowei, Dàfēn Oil Painting Village, 大芬村老围23号; 20 ¥; ⌚9.30–18.30 Uhr; Ⓜ Linie 3 bis Dafen, Ausgang A1) Die in den Resten eines 100 Jahre alten Hakka-Wohnhauses geschaffene idyllische Hof-Galerie ist die Schöpfung von Chen Qiuzhi, einem zeitgenössischen Tuschekünstler aus der Provinz Ānhuī. Mehrere Galerien zeigen seine Werke, und in dem wundervollen Café kann man sich nach dem Besuch des umliegenden Dàfēn Oil Painting Village bei einem Tee oder Kaffee erholen.

★ DÀFĒN OIL PAINTING VILLAGE — KUNSTZENTRUM

(大芬村; Dàfēncūn; Dàfēn, Buji, Lónggǎng District; ⌚9–18 Uhr; Ⓜ Linie 3 bis Dafen, Ausgang A1) Das folkloristisch anmutende Viertel mit seinen schmalen Gassen ist schon für sich genommen einen Besuch wert. Einzigartig wird Dàfēn aber dadurch, dass Hunderte Ateliers und Läden hier in Handarbeit Reproduktionen von Ölgemälden herstellen, ob es sich um van Goghs Sonnenblumen

Shenzhen

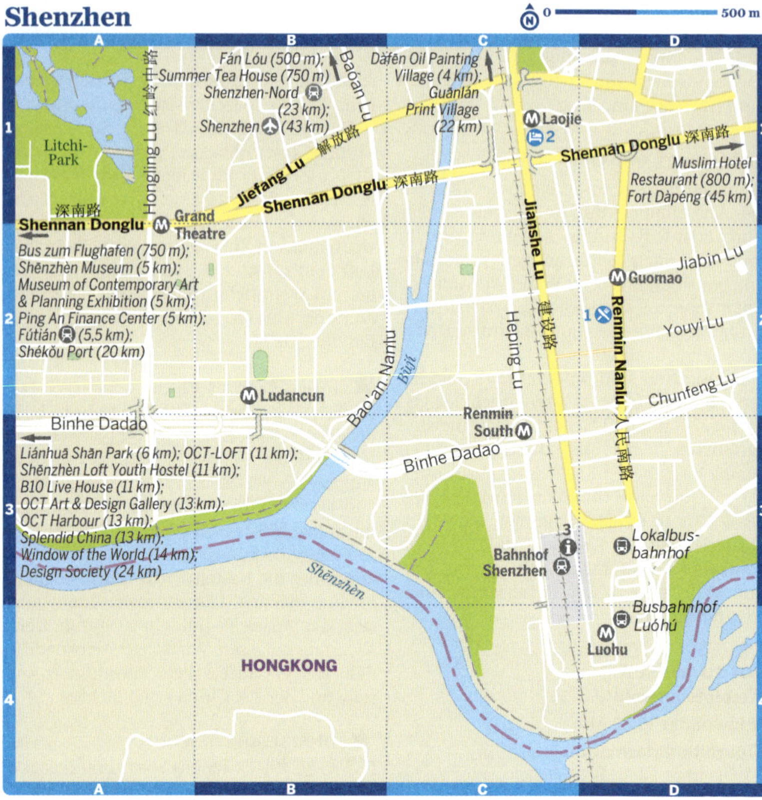

Shenzhen

Essen

1 Bollywood Cafe D2

Schlafen

2 Hyatt Place Dongmen C1

Praktisches

3 Touristeninformation C3

(für weniger als 100 ¥), riesige, goldgerahmte Reiterszenen oder Seestücke mit Galeonen handelt, für die man mehr als 2000 ¥ zahlt. Aber auch poppige Werke, auf denen sich die Mona Lisa ein Stelldichein mit den Minions gibt, sind zu haben.

All das hat Dàfēn den Spitznamen „Welt-Kunstfabrik" eingetragen; die Behörden versuchen nun, den Ruf des Fleckchens durch internationale Kunstfestivals, verbesserte Straßenanbindungen und die Errichtung des neuen (ziemlich pompösen) Dàfēn Art Museum zu verbessern. Zur Zeit aber ist Dàfēn noch skurril und voller Charakter.

Wer ein abgefahrenes Souvenir sucht, kann ein Gemälde nach eigenem Wunsch malen lassen. Wie wäre es mit einem Porträt von einem selbst auf einem Einhorn? Der Preis ist Verhandlungssache; man holt das fertige Bild einfach ein paar Tage später ab. Dàfēn ist auch ein guter Ort, um chinesische Pinsel und Tuschsteine zu kaufen, die exzellente Mitbringsel für künstlerisch Interessierte sind. Um hierher zu kommen, geht man vom U-Bahn-Ausgang am Walmart vorbei und biegt in die nächste Straße links ein.

★ **DESIGN SOCIETY** GALERIE

(设计互联; Shèjì Hùlián; Sea World Culture & Arts Center; ☎0755 2667 1187; www.designsociety.cn; 1187 Wanghai Lu, Shékǒu; 蛇口望海路1187号; ⏲10–22 Uhr; Ⓜ Linie 2 bis Sea World, Ausgang A)

GRATIS Chinas erstes spezielles Design-Museum ist ein architektonisches Wahrzeichen und wurde 2017 mit großem Medien-Tamtam am Ufer von Shékǒu eröffnet. Der Medienwirbel verdankte sich hauptsächlich der Eröffnungsausstellung „Values of Design" mit 250 Objekten aus dem weltberühmten Londoner Victoria&Albert Museum, die bis August 2019 läuft. Das sagenhafte Gebäude des japanischen Architekten Fumihiko Maki bietet viel Platz für gigantische Ausstellungen, ein Café (samt einem kleinen Kaffeekiosk mit Meerblick auf dem Dach) sowie ein Dim-Sum Restaurant.

★WINDOW OF THE WORLD — VERGNÜGUNGSPARK

(世界之窗; Shìjiè Zhīchuāng; www.szwwco.com; 9037 Shennan Dadao; 深南大道9037号; Erw./Kind 200/100 ¥; ⏲9–22 Uhr; 👪; Ⓢ Linie 1, 2 bis Window of the World, Ausgang H1) Der bezaubernd kitschige Themenpark in einer gepflegten Gartenanlage ist eine „Reise um die Welt in 80 Minuten" (na ja, eigentlich in einem halben Tag). Von den Londoner Houses of Parliament bis zu den Pyramiden findet man hier die großen Monumente der Welt in Miniaturausgabe. Manche Gebäude sind gar nicht so klein – der hiesige Eiffelturm bringt es immerhin auf stolze 108 m, und auch die Niagarafälle sind wirklich eindrucksvoll.

Die Twin Towers erheben sich hier immer noch über einem Mikro-Manhattan, das in einem Teich mit Booten schwimmt, überragt von Mt. Rushmore und dem Capitol Hill. Es gibt auch ein paar kindgerechte Fahrgeschäfte, darunter eine Mini-Eisenbahn und eine Wildwasseranlage. Wenn man nach 19.30 Uhr kommt, beträgt der Eintritt nur 80 ¥.

FORT DÀPÉNG — DORF

(大鹏所城; Dàpéng Suǒchéng; Dàpéng Town, Lónggǎng District; 龙岗区大鹏市; Erw. 20 ¥, Student & Senior 10 ¥; ⏲10–18 Uhr; 🚌E26 bis Busbahnhof Dàpéng) Dieses Wehrdorf aus der Zeit der Ming-Dynastie wurde vor 600 Jahren errichtet, um die Küste gegen marodierende japanische Piraten zu schützen und spielte außerdem in den Opiumkriegen gegen die Briten während des 19. Jhs. eine Rolle. Die Hauptattraktion sind die heute teilweise als Restaurant oder Läden genutzten alten Häuser an den schmalen Gassen, die Festungstore, Tempel, Brunnen und anderen Relikte, von denen viele für Besucher restauriert wurden.

Mit öffentlichen Verkehrsmitteln hierher zu kommen, ist leider ziemlich kompliziert. Vom Busbahnhof Fútián fährt man mit dem Bus E26 zum Busbahnhof Dàpéng (60 km, 10 ¥). Für die letzten 4 km von dort zum Fort nimmt man den Ortsbus B753 oder ein Taxi. Die Gesamtfahrzeit ab Shenzhen beträgt rund zweieinhalb bis drei Stunden. Ein Taxi (1 Std.) für die Hin- und Rückfahrt dürfte rund 400 bis 500 ¥ kosten; den Preis sollte man vor dem Einsteigen aushandeln.

PING AN FINANCE CENTRE — GEBÄUDE

(平安国际金融中心; Píng'ān Guójì Jīnróng Zhōngxīn; 5033 Yitian Lu, Fútián District; 益田路5033号; Ⓜ Linie 1 bis Shopping Park, Ausgang D) Bei seinem Richtfest im Jahr 2015 war das 599 m hohe Ping An Finance Centre das vierthöchste Gebäude der Welt. Wie ein gläserner Bleistift ragt es aus dem stets boomenden Bezirk Fútián auf. An klaren Tagen hat man vom Free Sky Observation Deck eine atemberaubende Aussicht.

Im Jahr 1979 hatte das höchste Gebäude in Shenzhen gerade einmal fünf Stockwerke; im Jahr 2017 hingegen wurden in dieser Stadt mehr Wolkenkratzer gebaut als in jedem Land der Erde.

ℹ HUÁQIÁNG BĚI COMMERCIAL STREET

Ein großer Teil von Shenzhens Reichtum lässt sich auf dieses **High-Tech-Industrieviertel** (华强北商业街; Huáqiángběi Shāngyèjiē; Huáqiáng Běilù; 华强北路; ⏲ca. 9–19 Uhr; Ⓜ Linie 2, 7 bis Huaqiangbei) zurückführen, das sich über mehrere Blocks erstreckt. Jede Menge Einkaufszentren, die alle nur denkbaren elektrischen Bauteile verkaufen, trugen dazu bei, Shenzhen zum weltweiten Produktionszentrum von High-Tech-Geräten zu machen. Es ist faszinierend, hier zu stöbern: In den Läden findet man alle möglichen, billigen Gadgets und anderen Kram *made in Shenzhen*.

Achtung: Auf den Kauf eines chinesischen Android-Smartphones sollte man verzichten. Die staatlichen Bestimmungen in der VR China verhindern die Installation der Google-Apps (auch des Play Store), sodass sie für nichtchinesische Nutzer praktisch unbrauchbar sind.

OCT HARBOUR UFER

(OCT Bay; 欢乐海岸; Huānlè Hǎi'àn; www.octharbour.com; 2008 Binhai Dadao, Shahe Jiedao; 沙河街道滨海大道2008号; ⊙10–22 Uhr; 🚸; Ⓜ Linie 9 bis Shenzhen Bay Park, Ausgang E) In diesem von Palmen umsäumten Lifestyle-Komplex mit künstlichen Seen und Springbrunnen, gehobenen Restaurants, Bars und Läden fühlt man sich fast nach Kalifornien versetzt. Für Kinder ist hier gesorgt; es gibt ein riesiges Hello-Kitty-Kaufhaus und sogar ein IMAX-Kino. Abendliche Feuerwerke und Laser-Shows sorgen zusätzlich für Ferienstimmung.

OCT ART & DESIGN GALLERY GALERIE

(华美术馆; Huá Měishùguǎn; ☎0755 3399 3111; www.oct-and.com; 9009 Shennan Dadao; 深南大道9009号; Erw./Kind 15/8 ¥; ⊙Di–So 10–17.30 Uhr; Ⓜ Linie 1 bis OCT, Ausgang C) Werke chinesischer und internationaler Grafik-Designer schmücken die Innenräume dieses ehemaligen Lagerhauses. Die Ausstellungen wechseln häufig. Die Galerie ist in der glasummantelten Stahlkonstruktion mit sechseckigem Design-Motiv gleich neben dem **Hé Xiāngníng Art Museum** (香凝美术馆; Héxiāngníng Měishúguǎn; ☎0755 2660 4540; www.hxnart.com; 9013 Shennan Dadao; 深南大道9013; ⊙Di–So 10–17.30 Uhr) GRATIS untergebracht.

MUSEUM OF CONTEMPORARY ART & PLANNING EXHIBITION GEBÄUDE

(MOCAPE; 当代艺术与城市规划展览馆; Dāngdài Yìshùyǔ Chéngshì Guīhuà Zhǎnlǎn Guǎn; 184 Fuzhong Lu, Fútián District; 福田区福中路184号; Di–So 10–17 Uhr; Ⓜ Linie 3, 4 bis Children's Palace, Ausgang A2) GRATIS Die riesige, vom Architekturbüro Coop Himmelb(l)au entworfene und 2016 eröffnete Ausstellungsfläche gehört zu den faszinierenden Architekturprojekten, die nur in China möglich sind, und bildet den Anker von Shenzhens Kulturbezirk Fútián. Von Außen präsentiert sich der Bau als eine mächtige Kurve aus Chrom inmitten der Wolkenkratzer der Stadt, die Eingangshalle ist ein hohes Atrium mit einer wolkenartigen, spiegelnden Kunstinstallation (ideal für ein Selfie). Die Galerien im Haus zeigen Wechselausstellungen mit einem Schwerpunkt auf zeitgenössischer Kunst und zeitgenössischem Design.

SHĒNZHÈN MUSEUM MUSEUM

(深圳博物馆新馆; Shēnzhèn Bówùguǎn Xīnguǎn; ☎0755 8812 5800; www.shenzhenmuseum.com.cn; East Gate, Block A, Citizens' Centre, Fuzhong Sanlu, Fútián District; ⊙Di–So 10–18 Uhr; Ⓜ Linie 4 bis Shimin Zhongxin, Ausgang B) GRATIS Das massive Shēnzhèn Museum vermittelt einen recht ordentlichen Einblick in Shenzhens kurzen, aber superschnellen Sprint in die Moderne vor und nach den Wirtschaftsreformen Deng Xiaopings. Zu den Highlights hier zählen Propagandakunst der 1940er-Jahre und die farbenfrohen maßstabsgerechten Modelle in der Halle für Volkskultur.

GUĀNLÁN PRINT VILLAGE DORF

(观澜版画村; Guānlán Bǎnhuà Cūn; http://en.guanlanprints.com; 169 Yuxin Rd, Lónghuá District; 龙华区裕新路169号; ⊙24 Std.) GRATIS Teile dieses 300 Jahre alten Hakka-Dorfs wurden erhalten und zu Werkstätten und Galerien umgebaut, in denen Druckgrafiker aus China und dem Ausland ausstellen. Außerhalb der speziell angesetzten Kunst-Events ist dieses Fleckchen Erde ein verschlafenes Gelände mit schlichten Häuserreihen, baumgesäumten Wegen, Seerosenteichen und zwei fünfstöckigen *diāolóu* (Wachtürmen).

Um hierher zu kommen fährt man mit der Linie 4 der U-Bahn bis zum Bahnhof Qinghu und steigt dort in den Bus M338 um. Die Fahrt ab dem Zentrum von Shenzhen dauert ungefähr eindreiviertel Stunden. Für eine Taxifahrt zum Village (45 Min., einfache Strecke) sollte man rund 100 ¥ einplanen.

SPLENDID CHINA VERGNÜGUNGSPARK

(锦绣中华; Jǐnxiù Zhōnghuá; ☎0755 2660 0626; www.cn5000.com.cn; 9005 Shennan Dadao; 深南大道9005号; Erw./Kind inkl. Eintritt zum China Folk Culture Village 200/100 ¥; ⊙10–21 Uhr; 🚸; Ⓜ Linie 1 bis OCT, Ausgang D) In diesem Themenpark, der Chinas berühmte Wahrzeichen im Liliput-Maßstab zeigt, kann man eine Reise durch das Reich der Mitte machen. Der Eintritt gilt gleichzeitig auch für das **China Folk Culture Village** (中国民俗文化村; Zhōngguó Mínsú Wénhuà Cūn; www.cn5000.com.cn; 9003 Shennan Dadao; 深南大道9003号; Erw./Kind inkl. Eintritt zum Splendid China 200/100 ¥; ⊙9–22 Uhr; Ⓜ Linie 1 bis Bahnhof OCT, Ausgang D), wo man nachgebaute Dörfer von Minderheitenvölkern, kostümierte Tänzern und unterschiedliche kulturelle Darbietungen vorfindet. Eine Mini-Einschienenbahn der Shēnzhèn Happy Line Tour Co verbindet die beiden Parks, das Window of the World und mehrere Hotels miteinander.

ESSEN

★FÁN LÓU
DIM SUM $

(繁楼; ☎0755 8211 5186; 2. Stock, 2078 Baoan Nanlu; 宝安南路2078号2楼; Dim Sum 7–27 ¥; ⏲8–22 Uhr; Ⓜ Linie 3, 9 bis Hongling, Ausgang C2) Ausgezeichnete Dim Sum in quadratischen Dämpfeinsätzen werden in diesem freundlichen, sehr günstigen Restaurant serviert. Die bebilderte Speisekarte, auf der man das Gewünschte ankreuzt, gibt's nur auf Chinesisch; eine einfache Aufschlüsselung mit chinesischen Schriftzeichen verrät, wie viel jedes einzelne Gericht kostet. Immer fällig wird eine *zuò fèi* (Platzgebühr) von 6 ¥ pro Person, in der ein Tee nach eigener Wahl enthalten ist – *pǔ'ěr* (fermentierter Tee aus Yúnnán) ist die traditionelle Option.

★HOI FAN
KANTONESISCH $

(开饭; Kāifàn; ☎0755 8322 6165; Central Walk Shopping Mall, 3 Fuhua Yilu, Fútián District; 福田区福华一路3号怡景中心城; Gerichte ab 30 ¥; ⏲11–21.30 Uhr; Ⓜ Linie 1, 4 bis Convention & Exhibition Center, Ausgang B) Eine Cola mit Zitrone und Eis schmeckt wunderbar zu der knusprigen „Kung-fu"-Ente dieser lustigen, modernen kantonesischen Kette, die ursprünglich aus Guangzhou stammt. Die zweisprachige Speisekarte zeigt alle möglichen Leckereien von Tellern mit gebratenem Fleisch bis zu süßsauren kantonesischen Spiegeleiern, gedünstetem Rindfleisch mit eingelegtem Gemüse und zartem Hühnchen aus dem Tontopf.

Das Hoi Fan befindet sich an der nordwestlichen Ecke des Central Walk (außen, nicht im Einkaufszentrum selbst).

BOLLYWOOD CAFE
INDISCH $

Karte S. 210 (宝莱坞印度餐厅; Bǎoláiwù Yìndù Cāntīng; ☎0755 8222 0370; 3. Stock, 2055 Renmin Nanlu; 人民南路2055-3号; Hauptgerichte 45–68 ¥; ⏲10.30–15.30 & 17.30–23.30 Uhr; Ⓜ Guomao) Hier bekommt man die besten Gerichte vom indischen Subkontinent nicht nur in Shenzhen, sondern in der gesamten Provinz Guangdong. Neben im Tandur-Ofen gebackenem Brot und saftigem Fleisch kommen südindische Currys und Dosa (herzhafte Pfannkuchen) auf die Tische, und eine ganze Speisekartenseite ist *chaat* gewidmet, den berühmten Straßennacks aus Mumbai. Der ständige Zustrom von indischen Familien und Geschäftsleuten bestätigt, dass das Essen hier durchaus authentisch ist.

Um das Bollywood in der Ladenzeile zu finden, schaut man auf Straßenhöhe nach den gelben Stufen. Eine zweite Filiale befindet sich im Bezirk Fútián District (9 Zhenxing Lu).

MUSLIM HOTEL RESTAURANT
CHINESISCH-MUSLIMISCH $

(穆斯林宾馆大餐馆; Mùsīlín Bīnguǎn Dàcānguǎn; ☎0755 8225 9664; 2. Stock, Muslim Hotel, 2013 Wenjing Nanlu; 罗湖区文锦南路2013号; Gerichte 38–128 ¥; ⏲10–23 Uhr; Ⓜ Linie 9 bis Wenjin, Ausgang D) In diesem *halal*-Restaurant der Hui (chinesische Muslime) gibt's saftiges gebratenes Lamm aus den großen Ebenen des nördlichen Chinas. Die gebratenen Lammkeulen, zart gekochten Rippchen und *dàpán jī* („große Platte" mit gedünstetem Hühnchen) eignen sich am besten für Gruppen. Wer allein isst, kann aber auf die Lánzhōu-Nudelsuppe oder auf *bǎn miàn* – bissfeste, in der Pfanne gebratene Nudeln mit Tomaten, Paprika, Karotten und Lammfleisch – setzen.

Das Restaurant befindet sich in einem Hotel, das von außen wie eine Moschee aussieht.

SUMMER TEA HOUSE
VEGETARISCH, DIM SUM $

(静颐茶馆; Jìngyí Cháguǎn; ☎0755 2557 4555; www.jingyi2000.com; 7. & 8. Stock, Jīntáng Dàxià, 3038 Bao'an Nanlu; 综合大厦宝安南路3083号; Gerichte 50–80 ¥; ⏲10–1 Uhr; 🖉; Ⓜ Linie 9 bis Yuanling, Ausgang C) Eine unerwartete Oase der Ruhe in einem langweiligen Büroblock: Das holzgetäfelte Teehaus hat tiefe, einladende Sessel und kreative, Fleisch vortäuschende, tatsächlich aber rein vegetarische Gerichte. Hier kann man gut ein paar Stunden verbringen, indem man Tee trinkt (6 ¥) und einige süße Dim-Sum-Happen (45 ¥) knabbert.

Auf der elektronischen Speisekarte finden sich Fotos und gerade so viel englischsprachige Erläuterungen, dass man sich leidlich zurechtfindet.

★PHOENIX HOUSE
DIM SUM, KANTONESISCH $$

(凤凰楼; Fènghuánglóu; ☎0755 8207 6338, 0755 8207 6688; 4002 Huaqiang Beilu, East Wing, Pavilion Hotel; 华强北路4002号; Mittagessen 60–100 ¥, Abendessen 100–350 ¥; ⏲8–22 Uhr; Ⓜ Linie 3, 7 bis Huaxin, Ausgang C) Dies ist eine der beliebtesten kantonesischen Restaurantketten der Stadt – nach 11.30 Uhr muss man wahrscheinlich inmitten des Trubels anstehen. Zu den Dim Sum, die man unbedingt probieren sollte, gehören die süßen Durian-Bällchen (榴莲酥; *liúlián sū*) und *chén cūn fěn* (陈村粉), eine Spezialität aus dem Bezirk Shùndé der Stadt Fóshān, dem kulinarischen Zentrum der Provinz Guangdong, bestehend aus mit Schweinefleisch und Bratensauce gefüllten, gedämpften Reisrollen.

MAGPIE FUSION-KÜCHE **$$**

(喜鹊派餐厅; Xǐquè Pài Cāntīng; ☎0755 8652 8782; 125, Block A5, OCT-LOFT; 华侨城东部工业区北区A5-125号; Gerichte 60–188 ¥; ⏲Di–So 17–2 Uhr, Küche bis 22.30 Uhr; Ⓜ Linie 2 bis Qiaocheng North, Ausgang B) In diesem hippen und stilvollen Restaurant im OCT-LOFT (S. 209) speist man Fusion-Gerichte in kleinen Portionen. Die chinesischen Köche, denen das Lokal gehört, beziehen ihre Inspiration für ehrgeizige Kreationen wie Pferdefleisch-Tartar mit Süßkartoffelchips oder Reh-Bolognese aus ihrer mandschurischen Herkunft. Deutlich zu merken ist zudem, dass hier auch Tricks der Molekulargastronomie im Spiel sind, ganz besonders bei den eindrucksvollen Cocktails.

Das Abendessen kann man mit einem Drink und ein bisschen Herumstöbern in den Büchern im Old Heaven Books im selben Block abschließen.

AUSGEHEN & NACHTLEBEN

Um das tolle Nachtleben von Shenzhen zu entdecken, muss man sich ein bisschen umschauen, wird aber bestimmt auf eine Goldader stoßen. Schicke, kleine Cocktailbars machen innerhalb kürzerer Zeit auf, als man für einen Mojito braucht, und mit dem Oil besitzt die Stadt einen der besten Undergroundclubs in China. *That's Shenzhen* (www.thatsmags.com/shenzhen) ist die praktische Adresse für das, was in der Stadt gerade angesagt ist.

INSIDERWISSEN

VON BAR ZU BAR IM COCO PARK

Eine der muntersten Ansammlungen von Bars und Clubs in Shenzhen findet sich im Coco Park, einem gehobenen Shoppingkomplex im Hochhausviertel Fútián. Der Komplex hat seine eigene, sehr kommerzielle Barstraße und viele Restaurants.

★OIL CLUB

(油; Yóu; 11a Tairan Dasha, Tairan Balu, 车公庙泰然八路深然大厦11A号; ca. 80 ¥; ⏲Fr & Sa 22 Uhr–open end; Ⓜ Linie 9 bis Xiasha, Ausgang D) Das ist ziemlich wahrscheinlich der beste Underground-Club in ganz China. Das Oil ist ein kompakter, schwüler Tempel für elektronische Musik, die gar nicht düster und esoterisch genug sein kann. Die angrenzende, jeden Abend geöffnete Cocktailbar ist der ideale Startpunkt für die Wochenendpartys im Oil, die durchaus bis 7 Uhr morgens gehen können.

Angesichts einer progressiven Haltung in Sachen Musik, die sich darin zeigt, dass hier avantgardistische Underground-DJs aus aller Welt auflegen, ist das Oil kultig und kann sich mit allen Clubs in Peking oder Shanghai messen – jedenfalls solange es offen bleiben kann. Der Standort neben einem Bürokomplex, der abends verlassen ist, trägt dazu bei, aber mit gelegentlichen „Besuchen" der Polizei muss man trotzdem rechnen.

PEAT COCKTAILBAR

(2. Stock, Block A, Tairan Dasha, Tairan Shiyi Lu; 泰然十一路泰然大厦A座2楼; ⏲18.30–2 Uhr) Die Barkeeper müssen Trittleitern benutzen, um an das eindrucksvolle Whisky-Sortiment (ca. 500–600 Flaschen) in dieser schicken Bar heranzukommen, die ihren Standort in dem gleichen Büroblock hat wie der Nachtclub Oil (obwohl die Atmosphäre komplett anders ist). Cocktails auf Grundlage von Whiskys (ab 90 ¥) stehen hier im Mittelpunkt – rauchige, starke Drinks, die man lässig in der Hand kreisen lässt, während man, möglicherweise auch mit einer Zigarre, über die großen Fragen des Lebens nachdenkt.

MIXY COCKTAILBAR

(☎0755 8670 1683; 3. Stock, West Market, 2 Xinglong Xijie; 兴隆西街2号西部市场3楼; ⏲19.30–2 Uhr; Ⓜ Linie 1 bis OCT, Ausgang B) Eine herausragende Option in Shenzhens aufblühender Cocktailbarszene ist das Mixy, das die Persönlichkeit seines exzentrischen Inhabers Wu Xun (alias Planck) ziemlich gut widerspiegelt. Planck ist an seinem Menjoubärtchen und dem altmodischen Anzug à la Shanghai eindeutig zu erkennen. Seine unheimlich kreativen Cocktails (ca. 100 ¥) sind immer vollkommen, und die Flüsterkneipenatmosphäre (das Mixy versteckt sich über einem Frischmarkt) trägt zum Spaß bei.

BIONIC BREW CRAFT-BIER

(百优精酿啤酒; Bǎi Yōu Jīng Niàng Píjiǔ; ☎136 2466 8864; http://bionicbrew.com; Shop A1-1F02, 24 Shahe Jie Pedestrian St, Baishizhou, Nánshān District; 白石洲沙河街道商业步行街24栋A1-1F02铺; ⏰18–1, Fr & Sa bis 2 Uhr; Ⓜ Linie 1 bis Baishizhou, Ausgang A) Shenzhens eigene Kleinbrauerei, das von Amerikanern geführte Bionic Brew, serviert vier seiner eigenen sowie zusätzliche Biere aus ganz China. Das Beste an dieser winzigen, nach vorn offenen Bar ist aber der wunderbare Standort mitten zwischen rustikalen *shāokǎo*-(Grill-)Lokalen in einem der wenigen verbliebenen „Stadtdörfer" Shenzhens.

Es gibt auch Cocktails, darunter „Geheimkreationen" wie der Whisky Sour mit dem IPA von Bionic Brew. Na ja, so geheim ist das auch wieder nicht... Die Schankstube ist nicht leicht zu finden – eine detaillierte Wegbeschreibung gibt's auf der Website.

HEYTEA TEEHAUS

(喜茶; Xǐ Chá; ☎0755 8663 6383; www.heytea.com; Stockwerk B2, Central Walk Mall, 3 Fuhua Yilu; 怡景中心城福华一路3号; ⏰10–22.30 Uhr; Ⓜ Linie 1, 4 bis Convention & Exhibition Center, Ausgang B) Wer keinen Käsetee probiert hat, kann nicht behaupten, Guangdong zu kennen. Es gibt unzählige HEYTEA-Filialen in Shenzhen, wo die Leute anstehen, um große Schalen des Markenzeichens – Milchtee mit Käseschaum oben drauf (17 ¥) – zu erstehen. Man sollte unbedingt ein Selfie machen, damit die Bekannten einem glauben, dass es so was wirklich gibt.

☆ UNTERHALTUNG

Für Indie-Bands und Underground-DJs wird Shenzhen langsam zu einer obligatorischen Station bei einer China-Tour, gleich nach Peking und Shanghai. Wer im Mai oder Oktober in der Stadt ist, kann hoffen, dass sein Aufenthalt gerade mit dem Termin der beiden ausgezeichneten Festivals in der Stadt zusammenfällt, dem **OCT-LOFT Jazz Festival** (www.octloftjazz.com; OCT-LOFT; ⏰Okt.; Ⓢ Linie 2 bis Qiaocheng-Nord, Ausgang B, Ⓢ Linie 1 bis Qiaocheng East, Ausgang A) und dem **Tomorrow Music Festival** (http://b10live.cn/tomorrowfestival; B10 Live House, OCT-LOFT; ⏰Mai; Ⓢ Linie 2 bis Qiaocheng North, Ausgang B).

★B10 LIVE HOUSE LIVEMUSIK

(B10现场; B10Xiànchǎng; ☎0755 8633 7602; www.b10live.cn; Xiangshan Dongjie; 香山东街华侨城创意文化园, OCT-LOFT; Preise variieren; Ⓜ Linie 2 bis Qiaocheng North, Ausgang B) Von Glam-Metal bis zu experimentellem Jazz sind in diesem an ein Lagerhaus erinnernden Livemusiktreff alle Musikrichtungen willkommen. Hier treten Musiker unterschiedlichster Art aus aller Welt auf. Die Location befindet sich an der Nordseite des Blocks B10 im nördlichen Abschnitt des OCT-LOFT.

SHOPPEN

★OLD HEAVEN BOOKS BÜCHER

(旧天堂书店; Jiùtiāntáng Shūdiàn; ☎0755 8614 8090; oldheavenbooks@gmail.com; Shop 120, Bldg A5, OCT-Loft, Xiangshan Dongjie; 香山东街华侨城创意园北区A5栋120铺; ⏰11–22 Uhr; Ⓜ Qiaochengdong, Ausgang A) Das Old Heaven ist nicht nur ein herrlicher, auf Kultur und Wissenschaft spezialisierter Buchladen, sondern auch ein Schallplattengeschäft, ein Café, eine Bühne und ein kreativer Brennpunkt der Gemeinde. Hier kann man auch gut ins Internet gehen und bei einem Haselnuss-Latte seinen Lieblings-Blog lesen. Während des OCT-LOFT Jazz Festival gibt's hier auch Konzerte und Veranstaltungen.

Der Laden liegt am nördlichen Ende des OCT-LOFT (S. 209) in der Nähe seiner Schwesterstätte, dem B10 Live House.

★HUÁQIÁNG ELECTRONICS WORLD ELECTRONIK

(华强电子世界(深圳二店); Huáqiáng Diànzǐ Shìjiè; 1007-1015 Huaqiang Beilu; 华强北路1007-1015号; ⏰9.30–18.30 Uhr; 👪; Ⓜ Linie 7 bis Huaqiangbei, Ausgang D2) Winzige Spionagekameras, swingende Roboter, E-Skateboards, klimatisierte Jacken – innovative, günstige Gadgets jeder Art bietet dieses auf viele Etagen verteilte Elektronik-Einkaufszentrum an der Huáqiáng Běi Commercial St (S. 211). Hier wird gefeilscht, und wer geschickt dabei ist, kann tolle Schnäppchen machen.

Für Traveller interessant ist das an der gekurvten Glasfassade erkennbare Gebäude 2 (二店). Im Gebäude 1 werden nur elektronische Bauteile verkauft (was für manchen wahrscheinlich aber auch interessant sein kann).

SCHLAFEN

Angesichts der vielen verstreuten Zentren muss man sich in Shenzhen entscheiden, wo man wohnen möchte. Im Hochhausbezirk Fútián finden sich die meisten Luxushotels, während der weniger gepflegte Bezirk Luōhú mit Businesshotels der günstigen und mittleren Preiskategorie gepflastert ist – die besten liegen rund um den U-Bahnhof Lao Jie. In Shékǒu im Westen der Stadt gibt's ordentliche Mittelklasse- und Spitzenklasseoptionen, man ist aber weiter von den Sehenswürdigkeiten entfernt. Zu empfehlen ist ein Standort im Umfeld des OCT-LOFT (S. 209), einem der angenehmsten und sehr zentral gelegenen Areale der Stadt.

★ SHĒNZHÈN LOFT YOUTH HOSTEL — HOSTEL $

(深圳侨城旅友国际青年旅舍; Shēnzhèn Qiáochéng Lǚyǒu Guójì Qīngnián Lǚshè; ☎0755 8609 5773; 7 Xiangshan Dongjie, Nánshān District; 华侨城香山东街7号, OCT-LOFT; B/DZ/FZ ab 100/300/600 ¥; Ⓜ Linie 1 bis Qiaocheng East, Ausgang A) Das in einem ruhigen Teil des OCT-LOFT nahe der Kreuzung der Enping Jie und der Xiangshan Dongjie gelegene, makellose YHA-Hostel hat mehr als 50 Privatzimmer mit Duschen und schlafsaalartige Dreibettzimmer mit Gemeinschaftsbädern. Der Industriebau war früher ein Wohnheim für Fabrikarbeiter. Ein angrenzendes Café sorgt für Frühstück und Getränke.

HYATT PLACE DONGMEN — HOTEL $$

Karte S. 210 (东门凯悦嘉轩酒店; Dōngmén Kǎi Yuè Jiā Xuān Jiǔdiàn; ☎0755 6188 1234; https://shenzhen.place.hyatt.com; 3018 Jianshe Lu, Luōhú District; 罗湖区建设路3018号; DZ ab 850 ¥; Ⓜ Linie 1, 3 bis Laojie, Ausgang D) Das mittelgroße Hotel im Herzen des Shopping- und Gastro-Rummels von Dōngmén hat immer wieder günstige Angebote. Die Zimmer sind geräumig und modern (Frühstück inkl.). In vielen stehen Schlafsofas, sodass sie praktisch Dreibettzimmer sind.

Macao

Halbinsel Macao S. 219
Hier befinden sich viele der Top-Attraktionen Macaos, darunter charmante Überbleibsel der portugiesischen Kolonialzeit und viel Kunst.

Taipa S. 231
Wanderwege, Museen und ein hübsches traditionelles Dorf, im dem früher Fischer und Werften für Geschäftigkeit sorgten.

Coloane S. 235
Ländliches Küstenflair, Tempel, portugiesische Restaurants, Strände und Golf.

Cotai S. 239
Macaos Antwort auf Las Vegas: In den architektonisch einzigartigen Mega-Kasinos und Entertainment-Komplexen kann man den Spielwütigen zuschauen, speisen und shoppen.

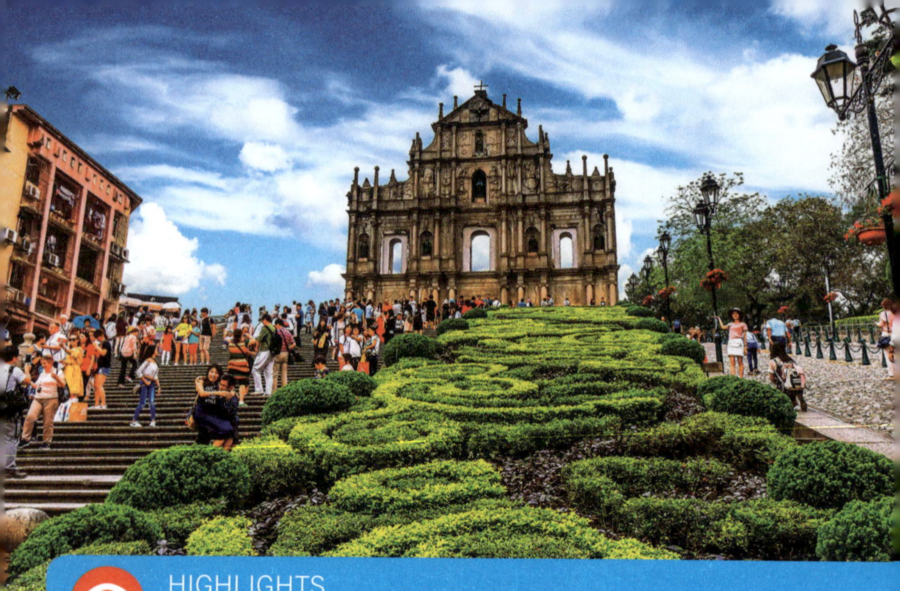

ZEN S PRAROM / SHUTTERSTOCK ©

HIGHLIGHTS
RUINE VON SÃO PAULO

Die Ruine der Pauluskirche gehört zu den beliebtesten Sehenswürdigkeiten Macaos. Von der Jesuitenkirche sind nur noch die Fassade und die Treppe übrig. Mit den herrlichen Statuen, Portalen und Verzierungen gehören die Ruinen zu den schönsten christlichen Denkmälern in Asien.

Die Kirche wurde von einem italienischen Jesuiten entworfen und 1602 von christlichen Exiljapanern und chinesischen Handwerkern erbaut. Nach der Vertreibung der Jesuiten war hier ein Militärbataillon stationiert. 1835 brach in der Küche der Kaserne ein Feuer aus, das fast alles zerstörte und nur die heute sichtbaren Überreste verschonte.

Die Fassade besteht aus fünf Ebenen. Ganz oben thront eine Taube, die den Heiligen Geist symbolisiert und von Sonne, Mond und Sternen umgeben ist. Darunter befindet sich eine Statue des Jesuskindes neben den Kreuzigungsutensilien. In der Mitte der dritten Ebene ist die Himmelfahrt der Jungfrau Maria abgebildet, begleitet von Engeln und zwei Blumen: Die Pfingstrose symbolisiert China, die Chrysantheme steht für Japan. Direkt unter dem Giebel, auf der rechten Seite der Fassade, sieht man einen Drachen, der von der Heiligen Jungfrau überwältigt wird. Rechts neben der Jungfrau befinden sich Gravuren des Lebensbaums und der apokalyptischen Frau (Maria), die eine siebenköpfige Hydra erschlägt. Die japanischen *kanji* neben ihr bedeuten: „Die heilige Mutter zertrampelt die Köpfe des Drachen".

Man erreicht die erhöht stehende Fassade über sechs Treppen mit je elf Stufen, an deren beiden Seiten ein hübsches Geländer verläuft.

Das **Museum für sakrale Kunst & Krypta** (天主教藝術博物館和墓室, Museu de Arte Sacrae Cripta; Karte S. 228; ⌚Mi–Mo 9–18, Di bis 14 Uhr) GRATIS birgt Statuen, Kelche und Gemälde sowie Überreste vietnamesischer und japanischer Christen, die im 17. Jh. als Märtyrer starben.

NICHT VERSÄUMEN!

- Fassadendetails
- Treppe
- Museum für sakrale Kunst
- Krypta & Beinhaus

PRAKTISCH & KONKRET

- 大三巴牌坊, Ruinas de Igreja de São Paulo
- Karte S. 228, D1
- Calçada de São Paulo
- Eintritt frei
- 🚌8A, 17, 26, Haltestelle am Park Jardim Luís de Camões

Halbinsel Macao

Rundgang: Halbinsel Macao

Viele Besucher assoziieren Macao mit Glücksspiel, doch Geschichte spielt auf der Halbinsel eine viel größere Rolle als Black Jack. Diese ist das geschäftige Herz der Stadt, mit vielen dicht besiedelten Wohnvierteln, charmanten Kolonialbauten (und ja, auch einigen Kasinos, aber überwiegend den kleineren und älteren). Hier finden sich nicht nur die historischen Top-Attraktionen Macaos, sondern auch Überbleibsel der portugiesischen Kolonialzeit wie die karge Ruine der Pauluskirche, das Lazarusviertel und die Festung Guia mit der Guia-Kapelle. Zudem ist die Halbinsel das Zentrum der florierenden Kunstszene Macaos mit einer stetig wachsenden Zahl von coolen Cafés und Galerien, allen voran dem Macau Museum of Art.

Wer vom Hongkong-Macao-Fährterminal kommt, fährt mit Bus 3 zum Largo do Senado, dem Hauptplatz Macaos, und beginnt dort seine Erkundungstour. Ein, zwei Stunden vor Sonnenuntergang macht man sich auf in den Südwesten der Halbinsel, ins alte portugiesische Viertel, das bei Sonnenuntergang einfach atemberaubend ist. Wer mehr auf moderne Architektur steht, besucht stattdessen den Südosten der Halbinsel, wo Kasinos (und preisgekrönte Restaurants) wie das Grand Lisboa warten.

Highlights

- **Sehenswertes** Ruinen der Kirche São Paulo (S. 218)
- **Essen** Clube Militar de Macau (S. 226)
- **Ausgehen** Macau Soul (S. 227)

Top-Tipp

Mit der kostenlosen App Macau EasyGo kann man sich über Busrouten und Haltestellen informieren und seinen Bus tracken – und das offline!

An- & Weiterreise

- **Flugzeug** Der Macau International Airport (www.macau-airport.com) ist nur 20 Minuten vom Stadtzentrum entfernt und bietet häufige Verbindungen z. B. nach Bangkok, Chiang Mai, Kaohsiung, Kuala Lumpur, Manila, Osaka, Seoul, Singapur, Taipeh, Tokio, Moskau und Peking.
- **Schiff/Fähre** Macaos Hauptfährterminal, der Macau Maritime Ferry Terminal (S. 289), liegt im äußeren Hafen. Yuet Tung Shipping Co (S. 290) betreibt Fähren zwischen Macaos Taipa Ferry Terminal (238 MOP, 1½ Std., 7-mal tgl.) und Shekou in Shenzen sowie dem Flughafen Shengzen. TurboJet (S. 290) bietet die meisten Verbindungen nach Hongkong; die Fahrt dauert eine Stunde.

Gut zu wissen

- **Vorwahl** ☎853
- **Lage** 60 km südwestlich von Hongkong.
- **Währung** Macau-Pataca (MOP)/Hongkong-Dollar (HK$)
- **Touristeninformation** (旅遊局; Karte S. 228; ☎853 8397 1120, Tourismus-Hotline 853 2833 3000; www.macautourism.gov.mo; Edificio Ritz, Largo do Senado; ⌚Mo–Fr 9–13.30 & 14.30–17.35 Uhr)
- **Kasinos** Rund um die Uhr geöffnet. Besucher müssen mindestens 21 Jahre alt und ordentlich gekleidet sein.

SEHENSWERTES

Zentrum der Halbinsel Macao

RUINEN VON SÃO PAULO (PAULUSKIRCHE) — RUINEN

Siehe S. 218.

★ ST.-JOSEF-SEMIRAR & KAPELLE — KIRCHE

Karte S. 228 (聖若瑟聖堂, Capela do Seminario São José; Rua do Seminario; ⌚10–17 Uhr; 🚌9, 16, 18, 28B) Die Josefskapelle, die abseits der Touristenroute liegt, ist Macaos schönstes Beispiel für tropikalisierte Barockarchitektur. Sie wurde 1785 als Teil eines Jesuitenseminars geweiht. Eine Treppe führt zum Vorhof der faszinierende Kirche, die über eine gelb-weiße Fassade und ein gewölbtes Vordach verfügt. Die Kuppel ist die älteste, die je in China gebaut wurde. Im Inneren befinden sich drei prächtig verzierte Altäre mit Pilastern und schönen salomonischen Spiralsäulen.

Halbinsel Macao

0 — 500 m

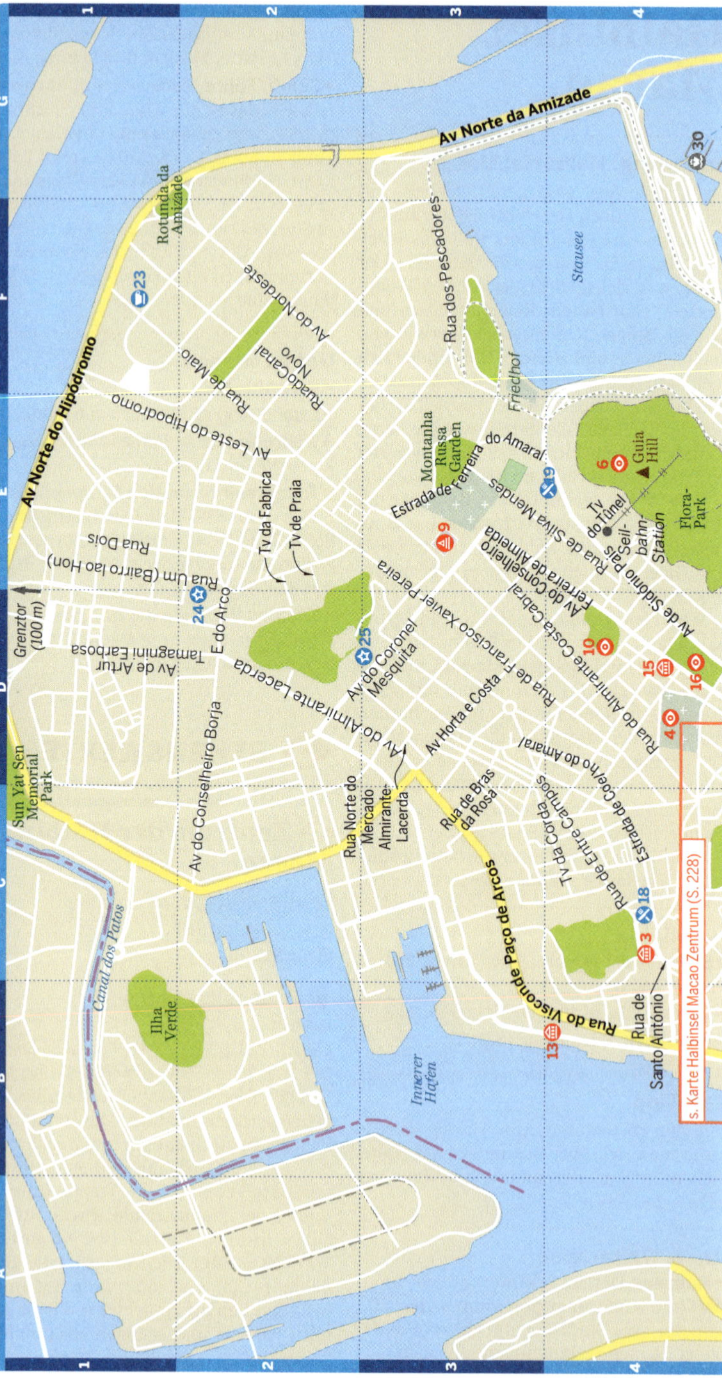

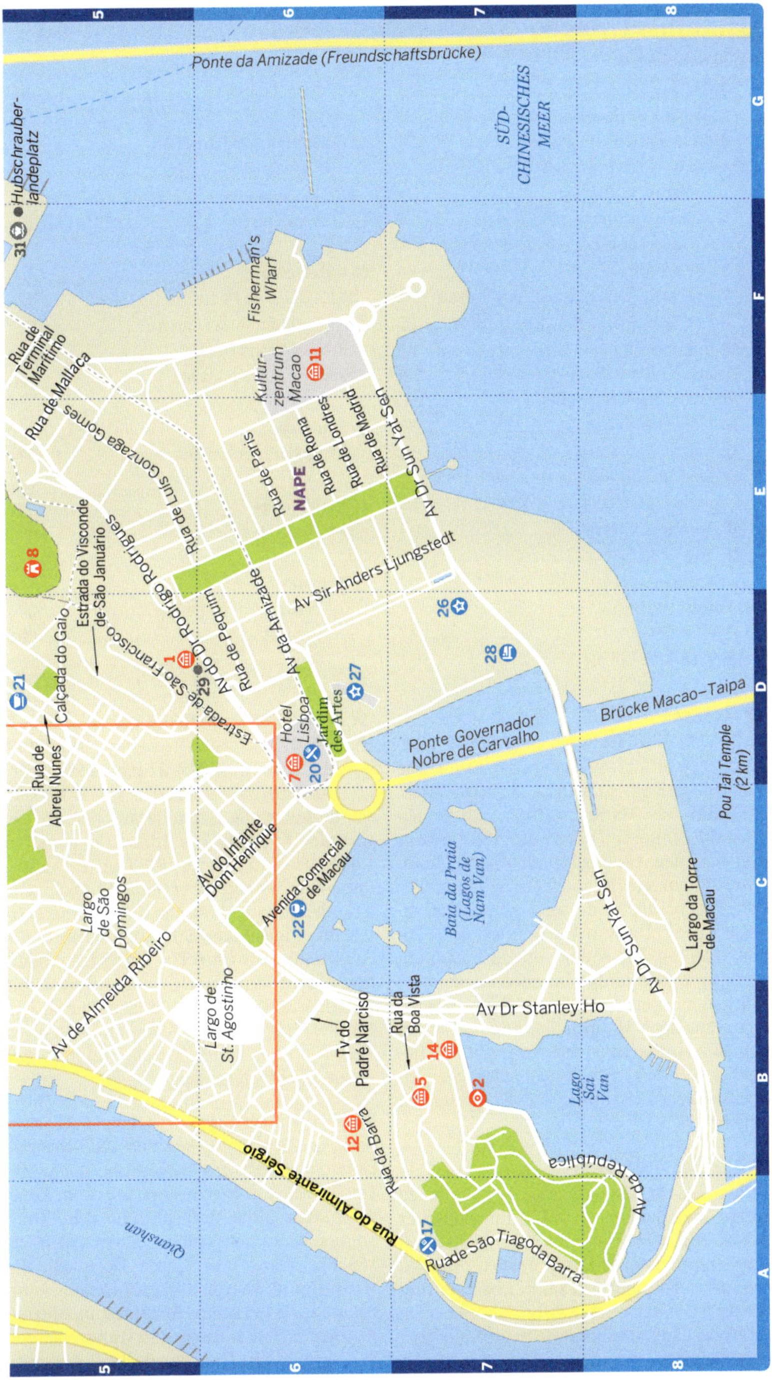
Ponte da Amizade (Freundschaftsbrücke)
SÜD-CHINESISCHES MEER
Hubschrauber-landeplatz
31
Fisherman's Wharf
Rua de Terminal Marítimo
Rua de Mallaca
Kultur-zentrum Macao
11
Rua de Luís Gonzaga Gomes
Rua de Paris
NAPE
Rua de Roma
Rua de Londres
Rua de Madrid
Rua de Sun Yat Sen
Av Dr Sun Yat Sen
8
Estrada do Visconde de São Januário
Rua de Luís
Dr Rodrigo Rodrigues
Av Sir Anders Ljungstedt
26
28
1
29
Av do Dr Rodrigo
Rua de Pequim
Av da Amizade
Calçada do Gaio
Estrada de São Francisco
21
27
Jardim des Artes
Hotel Lisboa
7
20
Brücke Macao–Taipa
Ponte Governador Nobre de Carvalho
Rua de Abreu Nunes
Pou Tai Temple (2 km)
Av do Infante Dom Henrique
Avenida Comercial de Macau
22
Baia da Praia (Lagos de Nam Van)
Largo de São Domingos
Av de Almeida Ribeiro
Largo de St. Agostinho
Av Dr Sun Yat Sen
Largo da Torre de Macau
Tv do Padré Narciso
Rua da Boa Vista
Av Dr Stanley Ho
14
5
2
Lago Sai Van
12
Rua da Barra
Rua do Almirante Sérgio
Av da República
17
Rua de São Tiago da Barra
Qianshan
5
6
7
8
A
B
C
D
E
F
G

Halbinsel Macao

Sehenswertes

Essen

Ausgehen & Nachtleben

Unterhaltung

Schlafen

Praktisches

Transport

★MANDARIN-HAUS HISTORISCHES GEBÄUDE

(鄭家大屋, Caso do Mandarim; ☎853 2896 8820; www.wh.mo/mandarinhouse; 10 Travessa de António da Silva; ⏲Do–Di 10–17.30 Uhr; 🚍28B, 18) GRATIS Das Mandarin-Haus mit seinen über 60 Zimmern wurde um 1869 erbaut und war der Ahnensitz von Zheng Guanying, einem einflussreichen Schriftsteller und Kaufmann, zu dessen Lesern auch diverse Kaiser, Dr. Sun Yat-sen und Mao Zedong zählten. Die Anlage umfasst auch ein Mondtor sowie ruhige Innenhöfe, exquisite Zimmer und eine mit französischen Fenstern versehene Haupthalle, angeordnet in dem labyrinthartigen Stil vieler alter chinesischer Gebäude. Am Wochenende werden nachmittags Führungen auf Kantonesisch angeboten.

★ST.-LAZARUS-VIERTEL STADTTEIL

Karte S. 228 (瘋堂斜巷, Calcada da Igreja de São Lázaro; www.cipa.org.mo; 🚍7, 8) Ein hübscher Stadtteil mit Häusern im Kolonialstil und Kopfsteinpflasterstraßen, der zu Macaos schönsten Fotomotiven zählt. Designer und kreative Geister versammeln sich hier gern, eröffnen Läden und organisieren Kunstveranstaltungen.

★BIBLIOTHEK SIR ROBERT HO TUNG BIBLIOTHEK

Karte S. 228 (何東圖書館; 3 Largo de St Agostinho; ⏲Di–So 8–20, Mo ab 14 Uhr; 🚍9, 16, 18) Dieses bezaubernde Gebäude aus dem 19. Jh. war der Landsitz des Industriemagnaten Robert Ho Tung, der es 1918 kaufte. Der Kolonialbau verfügt über eine Kuppel, eine Arkadenfassade, ionische Säulen und Gärten im chinesischen Stil. 2006 hat ihm die Architektin Joy Choi Tin Tin einen modernen Anbau verpasst. Das neue, vierstöckige Gebäude aus Glas und Stahl ist durch von Piranesi inspirierte Brücken mit dem alten Haus verbunden; der Zwischenraum ist mit einem Glasdach versehen.

DOMINIKUSKIRCHE KIRCHE

Karte S. 228 (玫瑰堂, Igreja de São Domingos; Largo de São Domingos; ⏲10–18 Uhr; 🚍3, 6, 26A) Im Herzen von Macaos historischem Zentrum steht diese Barockkirche mit ihrem sonnengelben Anstrich, einem wunderschönen Altar und einem Holzdach. Sie wurde im 16. Jh. von drei spanischen Dominikanerpriestern aus Acapulco in Mexiko gegründet, der aktuelle Bau stammt jedoch aus dem 17. Jh. Hier wurde 1822 die erste portugiesische Zeitung auf chinesischem Boden veröffentlicht. Der ehemalige Glockenturm beherbergt heute die **Schatzkammer sakraler Kunst** (聖物寶庫, Tresouro de Arte Sacra; Karte S. 228; Largo de São Domingos; ⌚10–18 Uhr) GRATIS, eine Sammlung mit Kirchenkunst und liturgischen Objekten auf drei Etagen.

ALBERGUE SCM
GALERIE

Karte S. 228 (婆仔屋文創空間, Albergue da Santa Casa da Misericórdia; ☎853 2852 2550; www.facebook.com/alberguescmmacau; 8 Calcada da Igreja de São Lázaro; ⌚Mi–Mo 12–19 Uhr; 🚌7, 8) GRATIS Die zwei gelben Kolonialgebäude, die einen romantischen Hof flankieren, dienten während des Zweiten Weltkriegs als Unterkunft für portugiesische Flüchtlinge aus Shanghai und später als Heim für ältere Damen. Heute werden sie von der Kunstorganisation Albergue SCM verwaltet, die hier in der Galerie Ausstellungen und kulturelle Events veranstaltet. Am Eingang zum Hof stehen zwei prächtige Kampferbäume – sie sind älter als die Häuser und dürften die schönsten Vertreter ihrer Art in Macao sein.

LOU-KAU-HAUS
HISTORISCHES GEBÄUDE

Karte S. 228 (盧家大屋, Casa de Lou Kau; ☎853 8399 6699; www.wh.mo/loukau; 7 Travessa da Sé; ⌚Di–So 10–17.30 Uhr; 🚌3, 4, 6A, 8A, 19, 33) GRATIS Dieses Haus im kantonesischen Stil mit südeuropäischen Elementen wurde um 1889 erbaut und gehörte dem Kaufmann Lou Wa Sio (auch bekannt als Lou Kau), der auch den Lou-Lim-Ieoc-Park (盧廉若公園, Jardim Lou Lim Ieoc; http://en.macaotourism.gov.mo; 10 Estrada de Adolfo de Loureiro; ⌚6–21 Uhr; 🚌2, 2A, 5, 9, 9A, 12, 16) in Auftrag gab. Hinter der grauen Fassade wartet ein faszinierendes Labyrinth aus offenen und halb geschlossenen Räumen, in dem die Grenzen zwischen Drinnen und Draußen fließend sind. Das Blumen- und Vogelmotiv auf dem Dach findet man auch im Mandarin-Haus und im A-Ma Temple. Werktags sieht man hier oft traditionelle Kunsthandwerker ihre Fertigkeiten demonstrieren.

FORT MONTE
FESTUNG

Karte S. 228 (大炮台, Fortaleza do Monte; Praceta do Museu de Macau; ⌚7–19 Uhr; 🚌7, 8, am Sozialamt aussteigen) GRATIS Gleich östlich der Ruine der Pauluskirche (S. 218), nur durch einen Kiespfad und schöne Bäume abgetrennt, steht das Fort Monte. Es wurde zwischen 1617 und 1626 von den Jesuiten errichtet, um das Marienkolleg gegen Piraten zu verteidigen. Später wurde es an die Kolonialregierung übergeben. Es wurden Kasernen und Lagerhäuser entworfen, die es möglichen machen sollten, eine zweijährige Belagerung zu überstehen. Tatsächlich wurden die Kanonen aber nur einmal abgefeuert, nämlich 1622 bei einem schließlich aufgegebenen Versuch der Holländer, in Macao einzufallen.

LEAL SENADO
HISTORISCHES GEBÄUDE

Karte S. 228 (民政總署大樓; ☎853 2857 2233; 163 Avenida de Almeida Ribeiro; ⌚Di–So 9–21 Uhr; 🚌3, 6, 26A, 18A, 33, an der Almeida Ribeiro aussteigen) Am Largo do Senado steht Macaos bedeutendstes historisches Gebäude, der im 18. Jh. erbaute „Loyale Senat", in dem sich heute das Instituto para os Assuntos Cívicos e Municipais (IACM; Büro für städtische Angelegenheiten) befindet. Der Grund für den Namen des Gebäudes: Das Gremium, das hier saß, weigerte sich während der 60 Jahre, in denen Spanien Portugal besetzt hatte, die spanische Herrschaft über Macao anzuerkennen. 1654, zwölf Jahre nach der Wiederherstellung der portugiesischen Souveränität, ordnete König Johann IV. die Anbringung einer heraldischen Inschrift in der Eingangshalle an. Sie ist dort noch heute zu sehen.

In der Eingangshalle befindet sich auch die **IACM Temporary Exhibition Gallery** (民政總署臨時展覽廳; Karte S. 228; ☎853 2836 6866; www.icm.gov.mo/en/events; ⌚Di–So 9–21 Uhr) GRATIS. Im 1. Stock ist die **Senatsbibliothek** (民政總署圖書館; Karte S. 228; ☎853 2857 2233; ⌚MoySa 13–19 Uhr) GRATIS untergebracht, die eine Sammlung von etwa 18 500 Büchern, wunderschöne geschnitzte Holzmöbel und getäfelte Wände besitzt.

TAP-SEAC-GALERIE
GALERIE

(塔石藝文館, Galeria Tap Seac; ☎853 2836 6866; www.icm.gov.mo/ts; 95 Avenida Conselheiro Ferreira de Almeida; ⌚10–21 Uhr; 🚌7, 8) GRATIS Die Galerie befindet sich in einem von mehreren Gebäuden aus den 1920er-Jahren rund um den **Tap-Seac-Platz** (塔石廣場, Praca do Tap Seac). Dieser Bau gehörte früher einer Oberschichtfamilie und hat eine Fassade im europäischen Stil sowie maurische Bogentüren. Die Galerie zeigt hervorragende Ausstellungen zeitgenössischer Kunst. Der Originalinnenhof in der Mitte des Gebäudes wurde erhalten und schafft eine lichtdurchflutete, entspannte Kulisse für die Werke.

KAFFEEKULTUR IN MACAO

Auf der Halbinsel Macao floriert die Kaffeekultur, und es gibt keinen Mangel an Cafés, die starke Espressi, sortenreine Kaffees und gelegentlich sogar einen Espresso-Martini servieren. Hier einige unserer Lieblingscafés:

Single Origin (單品; ☎853 6698 7475; 19 Rua de Abreu Nunes; Kaffee 35 MOP; ⏲12–20 Uhr; Wi-Fi; Bus 2, 4, 7, 7A, 8)

Cafe Philo (Karte S. 228; www.facebook.com/pg/cafephilo; 17B Rua dos Artilheiros; ⏲Di–So 12.30–19.30 Uhr; Wi-Fi; Bus 7, 8, 18A, 19)

Terra Coffee House (Karte S. 228; ☎853 2893 7943; 1 Largo de St Agostinho; ⏲Mo–Sa 10–21.30, So 12–20 Uhr; Wi-Fi; Bus 9, 16)

Terra Drip Bar (☎853 2847 3623; Block 4, 364 Rua 1 de Maio; ⏲Mo–Fr 12–20, Sa & So ab 10 Uhr; Wi-Fi; Bus 2A, 7, 18A)

THEATER DOM PEDRO V. HISTORISCHES GEBÄUDE

Karte S. 228 (崗頂劇院, Teatro Dom Pedro V; ☎853 2893 9646; www.wh.mo/theatre/en; Calçada do Teatro, Largo de St Agostinho; ⏲Mi–Mo 10–18 Uhr; Bus 3, 4, 6A, 8A, 19) Das graugrüne neoklassizistische Theater ist eines der ältesten Theater im westlichen Stil in ganz Ostasien und bis heute ein wichtiger kultureller Veranstaltungsort. Es wurde 1860 von den hiesigen Portugiesen im Stil der europäischen Theater jener Zeit erbaut, später wurden einige Elemente ergänzt, so die Fassade mit den weißen Säulen. Im Korridor rechts vom Hauptsaal befinden sich schöne Jugendstil-Fenster, und zu den Rängen führt eine pittoreske Treppe.

Nördliche Halbinsel Macao

★FORT GUIA & GUIA-KAPELLE FESTUNG/KAPELLE

(東望洋炮台及聖母雪地殿聖堂, Fortaleza da Guia e Capela de Guia; Flora-Park; ⏲Festung 9–18 Uhr, Kapelle 10–17.30 Uhr, Leuchtturm nur an besonderen Tagen geöffnet; Bus 2, 2A, 6A, 12, 17, 18, Haltestelle Flora-Park) GRATIS Vom Fort Guia, das am höchsten Punkt der Stadt steht, bietet sich ein Panoramablick auf die Stadt. Ganz oben befindet sich die kleine, aber großartige Kapelle unserer lieben Frau von Guia, die 1622 erbaut wurde und fast vollständig im Originalzustand erhalten ist, einschließlich der Fresken mit portugiesischen und chinesischen Elementen. Neben der Kapelle steht der älteste moderne Leuchtturm (ca. 1865) an der chinesischen Küste, ein hübscher, 15 m hoher Turm, der für Besucher in der Regel geschlossen ist.

Am Eingang zur Festung ist eine tolle Ausstellung alter Taifun-Zeichen zu sehen, die bei Stürmen hochgezogen wurden. Es handelt sich um große, dreidimensionale Symbole aus Metall, die die Windstärke nach dem von Macao und Hongkong verwendeten System anzeigen. In der Festung informiert eine neue Ausstellung über die Kapelle und den Komplex. Auf der anderen Seite der Festung befindet sich ein Tunnel, in dem alte Fotos und Nachbauten zeigen, wie es dort aussah, als dieser als Luftschutzbunker diente.

Man kann zwar zur Festung und Kapelle laufen, einfacher erreicht man sie aber mit der Seilbahn vom Eingang zum **Flora-Park** (二龍喉公園, Jardim da Flora; Travessa do Túnel; Seilbahn einfache Strecke/hin & zurück 2/3 MOP; ⏲Park tgl. 6.30–20.30 Uhr, Seilbahn Di–So 8–18 Uhr; kinderfreundlich; Bus 2, 17, 18), dem größten öffentlichen Park Macaos.

AFA GALERIE

(全藝社, Art for All Society; ☎853 2836 6064; www.afamacau.com; 1. Stock, Art Garden, 265 Avenida Dr Rodrigo Rodrigues; ⏲Mo–Fr 10–19 Uhr; Bus 8, 8A, 18A, 7) GRATIS In dieser gemeinnützigen Galerie, die Kunst aus Macao in der Welt bekannt gemacht hat, sind einige der besten zeitgenössischen Kunstwerke Macaos zu sehen. Sie veranstaltet monatlich Einzelausstellungen der besten Künstler der Stadt. Die Galerie befindet sich nahe der Mong-Há-Mehrzwecksporthalle. In der Rua da Barca oder der Rua de Francisco Xavier Pereira aus dem Bus steigen! Zu Fuß benötigt man vom Largo do Senado 20 Minuten.

CASA GARDEN HISTORISCHES GEBÄUDE

(東方基金會會址; 13 Praça de Luís de Camões; ⏲Garten tgl. 9.30–18 Uhr, Galerie nur während

Ausstellungen Mo–Fr 9.30–18 Uhr; 🚌8A, 17, 26) GRATIS Diese schöne Kolonialvilla mit Park wurde 1770 als Residenz eines Händlers gebaut und war später das Hauptquartier der Britischen Ostindien-Kompanie, als diese im frühen 19. Jh. ihren Sitz in Macao hatte. Eine kleine Galerie zeigt hervorragende Ausstellungen mit multikulturellem Kontext (portugiesisch und macaoisch/chinesisch). Besucher können im etwas verlassen wirkenden Garten herumspazieren.

KUN-IAM-TEMPEL BUDDHISTISCHER TEMPEL

(觀音廟, Templo de Kun Iam; 2 Avenida do Coronel Mesquita; ⏲7–17.30 Uhr; 🚌1A, 10, 18A, Haltestelle Travessa de Venceslau de Morais) Macaos ältester Tempel wurde im 13. Jh. gegründet, das gegenwärtige Bauwerk stammt aber aus dem Jahr 1627. Dekorative Porzellanfiguren schmücken die Dachfirste, und die Säle sind prunkvoll dekoriert, wenn auch ein wenig vom Zahn der Zeit gezeichnet. In der Haupthalle steht eine Statue von Kun Iam, der Göttin der Barmherzigkeit, links vom Altar befindet sich eine bärtige Arhat-Statue (buddhistischer Heiliger), die angeblich Marco Polo darstellen soll. Der erste chinesisch-amerikanische Vertrag wurde 1844 an einem runden Steintisch im terrassierten Garten des Tempel unterzeichnet.

FRIEDHOF DES ERZENGELS MICHAEL FRIEDHOF

(西洋墳場, Cemitério de São Miguel Arcanjo; 2a Estrada do Cemitério; ⏲8–18 Uhr; 🚌7, 7A, 8) Auf diesem Friedhof nordöstlich vom Fort Monte befinden sich Gräber und Grabkammern aus dem 19. und 20. Jh., die schöne Beispiele für barocke Sakralkunst sind. Nahe dem Haupteingang steht die 1875 erbaute **Michaelskapelle** (聖彌額爾小堂, Capela de São Miguel; ⏲10–18 Uhr), eine kleine mintgrüne Kirche mit einem winzigen Chorbalkon und hübschen Säulengängen.

PATANE-BIBLIOTHEK HISTORISCHES GEBÄUDE

(沙梨頭圖書館; ☎853 2856 7576; www.library.gov.mo; 69-81 Rua da Ribeira do Patane; ⏲Di–So 9.30–20.30, Mo ab 14 Uhr; 🚌4, 6, 6A) Sieben aneinandergrenzende Ladenhäuser, die den inneren Hafen säumen, wurden renoviert und in eine tolle öffentliche Bibliothek verwandelt. Die farbenfrohen zweistöckigen Häuser haben Arkaden mit südastasiatischem Charakter und Türen, die an die in Mittelmeerländern erinnern. Innen ist die Bibliothek mit alten Wasserrohren, Türverkleidungen und Geländern der früheren Bewohner dekoriert. Abends kann man hier ältere Einheimische beim Zeitunglesen und Schüler bei den Hausarbeiten sehen.

Südliche Halbinsel Macao

★MUSEU DE ARTE DE MACAU MUSEUM

(澳門藝術博物館; ☎853 8791 9814; www.mam.gov.mo; Macau Cultural Centre, Avenida Xian Xing Hai; ⏲Di–So 10–18.30 Uhr; 🚌1A, 8, 12, 23) GRATIS Dieses ausgezeichnete fünfstöckige Museum zeigt gut zusammengestellte Ausstellungen mit Kunst aus Macao und China, darunter auch Gemälde westlicher Künstler wie George Chinnery, der in der Enklave lebte. Weitere Highlights sind die Keramik- und Steinzeug-Artefakte, die in Macao ausgegraben wurden, Kalligrafien aus Guangdong aus der Ming- und Qing-Dynastie, Keramikstatuen aus Shiwan (Guangdong) und Siegelgravuren. Das Museum zeigt zudem westliche Gemälde aus dem 19. Jh. aus ganz Asien und zeitgenössische Kunst aus Macao.

★KAPELLE UNSERER LIEBEN FRAU VON PENHA HISTORISCHES GEBÄUDE

(西望洋聖母堂, Capela de Nossa Senhora da Penha; Gipfel des Penha-Hügels; ⏲9.30–16 Uhr; 🚌3, 8, 9, 16) Die anmutige Kapelle auf dem Gipfel des Penha-Hügels wurde im 17. Jh. als Pilgerstätte für portugiesische Seefahrer errichtet, vermeintlich von Mitgliedern einer Schiffsbesatzung, die um Haaresbreite den Holländern in die Hände gefallen wäre. Fast alles, was heute zu sehen ist, stammt aus dem Jahr 1935. Im Hof steht eine dem Meer zugewandte Marmorstatue Unserer lieben Frau von Lourdes. Symmetrische Treppen führen hinunter zur mit Kirchengestühl und einem Altar ausgestatteten Grotte eines Heiligen. Die graue Kapelle ist über den See hinweg sichtbar.

AVENIDA DA REPÚBLICA GEBIET

(民國大馬路; 🚌6, 9, 16) Die Avenida da República entlang des Nordwestufers des Sai-Van-Sees, die von Banyanbäumen umgeben ist, markiert Macaos ältestes portugiesisches Viertel. Hier stehen mehrere grandiose Kolonialvillen, die für die Öffentlichkeit allerdings nicht zugänglich sind. Das ehemalige Bela Vista Hotel, eines der sagenumwobensten Hotels Asiens, ist heute die **Residenz des portugiesischen Gene-**

ralkonsuls in Macao (葡國駐澳門領事官邸, Consulado-Geral de Portugal em Macau; Rua do Boa Vista). Ganz in der Nähe steht auch der Santa-Sancha-Palast, die frühere Residenz der portugiesischen Gouverneure in Macao, in dem heute Würdenträger untergebracht werden. Nicht allzu weit davon entfernt stehen mehrere schöne, verlassene, vom Art déco inspirierte Gebäude.

AUSSTELLUNG ZUR GESCHICHTE DES GLÜCKSSPIELS IN MACAO — GALERIE

(澳門博彩業歷史資料館; Kasino Crystal Palace, 3. Stock, Hotel Lisboa, 2-4 Avenida de Lisboa; 9–17.30 Uhr; 3, 6, 26A) GRATIS Die Wurzeln der Glücksspielindustrie Macaos reichen bis ins 16. Jh. zurück. Damals spielten Arbeiter aus China in selbst gebauten Ständen ein Spiel namens Fan Tan. Darüber haben zwar schon Gelehrte geschrieben, doch dies ist die erste Ausstellung, die sich diesem Thema widmet. Sie ist sehr aufschlussreich. Besucher werden mithilfe von Texten (nur auf Chinesisch), faszinierenden Fotos und historischen Spielautomaten durch die Geschichte des Glücksspiels in Macao geführt.

ESSEN

★RIQUEXÓ CAFE — CAFETERIA $

(利多咖啡屋; 853 2856 5655; 69 Avenida Sidonio Pais; Mahlzeiten ab 60 MOP; 12–22 Uhr) Im schlichten Riquexó bekommt man leckere, schnörkellose Gerichte aus Macao. Man trifft seine Wahl aus den Tagesangeboten, das könnte z. B. *minchi* sein, ein Hackfleischgericht mit gewürfelten Kartoffeln, das mit Soja- und Worcestersauce gewürzt wird. Dann sucht man sich im Café einen Tisch und betrachtet die alten Fotos von Macao an den weiß gekachelten Wänden, während man aufs Essen wartet.

INSIDERWISSEN

MACAOS KÜCHE

Die verführerische Küche Macaos ist von chinesischen, asiatischen und portugiesischen Einflüssen geprägt, aber auch von den ehemaligen portugiesischen Kolonien in Afrika, Indien und Lateinamerika. Die Köche benutzen viel Kokosnuss, Tamarinden, Chili, Palmzucker und Shrimpspaste. Eine typische Spezialität ist *galinha à africana* (Hähnchen auf afrikanische Art), das mit Kokos, Knoblauch und Chili zubereitet wird. Andere beliebte Gerichte sind *casquinha* (gefüllter Krebs), *minchi* (Hackfleisch mit Kartoffeln und Zwiebeln) und *serradura* (eine Art Milchpudding).

★HOU KONG CHI KEI — KANTONESISCH $

(濠江志記; 853 2895 3098; EG, Block 3, Lai Hou Gardens, Rua Coelho do Amaral; Gerichte 48–228 MOP; 6.30–22.30 Uhr; 8A, 17, 26) Einheimische Familien strömten schon wegen des recht preiswerten gegrillten Fischs und des Schweineohrensalats in dieses unauffällige Restaurant, als es noch gar nicht im *Guide Michelin* erwähnt wurde. Am Wochenende ist eine Reservierung inzwischen ein Muss. Die gebratenen Taro-Fischbällchen und das gehaltvolle Austernomelett werden kochend heiß serviert, ein Tsingtao-Bier schmeckt dazu super.

★CLUBE MILITAR DE MACAU — PORTUGIESISCH $$

Karte S. 228 (陸軍俱樂部; 853 2871 4000; 975 Avenida da Praia Grande; Mahlzeiten 200–500 MOP; Mo–Fr 13.45–14.45 & 19–22.30, Sa & So 12–14 & 19–22.30 Uhr; 6, 28C) Der Militärclub residiert in einem prächtigen Kolonialgebäude mit gemächlich surrenden Ventilatoren und entführt Besucher zurück in ein gemächlicheres Macao. Zu den einfachen, aber köstlichen portugiesischen Gerichten werden recht preiswerte Weine und guter Käse serviert. Das Büfett für 200 MOP lockt mit einem tollen Preis-Leistungs-Verhältnis, andererseits bieten die Gerichte von der Karte mehr kulinarische Raffinesse und die Chance, das berühmte *leitão* (Spanferkel) zu probieren. Abends und am Wochenende ist eine Reservierung ratsam.

A LORCHA — MACAO-KÜCHE, PORTUGIESISCH $$

(船屋葡國餐廳; 853 2831 3193; www.alorcha.com; 289 Rua do Almirante Sérgio; Mahlzeiten 300–600 MOP; Mi–Mo 12.30–14.30 & 18.30–22.30 Uhr; 1, 5, 10) „Das Segelboot" ist in jedem Reiseführer genannt. Ein Grund für seine Beliebtheit ist die Nähe zum A-Ma-Tempel. Wer keine außergewöhnliche Kreativität erwartet, kann hier solide Gerichte der portugiesischen und der Macao-Küche genießen. Die Portionen sind großzügig.

★EIGHT — KANTONESISCH $$$

Karte S. 228 (8餐廳; 853 8803 7788; www.grandlisboahotel.com; 2. Stock, Grand Lisboa Hotel, Avenida de Lisboa; Hauptgerichte 480–3000 MOP; ⏲Mittagessen Mo–Sa 11.30–14.30 Uhr, Brunch So 10–15 Uhr, abends tgl. 18.30–22.30 Uhr; P❄📶; 🚌3, 10, 28B) Das Eight ist ein fantastisches, mit drei Michelin-Sternen ausgezeichnetes Restaurant und ein Musterbeispiel für die kantonesische kulinarische Raffinesse im Grand Lisboa. Gäste können im Schein von Kristallkronleuchtern und zum Geräusch der Wasserspiele an den Wänden „einfache" Speisen wie Braten und perfekt zubereitete kantonesische Suppe essen oder Seafood-Delikatessen wie Abalone schlemmen. Eine Reservierung ist ein Muss.

TIM'S KITCHEN CHINESISCH $$$

(桃花源小廚; ☎853 8803 3682; www.hotelisboa.com; Shop F25, East Wing, Hotel Lisboa, 2-4 Avenida de Lisboa; Mahlzeiten 500–13800 MOP; ⏲12–14.30 & 18.30–22.30 Uhr; 🚌3, 6, 26A) Im Tim's werden erstklassige Zutaten perfekt zubereitet, mit Techniken, die ihren ursprünglichen Geschmack hervorheben, sodass die Gerichte zwar schlicht aussehen, aber göttlich schmecken. Da teilt sich eine riesige Glasgarnele den Teller mit einer Scheibe chinesischen Schinkens, und eine Krebszange ruht auf einem Bett von mit Brühe durchtränktem Wachskürbis. Auf der Karte spielt Seafood eine Hauptrolle, von frittiertem Jakobsmuscheln auf Taro-Püree bis zu geschmorter Abalone.

AUSGEHEN & NACHTLEBEN

★MACAU SOUL BAR

Karte S. 228 (澳感廊; ☎853 2836 5182; www.macausoul.com; 31A Rua de São Paulo; ⏲Mi & Do 15–22, Fr–So bis 24 Uhr; 🚌8A, 17, 26) Eine elegante Oase aus Holz und Buntglas. Zweimal im Monat spielt hier eine Jazzband vor dicht gedrängtem Publikum. An den meisten Abenden erklingt jedoch Thelonious Monk, während die Gäste mit den Besitzern schwatzen und überlegen, welchen der über 400 portugiesischen Weine – darunter auch einige seltene Sorten – sie bestellen sollen. Die Öffnungszeiten variieren; vorher anrufen!

★BEER TEMPLE KNEIPE

Karte S. 228 (☎853 2835 2803; www.facebook.com/beertemple.patiolazaro/; 4 Pátio São Lázaro; ⏲12–2 Uhr; 📶; 🚌3, 4, 6A, 19) Der Name verrät es schon: Die Auswahl von Craft-Bieren ist einfach riesig. Wer sich nicht entscheiden kann, sagt den Mitarbeitern, was er mag – fruchtig, trocken und bitter oder mit kräftigem Kieferndufte –, sie wählen dann ein passendes Bier aus. Hohe Decken, laute Musik und glänzende schwarze Oberflächen prägen den Barbereich.

CHE CHE CAFE BAR

Karte S. 228 (☎853 6288 0857; www.facebook.com/chechecafemacau; 70A Rua de Tomás Vieira; ⏲Mo–Sa 15–2 Uhr; 🚌7, 8, 18A, 19) Das Che Che gehört einem Mitglied der Post-Rock-Band Why Oceans und ist angenehm schummrig und entspannt. Eine auf antik gemachte Weltkarte und ein Neonschild mit der Inschrift *Love Will Tear Us Apart* heben sich von den dunklen Wänden ab. Hier treffen sich multikulturell gesinnte Jugendliche, um bei einer Flasche Sake oder einem schaumigen Bier über Filme zu diskutieren.

MICO CAFE BAR

Karte S. 228 (78A Rua de Tomás Vieira; ⏲Mi–Mo 21–2 Uhr; 🚌7, 8, 18A, 19) Es ist gar nicht leicht, das Mico Cafe zu besuchen, doch das liegt nicht an seiner Lage ein paar Häuser vom Che Che Cafe (S. 227) entfernt oder an seiner mangelnden Bekanntheit, sondern daran, in welcher Stimmung der Besitzer Pedro gerade ist – denn er entscheidet, ob er einen hineinlässt. Die ruhige, schummrig beleuchtete Bar wirkt kunstbewusst und geheimnisvoll. Dies und die guten portugiesischen Weine dürften der Grund dafür sein, dass die Leute reinzukommen versuchen.

SKY 21 LOUNGE LOUNGE

(☎853 2822 2122; www.sky21macau.com; 21. OG, AIA Tower, 215a-301 Avenida Comercial de Macau; ⏲So–Do 18-30–2, Fr & Sa bis 3 Uhr, Happy Hour 17–21 Uhr; 📶; 🚌18, 23, 32) Elegante Lounge-Bar mit Plätzen im Freien und recht teuren Getränken. Ab 22.30 Uhr gibt's Bier-Pong und mehrmals pro Woche DJs und/oder Livejazz. Samstags finden Themenpartys statt. Das Highlight hier ist der fantastische Blick auf die Skyline Macaos.

UNTERHALTUNG

★LIVE MUSIC ASSOCIATION LIVEMUSIK

(LMA; 現場音樂協會; ☎853 2875 7511; www.facebook.com/lma.macau; 11. Stock, Flat B, San Mei Industrial Bldg, 50 Avenida do Coronel Mesquita;

Halbinsel Macao Zentrum

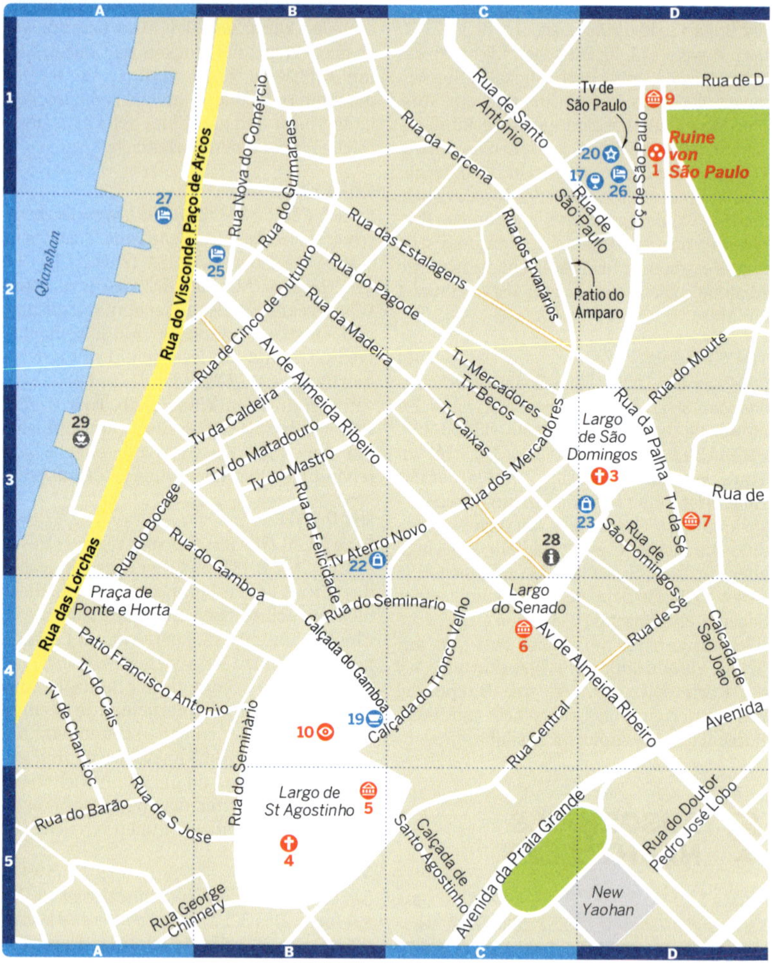

(🚌7, 17, 18B) *Der* Ort für Indie-Musik in Macao: In dem großartigen Schuppen in einem Industriegebäude spielen jede Woche zwei oder drei Bands aus Macao und dem Ausland. Hier traten schon Cold Cave, Buddhistson, Mio Myo und Pet Conspiracy auf. Termine stehen auf der Facebook-Seite.

Zu den Indie-Bands aus Macao, auf die man achten sollte, gehören WhyOceans (www.whyoceans.com) und Turtle Giant (www.turtlegiant.com).

CINEMATHEQUE PASSION KINO

Karte S. 228 (戀愛電影館; ☎853 2852 2585; www.cinematheque-passion.mo; 11-13 Travessa da Paixão; Tickets Erw./Student & Senior 60/30 MOP; ⏲Kinokasse 10–23.30 Uhr, Archiv Di–So 10–20 Uhr; 🚌2, 3, 4, 6, 7) Macaos Programmkino und das Filmarchiv sind in einem stattlichen gelben Haus untergebracht. Das Kino zeigt regelmäßig Filme aus Macao und über die Stadt, die meisten englisch untertitelt. Wer keine Lust auf Kino hat, sollte dennoch durch die Lobby hinaus in den hübschen Garten gehen, von dem man die Ruinen der Pauluskirche sehen kann.

COMUNA DE PEDRA TANZ

(石頭公社; ☎853 6628 0064; www.comunadepedra.blogspot.com; Iao Seng Industrial Bldg, Pha-

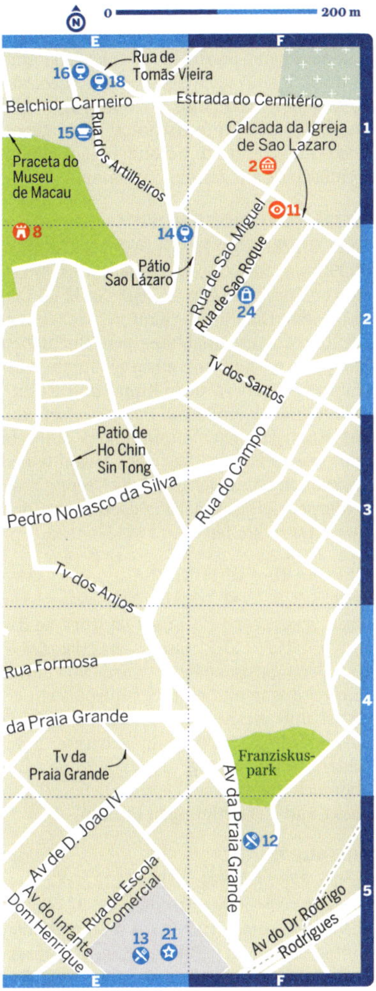

se II, 9. Stock, DB Rua Quatro do Bairro Iao Hon) Die progressive Truppe für zeitgenössischen Tanz ist schon überall aufgetreten: in Parks, auf Dächern, in Fabriken, aber auch auf Bühnen in Macao und im Ausland. Es ist also nicht so leicht, sie zu erwischen, aber aktuelle Termine gibt's auf der Website.

WYNN MACAU CASINO KASINO

(永利娛樂場; ☎853 2888 9966; www.wynnmacau.com; Wynn Macau, Rua Cidade de Sintra, Novos Aterros do Porto Exterior; ⏲24 Std.; 🚌8, 10A) Trotz des „Performance Lake" vor dem Eingang, der alle 15 Minuten zum Klang von *Money Makes the World Go Round* oder

Halbinsel Macao Zentrum

Highlights
1 Ruinen von São Paulo ... D1

Sehenswertes
2 Albergue SCM ... F1
3 Dominikuskirche ... D3
4 St. Joseph ... B5
5 Theater Dom Pedro V. ... B5
IACM Temporary Exhibition Gallery ... (siehe 6)
6 Leal Senado ... C4
7 Lou-Kau-Haus ... D3
8 Fort Monte ... E2
9 Museum für sakrale Kunst & Krypta ... D1
Senatsbibliothek ... (siehe 6)
10 Bibliothek Sir Robert Ho Tung ... B4
11 St.-Lazarus-Viertel ... F1
Schatzkammer sakraler Kunst .. (siehe 3)

Essen
12 Clube Militar de Macau ... F5
13 Eight ... E5

Ausgehen & Nachtleben
14 Beer Temple ... E2
15 Cafe Philo ... E1
16 Che Che Cafe ... E1
17 Macau Soul ... D1
18 Mico Cafe ... E1
19 Terra Coffee House ... B4

Unterhaltung
20 Cinematheque Passion ... D1
21 Grand Lisboa Casino ... E5

Shoppen
22 LCM Shop of Canned Macau ... B3
Mercearia Portuguesa ... (siehe 2)
23 Pin-to Livros e Musica ... D3
24 Vintage Market ... F2

Schlafen
25 5Footway Inn ... B2
26 Love Lane Seven Inn ... D1
27 Sofitel Macau at Ponte 16 ... A2

Praktisches
28 Touristeninformation ... C3

Transport
29 Yuet Tung Shipping Co ... A3

chinesischer Melodien für eine Fontänenshow herhalten muss, gehört das Wynn zu den weniger glamourösen Kasinokomplexen Macaos. Die Spielsalons sind ebenso wie die kleine, edle Einkaufsmeile relativ dezent gestaltet.

Weniger ruhig geht's dafür während der Show *Dragon of Fortune* zu, die halbstündlich im Atrium der Rotunda stattfindet. Dabei taucht ein ferngesteuerter rauchspeiender Drache aus dem Boden auf. Weitere Attraktionen für alle, die nicht dem Glücksspiel frönen wollen, sind der 24-Karat-Goldbaum, der jeweils zur halben Stunde aus dem Boden sprießt, oder das Aquarium voller Ohrenquallen.

GRAND LISBOA CASINO — KASINO

Karte S. 228(新葡京; ☎853 2838 2828; www.grandlisboa.com; Avenida de Lisboa; ⏲24 Std.; 🚌3, 10) Mit seinem Turm in Form einer Lotusblüte hat sich das herrlich kitschige Grand Lisboa zu einem Wahrzeichen entwickelt, mit dessen Hilfe die Besucher durch die Straßen der Halbinsel navigieren. Die vier Glücksspielebenen sind immer proppenvoll mit Spielern, die das Ganze todernst nehmen. Weniger los ist bei der täglich in der Bar aufgeführten Kabarett-Tanz-Show „Crazy Paris".

MGM GRAND MACAU — KASINO

(澳門美高梅; www.mgm.mo; Grande Praça, Avenida Dr. Sun Yat Sen; ⏲24 Std.; 🚌3A, 8, 12) Mit dem unaufdringlich beleuchteten Kasinoboden und dem unscheinbaren gehobenen Einkaufszentrum, das ausschließlich hochwertige Waren verkauft, scheint das MGM etwas weniger schrill zu sein als andere Kasinos – lediglich die Grande Praça fällt aus der Reihe: ein weitläufiger, von einer Kuppel überdachter Platz im Innern, der an das alte Lissabon erinnert und in dessen Mitte sich ein haushohes röhrenförmiges Aquarium mit tropischen Fischen befindet.

SHOPPEN

★LCM SHOP OF CANNED MACAU — ESSEN

Karte S. 228 (澳門葡式辣魚店, LCM Loja das Conservas Macau; ☎853 6571 8214; www.facebook.com/lojadasconservasmacau; 9 Travessa do Aterro Novo; 30–300 MOP; ⏲11–21 Uhr; 🚌4, 8A, 18A, 19) Dieser Laden hat Dutzende Dosenfischmarken (in Hunderten Varianten) aus Portugal auf Lager. Alle sind mit ausführlichen Informationen über den Hersteller und die Produkte selbst versehen. Neben erstklassigen Sardinen, Makrelen und Thunfisch sind auch Seebrassen, *bacalhau* (gesalzener Kabeljau), Oktopus und *sangacho de atum* (Thunfischblut) im Angebot. Letzteres schmeckt besonders auf einem Gemüsebett mit Zitronendressing.

★PIN-TO LIVROS E MUSICA — BÜCHER

Karte S. 228 (邊度有書有音樂; ☎853 2833 0909; www.facebook.com/pg/pintolivros; 47 Estrada de Coelho do Amaral; ⏲Di–So 12–21 Uhr; 🚌3, 6, 26A) Das Pin-To (kanton. „wo") ist einer der besten unabhängigen Buchläden Macaos und hat eine ausgezeichnete Auswahl von Büchern über Kunst und Kultur, darunter auch einige auf Portugiesisch und auf Englisch. Die Sammlungen spiegeln den Geschmack des Besitzers Anson wider, der manchmal in der Nähe der Treppe liest. Außerdem gibt's ein paar esoterische und Jazz-CDs zu kaufen (und zwei Hauskatzen).

MERCEARIA PORTUGUESA — ESSEN

Karte S. 228 (☎853 2856 2708; www.merceariaportuguesa.com; 8 Calçada da Igreja de São Lázaro; ⏲Mo–Fr 13–21, Sa & So ab 12 Uhr; 🚌7, 8) Die „Portugiesische Ecke" wurde von einem Filmregisseur und einer Schauspielerin eröffnet und verkauft ein kleines, sorgfältig ausgewähltes Sortiment, darunter Geschirr, Seife, Honig, Holzspielzeug und Schmuck aus Portugal – alles liebevoll verpackt und zu anständigen Preisen.

VINTAGE MARKET — VINTAGE

Karte S. 228 (古著市集; ☎853 6233 3900; www.facebook.com/vintagemarketmacau; 22A Rua da Sao Roque; ⏲Mo–Fr 15–21, Sa & So ab 14 Uhr) Vintage-Overalls, Bikerjacken, Twinsets und durchsichtige Morgenmäntel – all dies findet man hinter den (sehr schweren) gelben Schiebegittern. Die meisten Waren stammen aus Australien, Thailand und Nordamerika. Daneben gibt's unkonventionellen handgemachten Schmuck von einheimischen Designern.

SCHLAFEN

Preiswerte Pensionen findet man im Zentrum Macaos in der Rua das Lorchas und rund um die Avenida de Almeida Ribeiro. Besonders viele gibt es sich in den Reihenhäusern in der Rua da Felicidade (Straße des Glücks), die einst das wichtigste Rotlichtviertel Macao war – hier wurden Szenen aus *Indiana Jones und der Tempel des Todes* gedreht. Die Türen hier haben oft eine Art Fensterläden. Die Luxuskasinos sind hauptsächlich im Südosten und im Zentrum der Stadt angesiedelt.

LOVE LANE SEVEN INN PENSION $

Karte S. 228 (戀愛七號旅館; ☎853 2836 6490; www.lovelane7.com; 7 Travessa da Paixão; DZ 500–800 MOP; 🚭 ❄ 📶; 🚌8A, 17, 26) Hinter einer rosa-grünen Fassade verteilen sich sieben Zimmer auf mehrere Etagen: Es gibt ein großes Zimmer mit zwei Doppelbetten, vier Standardzimmer mit eigener Dusche und zwei kleine Zimmer, deren Bewohner sich eine Gemeinschaftsdusche teilen. Zimmer 102 hat Buntglasfenster. Im ganzen Gebäude verstreut stehen historische Objekte, darunter auch glücksverheißende Bildhauerarbeiten.

★**5FOOTWAY INN** PENSION $$

Karte S. 228 (五步廊旅舍; ☎853 2892 3118; 8 Rua de Constantino Brito; DZ/3BZ inkl. Frühstück ab 1400/2200 MOP; 🚭 ❄ 📶; 🚌1, 2, 5, 7, 10) Früher war diese Unterkunft, deren Besitzer aus Singapur stammen, ein Love Motel (eine Art Stundenhotel), dann wurde sie umgebaut und hat nun 23 kleine Zimmer. Farbenfrohe, großformative Gemälde beleben hier die Gemeinschaftsbereiche. Die ausgezeichnet geschulten Mitarbeiter sprechen Englisch. Eine Frühstück zur Selbstbedienung ist im Preis enthalten. Das Haus liegt gegenüber vom **Sofitel Macau at Ponte 16** (澳門十六浦索菲特大酒店; ☎853 8861 0016; www.sofitelmacau.com; Rua do Visconde Paço de Arcos), und Gäste können mit dem kostenlosen Sofitel-Shuttle-Bus vom und zum Fährterminal fahren. Außerhalb der Hauptsaison sinken die Preise für ein Doppelzimmer an Werktagen bis auf 500 MOP.

★**MANDARIN ORIENTAL** SPITZENKLASSEHOTEL $$$

(文華東方酒店; ☎853 8805 8888; www.mandarinoriental.com/macau; Avenida Dr. Sun Yat Sen; Zi./Suite inkl. Frühstück ab 3000/4800 MOP; 🚭 ❄ @ 📶 🏊) Das Mandarin ist eine tolle Luxusunterkunft und bietet alles, was man von dieser Hotelkette erwartet: Eleganz, fantastischen Service, komfortable Zimmer und großartige Einrichtungen. Es ist zwar recht klein, bildet aber einen angenehmen Kontrast zu den schillernden Kasinohotels.

MACAO TRADITIONELL

Im **Lung Wah Tea House** (龍華茶樓; ☎853 2857 4456; 3 Rua Norte do Mercado Almirante-Lacerda; Dim Sum ab 14 MOP, Tee 10 MOP, Essen 48–110 MOP; ⏲7–14 Uhr; 👪; 🚌23, 32), einem luftigen kantonesischen Teehaus (ca. 1963), erzeugen Retromöbel und ihre lockere Anordnung ein anmutiges Flair. Von den Nischen am Fenster aus kann man den Red Market sehen, wo das Teehaus jeden Tag seine Produkte kauft. Eine englischsprachige Karte gibt es nicht, man zeigt einfach auf das Gewünschte und nimmt es mit. Das Teehaus verkauft auch eine gute Auswahl chinesischer Tees.

Taipa

Rundgang: Taipa

Taipa ist nur 6,3 km² groß und lässt sich darum sogar noch besser zu Fuß erkunden als die Halbinsel Macao. Hier ist praktisch alles fußläufig erreichbar, aber natürlich kann man auch mit dem Bus oder Taxi fahren. Etwa in der Mitte Taipas befindet sich der Verkehrskreisel Rotunda do Estádio, der nach dem benachbarten Stadion *(estádio)* benannt ist. Im Süden liegt das Dorf Taipa (S. 231), das noch vor wenigen Jahrzehnten ein Fischerdorf mit Werften und Entenfarmen war. Dann wurde der Meeresboden aufgeschüttet, um Land zu gewinnen, und das Kasinoviertel Cotai entstand. Das Dorf Taipa ist das Touri-Zentrum: Hier locken Museen und Sehenswürdigkeiten, Gässchen und Restaurants. Westlich befindet sich der Macau Jockey Club. Im Norden, hinter der Avenida de Kwong Tung, stößt man auf den Pou-Tai-Tempel und seine beiden beliebten vegetarischen Restaurants. Um die Avenida de Kwong gibt's auch einige Cafés, Bars und Lokale. Taipas wichtigste Berge für Wanderer sind der Taipa Grande (Großer Hügel) an der Ostküste und der Taipa Pequena (Kleiner Hügel) im Nordwesten.

Highlights

➡**Sehenswertes** Dorf Taipa (S. 231)

➡**Essen** Tapas de Portugal (S. 231)

➡**Ausgehen** Goa Nights (S. 234)

Taipa

Top-Tipp

Das Dorf Taipai kann man gut mit dem Fahrrad erkunden, wenn nicht zu viel Betrieb herrscht. Das Geschäft Yau Kei (S. 295) nahe dem Pak-Tai-Tempel verleiht für 10 bis 25 MOP pro Stunde Räder. Wer mit dem eigenen Rad unterwegs ist, kriegt bei **Victo Cycle** (偉圖單車; ☎853 2883 0603; 205-241 Avenida de Kwong Tung, Taipa; ⏱11–20 Uhr; 🚌11, 16, 28A) Ersatzteile und Hilfe.

An- & Weiterreise

➜**Bus** Zwischen Macao und Taipa verkehren die Busse 11, 22, 28A, 30, 33, und AP1.

Gut zu wissen

➜**Ortsvorwahl** ☎853

➜**Lage** Taipa liegt 2,5 km von der Halbinsel Macao und 39,3 km von Hongkong entfernt.

SEHENSWERTES

★DORF TAIPA DORF

Karte S. 232 (氹仔舊城區; 🚌22, 26, 33) Nirgendwo ist das historische Taipa so gut erhalten wie in diesem Dorf im Süden der Insel. An den kleinen Gassen finden sich hier eine nette Ansammlung traditioneller chinesischer Läden sowie ein paar ausgezeichnete Restaurants, die breiteren Hauptstraßen säumen mehrere Villen aus der Kolonialzeit, Kirchen und Tempel. In der Fußgängerzone Rua do Cunha reihen sich die Stände der Straßenverkäufer aneinander, die Gratiskostproben von Mandelkeksen und Trockenfleisch anbieten, während winzige Cafés Pastéis de Nata und Serradura-Pudding (ein Dessert aus Sahne und Keksbröseln) im Angebot haben. Die Avenida da Praia ist eine von Bäumen gesäumte Flaniermeile mit gusseisernen Bänken und der perfekte Ort für einen entspannten Spaziergang.

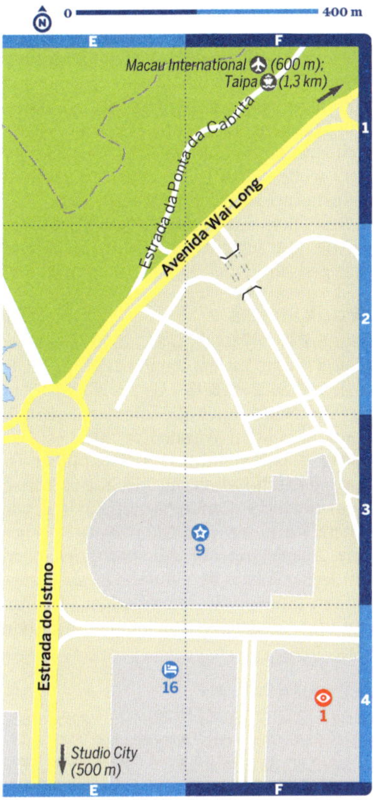

Taipa

Sehenswertes

1 MGM Cotai F4
2 Pak-Tai-Tempel B2
3 Museumshäuser Taipa C1
4 Dorf Taipa B2

Essen

5 Blissful Carrot C2
Fook Lam Moon .... (siehe 10)
Golden Peacock .... (siehe 11)
Jade Dragon .... (siehe 9)
6 Tapas de Portugal B2
Tasting Room .... (siehe 9)

Ausgehen & Nachtleben

7 Goa Nights B2
Macallan Whisky Bar & Lounge .... (siehe 10)
8 Old Taipa Tavern B2

Unterhaltung

9 City of Dreams F3
10 Galaxy Macau A3
House of Dancing Water .... (siehe 9)
11 Venetian D3

Shoppen

12 Cunha Bazaar B1
13 O Santos Loja Portuguesa B2

Sport & Aktivitäten

14 Big Taipa Trail D1
15 Yau Kei Store B2

Schlafen

MGM Cotai .... (siehe 1)
Morpheus .... (siehe 9)
16 St. Regis E4

PAK-TAI-TEMPEL TAOISTISCHER TEMPEL

Karte S. 232 (北帝廟; Largo Camoes, Rua do Regedor, Taipa; ⌚8.30–17 Uhr; 🚌22, 26, 28A) Der Pak-Tai-Tempel steht friedlich an einem luftigen Platz, der von alten Banyanbäumen gesäumt wird. Er ist einer kriegerischen Gottheit gewidmet, dem taoistischen Gott (Tai) des Nordens (Pak), der den Dämonengott besiegt haben soll, welcher das Universum terrorisierte. Zwei chinesische Löwen bewachen den Eingang zum Tempel. Am dritten Tag des dritten Mondmonats wird hier jedes Jahr eine kantonesische Oper aufgeführt. Nachmittags kommen gern Einheimische her, um sich vor dem Tempel zu entspannen.

POU-TAI-TEMPEL BUDDHISTISCHER TEMPEL

(菩提禪院, Pou Tai Un; ☎853 2881 1007; www.facebook.com/poutaimonastery; 5 Estrada Lou Lim Ieok; ⌚9–18 Uhr; 🚌21A, 22, 25, 25X, 26A, 28A) Das malerische Kloster, das im 19. Jh. von buddhistischen Mönchen gegründet wurde, ist die bedeutendste Stätte des Amitabha-Buddhismus in Macao. In der Haupthalle steht eine riesige Bronzestatue von Siddharta Gautama. Gebetspavillons und Orchideengewächshäuser verteilen sich über die gesamte Anlage. Im Hauptgebäude befinden sich zwei vegetarische Restaurants.

MUSEUMSHÄUSER TAIPA MUSEUM

Karte S. 232 (龍環葡韻住宅式博物館, Casa Museum da Taipa; ☎853 2882 7103; Avenida da Praia, Carmo Zone; ⌚Di–So 10–18.30 Uhr; 👪; 🚌11, 15, 22, 28A, 30, 33, 34) GRATIS Diese pastellfarbenen Villen (ca. 1921) waren die Sommerhäuser reicher Einwohner Macaos. Im „Haus der Regionen Portugals" sind portugiesische Trachten ausgestellt, das „Haus der Inseln" beschäftigt sich mit der Geschichte Taipas und Coloanes und zeigt Ausstellungen zu traditionellen Wirtschaftszweigen wie dem Fischfang und der Produktion von Feuerwerkskörpern. Das „Macao-Haus" hat das Leben im frühen 20. Jh. zum Thema. Vor den Villen erstreckt sich vor der Kulisse der Kasinos in der Ferne ein großer, hübscher Fischteich, an dem Kunststudenten gern zeichnen.

ESSEN & AUSGEHEN

★TAPAS DE PORTUGAL — TAPAS $

Karte S. 232 (葡薑園; ☎853 2857 6626; 9 Rua dos Clérigos; Tapas ab 85 MOP; ⌚12–24 Uhr; 🚌22, 26) Dieses gemütliche, in warmen Farben gehaltene Restaurant gehört dem Besitzer des mit Michelin-Sternen ausgezeichneten **António** (安東尼奧; ☎853 2888 8668; www.antoniomacau.com; 7 Rua dos Clérigos; Gerichte 550–1200 MOP; ⌚11.30–16 & 18–24 Uhr; ❄). Es serviert über 40 verschiedene verführerische Tapas und dazu portugiesische Weine. Nach einer Bruschetta mit Lammlende, Spanferkelpastete und Rührei mit Spargel ober Iberico-Wurst auf Toast kann man ein Hauptgericht wie Reis mit Ente oder Afrikanisches Hühnchen (eine Spezialität Macaos) bestellen.

★BLISSFUL CARROT — VEGETARISCH $

Karte S. 232 (☎853 6298 8433; www.blissful carrot.com; 79A Rua Direita Carlos Eugenio; Reisschüsseln ab 80 MOP; ⌚Do–Di 10–20 Uhr; 🖉; 🚌11, 15, 22) 🍃 Der fantastische Imbiss (toll für Vegetarier) verkauft Essen zum Mitnehmen. Am besten schmeckten uns die Reisgerichte auf pflanzlicher Basis (neun Varianten), die Mandelmilch und die Butter Cups (Pralinen) mit Erdnussbutter. Wer Lust auf Milchprodukte hat, kann ein gegrilltes Käsesandwich oder eine Quesadilla bestellen. Der Laden verkauft auch Biowein und -kaffee und verwendet nur biologisch abbaubare, nachhaltige Verpackungen.

★SUM YUEN — VEGETARISCH, CHINESISCH $$

(心橡素食; ☎853 2881 2698; www.facebook.com/sumyuenmacau; 5 Estrada Lou Lim Ieok; Gerichte 200–400 MOP; ⌚10.30–15 & 17.30–22.30 Uhr; ❄🖉👪; 🚌21A, 22, 25, 25X, 26A, 28A) Über 150 kreative Gerichte hat dieses moderne Restaurant im Pou-Tai-Tempel (S. 231) im Angebot. Das Personal bereit aus Avocados, Yams und Auberginen Sushi, Teppanyaki und Puddings zu, außerdem gibt es Suppen und Pfannengerichte mit Pilzen und Bambusmark. Gekocht wird nach chinesischer Art, wobei japanische, europäische und südostasiatische Elemente einfließen.

Besonders mit Freunden kann man hier richtig gut schlemmen – und obendrein sehr gesund.

★GOA NIGHTS — BAR

Karte S. 232 (果阿之夜; ☎853 2856 7819; www.goanights.com; 118 Rua Correria da Silva; ⌚Di–Fr 18–1, Sa & So 12–16 & 18–1 Uhr; 🚌22, 26) Nicht nur der Name, auch die lotosförmigen Silhouetten an den Wänden verraten es: Das Motto dieser gemütlichen Cocktailbar ist Portugiesisch-Indien. Auf der Karte stehen neun köstliche Cocktails mit Zutaten wie rohem Kurkuma und Chorizo-Fett – alles eine Anspielung auf den portugiesischen Entdecker Vasco de Gama. Am spektakulärsten fanden wir den cremigen, fruchtigen und würzig duftenden Cocktail Lisbon (Lissabon).

OLD TAIPA TAVERN — PUB

Karte S. 232 (好客鄉村餐廳, OTT; ☎853 2882 5221; 21 Rua dos Negociantes; ⌚Mo–Fr 14.30–2.30, Sa & So ab 13 Uhr; 📶; 🚌22, 26, 28A) Die Lage in der Nähe des Pak-Tai-Tempels (S. 231) macht das entspannte OTT zu einem wunderbaren Fleckchen für einen oder zwei Drinks am frühen Abend. Bei Bier und Kneipenessen kann man Live-Sportübertragungen sehen oder aber mit seinem Drink zum Hof des Tempels gehen und das Kommen und Gehen im Zentrum des Dorfes Taipa beobachten.

BOOM — LGBTIQ+

(☎853 2882 1776; www.facebook.com/boombar macau; Nam Sun Garden Block 5, M Shop, Avenida de Kwong Tung; ⌚Mo–Sa 21–3 Uhr; 🚌11, 16, 28A) Macaos einzige Schwulenbar ist mit farbiger Wandkunst, hohen Tischen, an denen man leicht ins Gespräch kommt, und gemütlichen Ecken für innigere Tête-à-Têtes eingerichtet. An den meisten Wochenenden gibt's Livemusik, an anderen Tagen Themenabende wie die Techno Night und die Red Night. Das Boom veranstaltet auch Go-go-Tanzshows und ab und zu Gesangswettbewerbe. Wenn die Tür geschlossen ist, einfach klingeln!

SHOPPEN

★O SANTOS LOJA PORTUGUESA ESSEN & TRINKEN

Karte S. 232 (山度士葡國商店; ☎853 2857 6873; 2 Rua das Gaivotas; ⏲Mi–Mo 12–21 Uhr; 🚌22, 26) Portugiesische Produkte sind derzeit in Macao sehr beliebt. Dieses helle, einladende Geschäft verkauft Weine, Olivenöl sowie Dosenfisch. Aber auch wer gern ein paar Kissen mit Hahnenmuster oder eine kindsgroße Statue der Jungfrau Maria hätte, ist hier richtig.

★CUNHA BAZAAR GESCHENKE & SOUVENIRS

Karte S. 232 (官也墟; www.cunhabazaar.com; 33-35 Rua do Cunha; ⏲9.30–22 Uhr; 🚌22, 26, 33) Das vierstöckige Geschäft an einer Ecke der Fußgängerstraße Rua do Cunha im Dorf Taipa ist das Mekka für alle, die Geschenke, T-Shirts oder Süßigkeiten aus Macao suchen. Im Erdgeschoss gibt es traditionelle Lebensmittel wie Mandelplätzchen und Dörrfleisch, im 1. Stock Artikel mit dem Logo von Macaos „Soda Panda".

SPORT & AKTIVITÄTEN

GROSSER TAIPA-WEG WANDERN & TREKKEN

Karte S. 232 (大潭山步行徑, Trilho de Taipa Grande; 👪; 🚌5, 21A, 50, 50X, N2) Der gut ausgebaute, 4000 m lange Große Taipa-Weg (Big Taipa Trail) führt größtenteils durch einen Naturparks im Osten Taipas. Breite Hänge und Stufen führen auf einen 160 m hohen Gipfel, den höchsten Punkt Taipas, mit Blick nach Cotai und zur Halbinsel Macao. Die Route führt auch an Trainingsstrecken und einem schön gestalteten Kameliengarten vorbei.

Am CEM-Lagerhaus in der Estrada Governador Nobre de Carvalho befindet sich eine Bushaltestelle, hier steigt man aus und geht die Treppe hinauf, die zum Ausgangspunkt des Wanderwegs führt.

SCHLAFEN

ALTIRA MACAU HOTEL **$$**

(新濠鋒酒店; ☎853 2886 8866; www.altiramacau.com; Avenida de Kwong Tung; Zi. inkl. Frühstück ab 1800 MOP; 🚭❄@📶🏊) Das Altira ist eine der wenigen Nobelunterkünfte in Taipa und ideal, wenn man außerhalb des Kasinoviertels Cotai im Luxus schwelgen will. Es hat einen Infinity-Pool, ein Spa, Restaurants und ein diskret verstecktes Kasino. Die erstklassigen Zimmer sind recht förmlich gestaltet. Von den Zimmern zur Wasserseite genießt man die Aussicht auf die Halbinsel Macao und die Brücke – toll, wenn abends die Lichter angehen.

Coloane

Rundgang: Coloane

Die meisten Attraktionen Coloanes liegen an dessen Südwest- und Südostküste. An Ersterer befindet sich das beliebte Dorf Coloane mit noch spürbarem dörflichem Flair, Tempeln und Weften sowie portugiesischen Restaurants in chinesischen Häusern. Im Südosten liegen der Strand Hac Sa (S. 238) und Naturparks, durch die sich Wanderwege ziehen. Hier sind auch die beiden Jugendherbergen Macaos zu finden. Das A-Ma Cultural Village mit der kilometerweit sichtbaren Statue der Seefahrergöttin nimmt einen Hügel im Zentrum Coloanes ein. In Ká Hó im Nordosten Coloanes gibt es einen großen Naturpark, ein Öldepot und Industriebetriebe. An der Küste von Ká Hó finden sich ein Resort und ein Golfclub und weiter nördlich liegt eine ehemalige Leprakolonie mit einer schönen restaurierten Kirche.

Highlights

➡ **Sehenswertes** Kirche unserer Lieben Frau der Schmerzen von Ká Hó (S. 236)

➡ **Essen** Espaco Lisboa (S. 238)

➡ **Ausgehen** Hon Kei Hand-Whipped Coffee (S. 238)

Top-Tipp

Die Einheimischen besuchen das Dorf Coloane gern mit dem Rad, besonders die ruhigen Tempel und den Süden. Fahrräder gibt es bei **Dong Rong** (東榮單車行; Karte S. 237; ☎853 6687 3208; 2 Rua do Meio; Leihrad 20 MOP/Std.; ⏲11–18 Uhr) und bei **Island Bicycle** (路環小島單車; Karte S. 237; ☎853 6636 0060; www.facebook.com/islandbicyclecoloane; 1 Rua Correia Lemo; 20–30 MOP/Std.; ⏲Di–So 10.30–18.30 Uhr).

INSIDERWISSEN

TAM-KUNG-FEST

Das Tam-Kung-Fest ist auf Coloane ein großes Ereignis. Der Geburtstag der taoistischen Meeresgottheit fällt auf den achten Tag des vierten Mondmonats (Mai od. Juni). Die Feiern dauern drei bis fünf Tage. Zu den Highlights gehören eine Parade, bei der die Einwohner traditionelle chinesische, portugiesische oder gemischte Trachten tragen, kostenlose Kanton-Oper in einem eigens am Hafen errichteten großen Bambustheater, portugiesischer Volkstanz und Jonglage sowie jede Menge Essen. Der **Tam-Kung-Tempel** (譚公廟; Karte S. 237; Avenida de Cinco de Outubro; ⌚8.30–17.30 Uhr; 🚌15, 21A, 25, 26A) steht im Mittelpunkt des Festes. Im Hauptaltar befindet sich ein Modell eines Drachenboots aus einem langen Walknochen. Links vom Hauptaltar führt ein Pfad zum Dach, von wo man aufs Dorf und aufs Ufer blickt.

An- & Weiterreise

Es kann schwierig sein, nach Coloane zu gelangen. Am besten nimmt man einen öffentlichen Bus.

➜**Bus** Von der Halbinsel fahren die Busse 21A, 25, 26 und 26A über Taipa nach Coloane. Eine Bushaltestelle befindet sich am westlichen Ende der Estrada de Cheoc Van im Dorf Coloane.

➜**Taxi** Einige Taxifahrer weigern sich vielleicht, nach Coloane zu fahren, weil sie möglicherweise keine Fahrgäste für die Rückfahrt finden. Auch auf Coloane kriegt man nicht gut ein Taxi, am besten bittet man das Hotel, eines zu rufen.

Gut zu wissen

➜**Ortsvorwahl** ☎853

➜**Lage** Coloane ist 5,6 km von der Halbinsel Macao und 39,3 km von Hongkong entfernt.

SEHENSWERTES

DORF COLOANE — DORF

Karte S. 237 (路環村) Coloanes „städtisches Zentrum" ist ein altes Fischerdorf an der Südwestküste. Es erstreckt sich zwischen dem Tam-Kung-Tempel im Süden und dem Dorf Lai Chi Vun im Norden. Dazwischen stößt man auf gewundene Gassen, winzige Plätze, Tempel und moderne Villen. Alles ist sehr idyllisch, besonders am späten Nachmittag, wenn die Touristengruppen wieder verschwunden sind. Einen Besuch lohnen zudem die großartigen portugiesischen und macaoischen Restaurants, die Kapelle des hl. Franz Xaver und einige kleine, aber bedeutende Tempel.

★KIRCHE UNSERER LIEBEN FRAU DER SCHMERZEN VON KÁ HÓ — KIRCHE

(九澳七苦聖母小堂, Missão de Nossa Senhora das Dores; Estrada de Nossa Senhora de Ká Hó, Dorf Nossa Senhora; 🚌15, 21A) Die Kirche, die mit ihrem Schrägdach an ein Zelt erinnert, wurde 1966 in der Leprakolonie Ká Hó gebaut. Sie wurde von den leprakranken Frauen, die in der **Leprakolonie** (前九澳痲瘋病院; abseits der Estrada de Nossa Senhora de Ká Hó, Dorf Nossa Senhora; 🚌15, 21A) lebten, und ihren Familien und Pflegern besucht. Der italienische Architekt Oseo Acconci entwarf den schlichten, anmutigen Bau. Die Planken der massiven Holztür greifen die Winkel des Daches und des Glockenturms auf. Das Bronzekreuz schuf ein anderer Italiener, der Bildhauer Francisco Messima.

Im Hof befinden sich Statuen der Jungfrau Maria und des Erzengels Michael sowie eine Madonnengrotte.

Die Kirche entstand als letztes Gebäude in diesem Dorf für leprakranke Frauen, das von 1930 bis in die späten 1990er-Jahre existierte. 1963 kam ein aus Sizilien stammender Salesianer-Priester in die Kolonie und verbesserte die Lebensbedingungen. Die Kirche und die restaurierten Häuser der früheren Leprakolonie werden schrittweise wieder geöffnet.

Bus 15 fährt vom Strand Hác Sá nach Ká Hó. Man steigt an der Josefschule (九澳聖若瑟小學; Escola S Jose de Ká Hó) rechts am Ende des Dorfes Ká Hó aus. Das Dorf selbst ist eine reizlose Ansammlung von Häusern neben einer riesigen Baustelle. Von der Schule aus sind es noch 20 Gehminuten. Die Taxifahrt vom Zentrum Macaos dauert etwa 20 Minuten.

KAPELLE DES HL. FRANZ XAVER — KIRCHE

Karte S. 237 (聖方濟各教堂, Capela de São Francisco Xavier; Rua do Caetano, Largo Eduardo Marques; ⌚9.30–17.30 Uhr; 🚌15, 21A, 25, 26A) Diese Kapelle wurde 1928 gebaut und ist

Coloane

Coloane

Sehenwertes

1 A-Ma Cultural Village C1
2 Kapelle des hl. Franz Xaver D3
3 Strand Cheoc Van B3
4 Dorf Coloane A2
5 Strand Hác Sá D1
6 Seac-Pai-Van-Park B1
7 Tam-Kung-Tempel A3

Essen

8 Café Nga Tim D3
9 Espaco Lisboa D2
10 Lord Stow's Bakery D2
11 Lord Stow's Cafe D2
12 Restaurante Fernando C2

Ausgehen & Nachtleben

13 Hon Kei Hand-Whipped Coffee A2

Sport & Aktivitäten

14 Coloane Trail B2
15 Dong Rong Bicycle Shop D3
16 Island Bicycle D3
17 Macau Golf & Country Club D1

Schlafen

18 Grand Coloane Resort D1

mit Gemälden, die das Jesuskind mit einer chinesischen Madonna und einen koreanischen Missionar in zeittypischer Tracht darstellen, sowie weiteren Erinnerungsstücken an das Christentum und den Kolonialismus in Asien ausgeschmückt. Die skurrile Kirche ist gelb gestrichen und wird von roten Laternen geziert. Vor der Kapelle befinden sich ein Denkmal und ein Brunnen, umringt von vier Kanonenkugeln, die an die erfolgreiche und endgültige Vertreibung der Piraten im Jahr 1910 erinnern.

A-MA CULTURAL VILLAGE DENKMAL

Karte S. 237 (媽祖文化村, Aldeia Cultural de A-Má; ☎853 2836 6866; Estrada do Alto de Coloane; ⏲Tempel 8–19.30 Uhr) Die 20 m hohe, weiße Jadestatue der Göttin, nach der Macao benannt ist, wurde 1998 auf dem Gipfel des Alto de Coloane (170 m) errichtet. Sie ist das Highlight eines touristischen „Kulturdorfs", zu dem auch der Tian-Hou-Tempel gehört. Ein Bus fährt zwischen 8 und 18 Uhr halbstündlich vom prunkvoll verzierten Tor von A-Ma (媽祖文化村石牌坊) in der

Estrada de Seac Pai Van ab; er ist kostenlos nutzbar. Man kann auch auf dem **Coloane Trail** (路環步行徑, Lùhuánbù Xíngjìng; Karte S. 237) vom **Seac-Pai-Van-Park** (石排灣郊野公園; Karte S. 237; Estrada de Seac Pai Van; ⌚8–18 Uhr; 🚌21A, 26A, 50) GRATIS nach A-Ma laufen, das dauert 90 Minuten.

Die Busse 21A, 25 und 50 fahren zur Estrada de Seac Pai Van.

STRAND HÁC SÁ — STRAND

Karte S. 237 (黑沙海灘; Estrada de Hác Sá; ⌚Rettungsschwimmer Mai–Okt. Mo–Sa 10–18, So ab 9 Uhr; 🚌21A, 25, 26A) Der Hác Sá (Schwarzer Sand) ist der beliebteste Strand in Macao. Der Sand ist tatsächlich schwärzlich, weshalb das Wasser immer ein bisschen schmutzig wirkt (aber keine Sorge, das ist alles natürlich!). Von Mai bis Oktober sind Rettungsschwimmer im Einsatz. An den Ständen gleich neben dem Strand kann man sich für 60 MOP pro Tag und ein Pfand von 100 MOP einen Sonnenschirm ausleihen (der natürlich selbst wieder zurückgebracht werden muss).

STRAND CHEOC VAN — STRAND

Karte S. 237 (竹灣海灘; Estrada de Cheoc Van; ⌚Rettungsschwimmer Mai–Okt. Mo–Sa 10–18, So ab 9 Uhr; 🚌21A, 25, 26A) Nach etwa 1,5 km entlang der Estrada de Cheoc Van, die vom Dorf Coloane zuerst Richtung Osten und dann nach Südosten verläuft, erreicht man den Strand Cheoc Van (Bambusstrand), der kleiner und auch etwas sauberer ist als der Strand Hác Sá. Er bietet Umkleidekabinen und Toiletten, und während der Saison sind auch Rettungsschwimmer im Einsatz. Es gibt auch einen großen öffentlichen Pool im Freien.

ESSEN & AUSGEHEN

LORD STOW'S BAKERY — BÄCKEREI $

Karte S. 237 (澳門安德魯餅店; ☎853 2888 2534; 1 Rua da Tassara; Pastéis de nata 9 MOP; ⌚7–22 Uhr) Der gefeierte englische Bäcker Andrew Stow lebt zwar nicht mehr, doch sein **Café** (Karte S. 237; ☎853 2888 2174; 9 Largo do Matadouro, Coloane; Pastéis de nata 9 MOP; ⌚9–18 Uhr; ❄) und die originale Lord Stow's Bakery halten die Erinnerung an ihn lebendig: Sie verkaufen seine berühmten Kreationen wie *pastéis de nata* (warme Törtchen mit Creme und knuspriger Kruste) und Käsekuchen (14 MOP) in verschiedenen Geschmacksrichtungen wie schwarzer Sesam und Grüntee.

CAFÉ NGA TIM — MACAO-KÜCHE $

Karte S. 237 (雅憩花園餐廳; ☎853 2888 2086; 8 Rua do Caetano; Hauptgerichte 80–250 MOP; ⌚12–1 Uhr; 👪; 🚌21A, 25, 26A) Der Besuch hier lohnt sich wegen des chinesisch-portugiesischen Essens, der Kleinstadtatmosphäre, des Blicks auf die Kapelle des hl. Franz Xaver, der günstigen Preise und wegen des Besitzers: Der ist ein ehemaliger Polizist namens Feeling Wong, der Gitarre und *erhu* (chinesisches Saiteninstrument) spielt.

RESTAURANTE FERNANDO — PORTUGIESISCH $$

Karte S. 237 (法蘭度餐廳; ☎853 2888 2264; www.fernando-restaurant.com; 9 Estrada de Hác Sá; Gerichte 200–450 MOP; ⌚12–21.30 Uhr; 👪; 🚌21A, 25, 26A) Das weitläufige Fernando ist vielleicht das berühmteste Restaurant Coloanes. Es hat zwei getrennte Speiseräume und einen Hof mit einer großen Bar. Die treuen Stammgäste belagern die Tische mit den karierten Tischdecken und lassen sich Venusmuscheln mit Knoblauch, golden gebratenes Spanferkel und Unmengen Reis mit Stockfisch schmecken. Vor allem am Wochenende muss man sowohl mittags als auch abends mit einer Warteschlange rechnen. Nur Barzahlung möglich.

★ESPACO LISBOA — PORTUGIESISCH, MACAO-KÜCHE $$$

Karte S. 237 (里斯本地帶; ☎853 2888 2226; 8 Rua das Gaivotas; Gerichte 250–800 MOP; ⌚12–15 & 18.30–22, Sa & So 12–22.30 Uhr, Mi geschl.; 👪; 🚌21A, 25, 26A) Das Espaco Lisboa ist für seine traditionellen portugiesischen Gerichte bekannt, darunter verschiedene köstliche Varianten von *açorda* – Brot, das mit Eiern, Olivenöl und Petersilie zu einer Brotsuppe verarbeitet wird. Wir fanden die Variante mit Meeresfrüchten, die ursprünglich aus der Region Alentejo stammt, superlecker. Was das zweistöckige Restaurant im Dorf Coloane jedoch so besonders macht, ist die Kombination aus chinesischem Dorfhaus und portugiesischer Dekoration.

HON KEI HAND-WHIPPED COFFEE — CAFÉ

Karte S. 237 (漢記手打咖啡; ☎853 2888 2310; S-26, Lai Chi Vun Village; Kaffee 20 MOP; ⌚Do–Di 8–18 Uhr; 👪; 🚌15, 26, 26A, 50) In diesem florierenden Café neben den Werften wird der Instantkaffee mit Zucker so lange von Hand aufgeschlagen, bis er die perfekte,

INSIDERWISSEN

COLOANES WERFTEN UND STELZENHÄUSER

Macao war ein Fischerdorf, bevor das Glücksspiel Mitte des 19. Jhs. legalisiert wurde. Heute finden sich die einzigen Überreste dieser idyllischen Vergangenheit in Coloane. Auf der Rua dos Navegantes in Coloanes altem Fischerdorf säumen noch immer ein paar Pfahlhäuser und Bootswerften die Küste. Diese Hütten aus farbenfrohem Wellblech ragen wie dicke Essstäbchen in den Hafen hinein, einst waren sie Anlegestellen für Hausboote. Einige wurden in Läden umgewandelt, die getrocknete Meeresfrüchte verkaufen; der Loja de Peixe Tong Kei (業記魚舗) z. B. befindet sich am Largo do Cais, dem Platz direkt neben dem charmanten, alten Pier von Coloane. Von hier aus kann man den Hang rechts neben dem Servicos-de-Alfangega-Gebäude hinaufsteigen. Nach zwei Minuten erblickt man die Überreste einer Werft, ebenfalls auf Pfählen.

Die Regierung Macaos ließ 2019 zwei Werften plattmachen, stoppte den Abriss aber nach einem Aufschrei der Öffentlichkeit. Es wird viel darüber geredet, die Werften wiederzubeleben, z. B. als Museen, Gasthäuser, Boutiquen und dergleichen. Zum Zeitpunkt der Recherche sollten sie als nationales Kulturgut klassifiziert werden.

cremige Konsistenz hat. Der Besitzer Herr Leong war Werftarbeiter und hat das Café einst mit eigenen Händen aus altem Holz gebaut, als er wegen einer Armverletzung nicht mehr auf der Werft arbeiten konnte. Neben Kaffee gibt's in dem halboffenen Haus mit Gemeinschaftstischen auch Eiersandwiches und Nudeln mit Dosenfleisch.

Von der Lord Stow's Bakery am Ortseingang des Dorfes Coloane sind es etwa 15 Gehminuten bis zum Café, vorbei am Pier Ponte Cais de Coloane und an den Werften des Dorfes Lai Chi Vun. Das Lokal befindet sich links von der Straße.

SCHLAFEN

GRAND COLOANE RESORT RESORT **$$**

Karte S. 237 (鷺環海天度假酒店; ☎853 2887 1111; www.grandcoloane.com/en-us/; 1918 Estrada de Hác Sá; Zi. inkl. Frühstück NS/HS ab 700/900 MOP; 🚭❄📶🏊; 🚌15, 21A) Das frühere Westin Resort an der Südostspitze Coloanes ist heute das Grand Coloane Resort. Es hat zwar noch das gleiche 1980er-Jahre-Ambiente und zeigt Altersspuren, dennoch bildet es einen angenehmen Kontrast zum Zentrum Macaos. Die 200 Zimmer sind durchweg groß und haben eigene Balkone.

Wer gern aktiv ist, kann sich im Fitnesscenter, im Pool, auf dem **18-Loch-Golfplatz** (澳門高爾夫球鄉村俱樂部; ☎853 2887 1188; www.macaugolfandcountryclub.com; werktags/Wochenende 1980/3080 MOP; ⏲6–22 Uhr; 🚌15) und auf dem Spielplatz mit Hüpfburg austoben.

Cotai

Rundgang

Cotai entstand auf dem Marschland, das einst Taipa und Coloane trennte, und der Name (zusammengesetzt aus *Co*-loane und *Tai*-pa) spiegelt diese neue Verbindung wieder. Heute ist Cotai Macaos Antwort auf den Strip in Las Vegas: eine stetig wachsende Ansammlung von Megakasinos und Entertainment-Komplexen, die jedes Jahr Zigmillionen Touristen anlockt. Auch wer Glücksspiel verabscheut, sollte sich die Kasinos anschauen, die Meisterwerke der Planung von Großprojekten und der Detailverliebtheit sind: Hier ein nachgebautes Venedig, dort ein maßstabsgerechter Eiffelturm in halber Größe! Ganz zu schweigen von der aufregenden Architektur – Zaha Hadid hat hier ein betörendes Kunstwerk geschaffen.

Highlights

➡ **Sehenswertes** MGM Cotai (S. 240)

➡ **Essen** Jade Dragon (S. 240)

➡ **Ausgehen** Macallan Whisky Bar & Lounge (S. 241)

Top-Tipp

Wer in Cotai einen Hauch vom alten Macao spüren will, sollte die Food-Courts besuchen, die in den meisten Spielhöllen zu finden sind. Dort sind mehrere kleine Restaurants versammelt, viele davon so traditionsreich und renommiert, dass sie eingeladen wurden, eine Filiale in einem Kasino zu eröffnen. Der Food-Court des Kasinos **Studio City** (新濠影滙; ☎853 8865 8888; www.studio city-macau.com; Estrada Flor de Lotus, Cotai; ⏲24 Std.; 📶👪; 🚌25, 26A) wurde wie eine Straße im alten Macao gestaltet. Auch alle berühmten Bäckereien haben Filialen in den Kasinos.

An- & Weiterreise

➡**Shuttle-Bus** Zwischen den Fähranlegern und dem Grenzübergang am Rand des Kasinoviertels in Cotai verkehren Shuttle-Busse, mit denen jeder mitfahren kann, nicht nur Hotelgäste.

➡**Bus** Der öffentliche Bus 25 fährt die gesamte Strecke vom Grenzübergang im Norden der Halbinsel Macao über Taipa und Cotai bis nach Coloane. Bus 26A verkehrt praktischerweise auf einer ganz ähnlichen Route.

➡**Taxi** In der Nähe der Kasinos in Cotai gibt's viele Taxis, allerdings muss man damit rechnen, dass man warten muss und die Fahrer sich weigern, zu außerhalb gelegenen Orten (z. B. nach Coloane) zu fahren.

Gut zu wissen

➡**Ortsvorwahl** ☎853

➡**Lage** Cotai liegt 3 km von der Halbinsel Macao und 39,3 km von Hongkong entfernt.

SEHENSWERTES

MGM COTAI KASINO

Karte S. 232 (美獅美高梅; ☎853 8806 8888; www.mgm.mo/en/cotai; Avenida da Nave Desportiva; ⏲24 Std.) Im Atrium des MGM Cotai hängen LED-Screens, die gestochen scharfe Landschaftsaufnahmen aus aller Welt zeigen. Dazwischen wurden vertikale Gärten angelegt, in denen angeblich 2000 verschiedene Pflanzenarten wachsen sollen, u. a. Arten, die im 19. Jh. ausgerottet worden sind, aber von Wissenschaftlern mit Samen aus Samenbänken wiederbelebt wurden. Das Ganze krönt ein Glasdach, das größer ist als ein Fußballfeld. Es ist schon ein Erlebnis der besonderen Art, durch diese Lobby zu spazieren, die einerseits so futuristisch und luftig wirkt, andererseits aber die Grandezza und das Flair eines alten Bahnhofs besitzt.

ESSEN & AUSGEHEN

GOLDEN PEACOCK INDISCH $$

Karte S. 232 (☎853 8118 9696; www.venetian macao.com; Shop 1037, Venetian Macao; Hauptgerichte 98–316 MOP; ⏲11–15 & 18–22.30 Uhr; 🌶) Auf der langen, gut zusammengestellten Speisekarte des mit Michelin-Sternen ausgezeichneten Golden Peacock finden sich Gerichte aus allen Regionen Indiens. Die Zutaten sind mit größter Sorgfalt ausgewählt, und die Gewürze und Pickles werden im Haus zubereitet – das merkt man auch. Oft bieten die Gerichte angenehme geschmackliche Überraschungen: Das cremige Navratan-Korma (Neun-Schätze-Curry) etwa wird mit französischem Walnussöl, Äpfeln aus Himachal Pradesh und indischen Babygurken zubereitet.

★**JADE DRAGON** KANTONESISCH $$$

Karte S. 232 (譽瓏軒; ☎853 8868 2822; Level 2, Geschäfte am Boulevard, City of Dreams; Dim Sum 48–268 MOP, Gerichte ab 800 MOP; ⏲11–15 & 18–23 Uhr) Im Sterne-Restaurant Jade Dragon treffen das Genie des kantonesischen Chefkochs und erstklassige Zutaten zusammen, und das Ergebnis ist faszinierend. Wir hatten Barbecue-Schweinefleisch mit Klößen, doch die eigentlichen Highlights sind das über Litschibaumholz geröstete Iberico-Schwein und die Haarkrabbenfleisch-Taschen. Das Restaurant gibt an, dass es hinsichtlich des gesundheitlichen Nutzens seiner Kreationen Experten konsultiert – die fettglänzende Barbecue-Ente war da bestimmt eine Ausnahme.

★**FOOK LAM MOON** KANTONESISCH $$$

Karte S. 232 (福臨門; ☎853 8883 2221; www.fooklammoon-grp.com/en; 2. Stock, Galaxy Macau, Estrada da Baía de Nossa Senhora de Esperança; Gerichte ab 800 MOP; ⏲11–15 & 18–23 Uhr; 🚌25, 25X) Die 1000 m² große Filiale des beliebten Hongkonger Restaurants Fook Lam Moon („Kantine des Tycoons") wird ihrem Namen gerecht, was die Qualität und die Preise angeht. Dies ist ein prächtiges Kasinorestaurant – und die Speisekarte spiegelt das wider: Es gibt Delikatessen aus dem Meer, z. B. getrocknetes Seeohr und Seegurken, die so perfekt zubereitet sind, dass das Restaurant schon viele Auszeichnungen erhalten hat, u. a. Michelin-Sterne.

★**TASTING ROOM** FRANZÖSISCH $$$

Karte S. 232 (☎853 8868 6681; www.cityof dreamsmacau.com; Level 3, Nüwa Hotel, City of

Dreams, Estrada do Istmo; 7-Gänge-Probiermenü 1650 MOP; ⏲12–14.30 & 18–22.30 Uhr) Der nach Macao ausgewanderte Koch Fabrice Vulin bereitet im eleganten Tasting Room klassische französische Cuisine mit modernem Touch zu. Seine Neigung zu unerwarteten Texturen und Geschmackskombinationen ist nicht zu übersehen: Pochierte Gillardeau-Austern ruhen in einer Salat-Velouté mit Meerwasser-Gelee, und als verspieltes Element finden sich im salzigen Zentrum Austernblätter, eine Wildpflanze, die erstaunlich stark nach Auster schmeckt.

★MACALLAN WHISKY BAR & LOUNGE — BAR

Karte S. 232 (☎853 8883 2221; www.galaxymacau.com; 2. Stock, Galaxy Macao, Estrada da Baía de Nossa Senhora de Esperança; ⏲Mo–Do 17–1, Fr & Sa bis 2 Uhr; 🚌25, 25X) Macaos beste Whiskybar ist ganz traditionell mit Eichenholztäfelung, Teppichen im jakobinischen Stil und einem echten Kamin eingerichtet. Unter den über 400 Whiskysorten finden sich Single-Malt-Whiskys aus Irland, Frankreich, Schweden und Indien sowie ein 1963er Glenmorangie. Während der Happy Hour von 17 bis 20 Uhr gibt's Rabatt, der sich nach dem Alter des Gastes richtet: 30 Jahre bedeuten 30 % Rabatt. Wer 100 Jahre alt ist, trinkt also gratis!

UNTERHALTUNG

★HOUSE OF DANCING WATER — THEATER

Karte S. 232 (水舞間; ☎853 8868 6688; http://thehouseofdancingwater.com; City of Dreams, Estrada do Istmo; Tickets 580–1480 MOP; 🚌50, 35) Das „Haus des Tanzenden Wassers", Macaos am teuersten produzierte Show, ist eine atemberaubende Mischung aus Stunts, Akrobatik und Theater. Inszeniert hat sie Franco Dragone, der ehemalige Regisseur des Cirque du Soleil. Die Magie findet rund um einen kobaltblauen Pool von der Größe mehrerer olympischer Schwimmbecken statt. Darüber, darunter, darin und rund herum vollbringt ein grandios kostümiertes Ensemble aus 80 Künstlern haarsträubende Stunts.

CITY OF DREAMS — KASINO

Karte S. 232 (新濠天地, COD; ☎853 8868 6688; www.cityofdreamsmacau.com; Estrada do Istmo; ⏲24 Std.; 📶👪; 🚌25, 26A) Neben einem weitläufigen Glücksspielbereich bietet dieser riesige Hotel-Kasino-Einkaufszentrum-Komplex vier elegante Hotels, mehrere Dutzend Restaurants (darunter auch preisgekrönte), riesige Einkaufszentren und Theater, die so groß sind, dass dort regionale Videospiel-Wettbewerbe stattfinden. Die 1600 m² große Kids' City ist ein toller Indoor-Kletterspielplatz, der an einen überdimensionierten futuristischen Lego-Bausatz erinnert.

VENETIAN — KASINO

Karte S. 232 (澳門威尼斯人度假村酒店; ☎853 2882 8877; www.venetianmacao.com; Estrada da Baía de N Senhora da Esperança; ⏲24 Std.; 📶; 🚌25, 26A) Das Venetian soll eines der zehn größten Gebäude der Welt sein. Die 980 000 m² gotischer Kasinoarchitektur – so könnte man es vielleicht nennen – sind bis zum Anschlag mit Busladungen begeisterter Touristen gefüllt. Im Gebäude gibt es u. a. etwa 3000 Hotelzimmer, ein Stadion, eine medizinische und eine Schönheitsklinik sowie einen über 46 000 m² großen Glücksspielbereich.

GALAXY MACAU — KASINO

Karte S. 232 (澳門銀河綜合渡假城; ☎853 2888 0888; www.galaxymacau.com; Avenida Marginal Flor de Lotus; ⏲24 Std.; 📶👪; 🚌25, 26A) Das gigantische, in Gold und Weiß gehaltene Galaxy ragt über Cotai empor wie ein Sci-Fi Palast aus *Star Wars*. Als eines der extravagantesten Megakasinos der Stadt (und das will etwas heißen!) beherbergt es sechs Hotels, über 100 Restaurants, eine gigantische Menge edler Geschäfte sowie ein Kino, ein atemberaubendes Wellenbecken (auf dem Dach) und einen künstlich angelegten Fluss, in dem man sich treiben lassen kann (nur für Hotelgäste).

SCHLAFEN

★MGM COTAI — KASINOHOTEL $$$

Karte S. 232 (美獅美高梅; ☎853 8806 8888; www.mgm.mo/en/cotai; Avenida da Nave Desportiva; Zi. inkl. Frühstück ab 4000 MOP; 🚭❄@📶🏊) Das MGM Cotai hat 1400 tadellose Zimmer, darunter Duplex-Skylofts und private Villen, die alle in hellen, frischen Farben daherkommen. Außerdem gibt's ein Fitnesscenter mit Panoramaaussicht und ein elegantes Spa zum Erholen. Das absolute Highlight ist aber das vierstöckige Atrium (S. 241) direkt hinter der Lobby mit der Rezeption.

DIE HELLEN LICHTER DER SÜNDIGEN STADT

Die Wurzeln der Glücksspielindustrie Macaos reichen bis ins 16. Jh. zurück, als sich chinesische Arbeitsimmigranten trafen, um an selbst gebauten Ständen in den Straßen und Gassen nahe dem Hafen ein Spiel namens Fan Tan zu spielen. Doch erst im 19. Jh., als das benachbarte Hongkong Macao in seiner Bedeutung überholte, legalisierte die Regierung das Glücksspiel, um Einnahmen zu erzielen, und die Stadt erwarb sich einen Ruf als Glücksspielzentrum. 2017 waren Macaos Einnahmen aus dem Glücksspiel dreimal so hoch wie die von Las Vegas. Gegenwärtig gibt es in Macao über 40 Kasinos, und weitere sind in Planung. Auf der Halbinsel Macao sind die meisten der älteren, kleineren Kasinos zu finden. In Cotai dagegen sind die gigantischen Komplexe der neuen Generation angesiedelt, die Kasinos, Hotels, Geschäfte und Unterhaltung unter einem Dach vereinen.

Das Hauptgeschäft machen die Kasinos mit den Spieltischen, an denen in erster Linie Baccara und außerdem Roulette und ein Würfelspiel namens Dai Sai („groß klein") gespielt werden. Freudenschreie und Geldgeklimper hört man kaum – Spielautomaten machen nur 5 % der Gesamtgewinne der Kasinos aus (gegenüber 60 % in Las Vegas). Auch Betrunkene sind eher selten zu sehen, denn die chinesischen Spieler glauben, dass Alkohol ihr Geschick beeinträchtigt. Über 80 % der Spieler und 95 % der High Roller (Spieler, die um sehr hohe Summen spielen) kommen vom chinesischen Festland. Rauchen in Innenräumen ist übrigens inzwischen überall in Macao verboten, die Kasinos sind also nicht mehr die verräucherten Höhlen, die sie einst waren.

Freizeitspieler sollten sich nur vor einer Sache in Acht nehmen: vor Trinkgeldjägern. Das sind Trickbetrüger, die sich an den Tischen herumtreiben und sich so benehmen, als seien sie die besten Freunde ihrer Opfer. Sie versuchen dann, Chips zu klauen, wollen einen Anteil vom Gewinn oder lotsen Spieler in ein anderes Kasino, das ihnen dafür ein Trinkgeld zahlt.

★ST. REGIS KASINOHOTEL **$$$**

Karte S. 232 (瑞吉金沙城中心酒店; ☎853 2882 8898; www.stregismacao.com; Estrada do Istmo; DZ inkl. Frühstück 3000 MOP; ⊖❄@📶) Das preisgekrönte St. Regis gehört zum Sands Macau. Hier sind vor allem der akribische, jederzeit auf Wunsch zur Verfügung stehende Service und die unaufdringliche Eleganz zu betonen. Von vielen der 400 gut ausgestatteten Zimmer bietet sich ein Blick aufs urbane Zentrum, denn das Sands befindet sich mitten in Cotai. Man sollte auch einen Blick auf die Pauschalpakete werfen, die Kochkurse für die gesamte Familie und geführte Fototouren beinhalten.

★MORPHEUS KASINOHOTEL **$$$**

Karte S. 232 (摩珀斯酒店; ☎852 8868 8888; www.cityofdreamsmacau.com; City of Dreams, Estrada do Istmo; Zi. inkl. Frühstück ab 4000 MOP; ⊖❄@📶🏊) Das von der unlängst verstorbenen Zaha Hadid entworfene Morpheus hat 770 Zimmer und ist das führende Luxushotel des Kasinos City of Dreams (S. 241). Die markanten Außenlinien des Gebäudes sind auch von innen spektakulär. Große weiße Flächen lassen, ähnlich wie in einem Museum, die Architektur für sich sprechen. Dies ist ohne Frage das perfekte Hotel für Gäste, die sich für Design begeistern können.

Schlafen

In Hongkong – berüchtigt für winzige Zimmer – ist das Preis-Leistungs-Verhältnis eher bescheiden. Der Service ist aber meist sehr gut, und das Angebot reicht von Schlafsälen über Apartments bis zu royalen Suiten. Auf Hongkong Island liegen die meisten Hotels zwischen Sheung Wan und Causeway Bay, in Kowloon rund um die Nathan Rd, wo es auch Budgetoptionen gibt.

Ausstattung

Alle Zimmer sind mit Klimaanlage ausgestattet und bis auf die allerbilligsten haben alle ein eigenes Bad, WLAN im Zimmer und Kabel-TV mit englischsprachigen Kanälen. Einige Hotels stellen Computer für die Gäste zur Verfügung. Im gesamten Innenbereich von Hostels und Hotels ist das Rauchen verboten. Pools sind unüblich, selbst viele Luxushotels haben nur Hallenbäder.

Pensionen

Pensionen dominieren das untere Preissegment. Meist handelt es sich um eine Reihe winziger Zimmer, die sich in eine umgebaute Wohnung zwängen. Oft beherbergt ein Gebäude mehrere Pensionen. Manche vermieten preisgünstige Schlafsäle. Obwohl die Zimmer klein sind, haben alle eine Klimaanlage und die meisten TV und kostenloses WLAN. Preise unter 900 HK$ zählen zum Budgetsegment. Je nach Saison kann man auch einen besseren Preis aushandeln, da viele Unterkünfte darauf erpicht sind, leere Zimmer zu vermieten.

Hostels & Campingplätze

Die Tage, als die Chungking Mansions (S. 251) die einzige Hoffnung auf ein bezahlbares Bett in dieser teuren Stadt bedeuteten, sind längst vorüber. In den letzten Jahren ist Hongkongs Hostellandschaft rasant gewachsen und inzwischen gibt es mehrere Ketten, die mit den Backpackern ein Riesengeschäft machen. Die Preise für ein Bett im Schlafsaal liegen je nach Hostel zwischen 180 und 350 HK$.

Die **Hong Kong Youth Hostels Association** (HKYHA; ☎852 2788 1638; www.yha.org.hk; Jahresmitgliedschaft 150 HK$) betreibt sieben Hostels, die zum Dachverband Hostelling International (HI) gehören und bei asiatischen Gästen sehr beliebt sind. Sie verkauft auch HKYHA- und HI-Mitgliedsausweise: In den Hostels können nur Mitglieder übernachten. Wer noch kein Mitglied ist, kann sich beim Check-in anmelden (Passfoto und einen Lichtbildausweis mitnehmen). Mitglieder können aber ein Nichtmitglied mitbringen, das dann ohne Mitgliedschaft dort übernachten kann.

Die Country & Marine Parks Authority (www.afcd.gov.hk) unterhält in den New Territories und auf den Outlying Islands insgesamt 41 einfache Campingplätze.

Mittelklassehotels

Es werden immer neue Mittelklassehotels eröffnet, die cool aussehen und nicht die Welt kosten. Die Preise liegen zwischen 1000 und 2000 HK$ und nähern sich in der Nebensaison schon mal denen von Budgetunterkünften an. Die Zimmer sind in der Regel recht klein und bieten WLAN, Kaffeezubehör, eingeschränktes Kabel-TV und Zimmerservice.

Spitzenklassehotels

Hongkongs Luxushotels kämpfen mit allen Mitteln um zahlungskräftige Besucher. Ihre Waffen sind Sternerestaurants, prächtige Wellnesskomplexe, tadelloser Service und natürlich die Lage. Die Kosten für ein Zimmer fangen bei 3000 HK$ an. Einige dieser Hotels können es in puncto Komfort, Annehmlichkeiten und Service locker mit den besten Fünfsternehotels der Welt aufnehmen.

Mietwohnungen

In jüngster Zeit ist die Zahl von Apartments für Kurzzeitbesucher gestiegen. Dabei handelt es sich um luxuriöse Serviced Apartments (mit Zimmermädchenservice) und um Privatwohnungen, die ganz oder teilweise vermietet werden. Serviced Apartments sind manchmal nicht teurer als ein Hotelzimmer, verfügen aber über Raumteiler, Waschmaschinen und Kochmöglichkeiten (gut für Familien). Reisende mit wenig Geld können ein kurzzeitig vermietetes Zimmer für den halben Preis eines Budgethotelzimmers erhalten und haben dabei mehr Privatsphäre als im Schlafsaal. Wer ein Zimmer in einer Wohnung mietet, bekommt auch leichter Kontakt zu Einheimischen, da viele gut qualifizierte Hongkonger Englisch sprechen.

Airbnb (www.airbnb.com) ist die größte Plattform für die Vermittlung von Zimmern und Ferienwohnungen, wobei die Qualitätsunterschiede groß sein können. In Sheung Wan gibt's einige gute Anbieter von Serviced Apartments, z. B. das Putman (S. 248).

Wo übernachten?

Stadtviertel	Vorteile	Nachteile
Central District (S. 246)	Nahe des Star-Ferry-Piers, berühmter Wolkenkratzer und Luxus-Einkaufszentren; viele tolle Bars und Restaurants liegen fußläufig; gute Verkehrsanbindung.	Restaurants, Unterkünfte, Bars und Geschäfte in der Nähe sind teuer; Büroatmosphäre; hektisch und überfüllt.
Hong Kong Island: The Peak & der Nordwesten (S. 247)	Großartiges Nachtleben und tolle Restaurantszene; Nähe zum Peak und zu den historischen Stätten Sheung Wans.	Hügeliges Terrain bedeutet mehr Bergauf und Bergab; weiter westlich gelegene Bezirke sind ruhig und weitab vom Geschehen.
Hong Kong Island: Wan Chai & der Nordosten (S. 248)	Hong Kong Park, Happy Valley Racecourse und Shoppingoptionen befinden sich in der Nähe; zahlreiche Restaurants und Bars; gute Verkehrsanbindung.	Wan Chai und Causeway Bay leiden unter Menschenmassen und dichtem Verkehr; weiter östlich gelegene Bezirke sind etwas schäbig und abgeschieden.
Hong Kong Island: Aberdeen & der Süden (S. 250)	Nähe zum Aberdeen Typhoon Shelter, Stanley Market und zur Horizon Plaza, Baden und Wandern rund um die Repulse Bay und Shek O.	Dezentrale Lage; häufig Staus am Aberdeen Tunnel; nur wenige Hotels, Restaurants, Bars und Geschäfte.
Kowloon (S. 250)	Günstig gelegen für den Besuch vieler großer Museen und Theater, bester Hafenblick; toll zum Shoppen, Essen oder sogar zur „Slum-Besichtigung"; cooler Mix aus Alt und Neu, aus Luxuriös und Bescheiden; gute Verkehrsanbindung.	Menschenmassen und Staus rund um die Nathan Rd; einige Gegenden sind recht touristisch und/oder ein wenig schäbig.
New Territories (S. 177)	Nicht so überfüllt, bessere Luft; praktisch gelegen für Outdoor-Aktivitäten, Ausflüge in die Natur, ummauerte Dörfer; die Preise sind im Durchschnitt günstiger.	Fernab des Geschehens; weniger Restaurants, Hotels, Bars und Geschäfte; abends wenig los.
Outlying Islands: Lamma, Lantau & Cheung Chau (S. 195)	Entspannte Atmosphäre, schöne Umgebung; prima für Seafood auf Lamma, zum Windsurfen auf Cheung Chau, zum Wandern auf dem Lantau Trail und für viele Strände.	Längere Fahrtwege; weniger Restaurants, Hotels, Bars und Geschäfte; Aktivitäten wetterabhängig.

Top-Tipps

Peninsula Hong Kong (S. 253) Weltklasse-Luxus und koloniale Eleganz am Hafen am Rand von Tsim Sha Tsui.

Tuve (S. 248) Kleines Paradies für Designliebhaber in einem hübschen Viertel mit zahlreichen Restaurants.

Hotel Indigo (S. 248) Große farbenfrohe Zimmer, aufmerksames Personal und eine großartige Bar in einem lebendigen Teil von Wan Chai.

Mojo Nomad (S. 250) Schickes Hostel in Aberdeen mit Hafenblick, organisierten Aktivitäten und coolem Design.

Upper House (S. 249) Zenartige Atmosphäre, Yoga auf dem Rasen, freundlicher Service und Blick auf die Hügel in Admiralty.

Jervois (S. 247) Elegant, großzügig und mitten im angesagten Viertel Sheung Wan.

Preiskategorien

$

Hop Inn on Carnavon (S. 250) Wandbilder von einheimischen Künstlern, Sofas und ein Kühlschrank für Bier – das macht dieses Hostels in Kowloon aus.

Mojo Nomad (S. 250) Herrlicher Blick aufs Wasser kombiniert mit ungewöhnlichem Design.

Helena May (S. 246) Schlichte traditionelle Zimmer (einige nur für Frauen) in einer Institution Centrals.

Mini Hotel Central (S. 246) Winzige Zimmer, eine prachtvolle Lounge und eine unschlagbare Lage.

$$

Tuve (S. 248) Coole Zimmer im Industrieschick, künstlerisch gestalteter Rezeptionsbereich und hilfsbereites Personal in Tin Hau.

99 Bonham (S. 247) Vom gleichen einheimischen Team wie das Jervois; durch und durch stilvoll und toll gelegen.

Hotel Jen (S. 247) Das beste Preis-Leistungs-Verhältnis auf Hong Kong Island, mit einem Dachpool und in einer netten Gegend mit viel Lokalkolorit.

Little Tai Hang (S. 249) Charmantes Hotel mit Zimmern im skandinavischen Stil in einem ebenso charmanten Stadtviertel.

$$$

Peninsula Hong Kong (S. 253) Eines der elegantesten und geschichtsträchtigsten Hotels in Asien.

Hotel Indigo (S. 248) Chinesisch inspiriertes Design, topmoderne Ausstattung und herausragender Service.

Hotel Icon (S. 253) Bezahlbarer Luxus und ein Dachpool.

Murray Hotel (S. 246) Bahnbrechende Umwandlung eines historischen Gebäudes in ein Luxushotel in Central.

Fleming (S. 250) Ein modernisierter Klassiker mit Designakzenten, die an die beliebten Hongkonger Retro-Fähren angelehnt sind.

Bestes Design

Tuve (S. 248) Hier dreht sich alles um Design, von den Betten bis zu den Softdrink-Flaschen im Minikühlschrank.

Madera Hong Kong (S. 252) Die frechen Farben und das bunt zusammengewürfelte Dekor erinnern an eine Filmkulisse von Pedro Almodóvar.

Mira Moon (S. 249) Neue, kreative Interpretation eines berühmten chinesischen Märchens.

SLEEEP (S. 247) Hongkongs erstes Kapselhotel hat für seine Umweltfreundlichkeit und seine Ausstattung Preise gewonnen.

GUT ZU WISSEN

Preise:

DZ pro Nacht:

**$** bis 900 HK$

**$$** 900–1900 HK$

**$$$** über 1900 HK$

Monatsmiete für ein Einzimmerapartment:

**$** bis 15 000 HK$

**$$** 15 000–25 000 HK$

**$$$** über 25 000 HK$

Hauptsaison

Wenn in der Stadt die großen Messen stattfinden, schießen die Preise in Central, Wan Chai, Causeway Bay und Tsim Sha Tsui in die Höhe und es kann schwer werden, ein Zimmer in Hongkong zu finden. Die Termine findet man unter www.discoverhongkong.com.

- Messesaison und Tag der Arbeit (Jan. und März sowie 1. Mai)
- Chinesisches Neujahrsfest (Ende Jan. oder Feb.)
- Ching Ming (meistens im April)
- Nationalfeiertag (die ersten zehn Tage im Okt.)

Reservierungen

Außerhalb der Hauptsaison ist eine Reservierung nicht nötig. In der Nebensaison und zu ruhigen Zeiten sind satte Rabatte möglich. Wer direkt beim Hotel bucht, wird oft mit Extras wie einem kostenlosen Frühstück belohnt.

Steuern

Die meisten Mittel- und Spitzenklassehotels sowie ein paar wenige Budgetunterkünfte erheben zusätzlich 10 % Servicegebühr.

Central District

★ MINI HOTEL CENTRAL
BOUTIQUEHOTEL $

Karte S. 336 (852 2103 0999; www.minihotel.hk/central; 38 Ice House St, Central; EZ/DZ ab 400/460 HK$; @ 📶) Im glamourösen Central haben wir schon Gläser Wein gesehen, die teurer waren als ein Zimmer in diesem Budgethotel. Natürlich hat dieser Preis auch eine Kehrseite und das sind die dünnen Wände und die nur 10 m² großen Zimmer. Davon abgesehen ist es für das Geld eine tolle Unterkunft: sauber, stilvoll und modern, in toller Lage und mit Marmorbädern samt Glaswänden.

Die Zimmer der Kategorie „Mini" haben keine Fenster; wer den Himmel sehen möchte, bucht besser die Kategorie „Smart". Die schicke Rezeptionslounge lädt mit den zusammengewürfelten Möbeln, dem großen Piano und einem Automaten für Drogerieartikel (Zahnbürsten, Shampoo, Duschhauben etc.), die in teureren Hotels kostenlos wären, zum Abhängen ein.

★ HELENA MAY
HOTEL $

Karte S. 332 (梅夫人婦女會主樓; 852 2522 6766; www.helenamay.com; 35 Garden Rd, Central; EZ/DZ 580/760 HK$, Studios 850–980 HK$; 🚌23) Wer das koloniale Ambiente der Halbinsel mag, nicht aber die hohen Preise, für den könnte dieses stolze historische Hotel genau richtig sein. Es wurde 1916 als sozialer Club für alleinstehende europäische Frauen gegründet. Heute ist es ein Privatclub für Mitglieder beider Geschlechter und aller Nationalitäten sowie ein Hotel mit Zimmern nur für Frauen im Hauptgebäude und beliebten Studios in einem Anbau, in dem auch Männer übernachten dürfen.

BISHOP LEI INTERNATIONAL HOUSE
HOTEL $

Karte S. 336 (宏基國際賓館; 852 2868 0828; www.bishopleihtl.com.hk; 4 Robinson Rd, Mid-Levels; EZ/DZ/Suite ab 540/580/760 HK$; @ 🏊; 🚌23, 40) Dieses Hotel oben in den Hügeln des Wohnviertels Mid-Levels ist eine der günstigsten Unterkünfte auf Hong Kong Island mit Pool (gerade im Sommer ein echtes Plus). Der Service ist gut, das Hotel wirkt allerdings verwohnt und die Standardzimmer sind klein. Es liegt ein wenig abgelegen, bis zum oberen Ende des Central-Mid-Levels Escalator sind es aber nur fünf Gehminuten.

LAN KWAI FONG HOTEL
BOUTIQUEHOTEL $$

Karte S. 338 (蘭桂坊酒店; 852 3650 0000; www.lankwaifonghotel.com.hk; 3 Kau U Fong, Soho; Zi. ab 2000–3000 HK$; 📶; Ⓜ Sheung Wan, Ausgang E2) In diesem Hotel mit 162 Zimmern sorgt das chinesische Design mit modernem Akzent, egal ob bei der Dekoration oder den Uniformen der Angestellten, für ein besonderes lokales Flair, das in Hongkonger Hotels selten ist. Der Service ist erstklassig, es gibt kostenlosen Kaffee und Tee sowie Wein (17–20 Uhr) und Zimmer mit Smartphones für die Gäste. Das Beste ist die hübsche offene Terrasse/Lounge, die sich über den Straßen von Soho versteckt.

★ POTTINGER
BOUTIQUEHOTEL $$$

Karte S. 336 (852 2308 3188; www.thepottinger.com; 74 Queen's Rd Central, Eingang in der Stanley St, Central; Zi. ab 2500–3000, Suite ab 5000; Ⓜ Central, Ausgang D2) Im Herzen von Central bietet dieses dezente Boutiquehotel 68 luftige Zimmer in Weiß- und Cremetönen mit Marmorbädern und subtiler asiatischer Note: geschnitzte Holzparavents, kalligrafische Kunst und historische Schwarz-Weiß-Fotos von Hongkong. Ein nettes Extra ist das kostenlose Fuji-Wasser. Die hervorragende Hotelbar, das Envoy, ist ein Tribut an Sir Henry Pottinger, den ersten Gouverneur Hongkongs, nach dem das Hotel benannt ist.

MURRAY HOTEL
LUXUSHOTEL $$$

Karte S. 332 (852 3141 8888; www.niccolohotels.com; 22 Cotton Tree Dr, Central; DZ ab 3870 HK$; 📶 🏊; Ⓜ Central, Ausgang J2) 🍃 Die aufregendste Hotelneueröffnung in Hongkong war 2018 das Murray, ein großartiger Umbau eines in den 1960er-Jahren erbauten Regierungsgebäudes neben dem Hong Kong Park. Die markanten schrägen, zurückgesetzten Fenster des Gebäudes waren ein wegweisendes nachhaltiges Element der ursprünglichen Architekturpläne: Sie wurden so angeordnet, um die Sonneneinstrahlung zu reduzieren. Die 336 Zimmer des Hotels der Niccola-Kette sind modern mit Materialien wie Stein, Glas, Leder, Holz und Edelstahl gestaltet.

Außerdem gibt es einen großen Innenpool, ein Spa sowie auf der Gartenebene und auf der Dachterrasse Bars und Restaurants.

MANDARIN ORIENTAL
LUXUSHOTEL $$$

Karte S. 332 (文華東方酒店; 852 2522 0111; www.mandarinoriental.com/hongkong; 5 Connaught Rd, Central; Zi. ab 3250–7500 HK$, Suite ab 6000 HK$; @📶🏊; MCentral, Ausgang F) Das ehrwürdige Mandarin setzte einst in Asien den Standard. Das Hongkonger Hotel ist das Original und hat sich das Flair traditioneller Eleganz bewahrt. Stil, Service, Essen und Atmosphäre sind erstklassig, und die Einheimischen wissen das: Das MO bewirtet pro Tag 3000 Tische mit Essen und Getränken und ist zu 70% ein einheimisches Geschäft. Besonders beliebt ist der Nachmittagstee.

Hong Kong Island: The Peak & der Nordwesten

SLEEEP KAPSELHOTEL **$**

Karte S. 338 (☎852 9604 6049; www.sleeep.io; 242 Queen's Rd Central, Sheung Wan; Kapsel pro Std./Nacht ab 79/399 HK$; 📶; MSheung Wan, Ausgang A2) Erschöpfte City-Angestellte buchen in diesem preisgekrönten Hotel manchmal stundenweise Zimmer, um wieder zur Ruhe zu kommen, und das kann man gut verstehen: Die Atmosphäre in Hongkongs erstem Kapselhotel erinnert an ein Meditationsstudio. Es gibt nur acht Kapseln mit Gemeinschaftsduschen. Das Hotel liegt an der Treppe zwischen der Queens Rd Central und der Gough St.

Jede Kapsel ist mit einem großen Schließfach, Ohrstöpseln und vielen Steckdosen ausgestattet. Hightech ist hier an der Tagesordnung: Die magnetischen Lichtschalter in den Kapseln sind verschiebbar, der personalisierte Check-in erfolgt elektronisch (dabei können die Gäste die Dicke der Matratze und der Bettdecke auswählen). Umweltfreundlich ist das Hotel auch, das warme Wasser wird z. B. mit Rückständen von den Klimaanlagen erzeugt. Für längere Aufenthalte ist das SLEEEP vielleicht nicht ideal, doch für kurze Zwischenaufenthalte bietet es eine komfortable, billige Übernachtungsmöglichkeit.

BUTTERFLY ON WATERFRONT BOUTIQUEHOTEL **$**

Karte S. 338 (☎852 3559 9988; www.butterflyhk.com; 94 Connaught Rd W, Sheung Wan; Zi. ab 650 HK$; @📶; 🚇) Kostenlose Smartphones, kostenlose mobile Ladestationen für Handys zum Mitnehmen, kostenloses WLAN, kostenlose Selfie-Sticks, kostenlose tragbare Ventilatoren – dieses recht günstige Hotel gleich abseits der Dried Seafood St (alias Des Voeux Rd West, und ja, es stimmt, es riecht nicht gerade angenehm) hat eine Menge zu bieten. Die Zimmer sind stilvoll und modern. Bei Buchungen für mehr als eine Nacht 30 Tage im Voraus gibt's 20 bis 30% Rabatt.

★HOTEL JEN HOTEL **$$**

(☎852 2974 1234; www.hoteljen.com/hongkong; 508 Queen's Rd W, Shek Tong Tsui; Zi. ab 900 HK$; 📶🏊; MHKU, Ausgang B2) Das Jen, das inzwischen zu Shangri-La-Gruppe gehört, wirkt luxuriöser, als es der Preis vermuten lässt. In den hohen, modernen Zimmer stehen niedrige Betten. Zimmer mit Hafenblick kosten nur ein wenig mehr. Der Dachpool (mit malerischem Hafenblick!) ist gerade bei der drückenden Hitze im Sommer eine wahre Wohltat und in dieser Preisklasse eine Rarität auf Hong Kong Island.

Die Lage ist ein weiterer Pluspunkt: weit genug von Central entfernt, um sich wie in einem normalen Stadtviertel zu fühlen, aber in Gehweite zu den zunehmend hippen Vierteln Kennedy Town und Sai Ying Pun sowie zur Straßenbahn und zur MTR-Haltestelle HKU.

★99 BONHAM BOUTIQUEHOTEL **$$**

Karte S. 338 (☎852 3940 1111; www.99bonham.com; 99 Bonham Strand, Sheung Wan; Zi. ab 1500 HK$; @📶; MSheung Wan, Ausgang A2) Die 84 Zimmer dieses Hotels sind für Hongkonger Verhältnisse ungewöhnlich groß. Sie sind stilvoll-minimalistisch in neutralen Farben gehalten und haben luxuriöse Bäder. Das Hotel bietet ein kleines Fitnessstudio mit kostenlosen Getränken, eine kostenlose Waschmaschine auf jeder Etage und eine Dachterrasse mit Liegen und herrlicher Aussicht. Besonders nützlich ist das Mobiltelefon inklusive kostenlosem Datenvolumen und kostenloser Ortsgespräche, das Gäste während ihres Aufenthalts nutzen können.

JERVOIS BOUTIQUEHOTEL **$$**

Karte S. 338 (☎852 3994 9000; www.thejervois.com; 89 Jervois St, Sheung Wan; 1-Bett-Suite 1900–3900 HK$, 2-Betten-Suite 3650–6100 HK$; 📶; MSheung Wan, Ausgang A2) Wenn man eines der günstigsten Zimmer des Hotels erwischt (am besten direkt über die Internetseite buchen), ist das elegante Jervois ein tolles Schnäppchen. Die 49 Suiten mit ein oder zwei Betten haben alle eine vom Schlafzimmer abgeteilte Lounge, eine Miniküche und riesige Fenster, die viel Tageslicht hereinlassen. Die Suiten mit einem

Bett sind etwa 65 m² groß, die mit zwei Betten doppelt so groß.

Alle Zimmer sind mit Smartphones für die Gäste und mit luxuriösen grau-weißen Marmorbädern ausgestattet. Es gibt auch einen Wäscheraum (die 2-Bett-Zimmer haben aber eigene Waschmaschinen) und eine kleine Dachterrasse mit Hafenblick. In der Nebensaison gehen die Preise nach unten.

PUTMAN APARTMENT $$$

Karte S. 338 (852 2233 2233; www.theputman.com; 202-206 Queen's Rd Central, Sheung Wan; Zi. ab 1300–3700 HK$, Suite ab 2550 HK$; @; M Sheung Wan, Ausgang A oder E) Hinter der vom Jugendstil inspirierten Fassade dieser Designunterkunft befinden sich drei in kühlen Farben gestaltete Standardzimmer und 25 Suiten mit einem Schlafzimmer. Alle sind geräumig (die Apartments sind 120 m² groß, die Zimmer 30 bis 40 m²) und stilvoll. Alle Apartments nehmen eine komplette Etage ein, haben raumhohe Fenster und große Designerküchen mit Esstisch und sind mit umweltfreundlichen Toilettenartikeln ausgestattet.

Hong Kong Island: Wan Chai & der Nordosten

YESINN HOSTEL $

Karte S. 344 (852 2213 4567; www.yesinn.com; 2. OG, Nan Yip Bldg, 472 Hennessy Rd, Causeway Bay; B 100–300 HK$, Zi. ab 500–800 HK$; @; M Causeway Bay, Ausgang B) Das unkonventionelle, gesellige Hostel zieht Backpacker aus der ganzen Welt an. In den farbenfrohen Schlafsälen (gemischte sowie welche nur für Frauen) gibt's Stockbetten, die mit Vorhängen versehen sind, und Schließfächer. Die Privatzimmer befinden sich in einem anderen Gebäude auf der gegenüberliegenden Straßenseite. Die tolle Dachterrasse, auf der monatlich vom Hotel gesponserte Barbecues stattfinden, entschädigt für den winzigen Rezeptionsbereich.

Der Eingang des Hostels befindet sich um die Ecke an der Seite des Gebäudes. Causeway Bay mit seinen Neonlichtern, Geschäften und bis in die Nacht geöffneten Restaurants liegt nur zwei Minuten entfernt. Das YesInn hat auch weitere Ableger in Fortress Hill und Kowloon.

CHECK INN HOSTEL $

Karte S. 342 (卓軒旅舍; 852 2955 0175; Raum A, 3. OG, Kwong Wah Mansion, 269-273 Hennessy Rd, Wan Chai; B/Zi. ab 160/650 HK$; @; M Wan Chai, Ausgang A2) Die sauberen, geräumigen und hell erleuchteten Schlafsäle dieses gut gelegenen Hostels in Wan Chai sind mit großen Stockbetten und Schließfächern eingerichtet. Im Rezeptions- und Loungebereich (2. Etage) gibt's Sofas, kostenlosen Kaffee und iMacs vor einer Fensterwand. Die freundlichen Mitarbeiter veranstalten manchmal Aktivitäten für die Gäste, z. B. Wanderungen auf den Victoria Peak.

★ HOTEL INDIGO DESIGNHOTEL $$

Karte S. 342 (852 3926 3888; www.ihg.com; 246 Queen's Rd E, Wan Chai; Zi. ab 1600 HK$; @; M Wan Chai, Ausgang A3) Angesichts der tollen Lage in der hippen Queen's Rd East und der farbenfrohen Hightech-Zimmer, die für diesen Preis ausgesprochen groß sind, ist das Indigo eine hervorragende Option in der mittleren bis oberen Preisklasse. Der kleine Pool und die ruhige Bar hoch oben auf dem Dach sind das Sahnehäubchen.

★ TUVE BOUTIQUEHOTEL $$

Karte S. 344 (852 3995 8800; www.tuve.hk; 16 Tsing Fung St, Tin Hau; Zi. ab 1200 HK$; ; M Tin Hau, Ausgang A1) Vom verliesähnlichen Eingang bis zur Rezeption mit dem massiven Schalter aus Beton und den mit Messing verkleideten Wänden – hier steht das Design im Mittelpunkt. Industrieller Schick prägt auch die Zimmer: Goldakzente bilden einen Kontrast zu den Betonwänden und grauer Marmor setzt sich von Holztönen, Drahtglas und der blütenweißen Bettwäsche ab.

Inspiriert wurde das Design des Hotels von einer Serie von Panoramabildern des schwedischen Tuve-Sees, die der Fotograf Kim Høltermand gemacht hat. Selbst die Drinks in der Minibar wurden vom Besitzer, einem Produktdesigner, nach ästhetischen Gesichtspunkten ausgewählt. Für designbegeisterte Gäste ist das Hotel ein Traum, wer es lieber traditioneller mag, fühlt sich hier vielleicht nicht wohl.

★ HOTEL VIC ON THE HARBOUR HOTEL $$

(852 3896 9888; www.hotelvic.com; 1 North Point Estate Lane, North Point; Zi. ab 1500–2500 HK$; @; M North Point, Ausgang A1) Der 2018 eröffnete elegante Koloss direkt am Ufer wirbt damit, dass alle 671 Zimmer Hafenblick haben. Das beste Preis-Leistungs-Verhältnis bieten die Zimmer der Kategorie „Deluxe Harbour-Front". Alle

Zimmer sind geschmackvoll und modern gestaltet und mit Kaffeekapselmaschinen, WLAN, Smartphone und kostenloser Minibar ausgestattet. Vom schicken Pool schaut man auf den Hafen. Auch das Fitnessstudio glänzt mit toller Aussicht und bietet zudem Virtual-Reality-Geräte.

Das Hotel steht auf einem Streifen neu gewonnenen Landes im Viertel North Point, das gerade im Kommen ist, und bietet regelmäßige Shuttlebusse in andere Teile der Stadt. Bis zur MTR sind es aber auch nur ein paar Gehminuten.

★LITTLE TAI HANG — HOTEL $$

Karte S. 344 (☎852 3899 8888; www.littletaihang.com; 98 Tung Lo Wan Rd, Tai Hang, Tin Hau; Zi. ab 1250 HK$; @📶; Ⓜ Tin Hau, Ausgang B) Das hippe Viertel Tai Hang hat viel Charakter und kann nun mit dem Little Tai Hang auch ein passendes Hotel vorweisen. Die 91 charmant gestalteten Zimmer sind mit skandinavischen Möbeln und hübscher Bettwäsche ausgestattet. Am schönsten sind die „Corner Studios" (oberhalb des 8. OG) mit ihren riesigen, in den Boden eingelassenen japanischen Badewannen, von denen man auf den Victoria Park und den Hafen blickt.

METROPARK HOTEL — HOTEL $$

Karte S. 344 (維景酒店; ☎852 2600 1000; www.metroparkhotelcausewaybay.com; 148 Tung Lo Wan Rd, Causeway Bay; Zi. ab 1100 HK$; @📶🏊; Ⓜ Tin Hau, Ausgang B) Der Hotelturm am Victoria Park holt aus seiner östlichen Lage das Beste heraus: Über die Hälfte der etwa 250 Zimmer haben einen weiten Blick auf den Hafen. Das Design wirkt etwas veraltet, doch die Dachterrasse mit Sonnenliegen und herrlicher Aussicht macht das wieder wett. Ein weiteres großes Plus ist die Lage am Rand des angesagten Viertels Tai Hang, das viel Lokalkolorit hat.

MIRA MOON — BOUTIQUEHOTEL $$

Karte S. 342 (問月酒店; ☎852 2643 8888; www.miramoonhotel.com; 388 Jaffe Rd, Wan Chai; Zi. ab 1500–3000 HK$; @📶; Ⓜ Wan Chai, Ausgang A1) Die Dekoration dieses Boutiquehotels mit 91 Zimmern erinnert an das chinesische Märchen von der Mondgöttin und dem Jadehasen: stilisierte Hasenbilder an den Wänden, übergroße Laternen und grafische Pfingstrosen-Mosaike auf dem Boden. Die frei stehenden Badewannen in den Zimmern „Half Moon" und „Full Moon" sind traumhaft. In den günstigeren Zimmern der Kategorie „New Moon" gibt es nur Duschen. Der Service ist herzlich und entgegenkommend.

Alle Zimmer sind mit tragbaren WLAN-Hotspot-Geräten und iPad-Raumreglern ausgestattet. Das Hotel hat ein rund um die Uhr geöffnetes Fitnessstudio, ein Tapas-Restaurant mit spanisch-chinesischer Fusionsküche und eine kleine Champagnerbar an der Rezeption.

OZO WESLEY — BUSINESSHOTEL $$

Karte S. 340 (遨舍衛蘭軒酒店; ☎852 2292 3000; www.ozohotels.com; 22 Hennessy Rd, Wan Chai; Zi. ab 900 HK$; @📶; Ⓜ Admiralty, Ausgang F) Die 250 kleinen, aber gut ausgestatteten Zimmer dieses Mittelklassehotels auf halbem Weg zwischen Admiralty und Wan Chai bieten angesichts der Qualität und der Lage ein tolles Preis-Leistungs-Verhältnis und sind daher oft zeitig ausgebucht. Das Hotel serviert ein gutes Frühstück und hat ein Fitnessstudio, aber keinen Pool.

PARK LANE HONG KONG — HOTEL $$

Karte S. 344 (柏寧酒店; ☎852 2293 8888; www.parklane.com.hk; 310 Gloucester Rd, Causeway Bay; Zi. ab 1600 HK$; @📶; Ⓜ Causeway Bay, Ausgang E) Zwischen dem Victoria Park und dem kommerziellen Trubel von Causeway Bay gelegen, ist das Park Lane mit 832 Zimmern eine gute Wahl für diejenigen, die mitten im Geschehen und doch am Rand davon sein wollen. Bis auf drei Etagen waren zum Zeitpunkt der Recherche alle Zimmer modernisiert worden und sahen sehr schick aus. Die Skye Bar (S. 131) in der 27. Etage ist fabelhaft.

Das Hotel veranstaltet zudem täglich kostenlose Yogastunden im „Sky Garden" auf dem Dach und hat ein gutes Fitnessstudio. Wer Hafenblick möchte, bucht ein Zimmer der Kategorie „Premium Deluxe".

★UPPER HOUSE — BOUTIQUEHOTEL $$$

Karte S. 340 (☎852 2918 1838; www.upperhouse.com; 88 Queensway, Pacific Pl, Admiralty; Zi./Suite ab 4500/12 000 HK$; @📶; Ⓜ Admiralty, Ausgang F) Was ultimativen Luxus mit Designerambiente angeht, wird man in Hongkong kein besseres Hotel finden, vorausgesetzt, man verzichtet auf einen Pool. Das Upper House befindet sich in den obersten Etagen des JW Marriott (daher der Name „Upper"). Selbst die kleinsten Zimmer der Kategorie „Studio 70" sind doppelt so groß wie die anderer Spitzenhotels und haben begehbare Kleiderschränke, kostenlose Minibars und tiefe Badewannen mit Aussicht.

★**FLEMING** BOUTIQUEHOTEL $$$

Karte S. 342 (☎852 3607 2288; www.theflem ing.com; 41 Fleming Rd, Wan Chai; Zi. ab 1900 HK$; @📶; MWan Chai, Ausgang A) Dieses Boutiquehotel in Wan Chai ist ein modernisierter Klassiker und beschwört mit seinen 66 exklusiven Zimmern im Kolonialstil, die mit eleganten Farben, Hartholz und Messingelementen gestaltet sind, das goldene Zeitalter des Reisens herauf. Es soll von der Hongkonger Hafenfähre inspiriert worden sein. Man fühlt sich wie auf der königlichen Jacht *Britannia* (ehe sie 1997 letztmalig aus dem Hongkonger Hafen auslief).

Die kleinsten Zimmer sind nur 21 m² groß, doch alle verfügen über wundervolle Bäder, himmlisch weiche Betten und hinreißende Details wie die Bitte-nicht-stören-Schilder, die einem alten Schiffstelegrafen nachempfunden sind. Frühstück wird im gediegenen mediterranen Restaurant Osteria Marzia serviert. Das Fleming steht an der Ecke Fleming Rd/Jaffe Rd.

Hong Kong Island: Aberdeen & der Süden

★**MOJO NOMAD** HOSTEL $

Karte S. 346 (☎852 3728 1000; www.mojono mad.com; 100 Shek Pai Wan Rd, Aberdeen; DZ 200–260 HK$, FZ ab 1700 HK$; ❄@📶; 🚌31, 42, 48, 71, 72) Das Mojo Nomad, eine der besten Budgetunterkünfte Hongkongs, befindet sich in einer Straße unweit des Aberdeen Typhoon Shelters und seiner vor Anker liegenden Boote. Die 64 Zimmer verteilen sich auf 20 Etagen. In den Zimmern zur Hafenseite (darunter auch ein Familienzimmer) sorgen raumgroße Panoramafenster dafür, dass die herrliche Aussicht voll zur Geltung kommt. Die Zimmer mit Blick auf einen Friedhof auf einem Hügel sind 20 bis 40 HK$ günstiger. Betten im Schlafsaal kosten in der Nebensaison nur 150 bis 180 HK$.

Die Dreibettzimmer sind mit einem Doppelstockbett und einem Einzelbett ausgestattet. In den Schlafsälen gibt's jeweils vier Stockbetten, zwei private Bäder, nummerierte Schließfächer und Leselampen. Außerdem sind ein Wäscheraum, eine Küche, ein Gemeinschaftsbereich mit Fernsehraum, Arbeitsbereiche und eine Telefonzelle für private Anrufe vorhanden. Die freundlichen Mitarbeiter organisieren täglich Aktivitäten wie Filmabende und Ausflüge.

★**T HOTEL** HOTEL $$

(T酒店; ☎852 3717 7388; www.thotel.edu.hk; VTC Pokfulam Complex, 145 Pok Fu Lam Rd, Pok Fu Lam; Zi./Suite ab 1040/2760 HK$; 🚭❄@📶; 🚌7, 91 ab Central, 973 ab Tsim Sha Tsui) Am liebsten würden wir ja die Entdeckung dieses Juwels für uns behalten! Das Hotel mit 30 Zimmern im friedlichen Viertel Pok Fu Lam wird ausschließlich von Studenten der Berufsschule für Gastgewerbe betrieben. Die jungen Berufsschüler sind aufmerksam, freundlich und sehr darauf bedacht, ihre Fähigkeiten zu verbessern. Die schönen, gepflegten Zimmer befinden sich in der 6. Etage und von diesen schaut man aufs Meer oder auf die Berge.

Die Suiten sind größer als viele Serviced Apartments und verfügen über Gästetoiletten und eine Miniküche. Die beiden Restaurants werden von der Kochschule des Komplexes betrieben und servieren preiswerte chinesische und internationale Gerichte. Das Hotel hat auch eine Skylounge mit herrlicher Aussicht und ein Spa. Von der Metrostation University sind es mit dem Taxi zehn Minuten bis zum Hotel.

OVOLO SOUTHSIDE BOUTIQUEHOTEL $$

Karte S. 346 (Ovolo 南區; ☎852 2165 1000; www. ovolohotels.com; 64 Wong Chuk Hang Rd, Wong Chuk Hang; Zi. ab 700–1800 HK$; 🚌73, 973, 42, 171, 99, MWong Chuk Hang, Ausgang A2) Das Ovolo Southside war früher ein Lagerhaus und das Design im Stil des Industrieschicks erweist seiner Vergangenheit die Ehre. Der Blick auf die Hügel von den Zimmern in den oberen Etagen, der überwiegend aufmerksame Service, die Happy-Hour-Schnäppchen der Dachbar und die kostenlose Minibar entschädigen reichlich für die kleinen Zimmer und Bäder.

Kowloon

★**HOP INN ON CARNARVON** HOSTEL $

Karte S. 350 (☎852 2881 7331; www.hopinn.hk; 9. OG, James S Lee Mansion, 33-35 Carnarvon Rd, Tsim Sha Tsui; B 180–280 HK$, EZ 460–580 HK$, DZ 620–650 HK$; @📶; MTsim Sha Tsui, Ausgang A2) Mit der mit Sofas bestückten Lounge, der angrenzenden Dachterrasse und dem obligatorischen Kühlschrank voller Bier ist dieses entspannte Hostel perfekt, um abends nach einem langen Tag in den Straßen Kowloons zu relaxen. Durch Korridore aus poliertem Beton geht's zu den gepflegten Einzel-, Doppel- und Dreibettzimmern und zu den Schlafsälen mit vier bis acht Betten, von denen einige mit Wandbildern einheimischer Künstler verziert sind.

★URBAN PACK — HOSTEL $

Karte S. 348 (休閒小窩; ☎852 2732 2271; www.urban-pack.com; Unit 1410, 14. OG, Haiphong Mansion, 99-101 Nathan Rd, Tsim Sha Tsui; B 200–500 HK$, Zi. ab 500 HK$; 📶; Ⓜ Tsim Sha Tsui, Ausgang A1) Das legere, gesellige Hostel wird von den beiden freundlichen Kanada-Chinesen Albert und Jensen betrieben. Die Lage zwischen Kowloon Park und Harbour City ist ausgezeichnet. Die Schlafsäle, Doppelzimmer und Zweibettzimmer mit Doppelstockbett befinden sich in verschiedenen Teilen eines Gewerbegebäudes, und es gibt diverse Loungebereiche. Die Betten in den kleinen Schlafsälen verfügen über Sichtschutzrollos. Auf dem Tourprogramm stehen u.a. Bar-Hopping und Pferderennen auf dem Happy Valley Racecourse.

★YESINN @YMT — HOSTEL $

Karte S. 352 (1B Wing Sing Ln, Yau Ma Tei; B/DZ ab 170/600 HK$; @📶; Ⓜ Yau Ma Tei, Ausgang C) Mit seiner beneidenswerten Lage im neonbunten Herzen von Yau Ma Tei bietet das YesInn eine tolle Basis, um ins typische Hongkonger Flair einzutauchen. Zur Wahl stehen kleine Schlafsäle mit vier oder acht Betten und recht nette Doppelzimmer. Einige Zweibettzimmer sind mit einem Doppelstockbett ausgestattet. Natürlich fehlt auch der Kühlschrank mit Bier in der geselligen Küche nicht. Schade, dass die Mitarbeiter manchmal ein wenig frostig sind.

INNSIGHT — PENSION $

Karte S. 348 (悠悠客舍; ☎852 2369 1151; www.innsight.hk; 3. OG, 9 Lock Rd, Tsim Sha Tsui; EZ/DZ ab 480/600 HK$; @📶; Ⓜ Tsim Sha Tsui, Ausgang H) Das Beste an dieser einladenden,

CHUNGKING MANSIONS

Wenn die Worte „Budgetunterkunft" und „Hongkong" in einem Atemzug fallen, denkt jeder sofort an die Chungking Mansions, kurz CKM. Der labyrinthische, 1961 erbaute Komplex im Herzen von Tsim Sha Tsui besteht aus fünf 17-stöckigen Blöcken mit Wohnungen, Pensionen, indischen Restaurants, Souvenirständen und Wechselstuben. Dem Anthropologen Gordon Mathews zufolge wohnen dort etwa 4000 Menschen, hinzu kommen 10 000 Besucher täglich. Jedes Jahr gehen hier Menschen 120 verschiedener Nationalitäten, hauptsächlich aus Südostasien und Afrika, ein und aus.

Die Qualität der Pensionen in den Chunking Mansions variiert zwar, doch die meisten sind sauber und recht komfortabel. Allerdings sollte man wissen, dass die Zimmer fast immer winzig sind und sich die Dusche direkt neben der Toilette befindet. Die Zimmer sind in der Regel mit Klimaanlage und TV ausgestattet, manche haben auch ein Fenster. Praktisch alle verfügen über WLAN und einige bieten sogar tägliche Zimmerreinigung und solchen Luxus wie Zahnbürsten!

Um den Preis für ein Zimmer oder ein Bett kann man immer verhandeln, in der Hochsaison wird man aber nicht viel erreichen. Oft lässt sich ein günstigerer Preis herausschlagen, wenn man z. B. länger als eine Woche bleibt. Das sollte man aber nie am ersten Abend festmachen, sondern erst einmal eine Nacht dort schlafen und sehen, wie es einem gefällt, ehe man für weitere Nächte bezahlt. Hat man einmal gezahlt, bekommt man in der Regel nichts erstattet.

In den Chungking Mansions gibt es Dutzende Hostels, die ständig kommen und gehen. Bewährte Hostels sind u. a. das **Dragon Inn** (龍滙賓館; Karte S. 348; ☎852 9304 7843; www.dragoninn.info; Flat B5, 3. OG, B Block; EZ 180–400 HK$, DZ 360–680 HK$, 3BZ/4BZ 480/520 HK$; 📶; Ⓜ Tsim Sha Tsui, Ausgang D1), das **Holiday Guesthouse** (Karte S. 348; ☎852 2316 7152, 852 9121 8072; Fax 2316 7181; Flat E1, 6. OG, E Block; EZ 250–600 HK$, DZ 350–700 HK$; 📶; Ⓜ Tsim Sha Tsui, Ausgang D1) und das **Canada Hostel** (Park Inn, Icon Inn; Karte S. 348; ☎852 2368 1689; Flat A1, 15. OG, A Block; EZ/DZ ab180/200 HK$; @📶; Ⓜ Tsim Sha Tsui, Ausgang D1). Letzteres ist eigentlich eine Gruppe von neun verschiedenen Pensionen, sodass man nie genau weiß, was man nun eigentlich gebucht hat. Aber das macht ja das Vergnügen mit aus, stimmt's?

schnörkellosen Pension ist die fabelhafte Lage fußläufig zur Star Ferry. Durch den gemütlichen Check-in-Bereich hindurch gelangt man zu den einfachen Einzel- und Doppelzimmern – sie sind sehr schlicht, aber mit Handtüchern, Klimaanlage, TV und vor allem Fenstern ausgestattet.

YHA MEI HO HOUSE YOUTH HOSTEL
HOSTEL $

(美荷樓青年旅舍; ☎852 3728 3500; www.meihohouse.hk; Block 41, Shek Kip Mei Estate, 70 Berwick St, Sham Shui Po; B 400–549 HK$, Zi. ab 900 HK$ @ WLAN; Bus A21, M Sham Shui Po, Ausgang D2) Die Jugendherberge befindet sich in einer hügeligen Ecke Kowloons in einem historischen Gebäude, in dem sich früher Sozialwohnungen befanden. Hier findet man alles, was man benötigt: Waschmaschine, Minimarkt, blitzsaubere Zimmer und Schlafsäle, Schließfächer mit eingebauten Steckdosen und eine hervorragende Bar mit Restaurant, das House 41. Es gibt sogar ein Museum (S. 156). Für ein Hostel ist es allerdings recht teuer.

★ OTTO HOTEL
HOTEL $$

Karte S. 348 (☎852 3551 6888; http://theotto.hk; 8 Cameron Rd, Tsim Sha Tsui; DZ/2BZ ab 1100 HK$; WLAN; M Tsim Sha Tsui, Ausgang B2) Hier stimmt das Verhältnis zwischen Preis und Qualität. Das Otto besticht mit 56 makellosen, gut schallisolierten Zimmern und einer fantastischen Lage im Herzen von TST, nur ein paar Schritte von der MTR entfernt. Die recht kleinen Zimmer sind clever gestaltet, sodass selbst die Bleiben der billigsten Kategorie Platz für zwei Personen bieten und begehbare Duschen und einen Schreibtisch haben. Die Zimmer der Kategorie „Premium Queen" schauen auf die Kowloon Mosque mit dem Islamic Centre (S. 153).

Die Rabatte in der Nebensaison machen das Otto auch für Budgetreisende erschwinglich.

★ SALISBURY YMCA
HOTEL $$

Karte S. 348 (香港基督教青年會; ☎852 2268 7888; www.ymcahk.org.hk/thesalisbury; 41 Salisbury Rd, Tsim Sha Tsui; EZ/DZ/Suite ab 1250/1450/2450 HK$; @ WLAN Pool; M East Tsim Sha Tsui, Ausgang L6) Wer in diesem großartigen YMCA-Hotel ein Zimmer erwischt, wird mit professionellem Service und tollen Einrichtungen für Sportbegeisterte belohnt. Die 372 Zimmer und Suiten sind komfortabel, aber schlicht. Am besten schaut man sich nicht lange im Zimmer um, sondern lieber aus dem Fenster, denn diese Aussicht kostet im benachbarten Hotel Peninsula das Fünffache.

★ ATTITUDE ON GRANVILLE
BOUTIQUEHOTEL $$

Karte S. 350 (☎852 2105 3888; www.attitudegranville.com; 20 Granville Rd, Tsim Sha Tsui; ⌚Zi. ab 1350 HK$; @ WLAN; M Tsim Sha Tsui, Ausgang B1) „Boutiquehostel" oder „Studentenchic" beschreiben dieses exzentrische Hostel vielleicht am besten. Es vermischt nostalgisches Hongkong-Flair mit Popart, Wandbildern und, tja, ausgestopften Schafen. Die billigsten der 88 Zimmer, die „Urban Double", sind nur 15 m² groß, die größeren haben einen Schreibtisch (deren Platte auf Hohlbetonsteinen ruht) und Wände, die mit handgemalten Grafiken verziert sind.

Auf der gegenüberliegenden Straßenseite steht das Schwesternhotel Soravit on Granville mit einem ganz anderen, südostasiatischen Designkonzept. Einfach mal selbst schauen!

MADERA HONG KONG
DESIGNHOTEL $$

Karte S. 352 (木的地酒店; ☎852 2121 9888; www.hotelmadera.com.hk; 1-9 Cheong Lok St, Yau Ma Tei; Zi. ab 1100 HK$, Suite 2500 HK$; @ WLAN; M Jordan, Ausgang B1) In dieses verspielte Hotel in der Nähe des Temple Street Night Market (S. 149) und der MTR-Station Jordan gelangt man durch ein kleines Museum mit Exponaten zum Hongkong der Vergangenheit. Die Zimmer der preiswerteren Kategorie sind völlig in Ordnung, doch wer tiefer in die Tasche greift, bekommt eine schöne Suite in warmen Holztönen (*madera* bedeutet im Spanischen Holz) und einen tollen Blick auf die Stadt.

Mindestens einmal sollte man unbedingt die Horizonte Lounge (S. 165), die winzige Dachbar in der 29. Etage, besuchen, um den Sonnenuntergang zu bewundern.

MIRA
DESIGNHOTEL $$

Karte S. 348 (☎852 2368 1111; www.themirahotel.com; 118-130 Nathan Rd, Tsim Sha Tsui; Zi./Suite ab 1700/2800 HK$; @ WLAN Pool; M Tsim Sha Tsui, Ausgang B1) Mitten im Zentrum von Tsim Sha Tsui beeindruckt das Mira mit farblich abgestimmten Zimmern, Designelementen und einem verdunkelten Eingang, der so cool ist, dass man sich nicht wundern würde, wenn ein Türsteher auftauchen würde. Auch die Zimmerausstattung kann sich sehen lassen: WLAN-Hotspot, iPod-Dockingstation, Smart-TV etc. Der Service ist manchmal unbeständig, insgesamt sind die Mitarbeiter aber hilfsbereit.

★PENINSULA HONG KONG HOTEL $$$

Karte S. 348 (香港半島酒店; ☎852 2920 2888; www.peninsula.com; Salisbury Rd, Tsim Sha Tsui; Zi./Suite ab 4000/6000 HK$; ; MTsim Sha Tsui, Ausgang E) Das Peninsula (erbaut 1928), das an der Südspitze Kowloons thront, ist eines der großen Hotels der Welt. Einst nannte man es das „beste Hotel östlich von Suez". Ein Dilemma ist die Anreise – landet man mit dem Hubschrauber auf dem Dach oder fährt man mit einem der 16 hoteleigenen Rolls Royce Phantoms vor?

Auch die Entscheidung, in welchem der 300 klassisch im europäischen Stil eingerichteten Zimmer man übernachtet, fällt nicht leicht. Vom zwanzigstöckigen Anbau bietet sich ein spektakulärer Hafenblick, doch das Originalgebäude besticht mit seinem prächtigen historischen Interieur. Ein wunderbares Erlebnis ist der Nachmittagstee im Hotel – man sollte sich aber ordentlich kleiden und auf Wartezeit gefasst sein.

★HOTEL ICON HOTEL $$$

Karte S. 350 (唯港薈; ☎852 3400 1000; www.hotel-icon.com; 17 Science Museum Rd, Tsim Sha Tsui; Zi./Suite ab 2100/4000 HK$; ; MEast Tsim Sha Tsui, Ausgang P1) Gäste, die schon mehrfach im Icon übernachtet haben, loben die luxuriösen Zimmer, die kostenlose Minibar, den weiten Blick auf den Hafen und den Pool auf dem Dach. Das Hotel ist der am schlechtesten gehütete Geheimtipp in der Hotelszene Hongkongs. Es ist einer Berufsschule für Gastgewerbe angegliedert und bietet angesichts der Qualität ein gutes Preis-Leistungs-Verhältnis. Zudem sind immer Mitarbeiter in der Nähe, die sich sehr bemühen, die Wünsche der Gäste zu erfüllen.

EATON HOTEL $$$

Karte S. 352 (香港逸東酒店; ☎852 2782 1818; www.hongkong.eatonhotels.com; 380 Nathan Rd, Yau Ma Tei; Zi. ab 2350–3200 HK$, Suite ab 3250 HK$; ; MJordan, Ausgang B1) Sobald man das Eaton mit seinem Designerambiente, dem Holz und den unterschiedlichen Möbeln betritt, lässt man das Chaos der Nathan Rd hinter sich. Die Zimmer der Kategorie „Executive Room" haben Kingsize-Betten und halbrunde Fensteralkoven mit Blick auf Kowloon. Der von Säulen gesäumte Pool auf dem Dach ist eine kleine Wellnessoase mit Wow-Faktor.

Die Stärke des Eaton ist das Essen. Der Food Court im Erdgeschoss ist im selben Stil designt wie die coole Lobby und bietet eine große Auswahl, die von Hongkonger Snacks über japanische Reisschüsseln bis zu einer kleinen Craft-Bier-Bar reicht. Im mit Michelin-Sternen ausgezeichneten Yat Tung Heen wird im Untergeschoss mittags Dim Sum serviert.

INTERCONTINENTAL HONG KONG HOTEL $$$

Karte S. 350 (香港洲際酒店; ☎852 2721 1211; www.intercontinental.com; 18 Salisbury Rd, Tsim Sha Tsui; Zi./Suite ab 3000/4000 HK$; ; MTsim Sha Tsui, Ausgang F) Das InterContinental mag zwar von außen wie ein Bürogebäude aus den 80er-Jahren wirken, aber was macht das, wenn man das schönste Fleckchen am Wasser weit und breit sein Eigen nennt? Der perfekte Service sorgt dafür, dass Größen der Wirtschaft und Rockstars immer wieder herkommen. Zwei metallicblaue Rolls Royce Phantoms, Portiers in weißen Uniformen und das eifrige Polieren von Messing lassen den Stil der Kolonialzeit weiterleben.

Check-in im Zimmer, Butlerservice und in den Boden versenkte Badewannen sind Standard, doch nicht alle Zimmer haben Hafenblick. Wer es sich leisten kann, sollte in einem der fünf großartigen Hotelrestaurants speisen, die gemeinsam mehrere Michelin-Sterne eingeheimst haben. Die Loungebar (S. 162) in der Lobby hat die schönste Aussicht Hongkongs.

KERRY HOTEL LUXUSHOTEL $$$

(香港嘉里酒店; ☎852 2252 5888; www.shangri-la.com/hongkong/kerry; 38 Hung Luen Rd, Hung Hom; Zi. ab 2300 HK$;) Das elegant geschwungene Hotel im Resortstil steht auf einem großzügigen Grundstück am Hafen vom Hum Hong und ist in gewisser Weise allein auf weiter Flur. Das bedeutet aber auch, dass reichlich Platz für Gärten, Open-Air-Restaurants und einen lagunenartigen Infinity Pool ist und dass zwei Drittel der 546 Zimmer Hafenblick haben. Die Zimmer sind riesig und luxuriös – das kleineste misst 42 m².

Die Dachbar Red Sugar ist ein fantastisches Fleckchen, um den Sonnenuntergang bei einem Cocktail zu erleben. Das Kerry befindet sich direkt neben dem Fähranleger von Hung Hom, von wo Fähren nach Central, Wan Chai und North Point verkehren.

Hongkong verstehen

Hongkong aktuell

Vor nicht mal einem Jahrzehnt hätten die meisten Einwohner Hongkongs noch behauptet, die Rückkehr unter chinesische Führung 1997 habe keine großen Veränderungen mit sich gebracht. Doch inzwischen dominiert das immer angespanntere Verhältnis zu Peking die Politik und die allgemeine Stimmung in Hongkong und bringt das „Ein Land, zwei Systeme"-Experiment in Gefahr. Peking hat eine Stadt politisiert, die in den 150 Jahren britischer Herrschaft für ihre antipolitische Haltung bekannt war.

Top-Filme

Infernal Affairs (2002) Thriller, der Scorsese zu *Departed – Unter Feinden* inspiriert hat.

Night and Fog (2010) Dunkles, realistisches Drama von Filmemacherin Ann Hui über häusliche Gewalt und das Leben von Einwandererfrauen.

The Grandmaster (2013) Wong Kar-wais Martial-Arts-Drama über den Wing-Chun-Großmeister Ip Man.

Chungking Express (1994) Kultklassiker über das Liebesleben zweier Hongkonger Polizisten.

Trivisia (2016) Fesselnder, nachdenklicher Action-Thriller, produziert von Johnnie To und Yau Nai-Ho.

Top-Bücher

City at the End of Time: Poems by Leung Ping-kwan (Hrsg. Esther Cheung; 2012) Leung Ping-Kwan alias Yesi war inoffizieller Poet Laureate.

The Hungry Ghosts (Anne Berry; 2009) Rastlose Geister bevölkern diese grandiose Geschichte.

The Piano Teacher (Janice Y. K. Lee; 2009) Über Liebe im Hongkong der Mitte des vergangenen Jahrhunderts.

Hong Kong Shop Cats (Marcel Heijnen; 2016) Über die Katzen der Stadt.

Hong Kong: A Cultural History (Michael Ingham; 2007) Standardwerk zu Hongkong.

Der Stand der Dinge

Hongkong hat seit Beginn des neuen Jahrzehnts viele politische Konflikte erlebt. Regierungskritiker haben eine lange Liste mit Problemen zusammengetragen: von schleppenden demokratischen Reformen über „geheime" Absprachen zwischen der Regierung und Unternehmen bis hin zu hohen Immobilienpreisen und der Absorption öffentlicher Gelder durch Einwanderer.

Seit Carrie Lam 2017 zur Regierungschefin Hongkongs ernannt wurde, gab es kaum Veränderungen; Unsicherheit über die politische Zukunft liegt in der Luft.

Kontroverse Parteipolitik und das Fehlen eines demokratischen Mandats haben dazu geführt, dass viele die Regierung als schwach betrachten, wenn es darum geht, Lobbys wie der der Bauunternehmer die Stirn zu bieten.

Wirtschaftliche Grundlagen

2018 wurde Hongkongs Immmobilienmarkt im achten Jahr in Folge zum am wenigsten erschwinglichen der Welt gekürt, was belegt, wie frustrierend teuer das Leben in der Stadt geworden ist. Der Immmobilienmarkt ist überschwemmt mit Geld von Spekulanten auf dem Festland, zudem beherbergt die Stadt mehr Milliardäre als die meisten Länder. Der Großteil der Einheimischen muss jedoch hart kämpfen, um über die Runden zu kommen. Einige nennen kaum 10 m^2 ihr Zuhause. Trotz des Wachstums in den letzten Jahren ist Hongkongs Wirtschaft zunehmend abhängig vom Finanzsektor und der Kaufkraft der Touristen vom Festland.

Im Schatten Pekings

Viele der einst so zuversichtlichen Hongkonger sind inzwischen besorgt über das, was sie als den Versuch der Regierung sehen, ihnen ihre eigene Kultur zu nehmen. Präsident Xi Jinping hat von Peking aus seine Interventionen in die inneren Angelegenheiten Hongkongs verstärkt. Am meisten Sorge bereitet den Menschen, dass die für die Sonderverwaltungszone seinerzeit ausgehandelten Autonomie verschwindet. Die Eröffnung des grenzüberschreitenden Bahnhofs von Kowloon West 2018, der trotz seiner Lage in Hongkong teilweise den Gesetzen des Festlandes unterliegt, hat diese Angst noch verstärkt.

Das Verlangen nach dem chinesischen Touristendollar und die damit einhergehende Verbreitung von Luxusgeschäften hat Unzufriedenheit erzeugt. Die resultierenden Mietsteigerungen treiben die Inflation hoch und schädigen traditionelle Geschäfte.

Kulturelle Unterschiede zwischen Hongkongern und Migranten vom Festland sowie der Zustrom einer bestimmten Händlergruppe (Parallel Traders), die sich zwecks Zollumgehung in Grenzstädten niederlässt, sind weitere Konfliktquellen. Möglicherweise entspannt sich die Lage, weil China von Hongkong längst nicht mehr so fasziniert ist wie früher, da die Bedeutung der Sonderverwaltungszone für die chinesische Wirtschaft schwindet. Zum Zeitpunkt der Übergabe 1997 brachte Hongkong fast 20% des chinesischen BIP - heute sind es weniger als 3%.

Eine gute Seite hat das Ganze aber: Die Herausforderungen stärken die Identität der Hongkonger, weil sie deren zentrale Werte - Rechtsstaatlichkeit und bürgerliche Freiheit - ins Bewusstsein rücken.

Widerstand & Rückbesinnung

2014 gingen Demonstranten, u.a. viele Studenten, auf die Straße, um gegen Reformen des Wahlsystems zu protestieren: Diese gefährdeten das Wahlrecht. Die Proteste wuchsen sich in drei Monaten zu einer Pro-Demokratie-Bewegung mit Tausenden Unterstützern aus, die als Occupy Central oder Umbrella Movement bekannt wurde. Inzwischen haben mehrere Studentenführer eine neue Partei gegründet.

Trotzdem scheint der lokale Widerstand nachzulassen. Die Zahl der Teilnehmer am Protestmarsch zum 1. Juli, der jedes Jahr seit der Übergabe 1997 von der Civil Human Rights Front organisiert wird, erreichte 2018 den tiefsten Stand seit drei Jahren. Die Aktivisten befürchten, dass sich Apathie breit macht. Carrie Lam hat bereits erklärt, dass ihrer Meinung nach Hongkongs Eigenheiten am besten erhalten blieben, wenn die Stadt Teil „eines Landes" wird.

Auf der anderen Seite verstärkt der Versuch, die eigene Identität zu bestimmen, in vielen Hongkongern den Wunsch, ihr Erbe zu bewahren. So sträuben sie sich gegen die Verwendung kantonesischer oder traditioneller chinesischer Schriftzeichen. Sie setzten sich für die Pflege ihrer Grünanlagen ein und den Erhalt alter Viertel, deren Geschichte sie dokumentieren. Inzwischen sind alternative Kulturstätten und Farmen entstanden. Hongkong demonstriert erneut seine Fähigkeit, sich anzupassen und über sich hinauszuwachsen.

Gäbe es nur 100 Hongkonger, wären...

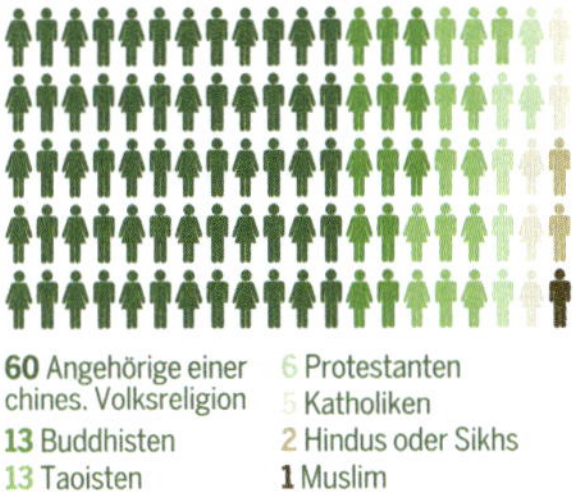

Muttersprache
(% der Bevölkerung)

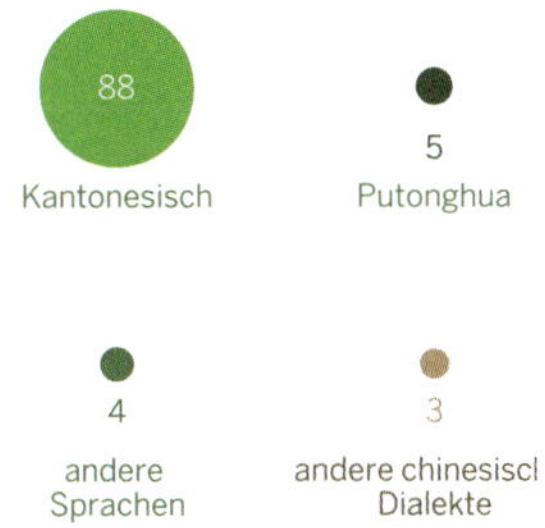

Einwohner pro km²

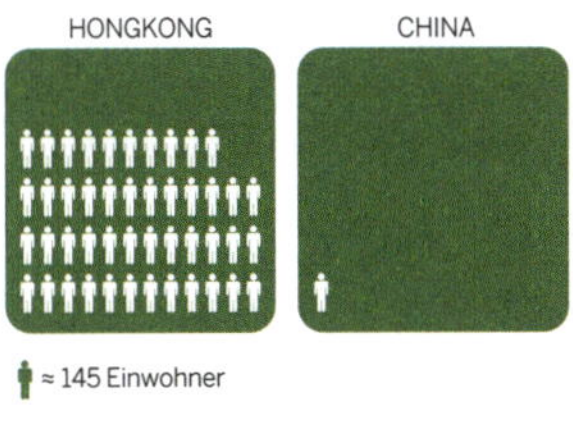

Geschichte

Der Name Hongkong kommt vom Kantonesischen *heung gawng* („duftender Hafen") und geht auf die Stapel von Sandelholz zurück, die sich da auftürmten, wo heute Aberdeen ist. Das Hongkong, das wir heute kennen, ist in dessen langer Geschichte nur ein winziger Augenblick. In der Region war auch schon vor jenem Morgen im Jahr 1841 einiges los, an dem die britische Marine an Land stürmte und den Union Jack auf der Westseite von Hong Kong Island hisste.

Frühe Einwohner

Hongkong ist bereits seit mindestens Mitte der Jungsteinzeit (ca. 4000–2500 v. Chr.) von Menschen bewohnt. An knapp 100 archäologischen Stätten in der Sonderverwaltungszone ausgegrabene Artefakte deuten darauf hin, dass die Bewohner dieser Siedlungen kulturelle Eigenschaften mit den Menschen teilten, die im Delta des Perlflusses lebten. Die Überbleibsel von Siedlungen aus der Bronzezeit (ca. 1500–220 v. Chr.), die u. a. auf den Inseln Lamma und Lantau freigelegt wurden, sowie die acht noch vorhandenen Felsenreliefs an Hongkongs Küste sprechen ebenfalls dafür, dass diese frühen Siedler eine Art Volksreligion mit Tieranbetung praktizierten.

Archäologen gehen davon aus, dass sich die steinzeitlichen Bewohner Hongkongs relativ gut ernährten. Auf dem Speiseplan standen eisenreiches Gemüse, kleine Säugetiere und Meeresfrüchte. Die ersten Einwohner Hongkongs gehörten vielleicht zu den Seevölkern (Hundert-Yue-Stämme) im Südosten Chinas, von denen frühe Quellen berichten.

Die fünf großen Klans

Erst um das 11. Jh. begannen nacheinander die mächtigen „Fünf Klans" Hongkongs – Han-Chinesen, deren Nachkommen die politische und wirtschaftliche Macht bis heute innehaben –, die Gegend stärker zu bevölkern. Die ersten und mächtigsten Neuankömmlinge waren die Tang, die sich zu Beginn um Yuen Long niederließen (das Dorf Kat Hing Wai bildete einen Teil dieser Siedlung). Ihnen folgten die Hau und die Pang, die sich um das heutige Sheung Shui und Fanling ausbreiteten. Im 14. Jh. erschienen die Liu auf der Bildfläche, 100 Jahre später dann die Man.

Die kantonesisch sprechenden Neulinge nannten sich *bun-day* (Punti), was „einheimisch" bedeutet – aber das waren sie definitiv nicht. Sie

ZEITLEISTE

4000–1500 v. Chr.

Kleine Gruppen jungsteinzeitlicher Jäger, Sammler und Fischer siedeln an der Küste; eine Handvoll Werkzeuge, Tonwaren und andere Artefakte ist alles, was diese Nomaden hinterlassen.

214 v. Chr.

Kaiser Qin Shi Huang bringt nach langen Kriegen die Region Nan Yue (heute Guangxi, Guangdong & Fujian) an sich. Hongkong gerät unter den kulturellen Einfluss aus dem Norden.

1000–1400

Hongkongs Fünf Klans – Tang, Hau, Pang, Liu und Man – lassen sich dort nieder, wo jetzt die New Territories sind, und errichten in den Ebenen und Tälern ummauerte Dörfer.

sahen auf die ursprünglichen Einwohner, die Tanka, herab. Viele Tanka wurden vertrieben und wichen aufs Meer aus, wo sie auf Booten lebten.

Ein imperialer Außenposten

Am südlichen Rand der Provinz Kanton (heute Guangdong) gelegen, galten die Halbinsel und Inseln, die später zu Hongkong gehören würden, als unbedeutender Fleck in einer Ecke des chinesischen Reiches. Die Punti-Gesellschaft blühte bis zu jenem Kampf, der die Ming-Dynastie (1368–1644) zu Fall brachte. Den siegreichen Qing (1644–1911) war der Widerstand der Südländer, die der alten Ordnung treu blieben, ein Dorn im Auge. So befahlen die Qing in den 1660ern die Zwangsumsiedlung der Küstenbewohner ins Landesinnere.

Es sollte vier Generationen dauern, bis dort wieder so viele Menschen lebten wie Mitte des 17. Jhs. Viele Einwohner waren Hakka (kantones. „Gastleute"), die zwischen dem 18. und der Mitte des 19. Jhs. einwanderten. Elemente ihrer Sprache, Kultur und Küche blieben erhalten – am deutlichsten erkennbar sind sie an den breitkrempigen, schwarz gesäumten Bambushüten, die Hakka-Frauen in den New Territories tragen.

Der Fund von Münzen und Keramiken aus der Zeit der östlichen Han-Dynastie (25–220 n. Chr.) auf Lantau und bei weiteren wichtigen Ausgrabungsstätten, u. a. einem Grab bei Lei Cheng Uk in Kowloon, bestätigen den wachsenden Han-Einfluss auf Hongkong zu Beginn des 1. Jts.

Ankunft der Barbaren

Seit Jahrhunderten war die Mündung des Perlflusses eine wichtige Handelsstraße; deren Zentrum war der Hafen der Provinz Kanton. Einige der ersten ausländischen Händler („Barbaren") waren Araber, welche schon im 8. Jh. v. Chr. kamen – und die Siedlung plünderten. Die Ming-Kaiser betrachteten ihre Untertanen im Süden als unzivilisierten Haufen. Sollten diese Kantonesen doch mit den „Barbaren" Handel treiben!

Der regelmäßige Handel zwischen China und Europa begann 1557, als portugiesische Seefahrer einen Posten in Macao, 65 km westlich von Hongkong, errichteten. Holländische Händler schipperten im Kielwasser der Portugiesen heran, ihrerseits gefolgt von den Franzosen. Und die ersten britischen Schiffe kamen 1683 von den Niederlassungen der britischen Ostindienkompanie an der indischen Küste. 1711 gründete die Kompanie Büros und Lager in Guangzhou und handelte mit Tee, Seide und Porzellan.

1276 waren der minderjährige Kaiser Duan Zong und sein jüngerer Bruder Bing gezwungen, aus Hongkong zu fliehen, als die Mongolen die Reste der Armee der Song-Dynastie (960–1279 n. Chr.) besiegten. Nachdem mongolische Schiffe die kümmerlichen Überbleibsel der kaiserlichen Flotte geschlagen hatten, war das Ende der Song-Dynastie besiegelt.

Erster Opiumkrieg & Kolonie Hongkong

China jedoch erwiderte Europas unersättliche Nachfrage nach chinesischen Produkten nicht, sondern mied ausländische Produkte fast ganz. Das zunächst entstehende Handelsdefizit der Ausländer kehrte sich aber bald ins Gegenteil, denn die Briten entdeckten, welche Ware die Chinesen unbedingt wollten: Opium.

1557

Portugiesische Seefahrer errichten einen Posten in Macao. Niederländische und dann französische Händler treten auf den Plan. Der Handel zwischen China und Europa beginnt.

1644

Die Ming-Dynastie (1368–1644) wird von der Qing-Dynastie abgelöst, die bis 1911 regiert.

1683

Schiffe der britischen Ostindienkompanie kommen an. Bis 1711 hat die Kompanie Büros und Lager in Guangzhou eingerichtet und handelt mit Tee, Seide und Porzellan.

1757

Laut einer Verordnung dürfen die Europäer nur noch über die *cohong* (Gilden) in Guangzhou Handel treiben. Die Unzufriedenheit darüber ebnet den Weg für den Ersten Opiumkrieg.

Die Briten mit ihrem Opiumvorrat von den Mohnfeldern Indiens trieben den Handel aggressiv voran. Infolgedessen breitete sich die Sucht schnell aus, und die Silberreserven Chinas (die als Bezahlung für Opium genutzt wurden) schwanden deutlich.

Gegen Ende des Jahres 1838 ermächtigte Kaiser Dao Guang (1820–1850) Lin Zexu, Gouverneur von Hunnan und Hubei und Mann von großer Integrität, den Opiumhandel auszumerzen. Dessen erfolgreiches Vorgehen – er ließ alle Opiumvorräte in Guangzhou verbrennen – führte schließlich zum Ersten Opiumkrieg (1839–1842).

Alarmiert durch die sich ausbreitende Sucht und die Unmengen Silber, die aus seinem Land flossen, um für Opium zu bezahlen, verbot der Qing-Kaiser 1799 den Opiumhandel. Das Verbot zeigte jedoch kaum Wirkung, und der lukrative Handel ging munter weiter.

Im Januar 1841 hisste ein Landetrupp der Marine die britische Flagge am Possession Point (heute Possession St) auf Hong Kong Island. Der anschließend vereinbarte Vertrag von Nanking besiegelte die Niederlage Chinas, schaffte das Handelsmonopol ab, öffnete fünf „Vertragshäfen" für britische Staatsbürger und den ausländischen Handel und befreite die Briten von allen chinesischen Gesetzen. Großbritannien wurde das „ewige Besitzrecht" an Hong Kong Island übertragen.

Am 26. Juni 1843 wurde Hongkong mit seinem tiefen und gut geschützten Hafen britisch, und sein erster Gouverneur, Sir Henry Pottinger, übernahm das Ruder. Schon bald entstand eine primitive Siedlung ohne Gesetze.

Die Probleme wachsen

Der Zweite Opiumkrieg brach im Oktober 1856 aus. Die siegreichen Briten zwangen den Chinesen 1860 die Pekinger Konvention auf, die den Vertrag von Tientsien bestätigte und Kowloon sowie Stonecutters Island unter britische Herrschaft stellte. Damit kontrollierte Großbritannien nun den gesamten Victoria Harbour und seine Zufahrtswege.

Als die Qing-Dynastie gegen Ende des 19. Jhs. ins Wanken geriet, beantragte die britische Regierung in China, die Kolonie bis zu den New Territories auszudehnen. Mit der Pekinger Konvention vom Juni 1898 übergaben die Chinesen Großbritannien einen unerwartet großen Teil des Gebiets, zu dem 235 Inseln gehören und das im Norden bis zum Fluss Sham Chun reicht, was die Kolonie um 90 % vergrößerte.

Im Vorfeld des Zweiten Weltkriegs

Zwar wuchsen Hongkongs wichtigste Handelshäuser, darunter Jardine Matheson und Swire, dank des Handels mit China, doch die Kolonie überstand die ersten Jahrzehnte gerade so eben. Fieber, Beulenpest und Taifune bedrohten Leben und Besitz; in dieser ersten Zeit zog Hongkong zahlreiche zudem Kriminelle und zwielichtige Händler an.

Zwar begann sich Hongkong nach und nach in eine bodenständige Gemeinde zu verwandeln, doch fristete es vom späten 19. Jh. bis zum

1773
Nachdem die britische Ostindienkompanie die Produktion und den Export von indischem Opium an sich gerissen hat, explodiert der Opiumhandel mit China.

1799
Wegen der Verbreitung der Opiumsucht und des Schwunds der Silberreserven erlässt der Qing-Kaiser eine Verordnung, die den Opiumhandel in China verbietet.

1841
Britische Marineinfanteristen stellen während des Ersten Opiumkriegs den Union Jack im Westteil von Hong Kong Island auf und beanspruchen das Land für die britische Krone.

1842
Mit der Ratifizierung des Vertrags von Nanking tritt China Hong Kong Island an Großbritannien ab.

Zweiten Weltkrieg ein Dasein im Schatten des Handelshafens Shanghai, der zu Asiens wichtigstem Handels- und Finanzzentrum avancierte. Gleichwohl wuchs die Bevölkerung Hongkongs kontinuierlich; insbesondere während der Xinhai-Revolution von 1911, die der Qing-Dynastie den Todesstoß versetzte, flohen viele Chinesen in die Kronkolonie. Es begann eine Phase von mehreren Jahrzehnten, in denen Fehden, randalierende Banden und Hunger in der Kolonie dominierten. Mit dem Einmarsch Japans in China 1937 wurde aus dem Einwandererstrom dann eine wahre Flut.

Hongkongs Status als britische Kolonie gewährte den Flüchtlingen aber nur zeitweise eine Zuflucht. Nachdem Japan am 7. Dezember 1941 den US-Marinestützpunkt Pearl Harbor angegriffen hatte, wandte sich das japanische Militär einen Tag später Guangzhou und Hongkong zu.

Die Bedingungen unter der japanischen Herrschaft waren hart. Viele chinesische Zivilisten wurden massakriert, westliche Zivilisten im Stanley Prison auf Hong Kong Island interniert. Viele Hongkong-Chinesen flohen nach Macao, das vom neutralen Portugal verwaltet wurde.

„Albert belustigt es sehr, dass ich Hong Kong Island bekommen habe", schrieb Königin Viktoria 1841 an König Leopold von Belgien. Zu dieser Zeit war Hongkong ein verschlafenes Nest mit rund 20 Dörfern und Weilern.

DIE TRIADEN

Hongkongs Triaden, die weiterhin das Drogengeschäft, Prostitution, Menschenschmuggel, Glücksspiel und unlautere Kreditgeschäfte betreiben, waren nicht immer die kriminellen Gruppierungen, die sie heute sind.

Sie wurden als geheime und patriotische Vereinigungen gegründet, die sich der korrupten und brutalen Qing- (Manchu-)Dynastie widersetzten und die die Revolution unterstützten, die schließlich im Jahr 1911 zum Sturz dieser Dynastie führte. Die Tatsache, dass die Vereinigungen Kwan Tai, den Gott des Krieges und Bewahrer der Gerechtigkeit, Integrität und Loyalität, zu ihrem Patron auserkoren, verlieh ihnen weitere Wertschätzung. Die Triaden begannen ihre kriminellen Machenschaften während des chinesischen Bürgerkriegs (1945–1949) und kamen nach der Machtübernahme der Kommunisten im Jahr 1949 in Scharen nach Hongkong. Heute sind sie das chinesische Äquivalent zur Mafia.

Die Kommunisten zerschlugen nach der Revolution von 1949 das von den Triaden kontrollierte Drogenkartell in Shanghai. Da sie befürchteten, mit der Übergabe der Kronkolonie an China im Jahr 1997 wieder in Pekings Fadenkreuz zu geraten, verlegten viele Gruppen ihre Operationen in ethnisch chinesische Gemeinden in Ländern wie Thailand, den Philippinen, Australien, Kanada und den USA. Seit 1997 sind jedoch viele Triaden wieder nach Hongkong zurückgekehrt und haben ihre Aktivitäten inzwischen sogar auf China ausgeweitet.

Triad Societies in Hong Kong von W. P. Morgan (1960), einem ehemaligen Mitglied der Royal Hong Kong Police, gilt als das Standardwerk zu den Triaden.

1860

China verliert den Zweiten Opiumkrieg gegen Großbritannien und überlässt dem Sieger im Rahmen der Pekinger Konvention die Halbinsel Kowloon und Stonecutters Island.

1894

Die Beulenpest bricht in Hongkong aus und tötet 2500 Chinesen, hauptsächlich einheimische. Der Handel leidet schwer.

1895

Der zukünftige Nationalheld Sun Yatsen benutzt Hongkong als Basis für einen Aufstand im südlichen China. Er scheitert und wird von den Briten aus ihrem Gebiet verbannt.

1898

China verpachtet die New Territories für 99 Jahre an die Briten: vom 1. Juli 1898 bis Mitternacht am 30. Juni 1997.

Der Weg zur Boomtown

Nach Japans Rückzug aus Hongkong und der anschließenden Kapitulation im August 1945 schien es, als würde die Kolonie ihren Winterschlaf fortsetzen. Aber die Ereignisse in Hongkong wie auch auf dem Festland zwangen sie, eine neue Richtung einzuschlagen.

Der Sieg der Kommunisten im Chinesischen Bürgerkrieg (1945–1949) produzierte eine neue Flut von Flüchtlingen – reiche und arme – nach Hongkong. Mit ihrem Kapital und ihrer Arbeitskraft kurbelten die Neuankömmlinge die Wirtschaft Hongkongs an. Aus einem armseligen, vom Krieg zerrütteten Handelsposten machten einheimische und fremde Geschäftsleute ein riesiges Produktions- und Finanzzentrum: In Hongkong ereignete sich eines der größten Wirtschaftswunder der Nachkriegswelt.

1967, auf dem Höhepunkt der Kulturrevolution, geriet Hongkongs Stabilität wieder stark ins Wanken. Die prokommunistischen Gruppen in Hongkong verwandelten einen Arbeitsstreit in eine „antikoloniale Bewegung". Bombenattentate und Brandstiftungen waren die Folge. Hongkongs Wirtschaft war monatelang wie gelähmt. Erst im Dezember 1967 flauten die Aufstände ab, nachdem der chinesische Ministerpräsident Zhou Enlai die prokommunistischen Gruppen aufgefordert hatte, ihren Kampf einzustellen.

In der ersten Jahren von Britisch-Hongkong florierten Opiumhöhlen, Spielclubs und Bordelle. Nur ein Jahr nachdem Großbritannien die Herrschaft übernommen hatte, arbeiteten schätzungsweise 450 Prostituierte in zwei Dutzend Bordellen, darunter viele Ausländerinnen, die sich an der Lyndhurst Tce sammelten. Heute sind dort einige der angesagtesten Bars Hongkongs zu finden.

Eine Gesellschaft im Umbruch

Nach der Krise von 1967 begann die Regierung der Kolonie mit Reformen, die die soziale Unzufriedenheit eindämmen und eine Art nationale Identität erzeugen sollten. Im folgenden Jahrzehnt verabschiedete die Regierung mehrere Sozialgesetze und investierte in den Wohnungsbau, die medizinische Versorgung sowie in Bildung und Freizeitangebote.

In der Folge setzte die Wirtschaft ihren Aufwärtstrend fort, auch der Zusammenbruch der Hongkonger Börse 1973 konnte dem nichts anhaben. 1976 übernahm Deng Xiaoping nach Mao Zedongs Tod die Kontrolle über die chaotischen Zustände in China. Seine „Politik der offenen Tür" belebte Hongkongs Rolle als Tor nach China im doppelten Sinne – die Stadt boomte. Ende der 1980er-Jahre war Hongkong einer der reichsten Orte Asiens und musste sich in puncto Pro-Kopf-Bruttoinlandsprodukt nur Japan geschlagen geben.

Die 1997-Frage

Lange hatte kaum jemand an die Zukunft Hongkongs gedacht. Erst 1979 erörterte der Gouverneur von Hongkong, Murray MacLehose, das Thema bei seinem ersten offiziellen Besuch in Peking mit Deng Xiaoping.

1911

Große Gruppen von Einwanderern, die vor der Xinhai-Revolution auf dem Festland fliehen, lassen die Bevölkerung der Kolonie weiter wachsen.

1937

Japan überfällt ein bürgerkriegsgeschwächtes China. Auf der Flucht vor den Invasoren suchen im Lauf der nächsten drei Jahre 750 000 Festlandchinesen Schutz in Hongkong.

1941

Die Briten ergeben sich den Japanern am 1. Weihnachtsfeiertag. Die Bevölkerung Hongkongs schrumpft während der fast vierjährigen japanischen Besatzungszeit um mehr als die Hälfte.

1962

Die durch den „Großen Sprung nach vorn" ausgelöste Hungersnot lässt in weniger als drei Monaten 70 000 Menschen nach Hongkong fliehen.

Vertraglich war Großbritannien lediglich dazu verpflichtet, die New Territories zurückzugeben, nicht aber Hong Kong Island und Kwoloon. Allerdings machte die Tatsache, dass fast die Hälfte der Einwohner Hongkongs in den New Territories lebten, eine Teilung praktisch unmöglich.

Deng Xiaoping entschied schließlich, dass es an der Zeit war, Hongkong zurückzuholen, und zwang die Briten an den Verhandlungstisch. Die Meinung der Bevölkerung Hongkongs interessierte dabei nicht. Der gefasste Beschluss schaffte die politischen Streitigkeiten und wirtschaftlichen Bedenken aus der Welt, die 1983 zum Verfall des Hongkong-Dollars und dessen Kopplung an den US-Dollar geführt hatten. Obwohl die chinesische, die britische und die Hongkonger Regierung alles daran setzten, die Bevölkerung zu besänftigen, machte sich diese während der nächsten 13 Jahre Sorgen über die möglichen politischen und wirtschaftlichen Konsequenzen der Übergabe – bis 1997.

In den frühen 1970er-Jahren begann Hongkong den Bau der ersten drei „New Towns" – Sha Tin, Tsuen Wan und Tuen Mun. Es war der Start eines großen, bisher nie dagewesenen sozialen Wohnungsbauprogramms, durch das Millionen Menschen Unterkunft fanden und noch finden.

Ein Land, zwei Systeme

Nach der Sino-British Joint Declaration on the Question of Hong Kong of December 1984 sollte Hongkong als Special Administrative Region of the People's Republic of China (SAR; Sonderverwaltungszone Hongkong der Volksrepublik China) fortbestehen. So könnte Hongkong das kapitalistische System beibehalten, während auf der anderen Seite der Grenze Chinas Version des Sozialismus herrschen würde. Der chinesische Slogan dafür war „ein Land, zwei Systeme".

Im *Basic Law for Hong Kong*, der Verfassung der SAR, wurde Hongkongs englisches Rechtssystem verankert, das das Recht auf Grund und Boden, das Streikrecht, die Versammlungs-, Meinungs- und Religionsfreiheit sowie die Freizügigkeit der Bürger garantierte. Die SAR würde mit Ausnahme außen- und verteidigungspolitischer Fragen Autonomie genießen. Dennoch verließen Zehntausende Ende der 1980er die Kolonie in Richtung USA, Kanada, Australien und Neuseeland.

In Folge der Proteste auf dem Platz des Himmlischen Friedens 1989 entstand in Hongkong eine geheime Schmugglerorganisation unter dem Codenamen Yellow Bird, die Aktivisten nach Übersee in Sicherheit brachte. Währenddessen wurden in Hongkong ansässige chinesische Offizielle, die die Tötungen kritisiert hatten, entweder von ihren Posten entfernt oder baten im Westen um Asyl.

Das Tian'anmen-Massaker & die Folgen

Als chinesische Truppen am 4. Juni 1989 prodemokratische Demonstranten auf Pekings Platz des Himmlischen Friedens niederschlugen, wurde aus den Sorgen der Einwohner Hongkongs Angst. Das Massaker markierte eine Zäsur: Die chinesisch-britischen Beziehungen verschlechterten sich, der Aktienmarkt brach ein, und ein großer Teil des Kapitals wurde Richtung Übersee abgezogen.

Hongkongs Regierung versuchte, das Vertrauen wieder aufzubauen, indem sie Pläne für einen neuen Flughafen und einen Containerhafen ankündigte. Mit Kosten von 160 Mrd. HK$ war es das teuerste Infrastrukturprojekt weltweit.

1967

Aufstände prokommunistischer Gruppen erschüttern Hongkong; chinesische Milizen töten fünf Polizisten und dringen 3 km in die New Territories vor, bevor sie sich zurückziehen.

1971

Ein ehemaliger Kinderdarsteller spielt seine erste Hauptrolle in dem Kung-Fu-Film *Bruce Lee – Die Todesfaust des Cheng Li*, der ein weltweiter Hit wird.

1976

Deng Xiaoping, der nach dem Tod von Mao Zedong die Kontrolle in China übernommen hat, belebt Hongkongs Rolle als Tor zum Festland wieder.

1982

Die britische Premierministerin Margaret Thatcher besucht Peking, um Gespräche über die Zukunft Hongkongs aufzunehmen; die Verhandlungen werden zwei Jahre dauern.

Die Proteste auf dem Platz des Himmlischen Friedens untermauerten die Entschlossenheit der Menschen, die Hongkong nicht verlassen konnten oder wollten und die nun die ersten offiziellen Parteien des Territoriums gründeten. Um ihre Glaubwürdigkeit wieder herzustellen, verabschiedete die Regierung 1990 eine *Bill of Rights* und erlaubte den Einwohnern Hongkongs im folgenden Jahr, 18 der 60 Mitglieder des LegCo zu wählen. Bis dahin war das Gremium hauptsächlich ein Werkzeug der Regierung und einiger Interessenvertretungen.

Bis heute ist Hongkong der einzige Ort in China, an dem das Vorgehen gegen die Demokratiebewegung vom 4. Juni 1989 offen betrauert werden kann.

Demokratie & der letzte Gouverneur

Eine der ersten Parteien, die United Democrats of Hong Kong, wurden von Martin Lee und Szeto Wah geführt. Beide waren einst von China wegen ihrer antikolonialen Position gefördert und in das Komitee für das Grundgesetz berufen worden. Sie brachten Peking aber gegen sich auf, als sie aus Protest gegen das Massaker auf dem Platz des Himmlischen Friedens Kopien der Proto-Verfassung verbrannten, und wurden als Umstürzler gebrandmarkt.

Nach den Protesten auf dem Platz des Himmlischen Friedens wollten viele gut ausgebildete Hongkonger mit Geld nur noch weg – in irgendein Land, das bereit war, sie aufzunehmen. In der Hochphase reisten wöchentlich über 1000 Menschen aus, vor allem nach Kanada und Australien.

Chris Patten, Hongkongs 28. und letzter britischer Gouverneur, kam 1992 mit dem Versprechen an, die Demokratie wieder auf den richtigen Weg zu bringen – zum Missfallen Chinas. Zunächst attackierte China den Gouverneur verbal und bedrohte die Karrieren aller prodemokratischen Offiziellen. Als das nicht fruchtete, nahm China Hongkongs Wirtschaft ins Visier. Verhandlungen über Handelsverträge und Infrastrukturprogramme über 1997 hinaus, u.a. zum Bau des neuen Flughafens, wurden auf Eis gelegt. Erst als der Pekinger Regierung dämmerte, dass man so sogar die Hongkonger vergrätzt hatte, die China eigentlich unterstützten, gab China 1994 seinen Segen zum neuen Flughafen in Chek Lap Kok. Direkte Wahlen eines Hongkonger Parlaments waren aber weiterhin unmöglich. Stattdessen setzte China einen provisorischen Legislativrat ein, der bis zum Juni 1998 meist abnickte, was Peking wünschte.

Die „Wahlen“ der Exekutive wurden im Dezember 1996 von China organisiert: Hongkongs erster postkolonialer Verwaltungschef, der 1937 in Shanghai geborene Schiffsmagnat Tung Chee Hwa, gewann jedoch an Zustimmung, als er Pattens rechte Hand, Anson Chan, als Staatssekretärin und Donald Tsang als Wirtschaftssekretär behielt. Bei einer Pressekonferenz, bei der Tung die Übernahme des Amtes bestätigte, leitete er das Ende von anderthalb Jahrhunderten britischer Herrschaft ein, indem er die chinesischen Gefühle zur bevorstehende Übergabe zusammenfasste: „Jetzt sind wir endlich Herren im eigenen Haus“.

1984

Die Sino-British Joint Declaration on the Question of Hong Kong besiegelt Hongkongs Zukunft; das kapitalistische System bleibt der Stadt demnach auch nach 1997 erhalten.

1989

Massaker auf dem Platz des Himmlischen Friedens: Mehr als 1 Mio. Hongkonger gehen zur Unterstützung der Demokratiebewegung in Peking auf die Straße.

1990

Ein Gesetz zu Bürger- und Menschenrechten wird verabschiedet. Seit 1991 haben die Bürger Hongkongs das Recht, 18 der 60 Mitglieder des gesetzgebenden Rates (LegCo) zu wählen.

1991

Ein wichtiger Schritt für die LGBTQ+-Community: Homosexuelle Handlungen zwischen Erwachsenen ab 18 Jahren werden nicht mehr bestraft.

CHINAS PLAN ZUR INVASION HONGKONGS

Die friedliche Übereinkunft, mit der der heutige Status Hongkongs besiegelt wurde, war in den vorangegangenen Jahrzehnten nicht abzusehen. Die Verhandlungsführer bestätigten nachträglich, wie empfindlich China beim Thema Hongkong reagierte und wie nahe die Volksrepublik davor stand, das Territorium gewaltsam einzunehmen.

Die britische Premierministerin Margaret Thatcher, die die Verhandlungen führte, berichtete, Deng Xiaoping habe behauptet, er „könne einmarschieren und das Ganze in einem Nachmittag einnehmen". Sie antwortete, China verlöre alles, wenn es dies täte.

Mehr als drei Jahrzehnte später bestätigte Lu Ping, der oberste Unterhändler Chinas, dass Deng nicht geblufft hatte. Deng hatte seinerseits befürchtet, dass die Ankündigung der Übergabe 1997 zu schweren Unruhen führen würde und deswegen China zwingen könnte, Hongkong gewaltsam einzunehmen.

Lu zufolge stand China bereits 1967 nur Stunden vor einer Invasion. Auf dem Höhepunkt der Kulturrevolution bereitete sich ein radikaler Flügel der Volksbefreiungsarmee während der prokommunistischen Unruhen auf den Einmarsch in die britische Kolonie vor. Die Invasion wurde nur durch einen in letzter Sekunde erteilten Befehl des Premiers Zhou Enlai an den Armeekommandanten Huang Yongsheng verhindert, einen radikalen Maoisten, der darauf brannte, in Hongkong einzumarschieren.

In der Nacht des 30. Juni 1997 wurden die Übergabefeierlichkeiten in einer eigens hierfür errichteten Erweiterung des Hongkong Conventions & Exhibition Centre in Wan Chai begangen – verfolgt von Millionen Menschen weltweit. Chris Patten weinte, der chinesische Präsident Jiang Zemin strahlte, und Prinz Charles gab sich stoisch.

Hongkong nach 1997

Als die Begeisterung über die Übergabe nachließ, lief in Hongkong viel schief. Die Finanzkrise, die zuvor andere Teile Asiens erschüttert hatte, wurde Ende 1997 auch in Hongkong spürbar. Und wegen der Vogelgrippe mussten in Hongkong über 1 Mio. Hühner notgeschlachtet werden.

In den ersten Jahren nach der Übergabe entschied sich die Regierung in Peking, sich weitgehend aus Hongkongs innere Angelegenheiten herauszuhalten und somit dem Geist des Übergabevertrags im Wesentlichen zu entsprechen. Tung Chee Hwas erste Amtszeit blieb vor allem wegen seiner verwirrenden Wohnungspolitik, die viele für einen Rückgang der Immobilienpreise verantwortlich gemacht haben, sowie für eigenartige Infrastrukturideen in Erinnerung. Trotz seiner schlechten Umfragewerte trat Tung im März 2002 seine zweite fünfjährige Amtszeit an, in der sich die Kontroversen fortsetzten. So löste im März 2003 das Versäumnis der Regierung, die schwere SARS-Epidemie früh-

1997

Der scheidende Gouverneur Chris Patten weint, als Hongkong an China zurückgegeben wird. Die Vogelgrippe fordert sechs Menschenleben. Tung Chee Hwa wird Hongkongs erster Executive Chief.

2003

Die Infektionskrankheit SARS legt Hongkong für Wochen lahm. Der mit China vereinbarte Wirtschaftsgesellschaftsvertrag (CEPA) sorgt für vorteilhafte Geschäfte.

2008

Das Lung King Heen erhält als erstes chinesisches Restaurant der Welt drei Michelin-Sterne und läutet damit eine neue Ära der kantonesischen Gourmetküche ein.

2009

Während Hongkongs Bevölkerungszahl 7 Mio. übersteigt, klettert die Arbeitslosenrate angesichts der größten Rezension seit der Weltwirtschaftskrise von 1932 auf fast 5 %.

zeitig einzudämmen, für eine Flut von Schuldzuweisungen. Bei dem Ausbruch verloren 299 Menschen ihr Leben, 1755 wurden infiziert, und Hongkong war für Wochen nahezu lahmgelegt.

Im Juli 2003 geriet die Regierung erneut ins Schlingern, als sie versuchte, Artikel 23 des Grundgesetzes in Rechtsvorschriften zu wandeln. Dieses Gesetz über die nationale Sicherheit weckte die Befürchtung, dass die Pressefreiheit sowie bürgerliche Freiheiten allgemein eingeschränkt werden sollten. Angesichts massiver Proteste, bei denen mindestens 500 000 Menschen auf die Straße gingen, hob die Regierung das Gesetz zwar wieder auf, doch der Vorfall änderte Pekings Haltung zu Hongkong.

Noch heute schwören die Triaden den Ming ihre Treue, aber ihre Loyalität gilt inzwischen eher dem Dollar als dem besiegten Sohn des Himmels.

Der Schrei nach Demokratie

Im März 2005 trat Tung von seinem Amt als Verwaltungschef zurück. Sein Nachfolger war Chefsekretär Sir Donald Tsang, der von 1995 bis 2001 als Finanzsekretär tätig gewesen war.

Nach Tung verkörperte Tsang für viele einen willkommenen Neuanfang. Wegen seines guten Verhältnisses zu den Machthabern in Peking erfreute er sich sehr hoher öffentlicher Zustimmung, auch nach der üblichen politischen Eingewöhnungszeit. 2007 stand Tsang wieder zur Wahl und gewann mit Pekings Segen problemlos. Trotzdem schwand Tsangs Akzeptanz in der Öffentlichkeit, als er diverse Versprechen zurücknehmen musste – z. B. schob er die lange erwarteten Beratungen zu einer Wahlrechtsreform auf, die den Wahlen des Chief Executive und des LegCo ab 2012 ein demokratischeres Verfahren geben sollten.

2010 wurde der Ruf nach Demokratie unüberhörbar. Binnen zweier Monate fanden zwei wegweisende politische Ereignisse statt: Im Mai wurden fünf Politiker der prodemokratischen Bewegung in den LegCo wiedergewählt, nachdem sie vier Monate zuvor in der Hoffnung, die daraus resultierende Nachwahl würde als Referendum zum allgemeinen Wahlrecht dienen, zurückgetreten waren. Allerdings boykottierten die pekingfreundlichen Parteien die Wahl, und das Vorhaben des Quintetts scheiterte – auch wenn die Politiker behaupten konnten, mit respektabler Zustimmung wieder in die Kammer gewählt worden zu sein.

Die diversen Lager der Demokratiebewegung konnten sich auf keine gemeinsame Strategie in der Frage der erzwungenen Nachwahlen einigen. Die seit Langem schwelenden Differenzen der bedeutenden politischen Akteure traten schließlich kurz darauf offen zutage, als sich die größte der Parteien, die Democratic Party, bei einem Reformpaket auf die Seite der Regierung stellte – und das, obwohl die Reform lediglich eine geringe Erhöhung der Anzahl der vom Volk frei wählbaren Sitze des LegCo vorsah und die Einführung des allgemeinen Stimmrechts für die Wahl der Legislative und des Verwaltungschefs erneut verschob.

Einen Eindruck davon, wie gelungen trotz allem die Übergabe war, erhielt man 2007 durch ein BBC-Interview mit Margaret Thatcher. Zur Feier des 10. Jahrestags der Übergabe Hongkongs von Großbritannien an China erklärte Thatcher, dass zu ihrer eigenen Überraschung die grundsätzliche Leistung Chinas ein großer Erfolg war.

2010

Der LegCo genehmigt nach 25 Stunden hitziger Debatte 66,9 Mrd. HK$ für den Hongkong-Teil der Hochgeschwindigkeitsbahnverbindung zwischen Guangzhou und Hongkong.

2011

Ein Mindeststundenlohn von 28 HK$ wird eingeführt; die Inflation erreicht ihren Höchststand seit 16 Jahren.

2012

Leung Chun-Ying beginnt seine fünfjährige Amtszeit als vierter Chief Executive von Hongkong, nachdem er Henry Tang in einer skandalumwitterten Wahl geschlagen hat.

2014

Zehntausende prodemokratische Demonstranten gehen auf die Straße. Die drei Monate dauernde Kampagne kämpft gegen Reformen, die das allgemeine Wahlrecht einschränken sollen.

Die Rufe nach Demokratie sind seitdem nicht verstummt. Das zeigte sich insbesondere im März 2012 bei den Wahlen des vierten SAR-Verwaltungschefs, die durch ein 1200-köpfiges Gremium von überwiegend pekingnahen Honoratioren durchgeführt wurden. Leung Chun-Ying, ein unerschütterlicher Bestandteil der Hongkonger Politik mit tadellos engen Verbindungen nach Peking, besiegte an der Wahlurne Henry Tang, den ehemaligen Leiter des öffentlichen Dienstes, dem lange Zeit die meisten Chancen eingeräumt worden waren.

Im Juni 2014 stimmten über 787000 Einwohner Hongkongs in einem inoffiziellen Referendum dafür, die Wahl des Verwaltungschefs demokratischer zu gestalten – das sind mehr als 22% der 3,5 Mio. registrierten Wähler der Stadt. Im Anschluss nahmen am 1. Juli 2014, dem Jahrestag der Übergabe, geschätzte 510000 Demonstranten an einem prodemokratischen Protestmarsch teil. Laut Angaben der Polizei waren es nur 98600.

Unter der Oberfläche brodelte die Unzufriedenheit weiter, bis sie schließlich im September 2014 in eine größere Bewegung für die Demokratie, das Umbrella Movement, mündete.

Hongkong ist der einzige Ort unter chinesischer Herrschaft, an dem noch immer die Toten vom Platz des Himmlischen Friedens betrauert werden. Jedes Jahr am 4. Juni versammeln sich Zehntausende im Victoria Park zu einer Mahnwache mit Kerzen, um an diejenigen zu erinnern, die ihr Leben ließen. Zunehmend wird allerdings Druck ausgeübt, dass sie dies nicht mehr tun.

Eine andere Stadt?

Abgesehen von immer neuen Wolkenkratzern werden Traveller wahrscheinlich kaum einen Unterschied zwischen dem kolonialen Hongkong der Jahres 1997 und dem heutigen bemerken. Das Auffälligste ist vielleicht der Zustrom einer neuen Besuchergruppe: Festlandchinesen, die in den letzten zwei Jahrzehnten fast 70% des Besucheraufkommens in Hongkong ausmachten.

In vielerlei Hinsicht hat Hongkong von den engeren Beziehungen zu China profitiert. Das Wachstum der Tourismusbranche wäre ohne den Zustrom von Besuchern vom Festland nicht möglich gewesen, das 2003 unterzeichnete *Closer Economic Partnership Agreement* mit der Regierung in Peking bescherte Hongkongs Investoren und Industriellen viele Vergünstigungen.

Zwar rufen die stetig enger werdenden Beziehungen mit dem Festland bei vielen Bürgern Hongkongs unangenehme Gefühle hervor. Doch vielleicht stellen Historiker eines Tages fest, dass Hongkong vielmehr das restliche China prägte oder gar veränderte? Hongkongs erstaunlicher Erfolg und seine Grundwerte haben durchaus Einfluss auf das Denken auf dem Festland, einen Einfluss, der wohl nur schwer messbar sein dürfte. Angesichts bedeutender Bewegungen (Sun Yatsen und Zhou Enlai) auf dem Festland, die von der kleinen Enklave einst inspiriert und unterstützt wurden, ist dieser Gedanke aber nicht gänzlich von der Hand zu weisen.

2015

Fünf Buchhändler, die mit in China verbotenen Büchern in Verbindung stehen, verschwinden. Einer taucht in Hongkong wieder auf und bittet, die Ermittlungen einzustellen.

2016

An Mond-Neujahr endet das Vorgehen der Regierung gegen illegale Straßenhändler mit Gewalt, als die Bereitschaftspolizei in Mong Kok mit Demonstranten zusammenstößt.

2018

Im Juli 2018 fällt der Court of Final Appeal von Hongkong ein entscheidendes Urteil: Die Partnerin einer Britin, die ständig in Hongkong lebt, erhält ein Ehegattenvisum.

2018

14 Jahre nach ihrer Schließung werden die Central Police Station (1841) und die Central Magistracy als bedeutender Kulturkomplex namens Tai Kwun wiedereröffnet.

Kunst

Die Kunstszene Hongkongs wird von Tag zu Tag vielfältiger, und der Kunstmarkt gilt heute als einer der besten der Welt. Es gibt Musik- und Tanzensembles aller Art, Theatergruppen, Gruppen für chinesischen und modernen Tanz und zahlreiche Kunstorganisationen. Der West Kowloon Cultural District ist eines der anspruchsvollsten Kulturprojekte Asiens. Dank finanzieller Unterstützung durch die Regierung können die Organisatoren erstklassige internationale Künstler engagieren. Und Jahr für Jahr scheint die Anzahl der hiesigen Kunstfestivals weiter zu wachsen.

Bildende Kunst

Hongkong gehört neben New York und London zu den drei wichtigsten Kunstauktionszentren der Welt. Und theoretisch kann es nur weiter bergauf gehen, wenn man bedenkt, dass China die USA als weltgrößter Markt für Kunst und Antiquitäten schon überholt hat. Obwohl sich die Industrie darum sorgt, ob der chinesische Markt auf lange Sicht ein beständiges Wachstum vorweisen kann, wird Hongkong auch weiterhin seine Chancen nutzen, solange es der gehypte Markt hergibt. Art Basel, die weltweit führende Kunstmesse, ist seit 2013 in Hongkong vertreten; außerdem gibt es den jährlichen Hong Kong Art Walk, an dem Dutzende Galerien in der Stadt beteiligt sind. Beide Events finden inzwischen im Rahmen des Hong Kong Arts Month statt. Es gibt zudem die Affordable Art Fair, damit auch Normalsterbliche ohne Riesenvermögen einsteigen können.

Top-Museen für Kunst aus Hongkong

Hong Kong Museum of Art (Tsim Sha Tsui)

JC Contemporary, Tai Kwun (Soho)

Hong Kong Arts Centre (Wan Chai)

Asia Society Hong Kong (Admiralty)

Die zeitgenössische Kunst aus Hongkong hält sich nicht mit bombastischen Geschichten über nationale Identität und Religion auf. Sie zieht einen introvertierten Blick auf die Welt, das Thema chinesische Visionen und eine zunehmende Fokussierung auf Hongkong unabhängig von einem nationalen Rahmen vor. In der Stadt gibt es Hunderte kleine, kommerzielle Galerien, vor allem in Central, von denen viele ernstzunehmende Kunst verkaufen.

Die Eröffnung des M+, die für Ende 2019 angesetzt ist, stellt definitiv ein Highlight in Hongkongs künftiger Kulturszene dar. Das M+, ein Museum für Bildwissenschaften des 20. und 21. Jhs., ist Teil des West Kowloon Cultural District (WKCD), dem bis dato ambitioniertesten Kunstförderungsprojekt der Stadt.

Die besten Informationsquellen über Kunst aus Hongkong und Asien sind die *Asian Art News* (www.asianartnews.com), das kostenlose Monatsmagazin *Art Map* (www.artmap.com.hk; nur auf Chinesisch), das Asia Art Archive (www.aaa.org.hk) und die Hong Kong International Association of Art Critics (www.aicahk.org).

Traditionelle Kunst

Die chinesischen Maler der Vergangenheit interessierten sich für traditionelle Formen und Maltechniken und weniger für Komposition und Farbe. Pinselstriche und die Utensilien, die dafür benötigt werden, waren das Wichtigste. Der traditionellen chinesischen Kunst ging es nie um Veränderung nur um der Veränderung willen. Die chinesischen

Künstler verglichen ihre Werke mit denen der Meister und beurteilten sie danach.

Die einflussreiche Lingnan School of Painting, die in den 1930er-Jahren vom Aquarellmaler Chao Shao-an (1905–1998) gegründet und 1948 nach Hongkong versetzt wurde, versuchte, von dieser Tradition abzuweichen. Sie verband die traditionellen chinesischen, japanischen und westlichen Methoden, um einen eher dekorativen Stil zu erschaffen, und dominierte den Kunstmarkt Hongkongs für die nächsten zwei Jahrzehnte.

Die individuellste Gruppe von Malern und Bildhauern in Hongkong bildeten die Anhänger der New-Ink-Painting-Bewegung, die Ende der 1960er-Jahre Berühmtheit erlangten. Die meisten waren stark mit China oder seinem kulturellen Erbe verbunden. Ziel der Bewegung war es, chinesische und westliche Ideen unter einen Hut zu bringen, indem sie die traditionelle chinesische Tuschemalerei in Richtung des abstrakten Expressionismus lenkte. Lui Shou-kwan (1919–1975), der 1948 nach Hongkong kam, war der erste und bekannteste Künstler der New-Ink-Painting-Bewegung. Lui arbeitete bei der Yau-Ma-Tei-Fähre als Pieraufseher und unterrichtete in seiner Freizeit. Er sprach kein Englisch, und die einzigen Erfahrungen mit dem Westen machte er durch Bilder und Bücher, die er sich von der British-Council-Bibliothek auslieh. Viele Künstler, die später mit der Bewegung verbunden wurden, waren seine Schüler.

Der einzige große Künstler, der sich dem vorherrschenden Stil dieser Zeit entzogen hatte, war Luis Chan (1905–1995). Der in Panama geborene Chan kam im Alter von fünf Jahren nach Hongkong, wo er von Kunstmagazinen und in einem Korrespondenzkurs das Malen lernte. Stilistisch gesehen war Chan ein Einzelgänger ohne Zugehörigkeit zu irgendeiner malerischen Tradition. Und er war ein Genie, das Hongkong besonders in seinen Werken nach 1960 in ein fantastisches Reich der Träume und Halluzinationen verwandelte. Sein Gemälde *Ping Chau* von 1976 ist eine bizarre Interpretation der schlaftrunkenen, entlegenen Insel, die verwirrend und liebenswert zugleich ist.

Die Avantgarde

In den 1980er- und 1990er-Jahren wurden jene Künstler berühmt, die nach dem Zweiten Weltkrieg geboren wurden. Viele von ihnen hatten Studien im Ausland betrieben. Da sie nicht mehr unbedingt Ost und West vereinigen mussten, konnten sie ihre Bemühungen darauf verwenden, die Avantgarde-Kunst abzustecken – oft mithilfe westlicher Medien. Auch waren sie politisch sehr engagiert. Wong Yan-kwai (geb. 1955), ein Maler, der in Frankreich gelernt hatte, war der wohl einflus-

KUNSTRÄUME & GALERIEN

Zu den gemeinnützigen Ausstellungsräumen in Hongkong gehören das Para Site in North Point, geschaffen von einer der aktivsten unabhängigen Non-Profit-Kunstgruppen Asiens, die Fotanian Open Studios (www.fotanstudios.org) mit dem jährlichen Tag der offenen Künstlerlofts in verlassenen Fabrikgebäuden vor den Hügeln von Fo Tan, das neunstöckige Jockey Club Creative Arts Center (JCCAC; www.jccac.org.hk) in einem umgebauten Industriegebäude, das heute Künstlerateliers beherbergt, und das Cattle Depot Artist Village, ein ehemaliger Schlachthof, in dem sich eine Kolonie lokaler Künstler niedergelassen hat. Die beste Zeit, um die Fotanian Open Studios und das JCCAC zu besuchen, ist während der jeweiligen offenen Tage (Termine sind den jeweiligen Websites zu entnehmen).

In fast allen kommerziellen Galerien in Hongkong ist der Eintritt frei.

sreichste Künstler dieser Zeit und zählt auch heute noch zu den besten. Seine kraftvollen Gemälde in lebhaften Farben sind frei von jedem sozialen oder historischen Zusammenhang. Wongs Wandgemälde verziert den Club 71 in Central.

Hongkongs berühmtester moderner Bildhauer, der in London ausgebildete Antonio Mak (1951–1994), ist bekannt für seine allegorischen Stücke in Bronzeguss. Sein Augenmerk liegt sowohl auf Menschen als auch auf Tieren, die in chinesischen Legenden und der Mythologie eine große Rolle spielen (z.B. Pferde, Tiger). Er wurde von Rodin beeinflusst.

Heute ist auf den Straßen Hongkongs nur noch eine Handvoll der Werke des King of Kowloon zu finden. 2017 gab es einen öffentlichen Aufschrei, als eines von ihnen auf einem für Renovierungsarbeiten geschlossenen Spielplatz übermalt wurde. Nicht zu übersehen ist die Betonsäule am Star Ferry Pier in Tsim Sha Tsui, auf der eine kaiserliche Abhandlung verewigt ist.

Die Salisbury Gardens, die zum Eingang des Hong Kong Museum of Art in Tsim Sha Tsui führen, sind mit modernen Skulpturen von Bildhauern aus Hongkong gesäumt. Inmitten des Grüns des Kowloon Park befindet sich der Sculpture Walk mit 30 von einheimischen wie ausländischen Künstlern geschaffenen Arbeiten aus Marmor, Bronze und anderen wetterbeständigen Materialien – z.B. die Bronzefigur *Torso* von Mak und die Skulptur *Concept of Newton* des Engländers Sir Eduardo Paolozzi (1924–2005).

Zeitgenössische Kunst

Verglichen mit ihren Vorgängern haben die jungen Künstler aus Hongkong, die in den 1970er- und 1980er-Jahren geboren wurden, einen eher verinnerlichten Blick auf die Welt. Die orthodoxe chinesische Kultur und die Versuche der älteren Generationen, Ost und West zu vereinigen, berühren sie erstaunlich wenig. Stattdessen halten sie oft Ausschau nach etwas, das einzigartig für Hongkong ist (vielleicht versuchen sie auch, es wiederzufinden). Nichtsdestotrotz strahlen ihre Werke durch die Verwendung unterschiedlicher Medien Eloquenz aus, von Wilson Shiehs frechen, urbanen Gemälden aus chinesischen *gōngbǐ*-(Feiner-Pinsel-)Techniken bis hin zu Jaffa Lams Skulptureninstallationen.

Chow Chun-fais Werdegang führte ihn über ein breites Spektrum von Medien zum Arbeiten mit verschiedenen Kunstformen, z.B. Fotografien von klassischen Gemälden oder Gemälde von Filmen. Adrian Wongs verspielte Werke beziehen seine Familienbande zur Prominenz der einheimischen Unterhaltungsindustrie sowie den Aberglauben der Bevölkerung mit ein. Kacey Wongs Aufbauten sind normalerweise mobil und immer mit hongkongaffinen Themen oder mit alltäglichen Haushaltsgegenständen verknüpft, die in etwas Spielerisches umgewandelt wurden. Seine seltsame Konstruktion *Sleepwalker* (2011) haucht dem Stockbett – einer unabkömmlichen Vorrichtung in den beengten Wohnungen Hongkongs – Leben ein und spricht die Sehnsucht (oder die hoffnungslose Verzweiflung) vieler an, die sich einen menschenwürdigeren Lebensraum wünschen.

Fotografie

Hongkong ist voller international wetteifernder Fotografen. Einige ihrer Arbeiten sind im Hong Kong Heritage Museum, in der Blindspot Gallery und während des exzellenten, zweimal im Jahr stattfindenden **Hong Kong International Photo Festival** ausgestellt.

Der Dokumentarfotograf Yau Leung arbeitete mit Schwarz-Weiß-Fotografie und schoss in den 1960er-Jahren einige der erstaunlichsten und kultigsten Bilder von Hongkong. Der Kunstfotograf So Hing-keung konzentriert sich in Kreationen, die für ihre psychologische Tiefe bekannt sind, auf die Schatten der Stadt – bildlich und wörtlich. Der in Hongkong geborene, mittlerweile in London lebende bildende Künstler Kurt Tong erkundet seine vielschichtige Identität, seine Familiengeschichte und seine Erinnerungen mithilfe nachdenklicher Dokumentarfotografie. *In Case it Rains in Heaven* (2010) ist sein bekanntestes

Wandbild von Alex Croft, Graham St, Soho

Projekt und wird wie ein Luxuskatalog mit stilisierten Bildern von Papierobjekten präsentiert, die als Opfergaben für Verstorbene verbrannt wurden. Die Objekte zeigen die ganze Bandbreite moderner menschlicher Wünsche in der chinesischen Gesellschaft.

Straßenkunst & mehr

Straßengraffiti waren in Hongkong so gut wie nicht existent oder jedenfalls größtenteils unbeachtet, bis im Jahr 2007 der selbsternannte „König von Kowloon“ verstarb. Tsang Tsou-choi, so sein eigentlicher Name, hatte die Stadt jahrzehntelang mit seinen charakteristischen, großen, eher kindlich wirkenden Graffiti bedeckt, welche die Königin von England schmähten, weil sie sein rechtmäßiges Land „an sich gerissen“ habe. Seine unkontrollierbaren Tagträumereien und der unnachahmliche Stil inspirierten bereits viele Künstler und Designer und brachten ihm sowohl in der Heimat als auch im Ausland mehrere Preise ein.

Seitdem ist die Straßenkunst in Hongkong präsenter, vielleicht durch den Segen des „Königs“. Dieser Trend rührt teilweise aber auch von dem neu gefundenen Selbstvertrauen der jüngeren Künstlergeneration her, die auf offenerem und aggressiverem Weg ihre Unzufriedenheit mit den sozialen Problemen des Alltags ausdrückt. Die Website Hong Kong Street Art (http://hkstreetart.com) informiert darüber, wo man Beispiele des Genres sehen kann.

HKWalls (http://hkwalls.org) ist ein jährlich im März stattfindendes Straßenkunstfestival. Dabei werden Werke nationaler und internationaler Künstler auf den Straßen der Stadt gezeigt. Die Organisatoren von HKWalls holen die Erlaubnis der Geschäftsbetreiber ein, bevor ihre Wände mit Kunst bedeckt werden; das unterscheidet sie von den

Die Hollywood Rd in Central ist ein Hotspot für Straßenkunst. Am besten fängt man an der Kreuzung der Graham St an und arbeitet sich in Richtung Westen vor bis zur Tai Ping Shan St, wobei man eine sich ständig ändernde Open-Air-Galerie passiert – und vielleicht sogar auf einen Künstler trifft, der gerade ein neues Werk erschafft.

meisten anderen Graffitikünstlern Hongkongs. 2017 und 2018 fanden Veranstaltungen in Wong Chuk Hang und Soho statt.

Als im April 2011 auf dem chinesischen Festland der berühmte Künstler und Aktivist Ai Weiwei festgenommen wurde, kamen viele Künstler in Hongkong mit kreativen Überraschungen an, um die öffentliche Aufmerksamkeit auf seinen Fall zu lenken und um für seine Freilassung zu demonstrieren. Am meisten wird dabei in Erinnerung bleiben, dass fünf Nächte lang Graffiti zum Thema Ai auf Gehwegen, Überführungen und Wänden in der ganzen Stadt erschienen. Das war das Werk eines einzelnen Künstlers, den man nur unter dem Namen „Tangerine" kennt.

In Antonio Maks Arbeiten stecken viele bildliche Wortspiele. Sein Werk *Bible from Happy Valley* (1992) stellt ein Rennpferd dar, das ein flügellähmliches Buch aus Blei auf seinem Rücken hat. Das Wort „Buch" hat im Kantonesischen die gleiche Bedeutung wie „verlieren" (beim Glücksspiel).

Zeitgenössische Keramik ist ein weiteres Feld, auf dem sich Künstler aus Hongkong einen Ruf über die Grenzen der Stadt hinaus erworben haben. Fiona Wong, eine der bekanntesten Keramikkünstlerinnen Hongkongs, stellt originalgroße Skulpturen von Kleidung, Schuhen und anderen Alltagsgegenständen her. Zu den kleineren Ateliers, die Beachtung verdienen, gehören die Pottery Workshop Gallery in Central und das Chiu Kee Porcelain Studio auf der Insel Peng Chau.

Musik

Hongkonger werden zwar nicht gleich aufstehen und im Takt wippen, wenn sie Musik hören, dennoch wissen sie sie zu schätzen – zu Hause, in komfortablen, klimatisierten Konzerthallen, in legeren Bars oder in einer Karaoke-Lounge. Dank des facettenreichen Erbes der Stadt gibt es eine ordentliche musikalische Bandbreite, die von östlicher bis westlicher und von klassischer bis zeitgenössischer Musik reicht.

Westliche Klassik

Westliche Klassik ist in Hongkong sehr beliebt. In der Stadt sind das Philharmonieorchester von Hongkong, die Hong Kong Sinfonietta sowie das städtische Kammerorchester ansässig. Gelegenheiten, berühmte Solokünstler und große Orchester zu sehen, bieten sich das ganze Jahr über, vor allem jedoch während des Hong Kong Arts Festival. Die Hong Kong International Piano Competition mit ihrer prominenten Jury findet alle drei Jahre im Oktober bzw. November statt. Die Hong Kong Academy for Performing Arts (www.hkapa.edu) veranstaltet fast täglich Gratis-Konzerte.

Jazz

Die besten Zeiten, um Weltklasse-Jazz in der Stadt zu erleben, sind während des Hong Kong International Jazz Festival und während des Kunstfestivals. Hongkong hat auch einen kleinen, aber erlesenen Kreis einheimischer Musiker zu bieten, darunter der Gitarrist Eugene Pao, der erste Hongkonger Jazzkünstler, der bei einem internationalen Label unterschrieben hat, und der Pianist Ted Lo, der schon mit Astrud Gilberto und Herbie Hancock gespielt hat.

Das Leisure and Cultural Services Department (www.lcsd.gov.hk) veranstaltet regelmäßig kostenlose Kunst- und Unterhaltungsveranstaltungen an verschiedenen Orten im ganzen Territorium.

Traditionelle chinesische Musik

Auf den Straßen Hongkongs hört man nicht besonders viel traditionelle chinesische Musik, außer vielleicht die Klänge der melancholischen *di-daa*, eines klarinettenähnlichen Instruments, das bei Beerdigungszeremonien gespielt wird, der hohl klingenden *gu* (Trommel) sowie der krachenden *luo* (Gong) und *bat* (Zimbel) bei Löwentänzen. Auch die wegen ihres traurigen Klanges bei Bettlern sehr beliebte *erhu*, eine zweisaitige Fiedel, ist zu hören, ebenso vielleicht die Melodien einer kantonesischen Oper, die aus dem Radio eines Minibusfahrers erklingen. Die beschriebenen Instrumente kann man in Form eines Sinfonieorchesters bei Konzerten des Hong Kong Chinese Orchestra (www.hkco.org) auch auf einmal hören. Wer es gern authentisch mag, der sollte sich eine chinesische Oper ansehen oder den Temple Street Night Market ansteuern, wo Straßenkünstler opernartige Vorstellungen zum Besten geben.

Cantopop

Hongkongs einheimische Popmusikszene wird vom „Cantopop" dominiert, einer Mischung aus westlichem Rock, Pop und R&B mit chinesischen Melodien und Texten. Die Lieder sind selten radikal und handeln ausnahmslos von typischen Teenagerproblemen wie unerwiderter Liebe und Einsamkeit. Für viele hören sie sich an wie die amerikanischen Popsongs aus den 1950er-Jahren. Die Musik ist gut hörbar und besonders gut mitzusingen – daher auch die Karaokebars, die in der ganzen Gegend aus dem Boden schießen. Wer ein Cantopop-Konzert besucht, sieht die Stadt von ihrer kitschigsten Seite – meistens wird ziemlich dick aufgetragen: mit Geschrei, komischem Getanze, neonfarbenen Perücken und genug Blumen, um einen Blumenmarkt zu beliefern.

Der Cantopop nahm von Mitte der 1980er-Jahre bis Mitte der 1990er-Jahre ungeahnte Ausmaße an und verwandelte Sänger wie Anita Mui, Leslie Cheung, Alan Tam, Priscilla Chan und Danny Chan in Berühmtheiten, die in jedem Haushalt Hongkongs und in chinesischen Gemeinden auf der ganzen Welt bekannt waren. Der Zenit dieses goldenen Zeitalters des Cantopop war mit den sogenannten „Four Kings" erreicht: Schauspieler/Sänger Andy Lau, Mr. Nice Guy Jacky Cheung, Tänzer und Sänger Aaron Kwok und Teenieschwarm Leon Lai.

So einen Erfolg hatte der Cantopop nie wieder. Nachfolgende Künstler wie Faye Wong aus Peking, Sammi Cheung, Kelly Chen und Protopunk Nicholas Tse erklommen nur für kurze Zeit den Thron. Heute kommen die meisten Stars woanders her. Interpreten vom Festland und aus Taiwan – Singer-Songwriter Jay Chou ist so ein Beispiel – konkurrieren mit einheimischen Stars und gewinnen immer neue Fans hinzu. Der stärkste Einfluss auf die hiesige Musik kommt jetzt aus Japan und Korea. Es gibt auch Künstler, die sich am Rand des Mainstream bewegen, beispielsweise Ellen Lo und Eman Lam, zwei „urbane" Volkssänger und Liedermacher, sowie My Little Airport, eine adrette Gruppe, deren respektlose, mehrsprachige Texte oft mit knuffigem „Chinglish" durchsetzt sind.

Liu Yichang (1918–2018), Hongkongs angesehenster Schriftsteller, ist der Autor des Stream-of-Consciousness-Romans *Tête-bêche*, der Wong Kar-wai zu *In the Mood for Love* inspirierte.

Theater

Das Theater in Hongkong ist formal, wenn auch nicht unbedingt inhaltlich, meistens westlich geprägt. Es gibt zwar noch das traditionelle chinesische Theater, aber das westliche Theater war und ist sehr einflussreich. Die meisten Produktionen werden in kantonesischer Sprache aufgeführt, und bei vielen handelt es sich um neue Stücke von Drehbuchautoren aus Hongkong. Die durch und durch professionellen Gruppen Hong Kong Repertory Theatre (www.hkrep.com) und Chung Ying Theatre Company (www.chungying.com) führen kantonesische Produktionen auf, oft mit englischen Obertiteln. Das Theatre du Pif (www.thtdupif.com), das von einem schottisch-chinesischen Paar gegründet wurde, zeigt innovative Stücke und lässt Text, Bewegung und Visuelles auf Englisch und/oder Kantonesisch einfließen. Das Laientheater Hong Kong Players (www.hongkongplayers.com) setzt sich aus Expats zusammen und stellt klassische und moderne Stücke auf Englisch auf die Beine. Zuni Icosahedron (www.zuni.org.hk) kreieren konzeptionelle Multimediastücke, die für ihr experimentelles Format bekannt sind.

Zu den beliebteren Aufführungsorten zählen die Fringe-Club-Theater in Central. Das Hong Kong Cultural Centre, die Hong Kong Academy for the Performing Arts, die Hong Kong City Hall und das Hong Kong Arts Centre zeigen ausländische Produktionen, von im großen Stil inszenierten westlichen Musicals bis hin zu minimalistischem japanischem Theater.

Chinesische Oper

Die chinesische Oper *(hei kuk)* ist eine der drei ältesten dramatischen Kunstformen der Welt und ein buntes, kakofones Spektakel mit Musik, Gesang, Kampfkunst, Akrobatik und Schauspielerei. Daran muss man sich erst mal gewöhnen. Weibliche Charaktere, egal ob von Männern oder Frauen gespielt, singen im Falsett. Die instrumentale Begleitung wird oft von Trommeln, Gongs und anderen unmelodischen Klängen gebildet. Und das Ganze kann vier bis sechs Stunden dauern! Die Kostüme allerdings sind herrlich, und die Inhalte basieren auf Legenden und historischen Erzählungen mit universellen Themen. Wer die Gelegenheit hat, sich eine Vorführung einer führenden kantonesischen Operntruppe wie Chor Fung Ming anzusehen, wird ein Highlight der chinesischen Oper erleben.

Die Kanton-Oper *(yuet-kek)* ist eine regionale Abwandlung der chinesischen, die besonders in den 1950er-Jahren in Hongkong florierte, als die Opernvirtuosen aus China flohen und eine Reihe von originellen Stücken im Territorium komponierten und aufführten. Doch dann verlagerte sich die allgemeine Aufmerksamkeit auf den schicken, glamourösen Neuling – das Kino –, und seitdem geht es mit der kantonesischen Oper bergab. Bei Rentnern ist sie noch immer beliebt, jüngere Fans muss man allerdings mit der Lupe suchen.

In der Vergangenheit war eines der Probleme der Mangel an Aufführungsorten, doch in dieser Hinsicht bessert sich die Lage. Das Sunbeam Theatre in North Point und das restaurierte Yau Ma Tei Theatre in Kowloon fördern die chinesische Oper. In letzter Zeit ist das Ko Shan Theatre in Hung Hom, Kowloon, zu einem ernstzunehmenden Vertreter der lokalen Opernkultur aufgestiegen. Im neuen Flügel, der 2014 eröffnet wurde, gibt es einen Saal mit 600 Sitzplätzen und wöchentlichen Aufführungen sowie ein neues Schulungs- und Informationszentrum für kantonesische Opern mit einer kleinen Ausstellung, Videos und Kostümen.

Am besten erlebt man die kantonesische Oper bei einer „Vorführung der Götter" *(sun kung hei)* in einem provisorischen Theater. Bei größeren chinesischen Festen wie dem Chinesischen Neujahrsfest, dem Mondfest und dem Tin Hau Festival laden ländliche Gemeinden Operngruppen zu Vorführungen ein. Die Aufführungen finden normalerweise auf behelfsmäßigen Bühnen in einem Tempel oder einer Bambushütte statt. Es sind fröhliche, lockere Ereignisse für die ganze Familie, die mehrere Tage dauern.

Wer es offizieller mag, kann das Hong Kong Arts Festival besuchen. Hin und wieder kann man auch auf dem Temple Street Night Market in den Genuss von Opernaufführungen kommen.

Im Hong Kong Heritage Museum gibt es eine aufschlussreiche Ausstellung über die kantonesische Oper.

Weitere Abwandlungen der chinesischen Oper, die in Hongkong von einheimischen und/oder auswärtigen Truppen aufgeführt werden, sind z. B. die Peking-Oper, eine sehr verfeinerte Form, die fast keine Kulisse, sondern nur verschiedene traditionelle Requisiten benutzt, und die Kun-Oper, die älteste Form der Oper. Sie wurde einst von der UNESCO zum immateriellen Kulturerbe der Menschheit erklärt.

Das Xiqu Centre, ein Zentrum für die Vorführung, Produktion, Weiterentwicklung und Erforschung des traditionellen chinesischen Theaters im West Kowloon Cultural District, stand zum Zeitpunkt der Recherche kurz vor der Eröffnung.

Literatur

Hongkong hat lange unter der falschen Vorstellung gelitten, dass es keine eigene Literatur besäße. Aber tatsächlich hat sich die Stadt in der großen Weite der chinesischen Literatur ein Mikroklima geschaffen, in dem dieselbe Sonne, die auch in anderen Teilen Chinas scheint, individuelle Noten, Strukturen und Stimmen hervorgebracht hat.

Von den 1920er- bis zu den 1940er-Jahren war Hongkong ein Paradies für chinesische Schriftsteller auf der Flucht. Diese Emigranten führten ihr Schreiben hier fort, und ihr Einfluss wirkte bis in die 1970er-Jahre nach. Anschließend kam die erste Generation von Schriftstellern zum Zug, die hier geboren und/oder aufgewachsen ist. Die vergleichsweise große kreative Freiheit, die von der Stadt geboten wurde, hat zu Arbeiten verschiedener Genres und Themen geführt, von Prosagedichten bis hin zu experimentellen Romanen und von der Schwertkampfromantik bis hin zum Leben als Maskenbildner für die Toten.

Hong Kong Collage: Contemporary Stories and Writing (Hrsg. Martha P.Y. Cheung; 1998) ist eine wichtige Sammlung von Belletristik und Essays von 15 einheimischen Schriftstellern. *To Pierce the Material Screen: an Anthology of Twentieth Century Hong Kong Literature* (Hrsg. Eva Hung; *Renditions*; 2008) ist eine zweiteilige Anthologie von alteingesessenen Autoren, neueren Namen und aufstrebenden Schriftstellern, die 75 Jahre überbrückt. In *From the Bluest Part of the Harbour: Poems from Hong Kong* (Hrsg. Andrew Parkin; 1996) enthüllen zwölf Dichter die Emotionen der Menschen Hongkongs vor 1997 (vor der Rückgabe Hongkongs an China und der Einstufung als Sonderverwaltungszone). Kritische Artikel über Literatur aus Hongkong stehen in der Sonderausgabe *Hongkong* (Winter 2008) des *Journal of Modern Literature in Chinese* (Lingnan University of Hong Kong).

Das größte Literaturfestival der Stadt ist das Hong Kong Literary Festival. *Cha* (www.asiancha.com), eine Literaturzeitschrift aus Hongkong, beinhaltet Poesie, Prosa und Fotografie über Asien.

Das Journal *Renditions* (www.cuhk.edu.hk/rct/renditions/index.html) bietet ausgezeichnete Infos zu chinesischer Literatur, die auf Englisch erschienen ist. Die Hong Kong University Press (www.hkupress.org) veröffentlicht ebenfalls Arbeiten von hiesigen chinesischen Autoren.

Kino

Früher als „Hollywood des Fernen Ostens" bekannt, war Hongkongs Filmindustrie jahrzehntelang die drittgrößte der Welt (nach Mumbai und Hollywood) und der zweitgrößte Exporteur. Derzeit werden hier im Jahr noch ein paar Dutzend Filme produziert – in den 1990er-Jahren waren es über 200. Trotzdem spielen Filme aus Hongkong auch heute eine wichtige Rolle im internationalen Kino, und auf dem großen chinesischen Markt sucht der hiesige Film nach einer neuen Identität.

Martial Arts

Kino aus Hongkong wurde einem breiteren westlichen Publikum bekannt, als ein ehemaliger Kinderstar als Held in einem Kung-Fu-Film auftrat. Aber schon bevor Bruce Lee (1940–1973) in *Die Todesfaust des Cheng Li* (1971) seinen Kampfschrei ausstieß, war das Kung-Fu-Genre populär. Die *Wong Fei-hung*-Reihe, die von den Abenteuern eines Volkshelden erzählt, steht als längste Filmreihe, die sich einer einzigen Person widmet, im Guinness-Buch der Rekorde: Zwischen 1949 und 1970 wurden an die 100 Episoden produziert. Die Werke der wichtigsten Regisseure jener Zeit – Chang Cheh, dessen Macho-Ästhetik auch Quentin Tarantino begeisterte, und King Hu, der einen etwas feineren Kampfstil bevorzugte – beeinflussen Filmemacher bis heute.

In den 1970er-Jahren nahm ein weiterer Trend seinen Anfang, dessen Vorreiter Schauspieler, Regisseur und Drehbuchautor Michael Hui war, der Komödien produzierte, die die Realität und die Träume von Hongkongs Einwohnern aufs Korn nahmen. *Games Gamblers Play* (1974) war der umsatzstärkste Film seiner Zeit und überholte sogar die Bruce-Lee-Filme.

Jackie Chan & Jet Li

Nach Bruce Lees Tod wurden zwei andere Martial-Arts-Künstler zu Superstars: Jackie Chan und Jet Li. Sofort den Publikumsgeschmack traf Chans Mischung aus Slapstick und Action, z. B. in *Die Schlange im Schatten des Adlers* (1978) – einer Zusammenarbeit mit dem Action-Choreografen Yuen Wo-ping (der auch die Kampfszenen in *Tiger and Dragon* und *Matrix* choreografierte). Später ergänzte er seine Erfolgsformel durch Stunts, zu sehen in Hits wie *Police Story* und der *Rush Hour*-Reihe. Li erntete internationales Lob, als er sich für *Die schwarzen Tiger von Hongkong* (1991) mit Regisseur Tsui Hark zusammentat. Trotz seines Rufs, noch kurz vor der Premiere Änderungen an seinen Filmen vorzunehmen, führte Tsui aufwendige visuelle Effekte und rhythmische Schnitte in das Genre ein, vor allem bei Hongkongs erstem großen Special-Effects-Spektakel *Zu Warriors – Die Legende der Schwertkrieger* (1983). Als Produzent half er John Woo, seinen Gangster-Klassiker *City Wolf* (1986) zu realisieren.

Zeitgenössische Martial-Arts-Filme

Spulen wir ins 21. Jh. vor: Zu seinem 35. Todestag lebte der Hype um Bruce Lee für kurze Zeit noch einmal auf, als *Ip Man* (2008) in die Kinos kam, eine schmeichelnde, teilweise spekulative Filmografie über Lees Mentor. Die Fortsetzung, *Ip Man 2* (2011), war etwas schlagkräftiger und weniger getragen, obwohl sich das Thema „Nationalheld" auch durch dieses Werk zog und es einen sinophoben britischen Boxer zeigte, der im Nachkriegs-Hongkong die japanischen Soldaten als Feindbild ersetzte. Auch *Bruce Lee – Die Legende des Drachen* (2010) versuchte, aus Lees wiederbelebter Legende Gewinn zu schlagen: Die Komödie um das Erwachsenwerden basiert auf einer veröffentlichten Sammlung von Kindheitserinnerungen, die die Geschwister des Meisters mit ihrem berühmten Bruder teilten. Ähnlich nostalgisch ist *Tiger and Dragon Reloaded* (2010), eine Retro-Komödie, in der diverse ehemalige Kung-Fu-Stars streitlustig wie eh und je einem alten Genre huldigen. Der Low-Budget-Film gewann 2001 die Auszeichnung als bester Film bei den Hong Kong Film Awards. *Ashes of Time: Redux* (2008) ist eine kürzere Schnittfassung von Wong Kar-wais gleichnamigem fesselndem „Actionfilm ohne Action" von 1994.

Die schwarzen Tiger von Hongkong (1991) ist der erste Teil von Tsui Harks fünfteiligem Epos. Der Streifen folgt dem Volkshelden Wong Fei (Jet Li), der im 19. Jh. in China gegen Regierungsbeamte, Gangster und ausländische Unternehmer kämpft, um seine Kampfsportschule zu erhalten.

New Wave

Tsui Hark gehörte der New Wave an, einer Gruppe von Filmemachern Ende der 1970er- und 1980er-Jahre, die in Hongkong aufwuchsen und an Filmhochschulen in Übersee sowie beim heimischen TV ausgebildet wurden. Ihre Arbeiten zeichneten sich, im Gegensatz zu denen ihrer ausgewanderten Vorgänger, durch ein sensibleres Gespür für den Zeitgeist aus und waren in künstlerischer Hinsicht abenteuerlustiger.

Ann Hui, die wichtigste Regisseurin Asiens, gehört ebenfalls zur New Wave und konnte sich über viele Auszeichnungen daheim und im Ausland freuen. *Das Lied vom Exil* (1990) erzählt von der Ehe zwischen einer Japanerin und einem Chinesen kurz nach dem Japanisch-Chinesischen Krieg. Das Werk gewann den Preis als bester Film beim Asian Pacific Film Festival und bei den Filmfestspielen in Rimini.

Internationale Anerkennung

In den 1990er-Jahren erlangte Hongkong im weltweiten Festivalzirkus bisher ungekannten Respekt. Nicht nur Ann Hui erhielt diverse Auszeichnungen, auch Wong Kar-wai gewann für *Glücklich vereint* bei den Filmfestspielen in Cannes 1997 den Preis für die beste Regie. Wong, Autor des Kult-Hits *Chungking Express* (1994), ist für seine elliptischen Charakterstudien fast so berühmt wie für seine Missachtung von Deadlines bei Filmdrehs. Im selben Jahr heimste Fruit Chan beim Internationalen Filmfestival von Locarno mit *Made in Hong Kong* den Sonderpreis der Jury ein. Dieses Werk entstand aus Filmmaterial, das Chan zusammengetragen hatte, während er an anderen Projekten arbeitete.

The Warlords (2007) von Regisseur Peter Chan ist ein epischer Kriegsfilm über drei Blutsbrüder, die durch die Realität des Krieges gezwungen sind, einander zu verraten – und zeigt, dass es möglich ist, das Publikum in Hongkong und auf dem Festland gleichermaßen zu begeistern.

Harte Zeiten & Neue Richtung

Aufgrund von Veränderungen des Marktes versank Hongkongs Filmindustrie in den 1990er-Jahren in eine Lethargie, die bis heute spürbar ist. Mit der Wendung nach China kam es auch zu Problemen mit Zensur und Selbstzensur. Aber es gab auch Lichtblicke: *Infernal Affairs* (2002) unter der Regie von Andrew Lau und Alan Mak schlug kräftig ein, auch wenn in Martin Scorseses Neuverfilmung *Departed: Unter Feinden* einiges verloren ging. Auch *Election* (2005) und *Election 2* (2006) von Hongkongs *Film noir*-Meister Johnnie To waren bei Kritikern und an der Kinokasse erfolgreich.

Echoes of the Rainbow (2010), eine rührselige Geschichte über den Kampfgeist der Einwohner Hongkongs in den turbulenten 1960er-Jahren, gewann bei der Berlinale einen Gläsernen Bären. Deanie Ip, die schon viele Jahre Schauspielerfahrung mitbrachte, konnte sich bei den Filmfestspielen in Venedig für ihre Rolle als traditionelles Hausmädchen in Ann Huis *A Simple Life* (2011), einem stilvollen Drama über das Älterwerden und die Einsamkeit, über die Auszeichnung als beste Schauspielerin freuen.

HONGKONG IM FILM

Hongkong diente vielen im Westen produzierten Filmen als Kulisse. *Alle Herrlichkeit auf Erden* (1955) mit William Holden und Jennifer Jones als seine eurasische Ärztin und Geliebte beinhaltet einige tolle Einstellungen, die um den Victoria Peak gedreht wurden. *Die Welt der Suzie Wong* (1960) mit Holden und Nancy Kwan als Barmädchen aus Wan Chai wurde ebenso hier gedreht wie *Der Mann mit dem goldenen Colt* (1974) mit Roger Moore als James Bond – der Film entstand u. a. in einer Strip-Bar in Tsim Sha Tsui.

In jüngerer Vergangenheit gelang Christian Bales Batman in *The Dark Knight* (2008) eine spektakuläre Flucht aus dem Two International Finance Centre (auch wenn ein Stunt, bei dem der Superheld aus einem Flugzeug in den Hafen stürzen sollte, gestrichen wurde, nachdem man die Wasserqualität als Gesundheitsrisiko eingestuft hatte). Die Skyline von Hongkong bildete die perfekte Kulisse für futuristische Straßenszenen in *Ghost in the Shell* (2017). Und Lara Crofts Abenteuer in *Tomb Raider* (2018) nehmen im Hafen von Aberdeen ihren Anfang.

In den vergangenen Jahren arbeiteten Hongkong und China außerdem bei einer Reihe teurerer Filmproduktionen zusammen. Am bekanntesten sind die *Ip Man*-Reihe sowie *Bodyguards and Assassins* (2009), die Geschichte einer Anti-Qing-Intrige im Hongkong des Jahres 1905. Der Trend zu Gemeinschaftsproduktionen mit dem potenten – und lukrativen – chinesischen Markt scheint sich fortzusetzen, da die Hongkonger Filmemacher stets nach neuen Wegen suchen müssen, um ihre Zelluloid- (oder digitalen) Fantasien zu finanzieren.

Trotz allem und auch wenn es gewisse Budgetzwänge gibt, erhalten Filme von einheimischen jungen Regisseuren, etwa *Wong Ka Yan* (2015), *Weeds on Fire* (2016) oder *Trivisa* (2016), viel Zustimmung von den Kritikern und lassen auf eine bessere Zukunft für Hongkongs Filmbranche hoffen.

Mad World (2016), das Regiedebüt von Wong Chun, handelt von einem Mann, dessen psychische Erkrankung durch die beengten Lebensbedingungen in Hongkong verschärft wird. Die Low-Budget-Produktion gewann diverse Preisen und auch internationale Anerkennung beim Toronto International Film Festival. Sie wurde von Hongkong für den Oscar in der Kategorie Bester fremdsprachiger Film vorgeschlagen.

2016 kündigte Hongkongs Finanzsekretär John Tsang zudem an, dass zur Verbreitung und Förderung vor Ort produzierter kantonesischer Filme eine zusätzliche Unterstützung von 20 Mio. HK$ in den Film Development Fund fließen soll.

Bei den Hong Kong Film Awards wurde *Ten Years* (2015) zum besten Film gekürt. Es handelt sich um eine dystopische Indie-Produktion, in der eine Vision vom Hongkong in zehn Jahren präsentiert wird, in dem die Behörden aus Festland-China immer mehr Einfluss gewinnen. Da der Film in Festland-China verboten ist, kann davon ausgegangen werden, dass der Erfolg weniger dem künstlerischen Wert als dem Statement zu verdanken ist, dass sich Hongkongs Kino nicht der Angst beugt.

Filmfestivals & Auszeichnungen

Das Hong Kong International Film Festival (www.hkiff.org.hk) hat inzwischen sein drittes Jahrzehnt erreicht. Es ist das beste Filmfest in Asien und kann sich einer löblichen, wenn auch heiklen Balance aus Arthouse-Titeln und Blockbustern rühmen, für die man durchaus einen roten Teppich ausrollen kann. Auch die Hong Kong Film Awards gehören zu den angesehensten Preisen in diesem Teil der Welt. Das Hong Kong Film Archive ist eine wahre Schatztruhe mit Filmen aus Hongkong und den entsprechenden Hintergrundinformationen.

Architektur

Willkommen vor der schwindelerregendsten Skyline der Welt. Wer nicht vor Ehrfurcht erstarrt, wenn er in Tsim Sha Tsui zum ersten Mal am Hafenrand steht und sieht, wie Hongkongs majestätische Wolkenkratzer sich die steilen, von Urwald bewachsenen Hügel hinaufziehen, dem ist nicht mehr zu helfen. Dieses Panorama ist Hongkongs rasanter Bauweise geschuldet – hier werden ständig Gebäude eingerissen und scheinbar sofort durch größere, glänzendere Versionen ersetzt, wenn man ihnen nur mal kurz den Rücken zugedreht hat. Bauland ist rar, die Bevölkerung wächst immer weiter, und die Raffgier der Städteplaner ist groß – ebenso wie der Opportunismus der meisten Spekulanten –, und so setzt sich der endlose Kreislauf aus Zerstörung und Erneuerung gnadenlos fort.

Denkmalschutz

Während des 20. Jhs. gab es kaum jemanden, der das große Desinteresse der Regierung an der Erhaltung architektonisch wichtiger Gebäude öffentlich bedauerte. Durch die Zerstörung des Star Ferry Terminal in Central – das so etwas wie eine Ikone des Hongkonger Bauwesens war – veränderte sich das apathische Verhalten der Bevölkerung jedoch ebenso überraschend wie grundlegend. Ende 2006 wurden die Abrissbirnen mit flammenden Protesten empfangen – allerdings ohne Erfolg.

Als Folge der Proteste verkündete die Regierung, sie werde den Wan Chai Market im Stil der Streamline-Moderne teilweise erhalten (trotzdem ragt jetzt ein Turm mit Luxusapartments über dem Markt auf).

Unterdessen erweist sich das ganz in der Nähe gelegene Pawn, eine schicke Kneipe, die aus vier alten Mietwohnungen und einem 100 Jahre alten Pfandhaus entstand, als eine Art Eitergeschwür für alle Denkmalschützer: Sie sind der Ansicht, die Städtebaubehörde habe die Öffentlichkeit hintergangen, weil sie es ablehnte, die Dachterrasse des Gebäudes als öffentlich zugänglichen Raum auszuweisen. Ähnliches gilt für das ehemalige Hauptrevier der Küstenpolizei in Tsim Sha Tsui, an dessen Stelle heute ein weiteres Hotel mit Einkaufszentrum existiert, das nach der Umgestaltung viele enttäuschte Gesichter zurückließ.

Inzwischen richten sich alle Augen auf den Central Market, eine Ikone der Moderne, dessen Neubelebung schon so lange diskutiert wird, dass sie zum Anlass öffentlicher Empörung wurde. Nach fast zwölfjährigen Verzögerungen begann Mitte 2017 die Arbeit. Die für die städtische Erneuerung zuständige Behörde wurde beauftragt, das Gelände bis 2021/22 in einen Raum für bezahlbare Kultur und Einzelhandel umzugestalten – was bei vielen Einheimischen die Frage aufwirft, was genau damit gemeint sein könnte.

Es gab jedoch auch einige Lichtblicke, vor allem, als die Regierung der Zerstörung des wunderschönen King Yin Lei Einhalt gebot, eines privaten Herrenhauses im chinesischen Renaissance-Stil in der Stubbs Rd nahe dem Happy Valley. Noch bedeutender war jedoch der Regierungsbeschluss zur „Revitalisierung" historischer Denkmäler im Jahr 2008, der es auch gemeinnützigen Organisationen erlaubt, sich für die Nutzung dieser Gebäude zu bewerben. Dank dieses Programms wurden

Präkoloniale Gebäude

Tsui Sing Lau Pagoda (Yuen Long)

Tang Ancestral Hall (Yuen Long)

Yu Kiu Ancestral Hall (Yuen Long)

Sam Tung Uk Museum (Tsuen Wan)

Wiederbelebte Baudenkmäler

- *Tai Kwun (Soho)*
- *PMQ (Sheung Wan)*
- *Blue Mansion (Wan Chai)*
- *Lui Seng Chun (Sham Shui Po)*
- *Béthanie (Pok Fu Lam)*
- *Explosives Magazine (Admiralty)*
- *Mei Ho House Youth Hostel (Sham Shui Po)*

die Alte Polizeistation von Tai O und das charakteristische Shophouse Lui Seng Chun aus der Zeit vor dem Zweiten Weltkrieg restauriert.

Das PMQ in Sheung Wan, der Blue House-Komplex in Wan Chai und, seit Kurzem, Tai Kwun, der ehemalige Komplex der Central Police Station, sind drei Beispiele für visionäre, auf die Bürger vor Ort ausgerichtete Revitalisierungsprojekte, die mit erheblichen finanziellen Mitteln unterstützt wurden und sich als äußerst erfolgreich erwiesen haben. Schließlich wäre da noch das Murray – ein Gebäude aus den 1960er-Jahren am Cotton Tree Drive, in dem sich einst Verwaltungsbüros befanden –, das in ein Luxushotel umgebaut wurde und 2018 für viel Aufsehen sorgte – es wurde als besonders gelungenes Beispiel für die zeitgenössische Umgestaltung eines historischen Gebäudes gefeiert.

Trotz dieser durchaus positiven Beispiele für gelungenen Denkmalschutz sieht die Realität leider nach wie vor so aus, dass die Gesetze des Immobilienmarkts – im Namen der urbanen Neuentwicklung – die Zukunft der Stadt und ihre Verbindung zur Geschichte bestimmen. Ein Fall aus jüngster Vergangenheit ist der Westflügel des ehemaligen Regierungssekretariats in Central, jenes schöne Beispiel für unaufdringliche Eleganz und zugleich einst eine wichtige Kontaktstelle zwischen Kolonialregierung und den Bürgern. Dass dessen Schicksal nach wie vor ungeklärt ist, belegt, dass kein Gebäude in Hongkong, ganz gleich, wie hoch sein architektonischer und historischer Stellenwert auch sein mag, wirklich sicher vor den Bulldozern ist.

Traditionell chinesische Architektur

Die mehr oder weniger letzten Beispiele für die chinesische Architektur des 19. Jhs., die im Stadtgebiet von Hongkong noch erhalten geblieben sind, sind die beliebten Tin-Hau-Tempel, darunter auch jene nahe Causeway Bay, in Aberdeen, Stanley und Yau Ma Tei. Auch in einigen Museen in Chai Wan und Tsuen Wan sind ein paar Bauten aus Hakka-Dörfern aus dem 18. Jh. zu sehen. Etwas greifbarere Relikte aus vergangenen Zeiten finden sich in den New Territories und auf den Out-

UNVERWECHSELBARE URBANE AUSBLICKE

Wer Nervenkitzel sucht: Schon bei einer scheinbar gewöhnlichen Fahrt mit der Straßenbahn an der Nordküste von Hong Kong Island kommt man sich vor, als würde man durch einen endlosen Canyon aus Hochhäusern rumpeln. Eine ganz ähnliches Erlebnis hat man im Großteil des urbanen Hongkong. Auch wenn die meisten Gebäude hier uninspirierte Büro- und Apartmenttürme sind, wie sie sich in der Sonderverwaltungszone dicht an dicht drängen, ist auch immer wieder Außergewöhnliches und Spektakuläres zu bestaunen: Das unkonventionell zu bebauende Gelände stellt die Planer bei der Umsetzung ihrer altbewährten Konzepte in Sachen Maßstab und Proportionen immer wieder vor Herausforderungen.

Ein klassisches Beispiel ist das baufällige Oceanic Mansion (1010–30 King's Rd), ein furchteinflößendes Betonungetüm mit verfallenden Wohnungen, das sich über einer engen Biegung über einen Landschaftspark in Quarry Bay erhebt. Nahe dem Westende der Straßenbahnlinie in Kennedy Town ragt der Hill Rd Flyover auf, eine urbane Rennstrecke, die den Verkehr mit ihrem Sirenengesang aus dem ruhigeren Pok Fu Lam nach Central lockt – eine Szenerie wie aus *Blade Runner*. Darunter befindet sich ein winziger städtischer öffentlicher Raum mit Bänken voller müder Rentner.

Ein Gefühl von Weite und Freiheit können die vielen Luxusimmobilienprojekte in Honkong leider nur selten erschaffen, auch wenn sie mit romantisch klingenden Namen wie Sorrento, Leguna Verde oder Cullinan bedacht wurden. Winzige Wohnräume sind in der Stadt nach wie vor die Norm. Wer sich für die Zukunft der urbanen Landschaft der Stadt interessiert, kann die City Gallery besuchen.

Lippo Centre (S. 116), Admiralty

lying Islands, wo ummauerte Dörfer, Festungen und sogar eine Pagode aus dem 15. Jh. erhalten sind.

Ost trifft West

Fusion-Architektur, vorwiegend eine Domäne der Reichen und der Religiösen, tauchte in Hongkong in den 1920er-Jahren zum ersten Mal auf.

Das verlassene Herrenhaus Shek Lo in Fanling (1925) erinnert an einen Kāipínger *diāolóu* (einen Festungsturm, der Elemente chinesischer und westlicher Architektur vereint) auf der anderen Seite der Grenze in Guangdong. Die anglikanische St. Mary's Church ist eine etwas komisch anmutende orientalische Fingerübung aus dem Jahr 1937, während das christliche Zentrum Tao Fung Shan das buddhistisch inspirierte Design eines Dänen aufweist.

Der Ling Fa Kung in Tai Hang ist ein kleiner Kwun-Yam-Tempel mit einzigartiger achteckiger Bauweise und Seiteneingängen, die an eine mittelalterliche katholische Kapelle erinnern.

Kolonialarchitektur

Der Großteil der kolonialen Architektur, die in der Stadt erhalten geblieben ist, befindet sich auf Hong Kong Island, vorwiegend in Central. Dort sind etwa das alte Supreme Court Building (1912) und das Government House zu bewundern, der Wohnsitz sämtlicher britischer Gouverneure von 1855 bis 1997. In Sheung Wan hat der Western Market (1906) überdauert, in den Mid-Levels das ehemalige Pathologische Institut im edwardianischen Stil, in dem heute das Hong Kong Museum of Medical Sciences (1905) untergebracht ist. Die Old Stanley Police Station (1859) und das nahe gelegene Murray House (1848) sind weitere bedeutende Kolonialbauten im Süden von Hong Kong Island.

Das interessante Hong Kong Antiquities & Monuments Office befindet sich in einem britischen Schulhaus aus dem Jahr 1902 und bietet Informationen und Ausstellungen zu aktuellen Denkmalschutzprojekten.

Zeitgenössische Architektur

Modernismus

Bank of China Tower und Old Bank of China Building (Central)

Lippo Centre (Admiralty)

International Finance Centre (Central)

HSBC Building (Central)

Hong Kong International Airport (Lantau)

Hongkongs Stadtbild der Vertikalen entstand aus purer Notwendigkeit – aufgrund der Landknappheit und des abschüssigen Terrains hatten Grundstücke in diesem dicht bevölkerten Gebiet schon immer ihren Preis. Einige Gebäude, etwa das Central Plaza und das International Commercial Centre, strebten in immer größere Höhen – Kosten spielten dabei keine Rolle. Nur wenige privilegierte Bauwerke, darunter das Hong Kong Convention & Exhibition Centre und das fensterlose Hong Kong Cultural Centre, haben sich hingegen ganz dreist in der Horizontalen ausgebreitet.

Zu den international gefeierten Beispielen moderner Architektur in der Stadt gehören auch das Gebäude der HSBC Building in Central, der Hong Kong International Airport in Chep Lap Kok (eröffnet 1998) – beide stammen vom englischen Architekten Norman Foster und sind im Stil der Spätmodernen bzw. High-Tech-Architektur erbaut – sowie I. M. Peis hoch aufragende Sinfonie dreieckiger Geometrie, auch bekannt als Bank of China Tower.

Hong Kong Architecture 1945–2015: From Colonial to Global (2016) von Charlie Xue Qiuli widmet sich der Neuerfindung der Stadt als moderne Metropole.

Religion & Glaube

Hongkong dürfte wohl die einzige Stadt Chinas sein, in der die Glaubensfreiheit gesetzlich garantiert und auch eingehalten wird. Fast alle Hongkonger sind geprägt von einem Glauben aufgewachsen, auch wenn sie kein Bekenntnis ablegen. Und meist gibt es da auch nichts zu bekennen – denn die Hongkonger sind nicht sonderlich fromm.

Frühe Einflüsse

Die ersten Einwohner der Stadt waren Fischer und Bauern, die unterschiedlichste Götter – teils Volksgottheiten, teils taoistische Götter wie den Küchengott, den Erdengott oder die Meeresgöttin (Tin Hau) – verehrten. Viele suchten Schutz, indem sie symbolisch ihre Kinder den Gottheiten zur Adoption darboten. In jedem Dorf gibt es Schreine. Alte Praktiken sind in Hongkong noch lebendig – farbenprächtig und mit Elementen fremder Religionen wie Buddhismus und Christentum durchsetzt.

Rund 80 % der Begräbnisfeiern werden in Hongkong von taoistischen Priestern zelebriert. Dabei handelt es sich um recht laute Zeremonien, begleitet von den Klängen von Becken und *suona*, einem chinesischen Rohrblattinstrument. Zu manchen gehören komplexe Riten mit allerlei Requisiten, darunter Münzen und brennende Schwerter, die sicherstellen sollen, dass sich die Seele von ihren irdischen Beziehungen loslöst.

Konfuzianismus

2000 Jahre lang prägten die Lehre von Konfuzius (551–479 v. Chr.) und das Denkmodell des Konfuzianismus das Familiensystem und die sozialen Beziehungen im kaiserlichen China. Dennoch wurde diese Weltanschauung, das Fundament der chinesischen Zivilisation, im Zuge des revolutionären Rauschs des 20. Jhs. als Quell allen Übels – vom Feudalismus über Frauenfeindlichkeit bis hin zur Rückständigkeit – angeprangert.

Familienethos

Traditionell dienten die Lehren des Konfuzianismus den chinesischen Herrschern bei der Aufrechterhaltung der innerstaatlichen Ordnung als Stütze. Kaiser hatten ein „himmlisches Mandat" inne, und Regierungsämter wurden mit Kandidaten besetzt, die bei Prüfungen zu den konfuzianischen Schriften am besten abschnitten. In Hongkong hat es diesen institutionalisierten Konfuzianismus nie gegeben, dennoch sind die konfuzianischen Werte in der ehemaligen britischen Kolonie das Herzstück aller Beziehungen. Zwei Grundpfeiler des Konfuzianismus sind der Respekt vor dem Wissen und der der Kinder gegenüber den Eltern. In Hongkong schenken Eltern der schulischen Ausbildung ihrer Kinder besonders große Aufmerksamkeit; die Sprösslinge werden angehalten, fleißig zu lernen und Eltern und Lehrern mit viel Respekt zu begegnen. Viele Erwachsene leben mit ihren Eltern zusammen (was auch eine Folge der horrenden Mietpreise der Stadt ist). Auch wird erwartet, dass alle für ihre Eltern sorgen; ob sie es aber tatsächlich tun, ist eine andere Frage.

Buddhismus

Der Buddhismus ist die wichtigste Religion in Hongkong. Er wurde hier etwa im 5. Jh. eingeführt, als der Mönch Pui To im Westen der New Territories eine Einsiedelei gründete. Diese Gegend war eine Station auf der antiken Handelsroute, die Persien, Arabien und Indien mit Guangzhou verband, und gilt als Geburtsstätte des Buddhismus in Hongkong.

Obwohl nur ein Bruchteil der Bevölkerung zu den bekennenden Buddhisten zählt, praktizieren fast 1 Mio. Einwohner buddhistische Riten, etwa bei Bestattungen oder zur Geistervertreibung. Im Allgemeinen wird das Ritual der Zufluchtnahme zu den Drei Juwelen (Buddha, Dharma, Sangha) als buddhistischer Initiationsritus betrachtet. Einige Anhänger lehnen auch den Verzehr von Fleisch an bestimmten Tagen oder auch über längere Zeit ab, einige wenige sind strenge Vegetarier.

Zu Beginn der Kolonialzeit wanderte eine kleine parsische Gemeinde aus Mumbai nach Hongkong ein. Obwohl zahlenmäßig klein, hatten sie einen nachhaltigen Einfluss auf die Stadt. Eine Zeit lang gab es unter den 13 Vorstandsmitgliedern der Hong Kong & Shanghai Banking Cooperation (HSBC) drei Parsen. Und auch der Gründer der Star Ferry war ein Parse.

Buddhistische Organisationen spielen, im Gegensatz zu ihren Pendants in Südostasien, in Hongkongs Politik keine aktive Rolle. Sie wirken stattdessen vor allem im Bereich der palliativen Fürsorge und Spiritualität. Alljährlich organisieren sie am Remembrance Day (11. Nov.) eine Zeremonie für die Seelen der Opfer der Weltkriege und der japanischen Invasion. Buddhistische Begräbnisfeiern sind würdevolle, oft überaus aufwendige Zeremonien, die sich über bis zu 49 Tage erstrecken können – diese Zeit braucht eine Seele von ihrem Tod bis zur Wiedergeburt. Alle sieben Tage werden Gebete angestimmt, die zur Wiedergeburt der Seele auf einer höheren Ebene (z. B. „glücklicher Mensch“ versus „Küchenschabe“) verhelfen sollen. Dem buddhistischen Glauben nach besuchen die Seelen am siebten Tag nach ihrem Tod ihr einstiges Zuhause. An diesem Tag verweilen alle Familienmitglieder in ihrem Zimmer, um zu vermeiden, dass sich ihre Schritte mit denen der geliebten Toten kreuzen.

Taoismus

Der Taoismus ist eine über 2000 Jahre alte chinesische Religion. Obwohl er nie den Status einer Staatsreligion hatte, beeinflusst er fast alle Bereiche des Alltags. Im Unterschied zu den evangelikalen Religionen, wo es um Missionierung und persönliche Bekehrung geht, bietet der Taoismus allen in seinem Einflussbereich lediglich praktische Hilfestellung im Alltag, sei es für die Heilung von Krankheiten oder den Schutz vor Geistern.

Der Eröffnung der Hongkonger Pferderennsaison sowie Bauvorhaben oder Filmprojekten gehen taoistische Rituale voraus, die die Naturgottheiten milde stimmen und für gutes Feng Shui sorgen sollen. Die Totenbeschwörung, die nach dem Einklang von Menschheit und Natur strebt, ist eine Praxis, die vom Taoismus beeinflusst ist. In den ersten Wochen des neuen Mondjahrs erweisen Menschen aller Glaubensrichtungen in den taoistischen Tempeln den Göttern Ehrfurcht. Die meisten Totenfeiern in Hongkong werden von taoistischen Priestern abgehalten. Es gibt etwa 150 taoistische Tempel in Hongkong und weitere 100 bis 200 Tempel, in denen sowohl taoistischen als auch volkstümlichen Gottheiten gehuldigt wird.

In Hongkong leben etwa 300 000 Muslime verschiedener Nationalitäten. Die ersten Muslime der Stadt waren Seeleute, die sich in der Region rund um die Lower Lascar Row (Cat St) in Central niederließen; das Wort *lascar* bedeutet „indischer Seefahrer“. Wer mehr wissen will, kann sich die wunderschöne mintgrüne Jamia-Moschee in den Mid-Levels anschauen.

Christentum

In Hongkong leben über 800 000 Christen; der Großteil gehört zur protestantischen Kirche, die auch mehr junge Gläubige zählt. Etwa ein Drittel aller Katholiken sind philippinische Hausangestellte. Die meisten Gottesdienste sind auf Kantonesisch und Englisch, einige auch auf Tagalog.

Das Christentum fasste Mitte des 19. Jhs. Fuß in Hongkong. In ihren Anfängen unterstützte die Hongkonger katholische Kirche die Missionare, die aus und nach China reisten, und betreute die katholischen Militärangehörigen aus den Reihen der britischen Armee sowie die portugiesischen Kaufleute und deren Familien aus Macao. In den nachfolgenden Jahrzehnten begannen Katholiken ebenso wie Protestanten, ihr Wirken in den Dienst der Hongkonger Gemeinde zu stellen, und gründeten Schulen, Krankenhäuser und Wohlfahrtsorganisationen. Diese Institutionen standen – und stehen nach wie vor – nicht nur Gemeindegliedern offen.

Praktische Informationen

Verkehrsmittel & -wege

AN- & WEITER-REISE

Hongkong

Die meisten Traveller aus dem Ausland reisen über den Hong Kong International Airport (Flughafen Chek Lap Kok) ein und aus. Zur Einreise nach Festlandchina bzw. zur Anreise von dort stehen Travellern Fähr-, Straßen- und Zugverbindungen nach Guangdong und ins weitere Umland zur Verfügung. Von Macao aus ist Hongkong außerdem per Fähre oder per Helikopter zu erreichen.

Mehr als 100 Fluglinien verbinden den Hong Kong International Airport mit rund 190 Zielen weltweit, beispielsweise mit Peking (3½ Std.). Regelmäßig fahren Busse von Hongkong zu den größeren Städten in der benachbarten Provinz Guangdong. Züge fahren regelmäßig nach Guangzhou (2 Std.), Peking (24 Std.) und Shanghai (19 Std.). Zur Einreise aus der Sonderverwaltungszone in die Volksrepublik China ist ein Visum (S. 303) erforderlich.

Regelmäßig verkehrende Fähren schippern vom China Ferry Terminal in Kowloon und/oder dem Hong-Kong-Macau Ferry Terminal auf Hong Kong Island zu einer Reihe von Ortschaften und Städten im Delta des Perlflusses, darunter Macao. Die Fahrten nach Macau mit den Schnellfähren dauern eine Stunde. Seit September 2018 fahren Hochgeschwindigkeitszüge ab der Kowloon West Railway Station nach Shenzhen und Guangzhou.

Flüge, Autos und Touren können online unter lonelyplanet.com gebucht werden.

REISEN & KLIMAWANDEL

Der Klimawandel stellt eine ernste Bedrohung für unsere Ökosysteme dar. Zu diesem Problem tragen Flugreisen immer stärker bei. Lonely Planet sieht im Reisen grundsätzlich einen Gewinn, ist sich aber der Tatsache bewusst, dass jeder seinen Teil dazu beitragen muss, die globale Erwärmung zu verringern.

Fast jede Art der motorisierten Fortbewegung erzeugt CO_2 (die Hauptursache für die globale Erwärmung), doch Flugzeuge sind mit Abstand die schlimmsten Klimakiller – nicht nur wegen der großen Entfernungen und der entsprechend großen CO_2-Mengen, sondern auch, weil sie diese Treibhausgase direkt in hohen Schichten der Atmosphäre freisetzen. Die Zahlen sind erschreckend: Zwei Personen, die von Europa in die USA und wieder zurück fliegen, erhöhen den Treibhauseffekt in demselben Maße wie ein durchschnittlicher Haushalt in einem ganzen Jahr.

Die englische Website www.climatecare.org und die deutsche Internetseite www.atmosfair.de bieten sogenannte CO_2-Rechner. Damit kann jeder ermitteln, wie viele Treibhausgase seine Reise produziert. Das Programm errechnet den zum Ausgleich erforderlichen Betrag, mit dem der Reisende nachhaltige Projekte zur Reduzierung der globalen Erwärmung unterstützen kann, beispielsweise Projekte in Indien, Honduras, Kasachstan und Uganda.

Lonely Planet unterstützt gemeinsam mit Rough Guides und anderen Partnern aus der Reisebranche das CO_2-Ausgleichs-Programm von climatecare.org. Alle Reisen von Mitarbeitern und Autoren von Lonely Planet werden ausgeglichen. Weitere Informationen gibt's auf www.lonelyplanet.com.

Hong Kong International Airport

Der **Hong Kong International Airport** (HKG; Karte S. 202; ☎852 2181 8888; www.hkairport.com) wurde vom britischen Architekten Sir Norman Foster entworfen und befindet sich auf Chek Lap Kok, einer größtenteils wiedergewonnenen Landfläche vor der Nordküste Lantaus. Highways, Brücken (darunter die 2,2 km lange Tsing Ma Bridge, eine der längsten Hängebrücken der Welt) und ein Schnellzug verbinden den Flughafen mit Kowloon und Hong Kong Island.

In den beiden Terminals gibt's zahlreiche Läden, Restaurants, Cafés, Geldautomaten und Wechselstuben:

China Travel Service (CTS; 中國旅行社; Zhōngguó Lǚxíngshè; ☎Kundenservice 852 2998 7888, Tour-Hotline 852 2998 7333; www.ctshk.com) Unterhält einen Schalter in Terminal 1 (Arrivals Hall A) und organisiert Visa für China (Bearbeitungszeit ca. 2–5 Werktage).

Hong Kong Hotels Association (香港酒店業協會; HKHA; Karte S. 202; ☎852 2769 8822, 852 2383 8380; www.hkha.org; Hong Kong International Airport; ⏰7–24 Uhr) Die Schalter befinden sich in den Gepäckhallen. Die HKHA vermittelt nur Mittelklasse- und Luxushotels, keine Hostels oder andere Budgetunterkünfte.

Hongkong bietet Flugverbindung zu ca. 50 Städten in China (u. a. Peking, Chengdu, Kunming, Shanghai). Die einfache Strecke ist dabei etwas teurer als der halbe Preis für ein Hin- und Rückflugticket. Hongkong ist auch die Hauptdrehscheibe der Fünf-Sterne-Fluglinie Cathay Pacific (www.cathaypacific.com). Ansonsten hier vertreten:

Air China (www.airchina.hk) Chinas Landesfluglinie (Hauptdrehscheibe: Peking).

Cathay Dragon (www.cathaypacific.com) Gehört zu Cathay Pacific und hieß früher „Dragonair" (die Flugpläne wurden zusammengelegt; s. Website). Auf Regionalflüge zu Zielen in China spezialisiert.

Hong Kong Airlines (www.hongkongairlines.com) Günstigere Gesellschaft, die fast 40 Ziele im asiatischen Pazifikraum und in Nordamerika bedient.

AIRPORT EXPRESS

Airport-Express-Linie der MTR (☎852 2881 8888; www.mtr.com.hk) Schnellste und (abgesehen vom Taxi) teuerste Verbindung zwischen Flughafen und Stadt (Central). An Bord der Züge gibt's Steckdosen und Gratis-WLAN.

Betriebszeit Der Airport Express verkehrt täglich (5.54–23.28 Uhr alle 10 Min., 23.28–0.48 Uhr ca. alle 12 Min.). Die Fahrt nach Central (24 Min.) führt über Tsing Yi und Kowloon. Ticketautomaten gibt's am Flughafen und an allen bedienten Bahnhöfen.

Fahrpreise Im Vergleich zur einfachen Strecke (nach Central/Kowloon/Tsing Yi Erw. 110/100/65 HK$, Kind 3–11 Jahre jeweils die Hälfte) ist der halbe Preis für ein Ticket mit Hin- und Rückfahrt (Gültigkeit 1 Monat; nach Central/Kowloon/Tsing Yi Erw. 205/185/120 HK$, Kind 3–11 Jahre jeweils die Hälfte) etwas günstiger. Per Octopus Card lassen sich bei der einfachen Strecke jedoch 5 HK$ sparen. Der Airport Express Travel Pass beinhaltet neben dem Flughafen-Transfer (einfache Strecke/hin & zurück 250/350 HK$) auch die größtenteils unbegrenzte Nutzung des MTR-Netzes (inkl. Light Rail und Bus) an drei aufeinanderfolgenden Tagen.

Shuttle-Busse Der Airport Express betreibt auch Shuttle-Busse auf Hong Kong Island (H1–H4) und in Kowloon (K1–K5). Diese befördern Passagiere gratis zwischen großen Hotels und den Bahnhöfen Central bzw. Kowloon (6.12–23.12 Uhr alle 15–20 Min.; Fahrpläne und Routen unter www.mtr.com.hk/en/customer/services/complom_free_bus.html).

AsiaWorld-Expo In Gegenrichtung zum Stadtzentrum (2 Min. Fahrzeit) stoppt der Airport Express auch am Komplex der AsiaWorld-Expo.

BUS

Es gibt gute Busverbindungen vom/zum Flughafen. Die Busse haben viel Platz für Gepäck, und in der Regel wird während der Fahrt auf Englisch, Kantonesisch und Mandarin angesagt, welche Hotels sich an der Nähe der nächsten Haltestelle befinden. Genaueres zu den Fahrtrouten steht im Bereich „Transport" auf der Website www.hkairport.com.

Betriebszeit Geht etwa von 6 bis 24 Uhr (Verbindungsfrequenz alle 10–30 Min.). Die normalen Flughafenbusse (Kennzeichnung „A" plus Liniennummer) werden durch einige Nachtbusse (Kennzeichnung „N" plus Liniennummer) ergänzt.

Preise Zu den großen Hotels und den Gegenden mit vielen Pensionen auf Hong Kong Island fahren die Busse A11 (40 HK$) und A12 (45 HK$); der A21 (33 HK$) steuert die entsprechenden Gegenden in Kowloon an. Die Busfahrer in Hongkong geben kein Wechselgeld heraus, man bekommt aber welches im Ground Transport Centre am Flughafen, das auch die Octopus Card verkauft. Die Hin- und Rückfahrt ist normalerweise genau doppelt so teuer wie die einfache Fahrt. Wenn nicht anders angegeben, zahlen Kinder zwischen drei und elf Jahren und Senioren über 65 Jahren den halben Fahrpreis.

Tickets Die Tickets kauft man an einem Schalter nahe der Bushaltestelle des Flughafens.

Vom/zum chinesischen Festland

BUS

Über die neue Brücke zwischen Hongkong, Zhuhai und Macao (eröffnet 2018) verbinden lizenzierte Shuttle-Busse den Hongkonger Hafen rund um die Uhr mit Macao und Zhuhai (tgl. alle 5–15 Min., einfache Strecke tagsüber/nachts 65/70 HK$). Die Flughafen-Buslinien A11, A21, A22, A29, A31, A33X, A35, A36 und A41 wurden inzwischen bis zur Shuttle-Bus-Haltestelle am Hafen verlängert.

CTS Express Coach (Karte S. 332; ☎852 2365 0118; http://ctsbus.hkcts.com) Busse zum chinesischen Festland.

Eternal East Cross Border Coach (Karte S. 348; ☎852 3760 0888, 852 3412 6677; www.eebus.com; 13. Stock, Kai Seng Commercial Centre, 4–6 Hankow Rd, Tsim Sha Tsui; ⌚7–20 Uhr) Verbindet Hongkong mit Städten in der Provinz Guangdong (u. a. Shenzhen, Guangzhou).

FÄHRE

Linienfähren schippern vom China Ferry Terminal (Kowloon) und/oder vom Macau Ferry Terminal (Sheung Wan auf Hong Kong Island) zu diversen Städten und Ortschaften im Delta des Perlenflusses. Guangzhou und Shenzhen werden dabei aber jeweils nicht bedient.

Beispiele für Ziele (inkl. Fahrtzeiten):

Shékǒu (1 Std).

Shùndé (2 Std.)

Zhōngshān (1½ Std.)

Zhūhǎi (70 Min.)

Schnellfähren von SkyPier fahren vom Flughafen zu neun Städten im Delta des Perlenflusses (u. a. nach Shenzhen, Guangzhou, Macao). Passagiere können direkt an Bord gehen, ohne die Einreise- und Zollkontrolle für Hongkong zu passieren. Die Fährtickets müssen spätestens 60 Minuten vor dem Ablegen beim entsprechenden Schalter in der Transfer Area E2 gekauft werden. Über alle Details informiert die Website des Flughafen (www.hongkongairport.com; auf „Mainland Connections" und „Transport" klicken).

ZUG

Der neue Hochgeschwindigkeitsbahnhof West Kowloon (eröffnet im September 2018, der Bau kostete 9 Mrd. HK$) hat einen kombinierten Einreise- und Zollposten für Reisen zum chinesischen Festland. Er wird teilweise von der VR China verwaltet und ist direkt an deren Hochgeschwindigkeits-Bahnnetz angeschlossen. Dies halbiert die Reisezeit nach Guangzhou nun auf 48 Minuten, während Shenzhen in nur 14 Minuten erreichbar ist. Vor Ort besteht auch Verbindung nach Peking (9 Std.) und Shanghai (7 Std.). Tickets können über die MTR-Website (www.highspeed.mtr.com.hk) gebucht werden.

Am Bahnhof Hung Hom starten normale Intercity-Züge zu Zielen in der Provinz Guangdong (z. B. Guangzhou) und im übrigen China. Fahrkarten dafür gibt's u. a. beim örtlichen Intercity Through Train Customer Service Centre – ebenso bei Ticketbüros in den MTR-Stationen Mong Kok East, Kowloon Tong und Shatin sowie beim Tourist Services Counter der MTR-Station Admiralty. Buchen ist recht lange im Voraus möglich (nach Guangzhou bis zu 30 Tage, nach Peking oder Shanghai bis zu 60 Tage).

Peking & Shanghai

➡ Ab West Kowloon fahren Hochgeschwindigkeitszüge zu den Bahnhöfen Běijīng West (2. Klasse/1. Klasse/Business Class 1223/1958/3826 HK$, Abfahrt/Ankunft 8.05/17.01 Uhr) und Shànghǎi-Hóngqiáo

GEPÄCKAUFBEWAHRUNG

MTR-Stationen & Fährterminals Gepäckschließfächer gibt's in großen MTR-Stationen (z. B. Hung Hom, Kowloon, Hong Kong), im West Tower des Shun Tak Centre (Sheung Wan; Fährterminal gen Macao) und am Fährhafen in Richtung China (Tsim Sha Tsui). Die Benutzungsgebühr berechnet sich entweder pro Schließfach (je nach Größe 20–30 HK$/Std.) oder pro Gepäckstück (z. B. 69 HK$/24 Std. an der MTR-Station Hong Kong).

Flughafen In Terminal 2 (Level 3) befindet sich eine **Gepäckaufbewahrung** (Karte S. 202; ☎852 2261 0110; https://www.hongkongairport.com/en/passenger-guide/airport-facilities-services/baggage-storage; pro Stück Std./Tag 12/140 HK$; ⌚5.30–1.30 Uhr).

Unterkünfte Die meisten Hotels, Hostels und Pensionen bewahren Gepäck in dafür vorgesehenen Räumen auf – selbst, wenn man schon ausgecheckt hat und zu später Stunde abfliegt. Diese Option und/oder eventuelle Einlagerung über längere Zeiträume kosten aber meist extra.

(2. Klasse/1. Klasse/Business Class 1144/1869/3563 HK$, Abfahrt/Ankunft 11.10/ 19.27 Uhr).

➡ Vom Bahnhof Hung Hom aus geht's per MTR-Intercity nach Shanghai und Peking – immer abwechselnd, an einem Tag hierhin, am nächsten dorthin.

Guangzhou

➡ Ab West Kowloon fahren viele neue Hochgeschwindigkeitszüge täglich zum Bahnhof Guǎngzhōu South (2. Klasse einfache Strecke 244 HK$). Vor dem Einsteigen müssen Traveller die Einreise- und Zollkontrolle für das Festland der VR China hinter sich bringen.

➡ Zudem rollen langsamere MTR-Intercitys ab Hung Hom nach Guǎngzhōu East (einfache Strecke Erw./Kind 5–9 Jahre 210/105 HK$, ca. 2 Std.).

Shenzhen

➡ Ab West Kowloon fahren viele neue Hochgeschwindigkeitszüge täglich zu den Bahnhöfen Shēnzhèn Fútián und North (2. Klasse einfache Strecke 85 HK$, erster/letzter Zug tgl. 7/22.50 Uhr). Vor dem Einsteigen passiert man die Einreise- und Zollkontrolle für das Festland der VR China.

➡ Per pedes kommt man über die Grenzübergänge Lo Wu (geöffnet 6.30–24 Uhr) und Lok Ma Chau (geöffnet 24 Std.) nach Shenzhen. Deren eigene MTR-Bahnhöfe an der East Rail Line liegen jeweils ungefähr 200 m vor der Festlandsgrenze zur VR China.

➡ Der Tourist Cross-Boundary Travel Pass der MTR (1/2 aufeinanderfolgende Tage 100/ 140 HK$) beinhaltet neben unbegrenzter Nutzung des übrigen MTR-Netzes auch zwei Einzelfahrten nach/ab Lo Wu (ab Hung Hom erster/letzter Zug 5.30/23.07 Uhr, ca. 45 Min.) oder Lok Ma Chau (ab Hung Hom erster/letzter Zug 5.35/21.35 Uhr, ca. 49 Min.).

➡ Lo Wu ist der Hauptübergang für Fußgänger und Touristen. Zu Spitzenzeiten kann die Wartezeit aber an beiden Übergängen sehr lang sein.

Macao

Die meisten Traveller treffen per Fähre aus Hongkong in Macao ein. Wer vom chinesischen Festland aus anreist, kann mit der Fähre oder dem Bus ab Guangdong fahren oder aus einigen Städten direkt mit dem Flugzeug anreisen.

Der Macau International Airport bietet eine begrenzte Anzahl von Verbindungen zu asiatischen Zielen. Wer von außerhalb Asiens anreist und nach Macao möchte, kann zum Hong Kong International Airport fliegen und mit der Fähre weiter nach Macao fahren, ohne in Hongkong durch den Zoll zu müssen.

Bus

Über Macao gelangt man auf dem Landweg schnell in die VR China: Einfach Bus 3A, 27 oder AP1 zum **Grenztor** (關閘; Portas do Cerco; ⌚6–1 Uhr) nehmen und über die Grenze gehen. Viel weniger betriebsam geht es jedoch am **Grenzposten Cotai** (路氹邊檢大樓; ⌚24 Std.) auf der Landenge zwischen Taipa und Coloane zu. Dorthin fahren die Buslinien 15 (einfache Strecke ab 2,80 MOP, 6 od. 6.45 Uhr–19 od. 20 Uhr, alle 30–35 Min.) und 50 (2,80–10 MOP). Über die Lotus Flower Bridge können Besucher dann mit Shuttle-Bussen (5 MOP) nach Hengqin in Zhuhai weiterreisen.

Ab dem Busbahnhof am Grenztor rollen Busse von **Kee Kwan Motor Road Co.** (歧關車路有限公司; ☎853 2888 1228; ⌚9–21.30 Uhr) noch weiter in die VR China hinein – z. B. zu diversen Haltestellen in Guangzhou (ca. 90 MOP, 3½ Std., ca. alle 15 Min.) oder Zhōngshān (33 MOP, 1 Std., alle 20 Min.). Ab dem Macau International Airport besteht ebenfalls Busverbindung nach Guangzhou (175 MOP, 4 Std.).

Die neue Verkehrsbrücke zwischen Hongkong, Zhūhǎi und Macao (eröffnet 2018) macht Trips durch das Delta des Perlenflusses nun endlich schneller und günstiger. Über die Brücke fahren täglich lizenzierte Shuttle-Busse (einfache Strecke 65 HK$; h24 Std., alle 5–15 Min.) zum Hongkonger Hafen, wo wiederum Lokalbusse gen Flughafen und Innenstadt starten.

Fähre

Tickets für Fähren bzw. Katamarane können direkt am Hafen gekauft werden. Für Reisen zu Spitzenzeiten (z. B. Wochenende, Feiertage) ist es jedoch stets ratsam, die dann oft stark gefragten Fahrkarten rechtzeitig zu reservieren (ebenfalls bei den Fährterminals sowie online und über Reisebüros möglich). Am Pier gibt's immer eine Warteschlange mit Passagieren, die schon vor ihrer gebuchten Passage reisen wollen. Man muss sich spätestens 15 Minuten vor dem Ablegen einfinden, sollte aber idealerweise schon 30 Minuten früher da sein: An der Passkontrolle herrscht häufig viel Andrang.

In der Economy Class sind nur 10 kg Handgepäck erlaubt. Zu großes bzw. schweres Gepäck kann jedoch aufgegeben werden.

VON/NACH HONGKONG

Ab Hongkong reisen die meisten Besucher per Fähre nach Macao, was nur etwa eine Stunde dauert. Die Fähren verkehren rund um die Uhr und regelmäßig (24–7 Uhr seltener). Sie starten meist am Hong Kong–Macau Ferry Terminal (Hong Kong Island) oder am China Ferry Terminal (Kowloon). In Macao wird dann jeweils das **Macau Maritime Ferry Terminal** (澳門外港客運碼頭,Terminal Marítimo de Passageiros do Porto Exterior) im Äußeren Hafen oder das **Taipa Ferry Terminal** (氹仔客運碼頭, Terminal Marítimo de Passageiros da Taipa; Estrada de Pac On, Taipa; 🚌26, N2, 36) angelaufen.

TurboJet (噴射飛航; ☎Hongkong 852 2859 3333, Macao 853 2855 5025, VR China & Taiwan gebührenfrei 00800 3628 3628; www.turbojet.com.hk; Macau Ferry Terminal; Economy/Super Class Mo–Fr 171/346 HK$, Sa & So 186/371 HK$, Nachtpassage 0.30–6 Uhr 211/391 HK$) schippert ab dem Hong Kong–Macau Ferry Terminal (alle 15 Min.) und dem China Ferry Terminal (alle 30–90 Min.) nach Macao, wobei die Frequenz zwischen 24 und 7 Uhr jeweils geringer ist. Passagen am Wochenende oder bei Nacht sind teurer (zzgl. 10 bzw. 20 %)

CotaiJet (金光飛航; ☎853 2885 0595; www.cotaiwaterjet.com/index.html; Taipa Ferry Terminal, Estrada de Pac On, Taipa; Cotai Class bzw. Economy/Cotai Regular bzw. 1. Klasse Mo–Fr 171/293 HK$, Sa & So 186/310 HK$, Nachtpassage 211/338 HK$; 🚌26, N2, 36) schickt schnelle Katamarane vom Hong Kong–Macau Ferry Terminal zum Taipa Ferry Terminal (7–24 Uhr alle 15 Min.). Am Wochenende sind die Passagen teurer (zzgl. 10 %) – ebenso bei Nacht (zzgl. 20 %; Okt.–Jan. ab 17.10 Uhr, Feb., März & Sept. ab 17.40 Uhr, April–Aug. ab 18 Uhr). Vom Hafen in Taipa fahren kostenlose Shuttle-Busse zu Zielen am Cotai Strip.

VOM/ZUM CHINESISCHEN FESTLAND

TurboJet (噴射飛航; ☎Hongkong 852 2859 3333, Macao 853 2855 5025, VR China & Taiwan gebührenfrei 00800 3628 3628; www.turbojet.com.hk) verkehrt vom Macau Maritime Ferry Terminal zum Hafen Shékǒu (Shenzhen; Economy/Super Class 257/412 MOP, 60 Min.; in Gegenrichtung 8–18.45 Uhr; jeweils 11-mal tgl.), zum Flughafen Shenzhen (Economy/Super Class 252/437 MOP, 1 Std., 10.30–18 Uhr 4-mal tgl.) und nach Nànshā (Guangzhou; Economy/Super Class 185/288 MOP, 1 Std., tgl. 11.45 & 15.50 Uhr).

Yuet Tung Shipping Co. (粵通船務有限公司; Karte S. 228; ☎853 2833 1067, 853 2885 0272; www.ytmacau.com; Point 11A Inner Harbour, Inner Harbour Ferry Terminal) schickt Fähren vom Taipa Ferry Terminal in Macao nach Shékǒu (Shenzhen; 238 MOP, 1½ Std., 8.30–20.30 Uhr 6-mal tgl.).

UNTERWEGS VOR ORT

Hongkong

Auto & Motorrad

Hongkongs Labyrinth aus Einbahnstraßen und schwindelerregenden Schnellstraßen ist nichts für schwache Nerven. Der Verkehr ist sehr dicht und die Parkplatzsuche schwierig und sehr teuer. Wer Hongkong unbedingt mit dem eigenen fahrbaren Untersatz erkunden will, sollte sich selbst einen Gefallen tun und einen Wagen mit Chauffeur mieten.

Verkehrsregeln In Hongkong herrscht Linksverkehr, genau wie in Großbritannien, Australien und Macao, aber nicht auf dem chinesischen Festland. Für den Fahrer und alle Mitfahrer, hinten und vorn, herrscht Anschnallpflicht. Die Polizei ist sehr strikt und verteilt sofort Strafzettel.

Führerschein In Hongkong dürfen die meisten Ausländer über 18 Jahren mit gültigem Führerschein aus dem Heimatland bis zu zwölf Monate lang Auto fahren. Es kann trotzdem nicht schaden, einen internationalen Führerschein mitzubringen. Mietwagenfirmen akzeptieren internationale oder nationale Führerscheine. Der Fahrer muss allerdings in der Regel 25 Jahre alt oder älter sein.

Bus

Hongkongs großes Busnetz deckt fast das ganze Territorium ab. Allerdings ist die Linienführung teils verwirrend; zudem werden Kowloon und der Norden von Hong Kong Island bestens von der MTR bedient. Die meisten Traveller erkunden daher nur den Süden von Hong Kong Island sowie die New Territories und Lantau per Bus.

Betriebszeit Geht bei den meisten Linien von 5.30 oder 6 bis 24 oder 0.30 Uhr. Ergänzend gibt's ein paar wenige Nachtbusse (0.45–5 Uhr oder länger, Kennzeichnung „N" plus Liniennummer).

Fahrpreise Zielabhängig zwischen 4 und 46 HK$ (Nachtbusse 7–32 HK$). Passagiere müssen passend zahlen oder die Octopus Card benutzen.

Haltestellen Am wichtigsten auf Hong Kong Island sind die Busbahnhöfe in Central (Exchange Sq) und Admiralty (Queensway): Dort besteht jeweils Verbindung nach Aberdeen, Repulse Bay, Stanley und zu anderen Zielen im Süden von Hong Kong Island. Vom Star Ferry Bus Terminal in Kowloon geht's die Nathan Rd hinauf und zum Bahnhof Hung Hom.

Routeninfos Die Wahl der richtigen Buslinie fällt mitunter recht schwer. Hilfreich sind da jedoch die benutzerfreundlichen Routenplaner auf den Websites von Citybus (www.nwstbus.com.hk), New World First Bus (gehört auch zu Citybus) und Kowloon Motor Bus (www.kmb.hk). KMB bietet zudem eine Routen-App für Smartphones an.

Lantau Wird größtenteils von New Lantao Bus (www.newlantaobus.com) bedient. Die größten Haltestellen befinden

HONGKONG: GUT ZU WISSEN

Top-Tipps

- Statt kurzer Fahrten von einer MTR-Station zur nächsten am besten laufen oder die Straßenbahn nehmen.
- Die App für das MTR-System schon in der Heimat herunterladen.
- Bei wenig Zeit lohnt sich in Taxi, wenn Laufen ab einer bestimmten MTR-Station zu lange dauern würde.
- Sich für Taxifahrer ohne Englischkenntnisse (oft der Fall) zwecks Zielangabe eine chinesischsprachige Visitenkarte des eigenen Hotels geben lassen.

Stoßzeiten

- Die Spitzenzeiten für Berufspendler (Mo–Fr 7.30–9.30 & 17–19 Uhr) möglichst meiden: Die größten MTR-Umsteigestationen (Central, Admiralty, Tsim Sha Tsui, Kowloon Tong) sind dann extrem überfüllt, und auf den Hauptstraßen und im Hafentunnel sind oft lange Staus.

Fahrten bei Nacht

Komfortable und sichere Nachtbusse (Kennzeichnung „N" plus Liniennummer) bedienen den Großteil Hongkongs. Mit einem günstigen Taxi kommt man bei Nacht aber manchmal schneller ans Ziel.

Taxis anhalten

- Taxis sind frei, wenn das Frontscheiben- und das Dachschild (*For Hire* bzw. *TAXI*) leuchten.
- Vorbeifahrende Taxis lassen sich heranwinken, indem man sich deutlich sichtbar an die Straße stellt und den Arm ausstreckt.
- Bei gelben Doppellinien am Straßenrand sowie an Bushaltestellen stoppen die Chauffeure grundsätzlich nicht.

Verhalten in öffentlichen Verkehrsmitteln

- Ticket oder Octopus Card stets schon vor dem Durchschreiten von MTR-Drehkreuzen in der Hand halten: Bereits bei ein paar Sekunden Verzögerung werden die Nachfolgenden sehr ungeduldig.
- Auf Rolltreppen sollte man immer rechts stehen, um sich nicht den Ärger von Hongkongs stets hetzenden Pendlerscharen zuzuziehen.
- In MTR-Zügen, Straßenbahnen und Bussen sind Essen bzw. Trinken nicht erlaubt.
- Bei der MTR gilt: zuerst aussteigen lassen, dann selbst einsteigen. Die Züge fahren erst ab, wenn alle Türen sicher geschlossen sind.
- Busse und MTR-Züge haben klar markierte Priority Seats (Sitzplätze für Menschen mit Handicap).
- Hongkongs Nahverkehrsnutzer räumen ihre Plätze kaum freiwillig für schwangere Frauen und ältere Menschen.

sich am Fährhafen Mui Wo und an der MTR-Station Tung Chung.

Fahrrad

Radfahren im urbanen Kowloon oder Hong Kong Island wäre Selbstmord, aber in den ruhigeren Ecken der Inseln (etwa im Süden von Hong Kong Island) und in den New Territories ist das Fahrrad eine gute Wahl, wenn auch eher eine schöne Freizeitbeschäftigung als ein effektives Verkehrsmittel – das hügelige Terrain bremst einen immer wieder ziemlich stark aus (es sei denn, man hat ein Mountainbike). Läden und Kiosks, die Fahrräder verleihen, haben am Wochenende bei gutem Wetter allerdings schon früh keine Räder mehr.

Minibus

Hongkongs Minibusse sind Kleintransporter mit maximal 19 Sitzplätzen und beigefarbener Lackierung. Eine grüne oder rote Kennzeichnung (Dach bzw. Flankenstreifen) informiert über die jeweilige Nutzungsweise. Aktuelle Fahrplan-, Routen- und Preisinfos gibt's unter www.16seats.net.

Grüne Minibusse (einfache Strecke 4–24 HK$) Funktionieren quasi wie normale Busse: Es werden nur feste Haltestellen zu Fixpreisen bedient. Beim Einsteigen ist der jeweilige Tarif genau abgezählt in die Box einzuwerfen oder per Octopus Card zu bezahlen. Besonders praktisch ist z. B. Linie 6 (6,60 HK$), die von der Hankow Rd (Tsim Sha Tsui) nach Tsim Sha Tsui East und zum Bahnhof Hung Hom (Kowloon) führt. Ebenso gern genutzt wird Linie 1 (10,20 HK$) zwischen den MTR-Station Hong Kong und dem Victoria Peak.

Rote Minibusse Verkehren ebenfalls auf festen Routen, ermöglichen aber unterwegs beliebiges Aussteigen bzw. Heranwinken. Ziel und Fahrpreis sind auf einer Tafel hinter der Frontscheibe angegeben (meist aber nur auf Chinesisch).

MTR

Mass Transit Railway (MTR; Fahrplan-, Routen- unter Preisinfos unter www.mtr.com.hk) ist die Sammelbezeichnung für das Hongkonger Bahnnetz. Dessen unter- und oberirdisch verkehrende Züge werden durch die straßenbahnähnliche Light Rail (vergleichsweise langsamer) ergänzt. Sauber, sicher und effizient transportieren die MTR-Linien täglich ca. 4 Mio. Passagiere.

Fahrten per MTR sind mit 4 bis 25 HK$ etwas teurer als Trips mit Stadtbussen, aber meist die schnellste Option, um Ziele innerhalb Hongkongs zu erreichen.

ZÜGE

Das Netz umfasst ca. 90 Bahnhöfe an neun unter- und oberirdisch fahrenden Linien, hinzu kommt das Light-Rail-Netz, das die nordwestlichen New Territories anbindet. Rauchen sowie der Verzehr von Speisen und Getränken sind in den Bahnhöfen und Zügen der MTR verboten; Übertretungen dieses Verbots werden mit einer Strafe von 5000 HK$ geahndet.

Betriebszeit Geht etwa von 6 bis 24 oder 1 Uhr (Verbindungsfrequenz alle 2–14 Min.).

Ausgänge Alphanumerisch gekennzeichnet und mitunter verwirrend: Manche MTR-Stationen kann man an bis zu zwölf Stellen verlassen. In allen Automatenbereichen helfen jedoch leicht lesbare Umgebungskarten bei der Wahl des richtigen Ausgangs.

Fahrpreise Sind im Vergleich zu den Tarifen in anderen Weltstädten sehr günstig: Eine Einzelfahrt für Erwachsene kostet 5 bis 30 HK$ (Kind 3–11 Jahre & Sen. ab 65 Jahren jeweils 50 %). Für Trips zu Bahnhöfen an der Grenze zur VR China (Lo Wu und Lok Ma Chau) berappt man allerdings bis zu 53,50 HK$. Die MTR-Ticketautomaten akzeptieren neben Münzen auch Banknoten und geben Wechselgeld heraus.

Tickets Gelten nach dem Passieren der Sperre jeweils 90 Minuten lang. Wer (z. B. aus Versehen) einen nicht ausreichenden Fahrschein gelöst hat, kann die Differenz bei einem MTR-Serviceschalter neben dem Drehkreuz nachzahlen.

Stoßzeiten Den heftigsten Pendlerverkehr (Mo–Fr 7.30–9.30 & 17–19 Uhr) möglichst meiden!

LIGHT RAIL

Die Light Rail der MTR ist praktisch eine moderne, klimatisierte und viel schnellere Version der Hongkonger Straßenbahn. Sie verkehrt in den nordwestlichen New Territories.

Betriebszeit Geht etwa von 5.30 bis 0.15 oder 1 Uhr (Verbindungsfrequenz alle 4–12 Min.; je nach Linie und Tageszeit).

Fahrpreise Je nach Zahl der durchquerten Tarifzonen (1–5) pro Einzelfahrt zwischen 5,50 und 7,50 HK$ für Erwachsene (Kind 3–11 Jahre & Sen. ab 65 Jahren jeweils 2,50–4 HK$).

Tickets Als Alternative zur Octopus Card sind Einzelfahrscheine (120 Min. Gültigkeit ab Kauf) an Automaten auf den Bahnsteigen erhältlich. Zugangssperren oder Drehkreuze gibt's bei der Light Rail nicht: Ticket bzw. Octopus Card werden direkt beim Ein- und Aussteigen entwertet. Dabei aber unbedingt den richtigen Scanner wählen (*Entry* oder *Exit* bzw. Einsteigen oder Aussteigen): Wer seine Karte am Ziel aus Versehen an Entry dranhält, bezahlt automatisch doppelt!

TICKETS & PÄSSE

Octopus Card (www.octopuscards.com; Erw. 150 HK$, Kind 3–11 Jahre & Sen. 70 HK$) Diese wiederaufladbare Smartcard gilt für die MTR und die meisten anderen Nahverkehrsmittel in Hongkong. Der Standardpreis von 150 HK$ beinhaltet 100 HK$ Guthaben und 50 HK$ Kaution (erstattbar abzgl. 9 HK$ Bearbeitungsgebühr bei Kartenrückgabe innerhalb von 90 Tagen). Per Octopus Card ist die MTR-Nutzung ca. 5 % günstiger als mit Normaltickets. Die Karte lässt sich an allen MTR-Stationen kaufen und neu aufladen (Mindestbetrag 50 HK$).
Sie ist auch das praktischste Zahlungsmittel bei Straßenbahn- und Busfahrten, da man für diese ansonsten jeweils den genau abgezählten Betrag dabei haben muss.

Airport Express Travel Pass (1/2 Fahrten mit dem Airport Express 250/350 HK$) Der Pass beinhaltet neben dem Flughafen-Transfer (optional mit Rückfahrt) auch die größtenteils unbegrenzte Nutzung des MTR-Netzes (inkl. Light

EIN CROSS-HARBOUR-TAXI ANHALTEN

Ein Cross-Harbour-Taxi anzuhalten, kann eine frustrierende Angelegenheit sein. Um eines zu erwischen, gibt es drei bewährte Methoden:

- Nach einem Taxi Ausschau halten, das beleuchtet ist, aber das Schild *Out of Service* zeigt. Das bedeutet meist, dass der Fahrer auf eine Cross-Harbour-Fahrt aus ist.
- Einen der (wenigen) Taxistände für Cross-Harbour-Taxis finden.
- Ein Taxi mit einer orientalisch anmutenden Armbewegung heranwinken – der Arm wird schlangenartig bewegt, als ob man winken will. Taxifahrer, die grundsätzlich an einer Cross-Harbour-Fahrt interessiert sind, werden anhalten, um den Preis zu verhandeln.

Rail und Bus) an drei aufeinanderfolgenden Tagen.

MTR Tourist Day Pass (Erw./Kind 3–11 Jahre & Sen. 65/30 HK$) Gilt ab Erstgebrauch für 24 Stunden im gesamten MTR-Netz.

Schiff/Fähre

Trotz Hongkongs umfassendem Nahverkehrsnetz auf Straßen und Schienen verlässt man sich in der Sonderverwaltungszone nach wie vor sehr auf Fähren, um den Hafen zu durchqueren und die Outlying Islands zu erreichen. Auf einer Fahrt mit der Hafenfähre Star Ferry ist man schneller und billiger unterwegs als mit Bussen oder der MTR. Außerdem macht die Tour Spaß und ermöglicht tolle Ausblicke. Lantau ist auch per MTR oder Bus erreichbar, für die anderen Outyling Islands sind die Fähren aber nach wie vor der einzige Weg in die und aus der Stadt. Fähren nach Kowloon und zu den Outlying Islands legen von den Anlegestellen 1 bis 7 ab.

STAR FERRY

- **Star Ferry** (天星小輪; Karte S. 332; ☎852 2367 7065; www.starferry.com.hk; Pier 7, Central; Ober-/Unterdeck Erw. Mo–Fr 2,70/2,20 HK$, Sa, So & Feiertag 3,70/3,10 HK$, Kind 3–12 Jahre Mo–Fr 1,60/1,50 HK$, Sa, So & Feiertag 2,20/2,10 HK$; ⏲6.30–23.30 Uhr alle 6–12 Min.; Ⓜ Hong Kong, Exit A2) Pendelt zwischen Wan Chai bzw. Central (Pier 7) und Tsim Sha Tsui; die letztere Route ist aber weitaus beliebter.
- Fährtickets gibt's bei Verkaufskiosks am Hafen. Alternativ kann die Octopus Card verwendet werden (praktischste Option).

FÄHREN ZU DEN OUTLYING ISLANDS

- Am Fährterminal in Central besteht Verbindung zu den größten Outlying Islands.
- Diese Boote sind komfortabel, meist klimatisiert und generell recht günstig (Sa, So & Feiertag etwas teurer).
- An Bord gibt's jeweils Toiletten und teils auch eine einfache Snackbar mit Getränkeverkauf.
- Achtung: Vor allem im Sommer sind die Kähne am Samstagnachmittag und Sonntag (ganztägig) mitunter extrem überfüllt!

ZIELE AUF DEN OUTLYING ISLANDS

Dem Fährterminal am nächsten liegt die MTR-Station Hong Kong in der IFC Mall: Exit A1 oder A2 nehmen, im Freien der Fußgängerbrücke gen Osten folgen und dann direkt nordwärts zu den Piers laufen (dabei an den Star-Ferry-Schildern orientieren). An jedem Piereingang können Tickets direkt vor Abfahrt bei Kiosken gekauft werden. Bediente Ziele (inkl. Preise):

Cheung Chau (einfache Strecke ab 13,60 HK$, Schnellfähre ca. 50 % teurer; ⏲24 Std., alle 30 Min.) Ab Pier 5.

Discovery Bay (einfache Strecke ab 46 HK$, 25 Min.; ⏲24 Std., alle 30 Min.; ab 24 Uhr seltener) Ab Pier 3; teils mit Fähranschluss zum Disneyland Resort (Sa & So 4-mal tgl.).

Lamma (einfache Strecke ab 17,80 HK$; ⏲bis ca. 23.30 Uhr alle 30–60 Min.) Ab Pier 4 zur Hauptsiedlung Yung Shue Wan, teils auch zum kleineren Ort Sok Kwu Wan.

Lantau & Peng Chau (einfache Strecke jeweils ab 15,90 HK$) Ab Pier 6 nach Lantau (Dorf Mui Wo; alle 20–50 Min.) oder zum benachbarten Eiland Peng Chau (alle 30–40 Min.).

Straßenbahn

Hongkongs altehrwürdige Straßenbahnen sind hohe, schmale und langsame Doppeldecker. Sie sind aber auch sehr günstig und super für Stadterkundungen: Vor allem ganz vorn auf dem Oberdeck schaut man wunderbar auf die belebten Straßen, während das Gefährt gemütlich dahinrumpelt.

- Der Fahrpreis (Erw./Kind pauschal 2,60/1,30 HK$) wird stets erst beim Aussteigen fällig. Der Betrag ist dann entweder genau abgezählt in die Box neben dem Fahrer einzuwerfen oder per Octopus Card zu entrichten. Daher geht's jeweils durch eine Drehsperre hinten in die Bahn hinein und am Ziel vorn wieder hinaus (andersrum nicht möglich).

➡ Zwischen Kennedy Town im Westen und Shau Kei Wan im Osten führt die zweispurige Hauptstrecke an der Nordküste von Hong Kong Island entlang. Alle sechs Linien verkehren auf denselben Gleisen. Die einzige Linie mit Abzweigung (3 km; einspurig) bedient die Pferderennbahn in Happy Valley.

➡ Die Betreibergesellschaft Hong Kong Tramways veranstaltet auch die einstündige **Tram-Oramic Tour** (☎852 2548 7102; www.hktramways.com; Erw./Kind 95/65 HK$). An Bord einer offenen Oldtimer-Straßenbahn aus den 1920er-Jahren gibt's dabei Kommentare per Audioguide.

PEAK TRAM

Die **Peak Tram** (Karte S. 332; ☎852 2522 0922; www.thepeak.com.hk; Lower Terminus 33 Garden Rd, Central; einfache Strecke/hin & zurück Erw. 37/52 HK$, Kind 3–11 Jahre & Sen. über 65 Jahre 14/23 HK$; ⏲7–24 Uhr; Ⓜ Central Ausgang J2) ist keine Straßenbahn, sondern eine Standseilbahn, die seit 1888 die 396 m lange Steigung zum höchsten Punkt auf Hong Kong Island bewältigt. Sie ist damit das älteste öffentliche Verkehrsmittel im Territorium. Die Strecke ist so steil, dass der Fußboden der Bahn geneigt konstruiert ist, damit Fahrgäste besser aufrecht stehen können.

➡ Besser nicht an Sonn- und Feiertagen fahren, denn dann bilden sich meist lange Schlangen! Zum Bezahlen kann die Octopus Card genutzt werden.

➡ Die Buslinie 15C (4,20 HK$, alle 15–20 Min.) befördert Passagiere zwischen dem Busbahnhof nahe dem Star Ferry Pier und der Talstation an der Garden Rd.

Taxi

Taxifahrten in Hongkong sind verglichen mit denen in den meisten anderen Weltstädten ein Schnäppchen. Über 18 000 Taxis verkehren auf den Straßen der Sonderverwaltungszone, und es ist nie ein Problem, eines ranzuwinken – außer während der Stoßzeiten, wenn es regnet oder während des Schichtwechsels (tgl. gegen 16 Uhr). Taxifahrer in Hongkong benutzen immer ihr Taxameter.

Die Taxis haben Farbcodes:

Rot mit silbernem Dach Stadttaxis in Kowloon und Hong Kong Island. Können überall hinfahren, außer nach Lantau.

Grüne Taxis mit weißem Dach Taxis der New Territories.

Blau Lantau-Taxis.

Wer aus den New Territories nach Hongkong, Kowloon oder ins Zentrum der neuen Städte in den New Territories will, muss in ein rotes Taxi steigen.

Bezahlen Am besten Münzen und kleinere Scheine mitführen: Auf größere Banknoten (100–500 HK$) geben viele Fahrer nur ungern heraus.

Fundsachen Wer etwas in einem Taxi vergessen hat, sollte die Fundsachen-Hotline des Hongkonger Taxiverbandes (HK Road Co-op Lost & Found Hotline; ☎852 2385 8288) anrufen: Die meisten Fahrer geben Fundsachen ab.

Gebühren Es fällt eine Gepäckgebühr von 6 HK$ pro Gepäckstück an, aber die Fahrer bestehen nicht immer auf die Bezahlung (größenabhängig). Rollstühle sind kostenlos. Für Nachtfahrten oder weitere Passagiere fallen keine Zusatzkosten an. Die Fahrgäste zahlen die Gebühr, falls das Taxi durch einen der vielen Hafen- oder Bergtunnel in Hongkong fährt oder den Lantau Link nach Tung Chung oder zum Flughafen benutzt. Auch wenn die Fahrt durch den Cross Harbour Tunnel nur 10 HK$ kostet, muss man 20 HK$ bezahlen, wenn man beispielsweise mit einem Hongkong-Taxi von Hong Kong Island nach Kowloon fährt. Wenn es einem hingegen gelingt, ein Kowloon-Taxi auf dem „Nachhauseweg" zu erwischen, zahlt man nur 10 HK$ (in die andere Richtung gilt natürlich dasselbe). Wenn man telefonisch ein Taxi bestellt, kostet es 5 HK$ extra.

Sicherheitsgurte Per Gesetz für alle Fahrzeuginsassen vorgeschrieben. Bei polizeilich festgestellten Verstößen gegen die Anschnallpflicht müssen Taxifahrer und Passagier(e) gleichermaßen mit einer Geldstrafe rechnen.

TAXIPREISE

TAXITYP	ERSTE 2 KM (HK$)	JE WEITERE 200 M BZW. WARTEMINUTE
Stadttaxi (rot)	24	1,70 HK$ (1,20 HK$, falls der Preis 83,50 HK$ übersteigt)
New-Territories-Taxi (grün)	20,50	1,50 HK$ (1,20 HK$, falls der Preis 65,50 HK$ übersteigt)
Lantau-Taxi (blau)	19	1,50 HK$ (1,50 HK$, falls der Preis 154 HK$ übersteigt)

Sprache Einige Chauffeure sprechen gut Englisch, andere überhaupt nicht. So lässt man sich sein Fahrziel idealerweise vorher von jemandem korrekt auf Chinesisch aufschreiben. Manche Hotels versehen ihre Gäste sogar speziell für Taxi-Trips mit Karten, die den Hotelnamen (und oft auch die Bezeichnungen von beliebten Touristenattraktionen) in chinesischen Schriftzeichen angeben.

Trinkgeld Man kann bis zu 10 % Trinkgeld geben, auch wenn die meisten Hongkonger nur die kleinen braunen Münzen und 1 oder 2 HK$ dalassen.

Verfügbarkeit Wenn ein Taxi verfügbar ist, sollte ein rotes Schild mit der Aufschrift *For Hire* auf dem Taxameter aufleuchten, das durch die Windschutzscheibe zu erkennen ist. Bei Nacht leuchtet außerdem das *Taxi*-Schild auf dem Dach. Taxis halten nicht an Bushaltestellen oder in eingeschränkten Haltezonen mit gelber Linie neben dem Bordstein.

Macao

Fahrrad

Im Taipa Village gibt's einen **Fahrradverleih** (友記士多; Karte S. 232; ☎853 2882 7975; 11 Rua dos Negociantes; Leihfahrrad 10–25 MOP/Std.; ⌚11–20 Uhr; 🚌11, 15, 22, 28A). Achtung: Die Brücke zwischen Macao und Taipa darf nicht per Drahtesel überquert werden!

Nahverkehr

TCM (www.tcm.com.mo) und **Transmac** (☎853 2827 1122; www.transmac.com.mo) betreiben öffentliche Busse und Minibusse, die ab 6 Uhr bis kurz nach Mitternacht verkehren. Der pauschale Fahrpreis auf allen Linien (6 MOP) ist jeweils beim Einsteigen genau abgezählt in die Box neben dem Fahrer einzuwerfen. Alternativ kann man per Macau Pass bezahlen und bekommt dann Rabatt (3–4 MOP/Fahrt). Der wiederaufladbare Pass ist bei diversen Supermärkten und Gemischtwarenläden erhältlich. Der Standardpreis von 130 MOP beinhaltet 100 MOP Fahrtguthaben und 30 MOP Kaution (erstattbar). Der Mindestbetrag beim Aufladen beträgt 50 MOP. Macaos Busse sind meist rappelvoll.

Die Filialen von Macaos Tourismusbehörde (Macau Government Tourist Office; MGTO) verteilen die praktische *Macau Tourist Map*, die alle lokalen Buslinien aufführt. Ähnliche Infos liefert die Website von TCM. Am nützlichsten auf der Halbinsel sind die Linien 3 und 3A: Diese verbinden jeweils das Maritime Ferry Terminal mit dem Stadtzentrum (Haltestelle nahe der Post) und führen von dort aus weiter zum Grenzübergang nach China. Dorthin fährt auch Linie 3X entlang der Av Almeida Ribeiro. Linie 12 startet am Fährhafen, passiert das Lisboa Hotel und rollt dann hinauf zum Lou-Lim-Ioc-Garten bzw. Kun-Iam-Tempel. Am besten nach Taipa und Coloane gelangt man mit den Linien 21A, 25 oder 26A. Zum Flughafen fahren die Linien AP1, 26, MT1 und MT4.

Taxi

In Macao sind Taxis eine praktische und günstige Option. Der Startpreis von 19 MOP beinhaltet die ersten 1,6 km; danach kommen pro 240 m noch 2 MOP hinzu. Bei Fahrtbeginn am Flughafen, dem Fährhafen oder der Universität wird jeweils ein Aufpreis von 5 MOP fällig – ebenso bei Trips von der Halbinsel nach Coloane.

Taxis können sowohl telefonisch (☎853 8500 0000 oder ☎853 2828 3283) als auch über die App Macau Taxi Fare angefordert werden. Alternativ lässt man die Bestellung vom eigenen Hotel erledigen. Uber ist in Macao nicht vertreten.

Allgemeine Informationen

Botschaften & Konsulate

Neben ihren Botschaften in Peking unterhalten rund 120 Länder auch Konsulate in Hongkong (meist auf Hong Kong Island im Bereich von Central). Viele dieser diplomatischen Vertretungen haben werktags am Morgen und am Nachmittag für Traveller geöffnet.

Deutschland (Karte S. 340; ☎852 2105 8788; www.hongkong.diplo.de; 21. Stock, United Centre, 95 Queensway, Admiralty; ⏰Mo–Fr 8.30–11.30 Uhr; Ⓜ Admiralty, Exit C2)

Österreich (☎852 2522 8086; www.bmeia.gv.at/gk-hongkong/; 2201 Chinachem Tower, 34–37 Connaught Rd, Central; ⏰Mo–Fr 9–12 Uhr)

Schweiz (☎852 3509 5000; www.eda.admin.ch/hongkong; 62/F, Suite 6206–07, Central Plaza, 18 Harbour Rd, Wan Chai; ⏰Mo–Fr 9–12 Uhr)

Ermäßigungen

Viele Hongkonger Attraktionen sind kostenlos. Für einige Sehenswürdigkeiten mit teurem Eintritt (z. B. Ma-

PRAKTISCH & KONKRET

Maße & Gewichte

Obwohl in Hongkong offiziell das internationale metrische System gilt, sind die traditionellen Maße und Gewichte Chinas nach wie vor gebräuchlich. So werden Fleisch, Fisch oder Gemüse auf örtlichen Märkten pro *gàn* (ca. 600 g) verkauft, das 16 *léung* (37,8 g) entspricht. Bei Gold und Silber gilt die Gewichtseinheit *tael* (entspricht exakt dem *léung*).

Medien

In Hongkong gibt's diverse englischsprachige Medien (u. a. Tageszeitungen und Radiosender).

South China Morning Post (www.scmp.com) Größte Tageszeitung der Stadt; hat einen regierungskonformen Charakter und eine hervorragende Website. Das Blatt liefert neben guten Infos zum aktuellen Geschehen auch nützliche Lifestyle-News (vor allem Beschreibungen von neuen Restaurants).

China Daily (www.chinadaily.com.cn) Regierungskonforme Zeitung mit recht viel Polit-Propaganda; bringt Nachrichten aus ganz Asien und erscheint auch separat auf Englisch.

Time Out Hong Kong (www.timeout.com/hong-kong) Hongkonger Ausgabe des internationalen Event-Guides; enthält auch hier stets aktuelle Lokalinfos (vor allem zu Veranstaltungen, Bars und Restaurants).

Rauchen

Das Rauchen ist offiziell in allen geschlossenen öffentlichen Räumlichkeiten untersagt (mancherorts auch im Freien). Einige Bars und Restaurants nehmen es mit dem Rauchverbot aber nicht so genau.

dame Tussauds, Disneyland oder die Sky Terrace 428 auf dem Peak) gibt's vergünstigte Kombitickets. Die MTR bietet spezielle Touristenpässe mit umfangreicher Netz-Nutzung an.

Hong Kong Museums Pass

Die meisten Hongkonger Museen können gratis besucht werden. Also lohnt sich dieser Sparpass (Pers./max. 4-köpfige Fam. 50/100 HK$) mit einjähriger Gültigkeit vielleicht nicht. Allerdings ermöglicht er freien Eintritt bei bestimmten Sonderausstellungen. Der Kauf ist online sowie direkt bei den teilnehmenden Museen (z. B. Hong Kong Space oder Science Museum) möglich.

Jugendherbergsausweis

Mehrere Hongkonger Hostels gehören zu Hostelling International (HI). Übernachten kann man dort aber jeweils nur mit einem Internationalen Jugendherbergsausweis. Dieser ist gegebenenfalls auch direkt bei allen örtlichen HI-Hostels erhältlich (Jahresmitgliedschaft 150 HK$, beim Einchecken zu bezahlen).

Schüler, Studenten, Jugendliche und & Lehrer

Das Hong Kong Student Travel im Büro von **Sincerity Travel** (學聯旅遊; Karte S. 348; ☎852 2730 2800; www.hkst.com.hk; Zi. 833-8343, Star House, Salisbury Rd, Tsim Sha Tsui; ⏲Mo–Sa 9.30–18 Uhr; ⛴Star Ferry) stellt für 100 HK$ sofort die unten genannten Ausweise aus. Dafür muss man allerdings seinen Studentenausweis oder sonstige Bescheinigungen vorlegen.

Internationaler Studentenausweis (ISIC) Ermäßigungen bei einigen Transportmitteln und Vergünstigungen auf Eintritte für einige Sehenswürdigkeiten.

International Youth Travel Card (IYTC) Ähnlich wie die ISIC-Karte; für alle Nicht-Studenten von zwölf bis 30 Jahren.

Internationaler Lehrerausweis (ITIC) Inhaber erhalten in manchen Buchläden Rabatte.

Senioren

Senioren ab 65 Jahren können die meisten Hongkonger Nahverkehrsmittel für 2 HK$ pro einfach Fahrt benutzen (was z. B. bei der MTR über 50 % Rabatt bedeutet). Als Altersnachweis reicht ein gültiger Personalausweis bzw. Reisepass. Gegen dessen Vorlage verkaufen alle MTR-Kundenzentren auch die Elder Octopus Card, bei der die Ermäßigung jeweils automatisch an den Scannern abgezogen wird.

Feiertage & Ferien

Der chinesisch-westliche Schmelztiegel Hongkongs sorgt für eine interessante Mischung – und Anzahl – von Feiertagen. Da es zwei Kalender gibt (den gregorianischen bzw. westlichen Sonnenkalender und den chinesischen Mondkalender) ist es etwas schwierig, genaue Termine zu bestimmen.

Neujahr 1. Januar

Chinesisches Neujahr 25. Januar 2020, 12. Februar 2021

Ching Ming 4. April 2020, 5. April 2021

Ostern 10.–13. April 2020, 2.–5. April 2021

Tag der Arbeit 1. Mai

Buddhas Geburtstag 30. April 2020, 19. Mai 2021

Drachenbootfest (Tuen Ng) 7. Juni 2019, 25. Juni 2020, 14. Juni 2021

Gründungstag der Sonderverwaltungszone Hongkong 1. Juli

Mittherbstfest 13. September 2019, 2. Oktober 2020, 22. September 2021

Chinesischer Nationalfeiertag 1. Oktober

Chung Yeung 7. Oktober 2019, 26. Oktober 2020, 14. Oktober 2021

1. Weihnachtsfeiertag 25. Dezember

2. Weihnachtsfeiertag 26. Dezember

Geld

Geldautomaten

➡ Die meisten Hongkonger Geldautomaten sind an internationale Transaktionsnetze (z. B. Cirrus, Maestro, Plus, Visa Electron) angeschlossen.

➡ Bei jeder Barabhebung fällt eine Transaktionsgebühr (20–50 HK$) an. Teils kommt noch eine hohe Bearbeitungsgebühr des jeweiligen Automatenbetreibers hinzu.

➡ Örtliche AEON-Geräte akzeptieren Kreditkarten von American Express (Amex), sofern der Karteninhaber die Option Amex Express Cash aktiviert hat (muss schon vor Ankunft erledigt werden).

Geldwechsel

Die gängige Währung ist der Hongkong Dollar (HK$). Hongkong hat keine Devisenkontrollen: Einheimische und Ausländer können so viel Fremdwährung ein- oder ausführen, wie sie wollen. In Hongkong gibt's auch keinen Schwarzmarkt für ausländische Devisen. Wenn einen also jemand anspricht und Devisen tauschen will, kann man sicher sein, dass es sich um einen Betrug handelt.

Wechselstuben Lizenzierte Wechselstuben wie Chequepoint gibt's in touristischen Gegenden (wie auch in Tsim Sha Tsui und Central) in Hülle und Fülle. Sie sind praktisch (da in der Regel auch sonntags, an Feiertagen und spätabends geöffnet) und erheben keine offiziellen Bearbeitungsgebühren; der schlechte Wechselkurs entspricht jedoch einer Gebühr von 5 %. Die angebotenen Kurse hängen aus, aber bei größeren Summen ab mehreren hundert Euro lässt sich vielleicht ein besserer Kurs aushandeln. Bevor das Geld ausgehändigt wird, sind die Geldwechsler verpflichtet, dem Kunden ein Formular zur Unterschrift vorzulegen, in dem der Auszahlungsbetrag, der Wechselkurs und eventuelle Gebühren genau aufgeführt sind. Tipp: Möglichst die Wechselschalter am Flughafen oder in den Hotels meiden – deren Wechselkurse gehören zu den schlechtesten in ganz Hongkong.

Kredit- und Lastschriftkarten

- Bei vielen Hongkonger Läden, Restaurants und Bars der mittelteuren bis teuren Kategorie kann man sicher per Kredit- bzw. Lastschriftkarte bezahlen.
- Vor Ort werden Karten von Visa, MasterCard, Amex, Diners Club und JCB (meist in dieser Reihenfolge) am häufigsten akzeptiert. Wer ganz auf Nummer sicher gehen will, hat Plastikgeld von zwei verschiedenen Anbietern dabei.
- Hinweis: Bei allen Transaktionen mit internationalen Kredit- oder Lastschriftkarten erhebt die eigene Bank jeweils eine Bearbeitungsgebühr.

Gesundheit

Verglichen mit dem Großteil Asiens besteht in Hongkong ein recht geringes Risiko für Infektionskrankheiten: Trotz gelegentlicher Ausbrüche der Vogel- oder Schweinegrippe beim Menschen ist die lokale Gesundheitssituation generell wenig bedrohlich – auch dank der hervorragenden medizinischen Versorgung. Allerdings gibt's hier Stechmücken, die das Denguefieber übertragen. Vor allem im Sommer ist daher entsprechende Vorbeugung (Insektenspray, Moskitonetze) ratsam. Wie überall empfehlen sich sorgfältige Körper- und Nahrungsmittelhygiene ohnehin. Spezifische Gesundheitstipps für Hongkong liefert beispielsweise die Website des eigenen Außenministeriums.

Empfohlene Schutzimpfungen

Die Einreise nach Hongkong erfordert keine speziellen Schutzimpfungen, sofern nicht das chinesische Festland bzw. andere Teile Südostasiens auch auf dem Reiseplan stehen.

Gesundheitsrisiken

Hundertfüßer Auf Lamma lebt ein großer roter Hundertfüßer, dessen giftiger Biss Schwellungen und Unwohlsein verursacht. Für kleine Kinder kann dies recht gefährlich werden (und in äußerst seltenen Fällen angeblich sogar tödlich enden).

Schlangen In Hongkong gibt's viele Schlangenarten, auch einige giftige. Die Wahrscheinlichkeit, auf eine von ihnen zu treffen, ist jedoch recht gering. Vorsicht ist dennoch geboten, vor allem wenn man auf Lamma und Lantau durchs Gestrüpp wandert. Sollte dennoch einmal eine Schlange zugebissen haben, sofort ein öffentliches Krankenhaus aufsuchen! Arztpraxen haben kein Schlangenserum.

Stechmücken Sie kommen in ganz Hongkong vor. Vor allem an warmen bzw. heißen Tagen sollte man darum entsprechende Vorbeugungsmaßnahmen (Insektenspray, Moskitonetze) treffen! Wer bei Stichen zu starken allergischen Reaktionen neigt, sollte eine Salbe mit einem Antihistaminikum verwenden.

Wildschweine & Hunde Wildschweine und angriffslustige Hunde stellen in einigen abgelegeneren Gegenden der New Territories ein Risiko dar, wenn auch ein geringes. Wildschweine sind scheu und leben meist zurückgezogen. Wenn sie sich aber bedroht fühlen, können sie ganz schön ungemütlich werden – also am besten einen großen Bogen um diese Tierchen machen! Wer durch dichtes Gestrüpp wandert, sollte die Augen offen halten und sie keinesfalls aufschrecken.

Leitungswasser

Hongkongs Leitungswasser erfüllt die Standards der Weltgesundheitsorganisation und kann daher ohne Bedenken getrunken werden. Aus Geschmacks- und Prestigegründen trinken viele Einheimische jedoch lieber Mineralwasser aus Flaschen.

Medizinische Versorgung

Der Standard der medizinischen Versorgung in Hongkong ist im Allgemeinen hervorragend, aber das Ganze ist teuer. Man sollte deshalb immer eine Reiseversicherung abschließen. Das Gesundheitswesen ist in einen öffentlichen und einen privaten Sektor unterteilt, und es gibt keine Berührungspunkte zwischen den beiden.

APOTHEKEN

- In Hongkong gibt's zahllose Apotheken. Ein Schild mit rotweißem Kreuz weist darauf hin, dass der jeweilige Betreiber eine offizielle Zulassung hat.
- Viele Medikamente (beispielsweise die Anti-Baby-Pille) sind hier rezeptfrei erhältlich. Allerdings sollte man immer darauf achten, dass man bekannte Marken kauft und das Verfallsdatum noch nicht verstrichen ist.

➜ Große Apothekenketten (vor allem Watson's, Mannings) und Supermärkte verkaufen auch Monatsbinden, Tampons und Kondome.

ARZTPRAXEN

In der Stadt gibt es viele Englisch sprechende Allgemein-, Fach- und Zahnärzte, die man über die eigene Botschaft, Privatkliniken oder die Gelben Seiten *(Yellow Pages: www.yp.com.kk)* ausfindig machen kann. Bei kleinem Geldbeutel empfiehlt sich die Notaufnahme des nächsten öffentlichen Krankenhauses. Dort muss man jedoch oft lange warten. Die allgemeine Krankenhausauskunft hat die Nummer ☎852 2300 6555. Auch unter www.ha.org.hk sind Infos zu finden.

KRANKENHÄUSER & NOTAUFNAHMEN

In einem Notfall bringt der Krankenwagen (☎999) Traveller grundsätzlich in ein öffentliches Krankenhaus, wo man als Ausländer für diesen Service eine hohe Gebühr bezahlen muss. Behandelt wird man aber auf jeden Fall – wer nicht gleich zahlen kann, bekommt später eine Rechnung. Die Notfallversorgung ist hervorragend. Bei wieder stabilem Gesundheitszustand sollte man jedoch eventuell erwägen, sich in eine Privatklinik verlegen zu lassen.

Hong Kong Island

Queen Mary Hospital (瑪麗醫院; ☎852 2255 3838; www3.ha.org.hk/qmh; 102 Pok Fu Lam Rd, Pok Fu Lam; 🚌30X, 40M, 90B, 91, Minibus 8, 10) Öffentlich, mit einer 24-Stunden-Unfall- und Notaufnahme.

Ruttonjee Hospital (律敦治醫院; Karte S. 342; ☎852 2291 2000; www.ha.org.hk; 266 Queen's Rd E, Wan Chai; Ⓜ Wan Chai, Ausgang A3) Öffentlich.

Kowloon

Hong Kong Baptist Hospital (香港浸信會醫院; ☎852 2339 8888; 222 Waterloo Rd, Kowloon Tong) Privat.

Princess Margaret Hospital (瑪嘉烈醫院; ☎852 2990 1111; www.ha.org.hk; 2-10 Princess Margaret Hospital Rd, Lai Chi Kok) Öffentlich, mit einer 24-Stunden-Unfall- und Notaufnahme.

Queen Elizabeth Hospital (伊利沙伯醫院; Karte S. 352; ☎852 2958 8888; 30 Gascoigne Rd, Yau Ma Tei; 🚌112, Ⓜ Jordan, Ausgang C1) Öffentlich.

New Territories

Prince of Wales Hospital (威爾斯親王醫院; Karte S. 182; ☎852 2632 2211; 30-32 Ngan Shing St, Sha Tin) Öffentlich.

Versicherung

Das Hongkonger Gesundheitswesen ist strikt in einen öffentlichen und privaten Sektor getrennt. Bei Behandlungen in öffentlichen Kliniken bezahlen Ausländer stets die viel höheren Privatsätze. Eine Übersicht über die Gebührenordnung gibt's auf der Website der örtlichen Krankenhausbehörde (Hospital Authority; www.ha.org.hk).

Somit sehr wichtig: Unbedingt rechtzeitig vor dem Start ermitteln, ob bzw. in welchem Maß die eigene Krankenversicherung für Behandlungen vor Ort aufkommt – und den Schutz gegebenenfalls angemessen erweitern oder zusätzlich eine gute Reisekrankenversicherung abschließen!

Internetzugang

Hongkong hat eine hervorragende Internet-Infrastruktur: Gratis-WLAN gibt's hier u. a. am Flughafen sowie in fast allen Hotels, MTR-Stationen, Cafés und Bars. Draht- und kostenlos ins Netz geht's auch in manchen Bussen und öffentlichen Einrichtungen (z. B. großen Einkaufs-, Kultur- oder Freizeitzentren).

WLAN-Hotspots In Hongkong gibt es über 15 000 davon; sie sind auf mobilen Endgeräten als „CSL" oder „Wi.Fi.HK" identifizierbar. Im Fall von Wi.Fi.HK lassen sich die Locations über die entsprechende Smartphone-App finden.

WLAN-Mobilgeräte Werden von einigen Hotels mittlerweile gratis oder gegen geringe Gebühr an Gäste verliehen.

Desktop-Computer Rechner für Gäste ohne mobile Endgeräte sind in manchen Hotels vorhanden – ebenso in einigen öffentlichen Einrichtungen (z. B. der Central Library).

Nützliche Telefonnummern

Bei Auslandsgesprächen nach Hongkong sind nacheinander der internationale Zugangscode, Hongkongs Ländervorwahl und dann die jeweilige Anschlussnummer (achtstellig) zu wählen.

Ländervorwahl Hongkong	☎852
Internationaler Zugangscode	☎001
Lokale Telefonauskunft	☎1081
Vermittlung für R-Gespräche	☎10010
Notruf (Polizei, Feuerwehr, Rettungsdienst)	☎999
Polizei (Auskunft)	☎852 2527 7177
Hotline bei Betrugsfällen	☎18222
Wetter & Auskunft bei Taifunwarnungen	☎187 8200

Öffnungszeiten

Einige Hongkonger Läden und Restaurants haben am ersten und zweiten Tag des Chinesischen Neujahrsfests geschlossen (teils auch länger). Allgemeine Öffnungszeiten:

Banken Mo–Fr 9–16.30 od. 17.30, Sa 9–12.30 Uhr

Büros Mo–Fr 9–17.30 od. 18 Uhr (Mittagspause 13–14 Uhr)

Geschäfte meist 10–20 Uhr

Museen 10 bis zw. 17 & 21 Uhr (viele sind montags geschlossen, wie auch manche sonntags)

Restaurants 11–15 & 18–23 Uhr

Post

Die **Hong Kong Post** (www.hongkongpost.com) arbeitet hervorragend und stellt Sendungen innerhalb der Stadt nach ein bis zwei Werktagen zu (auch samstags). Die meisten Filialangestellten sprechen Englisch. Die grünen Briefkästen sind deutlich auf Englisch beschriftet.

Kurierdienste

DHL-Filialen gibt's in vielen MTR-Bahnhöfen, z. B. **Central** (Karte S. 332; ☎852 2877 2848; www.dhl.com.hk/en.html; Ⓜ Central, Ausgang H, F ⏲Mo–Fr 9–19.30, Sa bis 16 Uhr) oder **Admiralty** (Karte S. 342; ☎852 2400 3388; www.dhl.com.hk; Shop G2, Great Eagle Centre, 23 Harbour Rd, Wan Chai; ⏲So–Fr, 24 Std.; Ⓜ Wan Chai, Ausgang C)

Porto

Innerhalb der Stadt lassen sich Briefe (< 30 g) für 2 HK$ und Päckchen (max. 100 g) für 5,20 HK$ versenden.

Per Luftpost nach Europa gelangen Briefe (< 30 g) für ca. 5 HK$ und Päckchen (max. 50 g) für 13,50 HK$. Pro 10 g Zusatzgewicht werden dabei jeweils 2 HK$ fällig. Versand in den übrigen asiatischen Raum ist etwas günstiger.

Post empfangen

Sendungen mit dem Adresszusatz *c/o Poste Restante, GPO Hong Kong* gehen an die Hauptpost (General Post Office; GPO) auf Hong Kong Island. Dort können sie dann an Schalter 29 abgeholt werden (Mo–Sa 7–20, So 8–19 Uhr). Kowloon als gewünschter Abholort erfordert die Adressangabe *c/o Poste Restante, Tsim Sha Tsui Post Office, 10 Middle Rd, Tsim Sha Tsui, Kowloon*. Auslandspost wird normalerweise zwei Monate lang aufbewahrt (lokale Sendungen zwei Wochen). Beim Abholen ist jeweils ein gültiger Personalausweis bzw. Reisepass vorzulegen.

Post versenden

Die **Hauptpost** (General Post Office, GPO; 中央郵政局; Karte S. 332; 2 Connaught Pl, Central; ⏲Mo–Sa 8–18, So 12–17 Uhr; Ⓜ Hong Kong, Exit A1, A2) auf Hong Kong Island liegt gleich östlich der MTR-Station Hong Kong. Die Filiale in **Tsim Sha Tsui** (尖沙咀郵政局; Karte S. 348; EG & 1. Stock, Hermes House, 10 Middle Rd, Tsim Sha Tsui, Kowloon; ⏲Mo–Sa 9–18 Uhr; Ⓜ East Tsim Sha Tsui, Exit L1) findet man gleich östlich der Nathan Rd (Südende). Alle anderen Postfilialen haben kürzer und sonntags meist nicht geöffnet.

Per Luftpost versendete Briefe, Postkarten und Pakete erreichen Europa nach ca. zehn Tagen.

Speedpost

Die schnellste Versandoption ab Hongkong ist die Speedpost (www.hongkongpost.com/speedpost), die Briefe und Päckchen an 210 Zielen in aller Welt zustellt. Je nach Bestimmungsort variieren die Tarife und Zustellzeiten stark. Übersichtstabellen gibt's in allen Postfilialen. Der Preis beinhaltet jeweils die Registrierung mit Sendungsverfolgung.

Rechtsfragen

➡ Traveller sollten ihren Reisepass stets mitführen, da dieser bei polizeilichen Personenkontrollen vorzuzeigen ist.

➡ Ob Heroin, Opium, „Ice", Ecstasy oder Marihuana: Jegliche Drogen sind in Hongkong strengstens verboten; das hiesige Gesetz macht da keinerlei Unterschiede. Wer von Polizei bzw. Zoll mit Drogen und/oder „Konsumzubehör" erwischt wird, wird sofort verhaftet.

➡ Bei Problemen mit dem Gesetz wendet man sich am besten an das **Legal Aid Department** (☎Hotline 24 Std. 852 2537 7677; www.lad.gov.hk). Nach einer Fallbewertung (inkl. Überprüfung der finanziellen Verhältnisse) erhalten Traveller wie Einheimische dort Rechtsbeistand.

Reisen mit Behinderung

Vor allem auf Hong Kong Island müssen Reisende mit Handicap erhebliche Hindernisse meistern (z. B. steile Hügel, Fußgängerbrücken, schmale und oft überfüllte Bürgersteige).

Viele Hongkonger Gebäude haben Aufzüge, deren Bedienelemente mit Braille-Schrift markiert sind. Letzteres gilt auch für die Linienkarten von MTR-Stationen (zusätzlich unterstützt durch Audio-Informationen). An den Fußgängerampeln erklingen oft akustische Signale für Sehbehinderte. Zudem gibt's vor Ort auch Hilfen für Menschen mit eingeschränktem Hörvermögen.

Barrierefreiheit

Südlich vom Hafen gibt's in Central und Sheung Wan zahlreiche *ladder streets*: Diese Straßen sind so steil, dass ihre Bürgersteige komplett aus Treppenstufen bestehen. Hongkongs Minibusse eignen sich grundsätzlich nicht für den Rollstuhltransport. Gleiches gilt mangels Platz meist auch für die Taxis der Stadt (die sich ansonsten überall problemlos anhalten lassen).

Andererseits sind rund 70 % der normalen Stadtbusse rollstuhlgerecht. Die meisten Fähren besitzen barrierefreie Unterdecks.

Infos im Internet

Access Guide (www.accessguide.hk) Nützlicher Führer der Hong Kong Society for Rehabilitation; informiert über barrierefreie Sehenswürdigkeiten, Hotels, Verkehrsmittel, Einkaufsmöglichkeiten und Restaurants.

Verkehrsbehörde (Transport Department; www.td.gov.hk) Gibt spezielle Broschüren zu öffentlichen Verkehrsmitteln, Parkplätzen und Fußgängerüberwegen heraus.

Allgemeine Informationen zum Reisen mit Behinderung erteilen diese Institutionen:

Mobility International Schweiz (www.mis-ch.ch)

MyHandicap Deutschland (www.myhandicap.de)

MyHandicap Schweiz (www.myhandicap.ch)

Nationale Koordinierungsstelle Tourismus für Alle e. V. (www.natko.de)

Lonely Planet stellt gratis den englischsprachigen Führer *Accessible Travel* bereit (http://lptravel.to/accessibletravel).

Schwule & Lesben

Hongkongs LGBTQ+-Szene ist noch klein, wächst aber stetig. Mittlerweile steigt hier jeden November eine Pride Parade mit Tausenden Teilnehmern. Dennoch sind viele Hongkong-Chinesen weiterhin konservativ eingestellt. So kann es bis heute für Schwule und Lesben Nachteile bedeuten, sich gegenüber der Familie oder dem Arbeitgeber zu outen. Gleichgeschlechtliche Paare verzichten darum auch größtenteils auf Zuneigungsbekundungen in der Öffentlichkeit.

Dank einer Strafgesetzänderung (1991) sind einvernehmliche homosexuelle Handlungen zwischen Menschen über 18 Jahren in Hongkong nicht mehr illegal. Seitdem setzen sich LGBTQ+-Organisationen für eine Gesetzgebung ein, die Diskriminierung aufgrund sexueller Neigung untersagt. Die Regierung respektiert und unterstützt die örtliche LGBTQ+-Gemeinde aber nicht sonderlich, was einige Kritik hervorruft.

2018 entschied Hongkongs oberster Gerichtshof in einem bahnbrechenden Urteil, dass gleichgeschlechtliche Partner britischer Auswanderer das Anrecht auf ein Ehegattenvisum haben. Dies lässt auf mehr Gleichberechtigung hoffen.

Pink Alliance (https://pinkalliance.hk) Kultur- und Veranstaltungsinfos zur lokalen Szene.

Dim Sum Magazine (http://dimsum-hk.com) Hongkongs erstes kostenloses LGBTQ+-Lifestyle-Magazin mit News und Veranstaltungstipps.

Strom

Telefon

Wie überall auf der Welt werden öffentliche Telefone auch in Hongkong seltener. Immer mehr örtliche Hotels verleihen an ihre Gäste gratis 4G-Smartphones für kostenlose Ortsgespräche mit Datenvolumen.

Internationale Direktwahl (International Direct Dial; IDD) Ermöglicht günstigere Auslandsgespräche rund um die Uhr – vorausgesetzt, das verwendete Telefon ist beim Service IDD 0060 registriert oder wird mit einer IDD Global Calling Card benutzt. Nacheinander ☎0060, ☎852 und Anschlussnummer wählen.

Festnetzgespräche Innerhalb Hongkongs stets gratis, sofern nicht per Zimmertelefon vom Hotel aus geführt: Dann wird oft eine Gebühr (3–5 HK$/Anruf) fällig.

Handys

In Hongkong funktionieren alle entsprechend entsperrten GSM-Handys. Für solche Geräte kann man sich vor Ort problemlos eine hiesige 4G-SIM-Karte mit Datenvolumen und kostenlosen Ortsgesprächen zulegen.

Speziell für Traveller bietet das Hong Kong Tourist Board (HKTB) eine Prepaid-SIM-Karte (4G) inklusive Datenvolumen, unbegrenzter CSL-Hotspot-Nutzung und unbegrenzten Ortsgesprächen an (5 Tage mit 1,5 GB Datenvolumen 88 HK$, 8 Tage mit 5 GB Datenvolumen 118 HK$). Diese gibt's z. B. bei den HKTB-Infoschaltern im Ankunftsbereich des Flughafens, bei 7-Eleven-Filialen und vielen anderen Verkaufsstellen im Stadtgebiet. Lokale CSL-Handyshops und 7-Eleven-Filialen haben auch noch andere SIM-Kartenoptionen.

Netzabdeckung Überall vorhanden (sogar in den Hafentunneln und der MTR).

Gerätekauf In ganz Hongkong sind günstige Mobiltelefone nebst Zubehör bei Handy-Shops von **CSL** (Karte S. 332; EG, 113 Des Voeux Rd, Central; ⌚Mo–Sa 10–20, So 10.30–19 Uhr; ⓂHong Kong, Exit A1, A2) erhältlich.

Handygespräche Kosten innerhalb Hongkongs zwischen 0,06 und 0,12 HK$ pro Minute. In die VR China werden zwischen 1,50 und 3 HK$ pro Minute fällig, sofern man den Service IDD 0060 benutzt (andernfalls deutlich teurer).

Telefonkarten

CSL-Handyshops und 7-Eleven-Filialen verkaufen auch Global Calling Cards für vergünstigte Festnetz-Direktgespräche (International Direct Dial; IDD) ins Ausland.

Toiletten

➡ Hongkong hat viele gratis nutzbare öffentliche Toiletten im westlichen Stil. Gute Einrichtungen dieser Art findet man z. B. in Central, einigen Markthallen, diversen Parks und allen MTR-Stationen. Eine Gesamtübersicht liefert die spezielle Smartphone-App Toilet Rush.

➡ Die öffentlichen Toiletten verfügen über Wickeltische für Babys (sowohl bei den Damen als auch bei den Herren) und sind oft barrierefrei gestaltet. Toilettenpapier ist jedoch vielerorts Mangelware und sollte daher am besten immer selbst mitgebracht werden.

Touristen-information

Hong Kong Tourism Board (www.discoverhongkong.com) Das freundliche und hilfsbereite Personal liefert zahllose Infos (größtenteils gratis). Die Büros in der Stadt werden durch Ableger am Flughafen und an der Grenze zur VR China ergänzt.

Hong Kong International Airport (Karte S. 202; Chek Lap Kok; ⌚7–23 Uhr) Im Ankunftbereich (Terminal 1, Halle A und B) sowie im Transferbereich E2.

The Peak (港島旅客諮詢及服務中心; www.discoverhongkong.com; Peak Piazza, The Peak; ⌚11–20 Uhr) In einer Oldtimer-Straßenbahn zwischen Peak Tower und Peak Galleria.

Kowloon (香港旅遊發展局; Karte S. 348; Star Ferry Concourse, Tsim Sha Tsui; ⌚8–20 Uhr; ⛴Star Ferry) Direkt am Fähranleger.

Lo Wu (羅湖旅客諮詢及服務中心; Karte S. 210; 2. Stock, Ankunftshalle, Lo Wu Terminal Bldg, New Territories; ⌚8–18 Uhr) An diesem Grenzübergang nach Shenzhen in der VR China.

Visa

Hongkong

EU-Bürger und Schweizer können sich 90 Tage lang visumfrei in der Sonderverwaltungszone Hongkong aufhalten – allerdings nur zu rein touristischen Zwecken (aktuelle Einreisebestimmungen unter www.immd.gov.hk/eng/services/visas/visit-transit/visit-visa-entry-permit.html). Voraussetzung hierfür ist ein gültiger Reisepass.

Wer von vornherein länger in Hongkong bleiben und/oder hier arbeiten bzw. studieren will, benötigt grundsätzlich ein entsprechendes Visum. Ein solches ist stets vorab bei einer diplomatischen Vertretung Chinas (Übersicht unter www.fmprc.gov.cn) zu beantragen.

Visumverlängerungen müssen persönlich und spätestens sieben Tage vor Ablauf beim **Hong Kong Immigration Department** (Einwanderungsbehörde; Karte S. 342; ☎852 2824 6111; www.immd.gov.hk; 2. Stock, Immigration Tower, 7 Gloucester Rd, Wan Chai; ⌚Mo–Fr 8.45–16.30, Sa 9–11.30 Uhr; ⓂWan Chai, Exit C) beantragt werden; die Bewilligung erfolgt dann im Allgemeinen noch am selben Tag.

Abstecher in die VR China erfordern ebenfalls ein separates Visum (s. unten).

Macao

EU-Bürger und Schweizer können sich 90 Tage lang visumfrei in Macao aufhalten – allerdings nur zu rein touristischen Zwecken. Voraussetzung hierfür ist ein gültiger Reisepass.

Wer länger hier bleiben und/oder arbeiten bzw. studieren will, benötigt ein entsprechendes Visum. Infos dazu liefert das **Macau Immigration Department** (Einwanderungsbehörde; 出入境事務廳; Serviço de Migração; ☎853 2872 5488; www.fsm.gov.mo/psp/eng/Service_Imm.html; Immigration Department Office Bldg, Travessa Um do Cais de Pac On, Taipa; ⌚Mo–Fr 9–17 Uhr), das auch für Visumverlängerungen zuständig ist.

Die separat zu erlangenden Visa für die VR China sind direkt am Grenzübergang Zhūhǎi erhältlich. Dort ist aber immer mit sehr langen Warteschlangen zu rechnen. Zwecks Zeitersparnis empfiehlt es sich daher definitiv, vorab in Macao oder Hongkong auf den **China Travel Service** (CTS; 中国旅行社; Zhongguo Lüxingshe; ☎853 2870 0888; www.cts.com.mo; Nam Kwong Bldg, 207 Av do Dr. Rodrigo Rodrigues, Macao; ⌚9–18 Uhr) zurückzugreifen: Dieser beschafft das Visum nach Antragsstellung meist innerhalb eines Tages.

VR China

Für die Einreise in die VR China benötigen Ausländer grundsätzlich ein separates Visum. Solche Visa gibt's z. B. bei der Agentur **China**

Travel Service (CTS; 中國旅行社; Zhongguo Lüxingshe; ☎Kundenservice 852 2998 7888, Tour-Hotline 852 2998 7333; www.ctshk.com), die mit den chinesischen Regierungsbehörden zusammenarbeitet – ebenso bei vielen Hostels bzw. Pensionen und den meisten Reisebüros in Hongkong.

Alternativ können EU-Bürger und Schweizer am Grenzübergang Lo Wu (letzte MTR-Station an der East-Rail-Linie) ein spezielles Sofortvisum für ca. 150 HK$ bekommen. Allerdings sind damit starke Beschränkungen verbunden: Zum Recherchezeitpunkt waren maximal fünf Aufenthaltstage gestattet – ausschließlich in der Sonderwirtschaftszone Shenzhen (Shenzhen Special Economic Zone; SEZ). Die Bestimmungen für solche Sofortvisa können sich jederzeit wieder ändern. Zudem sind die Warteschlangen vor der Ausgabestelle am Grenzübergang mitunter schier endlos. Und manchen Touristen wurde die Erteilung auch schon mit fadenscheinigen Argumenten (z. B. angeblich ungültiger Reisepass) verweigert.

Angesichts dessen ist es höchst ratsam, etwas mehr Geld zu investieren und sich rechtzeitig ein reguläres Visum für die VR China zu besorgen – selbst, wenn man nur Shenzhen besuchen möchte. Wer nicht auf Vermittler zurückgreifen will und mindestens ein Woche Zeit hat, kann seinen Antrag persönlich beim **Visabüro der VR China** (China Visa Application Service Centre; Karte S. 342; ☎852 2992 1999; www.visaforchina.org; 20. Stock, Capital Centre, 151 Gloucester Rd, Wan Chai; ⌚Mo–Fr 9–17 Uhr; Ⓜ Wan Chai, Exit A3) in Hongkong stellen. Weitere Informationen zu den aktuellen Einreisebestimmungen gibt's unter www.fmprc.gov.cn.

Zeit

➡ Die Differenz zur MEZ beträgt sechs Stunden im Sommer und sieben im Winter.

➡ Hongkong hat keine Sommerzeit.

Sprache

KANTONESISCH

Die meisten Bewohner Hongkongs und aus der Umgebung sprechen Kantonesisch (Yue), eine chinesische Sprache bzw. einen chinesischen Dialekt. Kantonesisch wird mit denselben Schriftzeichen geschrieben wie Mandarin, beide Sprachen werden aber verschieden ausgesprochen.

Zur Umsetzung des Kantonesischen in lateinische Buchstaben gibt es mehrere Systeme. In diesem Kapitel verwenden wir aber eine vereinfachte, leicht verständliche Umschrift.

Aussprache

Vokale

a	wie das *a* in „Blatt"
ai	wie das *ei* in „Beil" (kurz)
au	wie das *au* in „aus"
ei	wie Englisch „pay"
i	wie das *i* in „tief"
iu	wie Englisch „you" (mit *i* am Anfang)
o	wie das *o* in „holen"
oi	wie das *eu* in „heulen"
ö	wie in „Örtchen" (kurzes, offenes *ö*)
öi	wie Französisch „feuille" (*ö + i*)
u	wie das *u* in „Mutter"
ui	wie Französisch „oui" (*u + i*)
uw	wie Englisch „blew" (kurzes, ungerundetes *u*)

Konsonanten

Im Kantonesischen kann der ng-Laut am Wortanfang auftreten. Man kann das üben, indem man beispielsweise „singen" sagt und das „si" weglässt.

Bei Wörtern, die auf p, t, und k enden, werden diese Laute „abgeschnitten" und nicht behaucht – ähnlich wie es manchmal im Englischen zu hören ist. Beim Hören kommen sie einem hinten kürzer und weniger artikuliert vor als am Wortanfang.

Viele Kantonesisch-Sprecher, vor allem jüngere, ersetzen ein „n" am Wortanfang durch ein „l" – so hört man häufig lái statt nái („du"). Wenn das bei Wörtern und Sätzen in diesem Sprachführer vorkommt, wird darauf hingewiesen.

Töne

Kantonesisch ist eine Tonsprache. Viele Wörter unterscheiden sich einzig durch die Tonhöhe, in der die Silben artikuliert werden, z. B. gwàt („ausgraben") und gwàt („Knochen"). Die Töne fallen auf die Vokale (a, e, i, o, u) und den Konsonanten n.

In unserer vereinfachten Ausspracheanleitung sind die sechs Töne, gegliedert in Hoch- und Tieftöne, angegeben. Bei Hochtönen wird die Muskulatur des Vokaltrakts angespannt, um einen höheren Ton zu erzielen, bei Tieftönen werden die Stimmbänder entspannt, um einen tieferen Ton hervorzubringen. Die Töne werden hier mit den folgenden Akzenten dargestellt:

à	hoch
á	hoch-steigend
a	mittel
à	tief-fallend
á	tief-steigend
a	tief

Konversation & Nützliches

Hallo.	哈佬。	hàa·ló
Auf Wiedersehen.	再見。	dschoi·gin
Wie geht es Ihnen?	你幾好啊嗎？	lái gái hó à maa
Danke, gut.	幾好。	gái hó
Entschuldigung. (beim Ansprechen)	對唔住。	döi·ṅg·dschuw
Entschuldigung. (wenn man vorbeigelassen werden möchte)	唔該借借。	ṅg·gòi dsche·dsche
Tut mir leid.	對唔住。	döi·ṅg·dschuw

Ja.	係 。	hai
Nein.	不係 。	ǹg·hai
Bitte ...	唔該...	ǹg·gòi ...
Danke.	多謝 。	dàw·dsche
Keine Ursache.	唔駛客氣 。	ǹg·sái haak·hai

Wie heißen Sie?
你叫乜嘢名？ láí giu màt·jé méng aa

Ich heiße ...
我叫... ngáw giu ...

Sprechen Sie Englisch?
你識唔識講英文啊？ láí sìk·ǹg·sìk gáong jìng·mán aa

Ich habe Sie nicht verstanden.
我唔明 。 ngáo ǹg mìng

Essen & Ausgehen

Was empfehlen Sie?
有乜嘢好介紹？ jáu màt·jé hó gaai·siu

Was ist in dem Gericht drin?
呢道菜有啲乜嘢？ lài do tschoi jáu dì màt·jé

Das war köstlich.
真好味 。 dschàn hó·mai

Zum Wohl!
乾杯！ gàon·buì

Ich hätte gern die Rechnung.
唔該我要埋單 。 ǹg·gòi ngáo jiu màai·dàan

Ich möchte gern einen Tisch für ... reservieren.	我想訂張檯，嘅 。	ngáo sóng deng dschöng tói ... ge
(acht) Uhr	(八)點鐘	(bàat) dím·dschùng
(zwei) Personen	(兩)位	(lóng) wái

Ich esse kein/e/n ...	我唔吃	ngáo ǹg sik ...
Fisch	魚	júw
Nüsse	果仁	gwáo·jàn
Geflügel	雞鴨鵝	gài ngaap ngào
rotes Fleisch	牛羊肉	ngàu jöng juk

Wichtige Begriffe

Abendessen	晚飯	máan·faan
Babynahrung	嬰兒食品	jìng·ji sik·bán
Bar	酒吧	dschău·bàa
Café	咖啡屋	gaa·fè·ngùk
Essen	食物	sik·mat
Flasche	樽	dschŏn
Frühstück	早餐	dschó·tschàan
Gabel	叉	tschàa
Glas	杯	buì
halal	清真	tschìng·dschàn
Hauptgänge	主菜	dschúw·tschoi
heiß	熱	jit
Hochstuhl	高凳	gò·dang
(zu) kalt	(太)凍	(taai) dung
Kinderkarte	個小童菜單	gao siú·tung tschoi·dàan
koscher	猶太	jàu·tàai
Löffel	羹	gàng
Lokales Essen	地方小食	dai·fàong siú·sik
Markt	街市	gàai·sí
Messer	刀	dò
Mittagessen	午餐	ńg·tschàan
Restaurant	酒樓	dschău·làu
Schale	碗	wún
(zu) scharf	(太)辣	(taai) laat
Speisekarte (auf Englisch)	(英文)菜單	(jìng·màn) tschoi·dàan
Supermarkt	超市	tschiù·sí

WICHTIGE SATZMUSTER

Um mit Kantonesisch durchzukommen, kann man diese Satzmuster mit den gewünschten Wörtern verbinden:

Wann findet (die nächste Tour) statt?
(下個旅遊團係)幾時？ (haa·gao lói·jàu·tùn hai) gái·sì

Wo befindet sich (der Bahnhof)?
(車站)喺邊度？ (tschè·dschaam) hái·bìn·do

Wo kann ich (ein Vorhängeschloss kaufen)?
邊度可以(買倒鎖)？ bìn·do háo·jí (máai dó sáo)

Haben Sie (einen Stadtplan)?
有冇(地圖)？ jáu·mó (dai·tò)

Ich brauche (einen Mechaniker).
我要(個整車師傅) 。 ngáo jiu (gao dschíng·tschè sì·fú)

Ich hätte gern (ein Taxi).
我想(坐的士) 。 ngáo s'öng (tscháo dìk·sí)

Kann ich (ein Standby-Ticket bekommen)?
可唔可以(買張後補飛)呀？ háo·ǹg·háo·yí (máai dschöng hau·bó fài) aa

Können Sie mir (das aufschreiben), bitte?
唔該你(寫落嚟)？ ng·gòi lái (sé laok lài)

Muss ich (reservieren)?
駛唔駛(定飛先)呀？ sái·ǹg·sái (deng·fài sìn) aa

Ich habe (eine Reservierung).
我(預定)咗 。 ngáo (juw·deng) jáo

SPRACHE ESSEN & AUSGEHEN

Teller	碟	díp
Vegetarisches	齋食品	dschàai sik·bán
Vorspeisen	涼盤	lӧng·pún

Fleisch & Fisch

Ente	鴨	ngaap
Fisch	魚	júw
Hühnchen	雞肉	gài·juk
Lamm	羊肉	yiӧng·juk
Meeresfrüchte	海鮮	hói·sìn
Rindfleisch	牛肉	ngàu·juk
Schweinefleisch	豬肉	dschùw·juk

Obst & Gemüse

Ananas	菠蘿	bào·lào
Apfel	蘋果	ping·gwáo
Banane	香蕉	hӧng·dschiù
Birne	梨	lái
Gemüse	蔬菜	sào·tschoi
grüne Bohnen	扁荳	bín·dau
grüner Salat	生菜	sàang·tschoi
Gurke	青瓜	tschèng·gwàa
Kartoffeln	薯仔	sùw·dschái
Kohl	白菜	baak·tschoi
Mohrrübe	紅蘿蔔	hùng·lào·baak
Obst	水果	sӧi·gwáo
Orange	橙	tscháang
Pfirsich	桃	tó
Pflaume	梅	muì
Pilz	蘑菇	mào·gù
Sellerie	芹菜	kàn·tschoi
Spinat	菠菜	bào·tschoi
Tomate	番茄	fàan·ké
Weintrauben	葡提子	pò·tài·dschí
Zitrone	檸檬	lìng·mùng
Zwiebeln	洋蔥	yӧng·tschùng

Weitere Lebensmittel

Brot	麵包	min·bàau
Ei	蛋	dáan

SCHILDER

入口	**Eingang**
出口	**Ausgang**
廁所	**Toiletten**
男	**Männer**
女	**Frauen**

Essig	醋	tscho
Kräuter/Gewürze	香料	hӧng·liú
Pfeffer	胡椒粉	wù·dschiù·fán
Pflanzenöl	菜油	tschoi·jàu
Reis	白飯	baak·faan
Salz	鹽	jìm
Sojasauce	豉油	si·jàu
Zucker	砂糖	sàa·tàong

Getränke

Bier	啤酒	bè·dscháu
Kaffee	咖啡	gaa·fè
Milch	牛奶	ngàu·láai
Mineralwasser	礦泉水	kaong·tschӧn·sӧi
Rotwein	紅葡萄酒	hùng·pò·tò·dscháu
Saft	果汁	gwáo·dschàp
Tee	茶	tschàa
Weißwein	白葡萄酒	baak·pò·tò·dscháu

Notfall

Zu Hilfe!	救命！	gau·meng
Gehen Sie weg!	走開！	dscháu·hòi
Ich habe mich verlaufen.	我蕩失路 。	ngáo daong·sàk·lo
Ich bin krank.	我病咗 。	ngáo beng·dscháo

Rufen Sie einen Arzt! 快啲叫醫生！	faai·dì giu jì·sàng
Rufen Sie die Polizei! 快啲叫警察！	faai·dì giu gíng·tschaat
Wo sind die Toiletten? 廁所喺邊度？	tschi·sáo hái bìn·do
Ich bin allergisch gegen ... 我對...過敏 。	ngáo dӧi ... gao·mán

Shoppen & Service

Ich hätte gern ... 我想買...	ngáo s'ӧng máai ...
Ich schaue mich nur um. 睇下 。	tái haa
Kann ich mir das ansehen? 我可唔可以睇下？	ngáo háo·ng·háo·jí tái haa
Wie viel kostet das? 幾多錢?	gái·dào tschín
Das ist zu teuer. 太貴啦 。	taai gwai laa

Können Sie mit dem Preis heruntergehen?
可唔可以平啲呀？ háo· ǹg·háo·jí pèng dì aa

In der Rechnung ist ein Fehler.
帳單錯咗 。 dschöng·dàan tschao dscháo

Geldautomat	自動提款機	dschi·dung tài·fún·gài
Kreditkarte	信用卡	sön·jung·kàat
Internetcafé	網吧	máong·bàa
Post	郵局	jàu·gúk
Touristeninformation	旅行社	löi·hàng·sé

Uhrzeit & Datum

Wie spät ist es?	而家幾點鐘？	ji·gàa gái·dím·dschùng
Es ist (10) Uhr.	(十)點鐘 。	(sap)·dím·dschùng
Halb (11).	(十)點半 。	(sap)·dím bun

Morgen	朝早	dschiù·dschó
Nachmittag	下晝	haa·dschau
Abend	夜晚	je·máan
gestern	尋日	kàm·jat
heute	今日	gàm·jat
morgen	听日	tìng·jat

Montag	星期一	sìng·kài·jàt
Dienstag	星期二	sìng·kài·ji
Mittwoch	星期三	sìng·kài·sàam
Donnerstag	星期四	sìng·kài·sai
Freitag	星期五	sìng·kài· ńg
Samstag	星期 六	sìng·kài·luk
Sonntag	星期日	sìng·kài·jat

Januar	一月	jàt·jut
Februar	二月	ji·jut
März	三月	sàam·jut
April	四月	sai·jut
Mai	五月	ńg·jut
Juni	六月	luk·jut
Juli	七月	tschàt·jut
August	八月	baat·jut
September	九月	gáu·jut
Oktober	十月	sap·jut
November	十一月	sap·jàt·jut
Dezember	十二月	sap·ji·jut

Unterkunft

Campingplatz	營地	jìng·dai
Pension	賓館	bàn·gún
Hostel	招待所	dschiù·doi·sáo
Hotel	酒店	dscháu·dim

Haben Sie ein ... Zimmer?	有冇...房？	jáu·mó ... fáong
Einzel-	單人	dàan·jàn
Doppel-	雙人	söng·jàn
Wie viel kostet es pro ...?	一...幾多錢？	jàt ... gái·dào tschín
Nacht	晚	máan
Person	個人	gao jàn

Badezimmer	沖涼房	tschùng·lòng·fáong
Bett	床	tschàong
Fenster	窗	tschöng
Klimaanlage	空調	hùng·tiù
Liege	BB床	bi·bì tschàong

Verkehrsmittel & -wege

Öffentliche Verkehrsmittel

Boot	船	sùn
Bus	巴士	bàa·sí
Flugzeug	飛機	fài·gài
Straßenbahn	電車	din·tschè
Taxi	的士	dìk·sí
Zug	火車	fáo·tschè

Wann fährt der ... (Bus)?	...(巴士)幾點開？	... (bàa·sí) gái dím hòi
erste	頭班	tàu·bàan
letzte	尾班	mái·bàan
nächste	下一班	haa·jàt·bàan

FRAGEWÖRTER

Wann?	幾時?	gái·si
Warum?	點解?	dím·gáai
Was?	乜嘢?	màt·jé
Wer?	邊個?	bìns·gao
Wie?	點樣?	dím·jöng
Wo?	邊度?	bìn·do

Eine … Fahrkarte nach (Panyu), bitte.	一張去（番禺）嘅…飛。	jàt dschŏng höi (pùn·jù) ge … fài
1. Klasse	頭等	tàu·dáng
2. Klasse	二等	ji·dáng
einfache	單程	dàan·tschịng
Hin- & Rück-	雙程	sŏng·tschịng

Wann ist Abfahrt?
幾點鐘出發？ gái·dím dschùng tschöt·faa

Hält er in/an …?
會唔會喺…停呀？ wuị·ǹg·wuị hái … tịng aa

Wann kommt er in … an?
幾點鐘到…？ gái·dím dschùng do …

Was ist die nächste Haltestelle?
下個站叫乜名？ haa·gao dschaam giu màt méng

Ich möchte gerne in/an … aussteigen
我要喺…落車。 ngáo jiu hái … laok·tschè

Bitte sagen sie mir Bescheid, wenn wir in/an … sind
到…嘅時候，唔該叫聲我。 do … ge sị·hau ǹg·gòi giu sèng ngáo

Bitte halten Sie hier.
唔該落車。 ǹg·gòi laok·tschè

abgesagt	取消	tschöi·siù
Bahnhof	火車站	fó·tschè·dschaam
Bahnsteig	月台	yút·tòi
Fahrplan	時間表	sị·gaan·biú
Fenster	窗口	tschŏng·háu
Gang	路邊	lo·bìn
Ticketschalter	售票處	sau·piu·tschu
verspätet	押後	ngaat·hau

Auto & Motorrad

Ich würde gerne ein/einen … mieten.	我想租架…	ngáo sŏng dschò gaa …
Auto	車	tschè
Fahrrad	單車	dàan·tschè
Geländewagen	4WD	fào·wiù·dschàai·fù
Motorrad	電單車	dịn·dàan·tschè

Babysitz	BB座	bị·bì dschao
Benzin	汽油	hai·jàu
Diesel	柴油	tschàai·jàu
Mechaniker	修車師傅	sàu·tschè sì·fú
Sturzhelm	頭盔	tàu·kwài
Tankstelle	加油站	gàa·jàu·dschàam

ZAHLEN

1	一	jà
2	二	ji
3	三	sàam
4	四	sai
5	五	ńg
6	六	luk
7	七	tschàt
8	八	baat
9	九	gáu
10	十	sap
20	二十	ji·sap
30	三十	sàam·sap
40	四十	sai·sap
50	五十	ńg·sap
60	六十	luk·sap
70	七十	tschàt·sap
80	八十	baat·sap
90	九十	gáu·sap
100	一百	jàt·baak
1000	一千	jàt·tschìn

Ist das die Straße nach …?
呢條路係唔係去…㗎？ lài tiu lo hai· ǹg·hai höi … gaa

Kann ich hier parken?
呢度泊唔泊得車㗎？ lài·do paak·ǹg·paak·dàk tschè gaa

Wie lange kann ich hier parken?
我喺呢度可以停幾耐？ ngáo hái lài·do háo·jí tịng gái·loi

Wo ist der Fahrradparkplatz?
喺邊度停單車？ hái·bìn·do ting dàan·tschè

Das Auto/Motorrad hat eine Panne bei …
架車/電單車係…壞咗。 gaa tschè/dịn·dàan·tschè hái … waai dscháo

Der Reifen ist geplatzt.
我爆咗肽。 ngáo baau·dscháo tàai

Der Tank ist leer.
我冇晒油。 ngáo mọ saai jáu

Ich will mein Fahrrad reparieren lassen.
我想修呢架車。 ngáo sŏng sàu lài gaa tschè

Wegbeschreibungen

Wo befindet sich …?
…喺邊度？ … hái bìn·do

Wie ist die Adresse?
地址係？ dai·dschí hai

hinter	後面	hau·min
links	左邊	jáo·bìn
nahe ...	. . .附近	... fu·gan
neben ...	. . .旁邊	... pàong·bìn
an der Ecke	十字路口	sap·dschi·lo·háu
gegenüber	對面	döi·min
rechts	右邊	yau·bìn
geradeaus	前面	tschìn·min
Ampel	紅綠燈	hùng·luk·dàng

ENGLISCH

In Hongkong ist Englisch neben dem Kantonesischen Amtssprache, sodass man mit ein wenig Kenntnis der Sprache weit kommt. Englisch ist ohnehin die am weitesten verbreitete Sprache der Welt (wenn's auch nur den zweiten Platz für die am meisten gesprochene Muttersprache gibt – Chinesisch ist die Nr. 1).

Und selbst die, die nie Englisch gelernt haben, kennen durch Musik oder Anglizismen in Technik und Werbung auch ein paar Wörter. Ein paar Brocken mehr zu lernen, um beim Smalltalk zu glänzen, ist nicht schwer. Hier sind die wichtigsten Wörter und Wendungen für die fast perfekte Konversation in fast allen Lebenslagen aufgelistet:

Konversation & Nützliches

Wer einen Fremden nach etwas fragt, sollte die Frage oder Bitte mit einer höflichen Entschuldigung einleiten („Excuse me, ...").

Hallo.	*Hello.*
Guten ...	*Good ...*
Tag	*day*
Tag (nachmittags)	*afternoon*
Morgen	*morning*
Abend	*evening*
Auf Wiedersehen.	*Goodbye.*
Bis später.	*See you later.*
Tschüss.	*Bye.*
Wie geht es Ihnen/dir?	*How are you?*
Danke, gut.	*Fine. And you?*
Und Ihnen/dir?	*... and you?*
Wie ist Ihr Name?/ Wie heißt du?	*What's your name?*
Mein Name ist ...	*My name is ...*
Wo kommen Sie her?/ Wo kommst du her?	*Where do you come from?*
Ich komme aus ...	*I'm from ...*
Wie lange bleiben Sie/ bleibst du hier?	*How long do you stay here?*
Ja.	*Yes.*
Nein.	*No.*
Bitte.	*Please.*
Danke/Vielen Dank.	*Thank you (very much).*
Bitte (sehr).	*You're welcome.*
Entschuldigen Sie, ...	*Excuse me, ...*
Entschuldigung.	*Sorry.*
Es tut mir leid.	*I'm sorry.*
Verstehen Sie (mich)?	*Do you understand (me)?*
Ich verstehe (nicht).	*I (don't) understand.*
Könnten Sie ...?	*Could you please ...?*
bitte langsamer sprechen	*speak more slowly*
das wiederholen	*repeat that*
das aufschreiben	*write it down*

Fragewörter

Wer?	*Who?*
Was?	*What?*
Wo?	*Where?*
Wann?	*When?*
Wie?	*How?*
Warum?	*Why?*
Welcher?	*Which?*
Wie viel/viele?	*How much/many?*

Gesundheit

Wo ist der/die/das nächste ...?
Where's the nearest ...?

Apotheke	*chemist*
Arzt	*doctor*
Krankenhaus	*hospital*
Zahnarzt	*dentist*

Ich brauche einen Arzt.
I need a doctor.

Gibt es in der Nähe eine (Nacht-)Apotheke?
Is there a (night) chemist nearby?

NOCH MEHR GEFÄLLIG?

Noch besser kommt man mit dem *Sprachführer Englisch* von Lonely Planet durch Hongkong. Man findet den Titel unter **http://shop.lonelyplanet.de** und im Buchhandel.

Ich bin krank.	*I'm sick.*
Es tut hier weh.	*It hurts here.*
Ich habe mich übergeben.	*I've been vomiting.*
Ich habe ...	*I have ...*
Durchfall	*diarrhoea*
Fieber	*fever*
Kopfschmerzen	*headache*
(Ich glaube,) Ich bin schwanger.	*(I think) I'm pregnant.*
Ich bin allergisch gegen ...	*I'm allergic to ...*
Antibiotika	*antibiotics*
Aspirin	*aspirin*
Penizillin	*penicillin*

Mit Kindern reisen

Ich brauche ...	*I need a/an ...*
Gibt es ...?	*Is there a/an ...?*
einen Babysitter	*babysitter*
eine Kinderkarte	*children's menu*
einen Kindersitz	*booster seat*
einen Kinderstuhl	*highchair*
einen Kinderwagen	*stroller*
einen Wickelraum	*baby change room*
ein Töpfchen	*potty*
(Einweg-)Windeln	*(disposable) nappies*

Stört es Sie, wenn ich mein Baby hier stille?
Do you mind if I breastfeed here?

Sind Kinder zugelassen?
Are children allowed?

Notfall

Hilfe!	*Help!*
Es ist ein Notfall!	*It's an emergency!*
Rufen Sie die Polizei!	*Call the police!*
Rufen Sie einen Arzt!	*Call a doctor!*
Rufen Sie einen Krankenwagen!	*Call an ambulance!*
Lassen Sie mich in Ruhe!	*Leave me alone!*
Gehen Sie weg!	*Go away!*

Papierkram

Name	*name*
Staatsangehörigkeit	*nationality*
Geburtsdatum/-ort	*date/place of birth*
Geschlecht	*sex/gender*
(Reise-)Pass	*passport*
Visum	*visa*

Shoppen & Service

Ich suche ...
I'm looking for ...

Wo ist der/die/das (nächste) ...?
Where's the (nearest) ...?

Wo kann ich ... kaufen?
Where can I buy ...?

Ich möchte ... kaufen.
I'd like to buy ...

Wie viel (kostet das)?
How much (is this)?

Das ist zu viel/zu teuer.
That's too much/too expensive.

Können Sie mit dem Preis heruntergehen?
Can you lower the price?

Ich schaue mich nur um.
I'm just looking.

Haben Sie noch andere?
Do you have any others?

Können Sie ihn/sie/es mir zeigen?
Can I look at it?

mehr	*more*
weniger	*less*
kleiner	*smaller*
größer	*bigger*
Nehmen Sie ...?	*Do you accept ...?*
Kreditkarten	*credit cards*
Reiseschecks	*traveller's cheques*
Ich möchte ...	*I'd like to ...*
Geld umtauschen	*change money*
Reiseschecks einlösen	*change traveller's cheques*

Ich suche ...	*I'm looking for ...*
einen Arzt	*a doctor*
eine Bank	*a bank*
die ... Botschaft	*the ... embassy*
einen Geldautomaten	*an ATM*
das Krankenhaus	*the hospital*
den Markt	*the market*
ein öffentliches Telefon	*a public phone*
eine öffentliche Toilette	*a public toilet*

die Polizei	*the police*
das Postamt	*the post office*
die Touristen-information	*the tourist information*
eine Wechsel-stube	*an exchange office*

Wann macht er/sie/es auf/zu?
What time does it open/close?

Ich möchte eine Telefonkarte kaufen.
I want to buy a phone card.

Wo ist hier ein Internetcafé?
Where's the local Internet cafe?

Ich möchte ...	*I'd like to ...*
ins Internet	*get Internet access*
meine E-Mails checken	*check my email*

Uhrzeit & Datum

Wie spät ist es?	*What time is it?*
Es ist (ein) Uhr.	*It's (one) o'clock.*
Zwanzig nach eins	*Twenty past one*
Halb zwei	*Half past one*
Viertel vor eins	*Quarter to one*
morgens/vormittags	*am*
nachmittags/abends	*pm*

jetzt	*now*
heute	*today*
heute Abend	*tonight*
morgen	*tomorrow*
gestern	*yesterday*
Morgen	*morning*
Nachmittag	*afternoon*
Abend	*evening*

Montag	*Monday*
Dienstag	*Tuesday*
Mittwoch	*Wednesday*
Donnerstag	*Thursday*
Freitag	*Friday*
Samstag	*Saturday*
Sonntag	*Sunday*

Januar	*January*
Februar	*February*
März	*March*
April	*April*
Mai	*May*
Juni	*June*
Juli	*July*
August	*August*
September	*September*
Oktober	*October*
November	*November*
Dezember	*December*

Unterkunft

Wo ist ...?	*Where's a ...?*
eine Pension	*bed and breakfast guesthouse*
ein Campingplatz	*camping ground*
ein Hotel/Gasthof	*hotel*
ein Privatzimmer	*room in a private home*
eine Jugend-herberge	*youth hostel*

Wie ist die Adresse?
What's the address?

Ich möchte bitte ein Zimmer reservieren.
I'd like to book a room, please.

Für (drei) Nächte/Wochen.
For (three) nights/weeks.

Haben Sie ein ...?	*Do you have a ... room?*
Einzelzimmer	*single*
Doppelzimmer	*double*
Zweibettzimmer	*twin*

Wieviel kostet es pro Nacht/Person?
How much is it per night/person?

Kann ich es sehen?
May I see it?

Kann ich ein anderes Zimmer bekommen?
Can I get another room?

Es ist gut, ich nehme es.
It's fine. I'll take it.

Ich reise jetzt ab.
I'm leaving now.

Verkehrsmittel & -Wege

Wann fährt ... ab?
What time does the ... leave?

das Boot/Schiff	*boat/ship*
die Fähre	*ferry*
der Bus	*bus*
der Zug	*train*

Wann fährt der ... Bus?
What time's the ... bus?

erste	*first*
letzte	*last*
nächste	*next*

Wo ist der nächste U-Bahnhof?
Where's the nearest metro station?

Welcher Bus fährt nach ...?
Which bus goes to ...?

Straßenbahn	*tram*
Straßenbahnhaltestelle	*tram stop*
S-Bahn	*suburban (train) line*
U-Bahn	*metro*
(U-)Bahnhof	*(metro) station*

Eine ... nach (Kowloon).
A ... to (Kowloon).

einfache Fahrkarte	*one-way ticket*
Rückfahrkarte	*return ticket*
Fahrkarte 1. Klasse	*1st-class ticket*
Fahrkarte 2. Klasse	*2nd-class ticket*

Der Zug wurde gestrichen.
The train is cancelled.

Der Zug hat Verspätung.
The train is delayed.

Ist dieser Platz frei?
Is this seat free?

Muss ich umsteigen?
Do I need to change trains?

Sind Sie frei?
Are you free?

Was kostet es bis ...?
How much is it to ...?

Bitte bringen Sie mich zu (dieser Adresse).
Please take me to (this address).

Wo kann ich ein ... mieten?
Where can I hire a/an ...?

Ich möchte ein ... mieten.
I'd like to hire a/an ...

Auto	*car*
Fahrrad	*bicycle*
Fahrzeug mit Automatik	*automatic*
Fahrzeug mit Schaltung	*manual*
Geländewagen	*4WD*
Motorrad	*motorbike*

Wieviel kostet es pro Tag/Woche?
How much is it per day/week?

Wo ist eine Tankstelle?
Where's a petrol station?

Benzin	*petrol*
Diesel	*diesel*
Bleifreies Benzin	*unleaded*

Führt diese Straße nach ...?
Does this road go to ...?

Wo muss ich bezahlen?
Where do I pay?

Ich brauche einen Mechaniker.
I need a mechanic.

Das Auto hat eine Panne.
The car has broken down.

Ich habe einen Platten.
I have a flat tyre.

Das Auto/Motorrad springt nicht an.
The car/motorbike won't start.

Ich habe kein Benzin mehr.
I've run out of petrol.

Wegweiser

Können Sie mir bitte helfen?
Could you help me, please?

Ich habe mich verirrt.
I'm lost.

Wo ist (eine Bank)?
Where's (a bank)?

In welcher Richtung ist (eine öffentliche Toilette)?
Which way's (a public toilet)?

Wie kann ich da hinkommen?
How can I get there?

Wie weit ist es?
How far is it?

Können Sie es mir (auf der Karte) zeigen?
Can you show me (on the map)?

links	*left*
rechts	*right*
nahe	*near*
weit weg	*far away*
hier	*here*
dort	*there*
an der Ecke	*on the corner*
geradeaus	*straight ahead*
gegenüber ...	*opposite ...*
neben ...	*next to ...*

hinter ...	*behind ...*
vor ...	*in front of ...*
Norden	*north*
Süden	*south*
Osten	*east*
Westen	*west*
Biegen Sie ... ab.	*Turn ...*
links/rechts	*left/right*
an der nächsten Ecke	*at the next corner*
bei der Ampel	*at the traffic lights*

Zahlen

0	*zero*
1	*one*
2	*two*
3	*three*
4	*four*
5	*five*
6	*six*
7	*seven*
8	*eight*
9	*nine*
10	*ten*
11	*eleven*
12	*twelve*
13	*thirteen*
14	*fourteen*
15	*fifteen*
16	*sixteen*
17	*seventeen*
18	*eighteen*
19	*nineteen*
20	*twenty*
21	*twentyone*
22	*twentytwo*
23	*twentythree*
24	*twentyfour*
25	*twentyfive*
30	*thirty*
40	*fourty*
50	*fifty*
60	*sixty*
70	*seventy*
80	*eigthy*
90	*ninety*
100	*hundred*
1000	*thousand*
2000	*two thousand*
100 000	*hundred thousand*

GLOSSAR

Arhat – Buddhistischer Heiliger, der sich aus dem Kreislauf von Tod und Wiedergeburt befreit hat

Bodhisattva – Buddhistisches Streben nach Erleuchtung

cha chaan tang – lokale Teestuben, in denen westliche Getränke und Snacks und/oder chinesische Gerichte angeboten werden

cheongsam – modisches, eng sitzendes chinesisches Kleid mit einem Schlitz an der Seite (*qípáo* auf Mandarin)

dai pai dong – Imbissstand unter freiem Himmel. Sie sind vor allem abends gut besucht, verschwinden aber immer mehr aus dem Stadtbild Hongkongs.

dim sum – wörtlich „das Herz anrühren"; ein kantonesisches Mahl aus Häppchen, die zum Frühstück, Brunch oder Mittagessen gegessen werden. In Restaurants kommen sie auf Servierwagen mit Warmhaltevorrichtung; s. auch *yum cha*

Drachenboot – langes, schmales Ruderboot in Form eines Drachens; kommt während der Rennen beim Drachenbootfest zum Einsatz

Dschunke – ursprünglich chinesische Fischer- oder Kriegsboote mit quadratischem Segel; heute hölzerne Freizeitjachten mit Dieselmotor, zu sehen im Victoria Harbour

feng shui – Die Mandarin-Schreibung für Kantonesisch *fung sui*, was „Wind Wasser" bedeutet; die chinesische Kunst der Geomantie, die darauf abzielt, die Umwelt nach Glück verheißenden Anzeichen zu analysieren oder solche in ihr künstlich zu schaffen

Hakka – eine chinesische Ethnie mit einer eigenen, sich vom Kantonesischen unterscheidenden chinesischen Sprache. Manche Hakka leben in den New Territories immer noch ein traditionelles, bäuerliches Leben.

hell money – „Höllengeld"; falsche Geldscheine, die als Opfergaben für die Seelen der Verstorbenen verbrannt werden

HKTB – Hong Kong Tourism Board, die Tourismusbehörde der Sonderverwaltungszone Hongkong

kaido – kleines bis mittelgroßes Fährboot, das kurze Fahrten ins offene Meer unternimmt und normalerweise für außerplanmäßige Fahrten zwischen kleinen Inseln und Fischerdörfern eingesetzt wird; manchmal auch *kaito* geschrieben

Kung Fu – die Grundlage verschiedener asiatischer Kampfkunstformen

Mah-Jongg – beliebtes chinesisches Gesellschaftsspiel für vier Personen, benutzt werden Spielsteine mit chinesischen Schriftzeichen

MTR – Mass Transit Railway, die Hongkonger Schnellbahnen

nullah – nur in Hongkong gebräuchliches Wort für einen Rinnstein oder ein Abflussrohr, kommt gelegentlich in Ortsnamen vor

Punti – die ersten kantonesischsprachigen Siedler in Hongkong

sampan – motorisierte Barkasse, die nur wenigen Passagieren Platz bietet und für Fahrten in die offene See zu klein ist; wird meist für Transporte innerhalb des Hafens verwendet

SAR – „Special Administrative Region of China"; Sonderverwaltungszone der Volksrepublik China; sowohl Hongkong als auch Macao sind heute Sonderverwaltungszonen mit weitgehender Autonomie

SARS – Severe Acute Respiratory Syndrome; offizielle Bezeichnung der Vogelgrippe

si yau sai chaan – „Soy Sauce Western"; ein in den 1950er-Jahren entstandener Kochstil, bei dem westliche Gerichte unterschiedlicher Herkunft auf chinesische Art zubereitet werden

Tai Chi – die chinesische Kunst des langsamen Schattenboxens

tai tai – jede verheiratete Frau, insbesondere aber die nicht berufstätige Frau eines Geschäftsmannes

Tanka – chinesische Volksgruppe, deren Angehörige traditionellerweise auf Booten leben

Triaden – chinesische Geheimgesellschaften, die ursprünglich als patriotische Vereinigungen zum Schutz der chinesischen Kultur angesichts der Usurpation der Mandschu gegründet wurden; heute das Hongkonger Äquivalent für die Mafia

wan – Bucht

wet market – Nassmarkt; ein Freiluftmarkt, auf dem Obst, Gemüse, Fisch und Fleisch – also allgemein Frisches, Verderbliches – verkauft werden

yum cha – wörtlich „Tee trinken"; gebräuchlicher kantonesischer Ausdruck für *dim sum*

KÜCHENGLOSSAR

Fisch & Meeresfrüchte

baau-ju	鮑魚	Seeohr
daai-haa	大蝦	Garnele
haa	蝦	Shrimp
ho	蠔	Auster
jau-ju	魷魚	Tintenfisch
ju	魚	Fisch
ju daan	魚蛋	Fischbällchen, normalerweise aus Hecht
ju tschi	魚翅	Haifischflosse
lung haa	龍蝦	Steinhummer

Fleisch & Geflügel

dschu sau	豬手	Schweinehaxe
dschu-juk	豬肉	Schweinefleisch
gai	雞	Hühnchen
ju dschu	乳豬	Spanferkel
ngaap	鴨	Ente
ngao	鵝	Gans
ngau juk	牛肉	Rindfleisch
paai guat	排骨	Schweinerippchen

Gebäck

bo lo baau	菠蘿包	Ananasbrötchen
gai mei baau	雞尾包	Cocktailbrötchen

Reis- & Nudelgerichte

baak-faan	白飯	gedämpfter weißer Reis
dschuk	粥	Congee
faan	飯	Reis
fan-si	粉絲	Glasnudeln
hao-fan	河粉	weiße breite Reisnudeln, meist gebraten
jau-dschaa-gwai	油炸鬼	„Teufelsschwänze": gerollter, in Öl frittierter Teig
min	麵	Nudeln
sin-haa haa wan-tan	鮮蝦餛飩	Wan Tan mit Garnelen
tschaau faan	炒飯	gebratener Reis
tschaau-min	炒麵	gebratene Nudeln
wan-tan min	餛飩麵	Wan-Tan-Nudelsuppe

Saucen

gaai laat	芥辣	scharfer Senf
ho jau	蠔油	Austernsauce
laat dschiu dschöng	辣椒醬	Chilisauce
si jau	豉油	Sojasauce

Suppen

aai juk suk mai gang	蟹肉粟米羹	Krabben-Mais-Suppe
baak-tschoi taong	白菜湯	chinesische Kohlsuppe
daan faa taong	蛋花湯	„Eierblumensuppe": leichte Brühe mit hineingegebenem rohem Ei
dung-gwaa taong	冬瓜湯	Wintermelonensuppe
jin wao gang	燕窩羹	Schwalbennestsuppe
juw-tschi taong	魚翅湯	Haifischflossensuppe
wan-tan taong	餛飩湯	Wan-Tan-Suppe

Vegetarische Gerichte

gai lo mai	雞滷味	Gericht, das wie Hühnchen, gegrilltes Schweinefleisch oder gebratene Ente schmecken soll
gam gu sun dschim	金菇筍尖	geschmorte Bambussprossen und Shiitake-Pilze
lao hon dschaai	羅漢齋	geschmortes gemischtes Gemüse
lao hon dschaai ji min	羅漢齋伊麵	gebratene Nudeln mit geschmortem Gemüse

tschun guwn	春卷	vegetarische Frühlingsrollen

Kantonesische Gerichte

baak tschök haa	白灼蝦	gedünstete Garnelen mit Dips
dschaa dschi gai	炸子雞	knusprig gebratenes Huhn
dschiu jim jau-juw	椒鹽魷魚	ohne Flüssigkeit angebratener Tintenfisch mit Salz und Pfeffer
göng tschung tschaau haai	薑蔥炒蟹	gedünsteter Krebs mit Ingwer und Frühlingszwiebeln
haai juk paa dau miu	蟹肉扒豆苗	sautierte Erbsensprossen mit Krabben
ho jau tschoi sam	蠔油菜心	*choisum* mit Austernsauce
ho jau ngau juk	蠔油牛肉	frittierte Rippchen mit grobem Salz und Pfeffer
jìm guk gai	鹽焗雞	Huhn, in Salz gebacken auf Hakka-Art
mui tschoi kau juk	霉菜扣肉	zweimal gegartes Schweinefleisch mit Kohl
sai laan faa daai dschi	西蘭花帶子	kurz gebratener Brokkoli mit Jakobsmuscheln
siu juw dschu	燒乳豬	gebratenes Ferkel
siu juw gaap	燒乳鴿	gebratene Taube
siu ngaap	燒鴨	gebratene Ente
tschaa siu	叉燒	Schweinebraten
tsching dsching ju	清蒸魚	gedämpfter Fisch mit Frühlingszwiebeln, Ingwer und Sojasauce
tsching tschaau gaai laan	清炒芥蘭	kurz gebratener Kai-lan (chinesischer Brokkoli)

Dim Sum

fan gwao	粉果	gedämpfte Klöße mit Shrimps und Bambussprossen
fu pai guwn	腐皮卷	knusprige Tofu-Rollen
fung dschaau	鳳爪	gebratene Hühnerfüße
haa gaau	蝦餃	gedämpfte Shrimps-Klöße
lao mai gai	糯米雞	Duftreis im Lotusblatt
paai gwat	排骨	kleine geschmorte Rippchen mit schwarzen Bohnen
saan dschuk ngau juk	山竹牛肉	gedünstete Bällchen aus Rinderhackfleisch
siu maai	燒賣	gedünstete Klöße aus Schweinefleisch und Shrimps
tschaa siu baau	叉燒包	gegrillte Brötchen mit gedünstetem Schweinefleisch
tsching tschaau si tschoi	清炒時菜	gebratenes grünes Gemüse der Saison
tschiu dschau fan gwao	潮州粉果	gedämpfte Klöße Klöße mit Schweinefleisch, Erdnüssen und Koriander
tschöng fan	腸粉	gedämpfte Reismehltaschen, gefüllt mit Shrimps, Rind- oder Schweinefleisch
tschun guwn	春卷	gebratene Frühlingsrollen

Chaozhou-Gerichte

bing faa gwun jin	冰花官燕	kalte, süße Schwalbennestsuppe (Dessert)
dschin ho beng	煎蠔餅	Austernomelette
dung dsching haai	凍蒸蟹	kalt servierter gedünsteter Krebs
sek lau gai	石榴雞	gedämpfte Eiweißtaschen mit Hühnchenfleischfüllung
tim-suwn hung-siu haa/haai kau	甜酸紅燒蝦蟹球	Garnelen-/Krabbenbällchen mit süßem Dip

tschiu dschau ju tong	潮州魚湯	würzige Fischsuppe
tschiu dschau ji min	潮州伊麵	pfannengebratene Eiernudeln mit Schnittlauch
tschiu dshau lo söi ngao	潮州滷水鵝	geschmorte Gans auf Chaozhou-Art

Nordchinesische Gerichte

bak·ging tin ngaap	北京填鴨	Pekingente
gaau·dschi	餃子	Klöße
gon tschaau ngau juk si	乾炒牛肉絲	getrocknetes Rinderhack mit Chilisauce
haau jöng·juk	烤羊肉	gebratenes Lammfleisch
suwn laat tong	酸辣湯	Sauer-scharfe Suppe mit Schweinehackfleisch (manchmal auch mit geronnenem Schweineblut)
tschong baau jöng juk	蔥爆羊肉	Lammstreifen mit Zwiebeln auf heißer Platte

Gerichte aus Shanghai

baat bo faan	八寶飯	gedämpfter oder kurz gebratener Klebreis mit „acht Kostbarkeiten" (Dessert)
daai dschaap haai	大閘蟹	Wollhandkrabbe (Gericht für Herbst und Winter)
dschöi gai	醉雞	„betrunkenes Hühnchen"
fu gwai gai/ hat ji gai	富貴雞/ 乞丐雞	„Bettlerhuhn": teilweise entbeintes Huhn, gefüllt mit Schweinefleisch, eingelegtem Chinakohl, Zwiebeln, Pilzen, Ingwer und Gewürzen, eingewickelt in Lotusblätter und unter feuchtem Lehm oder Teig in heißer Asche gegart
gon dschin sai gwai dau	乾煎四季豆	kurz gebratene Stangenbohnen
hung·siu si·dschi·tau	紅燒獅子頭	geschmorte „Löwenkopf"-Bällchen: übergroße Bällchen aus Schweinefleisch
lung dscheng haa jan	龍井蝦仁	Shrimps mit „Drachenbrunnen"- Teeblättern
siu lung baau	小籠包	gedünstete Schweinehackbällchen
söng·hoi tscho tschaau	上海粗炒	gebratene Nudeln auf Shanghai-Art mit Schweinefleisch und Kohl
tschong jau beng	蔥油餅	pfannengebratener Frühlingszwiebelkuchen
tschung·dschi wong juw	松子黃魚	gelber Umberfisch, süßsauer, mit Pinienkernen

Gerichte aus Sichuan

daam daam min	擔擔麵	Nudeln in würziger Sauce
dschöng tschaa haau ngaap	樟茶烤鴨	über Kampferholz geräucherte Ente
gong baau gai ding	宮爆雞丁	sautierte Hühnchenteile mit Erdnuss in süßer Chilisauce
juw höng ke dschi	魚香茄子	sautierte Aubergine, pikant
maa ngai söng suw	螞蟻上樹	„Ameisen, die den Baum hinaufklettern": geschmorte Glasnudeln mit Schweinehack
maa paw dau fu	麻婆豆腐	geschmorter Tofu mit Schweiehackfleisch und Chili
sai·tschuwn ming haa	四川明蝦	Garnelen mit Chili auf Sichuan-Art
tsching dschiu ngau jok si	青椒牛肉絲	sautiertes Rinderhackfleisch mit grünem Pfeffer
wui gwao juk	回鍋肉	geschmorte Schweinefleischstreifen mit Chili

Hinter den Kulissen

WIR FREUEN UNS ÜBER EIN FEEDBACK

Post von Travellern zu bekommen, ist für uns ungemein hilfreich – Kritik und Anregungen halten uns auf dem Laufenden und helfen, unsere Bücher zu verbessern. Unser reiseerfahrenes Team liest alle Zuschriften ganz genau, um zu erfahren, was an unseren Reiseführern gut und was schlecht ist. Wir können solche Post zwar nicht individuell beantworten, aber jedes Feedback wird garantiert schnurstracks an die jeweiligen Autoren weitergeleitet, rechtzeitig vor der nächsten Nachauflage.

Wer Ideen, Erfahrungen und Korrekturhinweise zum Reiseführer mitteilen möchte, hat die Möglichkeit dazu auf **www.lonelyplanet.com/contact/guidebook_feedback/new**. Anmerkungen speziell zur deutschen Ausgabe erreichen uns über **www.lonelyplanet.de/kontakt**.

Hinweis: Da wir Beiträge möglicherweise in Lonely Planet Produkten (Reiseführer, Websites, digitale Medien) veröffentlichen, ggf. auch in gekürzter Form, bitten wir um Mitteilung, falls ein Kommentar nicht veröffentlicht oder ein Name nicht genannt werden soll. Wer Näheres über unsere Datenschutzpolitik wissen will, erfährt das unter www.lonelyplanet.com/privacy.

DANK VON LONELY PLANET

Vielen Dank den Reisenden, die uns nach der letzten Auflage des Reiseführers hilfreiche Hinweise, nützliche Ratschläge und interessante Anekdoten schickten: Alice Weissmann, Bill Clifford, Jim Revell, Maximus Sandler, Michelle Bedolla, Nick Patton, Nora Yong, Parag Mody, Seymour White

DANK DER AUTOREN

Lorna Parkes

Ein großes Dankeschön gilt meiner Familie, die die Dinge zusammengehalten hat, während ich für dieses Update in den Subtropen war, besonders meinem Mann Rob, der sich nie beschwert, wenn ich ihm sage, wie lange meine Recherche-Trips dauern. Ich danke auch den Hongkongern, die ich auf der Reise kennenlernen durfte und die mir tolle Dim Sum-Tipps und Jazz-Empfehlungen gegeben haben. Nicht zuletzt bedanke ich mich bei Austin und Lily für das geduldige Warten auf meine Rückkehr.

Piera Chen

Ganz besonders möchte ich mich bei Yvonne Ieong, Cora Si, Anson Ng und Francisco Chan aus Macao für ihre immerwährende Großzügigkeit und Hilfsbereitschaft bedanken. Ich danke auch Eric, Jackal und Gabriel für ihre wundervolle Gesellschaft und das gute Essen. Mein Dank geht zudem an Alvin Tse, Linda To und Sophia Wong aus Hongkong für die dringend benötigte Hilfe. Abschließend noch ein großes Dankeschön an meinen Mann Kontau und meine Tochter Clio für ihre Liebe und Geduld.

Thomas O'Malley

Mein Dank gilt dem verstorbenen Sir Matthew Nathan, der der Straße den Namen gegeben hat, auf der ich unzählige Male auf und ab gegangen bin. Bedanken möchte ich mich auch bei Megatron, der Happy-Valley-Mähre, die 66/10 ins Ziel lief und mir so mein Abendessen finanzierte. Danke auch der unbestechlichen Megan Eaves, einer Herausgeberin der Extraklasse. Bedanken möchte ich mich zudem bei Jennie, Chris, Cindy, Megatron (ach, den hatten wir ja schon). Ich danke auch meinen Mitautoren Lorna und Piera und schließlich meiner reizenden Ophelia (kein Pferd).

QUELLENNACHWEIS

ÜBER DIESES BUCH

Dies ist die 6. deutschsprachige Auflage von *Hongkong*, basierend auf der mittlerweile 18. englischsprachigen Auflage von *Hong Kong*, recherchiert und geschrieben von Lorna Parkes, Piera Chen und Thomas O'Malley. Die vorherigen beiden Ausgaben wurden von Piera Chen und Emily Matchar verfasst. Dieser Reiseführer wurde von folgendem Team betreut:

Verantwortliche Redakteurin Megan Eaves

Leitende Projektredakteurin Kate Chapman

Regionale Leitung der Kartografie Julie Sheridan

Layout Virginia Moreno, Wendy Wright

Projektredakteurin Amanda Williamson

Grafik Wibowo Rusli

Redaktionsassistenz Carly Hall, Trent Holden, Kate Kiely, Kellie Langdon, Kate Mathews, Anne Mulvaney, Charlotte Orr, Monique Perrin

Kartografieassistenz Katerina Pavkova, Anthony Phelan

Umschlagrecherche Wibowo Rusli

Dank an Gwen Cotter, Min Dai, James Hardy, Andi Jones, Wayne Murphy

Siehe auch die gesonderten Register für:
AUSGEHEN & NACHTLEBEN S. 325
ESSEN S. 326
SHOPPEN S. 327
UNTERHALTUNG S. 328

Register

Sehenswertes 000
Kartenverweise **000**
Fotoverweise **000**

Sehenswertes 000
Kartenverweise **000**
Fotoverweise **000**

Sehenswertes 000
Kartenverweise **000**
Fotoverweise **000**

AUSGEHEN & NACHTLEBEN

ESSEN

SHOPPEN

UNTERHALTUNG

Cityatlas Hongkong

Sehenswertes
- Strand
- Vogelschutzgebiet
- buddhistisch
- Schloss/Palast
- christlich
- konfuzianisch
- hinduistisch
- islamisch
- jainistisch
- jüdisch
- Denkmal
- Museum/Galerie/historisches Gebäude
- Ruine
- schintoistisch
- sikhistisch
- taoistisch
- Weingut/Weinberg
- Zoo/Tierschutzgebiet
- andere Sehenswürdigkeit

Aktivitäten, Kurse & Touren
- bodysurfen
- tauchen
- Kanu/Kajak fahren
- Kurs/Tour
- Sento-Bad/Onsen
- Ski fahren
- schnorcheln
- surfen
- Schwimmbecken
- wandern
- windsurfen
- andere Aktivität

Schlafen
- Unterkunft
- Camping
- Hütte

Essen
- Lokal

Ausgehen & Nachtleben
- Bar/Kneipe
- Café

Unterhaltung
- Unterhaltung

Shoppen
- Shoppen

Praktisches
- Bank
- Botschaft/Konsulat
- Krankenhaus/Arzt
- Internetzugang
- Polizei
- Post
- Telefon
- Toilette
- Touristeninformation
- andere Einrichtung

Geografisches
- Strand
- Tor
- Hütte/Unterstand
- Leuchtturm
- Aussichtspunkt
- Berg/Vulkan
- Oase
- Park
- Pass
- Picknickplatz
- Wasserfall

Städte
- Hauptstadt (Staat)
- Hauptstadt (Bundesland/Provinz)
- Großstadt
- Kleinstadt/Ort

Verkehrsmittel
- Flughafen
- Grenzübergang
- Bus
- Seilbahn/Gondelbahn
- Fahrrad
- Fähre
- Metro
- Einschienenbahn
- Parkplatz
- Tankstelle
- U-Bahn/S-Bahn-Station
- Taxi
- Bahnhof/Zug
- Straßenbahn
- U-Bahnhof
- anderes Verkehrsmittel

Achtung: Nicht alle der abgebildeten Symbole werden auf den Karten im Buch verwendet

Verkehrswege
- Mautstraße
- Autobahn
- Hauptstraße
- Landstraße
- Verbindungsstraße
- sonstige Straße
- unbefestigte Straße
- Straße im Bau
- Platz/Promenade
- Treppe
- Tunnel
- Fußgänger-Überführung
- Stadtspaziergang
- Abstecher (Stadtspaziergang)
- Pfad/Wanderweg

Grenzen
- Internationale Grenze
- Bundesstaat/Provinz
- umstrittene Grenze
- Region/Vorort
- Meerespark
- Klippen
- Mauer

Gewässer
- Fluss/Bach
- periodischer Fluss
- Kanal
- Wasser
- Trocken-/Salz-/periodischer See
- Riff

Gebietsformen
- Flughafen/Startbahn
- Strand/Wüste
- Friedhof (christlich)
- Friedhof
- Gletscher
- Watt
- Park/Wald
- Sehenswürdigkeit (Gebäude)
- Sportgelände
- Sumpf/Mangrove

KARTENINDEX

CENTRAL

Kartenlegende auf S. 334

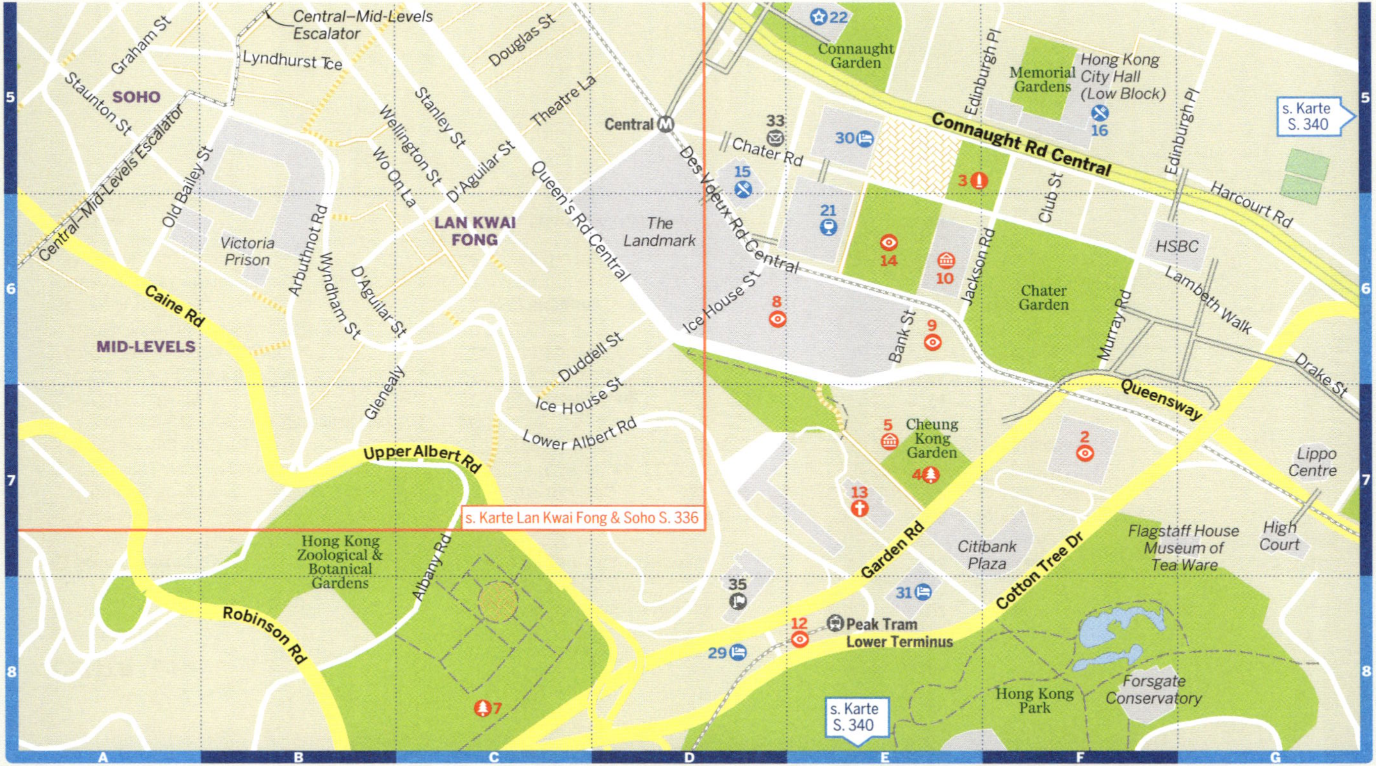
Central–Mid-Levels Escalator
Graham St
Lyndhurst Tce
Douglas St
Staunton St
SOHO
Stanley St
Theatre La
Wellington St
Central
Connaught Garden
22
Edinburgh Pl
Memorial Gardens
Hong Kong City Hall (Low Block)
16
s. Karte S. 340
Connaught Rd Central
33
Chater Rd
30
3
Central–Mid-Levels Escalator
Old Bailey St
Wo On La
D'Aguilar St
Queen's Rd Central
Des Voeux Rd Central
15
21
Club St
Harcourt Rd
Victoria Prison
Arbuthnot Rd
LAN KWAI FONG
The Landmark
14
10
Jackson Rd
HSBC
Caine Rd
Wyndham St
D'Aguilar St
Ice House St
8
Bank St
9
Chater Garden
Murray Rd
Lambeth Walk
MID-LEVELS
Duddell St
Drake St
Glenealy
Ice House St
Queensway
Lower Albert Rd
5
Cheung Kong Garden
2
Upper Albert Rd
4
Lippo Centre
13
s. Karte Lan Kwai Fong & Soho S. 336
Garden Rd
Citibank Plaza
Cotton Tree Dr
Flagstaff House Museum of Tea Ware
High Court
Hong Kong Zoological & Botanical Gardens
Albany Rd
35
31
Robinson Rd
12
Peak Tram Lower Terminus
29
Forsgate Conservatory
Hong Kong Park
7
s. Karte S. 340
A
B
C
D
E
F
G
5
6
7
8

CENTRAL *Karte auf S. 332*

Highlights		**S. 78**
1	Star Ferry	F2
Sehenswertes		**S. 80**
2	Bank of China Tower	F7
3	Cenotaph	E5
4	Cheung Kong Park	E7
5	Former French Mission Building	E7
6	Hong Kong Maritime Museum	F2
7	Hong Kong Zoological & Botanical Gardens	C8
8	HSBC Building	D6
9	Old Bank of China Building	E6
10	Old Supreme Court Building	E6
11	One International Finance Centre	C3
12	Peak Tram	E8
13	St. John's Cathedral	E7
14	Statue Square	E6
Essen		**S. 82**
15	8½ Otto e Mezzo Bombana	D5
16	City Hall Maxim's Palace	F5
17	Lung King Heen	D2
18	Tim Ho Wan	D3
19	Yum Cha – Central	B3
Ausgehen & Nachtleben		**S. 88**
20	Beer Bay	D2
	Café 8	(siehe 6)
21	Sevva	E6
Unterhaltung		**S. 91**
22	Grappa's Cellar	E5
23	Palace IFC	D3
Shoppen		**S. 92**
24	CSL	C3
25	IFC Mall	D3
Sport & Aktivitäten		**S. 94**
26	Aqua Luna	G3
27	Pure Fitness	E3
28	Spa at the Four Seasons	C2
Schlafen		**S. 246**
29	Helena May	D8
30	Mandarin Oriental	E5
31	Murray Hotel	E8
Praktisches		
32	Kanadisches Konsulat	D4
33	DHL International	D5
34	Japanisches Konsulat	D4
35	US-Konsulat	D8
Transport		
36	CTS Express Coach	B3

LAN KWAI FONG & SOHO *Karte auf S. 336*

Highlights **S. 79**
1 Tai Kwun D4

Sehenswertes **S. 81**
2 Central–Mid-Levels Escalator E2
3 Dr. Sun Yat-Sen Museum A3
4 Graham Street Market D2
5 H Queen's F2
6 Jamia Mosque B5

Essen **S. 85**
7 Amber H5
8 Butao Ramen E2
9 Carbone E5
10 Chifa Dumpling House C2
11 Chom Chom C3
12 Dai Pai Dong E2
13 Duddell's H6
14 Dumpling Yuan E2
15 Flying Pan D4
16 Ho Lee Fook C2
17 Lan Fong Yuen D3
18 Lin Heung Tea House D1
19 Luk Yu Tea House F3
20 Mak's Noodle E2
21 Mana! Fast Slow Food E3
22 Motorino C4
23 Old Bailey D4
24 Ser Wong Fun D3
25 Soul Food C3
26 Tai Cheong Bakery D3
27 Wang Fu E3
28 Yat Lok F3
29 Yung Kee Restaurant F4

Ausgehen & Nachtl. **S. 89**
30 65 Peel B3
31 Angel's Share Whisky Bar D3
32 Behind Bars E5
33 Cé La Vi F5
34 Club 71 .... C2
Colette's Art Bar .... (siehe 49)
35 Dr. Fern's Gin Parlour H4
36 Globe C3
37 Good Spring Co E2
38 Honi Honi E3
39 Iron Fairies E3
40 Kung Lee C2
41 Peak Cafe Bar C4
42 Petticoat Lane E4
43 Pontiac D4
44 Quinary C2
45 Slide on 79 .... E4
46 Stockton E6
47 T:ME C2
48 Volar E5

Unterhaltung **S. 91**
49 Fringe Club F5
50 Peel Fresco C2
51 TakeOut Comedy Club C4

Shoppen **S. 92**
52 Andy Hei C2
53 Arch Angel Antiques C2
54 Candle Company E3
55 City Chain G2
56 Cuffs F4
57 G.O.D. C3
58 Giordano Ladies F3
59 Hong Kong Book Centre H3
60 Initial G2
61 Joyce H5
62 Kowloon Soy Company D1
63 Landmark H4
64 Lianca C3
65 Linva Tailor D3
66 Mountain Folkcraft E4
67 Pearl Lam Galleries G4
68 Pottery Workshop Gallery D3
69 Shanghai Tang G6
70 Soul Art B2
71 Wattis Fine Art D3

Sport & Aktivitäten **S. 94**
72 Happy Foot Luxe F4
73 Impakt E2
74 Iyara E2
75 Ten Feet Tall D1

Schlafen **S. 246**
76 Bishop Lei International House C7
77 Mini Hotel Central G5
78 Pottinger F3

Praktisches
79 Irisches Konsulat G2

Kartenlegende auf S. 335

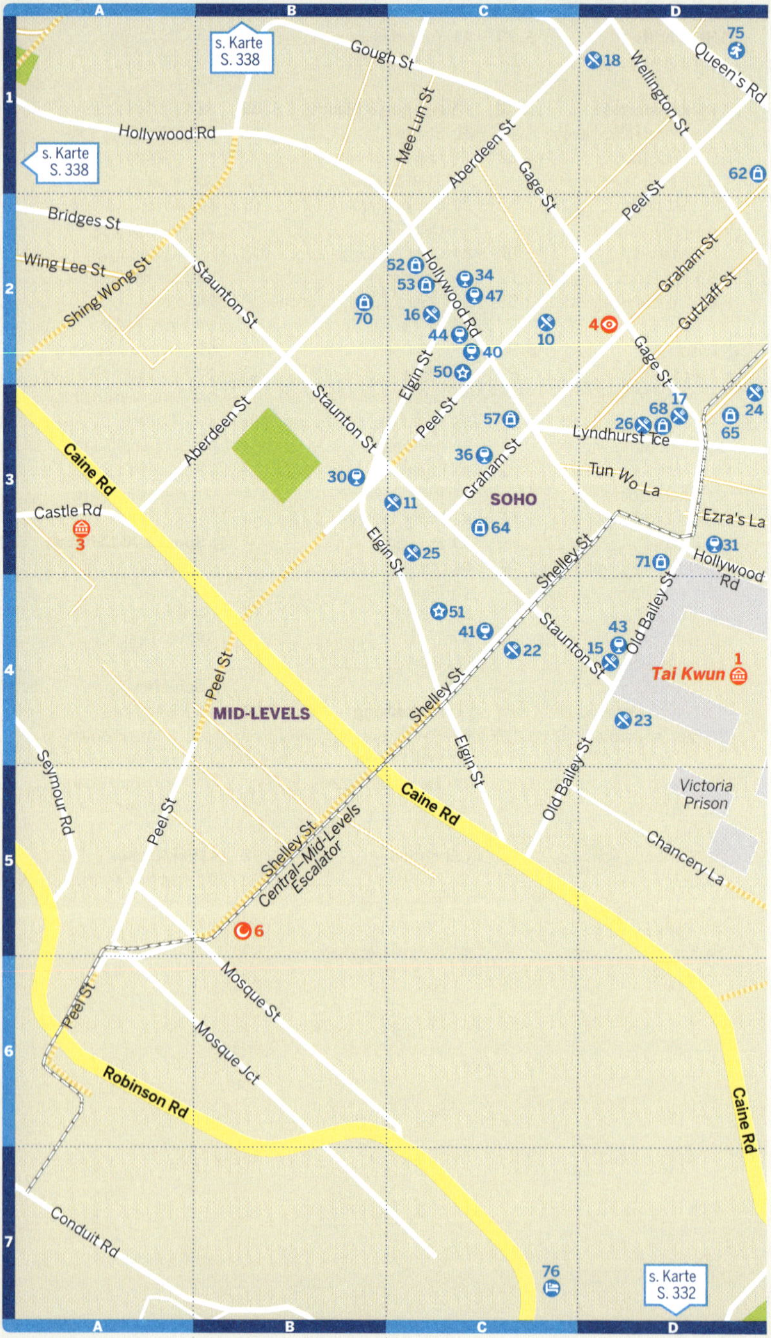

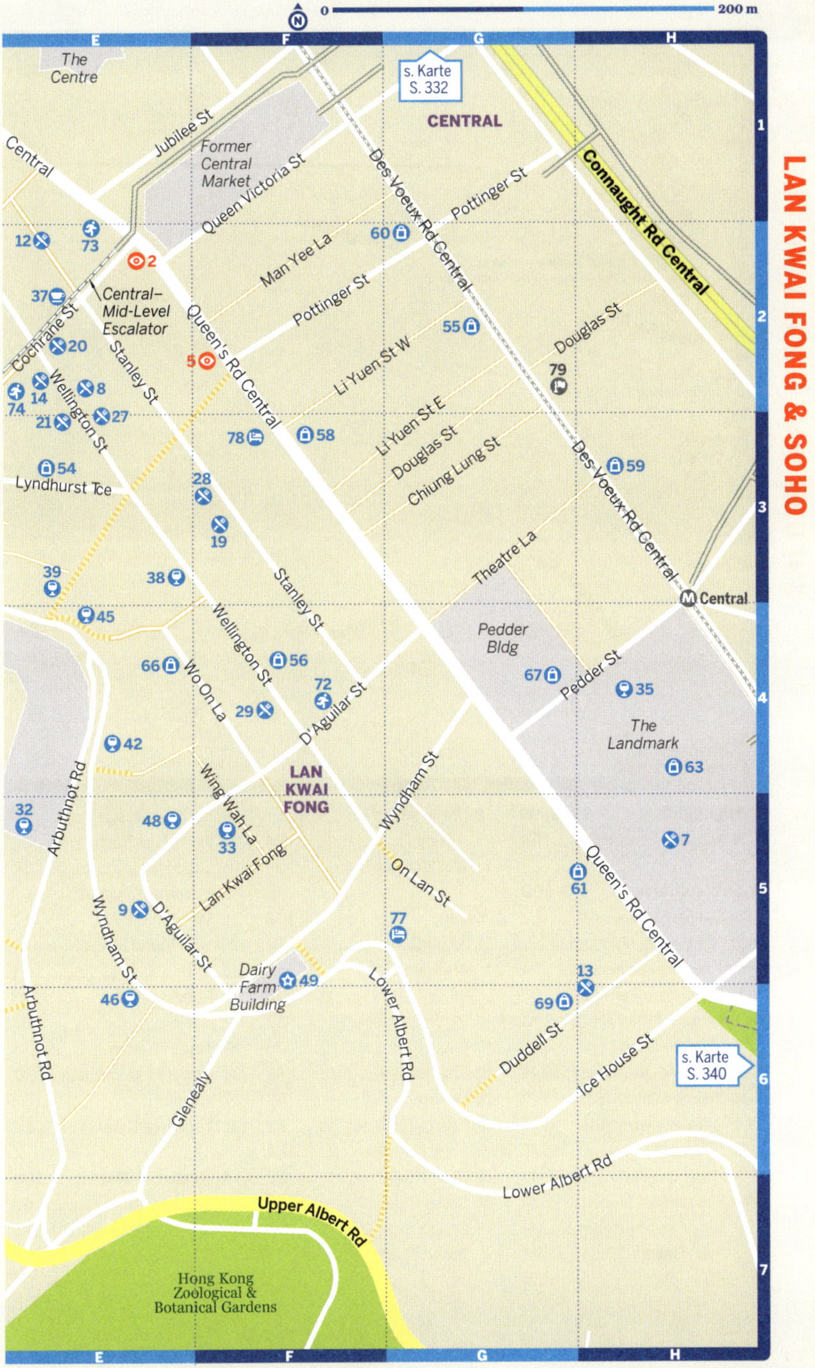
LAN KWAI FONG & SOHO
0
200 m
s. Karte S. 332
s. Karte S. 340
CENTRAL
LAN KWAI FONG
The Centre
Former Central Market
Central–Mid-Level Escalator
Pedder Bldg
The Landmark
Dairy Farm Building
Hong Kong Zoological & Botanical Gardens
Central
Jubilee St
Queen Victoria St
Des Voeux Rd Central
Pottinger St
Connaught Rd Central
Man Yee La
Li Yuen St W
Li Yuen St E
Douglas St
Chiung Lung St
Queen's Rd Central
Cochrane St
Wellington St
Stanley St
Lyndhurst Tce
Theatre La
Pedder St
D'Aguilar St
Wo On La
Wing Wah La
Lan Kwai Fong
Wyndham St
On Lan St
Arbuthnot Rd
Lower Albert Rd
Upper Albert Rd
Glenealy
Duddell St
Ice House St

SHEUNG WAN & SAI YING PUN

Highlights S. 99
- 1 Man Mo Temple G4

Sehenswertes S. 100
- 2 Cat Street B1
- 3 Hong Kong Museum of Medical Sciences F4
- 4 Kwun Yam Temple A1
- 5 Liang Yi Museum B1
- 6 Man Wa Lane H3
- 7 Pak Sing Ancestral Hall. A1
- 8 Palace of Moon & Water Kwun Yum Temple A1
- 9 PMQ H4
- 10 Possession Street.......... A1
- 11 University Museum & Art Gallery.................. B4
- 12 University of Hong Kong B4
- 13 Western Market G2

Essen S. 103
- 14 ABC Kitchen F2
- Aberdeen St Social .... (siehe 9)
- 15 Ba Yi Restaurant C3
- 16 Black Salt C3
- 17 Chachawan A1
- 18 Chairman H3
- 19 Chan Chun Kee F2
- 20 Chan Kan Kee F3
- 21 Chau Kee........................ B2
- 22 Cross Cafe C3
- 23 Gough's on Gough H4
- Grand Stage ...... (siehe 13)
- 24 Kau Kee Restaurant H4
- 25 Kwun Kee Restaurant .. D2
- 26 Little Bao........................ G4
- 27 Mammy Pancake H3
- 28 Man Mo Café B1
- 29 Mrs Pound A1
- 30 Okra E3
- 31 Potato Head................... C3
- 32 Rōnin H4
- 33 Tim's Kitchen................. G3
- 34 Upper Modern Bistro A1
- 35 Yardbird G2
- 36 Yuen Kee Dessert D2

Ausgehen & Nachtl. S. 108
- 37 Barista Jam.................... G3
- 38 Craftissimo A1
- 39 Cupping Room F4

40 Junels Resto Bar B2
41 NOC B2
42 Old Man H4
43 Ping Pong Gintoneria ... C3
44 Teakha A2
45 Wink H3
46 Zoo H3

Unterhaltung S. 110
47 Sheung Wan Civic Centre G3

Shoppen S. 110
48 Capital Gallery B1
49 Chan Shing Kee G3
50 Lam Kie Yuen Tea Co ... G3
51 Niin A1
52 Only Alice A1
53 Weihrauchläden an der Quenn's Road West E3
54 Select 18 .... G4

Sport & Aktivitäten S. 111
55 Samadhi Training Centre for the Soul A2
56 Wan Kei Ho International Martial Arts Association G3

Schlafen S. 247
57 99 Bonham G3
58 Butterfly on Waterfront E2
59 Jervois G3
60 Lan Kwai Fong Hotel H4
61 Putman H4
62 SLEEEP H4

Praktisches
63 Kasachisches Konsulat.. .... H3
64 Laotisches Konsulat F3

Transport
65 Hong Kong–Macau Ferry Terminal H1
66 Macau Ferry Pier Bus Terminus G2

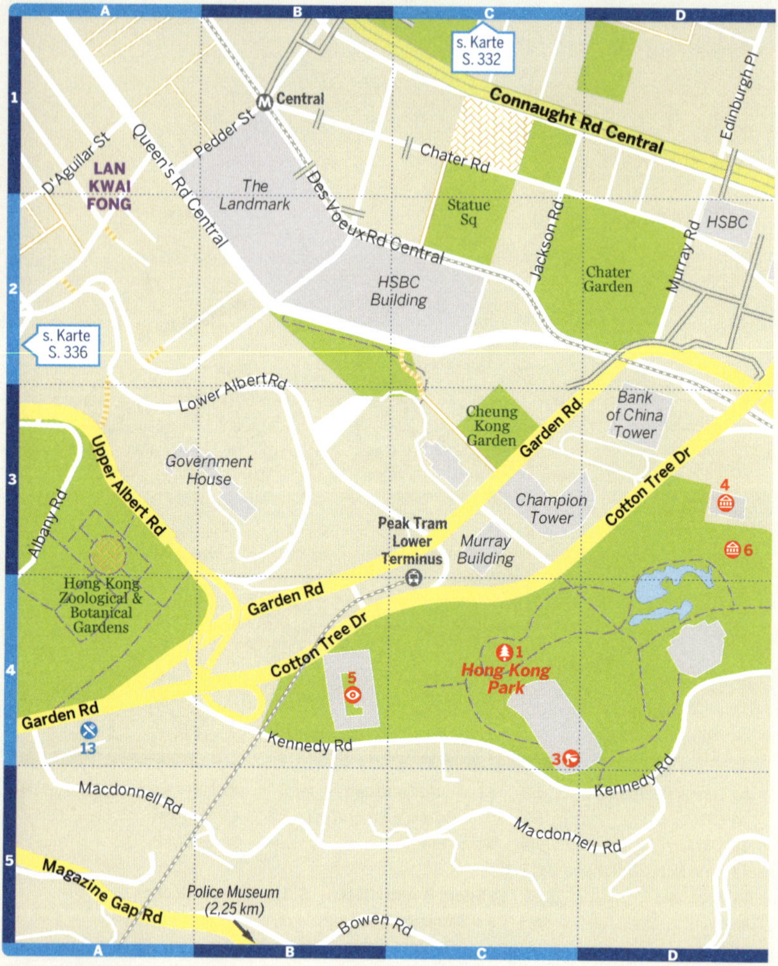

Highlights **S. 115**

1 Hong Kong Park C4

Sehenswertes **S. 116**

2 Asia Society Hong Kong Centre F5
3 Edward Youde Aviary C4
4 Flagstaff House Museum of Tea Ware D3
5 Hong Kong Visual Arts Centre B4
6 KS Lo Gallery D3
7 Lippo Centre E3
8 Tamar Park F1

Essen **S. 121**

AMMO .... (siehe 2)
Great Food Hall .... (siehe 18)
9 Honbo H4
10 La Creperie H4
11 Le Petit Saigon G4
Lock Cha Tea Shop .... (siehe 6)
12 Pici G4
13 Pure Veggie House A4
San Xi Lou .... (siehe 13)

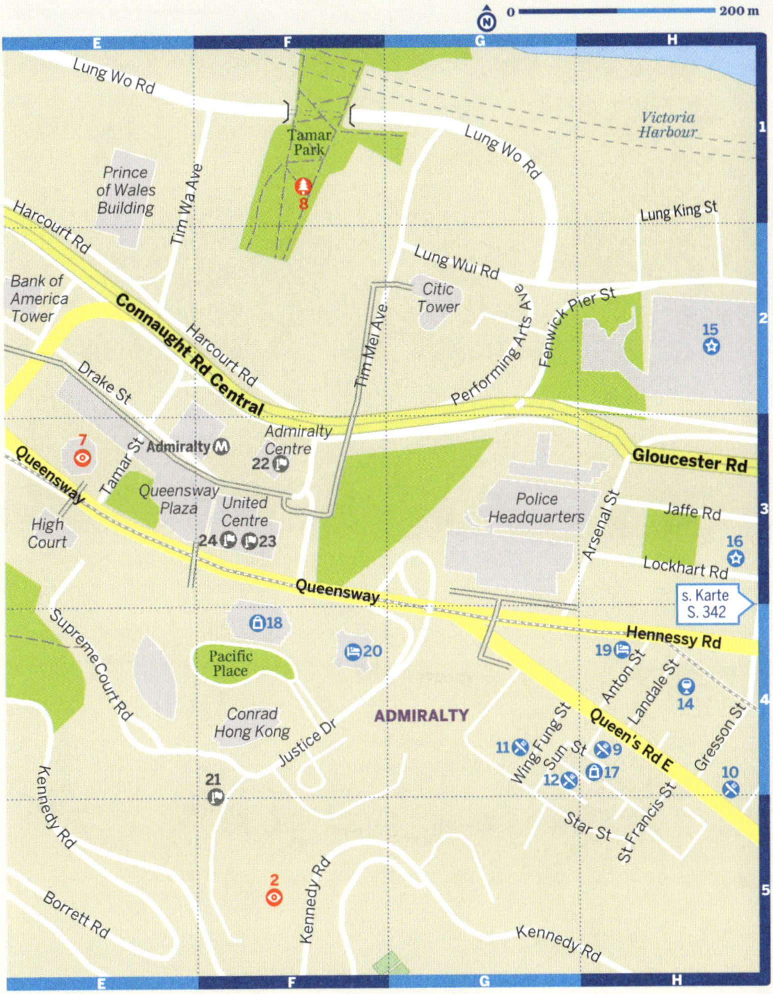

Ausgehen & Nachtleben — S. 129

Cafe Grey .... (siehe 20)
14 Djiboutii H4

Unterhaltung — S. 132

AMC Pacific Place .... (siehe 18)
15 Hong Kong Academy for the Performing Arts H2
16 Wanch H3

Shoppen — S. 133

17 Kapok H4
18 Pacific Place F4

Schlafen — S. 249

19 Ozo Wesley H4
20 Upper House F4

Praktisches

21 Britisches Konsulat F4
22 Französisches Konsulat F3
23 Deutsches Konsulat F3
24 Indisches Konsulat F3

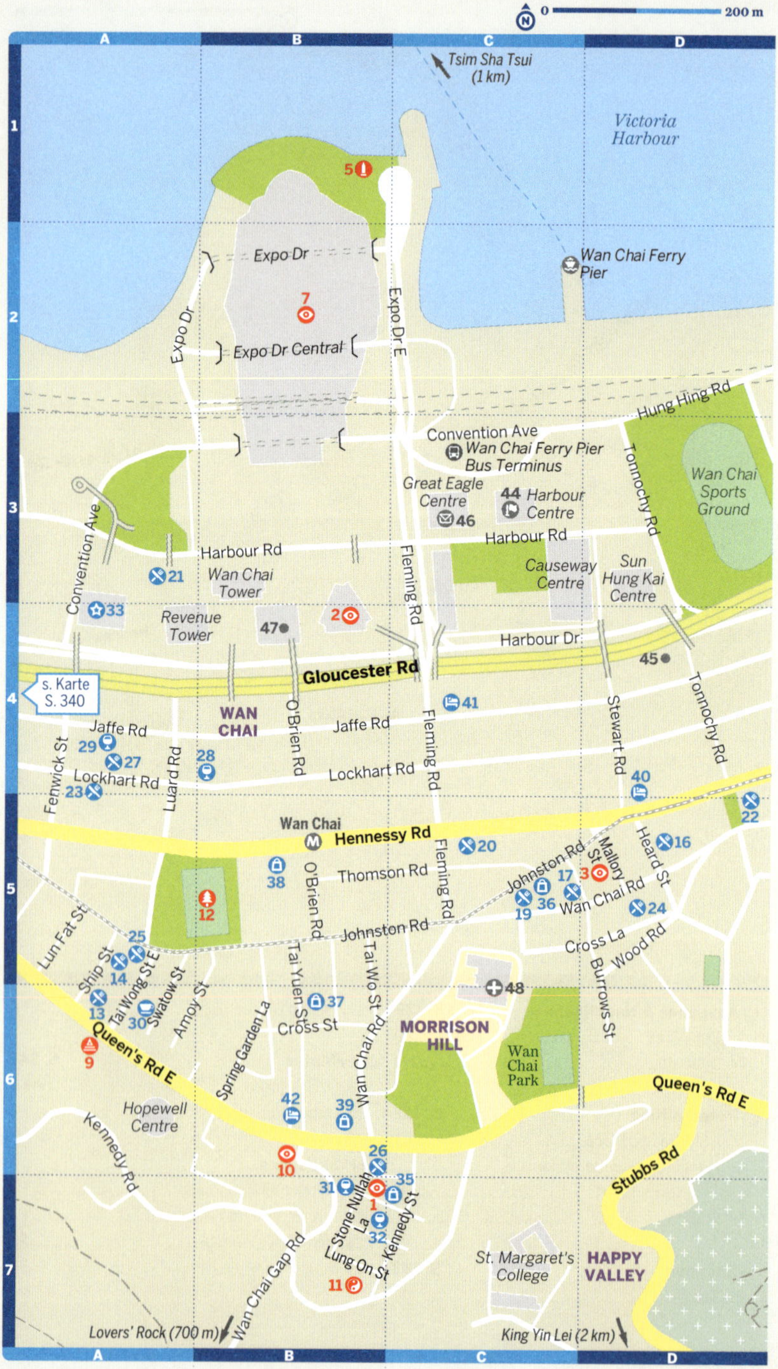
0 200 m
Tsim Sha Tsui (1 km)
Victoria Harbour
Wan Chai Ferry Pier
Expo Dr
Expo Dr Central
Expo Dr E
Hung Hing Rd
Convention Ave
Wan Chai Ferry Pier Bus Terminus
Great Eagle Centre
Harbour Centre
Wan Chai Sports Ground
Tonnochy Rd
Harbour Rd
Wan Chai Tower
Causeway Centre
Sun Hung Kai Centre
Revenue Tower
Fleming Rd
Harbour Dr
Gloucester Rd
s. Karte S. 340
WAN CHAI
Jaffe Rd
O'Brien Rd
Stewart Rd
Fenwick St
Lockhart Rd
Luard Rd
Wan Chai
Hennessy Rd
Thomson Rd
Johnston Rd
Mallory St
Heard St
Wan Chai Rd
Cross La
Wood Rd
Burrows St
Lun Fat St
Ship St
Tai Wong St E
Swatow St
Amoy St
Spring Garden La
Tai Yuen St
Cross St
Tai Wo St
Wan Chai Rd
MORRISON HILL
Wan Chai Park
Queen's Rd E
Hopewell Centre
Kennedy Rd
Stubbs Rd
Stone Nullah La
Kennedy St
Lung On St
Wan Chai Gap Rd
St. Margaret's College
HAPPY VALLEY
Lovers' Rock (700 m)
King Yin Lei (2 km)

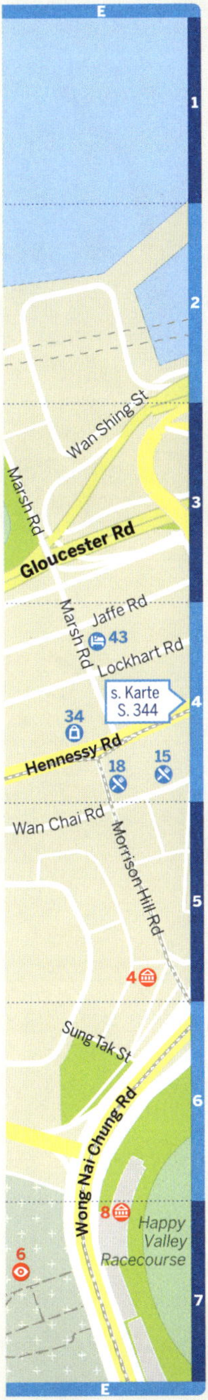

Sehenswertes S. 117

1 Blue House Cluster B7
2 Central Plaza B4
3 Comix Home Base D5
4 F22 Foto Space E5
5 Golden Bauhinia Square B1
6 Hong Kong Cemetery E7
7 Hong Kong Convention & Exhibition Centre B2
8 Hong Kong Racing Museum E7
9 Hung Shing Temple A6
10 Old Wan Chai Post Office B6
11 Pak Tai Temple B7
Pao Galleries (siehe 33)
12 Southorn Playground B5

Essen S. 122

13 22 Ships A6
14 Bo Innovation A5
15 Bowrington Road Market E4
16 Chrisly Cafe D5
17 Chuen Cheong Foods C5
18 DimDimSum E4
19 Hong Zhou Restaurant C5
20 Kam's Roast Goose C5
21 Kasa A3
22 Kin's Kitchen D5
23 Liu Yuan Pavilion A4
24 Megan's Kitchen D5
25 Pawn Kitchen A5
26 Samsen B6
27 Seventh Son A4

Ausgehen & Nachtleben S. 129

28 Agave B4
Botanicals (siehe 25)
Canny Man (siehe 27)
29 Dusk Till Dawn A4
30 Manson's Lot A6
31 Stone Nullah Tavern B7
32 Tai Lung Fung B7

Unterhaltung S. 132

HKAC Cinema (siehe 33)
33 Hong Kong Arts Centre A4

Shoppen S. 134

34 ACO E4
35 Kevin Cheung C7
36 Kung Fu Supplies C5
37 Tai Yuen Street Market B6
38 Wan Chai Computer Centre B5
39 Wan Chai Market B6

Schlafen S. 248

40 Check Inn D4
41 Fleming C4
42 Hotel Indigo B6
43 Mira Moon E4

Praktisches

44 Australisches Konsulat C3
45 China Visa Application Service Centre D4
46 DHL International C3
47 Hong Kong Immigration Department B4
Niederländisches Konsulat (siehe 2)
Neuseeländisches Konsulat (siehe 2)
48 Ruttonjee Hospital C6

CAUSEWAY BAY

Sehenswertes S. 118

1 Causeway Bay Typhoon Shelter B2
2 Noonday Gun B3
3 Race Course Fire Memorial D7
4 Tin Hau Temple E3
5 Victoria Park C3

Essen S. 125

6 Atum Desserant A4
7 Cafe Match Box B3
8 Choi's Kitchen D2
9 Delicious Kitchen B3
10 Farm House B5
11 Forum A4
Ho Hung Kee .... (siehe 31)
12 Kam's Kitchen E2
13 Lab Made Ice Cream E5
14 Nagi Ramen E5
15 Pak Loh Chiu Chow B5
16 Sister Wah E3
17 Tai Ping Koon B5
18 West Villa B5
19 Yee Tung Heen B3
20 Yu A5

Ausgehen & Nachtleben S. 131

21 Buddy Bar D5
22 Dickens Bar B4
23 Elephant Grounds B4
24 Executive Bar A5
25 Hong Kong Island Taphouse E2
26 Second Draft E5
Skye Bar .... (siehe 41)

Unterhaltung S. 132

27 Happy Valley Racecourse A7
28 Hong Kong Stadium C7

Shoppen S. 134

Eslite .... (siehe 31)
29 Fashion Walk B4
30 G.O.D. A5
31 Hysan Place B4
32 Island Beverly Mall B4
33 Papabubble D5
34 Sogo B4
35 Times Square A5
36 Two Girls B4
37 Yiu Fung Store B5

Sport & Aktivitäten S. 135

38 South China Athletic Association C6

Schlafen S. 248

39 Little Tai Hang E4
40 Metropark Hotel E4
41 Park Lane Hong Kong C4
42 Tuve E3
43 YesInn A5

Sehenswertes S. 138

1 Aberdeen Stadtzentrum B2
2 Aberdeen Promenade B2
3 Ap Lei Chau B3
4 Ap Lei Chau Waterfront Promenade B2
5 Black Kite C4
6 Blindspot Gallery C4
7 de Sarthe C4
8 Empty Gallery A1
9 Hung Shing Temple B2
10 Pékin Fine Arts C4
11 Rossi & Rossi C4
12 Tin Hau Temple B2
13 Young Master Brewery D4

Essen S. 142

14 Aberdeen Fish Market Yee Hope Seafood Restaurant A2
15 Aberdeen Wholesale Fish Market A2
16 Ap Lei Chau Market Cooked Food Centre B2
Chu Kee .... (siehe 16)
17 Jumbo Kingdom Floating Restaurant C3
18 Nam Long Shan Road Cooked Food Market C4
Pak Kee .... (siehe 16)
19 Sensory Zero D4
Tree Cafe .... (siehe 23)

Ausgehen & Nachtl. S. 144

20 Komune D4

Shoppen S. 144

21 Edit x Editecture C4
22 Homeless Workplace ... C4
23 Horizon Plaza A3
Joyce Warehouse (siehe 23)

Sport & Aktivitäten S. 145

24 Hong Kong Yachting D3

Schlafen S. 250

25 Mojo Nomad A2
26 Ovolo Southside D4

Transport

27 Aberdeen Bus Terminus B2
28 Busse nach Causeway Bay & Central D3

STANLEY

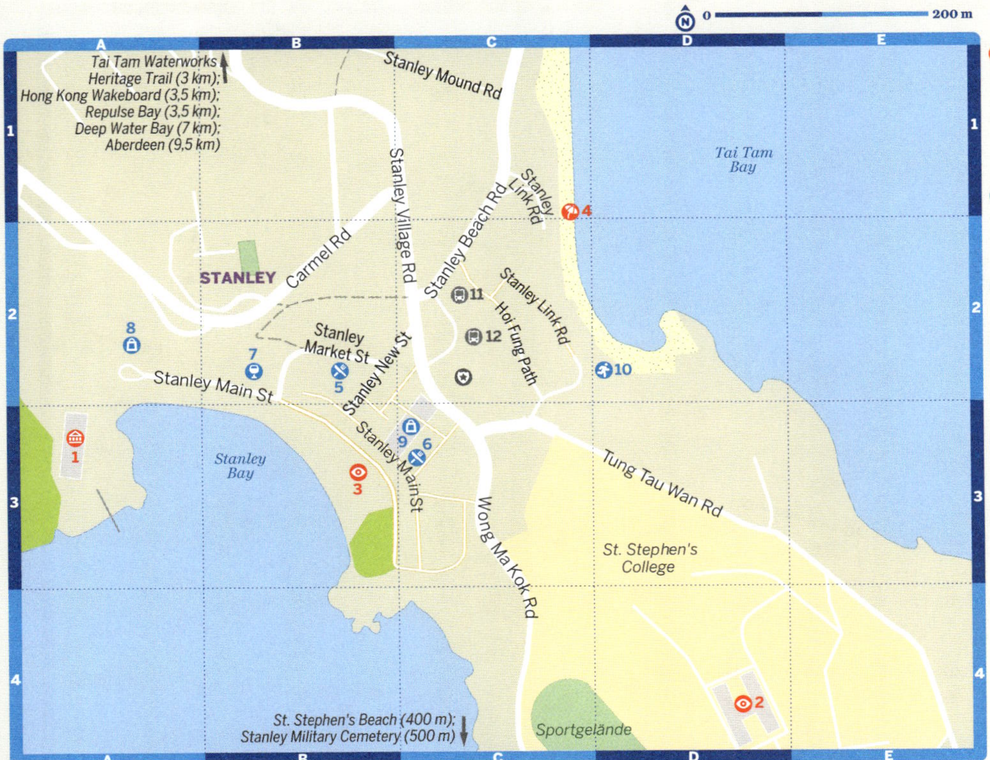

Sehenswertes — S. 141
1 Murray House ... A3
2 St. Stephen's College Heritage Trail ... D4
3 Stanley ... B3
4 Stanley Main Beach ... C1

Essen — S. 144
5 Sei Yik ... B2
6 Toby Inn ... C3

Ausgehen & Nachtleben — S. 144
7 Smugglers Inn ... B2

Shoppen — S. 144
8 G.O.D. ... A2
9 Stanley Market ... C3

Sport & Aktivitäten — S. 145
10 Hong Kong Aquabound Centre ... D2

Transport
11 Minibusse nach Causeway Bay ... C2
12 Stanley Market Bus Terminus ... C2

0
200 m
A
B
C
D
1
2
3
4
5
6
7
s. Karte S. 352
Hong Kong West Kowloon Railway Terminal
International Commerce Centre (400 m)
Austin Rd W
Austin Rd
Canton Rd
Kwun Chung St
Shanghai St
Temple St
Woosung St
Bowring St
Parkes St
Pilkem St
Nathan Rd
Tak Shing St
34
12
4
17
10
29
39
Kowloon Park
China Hong Kong City
Gateway Arcade
Arirang
Hong Kong Heritage Discovery Centre
9
26
8
China Ferry Terminal
VR China (60 km); Macao (60 km)
Haiphong Road Temporary Market
Haiphong Rd
Marco Polo Gateway
13
2
43
27
Tsim Sha Tsui
Hankow Rd
Lock Rd
20
28
23
14
Ashley Rd
31
18
Kowloon Park Dr
HARBOUR CITY
19
25
37
30
16
36
Peking Rd
Ocean Centre
21
TSIM SHA TSUI
47
38
41
42
Hankow Rd
Ocean Terminal
11
46
35
33
5
22
Salisbury Rd
Star Ferry Bus Terminal
24
7
45
3
32
6
Star Ferry Pier
Victoria Harbour
Central (800 m)
Wan Chai (1 km)

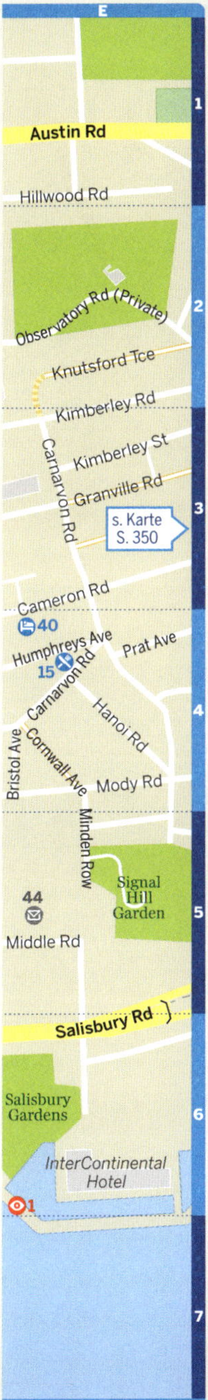

Sehenswertes — S. 152

1 Avenue of Stars E6
2 Fook Tak Ancient Temple C4
3 Former KCR Clock Tower C6
4 Former Kowloon British School D2
5 Former Marine Police Headquarters C6
6 Hong Kong Museum of Art D6
7 Hong Kong Space Museum & Theatre D6
8 Kowloon Mosque & Islamic Centre D4
9 Kowloon Park C3
10 Nathan Road D2
11 Ocean Terminal Building B5
12 St. Andrew's Anglican Church D2

Essen — S. 158

13 Din Tai Fung C4
Gaddi's .... (siehe 41)
14 Gaylord C4
15 Mammy Pancake E4
16 New Chetttinad D5
17 Sun Tung Lok D2
18 Sweet Dynasty D4
19 T'ang Court C5
20 Yè Shanghai C4

Ausgehen & Nachtleben — S. 162

21 Aqua C5
22 Felix Bar D6
23 Kowloon Taproom D4
Vibes .... (siehe 39)

Unterhaltung — S. 166

24 Hong Kong Cultural Centre C6
25 Ned Kelly's Last Stand C5

Shoppen — S. 168

26 Brown's Tailor D3
27 Curio Alley D4
28 Harbour City B4
29 Heaven Please D2
30 Premier Jewellery D5
31 Swindon Books D4

Sport & Aktivitäten — S. 171

32 Big Bus Company C6
33 Hong Kong Dolphinwatch C6
34 Kowloon Park Swimming Complex D2
35 Watertours C6
36 Yip Man Martial Arts Athletic Association D5

Schlafen — S. 250

Canada Hostel .... (siehe 16)
Dragon Inn .... (siehe 16)
Holiday Guesthouse .... (siehe 16)
37 InnSight D5
38 Kowloon Hotel D5
39 Mira D3
40 Otto Hotel E4
41 Peninsula Hong Kong D5
42 Salisbury YMCA D5
43 Urban Pack D4

Praktisches

44 Hong Kong Post (Tsim Sha Tsui) E5
45 Kowloon Visitor Centre C6
46 Sincerity Travel C6

Transport

47 Eternal East Cross Border Coach D5

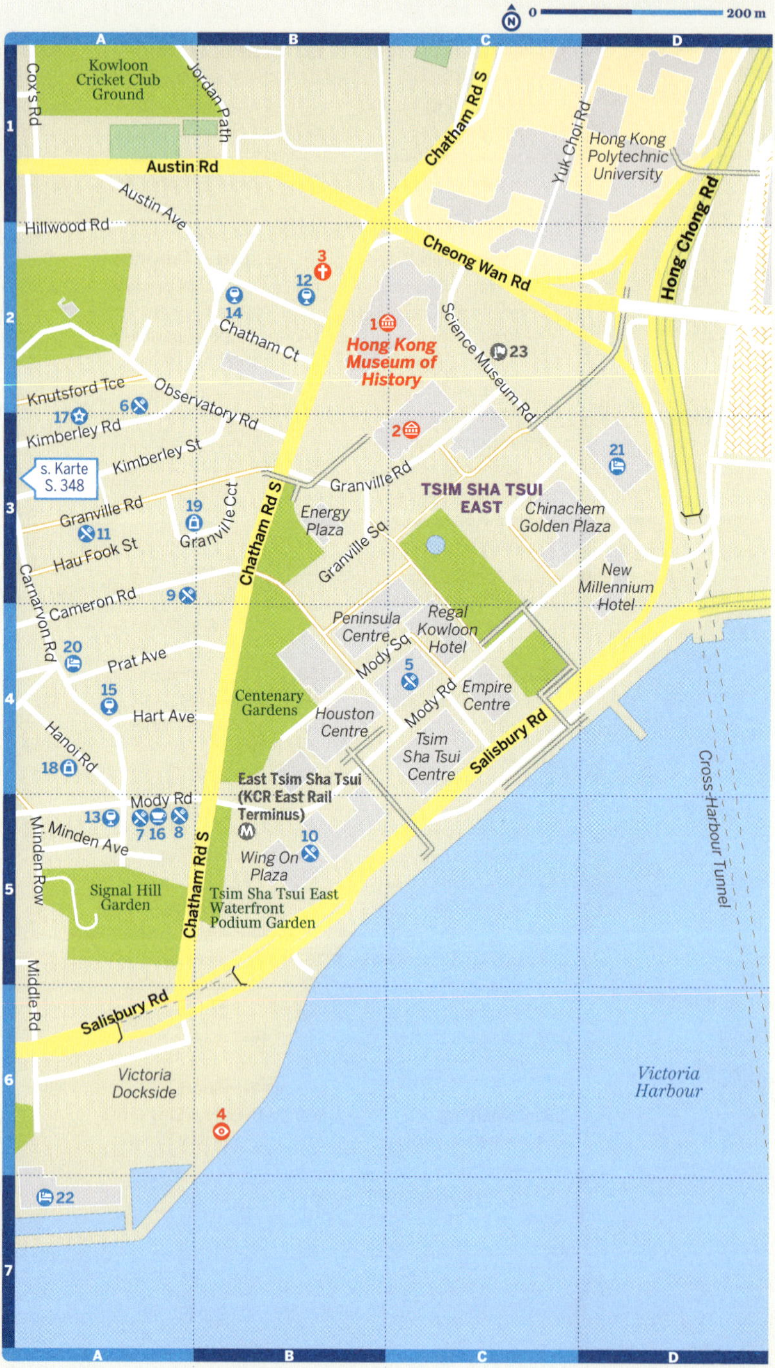

0 200 m
Kowloon Cricket Club Ground
Jordan Path
Cox's Rd
Austin Rd
Austin Ave
Hillwood Rd
Chatham Rd S
Yuk Choi Rd
Hong Kong Polytechnic University
Cheong Wan Rd
Hong Chong Rd
Chatham Ct
Hong Kong Museum of History
Science Museum Rd
Knutsford Tce
Observatory Rd
Kimberley Rd
Kimberley St
s. Karte S. 348
Granville Rd
Granville Cct
Energy Plaza
Granville Sq
TSIM SHA TSUI EAST
Chinachem Golden Plaza
Hau Fook St
New Millennium Hotel
Carnarvon Rd
Cameron Rd
Peninsula Centre
Regal Kowloon Hotel
Mody Sq
Prat Ave
Empire Centre
Centenary Gardens
Hart Ave
Houston Centre
Mody Rd
Hanoi Rd
Tsim Sha Tsui Centre
Salisbury Rd
East Tsim Sha Tsui (KCR East Rail Terminus)
Cross-Harbour Tunnel
Minden Ave
Minden Row
Wing On Plaza
Signal Hill Garden
Tsim Sha Tsui East Waterfront Podium Garden
Middle Rd
Victoria Dockside
Victoria Harbour

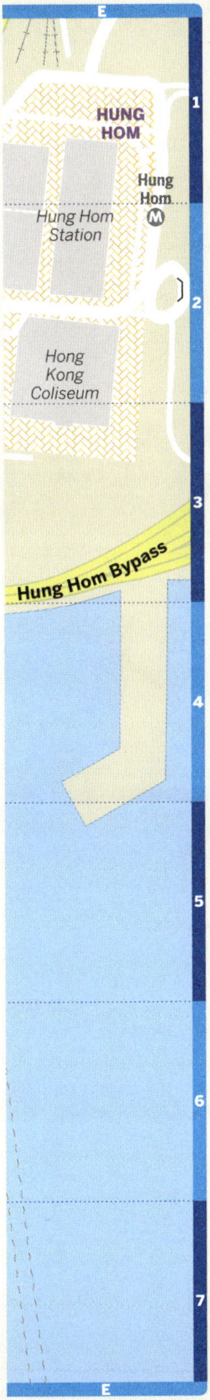

Highlights S. 148
1 Hong Kong Museum of History B2

Sehenswertes S. 152
2 Hong Kong Science Museum C3
3 Rosary Church B2
4 Tsim Sha Tsui East Promenade B6

Essen S. 157
5 Dong Lai Shun C4
6 Fook Lam Moon A2
7 Owls Choux Gelato A5
8 Spring Deer A5
9 Woo Cow A3
10 Woodlands B5
11 Yum Cha A3

Ausgehen & Nachtleben S. 162
12 Amuse B2
13 Butler A5
14 Chicken HOF & Soju B2
15 Fatt's Place A4
InterContinental Lobby Lounge .... (siehe 22)
16 N1 Coffee & Co A5

Unterhaltung S. 166
17 Dada Bar + Lounge A3

Shoppen S. 168
18 K11 Art Mall A4
K11 Select .... (siehe 18)
19 Rise Shopping Arcade A3

Schlafen S. 250
Attitude on Granville .... (siehe 11)
20 Hop Inn on Carnarvon A4
21 Hotel Icon D3
22 InterContinental Hong Kong A7

Praktisches
23 Nepalesisches Konsulat C2

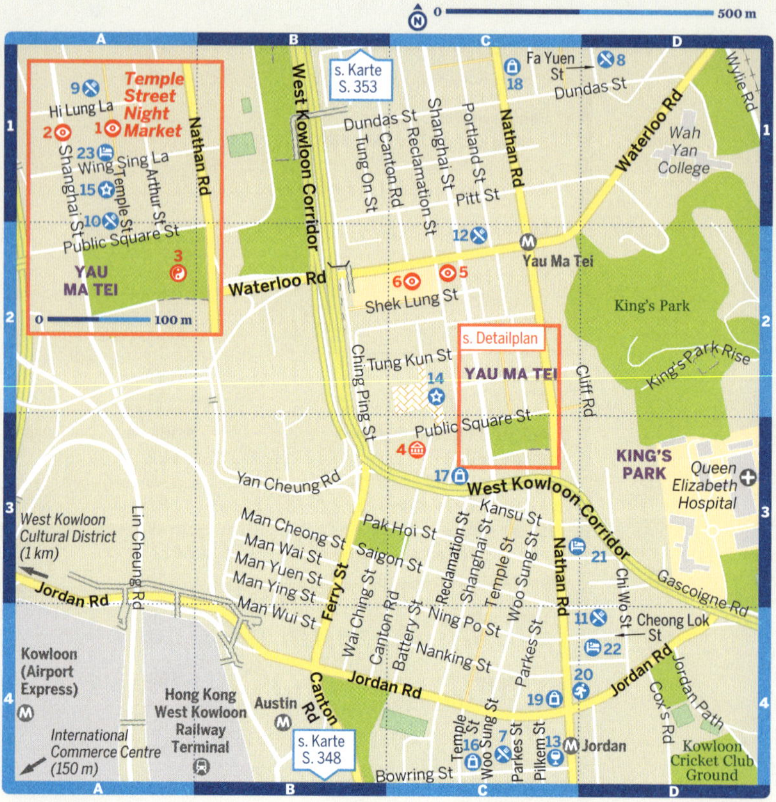

Highlights — S. 149

1 Temple Street Night Market A1

Sehenswertes — S. 154

2 Shanghai Street A1
3 Tin Hau Temple A2
4 Yau Ma Tei Police Station C3
5 Yau Ma Tei Theatre C2
6 Yau Ma Tei Wholesale Fruit Market C2

Essen — S. 160

7 Australia Dairy Company C4
8 Good Hope Noodle D1
9 Hing Kee Restaurant A1
10 Mido Café A1
11 Nathan Congee & Noodle D4
12 Sun Sin C2

Ausgehen & Nachtleben — S. 165

13 Boo C4
Horizonte Lounge .... (siehe 22)
Kubrick Bookshop Café .... (siehe 14)

Unterhaltung — S. 166

14 Broadway Cinematheque C2
15 Canton Singing House A1

Shoppen — S. 169

16 Chan Wah Kee Cutlery Store C4
17 Jade Market C3
18 Sino Centre C1
19 Yue Hwa Chinese Products Emporium ... C4

Sport & Aktivitäten — S. 171

20 Chin Woo Athletic Association D4

Schlafen — S. 250

21 Eaton C3
22 Madera Hong Kong D4
23 YesInn @YMT A1

MONG KOK

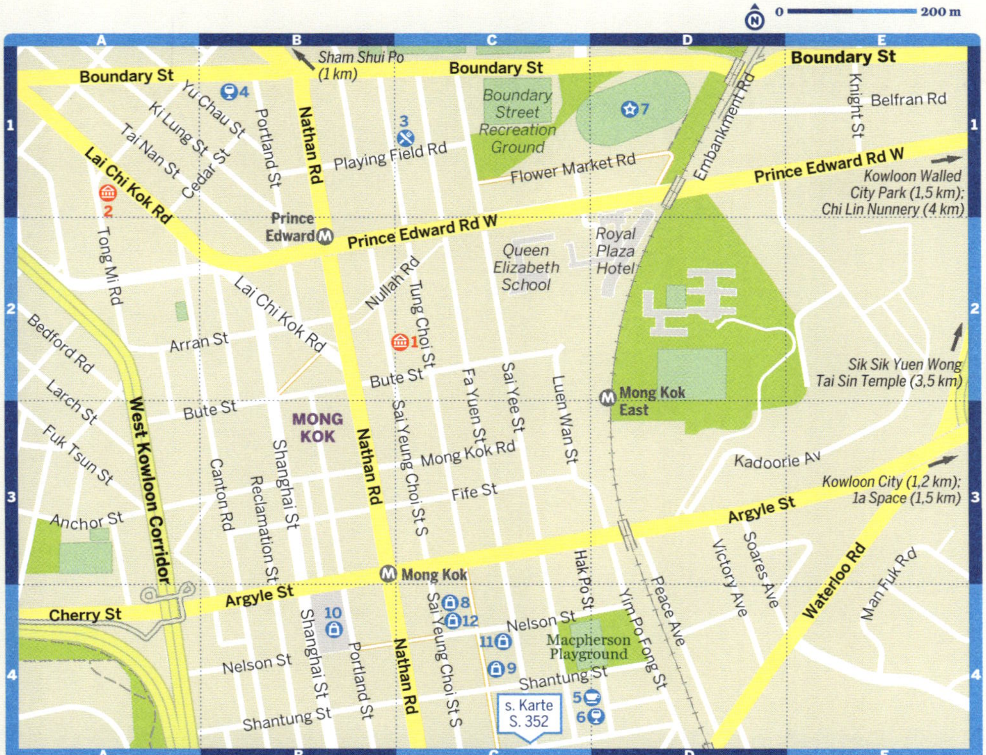

Sehenswertes S. 156
1 C&G Artpartment C2
2 Lui Seng Chun A1

Essen S. 161
3 One Dim Sum C1

Ausgehen & Nachtleben S. 165
4 Bound B1
5 Knockbox Coffee Company D4
6 TAP: The Ale Project D4

Unterhaltung S. 166
7 Mong Kok Stadium D1

Shoppen S. 169
8 Hong Kong Reader C4
9 Ladies' Market C4
10 Langham Place Mall B4
11 Mong Kok Computer Centre C4
12 Showa Film & Camera C4

Die Autoren

Lorna Parkes

Hong Kong Island: Central, Hong Kong Island: The Peak & der Nordwesten Lorna – gebürtig aus London, mit einer Vorliebe für die Melbourner Küche und ehemals Lonely Planet Mitarbeiterin in beiden Städten – hat an zahlreichen Bänden und Magazinen von Lonely Planet mitgewirkt. Sie hat herausgefunden, dass sie am besten in Flugzeugen schreibt und am zufriedensten ist, wenn sie sich auf die Suche nach Nahrung und Alkohol begibt. Weingüter und die Tropen (nicht zur selben Zeit!) sind ihre Lieblingsorte, aber Yorkshire wird immer etwas Besonderes für sie sein. Man kann ihr unter @Lorna_Explorer folgen. Lorna verfasste auch die Abschnitte *Reiseplanung*, *Hongkong verstehen* und *Praktische Informationen* in diesem Buch.

Piera Chen

Hong Kong Island: Aberdeen & der Süden, New Territories, Outlying Islands, Macao Wenn sie nicht gerade unterwegs ist, teilt die Reiseautorin Piera ihre Zeit zwischen ihrer Heimatstadt Hongkong, Taiwan und Vancouver auf. Sie hat an über einem Dutzend Reiseführern mitgeschrieben und an mindestens ebenso vielen Büchern zum Thema Reisen mitgewirkt. Piera hat am Ponoma College ihren Bachelor in Literatur gemacht. In den frühen Jahren ihres Lebens reiste sie oft nach Taiwan und China, um Verwandte zu besuchen, und nach Südostasien, wo ihr Vater beruflich tätig war. Aber erst bei ihrem ersten Trip nach Europa kam sie so richtig auf den Geschmack. Sie erinnert sich noch genau daran, wie sie, frisch aus dem Flugzeug, durch Rom spazierte und dachte: „Das will ich jeden Tag machen." Und das hat sie dann auch gemacht.

Thomas O'Malley

Hong Kong Island: Wan Chai & der Nordosten, Kowloon, Shenzhen Tom ist ein britischer Schriftsteller und lebt in Peking. Er rühmt sich, ein weltweit führender Kenner von billigem Essen, dunklen Gassen, Kneipen und dem Kater zu sein, den Letztere gern zur Folge haben. Er hat u. a. für die BBC und den *Playboy* Reiseberichte geschrieben und für den *Telegraph* Hotels bewertet. In anderer Verkleidung arbeitet er als Comedy-Drehbuchautor. Wer ihm folgen will, tue dies bitte mit gebührendem Abstand.

Die Lonely Planet Story

Ein uraltes Auto, ein paar Dollar in den Hosentaschen und Abenteuerlust, mehr brauchten Tony und Maureen Wheeler nicht, als sie 1972 zu der Reise ihres Lebens aufbrachen. Diese führte sie quer durch Europa und Asien bis nach Australien. Nach mehreren Monaten kehrten sie zurück – pleite, aber glücklich –, setzten sich an ihren Küchentisch und verfassten ihren ersten Reiseführer *Across Asia on the Cheap.* Binnen einer Woche verkauften sie 1500 Bücher und Lonely Planet war geboren. Heute unterhält der Verlag Büros in Franklin, London, Melbourne, Oakland, Peking und Delhi mit über 600 Mitarbeitern und Autoren. Sie alle teilen Tonys Überzeugung, dass ein guter Reiseführer drei Dinge tun sollte: informieren, bilden und unterhalten.

Lonely Planet Global Limited

Digital Depot
The Digital Hub
Dublin D08 TCV4
Ireland

Verlag der deutschen Ausgabe:
MAIRDUMONT, Marco-Polo-Str. 1, 73760 Ostfildern,
www.lonelyplanet.de, www.mairdumont.com
lonelyplanet-online@mairdumont.com

Chefredakteurin deutsche Ausgabe: Birgit Borowski

Redaktion: Felicitas Ow-Wachendorf, Olaf Rappold, Sylvia Scheider-Schopf, Julia Wilhelm, Stephanie Ziegler (red.sign, Stuttgart)

Übersetzung: Tobias Ewert, Derek Frey, Gabriela Huber Martins, Britt Maaß, Dr. Christian Rochow

An früheren Auflagen haben außerdem mitgewirkt:
Julie Bacher, Berna Ercan, Karen Gerwig, Christina Kagerer, Anna Kranz, Jürgen Kucklinski, Laura Leibold, Marion Matthäus, Annika Plank, Andrea Schleipen, Erwin Tivig, Katja Weber

Hongkong

6. deutsche Auflage September 2019, übersetzt von *Hong Kong, 18th edition*, Juni 2019, Lonely Planet Global Limited

Printed in Poland